广东省高速公路建设管理标准化丛书·设计标准化系列

广东省高速公路勘测勘察管理规程

广东省交通运输厅　组织编写

人民交通出版社股份有限公司
China Communications Press Co.,Ltd.

内 容 提 要

本书为《广东省高速公路建设管理标准化丛书之设计标准化系列》勘测勘察管理规程分册。通过广泛开展调研工作和专项研究工作，全书充分吸纳国内外有关交通主管部门、建设单位（业主）、科研院所、设计、施工、检测、建设、管养等单位的研究成果和实际工程经验，参考、借鉴国外先进的标准规范等，结合广东地形、地质特点，对广东省高速公路工程勘测和工程地质勘察专业的管理流程和工作思路进行了详细的说明。

本书适合广东省新建高速公路工程勘测和工程地质勘察专业初测初勘和定测详勘阶段参考使用。广东省其他等级的公路工程和改扩建工程项目也可参考使用。

图书在版编目（CIP）数据

广东省高速公路勘测勘察管理规程 / 广东省交通运输厅组织编写. — 北京 ：人民交通出版社股份有限公司，2018.7

（广东省高速公路建设管理标准化丛书. 设计标准化系列）

ISBN 978-7-114-14858-3

Ⅰ. ①广… Ⅱ. ①广… Ⅲ. ①高速公路—道路工程—勘测—技术管理—管理规程—广东 ②高速公路—道路工程—工程地质勘察—技术管理—管理规程—广东 Ⅳ. ①U412.2-65

中国版本图书馆 CIP 数据核字（2018）第 134772 号

广东省高速公路建设管理标准化丛书 · 设计标准化系列

书　　名：广东省高速公路勘测勘察管理规程

著 作 者：广东省交通运输厅

责任编辑：牛家鸣

责任校对：张　贺

责任印制：张　凯

出版发行：人民交通出版社股份有限公司

地　　址：（100011）北京市朝阳区安定门外外馆斜街 3 号

网　　址：http://www.ccpress.com.cn

销售电话：（010）59757973

总 经 销：人民交通出版社股份有限公司发行部

经　　销：各地新华书店

印　　刷：北京市密东印刷有限公司

开　　本：880 × 1230　1/16

印　　张：9.5

字　　数：319 千

版　　次：2018 年 10 月　第 1 版

印　　次：2018 年 10 月　第 1 次印刷

书　　号：ISBN 978-7-114-14858-3

定　　价：80.00 元

《广东省高速公路勘测勘察管理规程》
编审委员会

主　　任：贾绍明

副 主 任：黄成造　廖朝华　李卫民

委　　员：张钱松　陈明星　冯鹏程　尹良龙　王　璜
　　　　　敖道朝　潘　放

《广东省高速公路勘测勘察管理规程》
编写委员会

主　　编：李卫民

副 主 编：李世纬　李　军　曹　勇　陈　红　朱冬林

参编人员：张晟斌　岳全贵　王可君　王刊生　邱赞富
何　洋　孙　明　李东升　陈　俊　陈银生
张明武　张修杰　袁光宇　杨　俊　周　健
吴桂胜　彭向荣　曾亚武　吴万平　肖　为
高　晖　唐登科

参编单位：广东省交通运输厅
广东省交通集团有限公司
广东省高速公路有限公司
中交第二公路勘察设计研究院有限公司
广东省公路勘察规划设计院股份有限公司
广东省交通运输规划研究中心

序

为全面贯彻落实党的十八大、省委十一届三次全会和全国交通运输工作会议精神,按照省委、省政府"加快转型升级、建设幸福广东"的决策部署,加快粤东西北地区振兴发展,尽快促进珠三角转型升级、优化发展,省委省政府提出了"要建设面向未来的现代化基础设施,加快建设覆盖全省、通达全国、连通世界的现代化综合交通运输体系",为此,我省高速公路建设又迎来了新一轮的建设高潮。为适应高速公路建设新形势、新要求,实现公路快速、科学、规范、安全、有序、创新发展,省交通运输厅提出全面深化标准化管理体系和技术体系建设,加快推进公路"五化"建设,全面推行现代工程管理,以提高工程质量和耐久性,促进我省高速公路建设管理水平再上新台阶!

自2010年广东省开展高速公路建设管理提升行动以来,全省高速公路建设坚持双标管理,工程质量稳步提升。在深入开展施工标准化活动的同时,2011年,省交通运输厅组织省交通集团、省高速公路有限公司成立专家团队,依托潮惠高速公路、包茂高速公路,经过广泛调研和总结经验,吸纳了国内外先进技术,全面开展设计标准化研究工作。作为设计标准化的配套管理规程,本书从勘测、勘察、设计以及管理的全过程流程控制、程序化管理方面进行归纳总结和提升,以达到科学配置,提质增效,推行现代工程管理的目的。

在本书编写过程中,由几十名专家和技术骨干组成的研究小组,经过5年多的艰苦努力,取得了丰硕的成果,制定了适合我省的公路勘测勘察管理规程,并与设计标准化成果一并在我省高速公路全面推广应用,进一步规范了我省高速公路勘测勘察管理工作,取得了良好的经济和社会效益。

党的十九大报告指出,要建设"交通强国"。交通运输要高质量发展,就是要能够提供更加"安全、便捷、高效、绿色、经济"的交通运输服务,就是实现从"有没有"转向"好不好"。当前我省公路建设正处于快速发展的关键时期,抓好勘察设计龙头,大力推进现代工程管理,注重资源节约和环境保护,是实现党的十九大和交通运输部建设目标的基本举措,也是今后相当长时期内公路建设的主要努力方向。这需要我们推广先进的理念和成熟的工艺，实行科学的标准化管理。希望广大公路建设者在认真贯彻本管理规程要求的同时，不断总结实践经验，因地制宜地开拓创新，打造出更多精品优质工程。

广东省交通运输厅党组书记、厅长

2018年3月

前　言

为了进一步贯彻落实交通运输部“五化”的现代工程管理理念和《关于进一步加强公路勘察设计工作的若干意见》(交公路发〔2011〕504号)的有关要求,全面、深入开展高速公路标准化工作,提升高速公路勘测、工程地质勘察以及设计质量和管理水平,根据《广东省高速公路设计标准化实施方案》,结合《公路勘测规范》(JTG C10—2007)、《公路勘测细则》(JTG/T C10—2007)和《公路工程地质勘察规范》(JTG C20—2011)等规范,特制定本规程。

在编制工作中,全面总结了广东省近年来高速公路勘测和工程地质勘察管理经验,充分借鉴和吸收了国内相关研究成果和其他省份相关管理办法和文件,进一步补充细化了高速公路勘测和工程地质勘察各阶段的技术要求,完善了全过程的流程控制、程序化管理要求。在本规程条文初稿编写完成以后,通过多种方式广泛征求了有关单位的意见,对其主要内容进行了多次反复修改,最后由广东省交通运输厅会同有关部门审查定稿。

本规程分为两部分,共15章。第一部分是工程勘测管理规程,包含6个章节,分别是:勘测管理总则,勘测前期准备,质量、进度、安全与环境保护,初测阶段,定测阶段,勘测工作外业验收;第二部分是工程地质勘察管理规程,包含9个章节,分别是:工程地质勘察管理总则,勘察前期准备,质量、进度、安全与环境保护,勘察方法手段及规定,初步勘察,详细勘察,不良地质与特殊性岩土,工程地质勘察成果报告,工程地质勘察验收与评审。同时附录包括了勘测管理和工程地质勘察管理相关表格和内容要求,主要有:初测和定测阶段勘测外业检查(验收)表格、勘测成果资料主要内容、勘测验收汇报材料主要内容、地质勘察与标准化的衔接、勘察大纲编制纲要、勘察管理工作用表、工程地质调绘表格、钻探记录表及柱状图、岩溶发育程度划分等。

编　者

2018年1月

目　录

第一部分　工程勘测管理规程

第二部分 工程地质勘察管理规程

第一部分

工程勘测管理规程

1 勘测管理总则

1.1 编制目的

为全面贯彻落实交通运输部《关于进一步加强公路勘察设计工作的若干意见》(交公路发〔2011〕504号),依据《公路勘测规范》(JTG C10—2007)、《广东省高速公路建设管理提升年行动纲要》《广东省高速公路设计标准化实施方案》及"2011—2013年广东省高速公路设计标准化工作会议精神",以推行高速公路建设标准化管理为抓手,用三年时间,明显提升广东省高速公路勘察设计管理水平,特制定本规程。

1.2 适用范围

本规程适用于新建高速公路项目初测、定测阶段的外业勘测和调查等工作,改扩建及其他等级公路项目可参照执行。初测和定测阶段对工程地质勘察内容的相关要求详见《工程地质勘察管理规程》,本规程不再赘述。

1.3 职责权限

凡在广东省行政区域内从事高速公路工程勘察设计活动,以及与勘察设计相关的单位,须遵守本规程。广东省交通主管部门负责本管理规程的管理、监督和解释。

1.3.1 建设单位(业主)的主要职责

(1)审批勘测设计单位的工作大纲、初测和定测阶段编写的技术规定(细则)等技术文件,并监督实施。

(2)督促勘测设计单位严格履行合同,检查勘测外业期间现场机构组建情况、人员设备投入情况、质量保证体系建立与运行情况以及勘察设计工作大纲执行情况。

(3)定期召开路线走廊带方案评审、初测路线方案内审、定测路线方案预审及相关协调会等,研究解决勘测外业的工作进度、工作质量、重大技术方案、地方协调等各种事宜,协调勘测设计单位与地方政府及相关主管单位(部门)之间的各种关系。

(4)及时提供勘测设计单位各阶段所需要的基本资料。

(5)定期对勘测设计单位的工作进行考核,并按合同规定及时支付勘察设计费用。

(6)定期向上级主管部门报告本项目的勘测进度及质量控制情况。

1.3.2 勘测设计单位的主要职责

(1)勘测外业前应编制《项目工作大纲》,勘测设计总体单位还应编制《总体组工作大纲》、初测或定测阶段的技术规定(细则)等技术文件,并报建设单位同意后执行。

(2)按照合同规定和要求,组织勘测设计队伍,配置合同承诺的人员、设备,建立健全质量保证体系,开展勘测设计工作。

(3)编制《勘测开工报告》报建设单位(或授权机构)审批,主动配合建设单位(或授权机构)对勘测工作的监督和检查。

(4)勘测外业期间,定期或不定期向建设单位汇报勘测工作进度情况、质量控制情况、重大方案的布设情况以及与地方的协调沟通情况等。

(5)对由多家勘测设计单位共同完成或多标段实施的勘察设计项目,勘测设计总体单位应牵头负责整个项目各阶段的勘测设计文件、资料的汇总、整理和主要技术标准把关工作。

(6)配合建设单位进行勘测外业验收。

1.4 规范依据

高速公路勘测过程和成果须符合最新颁布的国家有关工程建设标准强制性条文和交通运输部关于公路勘察设计方面现行的标准、规范、规程、定额、办法、示例,以及广东省关于公路工程勘察设计方面的文件和规定。同时,随着我国测绘新技术的不断进步以及新法规的实施,将对有关规范依据及时更新。

《公路工程基本建设项目设计文件编制办法》(交公路发〔2007〕358 号)

《公路工程基本建设项目设计文件图表示例》

《公路工程名词术语》(JTJ 002—1987)

《公路自然区划标准》(JTJ 003—1986)

《公路工程技术标准》(JTG B01—2014)

《公路路线设计规范》(JTG D20—2017)

《公路勘测规范》(JTG C10—2007)

《公路勘测细则》(JTG/T C10—2007)

《水运工程测量规范》(JTS 131—2012)

《高速铁路工程测量规范》(TB 10601—2009)

《公路路基设计规范》(JTG D30—2015)

《公路排水设计规范》(JTG/T D33—2012)

《公路水泥混凝土路面设计规范》(JTG D40—2011)

《公路沥青路面设计规范》(JTG D50—2017)

《公路桥涵设计通用规范》(JTG D60—2015)

《公路钢筋混凝土及预应力混凝土桥涵设计规范》(JTG 3362—2018)

《公路桥涵地基与基础设计规范》(JTG D63—2007)

《公路圬工桥涵设计规范》(JTG D61—2005)

《公路工程抗震规范》(JTG B02—2013)

《公路桥梁抗震设计细则》(JTG/T B02-01—2008)

《公路隧道设计规范》(JTG D70—2004)

《公路隧道设计细则》(JTG/T D70—2010)

《公路隧道照明设计细则》(JTJ/T D70/2-01—2014)

《公路隧道通风设计细则》(JTJ/T D70/2-02—2014)
《公路交通安全设施施工技术规范》(JTG F71—2006)
《道路交通标志和标线》(GB 5768)
《公路环境保护设计规范》(JTG B04—2010)
《道路工程制图标准》(GB 50162—1992)
《公路项目安全性评价规范》(JTG B05—2015)
《公路工程项目建设用地指标》(建标〔2011〕124 号)
《公路工程地质勘察规范》(JTG C20—2011)
《公路工程岩石试验规程》(JTG E41—2005)
《公路工程水文勘测设计规范》(JTG C30—2015)
《公路土工试验规程》(JTG E40—2007)
《公路工程基本建设项目概算预算编制办法》(JTG B06—2007)
《公路工程概算定额》(JTG/T B06-01—2007)
《公路工程预算定额》(JTG /T B06-02—2007)
《公路工程机械台班费用定额》(JTG/T B06-03—2007)
《公路基本建设工程交通工程概(预)算编制的规定》(公设技字〔2000〕285 号)

1.5　新技术、新方法采用原则

在高速公路勘测工作中,积极采用成熟可靠的新技术、新方法。勘测设计单位在成果报告中应对采用的新技术、新方法进行专门的说明,并在勘测成果汇报时进行介绍,否则勘测单位应承担新技术、新方法采用不当所造成的损失和责任。

本规程所指新技术、新方法是尚未列入国家或交通运输部颁发或备案的技术标准、技术规范、技术规程和试验规程的技术和方法。新技术、新方法必须由国家认可的检测机构进行试验、论证,出具检测报告,并经广东省交通运输厅或建设单位(业主)组织的工程技术专家组审定批准后,方可使用。

1.6　地质勘察与设计标准化的衔接

地质勘察工作应与设计标准化紧密衔接,采取针对性勘察方案,并提交设计所需的勘察成果,具体详见广东省高速公路设计标准化系列之《工程地质勘察管理规程》。

2 勘测前期准备

2.1 一般规定

(1)勘测设计单位在进场前,应广泛收集项目前期研究成果和各阶段评审和批复意见(含预可报告、工可报告、方案研究报告和专题研究报告等)、招标和投标文件(如有)、项目沿线的建设条件(如地质、水文、气象、类似工程等)资料,了解项目的背景和功能定位,并根据项目的实际情况和合同要求,组建勘测设计项目部,明确分工,落实责任,制定工作计划,编制《项目工作大纲》。

(2)勘测设计项目部组建后,应召开工前例会,组织各参与单位、全体勘测成员学习项目工作大纲。

(3)勘测设计项目部进场前应组织主要技术人员对工程全线进行现场踏勘和调查,并根据《项目工作大纲》和踏勘调查情况,分阶段编制《勘测开工报告》报建设单位(或授权机构)审批后,全面开展各项勘测和调查工作。

(4)初测阶段,对于沿线地形、地质条件复杂,或各种控制性影响因素较多的建设项目,建议在大比例地形图测绘前由建设单位(业主)组织路线专家对路线走廊方案进行初步评审,勘测设计单位按照评审意见对路线走廊方案进行修改完善后实施大比例尺地形图测绘,以减少工作反复。

2.2 资料收集

(1)勘测设计项目部进场前应广泛收集与项目有关的文献资料、前期研究成果、上阶段评审和批复意见、招标和投标文件(如有)、地形图资料(1:2000、1:10000、1:50000等)、航拍照片、卫星图片等,熟悉项目所在地区的建设条件、工程特点和重难点等。应充分利用已有的文献资料及与建设项目相关的勘察设计和施工等方面的资料。

(2)收集资料的范围应包括各级管理部门和生产、科研、教学等部门。

(3)对收集到的资料应进行分析研判,初步掌握项目沿线的工程特点、主要控制因素、关键性工程和重难点等。

2.3 现场踏勘和调查

(1)根据对收集资料的分析研判,拟订现场踏勘和调查方案,明确现场踏勘的目的和调查重点。

(2)现场踏勘和调查的目的,是进一步了解建设项目路线沿线的建设条件和特点、关键性工程和重难点工程的实施条件和建设难度,对所收集的资料进行现场校核和验证,同时与沿线地方政府建立沟通协调和联系的渠道,便于下阶段工作的顺利开展。

2.4 《项目工作大纲》编制与审查

(1)在高速公路工程勘测工作实施之前,应编制《项目工作大纲》(涵盖勘察设计全过程),及时提供建设单位(或授权机构)组织审查。

(2)《项目工作大纲》的主要内容应包括:

①项目概况。包括项目背景、任务依据、路线走向等。

②技术标准和建设规模。

③项目特点。

④勘察设计技术方案。包括勘察设计主要内容、方法和技术要求,工作量布置原则及计划工作量,针对重大技术问题采取的对策、措施和专题研究等。

⑤组织机构、人员职责及资源配置。

⑥质量管理、安全管理和环境保护措施。

⑦勘察设计进度计划。

⑧将要提交的成果资料纲要。

⑨其他需要说明的问题。

(3)勘测设计项目部编制完成《项目工作大纲》后,应报建设单位(或授权机构)进行审查。勘测设计项目部应根据审查批复意见进行修改完善,并报建设单位(或授权机构)核查备案。

(4)经审查批准的《项目工作大纲》是建设单位检查验收的依据之一,勘测设计项目部应严格按照批准的《项目工作大纲》开展各项勘察设计工作。

(5)当建设单位实施计划、现场建设条件、勘察设计要求等发生变化时,《项目工作大纲》应根据变化情况及时进行调整,并报建设单位(或授权机构)审查备案。

3 质量、进度、安全与环境保护

3.1 一般规定

(1)勘测设计单位需认真执行国家颁布的技术标准、规范、规程和有关规定,进行严格的技术和质量管理,不断完善质量保证体系,制定相应的工序管理以及创优措施,做好重点环节控制工作,做到层层把关、各负其责,确保测设质量。

(2)勘测设计单位应按照《项目工作大纲》的计划工期进行进度控制。

(3)勘测过程中应制定严格的安全条例和可靠的安全保障措施,加强安全生产管理,保障勘测设计人员在工作过程中的安全和职业健康,保护国家和勘测设计单位的财产不受损失,促进勘测工作顺利进行,做到安全文明生产。各项测量和调查仪器应妥善保管和搬运,并经常校检,使其始终保持精良和准确状态。

(4)勘测过程中应加强环境保护,减少勘测工作对自然环境和社会环境的影响,保护生活环境与生态环境,防治污染和其他公害,保障作业人员和当地居民的身体健康。

3.2 质量控制

3.2.1 质量要求

(1)测量、调查记录是勘察设计的原始资料之一,应记录清楚,不得事后补记。各项记录、计算资料未经复核不得使用,发现错误或疑问应及时查明原因并更正。对于仪器自动记录的资料,应备份保存原始数据。

(2)勘测设计单位应根据项目进展情况进行中间检查和质量检查。检查原始资料(如测量记录、计算资料及各项调查资料等)的可靠性、准确性,方案的经济合理性、完整性。审阅具体施测者执行有关标准、规范、规程、规定的情况,审阅路线走向、路线方案比选、各项工程方案比选情况以及有关计算资料、图表的质量情况,提出存在的问题及处理意见,形成书面检查意见或纪要,并在测设过程中补充和完善。勘测设计单位应有计划、有步骤地分段组织工地现场核对,并将检查情况及处理意见以及对处理意见的执行情况做好详细记录。

(3)为做好外业验收前的准备工作,应组织好各勘测阶段的内业工作,系统地进行资料整理,详细检查有无计算差错、项目遗漏或资料不全等情况,发现问题及时完善,然后编制各勘测阶段验收汇报资料和图表。

3.2.2 质量检验

(1)自检:在勘测过程中,勘测调查人员应严格遵守操作规程和有关规定,坚持当日进行作业成果自检、自校,认真把好本道工序的质量关。

(2)专业组检查:专业组长在勘测工作开展前,应对参加工作人员进行指导,经常检查本组执行有关规章制度的情况,完成任务情况和存在的问题,提出解决的初步意见,并提请项目负责人解决。坚持组内的互检制度,加强复核,避免勘测成果出现差错和遗漏,凡检查出不符合技术标准及精度要求等的资料,应及时返工和改正。

(3)项目部检查:项目负责人应加强工作进程中各专业组的进度检查、专业协调和质量督查工作,并及时提请上级单位(或业主)进行中间检查和验收工作。

(4)勘测单位检查:勘测单位项目技术负责人应做好开工前的事先指导,加强工作进程中的中间检查和审核工作,确保勘测质量。每道检查把关工作都要认真做好记录,将出现的问题及处理意见形成书面材料备查。

(5)主要检查的内容如下:

①经常性的检查。要检查各专业组正确执行技术标准、规范、规程及有关规定和各种技术方案的情况;路线、桥涵、隧道、互通立交、人工构筑物等设计方案;各项测量、调查资料是否完整正确,是否符合规定精度要求;各组间的相互配合是否协调以及工作落实情况。

②中间检查。勘测设计项目部应有计划、有步骤地组织中间检查,并将检查结果及处理意见以及处理意见的执行情况做好记录以备复查。

③验收前的检查。外业勘测工作基本完成后,为做好验收前的准备工作,勘测设计单位质量管理部门(如总工办或技术质量部)应对勘测调查资料汇总成果组织一次系统的检查(或内部验收工作),详细检查有无项目遗漏或资料不全及差错情况,如发现问题,应对勘测资料再进行系统的现场核对和补充完善,力求所提供资料符合交通主管部门(或建设单位)验收要求。

初测阶段,勘测设计单位中间检查、验收报告(含表格)格式参照附录A。

初测阶段,行业主管部门(建设单位)外业验收成果要求详见附录B、附录C。

定测阶段,勘测设计单位中间检查、验收报告(含表格)格式参照附录D。

定测阶段,建设单位(行业主管部门)外业验收成果要求详见附录E、附录F。

附录中涉及的设计图表,参照《公路工程基本建设项目设计文件编制办法》(交公路发〔2007〕358号)及《公路工程基本建设项目设计文件图表示例》进行编制。

3.3　进度控制

(1)在外业勘测调查过程中随时检查实际进度,进度滞后时,应及时分析原因,调整资源配置或采取其他补救措施。

(2)勘测设计项目部应安排专人进行进度管理,检查工作进度,收集实际进度资料,及时进行统计分析,并与计划进度进行比较,纠正偏差。

(3)进度控制的措施如下:

①勘测设计单位中标后应立即开展勘测准备工作。

②应依据合同规定的工期,综合考虑当地气候及现场条件等编制进度计划(附进度图)。

③应考虑勘测过程中可能出现的并严重影响工期的各种情况,制订突发事件的应急预案。

④合理调配人力资源和设备资源。

⑤建立进度控制体系,制订各阶段工作进度控制目标,需要时编制网络计划图。

⑥遇重大方案调整可能影响工期时,应与业主协商确定并调整工期。

⑦建立进度控制旬(月)报制度,以书面形式将工作进度报建设单位(或建设单位委托管理单位)。

⑧及时解决勘测过程中存在的协调问题及突发事件。

3.4 安全生产

(1)勘测过程中应进行全过程安全生产管理,所有与勘测设计工作相关的工序、人员、仪器设备和勘测生产物资均应纳入安全生产管理范畴,接受安全生产管理机构和责任人的监督和检查。

(2)勘测设计项目部应制定项目安全生产事故应急救援预案,定期进行安全生产检查,及时消除安全生产隐患。

(3)勘测设计单位应定期组织对勘测仪器设备的安全检查和维护,发现安全隐患及时整改。制定仪器设备的安装、使用、维护和搬迁等安全操作规程。

(4)在作业前,勘测设计项目部应根据项目特点、场地条件、勘测方案、勘测手段等对勘测作业过程中的危险源进行辨识和评价,并应根据评价结果采取相应的安全生产防护措施。

3.5 环境保护

(1)勘测作业人员应提高环境保护意识,认真学习国家和地方有关环境保护的政策法规。

(2)作业过程中对机械使用、维护保养过程中产生的废弃物应集中收集存放、统一处理。

(3)在野外勘测作业时,尤其是在自然保护区勘测作业时,应采取措施减少对作业现场生态环境的破坏和影响,严禁乱砍滥伐,严禁烧山。

4 初 测 阶 段

4.1 工作内容要求

(1)初测主要任务是在前期研究成果和对工可报告(或项目申请报告)审查、批复意见确定的走廊带路线方案进行核查落实的基础上,同时进行地形图、平面控制及高程控制测量,桥涵、隧道、路线交叉、环境保护和其他资料的测量、调查和收集工作;以及开展内业设计、有关部门意见征求和工程地质初步勘察等工作,从而初步确定路线推荐方案,为顺利开展初步设计文件编制工作奠定基础。

(2)初测应利用1:10000地形图初拟路线方案,并通过1:2000(或1:1000等比例尺)地形图纸上定线,在广泛征集沿线有关部门和地方政府意见的基础上,对有价值的路线方案进行实地勘测调查和现场核对(特别是地质情况和建设条件),同时对初拟的路线方案进行优化调整和补充,提出可行的局部路线比较方案。初测阶段应做到不遗漏任何一个有比较价值的方案。

4.2 初测踏勘要求

(1)勘测设计项目部应根据前期研究成果和工可报告(或项目申请报告)审查、批复意见,初步拟订路线起终点、中间控制点及路线基本走向,在地形图、数字地面模型或航测相片(比例尺一般为1:10000~1:2000)、卫星图像上进行进一步研究;并通过对各路线方案的初步比选,拟订出初步的踏勘方案(包括比较线)和现场重点核查内容,准备现场踏勘资料。

(2)现场踏勘过程中,应结合项目特点及沿线自然地理、区域地质、社会环境、沿线地方政府及相关部门的意见和要求,调整并初步确定初测路线方案和勘测方法,并及时向建设单位进行汇报,准备全面开展初测工作。

4.3 路线方案设计及业主内审

(1)路线方案设计应符合部颁《公路工程技术标准》(JTG B01—2014)、《公路路线设计规范》(JTG D20—2017)以及合同或委托书、上一阶段有关批复文件等的要求,贯彻执行"标准选线、地质选线、安全选线、环保选线"的要求。

(2)收集资料应齐全,路线线位的布设应结合沿线地形、地物、水文、地质、气候、地下埋藏及桥涵、隧道、互通立交或其他重要构造物设置等综合因素,合理绕避不良地质路段,对新建或改建利用的路线合理论证、适当处理。如需分期修建,严格掌握分期修建的标准,使前期工程在后期仍能充分利用。

(3)走廊选定合理并充分考虑地方政府的意见,并注意与周围景观和生态协调平衡。路线方案研究充分且提出多方案论证,经现场核查落实,所推荐的设计方案技术可行,经济合理。

(4)纸上定线资料完善,利用数字地面模型进行平、纵、横综合设计,并通过路基横断面试设计检验其合理性和可行性;线形设计连续顺畅,平、纵、横组合合理,符合技术标准的要求。认真落实节约用地、综合利用及妥当处理路线与其他设施干扰等问题。

(5)按照《公路项目安全性评价规范》(JTG B05—2015)的规定,开展对应的标准规范符合性检查、运行速度协调性和一致性评价、主要技术指标和参数安全性检验,及时发现线形、几何设计要素等方面可能存在的交通安全隐患,对项目总体设计、技术指标选用等进行优化和完善。

(6)初测阶段前期,对于沿线地形、地质条件复杂,或各种控制性影响因素较多的建设项目,建议由建设单位(业主)组织路线专家对路线方案进行内审,勘测设计单位按照内审意见对路线方案进行修改完善,剔除无比较价值的路线方案,不遗漏有价值的路线方案,以提高设计效率和质量。

4.4 路线测量

4.4.1 总体技术要求

(1)测区内已有测绘成果资料应收集齐全。

(2)点位布设合理,平面控制点、高程控制点、桥隧控制桩、互通式立体交叉控制桩等的标志应符合《公路勘测规范》(JTG C10—2007)要求。控制点埋设后,应有一定的沉降稳定时间再进行观测。

(3)测量仪器和(水准)标尺等的检验及检测精度应符合相应工程勘测的等级要求,并取得计量检验合格证。

(4)观测方法、时间、气候等的选择,测回数和重测方向以及成果的取舍等应符合规定,联测、接测和检测等应符合规定,各项误差应控制在规定的限差内,觇标高、反光镜高、仪器高和气象数据等量取正确。

(5)测量手簿内容填写齐全,记录、计算和有关文字记载正确、完整、清晰、无涂改原始读数及伪造、转抄等现象。

(6)计算图形、线路的选择及误差计算合理,各种数据、参数、系数的取用及改正正确,各种计算的精度和结果正确,误差在允许范围内,重合点及相邻测区的成果处理合理。

(7)控制网图的绘制及内容正确完整,成果表的编制、抄录正确,符合要求。

(8)按规范和规定提交的资料及检查记录和其他检查资料完整。

4.4.2 工程坐标系的选择及成果要求

(1)针对各测区所处的地理位置和地形的平均高程,合理选用工程坐标系统。选择路线平面控制测量坐标系时,应使测区内投影变形值小于2.5cm/km,大型构造物平面控制测量坐标系,其投影长度变形值应小于1.0cm/km。当项目里程较长、地形复杂,采用一个贯通控制网不能满足要求时,也可以分段采用,但应对接边区域部分进行联测,以利于坐标系统的精确转换。

(2)每个测设标段宜采用同一种坐标系统,相邻两个标段如果采用不同的坐标系统时,至少提供两个以上公共衔接控制点在不同坐标系统的坐标值。

(3)相邻两个测设标段应及时沟通,相互确认衔接边和共用控制点的坐标和高程,并以资料互提单的形式记录在案。

(4)高程系统宜采用1985国家高程基准。

(5)需提交控制测量成果如下:

①“控制测量技术设计书”和“控制测量技术总结”,并单独成册。

②平面控制成果资料(含电子版):平面控制点观测记录手簿、平差计算书、点之记、平面控制点位网图、仪器检定报告、自检报告。

③高程控制成果资料(含电子版):观测手簿、水准平差计算手簿、水准点成果表、水准点路线图、仪器检验报告、自检报告。

④相关项目控制点联测成果(含电子版)。

4.4.3 平面控制测量

(1)平面控制网的布设应符合因地制宜、技术先进、经济合理、确保质量的原则。平面控制测量应采用GPS测量、导线测量、三角测量或三边测量等方法进行,技术要求应满足《公路勘测规范》(JTG C10—2007)和《公路勘测细则》(JTG/T C10—2007)的要求。

平面控制测量等级选用见表4-1。

平面控制测量等级选用　　表4-1

高架桥、路线控制测量	多跨桥梁总长 L(m)	单跨桥梁 L_K(m)	隧道贯通长度 L_G(m)	测量等级
—	$L \geqslant 3000$	$L_K \geqslant 500$	$L_G \geqslant 6000$	二等
—	$2000 \leqslant L < 3000$	$300 \leqslant L_K < 500$	$3000 \leqslant L_G < 6000$	三等
高架桥	$1000 \leqslant L < 2000$	$150 \leqslant L_K < 300$	$1000 \leqslant L_G < 3000$	四等
高速公路、一级公路	$L < 1000$	$L_K < 150$	$L_G < 1000$	一级
二、三、四级公路	—	—	—	二级

(2)平面控制网一般应统一布设、全线平差。各级平面控制测量,其最弱点点位中误差均不得大于±5cm,最弱相邻点相对点位中误差均不得大于±3cm。

(3)布设的平面控制点应沿路线布设,距路线中心线的位置宜大于50m和小于300m。平面控制点布设时,应优先考虑沿线大型桥梁、长隧道、互通等构造物布设控制网的要求,特大型构造物每一端应分别布设1个以上平面控制点。

(4)考虑到勘察设计阶段和施工阶段对测量的不同技术要求,同时定测阶段路线方案较初测阶段可能有较大幅度的调整和优化,为了提高控制测量成果的经济合理性,特别是在山区高速公路的测设过程中,路线控制网的布设可采用分级布网、逐级控制的原则,将其分为首级控制网和首级加密网,并应满足《公路勘测规范》(JTG C10—2007)的要求。

①首级控制网的主要作用是整体控制,并在首级加密网控制点被破坏后可恢复其点位;首级加密网作为首级控制网的补充,是为了方便勘测阶段的路线测量和施工阶段的施工放样测量。首级加密网可在定测阶段待路线平面方案基本稳定后再行施测完善。

②为提高首级控制测量成果的可靠性,首级控制网宜采用GPS测量方法,按边连式或网连式布设。每3~5m布设一对相互通视的GPS点,每对点间距以500~800m为宜,并应满足勘察设计各阶段测量需要。

③首级平面控制网应与测区附近精度等级高、稳定且分布均匀的国家等级平面控制点联测,并全线统一平差。

④首级加密网平面控制测量等级一般采用公路一级,并应满足《公路勘测规范》(JTG C10—2007)的要求。首级加密网点间距以500m左右为宜,至少应有一个相邻点保持通视良好。首级加密网控制点的布设应便于使用和易于保存,一般要求布设在距路中心线附近50~200m的范围内。

(5)对于特大桥梁、特长隧道等大型构造物,待初步设计方案确定后,再按规范要求在定测阶段布设大型构造物独立控制网。

(6)注意与项目前后设计标段的联测及与在建或正在设计的高等级相交道路的联测,并要提供转换关系。

4.4.4 高程控制测量

(1)高程系统宜采用1985国家高程基准。高程控制测量原则上应采用水准测量方法,高程控制测量宜尽量联测至沿线所有的平面控制点。高程控制网应全线贯通、统一平差。高程控制测量等级选用见表4-2。

高程控制测量等级选用 表4-2

高架桥、路线控制测量	多跨桥梁总长 L(m)	单跨桥梁 L_K(m)	隧道贯通长度 L_G(m)	测量等级
—	$L \geqslant 3000$	$L_K \geqslant 500$	$L_G \geqslant 6000$	二等
—	$1000 \leqslant L < 3000$	$150 \leqslant L_K < 500$	$3000 \leqslant L_G < 6000$	三等
高速公路、一级公路	$L < 1000$	$L_K < 150$	$L_G < 3000$	四等
二、三、四级公路	—	—	—	五等

(2)各等级公路高程控制网最弱点高程中误差不得大于±2.5cm,用于跨越水域或深谷的大桥、特大桥的高程控制网最弱点高程中误差不得大于±1.0cm。

(3)高程控制网应与测区附近不少于3个及以上精度等级高、稳定且分布均匀的国家等级水准点联测,其水准路线的长度应控制在25km以内。如果国家等级点稀少,不能保证附合水准路线长度要求时,则应按《公路勘测规范》(JTG C10—2007)要求提高水准等级,并应进行已知水准点之间的精度与相容性检查。

(4)当跨越宽度超过200m的河流时,应视桥位上下游河道宽度或构造物的位置,尽量采用几何水准测量过河。若需采用电磁波测距三角高程法进行高程传递,则应按《公路勘测规范》(JTG C10—2007)中跨河高程测量的技术要求施测。

(5)高程控制网亦须注意与项目前后设计标段的联测及与在建或正在设计的高等级相交道路的联测,并要提供转换关系。

4.4.5 地形测绘

(1)路线地形图、工点地形图的测量范围、基本等高距、平面及高程坐标系统、测量方法、图式应用等应符合《公路勘测规范》(JTG C10—2007)规定要求。提供国土、规划、航道等部门的地形图分幅,可按40cm×50cm、50cm×50cm或按要求进行带状地形图分幅,按路线走向统一顺序编号。

(2)地形图比例尺应根据设计需要选定。一般路线地形图可选用1:2000或1:1000,工点地形图可选用1:1000或1:500。方格网点、图根控制点的展绘误差在规定的限差内。视距和量距的长度、注记高程点的密度、测点的位置符合要求。细部坐标和高程点的注记、成果表的编制和说明符合要求,展绘正确。

(3)地形图符号及其注记按《国家基本比例尺地图图式 第1部分:1:500 1:1000 1:2000地形图图式》(GB/T 20257.1—2017)的规定执行。图式中没有规定的地物、地貌符号,应在技术设计书或其他相关技术文件中加以补充说明。

(4)工点地形测图可采用全站仪或GPS RTK实测,内业采用计算机辅助成图。

(5)利用既有相应比例尺的地形图时,应首先现场核对其地形图的准确性。在确定其精度满足修测质量要求的前提下,方可开展修测工作。修测时,应特别注意水系、道路、管线、房屋等地表附着物及地形的变化。

(6)测绘的地形图以*.DWG文件形式存储。利用既有地形图时,必须首先将原地形图进行矢量化处理,形成*.DWG文件后,方可使用。

(7)测绘地形图时,应注意:

①准确测绘原有公路的走向及其路面铺装情况,并用双线表示。

②准确测绘河流(排灌渠)的位置及其水流方向,并注明河(渠)的名称。

③准确测绘林地、果园、菜地、水田、旱地等作物的地类界以及电力、电信、地下光缆、地表及地下管道等管线的位置。

④详细测绘建筑物、农田水利设施、水库、大坝等的准确位置,并注明其结构类型。

(8)各种图的测量要素正确,境界线及行政区域划界准确,符号使用与配置正确合理、综合取舍恰当,等高线的绘示合理,表示了地物地貌特征,图形清晰、测量内容施测完善,精度符合技术要求。各种注记正确完整,注记的位置、数量符合规定要求,利用已有地形或资料时,按规定进行检测,成图满足要求,地理名称正确。

(9)图的拼接精度符合规定。图廓外的整饰正确完整,图号、图名、接图表、四角坐标注记等正确,责任签署完整。

4.4.6 路线勘测与调查

(1)一般位置的平面和高程可从图上判读,并利用数字地面模型进行采集;对需要特殊控制的地段应进行实地放桩,根据需要进行纵、横断面测量,绘制纵、横断面图。

(2)根据专业调查的需要进行中桩放样,并对初步确定的人工构造物的位置、交角、类型及尺寸进行现场核查。

4.4.7 控制放桩

(1)初测控制放桩应从控制点引出,放桩精度需满足《公路勘测规范》(JTG C10—2007)要求。大、中桥桥位轴线、隧道轴线、路线高填深挖、互通立交、分离式立交等处一般放出1~2个控制桩(特大桥按需要增加),以满足测量河床断面、布置钻孔和调查资料的要求。

(2)实地中桩坐标放样方法可采用以下两种方法。作业过程中,应对沿线经过的控制点进行检校,并在下一设站时对上一测站所放的1~2个桩点进行校核,保证放样成果精度符合规范要求。

①采用GPS RTK技术进行作业时,先设置GPS RTK参考站,然后进行流动站定向和检查。

②采用全站仪配合计算机(器)作业时,采用极坐标法进行。

(3)为控制初步设计方案,保证工程量的准确,对现有公路铁路两侧、河堤堤顶堤脚、水库坝顶;大型桥梁、隧道、互通立交及高填深挖等需特殊控制的路段进行实地放线并实测其纵、横断面,特别是公路路面、铁路轨顶、河堤堤顶、水库(或大型山塘)坝顶的高程。对一些重要的控制方案的中桩需进行护桩。

(4)对与项目交叉的110kV以上的高压线应测量中线左右各30m范围内其最低点的悬空净高和高程(充分考虑高温状态下的净空是否符合规定要求),并标注在1:2000(或1:1000等大比例尺)电子地形图上。进一步核对、完善用地范围内的1:2000(或1:1000等大比例尺)地形图,特别是地下管线,并将最新成果标注在1:2000(或1:1000等大比例尺)地形图上。

4.5 路基、路面、排水及筑路材料勘测

(1)对影响路基、路面及排水设计的相关因素和条件进行调查,内容包括沿线的气象、水文、水系、地质、土质、植被、水利设施的现状与规划等。

(2)路基勘察成果完整,资料收集齐全,能满足设计需要,地基勘察应符合《公路工程地质勘察规

范》(JTG C20—2011)的要求。

(3)对工程地质条件的评价确切,岩土测试资料正确,结论可靠,推荐的路基标准横断面合理。

(4)路基排水及防护工程、改移河道工程调查内容齐全,方案合理,符合《公路勘测规范》(JTG C10—2007)的要求。

(5)对特殊路基设计及不良地质路段勘察内容、方法应符合《公路工程地质勘察规范》(JTG C20—2011)的要求,处理所需资料齐全,其初拟方案切合实际,技术先进,经济适用。软土地基、膨胀土、高液限黏土路段,应重点调查项目地区相类似地质条件下既有道路路基处理方案的成功经验。

(6)取土及弃土处理场地选择合理,符合环保及国家有关法规的规定,征得地方政府同意,并签订初步的征用协议(或意向书)。其场地勘察应符合《公路勘测规范》(JTG C10—2007)和《公路工程地质勘察规范》(JTG C20—2011)的要求,并应取代表性样品进行路基土物理力学性质试验,其试验方法、精度、成果资料应符合《公路土工试验规程》(JTG E40—2007)的要求,对不适用材料的处理措施,切合实际,经济合理。

(7)气象、植被、水文调查资料齐全,水文分析计算可靠,并按规范规定计算最小路基高度。

(8)能确切提供可资利用的筑路材料,签订相应的供给协议,并对原材料进行必要的试验,所选料场能满足桥、隧等人工构造物及路面用料的要求。

(9)宜选用沿线筑路材料和外购材料进行路面结构方案各混合料配合比组成设计试验,在选定最佳配合比的基础上,进行混合料设计参数测试。其试验方法、精度、成果资料等应符合《公路工程沥青及沥青混合料试验规程》(JTG E20—2011)、《公路工程水泥及水泥混凝土试验规程》(JTG E30—2005)和《公路工程无机结合料稳定材料试验规程》(JTG E51—2009)等的要求。

考虑到初步设计阶段与施工图阶段的路面结构、路面材料选择可能变化较大,各项目也可结合其实际情况,将路面面层混合料配合比试验和参数测试工作调整到路面施工图设计阶段实施。

(10)加宽或改建的公路路基路面勘察内容完整,资料齐全,符合《公路勘测规范》(JTG C10—2007)、《公路沥青路面设计规范》(JTG D50—2017)和《公路水泥混凝土路面设计规范》(JTG E40—2011)等的有关要求,路基路面改建方案比选充分,其推荐方案技术可行、经济适用。

(11)对于地质条件特别复杂或存在重大地质问题的地段,应按照专项工程地质勘察的深度布置测设任务,并进行专题研究。

(12)重视各地区公路工程的习惯做法和类似工程的调查,以便于合理拟定相关技术方案。

(13)收集气象、地质、水文、交通量等资料,调查分析路线区域已有工程的路面结构类型、结构组合、材料级配以及路面使用状况,分析已有公路路面损坏、破坏的原因、机理。

(14)应重点调查沿线路网分布情况和地方政府有关路网布局规划,结合路网现状和规划,合理拟定路线方案及施工便道方案。

(15)应补充调查项目区既有道路交通量观测资料,进行实际轴载调查。

4.6 桥梁及涵洞勘测

4.6.1 大、中桥梁勘测及水文勘测、水文分析

(1)勘察成果齐全,资料收集准确可靠,勘察记录符合要求。

(2)初测阶段的桥涵勘测是为初步设计提供必要的基础资料,根据初步设计文件编制内容,其基本要求如下:

①桥涵专业人员应会同路线、地质专业人员共同选定大桥和特大桥桥位。高烈度地震区的大桥及特大桥,地震基本烈度鉴定资料应齐全。对特大桥或技术复杂的桥梁一般应提供多个有比较价值的桥

位方案，同时还应征求公路、水利、航运、防汛、城建、规划等部门的意见。大、中桥桥位原则上应服从路线走向和线形要求。但对于通航河道上的大中桥，尤其是特大桥，既要考虑桥位及桥上线形的合理性，又要尽量做到路线与桥梁功能的相互配合和协调。

②收集和勘测沿线与桥涵设计有关的水文、地质、气象、地震、水利、航运、铁路、公路、城建、农灌、建材资料，经过批准的地方规划，以及沿线被交叉公路、铁路、通航河流的等级标准、净空要求等，并征求水利、航运、防汛、城建、铁路、公路、规划等部门对桥、涵布设的具体意见，取得相关主管部门的书面意见，还应与村、镇级签订相关意向书。调查了解沿线附近既有桥涵的有关资料和使用状况。

③调查沿河路段河岸冲刷、稳定情况，洪水泛滥高度和范围，洪水流向及流速，河槽变化趋势及冲淤情况，河岸堤防现状，并为沿河路线设计高程的确定及防护工程的布置，提供水文勘测与水文分析资料。

④收集相邻河流的既有水文资料。

⑤当初测路线或桥位有比较方案时，应同等深度收集相应桥位的有关资料。

(3)测绘或收集大桥及特殊中桥桥位平面图，比例尺为1∶2000～1∶500。其范围应能满足桥位局部移动，桥梁孔径、桥头路堤、河道局部改移，导流构造物和施工场地轮廓布置的需要。当有比较桥位时，应尽量将各桥位绘于同一张图上。图内除符合地形图要求的内容外，还应绘出水流流向、水准点、导线点、地质钻孔位置，桥梁中线及桥梁、路堤宽度线、边坡边线等。

(4)测量大、中桥桥址中线纵断面，水下断面测量包括测深点到起测点距离、水深，并计入测深期间的水面涨落变化影响。地面横坡较陡时，应测量桥位控制性横断面。

(5)沿线行洪大、中桥原则上应进行水文勘测。

①水文调查：水文调查包括桥位上、下游历史洪水位，洪水发生的时间、洪水涨落幅度及历时、浪高、多年平均洪水位、常水位、最低水位、通航水位和漂浮物等其他资料。调查桥位附近河道变迁和上下游水工建筑物及水利规划情况。如桥位附近有水文(位)站，应尽量收集和充分利用水文(位)站既有观测资料。收集相邻河流既有水文资料及本河已建桥梁的行洪、冲刷观测资料。

②水文测绘：桥址水文平面关系可利用桥位平面图绘制，内容包括简易地形、地貌、水准点、洪水位点、水文断面位置、水流流向、洪水泛滥线，堤防、河床变迁、滩槽分布和上下游水工建筑物等。

③河段水面坡度测绘：内容包括历史最高洪水位、多年平均洪水位、测时水位的水面坡度，河床高程及比降。

④形态断面测绘：内容包括河床断面、测时水位、各种特征水位、滩槽分界线、植被及河床地质情况等，桥位附近有水文(位)站资料可利用时，应将桥址水文基线与水文(位)站建立水文要素关系，进行联测。

⑤河床糙率应结合水文断面位置和河段特征进行调查分析。主槽与河滩应分别调查；并收集桥位上下游附近水文站的既有资料，或根据实测水位、流速、比降推求糙率，验证其合理性。

⑥实测桥位河段流速、流向，并测绘流向图，实测水位过程线。

⑦桥位河段河床质取样，颗粒分析或液塑限试验。

(6)沿线行洪大、中桥原则上应进行水文分析和计算。

①绘制桥位断面或水文基线断面的滩、槽、全断面的面积—流速—流量曲线，采用暴雨径流法、地区经验公式、形态法、比拟法等，计算桥位处设计洪水频率的流量、流速，经分析后确定设计流量、设计水位。

②桥孔布设及桥孔长度计算。

③桥面最小设计高程计算。

4.6.2 小桥涵及通道勘测

(1)调绘汇水面积图：应充分利用既有较小比例地形图进行圈绘，并现场核对，进行修正补充，并在地形图上或现场调绘主河沟平均坡度。收集汇水区降雨、植被、土壤资料。

(2)调查、收集、研究有关小桥涵的水文等资料,以及适合本地区的水文计算公式,计算设计流量,确定孔径和形式。也可利用收集或绘制路线所在区域的"设计流量—汇水面积关系曲线",以确定设计流量和孔径。利用附近已建小桥涵的调查资料,验证流量计算及孔径设计的正确性。

(3)全线小桥涵及通道布置,应与地方政府和有关部门取得配合,深入调查,除考虑现有的沟渠、道路外,还应收集近期和远期规划资料,以便统筹兼顾。密切注意农田排灌需要,设置必要的涵洞。与所建道路交叉的所有沟渠、各种道路、勘测时均应收集资料,做好记录,并现场提出改移、合并的方案,征求相关主管部门的书面意见,为设计阶段综合考虑、合理布置提供依据。

(4)沿线被交叉的管线应与小桥涵勘测一起收集资料和有关技术要求,提出穿越位置及方案,取得相关主管部门的书面意见。

(5)桥涵及通道分布图表:将全线桥涵、通道的位置标绘在路线带状图上,初步建立全线排水系统以验证桥涵布局的合理性和工程规模。

4.7 隧道勘测

(1)勘察成果齐全,评价准确可靠,勘察记录符合要求;为初步设计提供必要的基础资料,其基本要求如下:

①隧道专业人员应会同路线、地质专业人员共同选定控制路线的隧道位置(特长、长隧道);对控制路线方案的隧道进行广泛的区域调查,高烈度地震区的特长、长隧道的地震基本烈度鉴定资料齐全。一般隧道位置原则上应服从路线走向和线形要求,既要考虑地形、地质条件,又要尽量做到路线与隧道的相互配合协调。

②收集与调查隧址自然地理、环境状态、地形、地质、水文、气象、地震等资料及对隧道可能有影响的开发规划及环境影响;对弃渣场地的条件和安全情况进行调查。

③以收集区域地质资料、现场调查、测绘、遥感信息法、物理勘探工作为主,配合代表性钻探、测试工作,查明隧道处地形地貌、地质构造、地层岩性、水文地质条件、特殊地质、不良地质、地震影响等,具有控制隧道方案的主要工程地质问题,做出定性、定量的(安全)评价。

(2)收集或测绘隧道平面地形图,平面图测绘范围、内容、精度应符合《公路勘测规范》(JTG C10—2007)的要求及满足设计需要;水准点设置合理,数量足够,高程测量达到规定的精度要求。地形图比例尺为1:2000~1:500。隧道洞口位置的布设,应辅助工程[如辅助通道、通风斜(竖)井等构造物]、排水、弃渣等。图内除符合地形图要求的内容外,还应绘出路线、隧道等;当地质复杂时,另绘工程地质平面图,比例尺为1:5000~1:2000。当有隧道比较方案时,应绘制隧道方案平面图,比例尺为1:10000~1:5000。

(3)地质调绘工作的范围,应为隧道穿越的全部地段(包括洞口挖方),其宽度视地质情况及附属工程或整治工程而定。物探工作的测区一般不超过地质调绘的范围,对物探解释有参考、对比价值的调绘范围以外的地点,可以不受上述限制。勘探孔位、孔数和深度以及岩、土、水试验均达到规定要求,各种勘探成果和测试数据能进行综合分析,适当评价,结论建议合理。需做代表性钻探时,孔位及孔数应根据调绘及物探的疑点或异常点拟定,但孔数至少2个以上,钻孔一般多沿洞轴线布置;孔深一般应钻至洞底设计高程以下2~3m,遇溶洞、暗河及不良地质时,应根据需要加深,一般应穿过溶洞、暗河等地层5m;若遇到含油地层、瓦斯地层,钻孔深度以钻到设计洞底10m以下为宜,洞底以下存在软弱地层或影响隧道稳定的其他不良地质现象时,应酌情加深钻孔;在洞底设计高程以上相当于3倍洞径的高度范围内及上述范围以外视需要取岩样做试验,据以测定岩土的物理力学性质。

(4)应重视并加强现场调绘工作,对隧道方案的可行性、稳定性、合理性做出初步评价,并根据在现场发现的疑难问题,对物理勘探和钻探提出指导性意见。

(5)隧道初测放线要求:一般隧道进出口前后各200m路段,桩的间距为10~20m(中桩间距应根据地形条件确定,地形平缓,则桩距大,地形陡峻,则桩距小),并实测2~3个典型横断面。

4.8 路线交叉勘测

(1)与公路、农村道路交叉时,应结合路线布设,选定交叉位置,交叉方式,确定立交桥的跨径和形式,取得有关部门及地方政府的书面意见。

(2)依据路网规划及被交路等级,核查平面交叉口及交叉道路的各转向交通量及交通组成;对平面交叉口范围内的用地、建筑物、路基路面现有状况等进行详细调查。

(3)在可行性研究报告确定的互通式立体交叉数量和位置基础上,从公路网布局、项目在路网中的作用、经济效益、交通安全等方面进一步分析论证,并征询当地政府及有关部门的意见,为确定互通式立交的数量、规模和形式提供依据。

(4)在工可报告的基础上,调查核实被交道路的等级、技术状况、转向交通量、车型比例、发展规划,作为确定互通式立体交叉的形式、立交桥净空、互通匝道设计标准的依据。

(5)选定互通式立体交叉位置时,必须对地形、地质、水文条件、水利设施等进行调查和勘探,并测绘互通式立体交叉范围内的工点地形图,比例尺可用1∶2000~1∶500。对互通立交连接道路影响范围的用地、建筑物、路基路面现有状况等进行详细调查。

(6)对复杂的立交应进行多方案比选。

(7)与农村道路交叉时,应调查农田基本建设、综合治理和发展改造规划,并征询地方书面意见,据以确定交叉位置、净空标准等。

(8)对跨线构造物应按本规程第4.6节及第4.11节的要求进行勘测工作。

(9)公路与高压电力、军用民用光缆等各种管线、石油管道等交叉时,要调查管线种类、技术标准、型号、规格、用途、运行时间等,要调查测量交叉角度,地面高程或地下埋置深度,拟订交叉位置和形式,并与所属单位协商,取得相关主管部门书面意见。

4.9 交通工程及沿线设施勘测

(1)路线平、纵面方案应充分考虑沿线设施的布局。

(2)房建、机电工程应做好房建基础、水、电调查;安全设施专业做好大纵坡、高路堤等路段安全调查,满足设计要求。

(3)初测结束前,土建工程设计单位应与交通工程及沿线设施(含房建、机电工程)设计单位做好设计界面划分的协调工作。

4.10 环境保护勘测

4.10.1 基本原则

(1)沿线基本环境要素背景资料收集齐全。

(2)当地乡土植物资料收集齐全

(3)土地复垦基础资料收集齐全。

(4)防噪设计所需基础资料收集齐全。

4.10.2 环境保护勘测调查的主要内容与要求

(1)应调查和核实本项目沿线环境影响敏感点防治对策、水土流失防治措施总体布局和分区防治措施,落实水土保持各项措施。征求沿线居民、当地政府和地方环保部门对环境保护方面的意见。

(2)调查沿线路基两侧、互通、隧道、房建等可绿化的区域、路段、位置,调查、比选适宜采用的树种、草种及苗木的适应性、产地等。

(3)评价公路建设中因挖损、塌陷、压占、取土、弃土等可能造成的水土流失、侵占河道等情况和程度,调查建筑垃圾、工业废渣、废弃物的地点、范围、数量,拟订预防措施和处理方案。

(4)收集路线附近学校、医院、机关、疗养院、居民区分布情况,勘察噪声源至建筑物的距离、高程、地形、植被、风向等,拟定设置降噪措施的种类与类型、范围、长度、规模等。

(5)结合环境影响报告书的调查结论,调查、核实公路影响范围内地表水资源分布以及水体的主要功能,特别是饮用水源及养殖水源保护地。

(6)拟定施工和营运中的废水、油污水、养护措施的排污水等的排放方案及相应的工程。

(7)调查公路沿线景观设计所需资料以及需遮蔽的工程。

(8)调查公路开挖或填筑可能造成的环境破坏,以及公路建设对沿线的环境影响。

(9)调查当地人文环境、历史文化、名胜古迹、旅游资源、文化传统、风俗习惯、审美观及沿线各地区建设发展规划和环保规划。

(10)调查当地水土流失的状况、水土保持的设施。着重了解不同类型土地的径流模数、土壤侵蚀模数、水土流失现状、流失面积、土地利用调查。

(11)调查当地园林绿化有关工程定额。

4.11 其他勘测与调查

(1)以行政乡(镇)为单位,对项目需要征用的土地进行调查。

(2)调查需要拆迁的各类管线和建筑物(含文物古迹)的结构状况和数量,处理方案与措施和主管部门协商一致。与管线交叉干扰的拆迁处理,符合《公路路线设计规范》(JTG D20—2017)的有关规定。

(3)对沿线伐树、挖根、除草的位置、数量、疏密程度等进行调查。

(4)对海洋空气、水质的腐蚀性进行调查,为工程设计中混凝土保护层厚度、结构的设计提供依据。

(5)对雷电灾害情况进行调查,为临时工棚、服务区、收费站等设施的防雷措施要求提供依据。

(6)对可利用的临时工程进行勘测与调查,包括可供利用的道路、供电、供水、电信等设施的状况。其他工程(如渡口码头、悬出路台、防雪走廊等)勘察资料齐全。

(7)线外改河、改路、防护、排水、水利设施迁建以及临时工程的勘察资料齐全,方案合理。

4.12 概算资料调查

(1)按照工程概算编制的需要,收集基础资料。概算资料调查符合《公路工程基本建设项目概算预算编制办法》(JTG B06—2007)规定,拟定的编制原则合理。

(2)对采用新技术的工程项目,补充定额收集齐全或收集有同类工程的机械配备、人员、劳动组合情况及施工进度等资料,便于分析制定补充定额。

4.13　内业工作

(1)编制初测验收汇报材料和图表。
(2)各项基础资料完整可靠,原始记录签署完备,各项计算校审签署完备。
(3)对测量和调查资料进行复核,检查整理、处理和图表制作、汇总等内业工作。
(4)各类比较方案设计成果完整,数据可靠。
(5)当方案调整时,补充相应各项勘测调查资料。
(6)设计图表经过校审,并通过现场核检,对发现的问题及不足,应更正或通过补充调查予以完善。
(7)按照各单位质量体系管理的规定,收集整理好各项质量管理文件。
(8)对勘测成果进行内部自检、中间检查和验收前的准备。

5 定 测 阶 段

5.1 工作内容要求

(1)在定测工作中,严格执行国家关于基本建设的法规、方针、政策,贯彻"标准选线、安全选线、地形选线、地质选线、生态环保选线及在公路建设中实行最严格的耕地保护制度"的测设理念,深入现场调查研究,精心勘测,仔细作业,为施工图设计提供正确、完整的外业勘测和调查资料。

(2)定测阶段应根据初步设计审查和批复意见、历次审查咨询会议纪要及确定的设计原则和工程方案,对初步设计所收集的资料进行现场核对,对初测阶段施测的平面、高程控制测量成果予以全面检查,结合地形、地物、自然条件与当前环境情况,通过优化初步设计推荐方案,确定路线线位。

(3)定测工作中,根据定测线位,开展路线中线、高程、横断面、路基路面及排水、桥涵、隧道、路线交叉、沿线设施、环境保护、经济调查等项目(或专业)的外业测量、资料调查,以及内业设计、有关部门意见征求与沿线村镇协议签署,同时开展工程地质详细勘察工作;最终稳定路线方案和各专业工程方案;为顺利开展施工图设计文件编制工作奠定基础。

(4)采用分离式路基的路段(含隧道)应按各自测设线分别进行定测;采用台阶式路基或半路基、半栈桥的路段,可按整体式路基进行定测;老路两侧加宽的路基段,可采用原建老路的设计线进行定测。

5.2 定测踏勘和路线方案业主预审查

(1)勘测设计项目部应根据初步设计审查和批复意见,在1:2000(或1:1000等大比例尺)地形图上,结合沿线构造物优化、互通设置条件、土石方工程数量、沿线建设条件和工程总规模等因素,利用数字地面模型对初步设计推荐方案做进一步的优化调整,拟订出定测踏勘方案和现场重要工点核查内容,准备踏勘资料。

(2)结合定测踏勘情况、重要路段现场勘测资料以及地方意见对定测方案进行优化调整后,申请业主对定测路线和互通立交方案进行预审查。勘测设计单位按照业主预审查意见进一步优化完善后,全面开展定测工作和工程地质详细勘察工作,以保证路线和互通立交平面线位基本稳定,减少补测和补勘的工作量。

5.3 路线测量

5.3.1 定测控制测量

(1)在定测开始前,首先应对初测阶段在测区内统一布设的平面和高程控制网进行全面检查,符合

《公路勘测规范》(JTG C10—2007)规定后方可使用。在定测开始时和测量中按以下规定执行:

①应对平面、高程控制点的点位分布情况进行全面检查。

②当控制点的点位分布满足设计要求时,应对其进行全面检测,检测成果与初测成果的较差在限差以内时,应采用原成果作为作业的依据。

③当个别段落控制点分布由于损坏或因方案变更引起的不能满足设计要求时应进行补设,高程控制测量可采用同级控制加密。平面控制测量连续补点不大于3个时可进行同级加密,技术要求与精度应符合规范规定。当需补设、增设、迁移水准点时,均应与邻近水准点进行联测,其精度要求同原初测的规定;如确认初测水准点高程有误,经复测后,与邻近水准点统一平差计算。

④当检测成果与初测成果的较差超出限差或控制点分布不能满足设计要求时,应对整个控制网进行复测或重测,并应重新进行平差计算,布设的控制网应符合规范规定。

(2)新布设的平面控制点应沿路线布设,距路线中心线的位置宜大于50m并小于300m,每一点至少应有一相邻点通视,桩志设置应符合规范要求。平面控制点布设时,应考虑沿线桥梁、隧道、互通等大型构造物布设控制网的要求,特大型构造物每一端应分别布设两个以上的平面控制点。

(3)对于特大桥、特长隧道等大型构造物,应布设大型构造物独立控制网,并按表4-1和表4-2要求分别选用平面和高程控制测量等级。大型构造物独立控制网应联测路线主控制网,当其精度要求高于主控制网时,其内部符合精度应满足独立控制网精度的要求。

(4)大型构造物的独立控制网布设应满足施工控制和放样的要求,特长、长隧道应按专业要求进行贯通控制测量,贯通控制测量还应包括辅助坑道。贯通控制测量的具体要求和误差规定应符合《公路勘测细则》(JTG/T C10—2007)第9.9.4条的要求。

(5)对与高速公路项目交叉或干扰的建设项目(或规划建设项目),应对其平面和高程控制网进行联测,确定精确转换关系。

(6)定测阶段如对初测布设的平面和高程控制网进行了补充和完善,则应提交以下成果:

①平面控制网点之记和点位略图。

②平面控制网精度统计表。

③平面控制成果表(应提供各控制点在标准带和工程带上的两套成果)。

④高程控制网点之记和水准路线图。

⑤高程控制平差报告、成果表和精度统计表。

⑥与相邻标段衔接边控制点成果表(标明公用点在两个相临坐标带的坐标和高程)。

⑦联测成果表、转换关系表。

⑧最终的控制测量报告。

5.3.2 中桩放线测量

(1)放线时应结合现场条件,进一步核查和确定有关方案的经济合理性。

(2)中桩实地放样测量可采用极坐标法(全站仪或红外光电测距仪)或采用GPS RTK厘米级精度实时动态差分测量。现场放样路中线,须钉设路线起终点桩、公里桩、百米桩。

①采用极坐标法放线时,其桩位宜由平面控制点放出,特殊情况下需采用支点法时,支点个数不宜超过两个,所放中桩应与路线前后所放中桩进行距离校检,以防止产生误差。当支点个数超过两个时,应校核转点的精度,以保证放桩桩位的准确。放出的控制桩应读数两次,两次点位差不得大于2cm。置镜点至测点间的距离不宜长于500m和短于50m。如采用附合导线,则其应与路线控制测量等级相同。

②采用GPS RTK方法时,求取转换参数采用的控制点应涵盖整个放线段,采用控制点应大于4个,流动站至基准站的距离应小于5km,流动站至最近的高等级控制点应小于2km。应利用控制点进行检查,检查点桩位较差应小于5cm,放桩点不能超过转换参数涵盖范围外。

③中桩间距:直线上的中桩间距宜为20~25m;曲线上不设超高的曲线,中桩间距为25m;当曲线半

径大于60m时,中桩间距为20m,当曲线半径为30～60m时,中桩间距为10m。各桩间的水平距离与桩位误差不超过1/2000。

④对于路线纵向和横向(路基范围内)地形变化较大处;与道路、地上及地下管线交叉处,与河岸、水渠交叉处,当与等级公路相交时所设加桩应能反映其路基边缘和路面中心;需拆迁建筑物或电力、电信设施处;土质变化和不良地质的起止点;地市、县、乡镇等行政区划交界处等需钉设加桩。同时控制桩与加桩之和的平均间距不得大于20m(隧道洞身段除外)。大桥、特大桥与复杂中桥的桥位控制桩每岸不少于两个。隧道进出洞口及竖井的控制桩不少于两个。

⑤规格要求。

一般控制桩(平曲线控制桩,断链桩,其他构造物控制桩),宜牢固钉设5cm×5cm(或ϕ5cm)×40cm木方(圆)桩,木质方(圆)桩应打入地下,与地面齐平,顶面应钉小钉以示点位,并加设书写桩号的标志桩。如果桩位处为露头完整的基岩,可在其表面准确凿出测点记号,写上该点符号和桩号。

主要控制桩(特大桥及大桥、隧道、互通式立交、路线起终点等),宜埋设混凝土桩,混凝土桩顶点高出地面3～5cm,其顶面钢筋锯"十"字记号,并加设指示桩。

标志桩(中线上的整桩及加桩、主要控制桩及一般控制桩的指示桩),其规格为4.5cm×1.0cm×30cm的木质或竹质板桩。标志桩应打入地下15～25cm,露出地面5～10cm。

⑥所有曲线控制桩、公里桩、百米桩等都应写出里程号,不得省略。应采用红色或黑色油漆,按横向书写方式书写标志桩。断链桩宜设在直线段的百米桩处,不得设在桥隧等构造物上,桩上应写明前后桩号关系和增、减距离。分离式路基(隧道)上的中桩,应按测量前进方向在桩号前冠以"Z"(左)或"Y"(右)符号。

⑦中桩平面桩位的设置精度,应符合《公路勘测规范》(JTG C10—2007)表9.2.2的规定。

(3)如果采用先测量控制路线精细数字地面模型,再利用精细数字地面模型插值剖切中桩数据的测量方法,应在地面人工优先准确采集本项目用地范围内的地形点、地形特征线和地形断裂线,并配合采集其他分布位置合理、密度适中的地面点数据。地形特征线包括山脊线、山谷线;地形断裂线包括河流、沟渠两岸边线及边线对应的沟底线、塘岸边线和塘底线、河堤顶和河堤底、坎顶线和坎底线、现有道路边线等。在满足专业调查的前提下,可适当减少现场中桩放样的数量,将项目路中心线与地形断裂线、地形特征线以及结构物地面轮廓线的交点与现场放样的中桩成果共同形成中柱地面线数据,中桩精度应满足《公路勘测规范》(JTG C10—2007)要求。

5.3.3 中桩高程测量

(1)当采用精密水准仪作业时,按《公路勘测规范》(JTG C10—2007)第4.2节的相关规定测量各中桩(包括控制桩和加桩)的地面高程。

①为便于检测高程,测量中桩地面高程时,水平尺统一紧靠插打的加桩、控制点桩的前方一侧竖立。对于局部悬岩峭壁区,水平仪难以到达的地段的加桩,可用全站仪测量其地面高程。

②采用三角高程测定中桩高程时,每一次距离应观测一测回两个读数,垂直角应观测一测回。

③中桩高程测量应起闭于水准点,允许闭合差为$\leqslant \pm 30\sqrt{L}$(mm),L为测程长度(km)。中桩高程检测限差应$\leqslant \pm 5$cm。测量时,读尺记录后应复读校核,防止错读、错记。

(2)当采用GPS RTK作业时,求解转换参数采用的高程控制点不应少于4个,且应涵盖整个中桩高程测量区域,流动站至最近高程控制点的距离不应大于2km,并应利用另外一个控制点进行检查,检查点的误差应满足《公路勘测细则》(JTG/T C10—2007)9.3.4条规定。

(3)当采用先测量控制路线精细数字地面模型,再利用精细数字地面模型插值剖切中桩高程数据时,中桩高程数据需满足《公路勘测规范》(JTG C10—2007)规定的精度要求,人工数据采集要求详见第5.3.2(3)条要求。

5.3.4 路基横断面测量

(1)路线横断面可采用水平仪-皮尺法、横断面仪法、全站仪法或经纬仪视距法、GPS RTK 法、精细数字高程模型等方法进行测量。其高差(或高程)和水平距离应精确至 0.1m。人工测量时,应准确定位横断面的施测方向,必须与路线中线呈 90°交角;曲线路线段,横断面的施测方向必须与路线中线上测点的切线方向相垂直;测点立尺应竖直,量距应水平;横断面测点布置应合理,能控制地形、地质条件的变化,反映横向地面的起伏变化。

(2)除大中桥桥下的水下河槽外,所有中桩都需实测或在达到精度要求的精细数字高程模型上截取其横断面(包括桥孔部分伸入挖方区的路段)。桥台和桥墩处的横断面可待桥孔布设后补测。隧道应按相关要求测量横断面。

(3)横断面测量宽度应根据定测定线的路基范围,取土、弃土、排水设计,不良地质处理和改河(渠、路)工程设计的需要,防护隔离栅、公路用地界的要求,结合地形图上大致量取的地面线横坡等进行估算确定。测量范围宜为 50 ~ 60m,设有变速车道、避险车道的路段应适当加宽。内业设计在完成路线纵断面的初拟纵坡后,应即时检查横断面测量宽度是否满足路基设计要求,同时了解桥孔布设情况,若发现横断面布设不合理或测量宽度不足,应通知和协调实地补测工作,不得以随意延长的地面线作为设计的依据资料。相距很近、互为影响的分离式路基和匝道路基等的会合路段,老路加宽路基段,应贯通测量横断面,并应注明各线相互对应关系。沿河水位、土石分界、地物、地质变化注记清楚正确。

(4)当采用先测量控制路线精细数字地面模型,再利用精细数字地面模型插值剖切横断面数据时,横断面数据需满足《公路勘测规范》(JTG C10—2007)规定的精度要求,人工数据采集要求详见第 5.3.2(3)条要求。

(5)横断面检测互差限差应满足《公路勘测细则》(JTG/T C10—2007)第 9.4.4 条规定。

5.3.5 地形测绘

(1)地形图(1:2000)应与设计取用的坐标系统相一致。

(2)认真核对初测地形图,测图范围应满足设计要求,发现问题即时安排修测、补测和重测。如地形图由测绘单位用航测调绘成图作为定测用图时,应进行现场核对,当地形、地物与在航测后发生明显变化时,应予以补测;如有错误或地形、地物变化很大时,应进行重测。

(3)补测地形图,可用等精度复制图在其原有图根点、导线点上进行。局部范围地物变化不大时,可利用准确地物点调绘和修正;地物变化大、范围大、情况复杂时,应补测图根点再行补测。

(4)隧道洞口与竖(斜)井口、陡坡桥台、挡土墙以及需综合防护处理等特殊困难路段,一般需进行实测放线(采点);或根据其设置的独立控制网或附近的控制点,按当地工程带坐标系补测 1:500 的局部地形图(测图的范围和比例按该专业的技术指导书执行),再利用精细数字地面模型进行数据采集。

(5)补测或重测的地形图,技术要求和测量精度应符合《公路勘测规范》(JTG C10—2007)第 5 章的规定。

5.4 路基、路面、排水勘测及筑路材料调查

5.4.1 路基、路面及排水系统主要工作内容与要求

(1)应对初测收集的资料进行补充、深化、完善,并进行必要的勘测与实地调查。为路基施工图设计提供依据。

(2)应根据定测时路线纵断面设计拟定的路基填挖高度、地勘资料和实测横断面资料等，结合具体的地形、地质、水文地质条件和地物情况，现场逐段确定下列设计内容：

①确定合理的路基断面形式，填方和挖方边坡坡率。

②调查路基边坡需要设置防护的路段，现场确定其位置、起讫桩号，选择合理的边坡防护工程类型，提出地基勘探等意见。

③调查路基截、排水设施设置的具体位置、起讫桩号、长度，确定路基形式、断面尺寸、加固措施和进出口位置。

④调查路基范围内的岩溶漏斗、陷穴的发育情况（包括面积、深度、集雨面积、渍水时间及其发展史），提出路线跨越方式或处理措施。

调查核实其他不良地质（如岩堆、滑坡、泥石流、崩坍、顺倾滑脱等）的位置、范围、地质病害类型及对路基、路面的影响，确定整治措施。

⑤对需要设置台阶式路基或半路基半栈桥的路段，应现场确定其起讫桩号、台阶最大高度、合理的栈桥高度与孔径孔数。

⑥应充分收集软土、过湿土、膨胀土、液化土地质条件下，本地区类似工程建设的相应资料、可借鉴的经验，以指导项目路基的合理设计。

⑦应根据路线纵坡和行车安全要求，结合地形情况，确定避险车道、临时停车区的位置（桩号）。

⑧分段确定路侧安全防护设施的类型及相关设计注意事项。

(3)对加宽或改建公路路基路面勘察应按《公路勘测规范》(JTG C10—2007)、《公路沥青路面设计规范》(JTG D50—2017)、《公路水泥混凝土路面设计规范》(JTG D40—2011)要求，提供完善的成果，路基路面改建方案合理。

(4)在初测、初步设计基础上，补充完善路基取土和弃土处理场地调查，并征得地方政府同意。对其场地进行详细勘察和路基土物理力学性质试验，试验方法、精度、成果资料均应符合《公路土工试验规程》(JTG E40—2007)要求，对不适用材料的处理应经济合理，满足《公路环境保护设计规范》(JTG B04—2010)的要求。

(5)在初测、初步设计基础上，根据沿线工程地质、水文地质条件，分析确定各路段土的类型及其干湿状态；进一步调查初步设计所选路面结构在当地的设计、施工、养护等的使用情况和适用条件。

5.4.2　路基、路面勘测与调查

(1)沿河路基的勘测、调查：

①应核查、调查、分析河段的水文、水力特征，确定路基设计频率水位及流速。

②应调查落实河道断面，分析压缩河床对上、下游及对河岸可能产生的不利影响及影响程度，选择安全、经济、合理的路基形式。

③通过水库附近的路基，应调查核实水库类型、等级、设计洪水频率、校核频率及水库的设计水位、高水位、低水位、回水位和校核水位，调查水库淹没范围、浪高等，并对水库大坝等进行高程测量。

④对初步设计所拟定的沿河路基防护加固方案进行核对，现场测定其位置，进行起讫点及地形、地质变化点的横断面测量。对需设置综合防护系统的路段，应视设计需要，进行平面图测量，比例尺为1:1000～1:500。

⑤对需要设置调治构造物的路基段，应根据平面图上定出的导治构造物位置进行实地敷设，定出轴线，测绘各个导治构造物的纵断面和坝头、坝身、坝根的横断面。导治构造物的轴线应与路线或导线点联系，计算并标记坐标。

⑥对因路基设计需要而考虑的改河工程方案应特别慎重对待，必须进行相应的水文、水力计算和分析，对改河工程所造成的不利影响进行充分评价，研究应采取的防范措施和有效的处置措施。当经论证存有安全隐患时，应研究其他可行的设计方案。

⑦采用改河方案时,应根据改河工程布置图所确定的河道轴线,实地敷设改河的起终点与改河轴线中桩,并测定中桩高程及横断面;拦河坝及有关建筑物亦应测量其轴线纵、横断面,应进行平面图测量,测绘范围应包括上、下游河流趋势范围,宽度应包括两岸公路设计洪水位时的泛滥范围,比例尺为1:1000~1:500;应确定新开挖河道的弃方处理利用方案及旧河道的处理与复垦方案。

(2)路基防护工程勘测:

①应根据路线纵坡及路线横断面设计,对初步确定的防护工程进行补充调查,现场确定防护工程的位置、起讫点、防护工程形式、防护范围和长度。

②对支挡防护工程,应现场测量设计控制纵断面(支护结构底部或墙趾点附近应调查设置防护工程路段的边坡土质特性,包括稳定性、含水率,并调查原有植被的地形纵断面),起讫点和地形、地质变化点的横断面,支挡工程的每一设计分段长度中,实测横断面数量不应少于1个。

③对于采用种草、植草、植树等进行边坡防护的路段,应调查边坡土层的适种性,是否需要换土,以及适宜种植的草种、草皮、树种和种植季节。

(3)路基路面排水调查:

①应核实路基排水的初测资料和初步设计方案,并对初步设计方案作进一步的补充调查,确定需设置的各类排水沟及设施的位置、长度、形式与断面尺寸。

②特殊地段设计的排水工程,应测量其纵、横断面,并根据设计需要测绘平面图,比例尺为1:1000~1:500。

③应在初步设计路面排水方案的基础上,结合路线平面和纵坡设计,逐段检查,落实所布设的各种排水管道、急流槽等结构物的设置位置,确定其构造尺寸。

④对通过鱼塘、饮水排灌渠的路基段,应设计自成体系的排水系统,以保护环境。为此,定测阶段应进行深入调查,收集资料,充分掌握排水自成体系的条件和存在的问题,制定可行的实施措施。

(4)路基取土、弃土勘测与调查:

①应在初测和初步设计方案的基础上,进一步核实和补充调查土源的性质,判定是否符合路用标准以及是否需要采取改良的措施。同时应查明土源区覆盖层厚度、性质,地表、地下水情况,土地类别,种植情况,占用土地价格等。

②应确定取土坑的范围,可取土数量、工程等级,占用土地类别,占地或临时占地补偿价格,取土运输方式、运输便道及其长度、临时工程等。

③应确定取土的方式,取土季节,评价取土后对水土流失及对路基稳定的影响,研究土地复垦的可能性,制定绿化及保护措施。

④应核实路基挖方的废方数量、土质,调查弃土堆附近的地形、地貌、农田水利、植被、自然山坡和景观的情况,确定弃土运输便道及运距,制定弃土堆的绿化及环境保护措施。

⑤大型取土坑、弃土堆应进行实地纵、横断面测量和设计,线外取土坑及弃土堆应测绘地形平面图,比例尺为1:2000~1:1000。

(5)路面调查:

①应根据沿线水文地质及工程地质条件,分析确定各路段路基土的类型,及其干湿类型。

②应进一步调查已有道路的路面结构类型、厚度及使用效果等。特别要调查初步设计所选路面结构在当地设计、施工、养护使用情况及适用条件,为施工图设计提供依据。

③应进一步收集气象、地质、水文等资料,分析对路面可能产生不良影响的因素,研究防范措施。

5.4.3 筑路材料调查

(1)定测阶段的筑路材料调查应在初测基础上进行补充和完善,对缺乏的材料能进一步落实;进一步调查落实料场的位置、上路桩号、材料种类、质量、数量、成品率,开采的运输条件、支线工程和占地等。

(2)应根据详细调查资料和试验资料,分析研究并决定料场的取舍或补充。

(3)根据初步设计审批的路面结构方案,建议选用沿线材料进行原材料和混合料试验(各项目也可结合其实际情况,将路面面层混合料配合比试验和参数测试工作调整到路面施工图设计阶段实施),其试验方法、内容、精度、成果资料等符合交通运输部颁布的有关试验规程要求,为路面设计提供可靠的力学参数。料场原材料的试验项目为:

①路基土:天然含水率、天然重度、塑限、液限,颗粒分析及土的分类,重型击实试验,压缩试验,剪切试验,回弹模量,CBR 试验。

②石料:抗压强度试验,磨耗试验,磨光值试验,压碎试验,松散单位重,针、片状颗粒含量,筛分试验等。

③砂料:颗粒分析,含泥量,有机物含量,云母含量,硫化物含量等。

④沥青及水泥:根据设计需要确定试验项目。

(4)路面各结构层试验项目:

①沥青混合料面层:沥青与石料黏结力试验,马歇尔稳定度试验(含稳定度、流值、空隙率、饱和度、残留稳定度),密度,抗压试验,抗弯拉试验,劈裂强度,最佳级配组成。

②水泥混凝土路面面层:抗压强度,抗折强度,抗折弹性模量,重度,最佳级配组成。

③基层和底基层:7d、28d、90d 抗压强度与回弹模量,抗弯拉气度及弯拉回弹模量,击实试验,重度,最佳级配组成,温缩试验,干缩试验,CBR 试验等。

④当试验结果不能满足规范要求时,应调整组成,重新试验。

5.5 桥梁、涵洞勘测

5.5.1 桥涵构造物定测主要工作内容与要求

定测阶段桥涵勘测与调查的任务是根据初步设计审查和批复意见、设计原则和设计方案等,在初测的基础上进行必要的测绘、调查、分析计算,对初步设计收集的已有资料进行核对和补充,完成初步设计阶段留待定测解决的问题,为桥涵施工图设计提供可靠、详细的资料。

5.5.2 大、中桥位勘测、调查

(1)应核实初步设计阶段大、中桥位水文调查和勘测资料,验证水文分析和计算成果,根据定测的路线平、纵面设计资料,批准的桥型设计方案,现场检验桥孔布设的合理性、防护工程设置位置、结构形式的合理性。

(2)根据初步设计审查意见或施工图设计需要,补充必要的河流形态调查、桥位水文调查和工程地质勘探资料,补充相应的水文分析和计算资料。落实、完备与桥梁设计相关的规划、通航、水利、涉河工程、气象、道路等资料的收集和认证手续。

(3)定测阶段的桥位形态断面测量,应按照《公路工程水文勘测设计规范》(JTG C30—2015)第4.3.1条及《公路勘测细则》(JTG/T C10—2007)第9.8.7条的规定执行。

①水文断面宜选择在洪痕分布较多、河岸稳定、冲淤不大、泛滥宽度较小、无死水和回流、断面比较规则的顺直河段上,宜与流向垂直。

②水文断面应在桥位上、下游各测绘一个;对河面不宽的中桥,可只测绘一个;当桥位断面符合水文断面时,桥位断面可作为水文断面。

③平原宽滩河流应测至历史最高洪水泛滥线以外 50m;山区河流应测至历史最高洪水位以上 2~5m。

④测绘成果：应标出河床地面线、河滩分界线、植被和地质情况、糙率、测时水位、施测时间、历史洪水位及发生年份、其他特征水位等。河槽分界线应在现场确定。

⑤形态断面测量精度应符合《公路勘测细则》（JTG/T C10—2007）第5.4节的规定。

（4）应根据定测阶段落实或补充收集的桥位形态调查与测量资料，河段特征，核查或补充的洪水分析计算资料，按照《公路工程水文勘测设计规范》（JTG C30—2015）第5～7章中相关条文的规定，确定桥梁设计洪水频率对应的设计流量、设计流速、设计水位等，进行桥长计算和桥孔布置，并计算桥面控制高程、基础冲刷深度，为桥梁施工图结构设计提供依据资料。

（5）定测阶段需要对桥位进行平面控制测量时，应按照《公路勘测细则》（JTG/T C10—2007）第9.8.3条的规定执行，桥轴线的相对中误差应符合规范要求。

（6）桥梁高程的控制测量应按照《公路勘测细则》（JTG/T C10—2007）第9.8.4条的规定进行。

（7）拼宽桥梁的平面、高程控制布点，应能准确测定原有桥梁的平面、纵面等几何参数，尽量将测点布置在桥梁的构造特征点处。

（8）当需要修改或补充桥位地形图资料时，桥位地形图测量应满足《公路勘测细则》（JTG/T C10—2007）第9.8.5条的规定。

（9）桥轴纵断面测量应符合如下规定：

①桥轴和桥头引道纵断面的测量应按照《公路勘测细则》（JTG/T C10—2007）第9.8.6条的规定进行。图中应测出地形、地貌、地质变化点，点绘纵断面。

②桥轴水下纵断面测量，应按照《公路勘测细则》（JTG/T C10—2007）第5.4.2～5.4.5条的规定执行。

③当设有调治、防护工程构造物时，应根据设计需要测绘相应的纵断面资料。

（10）当桥位及所布置的墩台位于较陡的斜坡上时，桥纵轴线上的墩位桩或其他地形变化点加桩，应增测与之相垂直的横断面资料，横断面测量应符合以下规定：

①桥位横断面可采用水平仪-皮尺法、横断面仪法、全站仪法或经纬仪视距法进行测量。其高差（或高程）和水平距离精确至厘米。人工测量时，应准确定位横断面的施测方向，必须与桥梁纵轴线呈90°交角；曲线桥梁段，横断面的施测方向必须与纵轴线上测点的切线方向相垂直。测点立尺应竖直，量距应水平。横断面测点布置应合理，能控制地形、地质条件的变化，反映横桥向地面的起伏变化。

②桥位横断面测量的宽度和范围应根据地面横坡坡度、桥梁基础设计需要来合理确定。当设有调治、防护工程构造物时，应根据设计需要测绘与相应纵断面测点对应的横断面资料。

③桥位横断面测量的精度应符合本规程第5.3.4条的规定。

（11）定测阶段完成前，应对照《公路工程基本建设项目设计文件编制办法》（交公路发〔2007〕358号）第5.2.5条中，大、中桥的设计文件编制内容，核查大、中桥勘测、调查资料的完整性，满足施工图设计的需要。

5.5.3 小桥涵勘测与调查

（1）定测阶段的小桥涵勘测工作，应按照批准的初步设计文件确定的有关设计原则，在初测资料的基础上，补充地质、气象、植被、农田水利等详细调查和认证资料，实施小桥涵位地形测量，进行水文分析计算，根据定测的路线、路基设计，确定过水构筑物的位置、孔径、墩台高度、结构类型、基础类型及埋置深度，必要的附属工程等，为小桥涵施工图设计提供所需的资料。

（2）小桥涵的设置应服从路线线位，布设桥涵时应与路线平、纵面设计，路基排水系统设计相配合，并注意设置必要的附属工程，保证水流畅通。应确保小桥涵位上、下游农田、村落、水利设施的安全，且小桥涵设置不应对其造成不利影响。沿线小桥涵的布设，应取得当地政府和水利部门的书面意见或协议。

路线纵断面设计完成后，应组织对沿线初选小桥涵位置及构造形式的现场核对，必要时进行改移或调整。

(3)小桥涵在一般情况下均应进行水文计算和孔径设计。小桥涵孔径设计,除依据设计流量资料满足排洪需要外,尚应结合农田水利、灌溉、渔业等因素综合考虑。

(4)小桥涵设计流量的计算,应按照桥涵所在地区的水文条件、径流性质,收集历史洪水资料、地区暴雨径流计算公式和地区性流量经验计算公式,综合分析,合理选用。小流域上的桥涵设计流量计算宜以径流法为主;流域较大时,以形态法为主;当可收集到邻近流域的水文站资料时,也可以采用类比法进行计算。

当采用形态法计算时,应进行形态断面、河床比降、特征水位和汇水面积等测量工作。测量河床比降时,上游侧施测长度宜为100~200m;下游侧施测长度宜为50~100m。

宜采用多种计算方法进行校核后,确定小桥涵的设计流量。

(5)小桥涵址测量。

①小桥涵位沿路线中心线方向的断面测量,宜在路线中线测量时同步完成。若路中线的加桩不足,可根据地形变化加密中桩,加密桩的高程、距离丈量精度与中桩相同。

②布置涵洞中心桩号后,应采用测量仪器实测沟渠或涵洞轴线与路线中线的交角,不得在图上量测或目估,交角记录应统一,交角统一规定为:自路线前进方向顺时针方向与构造物或水流轴线的夹角(夹角范围0°~180°)。当水流方向与路线法线方向之间的夹角大于45°时,仍按45°布置。涵洞轴线断面可采用水平仪-皮尺法、横断面仪法、全站仪法或经纬仪视距法等进行测量。其高差(或高程)和水平距离精确至0.1m。测量时,测点立尺应竖直,量距应水平。涵轴断面测点布置应合理,能控制地形、地质条件的变化,反映涵底地基表面的起伏变化,涵洞轴线断面测量的测量范围和精度,应能满足涵底纵坡和进出口设计、与路基排水系统连接设计、布置消能构造及调治或防护工程、准确计算开挖土石方数量等的需要。地形比较复杂时,应在路线两侧各施测一个或几个垂直于涵洞轴线断面或河沟断面的横断面,或平行于涵中心桩切线方向的洞口横断面(采用平行斜投影法绘制斜交涵洞设计图时)。

③一般情况下可不测绘小桥涵地址地形平面图,当位于地质、地形、附属工程复杂区,或需布置改河、改沟、改道及为协调环境进行综合处理的地段,宜测绘1:500的工点地形图,为桥涵附属工程设计提供必需的资料。

④对改河工程应慎重对待,不应未经分析论证任意改沟、改河或强制并沟设涵。特别情况下必须改河、改沟时,应按改河段布设要求进行相关范围内河床纵坡和河床横断面测量,并对原河沟进行对应的关联测量,同时,应评价改河工程对上、下游及两岸农田、灌溉、水利设施、村落可能造成的影响,并采取可行的规避措施。

(6)老路加宽段,应调查原有小桥涵的结构形式,测量其跨径、高度、长度、宽度、桥涵底高程和位置,评价其使用性能、损坏程度,并做详细记录。

5.5.4 桥涵勘测资料规定

(1)为确保桥涵定测方案资料收集齐全,布设经济合理,各项记录、计算成果、图表注记等,均应正确无误,签署完善,实行自检、互检、专业检查和单位审查制度。

(2)桥涵勘测、测量、调查等原始资料的记录与整理,应符合下列规定:

①应按记录簿规定的内容要求,在现场记录清楚,不得事后补记或转抄。

②现场发现测量错误或记录错误而需改正观测数据时,应用铅笔画出,重新记录,不得使用橡皮涂擦。

③记录本应分类编号,编写目录,注明上承或下接的册序及页号。

④工作记录簿应填写测量日期、天气、起讫时间,观测、记录、计算、复查者均应署名完备。

⑤应逐工作日复核、检查外业原始记录资料,如发现差错、遗漏、记录错误或疑问,应及时与有关人员联系,进行查核、修正和补测工作。记录资料未经复核不得使用。

⑥大、中桥记录簿宜附各桥桥位影像图,小桥涵记录簿宜附涵位地形示意图。

⑦所有记录、计算成果资料,必须整理完整,签署齐全。

5.6 隧道勘测

5.6.1 隧道勘测的主要工作内容与要求

(1)应根据初步设计审查及批复意见,依据有关设计原则、规范、规定等,在隧道初测的基础上,会同路线、地质专业人员对隧道位置进一步核对、落实,确定洞口(包括辅助坑道口)位置及隧道中线;检核和落实隧道排水和附属设施;对隧道所在位置的地形、地质、水文、环境等进行核实和深化调查;对初勘中遗留的,需要在定测阶段深入调查、勘探的重大复杂地质问题,采用有针对性的勘探方法取得定性、定量的资料,并得出可靠的结论;检测初测所设控制点,补测、联测丢失或损坏的控制点;检查或补测设计所需地形图资料;对初设提出的隧道施工方法及经济合理性做出评价,并确定付诸实施的施工方案。定测阶段隧道勘测所收集的资料应满足隧道施工图设计的需要。

(2)定测阶段隧道工程应完成如下勘测调查工作:

①根据初测成果及初步设计审查专家意见,优化并确定隧址方案。

②隧道平面及高程控制测量;隧道纵、横断面测量及地形图补测。

③洞口地形、地质、环境调查与洞口位置拟订;补充和核对初测地质资料、复杂地质问题,配合地质专业人员做好隧道地质详勘工作,根据需要布设相应的地勘工作量,并得出可靠结论。

④隧道供配电情况以及隧道通风方案的进一步落实,隧道管理站位置的调查。

⑤隧道场地调查与施工方案的拟订。

⑥对环境条件及交通条件等进行补充调查并取得相应的资料,包括隧道建设对环境的影响分析;施工便道、水源、弃渣场地的调查。

⑦筑路材料调查。

⑧收集、调查为编制预算所需的资料。

⑨有关单位对隧道要求、协议签署以及隧道建设对当地经济发展的调查分析。

5.6.2 隧道测量

(1)隧道洞顶及连接路线的定测,应按照《公路勘测细则》(JTG/T C10—2007)第 9.9.2 条的规定办理。隧道洞顶路线(包括洞口附近接线)测量内容的精度、洞外控制测量的方法、精度和内容符合《公路勘测规范》(JTG C10—2007)要求。提供的勘测资料项目齐全,能满足施工图设计要求。

辅助坑道中线测量时,加桩点宜为:与路中线交点桩、平曲线要素桩、百米桩。洞口加桩应不少于8个。

(2)当隧道洞顶或洞身外侧的覆盖层较薄或通过岩溶发育等地质不良区段时,应实测横断面;隧道洞口路中线上的加桩应施测横断面并填绘地质资料。对于整幅路基的连拱隧道、小间距隧道,要求横断面测至中线两侧各 50m;对于分离式隧道,要求横断面测至中线两侧各 40m。

辅助坑道洞口加桩处,应测绘横断面并填绘地质资料。

横断面测量的精度要求,见第 5.3.4 条规定。

(3)隧道的洞外平面控制测量应按照《公路勘测细则》(JTG/T C10—2007)第 9.9.4 条的规定执行。

(4)隧道的高程控制测量应按照《公路勘测细则》(JTG/T C10—2007)第 9.9.5 条的规定执行。

(5)隧道定测前,应对初测阶段完成的隧道地形图进行现场核对,若地形、地物发生变化或测绘范围不足时,应进行修测和补测。

隧道洞身地形图宜采用1∶2000的比例,要填绘地质资料、平面控制网点及各种图例说明。

洞口地形图宜采用1∶500的比例,测绘范围为洞口位置前后、左右各宽60~100m,当为桥隧相连、洞口采用特殊加固措施或排水设计要求时,可根据需要扩大测量范围,以满足设计要求为准。

辅助坑道洞身地形图应填绘地质资料,显示井口场地布置、用地及弃渣范围,比例宜采用1∶2000;辅助坑道洞口地形图,范围包括井口提升设备的场地布置、通风房、通风井及附属设施用地,测量范围以满足设计要求为准。

5.6.3 洞口及洞身调查

(1)洞口调查内容为:

①洞口地形与路线是否正交,是否产生偏压现象。

②拟定洞口里程及适用的洞门形式。

③洞口是否需要设置明洞,拟定明洞形式、长度、与暗洞分界里程。

④洞口排水条件。

⑤洞口弃渣条件,包括容量、运距、挡渣墙规模等。

⑥洞口影像资料(按隧道设计或景观设计需要收集)。

(2)洞身调查内容为:

①洞身范围内是否存在浅埋偏压地段,及应采用的结构形式。

②洞身范围内不良地质现象地段的特征,例如岩溶发育段、滑坡、堆积体等。判定不良地质现象段的长度,制定应采取的对策及工程措施。

③洞身范围影像资料(按隧道设计需要收集)。

5.6.4 施工组织资源调查

(1)供电调查宜由机电设计单位执行。应了解和收集隧道所在地区电力部门的供电情况,根据隧道通风、照明、排水、通信、救灾、消防等方面的需要,确定负荷类别及容量,与当地供电部门联系协商,拟订供电原则,签订相应的协议。应充分考虑施工用电与隧道运营管理用电互相结合的方式。若当地供电部门的供电不能满足工程需要时,应考虑设置自备柴油发电机组,同时收集设置自发电需要的有关资料。

(2)应对隧道的消防及其他工程用水进行水源调查。当有条件利用当地供水部门的水源时,应与当地供水部门联系,调查水源地点、管路铺设路径等资料,商定供水量,签订书面协议;当需要自设水源时,应收集地面水源、地下水位、水质、地下各类管线等自备供水系统所需资料,并按照给、排水相关规范的规定进行勘测。

(3)应调查隧道施工时的对外交通条件,包括隧道洞口、辅助坑道洞口的施工便道引入条件及便道长度。

(4)应调查隧道附近的可用弃渣地点。当洞口附近弃渣有困难时,应寻求和调查其他有条件的弃渣地点。

5.6.5 隧道勘测资料要求

(1)隧道定测阶段完成后,应按《公路勘测细则》(JTG/T C10—2007)表9.16.3的规定提交测量、调查资料。为此应对调查记录、计算书、各种底图进行整理,按规定的格式形成定测资料。编写定测说明、编制隧道洞口调查表及隧道表,隧道表包括隧道名称、起讫桩号、长度、平曲线半径、纵坡、地质条件

(主要地层及围岩类别)、洞门形式、结构形式(分离式、小间距、连拱式)。

(2)隧道定测阶段应完成下列图纸:

①隧道地形地质平面图。

②隧道纵断面图:应逐段填绘地质资料,注明围岩类别,确定洞口位置,标明路线纵坡及设计高程,其比例为:横向1:2000,竖向1:200。

③洞口放大纵断面图:填绘地质资料,比例1:500。

④洞身横断面图:填绘地质资料,比例1:200。

⑤洞口及附近横断面图:填绘地质资料,比例1:200。

⑥明洞横断面图:填绘地质资料,比例1:200。

⑦洞口地形图:填绘地质资料,比例1:500。

⑧辅助坑道平面图、纵断面图、横断面图,坑道洞口地形图。

⑨工程地质勘察报告:地质勘察内容符合《公路工程地质勘察规范》(JTG C20—2011)的要求;勘察成果齐全,地质资料能正确反映各种地质体系的客观条件规律,测试数据完整可靠。

(3)隧道定测阶段,应整理环境资源条件、施工组织调查等资料;整理与汇总与有关单位的协议资料;整理与隧道通风有关的气象资料(如风速、风向、气压、气温等);整理、编辑设计所需的工程影像资料等,以提供施工图设计使用。

5.7 路线交叉勘测

5.7.1 路线交叉勘测的主要工作内容与要求

(1)应根据初步设计审查及批复意见,依据有关设计原则、规范、规定等,在初测资料的基础上,对各路线交叉工点进行现场核查和详细的调查、测量、分析计算,补充和完善确定的初步设计方案,解决初步设计的遗留问题,为编制施工图设计提供所需的可靠资料。定测前应核查路线交叉附近的测量控制点,如有损坏、丢失、位置不当等,应补设或重设并进行联测。若路线交叉区的地形、地物等发生较大变化或初测阶段测绘的地形图范围不满足施工图设计需要时,应修测、补测地形图。

(2)定测阶段路线交叉工程应进行以下勘测与调查工作:

①互通式立交勘测与调查。

②分离式立交勘测与调查。

③通道、人行天桥勘测与调查。

④公路与铁路立体交叉的勘测与调查。

⑤公路与管线交叉的勘测与调查。

5.7.2 路线交叉勘测与调查

(1)定测阶段应对初步设计确定的互通式立交的布置方案进行核查、校对和补充,互通式立交工程的勘测与调查工作,应按照《公路勘测细则》(JTG/T C10—2007)第9.10.3条的规定执行。

①应调查被交叉公路的规划设计、实施情况,为施工图设计取得依据资料。

②互通式立交工程的工点地形图测量范围,应包括被交叉路连接线的起讫点及防护、排水工程的有关区域,当地形图测量范围不足时,应补测地形图。

(2)定测阶段应对初步设计确定的分离式立交工程布置方案进行核查、校对和补充,其勘测与调查工作应按照《公路勘测细则》(JTG/T C10—2007)第9.10.4条的规定执行。

各分离式交叉的位置、形式、孔径、标准,以及设计与施工方案均应征求地方政府或主管部门的意见,并取得书面协议。

分离式立交跨线桥的桥下净空,除应满足相应等级公路的净空标准外,还应预留道路维修或改造所需增加的高度。

分离式立体交叉范围内需设置排水设施或改移水渠时,应确定改移位置,测量纵、横断面;当地形图不能满足设计要求时,应修测或补测地形图。

(3)定测阶段,通道与人行天桥的勘测与调查工作应按照《公路勘测细则》(JTG/T C10—2007)第9.10.5条的规定执行。

(4)路线与铁路立体交叉时,交叉位置、交叉方式(上跨或下穿)及相交技术要求,应与铁路主管部门现场协商确定,并取得双方确认的正式函件。其勘测与调查工作应符合《公路勘测细则》(JTG/T C10—2007)第9.10.6条的规定。

测量路线与铁路交叉处附近左右侧50m范围内的铁路轨顶高程与距离时,其测量精度应至毫米;其余部位的高程与距离精确至厘米。并应调查铁路两侧的地上或地下管线的位置与高程。

(5)定测阶段,应对初测阶段所做的管线调查资料进行核对和必要的补充调查。公路与管线交叉的测量与调查工作应符合《公路勘测细则》(JTG/T C10—2007)第9.10.8条的规定。

应详细调查和落实与路线交叉或干扰的管线所属单位,并取得联系。当因路线设计需要,需对管线采取保护、加固或迁移措施时,应与管线业主磋商,确定具体方案,并取得正式协议文件。

5.8 环境保护勘测与调查

定测阶段沿线环境保护勘测与调查工作应按照《公路勘测细则》(JTG/T C10—2007)第9.12.1~9.12.5条的规定执行。

5.8.1 基本原则

(1)沿线气候、土壤、水利条件调查资料齐全、正确,合理分段。

(2)因地适宜,选择适种树种、草种。

(3)合理安排各分段绿化范围和植物配置形式。有利于水土保持,视线诱导良好。

(4)根据采用的复垦方案补充测量、收集资料,满足土地复垦设计的要求。

(5)按采用的交通噪声控制方案补充收集资料齐全、正确,满足施工图设计需要。

5.8.2 环境保护勘测调查主要内容与要求

应按批准的《环境影响评价报告》和《水土保持方案》、初步设计审查及批复意见,进一步核实补充,确定环保措施和工程方案。其主要内容与要求如下:

(1)能因地适宜,适地适树,绿化方案符合美化要求。结合现场勘察,了解项目区的植被类型、林草生长及覆盖度的情况。调查现状植被的名称、乡土树种、规格、形状、色彩,分布,数量、价格等。

(2)核实并确定中央分隔带、路侧、边坡平台及上、下边坡的绿化方案,包括树种、栽植密度、保养措施、各类绿化的起讫桩号。

(3)核实、确定互通式立交区、服务区、停车区、养护工区及取、弃土场的绿化方案。

(4)核查、确定取、弃土(含隧道弃渣,下同)场的位置、面积及取、弃土场植被恢复方案。

(5)调查沿线的环境敏感点,包括声环境和水环境敏感点的分布,勘测敏感点与拟建公路的距离、高程、地形、植被、风向等,初步拟定采取环境保护措施的类型、范围、长度、规模等。按采用的交通噪声控制方案补充收集资料齐全、正确,满足施工图设计需要。

(6)调查、核实公路影响范围内地表水资源分布、容量以及水体的主要功能,特别是饮用水源及养殖水源保护地。

5.9 沿线设施勘测与调查

5.9.1 沿线设施勘测调查的主要内容与要求

应根据批准的初步设计文件及提出的审查意见,对本线沿线设施初测调查的内容进行核查和补充,若原调查的管理设施、服务设施处的地形、地物已发生变化,应修测或补测地形图。定测阶段沿线设施勘测与调查应进行如下工作:

(1)调查、核实沿线设施的总体布局、项目、形式、规模及设置的位置。

(2)核查管理、养护设施的具体位置是否符合相关技术要求,是否与当地地形、地物和环境相适应。如果地形、地物有变化,应修改或补充测图。

(3)实地放样出管理设施、服务设施区连接路线的中线,并进行水准测量与横断面测量,以及场地的地形图测量(比例为1:500或1:1000)。地形图测量应与路线导线和水准联测。

(4)调查、核实与安全设施相关的沿线小气候条件,如台风、暴雨、大雾等的范围和季节性特点。

(5)调查沿线需设置安全设施的位置、类型、起讫桩号和长度。

(6)调查沿线需设置指路标志的详细地名、路名、编号。

5.9.2 沿线设施勘测与调查

定测阶段应现场核实沿线设施的总体布置、项目、形式、设置位置、规模、占用土地面积等,沿线管理设施、服务设施、安全设施的勘测与调查工作,应按照《公路勘测细则》(JTG/T C10—2007)第9.11.3条、9.11.4条的规定执行。

5.10 其他勘测与调查

5.10.1 施工场地调查

(1)应核查、确定施工场地的位置、面积、地形条件,以及交通、供水、供电等条件,核实临时电力线路的长度、平整场地与硬化工程数量。

(2)施工场地按施工标段和大桥、特大桥、长隧道及基层、面层拌和场等工程项目各设置一处,并按工程量大小确定其面积和大型临时设施的规模。中小桥梁、涵洞和短隧道不设单独施工场地。

5.10.2 临时工程勘测调查

(1)应结合初测资料对定测方案的其他临时工程调查进行补充、核实。施工便桥、便道、临时管线要求等按规范要求执行。

(2)其他工程(如渡口码头、悬出路台、防雪走廊等)按定测方案进行勘测调查,应符合规范要求,补充收集资料齐全、正确。

(3)线外改河、防护、排水、水利设施迁建,按定测方案进行勘测调查,应符合规范要求,补充收集资料齐全、正确。

5.10.3 征地拆迁等调查

(1)占地勘测与调查工作应按照《公路勘测细则》(JTG/T C10—2007)第9.14.2条的规定执行。

(2)用地图的测绘与调查工作,按《公路勘测规范》(JTG/T C10—2007)要求执行。

(3)各类拆迁项目,应进一步调查落实,符合《公路工程基本建设项目设计文件编制办法》(交公路发〔2007〕358号)规定,能满足设计要求。

(4)各类占用土地及拆迁项目的赔偿补贴费用协议资料齐全。

(5)拆迁建筑物及砍树、挖根、除草等调查工作,按规范要求执行。

5.10.4 施工组织计划

(1)对批准的施工方案,对各类工程施工的基础资料收集齐全。

(2)关键工程施工方案及施工组织计划合理可行。

(3)各类工程的设计资料及对施工的特殊要求明确。

(4)施工用电及输电方案,工程用水及供水方案调查清楚,资料齐全。

(5)施工总平面布置合理。施工场地的安排符合环保要求。

(6)对特殊地区冬、雨季施工的调查资料齐全,采取的措施合理。

(7)施工便道和便桥布局合理。其工程资料齐全、无漏项。

5.11 预算资料调查

预算资料调查,应在初测基础上进一步补充完善、核实和完善,符合《公路工程基本建设项目设计文件编制办法》(交公路发〔2007〕358号)及《公路工程基本建设项目工程概算预算编制办法》(JTG B06—2007)的有关规定和要求。

5.12 内业工作

(1)编制定测验收汇报材料和图表。

(2)各项基础资料完整可靠,原始记录签署完备,各项计算校审签署完备。

(3)对测量和调查资料进行复核,检查整理、处理和图表制作、汇总等内业工作。

(4)对地形复杂的路线、不良地质地段、大型桥隧、立体交叉等地段的勘测调查资料,须进行现场核对。当方案优化时,补充相应各项勘测调查资料。

(5)设计图表经过校审,并通过现场核检,对发现的问题及不足,均更正或通过补充调查予以完善。

(6)按照各单位质量体系管理的规定,收集整理好各项质量管理文件。

(7)对勘测成果进行内部自检、中间检查,并进行验收前的准备。

6　勘测工作外业验收

6.1　验收工作程序

(1)勘测工作外业验收可分为勘测设计单位内部验收、项目建设单位(业主)验收和交通行业主管部门验收。

(2)项目建设单位验收指项目业主对勘测项目进行的符合性审查、技术审查;行业主管部门验收指省交通运输厅或委托相关部门开展的行政审查、技术审查。

(3)初测外业验收工作一般由省交通运输厅主管部门负责会议组织工作,项目建设单位协助;定测外业验收工作可由项目建设单位负责会议组织工作,并向省交通运输厅主管部门报备。

(4)勘测工作外业验收原则上须查看现场,并以召开勘测外业验收会议的方式进行,项目建设单位应预先委托审查咨询单位开展工作,形成审查咨询意见。各项目也可结合其工作实际和进展情况,将各阶段工程地质勘察外业验收工作分别与对应阶段勘测(初测或定测)外业验收工作合并举行或分开专项验收,但须征得相关主管部门同意。

(5)勘测工作外业验收的流程规定如下:

①勘测设计单位内部验收,形成内部验收材料。

②审查咨询单位对勘测外业成果形成《审查咨询报告》。

③项目建设单位开展符合性审查,向交通运输厅报审(或报备)。

④初测阶段由省交通运输厅对报审材料进行行政性审查,批准召开验收会议;定测阶段可由项目建设单位组织召开验收会议,并向省交通运输厅主管部门报备。

⑤省交通运输厅主管部门(或项目建设单位)组织召开勘测外业验收会议。

⑥形成外业验收专家意见和验收会议纪要(对是否通过外业验收做出明确结论)。

6.2　勘测外业验收会议工作流程

(1)勘测设计单位项目负责人汇报。

(2)审查咨询单位项目负责人汇报。

(3)专家外业现场验收、核查原始测设资料。

(4)专家审阅初测或定测阶段测设资料、文件及有关成果资料。

(5)专家分专业与勘测设计单位、审查咨询单位进行沟通,交换意见。

(6)各专家提出书面审查意见,经专家组讨论形成专家组审查意见。

(7)省交通运输厅(或项目建设单位)下发验收会议纪要。

6.3 验收工作基本要求

(1)申请进行初测或定测验收的项目需通过项目建设管理单位(业主)的符合性审查,初测验收还需通过省交通运输厅的行政性审查。

(2)符合性审查主要包括以下内容,建设单位在外业验收报审时应进行填报;省交通运输厅在行政性审查时将进行核查。

①是否编制了总体勘察设计大纲和设计指导书,并经过建设单位审查确认。

②多个勘测设计单位参与测设的建设项目,是否确定了总体设计单位(如有)。

③提供验收的设计资料或文件是否已通过设计单位的内部验收和有效签署。

④提供外业验收的资料是否齐全。

⑤对应阶段的工程地质勘察专项验收是否通过(如有)。

⑥设计单位是否按勘测工作大纲或指导书开展工作;完成的外业测设是否满足初测或定测验收的要求。

⑦审查咨询单位是否提供了《审查咨询报告》。

⑧勘测设计单位是否根据审查咨询意见进行了整改。

(3)通过符合性审查的项目,项目建设管理单位(业主)应遵循有关程序和规定向省交通运输厅申请开展外业验收报审(报备)。初测阶段省交通运输厅将对报审材料进行行政性审查,对通过行政性审查的项目,省交通运输厅统一安排验收时间;定测阶段可由项目建设单位组织召开验收会议,并向省交通运输厅主管部门报备。报审(报备)材料要求如下:

①建设单位申请外业验收报告。

②符合性审查最终结论。

③建设项目工作进展基本情况报告。

④阶段性勘察设计资料和文件。

(4)未能通过符合性审查和省交通运输厅行政性审查的项目,勘测设计单位应按审查意见制定详细整改计划,详列整改内容及预计完成时间;对未执行的意见需详列事项及理由。整改计划需提交审查咨询单位复核,建设单位批准。审查咨询单位在复核意见中需明确阐述是否同意未整改事项,以及整改工作是否满足要求的结论。整改计划及审查咨询单位意见应作为重新报审的补充材料。原则上,省交通运输厅不受理未完成整改项目的报审。

6.4 外业验收的技术要求

勘测设计单位应按部颁《公路勘测规范》(JTG C10—2007)、《公路勘测细则》(JTG/T C10—2007)及广东省高速公路勘察设计行业的相关规定开展勘测和调查工作,并提交相应外业验收资料。

6.4.1 初测阶段勘测设计单位验收汇报内容

(1)初测汇报重点内容

①对“工可”批复的执行情况。

②初测阶段勘测调查资料收集情况。如沿线各种比例尺的地形图、航测相片、国家及有关部门设置的平面及高程控制资料。沿线自然地理概况、气象、水文、地质、地震等资料。农林、水利、铁路、公路、航运、城建、电力、通信、文物、环保、水保等部门与项目有关的规划、设计、规定、科研成果等资料;各专业勘

测、综合调查的工作量、完成情况及主要成果。

③沿线主要控制点、主要河流以及环境敏感点等，根据工可报告并经现场踏勘后拟定的勘测初步方案（含比较方案）及需现场重点研究解决的问题。

④初测工作开展及勘测调查情况，沿线相关部门、地方政府意见和建议等。

⑤地勘完成情况；不良工程地质地段划分及设计拟采用的对策。

⑥总体设计，路线起、终点论证。

⑦各路线方案、桥梁方案、隧道方案、互通立交方案等综合比选论证情况。

⑧特大、大桥、特殊结构桥梁，特长、长隧道，工程地质条件复杂的构筑物技术方案应进行专门阐述。

⑨问题与建议以及其他需汇报的内容。

（2）初测成果资料

初测外业验收成果资料内容和汇报材料格式附后，详见附录 B 和附录 C。

6.4.2　定测阶段勘测设计单位验收汇报内容

（1）定测汇报重点内容

①对初步设计批复的执行情况。

②在初测资料收集基础上补充收集的资料情况。

③定测工作开展情况。

④地形图测量及修测情况；路线平面、高程控制点、断面测量工作布置、完成工作量及成果。

⑤主要技术经济指标采用情况，路线平、纵面设计及结构物布置优化情况，桥梁方案、隧道方案、互通立交方案等勘测及综合调查情况。路线平纵面缩图应清晰表达沿线主要控制点、主要城镇、主要结构物及沿线设施、特征桩号、省市县界及相关的其他交通线路。

⑥列表说明定测拟定的桥梁、隧道的结构类型、长度，并分别统计桥梁占路线长度的比例、隧道占路线长度的比例，桥隧结构占路线长度的比例（结构物统计时包含互通主线）。

⑦列出每公里土石方数量表、土石方平衡情况，结合构筑物设置原则和工程总规模，对平纵面设计合理性进行评价。

⑧阐述或说明隧道围岩划分、隧道超前预支护、治水与防排水的设计原则。

⑨问题与建议以及其他需汇报的内容。

（2）定测成果资料

定测外业验收成果资料内容和汇报材料格式附后，详见附录 E 和附录 F。

6.4.3　审查咨询单位汇报内容

（1）对勘测设计单位提交验收的文件质量和数量是否满足规范要求，应有明确意见和结论；如不能满足要求，应指出具体内容（可列表说明）。

（2）评述勘测工作总体情况。分专业评价方案设计、勘测及综合调查工作成果质量、数量以及完成情况。

（3）对主要控制点、环境敏感点、特殊工点、工程地质条件复杂工点或勘测调查工作进行详细评述，提出审查咨询意见。

（4）对勘测设计单位上阶段评审意见（或专家意见）执行情况进行说明，提出审查咨询观点。

（5）对设计文件组成存在错、漏、缺的部分指出具体内容，可另列单章说明。

（6）其他方面的审查咨询意见。

6.4.4　外业验收要求

（1）初测和定测外业验收内容包括外业调查、测量资料和成果验收，以及相关技术方案审查。

(2)对外业调查资料验收及相关技术方案审查由外业验收专家分专业进行,着重检查外业勘测和调查工作完成数量及质量,以及提交成果质量是否满足《公路勘测规范》(JTG C10—2007)及相关规范的具体规定。

(3)对初测和定测阶段外业验收成果材料进行审查验收,对相关技术方案提出意见和建议,并对完成情况进行评价。

6.5 验收结论

6.5.1 验收通过的基本原则

(1)各专业设计方案基本合理、可行。

(2)外业工作阶段采集及收集的资料应基本满足对应设计阶段的设计工作需要。

(3)提交验收的原始成果和资料完整、齐全。

(4)采用的工程地质勘察及路线测绘资料为本阶段成果。

(5)专家组同意通过验收。

6.5.2 未能通过外业验收的项目整改措施

未能通过外业验收的项目,勘测设计单位应按验收及审查咨询意见给出详细整改执行计划,明确整改内容及完成时间。整改计划需由审查咨询单位审核、签认并监督执行。重新报审的材料中需明确说明整改计划完成情况。整改完成后按报审流程重新进行申报和验收。

第二部分

工程地质勘察管理规程

7　工程地质勘察管理总则

7.1　编制目的

为加强广东省高速公路建设项目的工程地质勘察管理工作，规范工程地质勘察市场行为，提高工程地质勘察水平，保证工程地质勘察产品质量，依据国家、行业、地方有关规程、规范、法律、法规，结合广东省区域地质特征，以及广东省高速公路工程勘察设计和施工管理方面的经验，制定本规程。

7.2　适用范围

本规程适用于广东省内新建（改扩建）高速公路的工程地质勘察工作。

本规程主要适用于高速公路工程地质勘察工作的初步勘察和详细勘察阶段。

7.3　职责权限

（1）建设单位（业主）负责确定合理的勘察费用及周期，审批各阶段勘察大纲，对工程地质勘察过程实施监管，组织召开技术总体协调会（如地层划分、参数取值等），参与勘察单位与地方政府之间的总体协调事宜。

（2）建设单位（业主）可根据项目具体情况确定自行承担或委托有资质的单位承担勘察监管工作。监管工作独立于勘察活动，贯穿于勘察全过程。

（3）勘察单位（指与建设单位签订设计合同的勘察设计单位，下同）受项目建设单位（业主）委托，承担高速公路建设项目工程地质勘察工作，提供合格的勘察产品，对业主负责。

（4）项目勘察由多家单位共同完成时，应确定总体单位，由总体单位编制勘察大纲和勘察技术细则，负责整个项目的报告格式、地层划分、参数取值等协调工作。

（5）实施高速公路工程地质勘察监管不免除勘察单位的法律责任。

7.4　规范依据

7.4.1　主要规程规范

《工程建设勘察企业质量管理规范》（GB/T 50379—2006）

《建设工程勘察质量管理办法》（2007 年 11 月 22 日修订版）

《建设工程勘察设计管理条例》(2015 年 6 月 12 日修订版)
《中华人民共和国环境保护法》(2015 年 1 月 1 日)
《广东省环境保护条例》(2015 年 7 月 1 日)
《岩土工程勘察安全规范》(GB 50585—2010)
《公路工程技术标准》(JTG B01—2014)
《公路路线设计规范》(JTG D20—2017)
《公路勘测规范》(JTG C10—2007)
《公路工程地质勘察规范》(JTG C20—2011)
《公路土工试验规程》(JTG E40—2007)
《公路工程岩石试验规程》(JTG E41—2005)
《公路路基设计规范》(JTG D30—2015)
《公路桥涵地基与基础设计规范》(JTG D63—2007)
《公路隧道设计规范》(JTG D70—2004)
《公路桥梁抗震设计细则》(JTG/T B02-01—2008)
《公路工程抗震规范》(JTG B02—2013)
《公路路基施工技术规范》(JTG F10—2006)
《采空区公路设计与施工技术细则》(JTG/T D31-03—2011)
《公路工程物探规程》(JTG/T C22—2009)
《公路工程地质遥感勘察规范》(JTG/T C21-01—2005)

7.4.2 常用参考规程规范

《岩土工程勘察规范》(GB 50021—2001)(2009 版)
《建筑地基基础设计规范》(GB 50007—2011)
《建筑工程地质勘探与取样技术规程》(JGJ/T 87—2012)
《膨胀土地区建筑技术规范》(GB 50112—2013)
《广东省建筑地基基础设计规范》(DBJ 15-31—2016)
《铁路工程不良地质勘察规程》(TB 10027—2012)
《铁路工程特殊岩土勘察规程》(TB 10038—2012)
《铁路工程地质原位测试规程》(TB 10018—2003)
《铁路工程水文地质勘察规范》(TB 10049—2014)
《市政工程勘察规范》(CJJ 56—2012)
《公路工程水文勘测设计规范》(JTG C30—2015)
注:以上法规、条例、规程以及规范均以最新版本号为准。

7.5 术语

本管理规程一般术语参见《公路工程地质勘察规范》(JTG C20—2011)第 2.1 节术语。特定术语如下。

7.5.1 工程地质勘察

指高速公路工程论证及设计阶段的工程地质调绘、勘探(包括钻探、槽探、坑探、钎探、物探等)、原位测试、室内试验、专题研究、资料分析整理和评价等系列工作的总称。

7.5.2 质量控制

指对高速公路建设项目工程地质勘察各工序进行工程质量检查和验收，以确保成果的真实性和符合性的管理过程。

7.5.3 进度控制

指对高速公路建设项目工程地质勘察资源调配的合理性进行检查和监督，以确保勘察工作按计划工期执行的管理过程。

7.5.4 安全控制

指对高速公路建设项目工程地质勘察全过程的安全生产进行检查和监督，以确保从业人员在生产过程中的安全和职业健康。

7.5.5 环境保护控制

指对高速公路建设项目工程地质勘察全过程的环境保护进行检查和监督，以减少勘察工作对自然环境和社会环境的影响，保护生活环境与生态环境，防治污染和其他公害，保障作业人员和当地居民的身体健康。

7.6 新技术新方法采用原则

(1)高速公路工程地质勘察应积极采用成熟可靠的新技术、新方法。

(2)本规程所指新技术、新方法是尚未列入国家或交通运输部颁发或备案的技术标准、技术规范、技术规程和试验规程的技术和方法。

(3)新技术、新方法必须由国家认可的检测机构进行试验、论证，出具检测报告，并经广东省人民政府或交通主管部门组织的工程技术专家委员会审定批准后，方可使用。

(4)勘察单位在成果报告中应对采用的新技术、新方法进行专门的说明，并在勘察成果汇报时进行介绍，否则勘察单位应承担新技术、新方法采用不当所造成的损失和责任。

7.7 地质勘察与设计标准化的衔接

地质勘察工作应与设计标准化要求紧密衔接，采取针对性的勘察方案，并提交设计所需的勘察成果(参见附录G)。

7.8 考核及奖罚

为提高工程地质勘察工作质量，建设单位(业主)可根据项目特点按合同要求制定相应的考核及奖罚办法。

8 勘察前期准备

8.1 一般规定

(1)勘察单位在进场前,应广泛收集与勘察设计路线相关的地质、水文、气象、类似工程等资料,了解项目的背景和功能定位,并根据项目的实际情况和合同要求,组建勘察项目部,明确分工,落实责任,制定工作计划。

(2)勘察项目部进场后应对工程全线进行现场踏勘和调查,根据踏勘和调查情况,分阶段编制勘察大纲。

8.2 资料收集

(1)勘察项目部进场前应广泛收集与勘察设计路线有关的文献资料、地质图件、工程地质勘察报告、航拍照片、卫星照片等,熟悉所调查地区的区域地质、工程地质、水文地质、岩土试验等成果。应充分利用已有的文献资料及与勘察项目相关的工程地质勘察、设计和施工等方面的资料。

(2)收集的资料应包括以下内容:

①区域地质资料。如地层、地质构造、岩性、土质及筑路材料等。

②地形、地貌资料。如区域地貌及其主要特征资料、不同地貌单元与不同地貌部位的工程地质评价资料等。

③区域水文地质资料。如地下水的类型、分带及分布情况、埋藏深度、变化规律等。

④地质作用、地质现象资料。如各种不良地质、特殊性岩土的分布情况、发育程度与活动特点等。

⑤地震资料。如沿线及其附近地区的历史地震情况、地震烈度、地震破坏情况及其与地貌、岩性、地质构造的关系等。

⑥气象资料。如气温、降水、蒸发、湿度等。

⑦其他有关资料。如气候、水文、植被、土壤等。

⑧已有的其他工程资料。前期工作成果、项目区内已有高速公路的主要地质问题及其防治措施等。

(3)收集资料的范围应包括各级管理部门和生产、科研、教学等部门。

(4)对收集到的资料应进行分析研判,初步掌握路线所经地区的工程地质条件和特点。

8.3 现场踏勘和调查

(1)根据对收集资料的分析研判,拟定现场踏勘和调查方案,明确现场踏勘的目的和调查重点。

(2)现场踏勘和调查的目的,是进一步了解拟定线路沿线的工程地质条件和特点,对所收集的资料进行现场校核和验证。

(3)现场踏勘和调查的主要内容：

①核查拟定路线沿线的工程地质条件、居民分布、农田水利设施、主要建筑设施等与现有资料是否相符。

②调查各种管线、历史文物、名胜古迹、旅游风景区、自然保护区、水源保护区、工矿企业等对现场勘察工作的影响。

③调查沿线不良地质条件、特殊性岩土的类型、分布范围、规模、形成条件、发生与发展规律等。

④调查构筑物的地质条件和分布特点。

8.4 勘察大纲编制与审查

(1)在高速公路工程地质勘察工作实施之前，应编制勘察大纲，及时提供建设单位(或授权机构)组织审查。

(2)勘察大纲的主要内容应包括：

①项目概况：包括任务依据、建设规模和标准、路线走向、工程结构设置、前期地质工作等。

②执行的技术标准。

③自然地理和工程地质概况：包括公路沿线的地形地貌、气象水文、地震、地层岩性、地质构造、水文地质条件、不良地质和特殊性岩土，以及可能影响线位或工程结构设置的重大或关键性地质问题等。

④勘察技术方案：包括勘察内容、方法和技术要求，工作量布置原则及工作量，针对重大地质问题采取的对策、措施和专题研究等。

⑤组织机构、人员职责及资源配置。

⑥质量管理措施。

⑦安全管理和环境保护措施。

⑧进度计划。

⑨将提交的成果资料纲要。

⑩其他需要说明的问题。

勘察大纲编制纲要内容参见附录 H。

(3)勘察大纲应按照初步设计勘察阶段和施工图设计勘察阶段分别编制。

(4)勘察项目部编制完成勘察大纲后，应报建设单位(或授权机构)进行审查。勘察项目部应根据审查批复意见进行修改完善，并报建设单位(或授权机构)核查备案。

(5)经审查批准的勘察大纲是勘察项目检查验收的依据之一，勘察项目部应严格按照批准的勘察大纲实施勘察工作。

(6)当现场地质条件、工程结构设置、勘察要求等发生变化时，勘察大纲应根据变化情况及时进行调整，并报建设单位(或授权机构)审查备案。

9 质量、进度、安全与环境保护

9.1 一般规定

(1)建设单位(业主)是高速公路工程地质勘察的监管主体,对勘察工作的质量、进度、安全与环境保护进行监督和管理。

(2)高速公路工程地质勘察单位必须是独立法人,具有合法、有效的工程勘察综合甲级或专业甲级资质。

(3)勘察单位是高速公路工程地质勘察责任主体,对项目质量、进度、安全与环境保护负主要责任。其职责为:

①勘察单位实施勘察过程精细化管理工作,应结合项目的工程地质特点和施工管理要求,制定项目勘察设计精细化管理细则,提高工程勘察质量。

②勘察单位应制定量化管理文件,对每项勘察工作的目的、数量、成果做出明确规定。

③勘察单位应严格履行勘察设计合同,建立质量责任制、总体协调制、自检互检制及复审验收管理制度。

④事前进行质量和安全生产技术交底工作。

⑤重视外业资料的收集,确保勘察工作深度,对线路方案比选进行充分的科学论证,尽量避免和减少设计变更。

⑥应加强安全生产管理,坚持安全第一、预防为主的方针,建立健全勘察安全生产责任制。

⑦应对项目工作人员进行环境保护宣传和教育,增强环境保护责任意识,履行环境保护义务。

⑧加强工程施工过程的勘察设计后期服务工作。

(4)勘察单位应成立勘察项目部,明确项目部内工程地质勘察各专业人员的岗位职责,配备相适应的人员和设备。

(5)高速公路工程地质勘察单位应建立完善的质量保证体系及质量追溯责任制度。

(6)高速公路工程地质勘察应按照计划工期进行进度控制。

(7)高速公路工程地质勘察应加强安全生产管理,保障工程地质勘察从业人员在生产过程中的安全和职业健康,保护国家和勘察单位的财产不受损失,促进勘察工作顺利进行,做到安全文明生产。

(8)高速公路工程地质勘察安全生产应符合《岩土工程勘察安全规范》(GB 50585—2010)及国家和广东省相关方针、政策、法律、法规的规定。

(9)高速公路工程地质勘察应加强环境保护,减少勘察工作对自然环境和社会环境的影响,保护生活环境与生态环境,防止污染和其他公害,保障作业人员和当地居民的身体健康。

9.2 质量控制

(1)建设单位(业主)在勘察外业正式开展前对工程地质勘察大纲进行审查,对勘察项目部的人员、设备配置进行审核,批准勘察开工申请。

(2)建设单位(业主)在勘察外业实施过程中可通过巡视、检查、旁站、验证等手段对点位测量、工程地质调绘、物探、钻探、挖探、简易勘探、原位测试、水文地质测试、室内试验等进行监督检查,并对检查情况进行记录(表格见附录I)。

(3)建设单位(业主)对勘察工作进行评价,监督勘察单位进行整改和完善。

(4)建设单位(业主)在勘察外业工作完成后应对勘察单位完成的工作量进行及时确认,以作为勘察费用结算依据。

(5)勘察项目部应配备相应数量的专业技术人员和管理人员,作业人员应持证上岗。

(6)勘察项目部应配备相应数量的仪器设备,仪器设备必须处于检测或校准有效期内。

(7)勘察项目部应成立质量管理机构,配备项目质量负责人,并制定岗位职责。

(8)勘察项目部应制定质量管理程序,包括以下内容:

①在编制的勘察大纲通过审查开始实施前,应组织项目部技术人员、专项负责人进行技术交底。

②按照精度要求组织工程技术人员进行工程地质调绘。

③由测量工程技术人员负责工程地质勘探点施放。

④选择适宜的勘探手段、工艺和方法进行工程地质勘探。

⑤在专业技术人员的指导下进行原位测试和水文地质试验。

⑥项目部宜在工地设置岩土试验室,无条件设置工地试验室时试样可就近委托有检测资质的试验单位或部门开展试验工作,土样和易风化岩样不得长时间存放或长距离运输。

⑦项目部应确保原始资料的真实、完备。

⑧专业技术人员应对原始资料进行统计、分析,补充、纠正遗漏和偏差。

⑨项目部对各工序进行及时检查、验收。

⑩由专业技术人员编制勘察成果报告,并由专业技术负责人进行审查。

⑪项目部应通过自检后向项目建设单位提出审查、验收申请。

⑫项目部应响应各级检查验收单位、建设单位、审查咨询单位的意见,补充和完善勘察工作。

(9)勘察项目部应对勘察工作实行自检、内部质量检查验收制度,同时接受建设主管部门、建设单位、审查咨询单位的质量监督、检查和咨询。

9.3　质量责任

(1)建设单位(业主)根据勘察大纲,对勘察过程各工序合规性进行监管,并承担勘察监管责任。

(2)设计单位应根据工程项目的特点提出明确的工程地质勘察要求,承担相应的质量责任。

(3)勘察单位根据设计要求编制勘察大纲,并按照相关规程、规范的要求开展勘察工作,承担主要的质量责任。

(4)建设单位(业主)、审查咨询单位承担相应的责任时,不免除勘察设计单位的质量责任。

9.4　进度控制

(1)在工程地质勘察过程中随时检查实际进度,进度滞后时,应及时分析原因,调整资源配置或采取其他补救措施。

(2)勘察项目部应安排专人进行进度管理,检查勘察工作进度,收集实际进度资料,及时进行统计分析。

(3)工程地质勘察进度的分析应采用对比法,将经过整理的实际进度数据与计划进度数据进行比较,纠正偏差。

(4)进度控制的措施:

①勘察单位中标后应立即办理勘察进场手续,开展勘察准备工作。

②应依据合同规定的工期,综合考虑当地气候及现场条件等编制勘察进度计划(附进度图)。

③应考虑勘察过程中可能出现的并严重影响工期的各种情况,制定突发事件的应急预案。

④合理调配人力资源和设备资源。

⑤建立进度控制体系,制定各阶段工作进度控制目标,需要时编制网络计划图。

⑥遇地质条件异常需调整勘察方案时,应与建设单位、设计单位协商确定并调整工期。

⑦建立进度控制旬(月)报制度,以书面形式将勘察进度报建设单位。

⑧及时解决勘察过程中存在的协调问题及突发事件。

(5)因拆迁、地下管线、人防通道、交通要道等原因未能按期勘察的,勘察单位上报建设单位审批,并在条件允许的情况下进行补充勘察。

(6)勘察单位无正当理由且未经建设单位同意、未按合同规定的时间(日期)提交成果资料时,建设单位有权对勘察单位进行处罚。

9.5 安全生产

(1)工程地质勘察应进行全过程安全生产管理,所有与勘察工作相关的工序、人员、仪器设备和勘察生产物资均应纳入安全生产管理范畴,接受安全生产管理机构和责任人的监督和检查。

(2)勘察单位应设置安全生产管理机构,配备安全生产管理人员,与项目部签订安全生产目标责任书,制定项目安全生产事故应急救援预案,定期进行安全生产检查,及时消除安全生产隐患。

(3)勘察单位应对勘察从业人员定期进行安全生产教育和安全生产操作技能、自救互救等培训,严禁未经培训或培训不合格的作业人员上岗作业。

(4)勘察单位应定期组织对勘察仪器设备的安全检查和维护,发现安全隐患及时整改。制定仪器设备的安装、使用、维护和搬迁等安全操作规程。

(5)勘察单位应指派专人进行勘察生产物资的管理,负责勘察物资的安全,尤其是对炸药等特殊勘察生产物资应制定切实可行的安全管理规定,严格按照管理规定保管、流转和使用。

(6)勘察单位应对劳务合作单位实行安全生产管理,并应签订安全生产协议,协议应明确劳务合作单位安全生产管理责任人和各自在安全生产方面的权利、义务,并应对劳务合作单位的安全生产承担连带责任。

(7)勘察项目安全生产管理应符合下列规定:

①应明确项目安全生产管理负责人。

②勘察大纲应包括安全生产管理内容。

③勘察项目安全生产负责人应对作业人员进行安全技术交底。

④勘察作业人员应熟悉和掌握当地生存、避险和相关应急技能。

⑤勘察作业人员应配备符合国家标准的劳动防护用品,作业现场应设置安全生产防护设施。

⑥存在较大安全隐患的勘察作业场地和设备,应设置隔离带和安全标志。

⑦进入工程施工现场的勘察作业人员应遵守施工现场的各项安全生产管理规定。

⑧存在危及人身安全、严重污染环境等隐患环节应制定应急预案。

⑨保留安全生产保证体系运行必需的安全生产记录。

(8)在勘察作业前,项目部应根据项目特点、场地条件、勘察方案、勘察手段等对勘察作业过程中的危险源进行辨识和评价,并应根据评价结果采取相应的安全生产防护措施,对重大危险源应进行评估、监控、登记建档。危险源的辨识和评价应根据《岩土工程勘察安全规范》(GB 50585—2010)附录G的相关规定执行。

(9)工程地质测绘与调查、地质点和勘探点的测放等现场作业的安全管理应符合《岩土工程勘察安全规范》(GB 50585—2010)第4章的相关规定。

(10)工程地质勘探(包括钻探、井探、槽探和洞探等)现场作业的安全管理应符合《岩土工程勘察安全规范》(GB 50585—2010)第5章的相关规定。

(11)水域勘察、特殊地质条件和不良地质作用发育区勘察、特殊气象条件下的勘察作业的安全管理应符合《岩土工程勘察安全规范》(GB 50585—2010)第6章的相关规定。

(12)岩土试验室用水、用电,通风、除尘、防火和防爆,各项岩石、土、水试验操作等安全管理应符合《岩土工程勘察安全规范》(GB 50585—2010)第7章的相关规定。

(13)原位测试试验中的标准贯入试验、圆锥动力触探试验、静力触探试验、十字板剪切试验、旁压试验、扁铲侧胀试验,以及抽水试验、压水试验和注水试验等试验作业的安全管理应符合《岩土工程勘察安全规范》(GB 50585—2010)第8章的相关规定。

(14)工程物探作业,包括陆域和水域作业的安全管理应符合《岩土工程勘察安全规范》(GB 50585—2010)第9章的相关规定。需提供人工震源作业时,爆炸震源作业应符合国家标准《爆破安全规程》(GB 6722—2014)和《地震勘探爆炸安全规程》(GB 12950—1991)的相关规定。

(15)勘察设备安装、使用、维护和保养应符合《岩土工程勘察安全规范》(GB 50585—2010)第10章的相关规定。

(16)勘察现场的临时用电方案、临时用电设施的安全管理应符合《岩土工程勘察安全规范》(GB 50585—2010)第11章的相关规定。

(17)勘察现场的防火、防雷、防爆、防毒和防尘以及作业环境的保护、危险品储存和使用等应符合《岩土工程勘察安全规范》(GB 50585—2010)第12章的相关规定。

(18)勘察作业现场临时用房的安全管理应符合《岩土工程勘察安全规范》(GB 50585—2010)第13章的相关规定。

9.6　环境保护

(1)勘察作业人员应提高环境保护意识,认真学习国家和地方有关环境保护的政策法规。勘察作业前,勘察项目负责人应对作业人员进行环境保护交底,并应对勘探设备进行检查、维护。作业过程中应按照环境保护要求对设备添加和排放油液、钻探冲洗液排放、弃土弃渣处理、噪声等进行控制。

(2)对机械使用、维护保养过程中产生的废弃物应集中收集存放、统一处理。

(3)勘察作业现场严禁焚烧各类废弃物,作业过程中产生的弃土、弃渣应集中堆放,易产生扬尘的渣土应采取覆盖、洒水等防护措施。

(4)有毒物质、易燃易爆物品、油类、酸碱类物质和有害气体严禁向城市下水道排放,也不得向各类地下水和地表水体排放,应分别收集存放、统一按照有关规定处理。

(5)在城镇勘察作业时,应严格按照国家或地方有关规定控制噪声污染,当噪声超标时应采取整改措施,并应在达到标准后再继续作业。作业完毕后应对钻孔、试坑、探井等进行回填或封孔,需要长期观测的钻孔也应采取保护措施,不得影响当地生产、生活环境。

(6)在野外勘察作业时,尤其是在自然保护区勘察作业时,应采取减少对作业现场生态环境破坏的措施。严禁不必要的乱砍滥伐,严禁烧山。应妥善处理好勘察作业废弃物和废液,不得污染地下和地表水体,影响当地居民的生产、生活环境。应注意保护沿线地质环境,对钻孔、试坑、探井等行回填或封闭。

10 勘察方法手段及规定

10.1 一般规定

10.1.1 工作量布置基本原则

勘察工作量应根据勘察阶段、工程地质条件、微地形条件、构筑物类型等因素布置。

(1)两阶段勘察划分为初步勘察和详细勘察。

(2)工程地质条件划分为简单、较复杂、复杂三种,其划分原则应符合《公路工程地质勘察规范》(JTG C20—2011)第3.1.3条的规定。

(3)微地形条件是指构筑物影响范围内的地形条件,沿路线延伸方向的坡率称纵向坡率,垂直路线延伸方向的坡率称横向坡率。微地形条件划分为平缓、较平缓、陡峻三类,其划分原则应符合下列规定:

地形平缓:纵向坡率小于1:7,且横向坡率小于1:10。

地形陡峻:纵向坡率大于1:3,或横向坡率大于1:4。

地形较平缓:介于“地形平缓”和“地形陡峻”之间。

(4)构筑物类型划分为一般路基、高路堤、陡坡路堤、深路堑、边坡支挡工程、桥梁、涵洞、隧道、岸坡工程、沿线设施工程和沿线筑路材料料场,其划分原则应符合《公路工程地质勘察规范》(JTG C20—2011)的规定。

10.1.2 勘察方法手段

勘察方法手段的选用应突出综合性、针对性和目的性。常用的勘察方法手段有:工程地质调绘、物探、钻探、挖探、简易勘探、原位测试、室内试验、专题研究等。

(1)工程地质调绘:适用于工程地质勘察的各个阶段、各类构筑物、各种地质条件和勘察环境,需要其他勘察方法手段的补充;应与路线及沿线工程结构相结合,为路线方案比选、工程场地选址以及勘探、测试工作量的拟定等提供依据。

(2)物探:适用于工程地质勘察的各个阶段,需要其他勘察方法手段验证;用于确定地下岩土体的空间展布范围(如大小、形状、埋深等)并可测定岩土体的物性参数。

(3)钻探:适用于工程地质勘察的各个阶段、各类构筑物、各种地质条件,受地形条件和交通条件影响;用于揭露地下岩土体并进行取样、原位测试及相关试验。

(4)挖探及简易勘探:挖探包括槽探、坑探、井探等,适用于工程地质勘察的各个阶段、各类构筑物、各种地质条件,主要用于揭露构造带宽度、地层分界线、覆盖层厚度及滑动面等;简易勘探包括钎探、螺纹钻、洛阳铲等,适用于工程地质勘察的各个阶段、各类构筑物、各种地质条件和勘察环境,作为钻探工作的补充。

(5)原位测试:适用于工程地质勘察的各个阶段、各类构筑物、各种地质条件和勘察环境;用于测定岩土体工程地质物理力学参数。

(6)专题研究:适用于工程地质勘察的每个阶段,用于解决工程地质、水文地质、环境地质等特殊地质问题。

10.2　工程地质调绘

工程地质调绘方法主要有地质遥感解译和地面调绘两种。地质遥感解译适用于可研阶段及初勘阶段,地面调绘适用于工程地质勘察的各个阶段。

公路工程地质调绘工作量布置除应符合《公路工程地质勘察规范》(JTG C20—2011)的规定外,尚应符合下列规定。

10.2.1　地质遥感解译工作量布置

地质遥感要综合运用各种标志,工程地质调绘资料,注意相互印证、对比分析,保证解译结果的正确性。

(1)进行1:100000地质遥感解译,解译范围沿拟定线路走廊带左右两侧各不小于10km,每$10km^2$野外踏勘验证工作点不少于1个。

(2)进行1:50000地质遥感解译,解译范围沿拟定线路走廊带左右两侧各不小于5km,每$5km^2$野外踏勘验证工作点不少于1个。

(3)进行1:10000地质遥感解译,解译范围沿拟定线路左右两侧各不小于2km,每$1km^2$野外踏勘验证工作点不少于1个。

(4)进行1:2000地质遥感解译,解译范围沿拟定线路左右两侧各不小于200m,野外验证工作在1:2000线路地面调绘中进行。

10.2.2　地面调绘精度要求

(1)工程地质条件简单时,工程地质调绘点在图上的密度每100mm×100mm不少于4个。

(2)工程地质条件较复杂时,工程地质调绘点在图上的密度每100mm×100mm不少于7个。

(3)工程地质条件复杂时,工程地质调绘点在图上的密度每100mm×100mm不少于10个。

工程地质地质调绘系列表格参见附录J。

10.3　物探

物探工作除应符合《公路工程地质勘察规范》(JTG C20—2011)、《公路工程物探规程》(JTG/T C22—2009)的规定外,尚应符合下列规定。

(1)与路线相关的构造破碎带、岩溶区、采空区等应布置物探测线。

①构造破碎带物探测线应垂直构造破碎带布置,测线数量不少于2条,可采用地震勘探、高密度电法、EH4等方法。

②岩溶区物探测线应网格状布置,沿路线纵向测线数量不少于2条,横向测线间距不大于50m,可采用高密度电法、地质雷达、孔间CT等方法。

③采空区物探测线应网格状布置,沿路线纵向测线数量不少于2条,横向测线间距不大于50m,可

采用高密度电法、地质雷达、地震反射波法、孔间 CT 等方法。

(2)采用的物探方法应与勘探目的相匹配,对特殊结构桥梁、长大深埋隧道及重大不良地质的物探工作方法的选择,建议先进行方法试验。

(3)物探成果应通过钻探验证,每个工点验证钻孔不少于 1 个,验证钻孔与物探测线距离不超过 10m。

10.4 钻探

10.4.1 钻探孔的测量

(1)工程地质钻探应按设计布设的孔位进行勘探。孔位测量按《公路工程地质勘察规范》(JTG C20—2011)中第 3.6.2 条的规定执行。

(2)终孔验收时应对孔位进行复测。

10.4.2 钻探技术要求

(1)钻进工艺应符合下列规定:

①一般土层:地下水位以上宜采用无水回旋钻进,地下水位以下可采用清水回旋钻进或跟管回旋钻进。

②砂层或砾卵石层:可采用跟管清水回旋钻进或泥浆钻进。

③特殊土层:特殊性土包括膨胀土、红黏土、软土、花岗岩风化层、弱软夹层等宜采用无水回旋钻进或者少水跟管回旋钻进。

④基岩:可采用单管或双管回旋钻进。

⑤风化壳、破碎带等:宜采用跟管回旋钻进或泥浆钻进。

⑥滑坡边坡:宜采用无水回旋钻进。

(2)岩芯采取率、岩芯摆放等按《公路工程地质勘察规范》(JTG C20—2011)中第 3.6.4 条的规定执行。

(3)钻孔孔径技术要求:

①必须满足孔内取样、原位测试或其他试验工作的要求,开孔直径一般不小于 110mm,终孔直径一般不小于 75mm。

②采取一般黏性土样孔终孔直径不小于 91mm;采取软土试样钻孔孔径不小于 110mm;采取岩石试样孔终孔直径不小于 91mm。

③长大深埋隧道开孔孔径不宜小于 130 mm,终孔孔径不小低于 75mm。

④水文地质试验孔松散层中孔径不宜小于 150mm,基岩中不应小于 110mm,观测孔的孔径不宜小于 91mm。

(4)岩土试样采取应符合下列规定:

①粉土、一般黏性土样品:宜用厚壁取土器锤击法采取。

②软土样品:用薄壁取土器静压法采取。

③砂砾类样品:宜用取砂器采取或干钻四分法采取。

④岩石样品:从采取的岩芯中选取。

⑤样品数量应满足各构筑物场地试验成果分层统计分析要求。

(5)钻探编录应符合下列规定:

①钻机应配备专业编录人员。

②钻探编录必须使用统一表格填写。

③记录应及时、详细、准确,不得补记或事后追记。

钻探记录表参见附录 K。

10.4.3 其他要求

在工程地质条件复杂的重要钻孔中,宜采用波速测试、孔内摄像等手段。

10.5 挖探及简易勘探

(1)挖探及简易勘探孔的定位,可采用仪器法或半仪器法测量放点。

(2)槽探、坑探、受地下水及地层可挖性限制,揭露深度一般不宜超过 3m。

(3)井探揭露深度一般不宜超过 15m,侧壁稳定性差时应采用必要的支护措施,深度较大时应加强通风措施。

(4)钎探可粗略探测埋深 3m 内土层的厚度及密实度。

(5)麻花钻、洛阳铲可揭示埋深 5m 内土层的结构及性质。

10.6 原位测试

10.6.1 原位测试方法

(1)静力触探试验、十字板剪切试验、扁铲侧胀试验。

(2)动力触探试验、标准贯入试验。

(3)载荷板试验、现场直剪试验。

(4)旁压试验。

(5)地应力测试。

10.6.2 原位测试适用条件

参见《公路工程地质勘察规范》(JTG C20—2011)表 3.7.1。

10.6.3 原位测试技术要求

原位测试技术要求除应符合《铁路工程地质原位测试规程》(TB 10018—2003)相关规定外,尚应符合下列规定:

(1)静力触探成果应与钻探成果相互印证,确定地层界线,提供力学参数。

(2)标准贯入试验在同一土层单元中间隔不宜大于 2m。

(3)采用静力触探试验、标准贯入试验、扁铲侧胀试验等原位测试结果计算岩土参数时应优先采用地区成熟的经验公式。

10.7 水文地质勘察与测试

10.7.1 水文地质勘察

公路水文地质勘察除应符合《公路工程地质勘察规范》(JTG C20—2011)的规定外,尚应符合下列规定:

(1)水文地质勘察应在收集整理区域水文地质资料成果的基础上进行,范围宜涵盖对线路有影响的含水层补给区、径流区及排泄区。

(2)水文地质条件复杂且对工程建设方案有较大影响时,应开展水文地质专题研究。

(3)水文地质条件复杂的长大隧道、特殊桥梁等重点构筑物区应布置水文地质测试工作。

10.7.2 水文地质测试

(1)水文地质测试一般包括抽水试验和注水(压水)试验。

(2)抽水试验适用于地下水发育地区,一般在单孔中进行,必要时可设置观测孔;当水量较小时,也可采用提水方式进行。

(3)注水(压水)试验适用于地下水不发育地区。

(4)水文地质测试方法及要求应符合《铁路工程水文地质勘察规范》(TB 10049—2014)中的规定。

10.8 室内试验

高速公路工程地质勘察试验项目应符合《公路工程地质勘察规范》(JTG C20—2011)的相关规定。

室内岩、土、水、天然筑路材料样品的试验工作应按《公路土工试验规程》(JTG E40—2007)及《公路工程岩石试验规程》(JTG E41—2005)等有关规定执行。对特殊试验项目,可参照相关行业标准或技术规范执行。

11 初 步 勘 察

11.1 一般规定

(1)初步勘察勘察技术要求和工作量布置除应符合《公路工程地质勘察规范》(JTG C20—2011)第5章的规定,尚需符合本章规定。

(2)在收集区域地质资料成果的基础上,对路线方案有较大影响的地质构造带,应重点布置勘察工作,查明其性质、范围及规模等,明确其对路线方案的影响程度。

(3)重点对沿线不良地质现象进行勘察,对路线方案有较大影响的不良地质现象,应重点布置勘察工作,查明其性质、范围及规模等,明确其对路线方案的影响程度。当路线走廊带存在无法避绕的重大不良地质现象时,宜在初勘阶段即展开专题研究工作。

11.2 工作量布置

(1)对控制性构筑物应重点布置勘察工作,基本查明工程地质及水文地质条件,评价技术可行性和经济合理性。

(2)初步勘察阶段的调绘应沿拟定线路的带状范围进行,调绘宽度应结合各类公路构筑物的影响范围确定,须满足线路方案比选及初步工程设计的要求,一般不小于200m。不良地质、特殊岩土以及水文地质条件复杂的重点工程地段,应加大调绘范围,必要时开展大面积的水文地质与工程地质调绘。构造复杂、岩溶发育等地区应采用追踪法,查明其对工程稳定的影响。

①一般路基:调绘范围沿拟定的路线中心线左右两侧各不应小于200m,工程地质条件较复杂或复杂、填挖变化较大的路段不小于300m。

②高路堤:调绘范围沿拟定的路线中心线左右两侧各不应小于两倍路堤基底宽度,斜坡地带下边坡宜调查到坡脚位置,上边坡宜调查到第一分水岭。

③陡坡路堤:调绘范围沿拟定的路线中心线左右两侧各不应小于两倍路堤基底宽度,下边坡宜调查至坡脚位置,上边坡宜调查至第一分水岭。

④深路堑:调绘范围沿拟定的路线中心线左右两侧各不应小于边坡高度的5倍,调绘范围宜至边坡分水岭;基岩出露处应进行节理裂隙统计,并绘制赤平投影图。

⑤边坡支挡工程:调绘范围宜至边坡分水岭;基岩出露处应进行节理裂隙统计。

⑥涵洞:调绘范围应包括涵洞及其两侧汇水工程以外各不小于20m的区域。

⑦桥梁:调绘范围沿拟定的路线中心线左右两侧各不应小于100m,斜坡地带应扩大调查范围,上坡宜调查至第一分水岭,下坡宜调查至坡脚位置。桥台基岩出露处应进行节理裂隙统计。

⑧隧道:调绘范围沿拟定的隧道轴线及其两侧各不小于200m。隧道进出口及洞身基岩出露处应进行节理裂隙统计,绘制节理裂隙玫瑰花图。

⑨沿线设施工程：调绘要求应符合《岩土工程勘察规范》(GB 50021—2001)的规定。

⑩沿线筑路材料料场：通过地面踏勘初步确定料场范围，取样确定沿线筑路材料品质后，进行详细的工程地质调绘，结合探坑(井、孔)确定料场储量。

(3)初步勘察阶段的物探工作量布置除符合本管理规程10.3条外，尚应符合下列规定：

①基岩风化层起伏变化较大且物性差异明显处应布置纵向物探测线。

②松散覆盖层或强风化破碎层较厚且开挖后可能存在对公路工程安全有影响的深路堑、高边坡，应布置横向物探测线，测线长度应覆盖预计的边坡开挖边界，测线间距不大于30m，可采用地震波法、高密度电法等方法。

③当桥梁墩台处地质条件复杂时可适当布置横向物探测线，宜采用地震波法、高密度电法等方法。

④隧道应布置纵向物探测线，长度超出隧道进出口不少于50m，其中分离式隧道沿隧道轴线分幅布置；隧道进出口应分别布置横向物探测线，测线数量各不少于2条。隧道物探可采用地震波法、EH4、瞬变电磁、声波测井等方法。

12 详 细 勘 察

12.1 一般规定

(1)详细勘察技术要求和工作量布置除应符合《公路工程地质勘察规范》(JTG C20—2011)第6章的规定,尚需符合本章规定。

(2)应对初勘阶段工程地质调绘成果进行复核,复核点数不少于初勘调绘点的10%,若发现初勘调绘与实际不符时,应重新进行工程地质调绘。当路线偏离初步设计线位超过50m时,应进行补充工程地质调绘,补充工程地质调绘的比例尺为1∶2000。

(3)当线路偏离初步设计线位较远或地质条件需进一步查明时,应补充勘探工作。工作量布置参照本规程第10.3条和11.2(3)条相关要求。

12.2 一般路基

勘探点沿路线中线两侧布置,每段填、挖路基横向勘探断面数量不少于1条,每个横断面勘探点数量不少于2个,其中钻孔数量不少于1个。每段填挖路基内勘探工作量尚应满足下列规定:

(1)地形平缓或工程地质条件简单时横断面间距不大于250m,每个横断面钻孔数不少于1个。

(2)地形较平缓或工程地质条件较复杂时横断面间距不大于120m,每个横断面勘探点数量不少于2个,其中钻孔数量不少于1个。

(3)地形陡峻或工程地质条件复杂时横断面间距不大于60m,每个横断面勘探点数量不少于2个,其中钻孔数量不少于1个。

12.3 高路堤

最大填高处应布置勘探横断面,每段高路堤的勘探横断面数量不少于1条,每条横断面勘探点数量不少于2个,其中钻孔数量不少于1个。每段高填路堤内勘探工作量尚应满足下列规定:

(1)地形平缓或工程地质条件简单时横断面间距不大于100m,每个横断面钻孔数不少于1个。

(2)地形较平缓或工程地质条件较复杂时横断面间距不大于80m,每个横断面钻孔数不少于2个。

(3)地形陡峻或工程地质条件复杂时横断面间距不大于50m,每个横断面钻孔数不少于3个。

12.4 陡坡路堤

最大填高处应布置勘探横断面,每段陡坡路堤的勘探横断面数量不少于1条,每条横断面勘探点数

量不少于 3 个,其中钻孔数量不少于 2 个。每段陡坡路堤内勘探工作量尚应满足下列规定:

(1)地形平缓或工程地质条件简单时横断面间距不大于 80m,每个横断面钻孔数不少于 1 个。

(2)地形较平缓或工程地质条件较复杂时横断面间距不大于 50m,每个横断面钻孔数不少于 2 个。

(3)地形陡峻或工程地质条件复杂时横断面间距不大于 30m,每个横断面钻孔数不少于 3 个。

12.5 深路堑、边坡支挡工程

最大挖深或边坡最高处应布置勘探横断面,每段深路堑、高边坡横向勘探断面数量不少于 1 条,每条横断面勘探点数量不少于 3 个,其中钻孔数量不少于 2 个。每段深路堑、高边坡勘探工作量尚应满足下列规定:

(1)地形平缓或工程地质条件简单时横断面间距一般为 80m,每个横断面钻孔数不少于 2 个,钻孔布置如图 12-1 所示。

(2)地形较平缓或工程地质条件较复杂时横断面间距不大于 50m,每个横断面钻孔数不少于 3 个,钻孔布置如图 12-2 所示。

(3)地形陡峻或工程地质条件复杂时横断面间距不大于 30m,每个横断面钻孔数不少于 4 个,钻孔布置如图 12-3 所示。

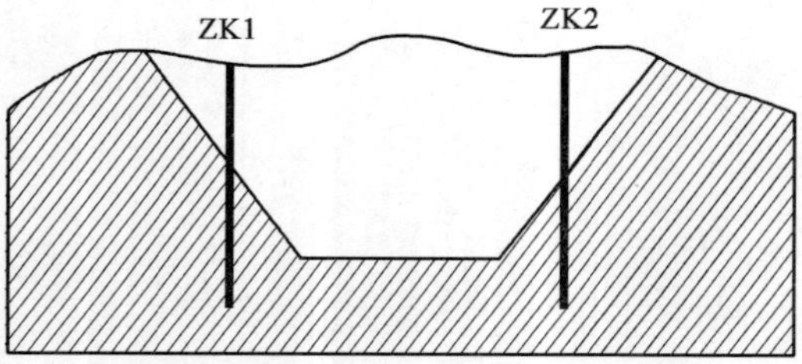

图 12-1 地形平缓或工程地质条件简单的横断面钻孔布置图

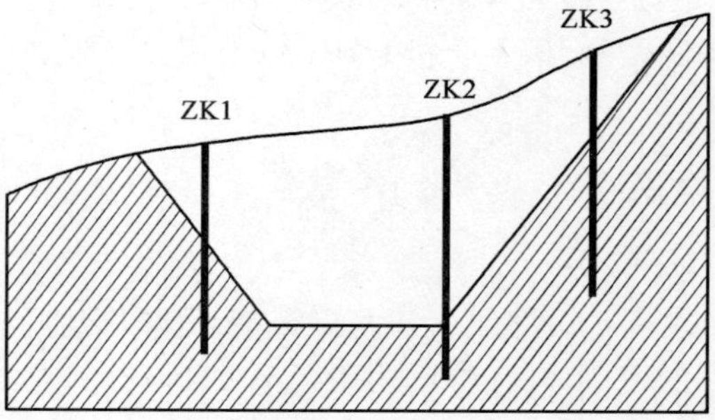

图 12-2 地形较平缓或工程地质条件较复杂的横断面钻孔布置图

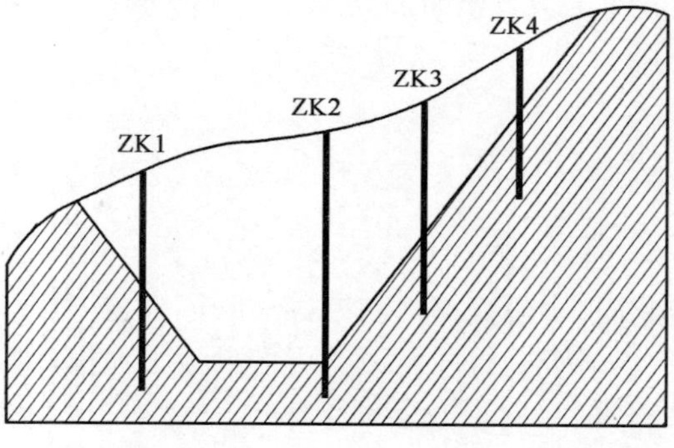

图 12-3 地形陡峻或工程地质条件复杂的横断面钻孔布置图

12.6 桥梁

钻探点按单幅桥梁布置,应结合地形、地质条件,桥型结构和设计墩台数量合理布设,桥台必须布置钻孔,总钻孔数量不少于总跨数(按单幅计)的 1/4。每座桥梁勘探工作量尚应满足下列规定:

(1)当地形平缓、工程地质条件和桥型结构简单时,桥台必须布置钻孔,桥墩总钻孔数量不少于总跨数(按单幅计)的1/4倍。

(2)当地形较平缓、工程地质条件较复杂或桥型结构较复杂时每个桥台不少于1个钻孔,桥墩总钻孔数量不少于总跨数(按单幅计)的1/2倍。

(3)当地形起伏大、工程地质条件复杂或桥型结构复杂时每个桥台不少于2个钻孔,桥墩总钻孔数量不少于总跨数(按单幅计)的1/2~1倍。

(4)花岗岩地区按工程地质条件较复杂或复杂考虑,每个桥台不少于2个钻孔,桥墩总钻孔数量不少于总跨数(按单幅计)的1倍。

(5)特殊结构桥梁如悬索桥及斜拉桥的桥塔、锚碇基础、高墩基础勘察应根据设计要求研究后合理布置钻孔或勘察工作量。

12.7 涵洞

每座涵洞应布置1个勘探断面,勘探点不少于2个,其中钻探孔不少于1个。当地形陡峻、工程地质条件较复杂或复杂、涵洞长度大于40m时,按每20m间距布置1个勘探点,其中钻探孔数量不少于2个。

12.8 隧道

(1)勘探工作量按单幅隧道布置,应结合隧道的地形地貌情况、地质条件的复杂程度确定。

①隧道进口段或出口段勘探横断面不少于2条,每条横断面钻孔数量不少于1个;隧道进口段或出口段勘探横断面的控制尚应满足下列规定:

地形平缓、工程地质条件简单的隧道进口段或出口段勘探横断面不少于2条,每条横断面钻孔数量不少于1个。

地形较平缓、工程地质条件较复杂的隧道进口段或出口段勘探横断面不少于3条,每条横断面钻孔数量不少于1个。

地形陡峻、工程地质条件复杂的隧道进口段或出口段勘探横断面不少于4条,每条横断面钻孔数量不少于1个。

②隧道洞身的勘探纵断面不少于1条,钻孔数量不少于1个,具体钻孔数量根据隧道的规模确定,中隧道钻孔间距为300~400m,长隧道和特长隧道钻孔间距为400~600m;重要地质界线、构造带包括断层及破碎带(含重要物探异常点)上必须布置钻孔。

(2)城市地(水)下隧道勘探工作量参照《市政工程勘察规范》(CJJ 56—2012)相关规定。

(3)隧道涌水量受多种因素制约,涌水量预测应先进行定性分析,后进行定量计算,宜采用两种或两种以上的方法进行分析预测。常用方法有地下水动力学法、地下水径流模数法、降雨入渗法等。

12.9 岸坡工程

(1)勘探工作量,应结合堤岸类型、工程地质条件综合确定,勘探间距宜符合表12-1的规定。

勘探点间距(单位:m) 表 12-1

工程地质条件	堤岸类别		
	Ⅰ类堤岸	Ⅱ类堤岸	Ⅲ类堤岸
复杂	<50	<100	<200
较复杂	50~100	100~200	200~400
简单	100~200	200~400	400~800

注:1. 参考《市政工程勘察规范》(CJJ 56—2012)中的分类,根据筑堤材料、结构形式划分为三类堤岸,其中Ⅰ类为桩式堤岸,系指以桩作为堤岸或以桩基作为堤岸基础的堤岸;Ⅱ类为圬工结构或钢筋混凝土结构物的天然地基堤岸,这类堤岸以重力式或半重力式为主;Ⅲ类为土堤,包括堤岸采用浆砌或干砌块石勾缝的护坡堤岸。

2. 表中勘探孔间距为沿堤岸走向间距。

(2)垂直堤岸横断面勘探孔的间距,以能满足滑动验算要求为原则,每条横断面勘探线应布置2~3个勘探孔。

12.10 收费站及服务区房屋建筑工程

按《岩土工程勘察规范》(GB 50021—2001)(2009版)、《建筑地基基础设计规范》(GB 50007—2011)、《广东省建筑地基基础设计规范》(DBJ 15-31—2016)、《建筑抗震设计规范》(GB 5001—2010)(2016版)相关规定执行。

13　不良地质与特殊性岩土

13.1　一般规定

广东省行政区域内高速公路建设和运营中常见的不良地质有岩溶、滑坡、危岩、崩塌与岩堆、泥石流、采空区、水库坍岸和地震液化等；常见的特殊性岩土有膨胀性岩土、软土、花岗岩残积土、填土和红黏土等。

本章主要针对广东省行政区域内高速公路建设和运营中常见的不良地质和特殊性岩土。

(1)高速公路工程不良地质和特殊性岩土勘察，应按照勘察阶段循序渐进地进行，逐步查清不良地质现象和病害、特殊性岩土工程地质条件和病害的成因、规模，推荐整治方案，满足设计需要。

(2)高速公路工程不良地质和特殊性岩土勘察，应运用综合勘探和综合分析方法，积极采用新技术、新方法等。

(3)广东省行政区域内高速公路工程不良地质和特殊性岩土勘察，除应符合本管理规程规定外，尚应符合国家和行业现行的有关强制性标准的规定。

(4)其他未列入的，如高液限土可参照红黏土勘察要求执行，煤系地层除按采空区勘察要求执行外，还应加强瓦斯勘察。

13.2　不良地质

13.2.1　岩溶

当高速公路路线通过可溶岩地区，存在对高速公路工程的安全有影响或潜在影响的岩溶地质灾害时，应进行岩溶工程地质勘察。

岩溶工程地质勘察除应符合《公路工程地质勘察规范》(JTG C20—2011)第7.1节及本管理规程第10～12章的有关规定外，尚应符合下列规定：

(1)初步勘察阶段应查明岩溶水平发育平台和垂直发育带，除应为路线避开垂直发育带提出建议外，尚应为路线避开水平发育平台提出高程建议。

(2)初步勘察阶段路线经过区对路线方案影响重大的岩溶地质问题，采用常规手段难以查明时，应提出开展岩溶专题研究的建议。特别是对长大隧道工程和特大型桥梁工程等存在重大影响时，必须提出开展岩溶专题研究的建议。

(3)详细勘察阶段勘探测试工作量布置应满足下列要求：

①路基勘探：应在工程地质调绘和初勘基础上开展综合物探，圈定异常范围，结合钻孔进行综合勘探。一般地区，勘探断面平均间距不应大于100m，每个断面应布置3个勘探点，其中至少1个钻孔；岩溶复杂地段，勘探断面平均间距不应大于50m，每个断面应布置3个勘探点，其中至少2个钻孔；对于物

探圈定的物性异常范围，当其对路线方案影响较大时应布置勘探断面，每个断面应布置5个勘探点，其中至少3个钻孔，勘探断面应延伸至异常范围之外。

②涵洞勘探：应沿涵洞轴线布置勘探断面，采用物探、钻探进行综合勘探。勘探点不少于3个，其中钻孔不少于2个。岩溶复杂地段，勘探点不少于4个，钻孔不少于2个。

③桥梁勘探：根据岩溶发育程度(分类见附录L)布置钻探工作量，应符合以下规定。

岩溶弱发育地段每个桥台不少于2个钻孔，桥墩总钻孔数量不少于桥墩总数。

岩溶中等发育地段每个桥台不少于2个钻孔，桥墩总钻孔数量不少于桥墩总数的2倍。

岩溶强烈发育地段，当墩台采用4根桩以上的群桩基础时应至少在四角布置钻探孔，且总钻孔数量不少于桩数的一半，当钻孔中遇岩溶洞穴时应逐桩钻探。当墩台桩数不超过4根时应逐桩钻探。

岩溶极强烈发育地区应逐桩钻探。

④隧道勘探：应结合隧址岩溶发育情况对勘探点进行加密，除应在可溶岩与非可溶岩地层接触带、含水层、物探异常带、断层破碎带等岩溶发育部位布置钻孔外，钻孔平均间距尚应满足短隧道不大于200m，洞身钻孔不少于1个，中隧道不大于300m，长隧道和特长隧道不大于400m。

(4)应通过对地质调绘、物探以及钻探成果的分析对场区可溶岩进行岩溶化程度分级，评价岩溶对场地稳定性的影响，并提出有针对性的工程处治措施方案。

(5)除桥梁基础勘探外，详细勘察阶段应充分利用初勘阶段取得的资料，但当一般岩溶发育区路线平面位置变化大于40m或岩溶复杂地段路线平面位置变化大于20m时，初勘资料仅作参考。

13.2.2 滑坡

在高速公路路线及其附近存在对高速公路工程及其附属设施的安全有影响的滑坡或滑坡的可能时，应进行滑坡工程地质勘察。

滑坡工程地质勘察除应符合《公路工程地质勘察规范》(JTG C20—2011)第7.2节及本规程第10～12章的有关规定外，尚应符合下列规定：

(1)初步勘察阶段应沿主滑方向布置勘探断面，每个勘探断面勘探点不少于3个，其中钻孔数量不少于2个。当滑坡规模较大，性质复杂时，每个勘探断面勘探点不少于5个，其中钻孔不少于3个。

(2)详细勘察阶段应根据滑坡规模增加勘探断面和勘探点，勘探断面平均间距不应大于50m，每个断面勘探点不少于4个，其中钻孔不少于2个，勘探点间距不大于50m；当滑坡性质复杂时，勘探断面的平均间距不应大于30m，每个断面勘探点不少于5个，其中钻孔不少于3个，勘探点间距不大于30m。

(3)当滑坡勘探断面达到2个及以上时，除应提供滑坡工程地质纵断面图外，尚应提供滑坡工程地质横断面图。

(4)沿抗滑支挡工程、河岸防护工程轴线布置的勘探断面勘探点不应少于3个，其中钻孔数不少于2个，且勘探点平均间距不应大于30m。

(5)详细勘察阶段应充分利用初勘阶段取得的资料。

13.2.3 危岩、崩塌与岩堆

当高速公路路线通过斜坡地带，斜坡陡峭，构成斜坡的岩土体节理裂隙发育，呈张开状，坡脚有崩积物堆积或存在崩塌的可能时，应进行危岩、崩塌与岩堆工程地质勘察。

危岩、崩塌与岩堆工程地质勘察除应符合《公路工程地质勘察规范》(JTG C20—2011)第7.3节及本规程第10～12章的有关规定外，尚应符合下列规定：

(1)初步勘察阶段的工作量布置应符合下列规定：

①岩堆路段，应布置勘探断面，每个断面上勘探点不少于2个，其中钻孔不少于1个。

②应查清隧道进出口地带的高陡边坡、桥梁跨越的陡坡地带、路基上方的高陡斜坡等是否存在危险

岩体,并对其产生崩塌的可能性做出评价。

(2)详细勘察阶段的工作量布置应符合下列规定:

①在确定的线位上,布置勘探断面,每个断面上勘探点不少于3个,其中钻孔不少于2个;勘探断面平均间距不应大于30m。

②在确定的线位区,存在对路线有重大影响的危岩体时,应提出开展专题研究建议。

(3)详细勘察阶段应充分利用初勘资料,但当路线发生变化时,初勘资料仅作参考。

13.2.4　泥石流

当高速公路路线通过沟谷,沟口或沟谷中存在大量无分选的堆积物,且在沟谷两侧或源头坡面有较厚的松散堆积层,并存在崩塌、滑坡等不良地质现象时,应进行泥石流工程地质勘察。

泥石流工程地质勘察除应符合《公路工程地质勘察规范》(JTG C20—2011)第7.4节及本规程第10～12章的有关规定外,尚应符合下列规定。

(1)初步勘察阶段工作量布置应符合下列规定。

①泥石流排导工程:勘探断面应沿排导工程的延伸方向布置,每个断面勘探点不少于2个,其中钻孔不少于1个。

②泥石流拦渣坝:应沿沟槽横断面方向布置勘探断面,每个断面勘探点不少于3个(基底及沟槽两侧边坡应布置勘探点),其中钻孔不少于1个。

(2)详细勘察阶段工作量布置应符合下列规定:

①泥石流排导工程:当泥石流影响范围大时,应沿排导工程的延伸方向增加勘探断面,每个断面勘探点不少于2个,其中钻孔不少于1个;勘探断面平均间距不应大于30m。

②泥石流拦渣坝:应加密勘探断面勘探点,每个断面勘探点不少于5个(基底及沟槽两侧边坡应布置勘探点),其中钻孔不少于2个,勘探点平均间距不应大于20m。

(3)详细勘察阶段应充分利用初勘资料,但当采用的泥石流治理工程形式发生变化时,应按新的治理工程形式重新布置勘探工作量。

13.2.5　采空区

当高速公路路线通过正在开采或已废弃的各类矿区时,应进行采空区工程地质勘察。

采空区工程地质勘察除应符合《公路工程地质勘察规范》(JTG C20—2011)第7.8节、《采空区公路设计与施工技术细则》(JTG/T D31-03—2011)第3章及本规程第10～12章的有关规定外,尚应符合下列规定:

(1)根据收集的资料,圈定采空区对路线的影响范围。

(2)在地形条件允许的情况下,采用多种物探手段相互验证,网格状布置物探测线,测线间距不应大于20m。

(3)在物探异常点布置钻孔,必要时在网格节点布置钻孔,并采用孔间CT探测。

(4)桥梁基础勘探时,除采用物探手段进行勘探外,尚应逐墩布置钻孔,每墩台钻孔不少于2个,采用桩基础时,应逐桩布置钻孔。

(5)隧道勘探应结合隧址采空区类型、规模和空间分布布置勘探点。洞身钻孔平均间距应满足:短隧道不大于200m,洞身钻孔不少于1个;中隧道不大于300m;长隧道和特长隧道不大于400m。在含矿地层等部位应加密钻孔。

13.2.6　水库坍岸

当高速公路路线跨越水库支沟、支流或沿水库岸坡边缘布线,库岸可能发生坍塌、滑动时应进行水库坍岸工程地质勘察。

水库坍岸工程地质勘察除应符合《公路工程地质勘察规范》(JTG C20—2011)第7.9节及本规程第10～12章的有关规定外，尚应符合下列规定：

(1)初步勘察阶段应垂直库岸布置勘探断面，勘探断面长度应包括库岸及可能产生坍塌变形的范围，间距不大于50m。

(2)详细勘察阶段对路线及构筑物稳定有影响的水库坍岸路段，应布置勘探断面和探坑(井)、钻孔等，勘探断面间距不大于30m，每个断面探坑(井)或钻孔数不少于2个，应详细查明库岸地质条件及其稳定性。

(3)详细勘察阶段应充分利用初步勘察阶段所取得的资料，但当线路平面位置变化时，初勘资料仅作参考。

13.2.7 地震液化

当高速公路路线通过地区地震动峰值加速度大于或等于0.1g，地面以下20m深度范围内有饱和松散砂土、粉土或未固结岩层时，应进行地震液化工程地质勘察。

地震液化工程地质勘察应符合《公路工程地质勘察规范》(JTG C20—2011)第7.11节及本规程第10～12章的有关规定。

13.3 特殊性岩土

13.3.1 膨胀性岩土

膨胀性岩土工程地质勘察除应符合《公路工程地质勘察规范》(JTG C20—2011)第8.3节及本规程第10～12章的有关规定外，尚应符合下列规定：

(1)在膨胀性岩土与非膨胀性岩土的过渡地段应加密工程地质调绘点，点距不宜大于50m。

(2)在膨胀性岩土与非膨胀性岩土的过渡地段勘探点间距不宜大于50m。

(3)在膨胀性岩土地区构筑物基础勘探应查明地下水位变动幅度，评价膨胀性岩土的影响程度。

13.3.2 软土

软土判定标准见表13-1。

软土判定标准　　表13-1

项　目	指　标
天然含水率 w	$\geqslant w_L$
天然孔隙比 e	≥1.0
压缩系数 $a_{0.1\sim0.2}$	$>0.5\text{MPa}^{-1}$
标准贯入试验锤击数 N	< 3击
静力触探比贯入阻力 P_s	≤750kPa
十字板抗剪强度 C_u	< 35kPa

具有以上多数特性，呈软塑～流塑状，具有压缩性高、强度低、透水性差、灵敏度高等特点的黏性土，应按软土进行工程地质勘察。

软土工程地质勘察除应符合《公路工程地质勘察规范》(JTG C20—2011)第8.5节及本规程第10～

12 章的有关规定外，尚应符合下列规定：

(1)初步勘察阶段勘探工作量布置应符合下列规定：

①路基勘探测试点应沿路线中线布置。钻孔平均间距不大于 400m；每公里路线静力触探测试点数不少于 4 个。当软土厚度大、分布复杂时，应结合填土路基设计，分段布置横向勘探断面，并与静力触探、十字板剪切试验等原位测试结合进行综合勘探，每个勘探断面勘探点不少于 2 个，其中钻孔不少于 1 个，勘探断面的平均间距不大于 200m。

②山间沼相软土应布置勘探横断面，间距不大于 50m，每个断面勘探点不少于 2 个，钻孔不少于 1 个。

(2)详细勘察阶段勘探工作量布置应符合下列规定：

①路基勘探测试点应沿路线中线布置。钻孔平均间距不大于 200m，每公里路线静力触探测试点数不少于 5 个。当软土厚度大、分布复杂时，应结合填土路基设计，分段布置横向勘探断面，并与静力触探、十字板剪切试验等原位测试结合进行综合勘探，每个勘探断面钻探点不少于 2 个，勘探断面的平均间距不大于 100m。

②山间沼相软土应布置勘探横断面，间距不大于 20m，每个断面勘探点不少于 3 个，钻孔不少于 1 个。

(3)详细勘察阶段应充分利用初步勘察阶段所取得的资料，但当路线平面位置变化超过 50m 时，初勘资料仅作为参考。

13.3.3　花岗岩残积土

花岗岩残积土工程地质勘察除应符合《公路工程地质勘察规范》(JTG C20—2011)第 8.6 节及本规程第 10 ~ 12 章的有关规定外，尚应符合下列规定：

(1)详细勘察阶段桥梁基础勘探工作量布置应符合下列规定：

①每个墩台均应布置勘探钻孔。

②当花岗岩残积土厚度变化大、分布复杂时，则每个墩台的勘探钻孔不少于 2 个。

③在花岗岩风化裂隙极发育、基岩面起伏剧烈的地段，应逐桩钻孔。

(2)详细勘察阶段应充分利用初步勘察阶段所取得的资料，但当桥梁墩台平面位置发生变化时，初勘资料仅作参考。

13.3.4　填土

填土工程地质勘察除应符合《公路工程地质勘察规范》(JTG C20—2011)第 8.7 节及本规程第10 ~ 12 章的有关规定外，尚应符合下列规定：

(1)初步勘察阶段勘探工作量布置应符合下列规定：

①路基勘探：勘探点应沿路线中线布置，间距不大于 50m；当填土厚度大、分布复杂时，应布置横向勘探断面，每个勘探横断面上的勘探点数量不应少于 2 个，其中钻孔不少于 1 个。

②涵洞、通道勘探：每座涵洞、通道勘探点的数量不少于 1 个。

③桥梁勘探：应按工程地质条件复杂场地布置勘探点，每个墩台钻孔不少于 1 个。

(2)详细勘察阶段勘探工作量布置应符合下列规定：

①路基勘探：应布置横断面勘探，每断面钻孔不少于 2 个，勘探断面间距不大于 50m。

②涵洞、通道勘探：每座涵洞、通道布置 1 个勘探断面，每个断面勘探点的数量不少于 3 个，其中钻孔数量不少于 2 个。

③桥梁勘探：应按工程地质条件复杂场地布置勘探点，每个墩台布置 1 个勘探断面，钻孔不少于 2 个。

(3)详细勘察阶段应充分利用初步勘察阶段所取得的资料,但当路线平面位置变化超过 20m 时,初勘资料仅作参考。

(4)当填土底面的天然坡度大于 20% 时,应验算填土体的稳定性。

(5)当填土基底为软土或填土本身软弱时,应按软土进行工程地质勘察。

13.3.5 红黏土

红黏土工程地质勘察除应符合《公路工程地质勘察规范》(JTG C20—2011)第 8.8 节及本规程第 10 ~ 12 章的有关规定外,尚应符合下列规定。

(1)初步勘察阶段勘探工作量布置应符合下列规定。

①路基勘探:勘探测试点宜沿路线中线结合地貌单元布置,一般地段,勘探点间距不大于 200m,做代表性勘探;土层结构复杂地段,勘探点间距不大于 100m,其中钻孔数量不少于勘探点数量的 1/2。

②涵洞、通道勘探:每座涵洞、通道勘探点的数量不少于 1 个;有土洞、岩溶发育时,应辅以物探综合勘探。

③桥梁勘探:应按工程地质条件复杂场地布置勘探点,每个墩台钻孔不少于 1 个。

④隧道勘探:红黏土发育地段的隧道洞口勘探点数量不少于 2 个。

(2)详细勘察阶段勘探工作量布置应符合下列规定:

①路基勘探:一般地段,每段填、挖路基的勘探点数量不少于 1 个,平均间距不大于 100m;地层结构复杂时,应布置勘探断面,每个断面勘探点不少于 2 个,其中钻孔不少于 1 个,勘探断面平均间距不大于 50m,勘探点的布置尚应满足防护加固工程的需要。

②涵洞、通道勘探:每座涵洞、通道应布置勘探断面,勘探点的数量不少于 2 个,其中钻孔数量不少于 1 个。

③桥梁、隧道勘探:应按工程地质条件复杂的场地进行勘探。

(3)当红黏土达到膨胀性岩土标准时,应按照膨胀性岩土进行工程地质勘察。

(4)详细勘察阶段应充分利用初步勘察阶段所取得的资料,但当路线平面位置变化超过 50m 时,初勘资料仅作参考。

14　工程地质勘察成果报告

14.1　一般规定

(1)高速公路工程地质勘察报告是高速公路工程地质勘察的主要成果,工程地质勘察报告的编制应充分利用勘察工作取得的各项地质资料,在综合分析的基础上进行,所依据的原始资料在使用前均应进行整理、检查、分析,确认无误。

(2)高速公路工程地质勘察报告应资料完整,内容翔实准确、重点突出,有明确的工程针对性,建议合理,结论依据充分。

(3)高速公路工程地质勘察报告提供的岩土参数应按工程地质单元或层位进行分析统计,并综合考虑各方面因素后合理取值。

(4)高速公路工程地质勘察报告包括总报告和工点报告,总报告和工点报告均应由文字说明和图表部分组成。

(5)对于路基、桥梁、涵洞、隧道、路线交叉、料场、沿线设施等独立勘察对象,应编制工点报告。

(6)高速公路工程地质勘察报告应签署完备并加盖勘察项目承担单位出版图章,经评审通过后归档。

14.2　报告内容

(1)总报告文字说明内容应符合《公路工程地质勘察规范》(JTG C20—2011)第3.10.4条的规定。

(2)工点报告文字说明内容应符合《公路工程地质勘察规范》(JTG C20—2011)第3.10.7条的规定,并满足初步勘察和详细勘察阶段各工点应提供的资料要求。

(3)初步勘察、详细勘察阶段图表应包括下列内容:

①(合同段)总报告图表。

a. 图例。

b. 路线工程地质平面图(详勘阶段可省略)。

c. 路线工程地质纵断面图(详勘阶段可省略)。

d. 勘探工作量表。

e. 不良地质及特殊性岩土一览表。

f. 岩样试验成果汇总表。

g. 水质分析报告。

h. 其他图表。

i. 照片。

②工点报告图表。

a. 工程地质平面图。

b. 工程地质断面图。

c. 勘探孔柱状图。

d. 岩土试验成果表。

e. 其他测试图表。

f. 照片。

(4)物探成果报告一般宜附录在工点勘察报告后面,图件包括:

①工点及路段物探测线平面图布置图。

②物探定性定量解释图件(纵横剖面图)。

③高密度电法、各种电磁测深法的电阻率等值线图、地震勘探时距曲线图等其他物探手段成果图件。

14.3 文件格式与编排

14.3.1 文件格式

(1)封面:工程名称,里程全长,勘察阶段,勘察文件名,册,数,单位名称,文件编制年、月;颜色初勘采用淡豆绿色,详勘采用白色。

(2)扉页:工程名称,里程全长,勘察阶段,勘察文件名,册,数,各级负责人签署,勘察等级证书及编号,单位名称,文件编制年、月,加盖单位出图章。

(3)文字说明:页面为 A3 幅、分两栏。

(4)附表:页面为 A3 幅、不分栏。

(5)附图:页面为 A3 幅;长度超过 A3 幅的图件可分幅编制,也可折叠成 A3 幅;特殊图件不受 A3 幅的限制,可采用 2 ~ 0 号图幅,但必须折叠成 A3 图幅。

(6)线条、字体与字号应符合表 14-1、表 14-2 的规定。

①常用线条宽度按表 14-1 选用。

②常用线条类型一般采用不同宽度的实线表示。

③推断线采用相应宽度的虚线表示。

④地下水位线采用点画线表示,线宽不宜超过主要常用线宽度。

⑤文字说明与图表中的汉字应采用仿宋体或宋体,但必须保证全套报告字体和风格一致。

⑥图表中的字母与数字除有固定含义者外均应按标准体书写,包括大写和小写。

⑦文字说明中的汉字应与其中的字母和数字大小协调一致。

⑧一套报告中,同一字母代表同一含义时,其字体应前后一致。

常用线条规格　　表 14-1

用　途	代表线名	线　形	线宽(mm)
平面图、柱状图、纵断面图、横断面图	图例符号线	实线	0.25
	表格分栏线	实线	0.25
	地质构造线	实线	0.40
	地貌类型线	实线	0.40
	地层界线	实线	0.25
	地面线	实线	0.40
	时代界线	实线	0.40

续上表

用　途	代表线名	线　形	线宽(mm)
图框	外框	实线	0.60
	内框	实线	0.25

字体、字号规格　　表 14-2

用　途		字号或高	字　体	字间距	行间距
大中说明（Word 文档）	大标题	小二	宋体	标准	1.5 倍
	分段标题	小四	宋体	标准	1.5 倍
	小标题	小四	宋体	标准	1.5 倍
	说明内容	小四	宋体	标准	1.5 倍
综合图表	标题	4.5	宋体	标准	标准
	文字	5.0	宋体	标准	标准
	符号	4.0	宋体	标准	标准
	上、下标	2.0	宋体	标准	标准
柱状图 纵、横断面图	标题	4.5	宋体	标准	标准
	描述	4.0	宋体	标准	标准
	符号	4.0	宋体	标准	标准
	上、下标	2.0	宋体	标准	标准
图框	文字	双行	宋体	4.0	
		单行	宋体	5.0	

(7)每册文件厚度不宜超过 300 页。

14.3.2　文件编排顺序

(1)封面。
(2)扉页。
(3)主要参加人员。
(4)图例。
(5)目录。
(6)总报告、工点报告(按路、桥、隧顺序编排)。

14.4　资料归档

14.4.1　原始资料的内容

(1)收集的成果资料。
(2)工程地质调绘的原始资料。
(3)钻探、试验、测试的原始资料。
(4)工程物探原始资料。
(5)勘察报告编制过程中的分析计算资料等。

(6)质量、环保、安全、职业健康等管理记录。

14.4.2 资料归档的基本要求

勘察项目结束后,应将全部原始资料、正式勘察报告、地图及电子文档资料按程序在勘察承担单位归档。

15　工程地质勘察验收与评审

15.1　一般规定

(1)工程地质勘察应在各阶段外业工作基本完成时进行外业验收。地质勘察外业验收工作可根据项目具体情况与对应的初测(或定测)外业验收工作合并进行或分开进行专项验收(含确定代表性地层设计参数取值、高陡路基及隧道进出口勘察专项验收)。

(2)工程地质勘察成果报告在正式出版前应进行成果评审。

15.2　验收

15.2.1　验收申请条件

(1)基本完成勘察大纲规定(或实际下达)的外业工作。

(2)外业工作原始资料齐全、准确,并通过自检。

(3)完成项目外业工作总结,内容包括:项目概况、外业工作任务完成情况、外业工作质量述评、主要工作成果、存在的问题及整改措施等。

(4)通过勘察单位的内部验收。

15.2.2　验收申请程序

(1)勘察单位提出外业验收申请,申请内容包括:验收申请书、完成工作量汇总表、自检报告和单位内部验收意见。

(2)建设主管部门(或业主)对外业验收申请进行审查,同意后应在10个工作日内组织外业验收。

15.2.3　验收步骤

(1)听取勘察单位的外业工作汇报。

(2)听取审查咨询单位的工作汇报。

(3)检查外业工作原始资料和部分成果资料。

(4)必要时可按外业工作量的1% ~5%进行野外实地抽查、验收。

(5)验收组(专家组)评议,形成勘察项目外业验收报告(专家组意见)。

15.2.4　验收的主要内容

(1)程序性文件及原始资料的完整性、准确性。

(2)完成的工作量适宜性。
(3)勘察大纲规定的外业工作目标、任务完成情况。
(4)地质资料中间成果的合理性。
(5)必要时的外业实地抽查结果。
(6)检查勘察单位自检及内部验收材料。

15.2.5 验收时,勘察单位应提供下列资料

(1)工程地质勘察项目合同书、勘察大纲及其审查批复等文件。
(2)外业工作原始资料及部分成果资料。
(3)外业工作总结报告。
(4)自检记录及内部检查验收材料。

15.2.6 验收结果的认定

(1)验收组应形成外业工作验收报告。
(2)凡属下列情况之一的,验收组不予通过:
①资料严重不全。
②外业工作大部分不符合规范要求或不满足设计要求。
③完成的外业实物工作量未达到第15.2.1条要求。
④外业工作抽查不合格。
⑤存在隐瞒、伪造外业工作资料或工作成果等。
⑥验收组认为严重影响外业工作质量的其他事由。
(3)勘察单位收到外业验收报告后,应按照验收报告的要求完善各项工作。
(4)凡外业验收未通过的项目,勘察单位应根据验收组意见,进行补充工作,符合条件后,按本管理规程规定重新申请验收。

15.2.7 验收报告的主要内容

(1)验收过程简述。包括时间、地点、参加部门及单位、专家组、验收经过等。
(2)外业工作总体评价。包括对外业工作完成情况、外业工作质量、勘察工作量的合规性、勘察手段的适宜性、勘察成果是否满足设计要求等做出总体评价。
(3)验收意见。包括对现阶段外业工作存在的问题和不足提出意见,并对后续勘察工作提出意见或建议等。

15.3 评审

15.3.1 申请评审条件

(1)完成勘察大纲规定的全部外业工作,通过外业验收,并根据验收意见进行了相应的补充和完善。
(2)完成工程地质勘察报告和附图、附表编制,勘察单位内部评审合格。

15.3.2　评审程序

(1)勘察单位向建设主管部门(业主)提出评审申请报告,包括下列内容:

①勘察项目成果报告评审申请书。

②外业验收补充完善情况说明。

③勘察单位内部评审报告。

④成果咨询意见及回复。

⑤工程地质勘察成果报告目录。

⑥完成工作量汇总表。

⑦项目工作总结报告。

(2)建设主管部门(业主)对申请报告进行审查,于5个工作日内决定是否受理评审申请,对于不符合勘察成果报告评审条件的申请,不予受理,并说明理由。

(3)建设主管部门(业主)应于受理之日起10个工作日内组织评审专家组进行评审,并要求勘察单位、审查咨询单位于评审前5个工作日将勘察成果资料、咨询报告送交评审专家。

(4)建设主管部门(业主)组织(或委托组织)成果报告评审会议,形成评审意见。

15.3.3　勘察单位应提供的资料

(1)工程地质勘察项目合同书、勘察大纲以及对勘察大纲的审查批复意见等文件。

(2)外业验收报告。

(3)工程地质勘察成果报告及相关图件、图表。

(4)勘察单位内部审查意见。

(5)工作总结及汇报材料简本。

(6)评审专家组要求提供的其他资料。

15.3.4　审查咨询单位应提供资料

(1)咨询项目合同书、大纲以及对大纲的审查批复意见等文件。

(2)咨询报告。

(3)咨询工作汇报简本。

(4)评审专家组要求提供的其他资料。

15.3.5　评审会议程序

(1)分别听取勘察单位、审查咨询单位的工作汇报。

(2)检查勘察、咨询工作程序性管理资料和成果资料。

(3)必要时进行外业实地抽查。

(4)评审专家组评议,形成勘察项目成果报告评审意见书。

15.3.6　评审内容

(1)程序性文件及技术资料的完整性、准确性。

(2)完成工作量的适宜性。

(3)勘察大纲、咨询大纲的目标和任务完成情况。

(4)成果资料的合理性。

(5)外业实地抽查结果。

(6)检查勘察单位自检及内部评审材料。

15.3.7 评审结果的认定

(1)评审专家组应形成工程地质勘察、咨询报告评审意见书。

(2)凡属下列情况之一的,成果报告评审专家组不予通过:

①资料严重不全。

②勘察成果不满足设计需要和规范要求。

③存在隐瞒、伪造资料或成果的情况。

④评审专家组认为严重影响勘察成果质量的其他事由。

(3)勘察单位收到成果报告评审意见书后,应按照意见书的要求补充完善各项工作,并形成回复意见,报政府管理部门或评审专家组审查批准。

(4)凡工程地质勘察成果报告评审未通过的项目,勘察单位应根据评审专家组意见,进行补充工作,符合条件后,按本规程规定重新申请成果报告评审。

(5)建设部门(业主)可针对工程地质勘察成果报告评审未通过原因,分别对项目勘察和审查咨询单位依据相关合约进行责任追究。

附录 A　勘测设计单位初测外业检查(验收)表格

初测外业检查/验收报告

记录编号：__________

项目类别：□重大工程项目　　□一般工程项目

<table>
<tr><td>工程项目名称</td><td colspan="2"></td><td>勘设阶段</td><td></td></tr>
<tr><td>项目单位</td><td colspan="2"></td><td>项目单位负责人</td><td></td></tr>
<tr><td>项目总负责人</td><td colspan="2"></td><td>项目负责人</td><td></td></tr>
<tr><td>验收级别</td><td colspan="2">□项目单位检查　　□终审单位验收</td><td>终审单位</td><td></td></tr>
<tr><td colspan="5">检查/验收总体评价(各专业意见附后)：</td></tr>
<tr><td>职业健康安全和环境
合规性评定</td><td colspan="4"></td></tr>
<tr><td colspan="3">自检/验收组成员签署：

年　月　日</td><td colspan="2">□合　格
□不合格
□结果待定
组长签署：
年　月　日</td></tr>
</table>

注：1. 工程勘察外业自检/验收需同时填写本表。

2. 勘察外业检查/验收意见办理情况须填写《外业检查、验收意见执行情况跟踪单》。

3. 本报告原件由项目负责人保管并归档保存。

一、路线初测验收意见

<table>
<tr><td colspan="3">验 收 要 求</td><td>验 收 评 价</td></tr>
<tr><td colspan="3">1. 路线方案
(1)符合计划任务书、《公路工程技术标准》(JTG B01—2014)、《公路路线设计规范》(JTG D20—2017)以及合同的要求。
(2)搜集资料齐全,室内路线方案研究充分且提出多方案论证,经现场核查落实,所推荐的设计方案技术可行,经济合理。
(3)路线布局正确,走廊选定合理并充分考虑地方政府的意见,没有因工程地质问题发生方案变动,对新建或改建、利用的路线论证合理,处理适当。如需分期修建,严格掌握分期修建的标准,使前期工程在后期仍能充分利用。
(4)符合《公路环境保护设计规范》(JTG B04—2010)的有关要求。
(5)认真落实节约用地、综合利用及路线与其他设施的干扰处理等问题。
2. 线形设计(外业期间内业设计)
(1)路线线位合理,能结合地形、水文、地质及桥涵等构造物综合考虑,并注意与周围景观和生态协调平衡。
(2)地质条件最优,能减轻或避免因工程地质问题而产生的道路病害。
(3)线形设计连续、顺畅,平、纵、横组合合理,符合技术标准要求。
(4)纸上定线资料完善,平面要素、坐标计算无误,纵面资料齐全,并具有必要的透视图和控制性横断面图。
3. 路线测量
(1)测区内已有测绘成果资料应搜集齐全,并充分合理地利用。
(2)点位布设合理,符合《公路勘测规范》(JTG C10—2007)要求。
(3)平面控制点、高程控制点等标志应符合《公路勘测规范》(JTG C10—2007)要求,满足相应控制点等级的规定;点之记符合规范要求。控制点埋设后,应有一定的沉降稳定时间再进行观测。
(4)测量仪器和(水准)标尺等的检验及检测精度应符合相应工程勘测的等级要求,并取得计量检验合格证。
(5)观测方法、时间、气候等的选择,测回数及重测方向和测回数的比例以及成果的取舍等应符合规定,联测、接测和检测等应符合规定,各项误差应控制在规定的限差内,觇标高、反光镜高、仪器高和气象数据测定方法及量取正确。
(6)测量手簿内容填写齐全,记录、计算和有关文字记载正确、完整、清晰、无涂改原始读数及伪造、转抄等现象。
(7)计算图形、线路的选择及误差计算合理,各种数据、参数、系数的取用及改正正确,各种计算的精度和结果正确,误差在允许范围内,重合点及相邻测区的成果处理合理。
(8)控制网图的绘制及内容正确完整,成果表的编制、抄录正确,符合要求。
(9)按规范和规定提交的资料及检查记录和其他检查资料完整。</td><td></td></tr>
<tr><td>勘测设计单位
验收人员签署</td><td></td><td>日　　期</td><td></td></tr>
</table>

二、公路路基及筑路材料初测验收意见

<table>
<tr><td colspan="3">验 收 要 求</td><td>验 收 评 价</td></tr>
<tr><td colspan="3">(1)路基勘察成果完整,资料搜集齐全,能满足设计需要,地基勘察符合《公路工程地质勘察规范》(JTG C20—2011)要求。对工程地质条件的评价确切,岩土测试资料正确,结论可靠,推荐的路基标准横断面合理。
(2)路基排水及防护工程,改移河道工程调查内容齐全,方案合理,能满足《公路勘测规范》(JTG C10—2007)要求。
(3)对特殊路基设计及不良地质路段勘察内容、方法应符合《公路工程地质勘察规范》(JTG C20—2011)的要求,处理所需资料齐全,其初拟方案切合实际,技术先进,经济适用。
(4)取土及弃土处理场地选择合理,符合环保及国家有关法规的规定要求,并征得地方政府同意。其场地勘察应满足《公路勘测规范》(JTG C10—2007)和《公路工程地质勘察规范》(JTG C20—2011)要求。并应取代表性样品进行路基土物理力学性质试验,其试验方法、精度、成果资料应符合《公路土工试验规程》(JTG E40—2007)要求,对不适用材料处理措施切合实际,经济合理。
(5)气象、植被、水文调查资料齐全,水文分析计算论证合理,最小路基高度确定无误。
(6)能确切提供可资利用的筑路材料,并对原材料进行必要的试验,所选料场能满足桥、隧等人工构造物及路面用料要求。
(7)应选用沿线筑路材料和外购材料进行路面结构各方案混合料配合比组成设计试验,在选定最佳配合比的基础上,进行混合料设计参数测试。其试验方法、精度、成果资料等应符合《公路工程沥青及沥青混合料试验规程》(JTG E20—2011)、《公路工程水泥及水泥混凝土试验规程》(JTG E30—2005)和《公路工程无机结合料稳定材料试验规程》(JTG E51—2009)等要求。
(8)改建公路路基路面勘察内容完整,资料齐全,符合《公路勘测规范》(JTG C10—2007)、《公路沥青路面设计规范》(JTG D50—2017)和《公路水泥混凝土路面设计规范》(JTG D40—2011)等有关要求,路基路面改建方案比选充分,其推荐方案技术可行、经济适用。</td><td></td></tr>
<tr><td>勘测设计单位
验收人员签署</td><td></td><td>日　　期</td><td></td></tr>
</table>

三、桥涵初测验收意见

<table>
<tr><th colspan="3">验收要求</th><th>验收评价</th></tr>
<tr><td colspan="3">1. 小桥涵
(1)桥涵位置选择合理,分布及数量适当,与农田灌溉、路基综合排水、村落结合恰当,地基条件明确,调查资料齐全。
(2)结构选型正确,小桥涵水文分析计算资料论证合理,采用跨(孔)径合理,经济实用,改建项目能充分利用已有工程,与周围环境协调。
(3)附属(防护)工程调查资料充分,处理妥当,与有关工程能密切配合。
(4)小桥涵设置和地方政府签订初步协议。
2. 大、中桥
(1)桥位勘测
①桥位方案选择合理,论据充分,对技术复杂大桥或特殊结构桥梁,应提供2~3个有比较价值的桥位方案。
②控制点设置合理,数量足够,测量测量精度符合《公路勘测规范》(JTG C10—2007)的要求。
③桥位地形测绘能满足设计需要。
④水准点及桥位桩的敷设与各项测量工作符合《公路勘测规范》(JTG C10—2007)规定及其精度要求。
⑤形态断面选择合理,断面勘测资料齐全。
⑥地质勘探点线的布设符合《公路工程地质勘察规范》(JTG C20—2011)要求,勘探深度与范围能满足设计需要,勘探试验、测试资料齐全,工程地质评价准确,建议合理。
⑦野外勘测记录完整、清晰、签署完备,内容满足初步设计需要。
(2)资料调查及大中桥水文计算
①水文勘测调查资料(历史洪水调查、洪痕测量、洪水及河床比降测量等)齐全可靠,水文分析计算资料论证合理,符合《公路勘测规范》(JTG C10—2007)的要求,结论合理。
②桥位地区的有关资料(如气象、地质、水文、水利、航道、路网规划等)调查充分,高烈度地震区的大桥及特大桥,地震基本烈度鉴定资料齐全。
③有关公路和铁路及已建、在建、待建桥涵构造物资料搜集齐全。
④上一阶段的评审、批复意见、专题研究成果等资料搜集齐全,并认真执行。
(3)桥型方案
①方案比选无遗漏,推荐方案和比较方案合理。
②主要、典型有代表性的大、中桥、技术复杂和特殊结构的桥梁必须绘制桥型方案图(包括比较方案)。
③大、中桥方案征询地方政府意见,跨河桥梁应征求水利、航运、防洪等主管部门的意见。
④提交验收资料应符合《公路勘测规范》(JTG C10—2007)的要求。
3. 具体验收意见</td><td></td></tr>
<tr><td>勘测设计单位
验收人员签署</td><td></td><td>日　期</td><td></td></tr>
</table>

四、隧道初测验收意见

<table>
<tr><td colspan="3">验 收 要 求</td><td>验 收 评 价</td></tr>
<tr><td colspan="3">1. 隧道选择
(1)比较方案正确,对控制路线方案的隧道进行广泛的区域调查,高烈度地震区的特长、长隧道的地震基本烈度鉴定资料齐全。
(2)综合调查全面,能正确选择隧道位置和衬砌结构类型。
(3)隧道洞口位置的选择恰当,明洞设置合理,能减免隐患并有利施工。
(4)辅助坑道设置原则正确,位置选择适宜。
2. 隧道测量
(1)控制点设置合理,数量足够,测量精度符合《公路勘测规范》(JTG C10—2007)要求。
(2)平面图测绘范围、内容、精度均能满足设计需要。
3. 隧道工程地质勘察
(1)勘察的内容能满足《公路勘测规范》(JTG C10—2007)和《公路工程地质勘察规范》(JTG C20—2011)要求。
(2)勘察成果齐全,评价准确可靠,勘察记录符合要求。
(3)地质围岩分类和分段恰当,调绘范围适当,观测点选择有代表性。
(4)勘探孔位、孔数和深度以及岩、土、水试验均达到规定要求,各种勘探成果和测试数据能进行综合分析,适当评价,结论建议合理。
(5)独立设计隧道的建材调查结果切实可靠。
4. 其他调查工作
(1)独立设计的隧道,概算基础资料齐全无误。
(2)环境条件调查的资料搜集齐全。
(3)独立设计的隧道,施工方案资料调查齐全。</td><td></td></tr>
<tr><td>勘测设计单位
验收人员签署</td><td></td><td>日　　期</td><td></td></tr>
</table>

五、路线交叉初测验收意见

<table>
<tr><th colspan="4">验收要求</th><th>验收评价</th></tr>
<tr><td colspan="4">1. 交叉选择
(1)交叉的位置、类型选择合理,并符合《公路路线设计规范》(JTG D20—2017)的有关规定。
(2)对于复杂的立体交叉和平面交叉,进行多方案的比选。
(3)交叉的设置符合有关规定,并与有关单位协商一致,处理妥当。
(4)技术标准掌握正确。
2. 测绘、调查
(1)路网和交叉公路现状及规划资料齐全、正确。
(2)交通量搜集、引用恰当,计算、分析正确。
(3)工点地形图的测绘范围、内容、精度均能满足设计要求。
(4)按单项工程设计的交叉,建材调查资料全面准确。
(5)按单项工程设计的交叉,用地拆迁调查资料全面准确。
(6)按单项工程设计的交叉,概算基础资料齐全无误。</td><td></td></tr>
<tr><td>勘测设计单位
验收人员签署</td><td></td><td>日　　期</td><td colspan="2"></td></tr>
</table>

六、其他勘测调查初测验收意见

验收要求			验收评价
1. 沿线设施及其他工程 (1)沿线设施工点的勘察资料齐全、方案正确,布设合理。 (2)其他工程(如渡口码头、悬出路台,防雪走廊等)勘察资料齐全。 (3)线外改河、改路、防护、排水、水利设施迁建以及临时工程的勘察资料齐全,方案合理。 2. 施工方案 (1)对控制施工方案的基础条件(如气象、地质、地形、水文、交通运输条件、供水、供电、电信条件、机械设施、建材供应等)的资料收集齐全。 (2)主要工程和特殊工程的初拟施工方案合理可行。 3. 其他勘测调查 占用土地调查全面、可靠。 4. 拆迁处理 各类拆迁建筑物调查落实,处理的方案与措施和主管部门协商一致,与管线交叉干扰的拆迁处理,符合《公路路线设计规范》(JTG D20—2017)的有关规定。 5. 概算资料调查 (1)概算资料调查符合《公路工程基本建设项目概算预算编制办法》(JTG B06—2007)规定,拟定的编制原则合理。 (2)对采用新技术的工程项目,补充定额搜集齐全或搜集有同类工程的机械配备、人员、劳动组合情况,施工进度等资料,便于分析制定补充定额。 6. 外业期间内业工作 (1)各项基础资料完整可靠,原始记录签署完备,各项计算校审签署完备。 (2)各类方案比较设计成果完整,数据可靠。 (3)按规定编制验收材料(或勘测报告书)。			
勘测设计单位 验收人员签署		日　期	
初测各专业具体意见:			
勘测设计单位 验收人员签署		日　期	

初测外业验收/审查/确认意见执行情况跟踪单

编号：________

项目类别：□重大工程项目　　□一般工程项目

终审单位：□勘察外业验收　　□方案评审　　□设计审查　　业主组织：□外部验收　　□设计咨询/确认

<table>
<tr><td rowspan="2">工程项目名称</td><td rowspan="2"></td><td>勘设阶段</td><td></td></tr>
<tr><td>项目单位</td><td></td></tr>
<tr><td>验收/审查单位</td><td></td><td>验收/审查文件</td><td></td></tr>
<tr><td>意见条款号</td><td colspan="2">执行情况</td><td>执行人</td></tr>
<tr><td></td><td colspan="2"></td><td></td></tr>
<tr><td colspan="2">项目负责人：　　　　年　月　日</td><td colspan="2">项目单位负责人：　　　　年　月　日</td></tr>
</table>

注：1."执行情况"填写"已按意见办理"，未办理的应说明理由。

2.本记录由项目负责人保管并归档保存。

附录 B　初测成果资料主要内容

一、验收汇报材料

二、自检报告

三、ISO9000 质量管理资料

四、彩色挂图(1∶50000、1∶10000)

五、路线部分有关资料

(1)主要技术经济指标表(按全线与工可对照)。

(2)1∶2000 路线平面总体设计图(包括比较方案,主要能反映桥梁、隧道、填挖路段的高度及示坡线等,平面设计线可用较粗的线条,便于方案的审查及验收)。

(3)路线纵断面图。

(4)路线方案比较表。

(5)每公里土石方数量表。

(6)工程地质平、纵面图。

(7)放线测量记录。

(8)直线曲线转角表(包括比较方案)。

六、路基、路面部分有关资料

(1)路基标准横断面图及一般设计图。

(2)特殊路基防护设计图。

(3)路面结构方案图。

(4)不良地质地段表。

(5)高路堤、陡坡路堤、深路堑、支挡工程、河岸防护工程、改河(沟渠)工程控制性地质横断面图。

(6)特大桥、地质条件复杂的大、中桥、立交桥工点资料。

(7)取、弃土坑一览表。

(8)工程地质调查记录。

(9)取土、弃土调查记录。

(10)筑路材料调查记录。

(11)筑路材料调查说明书。

(12)筑路材料位置及供应示意图。

(13)各项原始资料协议书及材料试验成果表。

(14)原有道路路基、路面调查记录。

(15)采取土样记录。

(16)土工试验记录。

七、桥涵部分有关资料

(1)桥梁上部构造标准横断面图。

(2)桥梁一览表。

(3)大桥及特殊中桥桥位平面图(包括比较方案)。
(4)大桥及特殊中桥桥型比较方案图。
(5)涵洞一览表。
(6)构造物控制高程表。
(7)有关桥梁、涵洞、通道布设的意向书或函件。
(8)水文计算分析资料。
(9)大、中桥测量记录。
(10)小桥涵调查记录表。
(11)原有桥涵构造物调查记录。
(12)水文、水利、航运、防洪、气象、地质、地震调查记录资料。

八、隧道部分有关资料

(1)隧道平面布置图(1:2000、1:10000,包括比较方案)。
(2)隧道地质纵断面图(包括比较方案)。
(3)隧道相关结构设计图(包括比较方案)。
(4)隧道测量记录。
(5)水文、气象、地质、地震调查记录资料。

九、路线交叉及其他工程有关资料

(1)互通式立交平面方案图、纵断面图。
(2)互通式立交交通流量图。
(3)互通式立交重要跨线桥桥型方案图。
(4)重要分离式立交平纵面图。
(5)重要分离式立交跨线桥桥型布置图。
(6)通道调查记录。
(7)其他交叉调查记录。
(8)路线交叉一览表。
(9)有关沿线设施(交通工程)及其他工程调查记录。

十、经济调查有关资料

(1)拆迁电力、电信调查记录。
(2)拆迁房屋及其他建筑物调查记录。
(3)占用土地调查记录。
(4)材料来源及单价调查记录。
(5)运输方式及单价调查记录。
(6)施工条件调查记录。
(7)当地公路工程定额站发布的最新材料价格信息。
(8)工程所在地公路工程概预算编制办法补充规定。
(9)工程所在地正在建设的或近期建成的高速公路预算资料。
(10)供电部门提供的沿线拆迁电力线路补偿标准或补偿预算与估算。
(11)电信部门提供的沿线拆迁电信线路补偿标准或补偿预算与估算。
(12)当地政府规定的征地、拆迁建筑物补偿标准。
(13)工程所在地汽车养路费征收标准。
(14)沿线需拆迁的工厂、学校等企事业单位拆迁预算或估算。
(15)汽车运输费用及装卸费用的标准。
(16)林业部门规定的砍伐树木补偿标准。

(17)当地文物部门提出的文物考古费用。

(18)概预算编制所需要的其他有关资料。

十一、各项工程调查及地方政府函件(意向书、协议等)、会议纪要、规划资料等

十二、基础资料

控制测量报告(含导线联测图、水准测量闭合差图、导线测量、导线、水准平差计算书、导线点、水准点表及固定记录等)、水文分析报告、工程地质初勘报告等。

附录C 初测验收汇报资料主要内容(格式)

一、汇报材料主要内容(A4幅面)

(1)说明书。

说明书主要包括以下内容:

①项目概况、测设依据。

②技术标准及建设规模。

③路线走向及主要控制点。

④测设经过及初测阶段完成的主要工作量。

⑤平面及高程控制测量。

⑥路线起、终点衔接情况。

⑦沿线地方政府意见及采纳情况。

⑧与有关单位和部门的协调情况。

⑨工可评审(批复)意见的执行情况。

⑩前期专题研究报告的主要结论及进展情况。

⑪路线方案业主预审意见(或专家意见)的执行情况(如有)。

⑫过程控制及质量保证活动。

⑬建设条件。

⑭总体设计。

⑮各分项工程的初测阶段勘测情况(如路线、路基路面、桥涵、隧道、路线交叉、交通工程、环保景观、筑路材料、外业勘测、工程地质勘察等)。

⑯问题与建议。

(2)路线地理位置图。

(3)路线平纵面缩图(1:10000或1:50000)。

(4)主要技术经济指标表。

(5)方案比较表(如需要)。

(6)路基标准横断面图。

(7)路基一般设计图。

(8)特殊路基设计图。

(9)大桥及特殊中桥桥型布置图。

(10)隧道一般设计图、隧道平纵布置图。

(11)互通立交平面布置图。

(12)分离式立交桥型布置图。

(13)路面结构方案比较图。

(14)沿线管养、服务设施布置图。

(15)其他工程布置图表。

(16)附件。

二、工程图表主要内容(A3 幅面)

参见附录 B。

附录 D　勘测设计单位定测外业检查(验收)表格

定测(施工图测量)检查/验收报告

记录编号:________

项目类别:□重大工程项目　　□一般工程项目

<table>
<tr><td>工程项目名称</td><td colspan="2"></td><td>勘设阶段</td><td></td></tr>
<tr><td>项目单位</td><td colspan="2"></td><td>项目单位负责人</td><td></td></tr>
<tr><td>项目总负责人</td><td colspan="2"></td><td>项目负责人</td><td></td></tr>
<tr><td>验收级别</td><td>□项目单位检查</td><td>□终审单位验收</td><td>终审单位</td><td></td></tr>
<tr><td colspan="5">检查/验收总体评价(各专业意见附后):</td></tr>
<tr><td>职业健康安全和环境
合规性评定</td><td colspan="4"></td></tr>
<tr><td colspan="2">自检/验收组成员签署:

年　月　日</td><td colspan="3">□合　格
□不合格
□结果待定
组长签署:
年　月　日</td></tr>
</table>

注:1. 工程勘察外业自检/验收需同时填写本表。

2. 勘察外业检查/验收意见办理情况须填写《外业检查、验收意见执行情况跟踪单》。

3. 原件由项目负责人保管并归档保存。

一、路线测量定测验收意见

验 收 要 求	验 收 评 价
1. 补测及放线 (1)应根据《公路勘测规范》(JTG C10—2007)控制网等级精度要求布设必要的大型桥梁独立控制网、隧道独立控制网。 (2)放线前应对初测导线进行复测,对超出限差的段落,进行同精度检测,对丢失的控制点、平面控制网进行补测,对成果进行平差处理。 (3)放线时,应结合现场条件,进一步考虑线位的经济合理性,并对有关方案重新予以确定。 (4)记录清晰,无涂改,计算准确。 2. 中桩测量 (1)测量精度、各类桩志的钉设、曲线测设的方法及要求均符合《公路勘测规范》(JTG C10—2007)的规定。 (2)记录清晰,无涂改,计算准确。 3. 高程测量 (1)对初测的水准点逐一检测,正确处理水准点的利用,补设、增设及迁移等事项。 (2)测量精度符合《公路勘测规范》(JTG C10—2007)的规定。 (3)中桩高程测量时,对现有设施的有关部位的高程能按设计要求测出。 (4)记录清晰,无涂改,计算准确。 4. 横断面测量 (1)测量范围满足设计要求,测量精度符合《公路勘测规范》(JTG C10—2007)的要求。 (2)测点选择合理,测量方法正确。 (3)沿河水位、土石分界、地物、地质变化注记清楚、正确。 (4)制图清晰,图纸整洁。 5. 地形测量 (1)认真核对初测地形图,发现问题即时安排修测、补测和重测。 (2)测图的方法、内容和精度,均符合《公路勘测规范》(JTG C10—2007)的要求。 (3)底图正确完善,清晰。 (4)测图范围能满足设计要求。 6. 路线固定 (1)路线主要桩志固定牢固,护桩位置合理,量测准确。 (2)记录、注记清楚,示意草图准确。	

勘测设计单位 验收人员签署		日　　期	

二、公路路基及筑路材料定测验收意见

<table>
<tr><td colspan="3">验 收 要 求</td><td>验 收 评 价</td></tr>
<tr><td colspan="3">1. 路基勘察
（1）对沿线分布的特殊地质，不良地质地段，能按《公路工程地质勘察规范》（JTG C20—2011）中的勘察要点进行勘察，其勘探、试验和成果资料符合要求，为设计提供完整可靠的勘察成果。
（2）对高路堤，陡坡路段路堤，深路堑及地质条件复杂的路堑等工点的勘察，能按《公路工程地质勘察规范》（JTG C20—2011）的要求，提供完善的成果。
（3）对支挡工程、路基排水、路基防护、改移河道、浸水路堤等项目的勘察，能按《公路勘测规范》（JTG C10—2007）和《公路工程地质勘察规范》（JTG C20—2011）的要求提供完整的成果。
（4）一般路基的勘察，能按《公路工程地质勘察规范》（JTG C20—2011）的要求进行工作，全线岩土、水文条件清楚，分区合理，依据可靠。
（5）对全线工程地质条件能深入评价，岩土测试全面、准确。
（6）改建公路路基路面勘察能按《公路勘测规范》（JTG C10—2007）、《公路沥青路面设计规范》（JTG D5—2017）、《公路水泥混凝土路面设计规范》（JTG D40—2011）要求，提供完善的成果，路基路面改建方案合理。
（7）在初测、初步设计基础上，补充完善路基取土和弃土处理场地调查，并征得地方政府同意。对其场地进行详细勘察和路基土物理力学性质试验，试验方法、精度、成果资料均符合《公路土工试验规程》（JTG E40—2007）要求，对不适用材料处理经济合理，满足《公路环境保护设计规范》（JTG B04—2010）要求。
2. 筑路材料
（1）详细查明沿线可供采用的各种筑路材料，并能正确决定取舍，对缺乏的材料能进一步落实。
（2）料场详细勘察的范围和深度，符合《公路工程地质勘察规范》（JTG C20—2011）的规定，对材料质量的评价与开采数量的确定均有可靠的依据。
（3）根据初步设计审批的路面结构方案，选用沿线材料进行原材料和混合料试验，其试验方法、内容、精度、成果资料等符合交通运输部颁布的有关试验规程要求，为路面设计提供可靠的力学参数。
（4）勘察资料完整，能满足施工图设计的需要。</td><td></td></tr>
<tr><td>勘测设计单位
验收人员签署</td><td></td><td>日　期</td><td></td></tr>
</table>

三、桥涵定测验收意见

<table>
<tr><th colspan="3">验收要求</th><th>验收评价</th></tr>
<tr><td colspan="3">1. 小桥涵
(1)位置与布设数量能与路线平、纵面及路基排水系统相配合,附属工程设置适当。
(2)调查与勘测内容与深度符合《公路勘测规范》(JTG C10—2007)的要求。
(3)小桥涵的工程地质勘察与成果资料符合《公路工程地质勘察规范》(JTG C20—2011)的要求。
(4)核查、验证、补充完善初测阶段小桥涵的水文计算资料,提供的成果资料论证合理。
(5)结构选型正确,跨(孔)径、墩台高度、基础埋置深度等分析计算无误。
(6)野外勘测记录正确清晰,签署完备,计算数据正确,无涂改。
(7)小桥涵设置和地方政府签订协议。
2. 大、中桥
(1)验证、补充搜集桥区的气象、地质、水文、水利、航道、路网规划等以及有关公路和铁路已建、在建、待建桥涵构造物资料和有关水工建筑物的资料,完整、可靠。
(2)勘测资料齐全无误,能满足施工图设计需要,测量精度满足《公路勘测规范》(JTG C10—2007)的要求。
(3)野外勘测记录正确清晰,签署完备,计算数据正确,无涂改。
(4)水文调查与勘测的内容及深度符合《公路勘测规范》(JTG C10—2007)的规定,核查、验证、补充完善初测阶段的水文计算,水文分析计算资料论证合理。
(5)工程地质勘察成果符合《公路工程地质勘察规范》(JTG C20—2011)的规定,图表数据准确无误。工程地质报告内容充分,论述全面,结论合理,论据充分,建议切合实际。
(6)认真执行上一阶段的评审、批复意见、专题研究成果。
(7)主要、典型有代表性的大、中桥、技术复杂和特殊结构的桥梁必须绘制桥型布置图。
(8)大、中桥设计方案和地方政府签订协议,跨河桥梁应征求水利、航运、防洪等主管部门的意见。
(9)提交验收资料应符合《公路勘测规范》(JTG C10—2007)的要求。
3. 具体验收意见</td><td></td></tr>
<tr><td>勘测设计单位
验收人员签署</td><td></td><td>日　　期</td><td></td></tr>
</table>

四、隧道定测验收意见

<table>
<tr><td colspan="3">验 收 要 求</td><td>验 收 评 价</td></tr>
<tr><td colspan="3">1. 隧道测量与调查
（1）隧道洞顶路线（包括洞口附近接线）测量内容精度符合《公路勘测规范》（JTG C10—2007）要求。
（2）洞外控制测量的方法、精度和项目，符合《公路勘测规范》（JTG C10—2007）要求。
（3）按《公路勘测规范》（JTG C10—2007）要求，提供的勘测资料项目齐全，能满足设计要求。
（4）有关建筑材料的调查，均应落实，资料齐全，准确可靠。
（5）预算（或概算）基础资料齐全、准确。
2. 工程地质勘察
（1）勘察内容符合《公路工程地质勘察规范》（JTG C20—2011）的要求。
（2）勘察成果齐全，地质资料能正确反映各种地质体系的客观条件规律，测试数据完整可靠。
3. 其他调查工作
（1）环境条件、施工组织的调查资料齐全。
（2）与有关单位的协议齐全。</td><td></td></tr>
<tr><td>勘测设计单位
验收人员签署</td><td></td><td>日　　期</td><td></td></tr>
</table>

五、路线交叉定测验收意见

<table>
<tr><th colspan="3">验 收 要 求</th><th>验 收 评 价</th></tr>
<tr><td colspan="3">1. 一般交叉工程
(1)搜集有关资料充分、完整,能满足施工图设计的要求。
(2)按采用方案放线,测量(中桩、高程、横断面)的精度符合《公路勘测规范》(JTG C10—2007)的规定。
(3)与管线交叉的方案核对落实,测量的项目符合《公路勘测规范》(JTG C10—2007)的要求。
(4)调查、测量记录清晰,计算正确,签署完备。
2. 复杂的立体交叉工程(含按单项工程设计的立体交叉)
(1)按采用方案所补充搜集的资料齐全、正确。
(2)按采用方案进行测量的内容与精度符合《公路勘测规范》(JTG C10—2007)的规定。
(3)建筑材料调查内容齐全、准确。
(4)预算(或概算)基础资料齐全无误。
(5)记录清晰,计算正确,签署完备。
3. 征得有关单位书面意见,立交布设合理</td><td></td></tr>
<tr><td>勘测设计单位
验收人员签署</td><td></td><td>日　　期</td><td></td></tr>
</table>

六、沿线设施及其他工作定测验收意见

<table>
<tr><th colspan="3">验 收 要 求</th><th>验 收 评 价</th></tr>
<tr><td colspan="3">1. 沿线设施及其他工作
(1)沿线设施工点按批准的初步设计方案，进一步落实或补充勘察，满足施工图设计需要。
(2)其他工程(如渡口码头、悬出路台、防雪走廊等)按采用方案勘测调查成果符合要求，补充搜集资料齐全、正确。
(3)线外改河、防护、排水、水利设施迁建，按采用方案勘测调查成果符合要求，补充搜集资料齐全、正确。
2. 环境保护
(1)沿线气候、土壤、水利条件调查资料齐全、正确，分段合理。
(2)能因地适宜，选择适种树种、草种。
(3)能坚持人工造景与自然景观相结合，合理安排各分段绿化范围和植物配置形式。有利于水土保持，视线诱导良好。
(4)根据采用的复垦方案补充测量和资料搜集能满足土地复垦设计的要求。
(5)按采用的交通噪声控制方案补充收集资料齐全、正确，满足施工图设计需要。
3. 施工组织计划
(1)对批准的施工方案，对各类工程施工的基础资料收集齐全。
(2)关键工程施工方案及施工组织计划合理可行。
(3)各类工程的设计资料及对施工的特殊要求明确。
(4)施工用电及输电方案，工程用水及供水方案调查清楚，资料齐全。
(5)施工总平面布置合理，施工场地的安排符合环保要求。
(6)对特殊地区冬、雨季施工的调查资料齐全，采取的措施合理。
(7)施工便道和便桥布局合理，其工程资料齐全无漏项。
4. 其他勘测调查工作
(1)用地图的测绘与调查工作，能按《公路勘测规范》(JTG C10—2007)要求完成。
(2)各类拆迁项目，应进一步调查落实，符合《公路工程基本建设项目设计文件编制办法》规定，能满足设计要求。
(3)各类占用土地及拆迁项目的赔偿补贴费用协议资料齐全。
5. 预算资料调查
预算资料调查应在初测基础上进一步补充完善，符合《公路工程基本建设项目设计文件编制办法》及《公路工程基本建设项目概算预算编制办法》(JTG B06—2007)的有关规定和要求。</td><td></td></tr>
<tr><td>勘测设计单位
验收人员签署</td><td></td><td>日　期</td><td></td></tr>
<tr><td colspan="3">各专业具体意见：</td><td></td></tr>
<tr><td>勘测设计单位
验收人员签署</td><td></td><td>日　期</td><td></td></tr>
</table>

定测外业验收/审查/确认意见执行情况跟踪单

编号:______

项目类别:□重大工程项目　□一般工程项目

终审单位:□勘察外业验收　□方案评审　□设计审查　业主组织:□外部验收 □设计咨询/确认

<table>
<tr><td rowspan="2">工程项目
名称</td><td rowspan="2" colspan="2"></td><td>勘设阶段</td><td></td></tr>
<tr><td>项目单位</td><td></td></tr>
<tr><td>验收/审查
单位</td><td colspan="2"></td><td>验收/审查
文件</td><td></td></tr>
<tr><td>意见条款号</td><td colspan="3">执行情况</td><td>执行人</td></tr>
<tr><td></td><td colspan="3"></td><td></td></tr>
<tr><td colspan="2">项目负责人:　　　　年　月　日</td><td colspan="3">项目单位负责人:　　　　年　月　日</td></tr>
</table>

注:1."执行情况"填写"已按意见办理",未办理的应说明理由。

2. 本记录由项目负责人保管并归档保存。

附录E　定测成果资料主要内容

一、验收汇报材料

二、自检报告

三、ISO9000质量管理资料

四、彩色挂图(1∶50000、1∶10000)

五、各分项工程设计图纸

1. 路线部分

(1)路线地理位置图。

(2)路线平纵面缩图(1∶50000)。

(3)路线平纵面图(1∶10000)。

(4)主要技术经济指标表。

(5)1∶2000路线平面总体设计图(主要能反映桥梁、隧道、填挖路段的高度及示坡线等,平面设计线可用较粗的线条,便于方案的审查及验收)。

(6)直线、曲线转角表。

(7)路线纵断面图(1∶2000)。

(8)纵坡、竖曲线表。

(9)每公里土石方数量表。

(10)管线交叉一览表。

2. 路基路面及排水部分

(1)路基标准横断面图。

(2)一般路基设计图(含路基拼接设计)。

(3)高填深挖及陡坡路堤一览表(如有)。

(4)高填深挖路基设计图(如有)。

(5)陡坡路堤或填挖交界处理设计图(如有)。

(6)低填浅挖路基处理设计图(如有)。

(7)桥头路基处理设计图。

(8)不良地质地段表。

(9)特殊路基设计图。

(10)中间带设计图。

(11)中央分隔带开口设计图。

(12)取土坑(场)、弃土堆(场)一览表。

(13)路基防护工程设计图。

(14)路面结构设计图(含路面拼接设计、加铺设计)。

(15)路基、路面排水工程设计图。

(16)沿线筑路材料料场表。

(17)沿线筑路材料供应示意图。

(18)有关取土、弃土协议。

3. 桥涵部分

(1)桥梁上部构造标准横断面图。

(2)桥梁一览表。

(3)大桥及特殊中桥桥位平面图。

(4)涵洞一览表。

(5)水文计算分析资料。

(6)大、中桥测量记录。

(7)小桥涵调查记录表。

(8)原有桥涵构造物调查记录(改扩建路段)。

(9)水文、水利、航运、防洪、气象、地质、地震调查记录资料。

(10) 构造物控制高程表。

(11)有关桥梁、涵洞、通道的协议。

4. 隧道部分

(1)隧道一览表。

(2)隧道平面布置图(1∶2000)。

(3)隧道地质纵断面图(1∶2000)。

(4)隧道结构设计图。

(5)相关测量资料、调查资料。

5. 路线交叉及其他工程

(1)互通式立交平面图、纵断面图。

(2)互通式立交重要跨线桥加宽方案图(改扩建路段)。

(3)分离式立交平纵面图。

(4)重要分离式立交跨线桥桥型布置图。

(5)通道调查记录。

(6)其他交叉调查记录。

(7)路线交叉一览表。

(8)有关沿线设施(交通工程)及其他工程调查记录。

6. 经济调查

(1)拆迁电力、电信调查记录。

(2)拆迁房屋及其他建筑物调查记录。

(3)占用土地调查记录。

(4)材料来源及单价调查记录。

(5)运输方式及单价调查记录。

(6)施工条件调查记录。

六、各项工程调查与地方的协议、会议纪要、文件、规划等资料

七、基础资料

控制测量正式报告(结合定测线位对初测阶段的控制测量成果进行补充、完善,形成正式成果报告)、水文分析正式报告(结合定测线位对初设阶段的水文分析成果进行补充、完善,形成正式成果报告)、工程地质详勘报告等。

附录 F　定测验收汇报材料主要内容(格式)

一、汇报材料主要内容(A4 幅面)

(1)说明书

说明书主要包括以下内容:

①项目背景、任务依据及测设经过。

②技术标准。

③路线走向、主要控制点及建设规模。

④路线起、终点与相邻合同段的设计衔接情况。

⑤定测阶段完成的主要工作量。

⑥初步设计批复意见的执行情况、历次技术会议的执行情况。

⑦定测阶段对初步设计路线方案、工程技术方案的优化及调整情况。

⑧定测阶段路线方案业主预审意见(或专家意见)的执行情况(如有)。

⑨沿线地方政府意见及采纳情况。

⑩与有关单位、部门的协调情况。

⑪过程控制及质量保证活动。

⑫建设条件。

⑬总体设计。

⑭各分项工程的定测阶段勘测情况(如路线、路基路面、桥涵、隧道、路线交叉、交通工程、环保景观、筑路材料、外业勘测、工程地质勘察等)。

⑮问题与建议。

(2)路线地理位置图。

(3)路线平纵面缩图(1∶10000 或 1∶50000)。

(4)主要技术经济指标表。

(5)路基标准横断面图。

(6)路面结构图。

(7)桥梁表。

(8)隧道一览表。

(9)互通式立体交叉一览表。

(10)服务区、停车区一览表。

(11)分离式立体交叉一览表。

(12)通道、天桥一览表。

(13)沿线管养、服务设施一览表。

(14)主要控制工点的施工期交通组织概略图。

(15)附件。

二、工程图表主要内容(A3 幅面)

参见附录 E。

附录 G　工程地质勘察与设计参数取值(建议值)的衔接

一、路基

1. 土质路堑边坡坡率设计

土质路堑边坡形式及坡率应根据工程地质、水文地质条件、边坡高度、排水措施、施工方法,并结合自然稳定山坡和人工边坡的调查及力学分析综合确定。边坡高度不大于 20m 时,边坡坡率不宜陡于附表 G-1规定。

土质路堑边坡坡率　　附表 G-1

土的类别		边坡坡率
高液限土、膨胀土等		1:1.5~1:2.0
黏土、粉质黏土、塑性指数大于 3 的粉土		1:1
中密以上的中砂、粗砂、砾砂		1:1.5
卵石土、碎石土、圆砾土、角砾土	胶结和密实	1:0.75
	中密	1:1

2. 岩质路堑边坡坡率设计

岩质路堑边坡形式及坡率应根据工程地质与水文地质条件、边坡高度、施工方法,结合自然稳定边坡和人工边坡的调查综合确定。必要时可采用稳定分析方法予以检算。

边坡高度不大于 30m 时,无外倾软弱结构面的边坡按附表 G-2 确定边坡坡率。

岩质路堑边坡坡率　　附表 G-2

岩性	风化程度	坡率
混合岩、石英片岩、片麻岩等	微风化	1:0.5~1:0.3
	中风化	1:0.75~1:0.5
	强风化	1:1.0~1:0.75
	全风化	1:1.5~1:1.0

3. 高路堤稳定性分析的强度参数选取

高路堤稳定性分析的强度参数应根据填料场地情况,选择有代表性的土样进行室内试验,并结合现场情况确定。

路堤填土的强度参数值,采用直剪快剪或三轴不排水剪试验获得。试样的制备要求及稳定分析各阶段采用的试验方法详见附表 G-3。当路堤填料为粗粒土或填石料时,应采用大型三轴试验仪进行试验。分析高路堤的稳定性时,地基的强度参数值,宜采用直剪的固结快剪或三轴剪的固结不排水剪试验获得。分析路堤沿斜坡地基或软弱层带滑动的稳定性时,应结合场地条件,选择控制性层面的土层试验获得强度参数值。可采用直剪快剪或三轴剪的不固结不排水剪试验。当可能存在地下水时,应采用饱水试件进行试验。

路堤填土采用的强度指标 附表 G-3

控制稳定的时期	强度计算方法	土类	试验方法	采用的强度指标	试样起始状态	备注
施工期	总应力法	渗透系数小于 10^{-7}cm/s	直剪快剪	c_u、φ_u	填筑含水率和填筑密度。当难以获得填筑含水率和填筑密度时，或进行初步稳定分析时，密度采用要求达到的密度，含水率按击实曲线上要求密度对应的较大含水率	
		任何渗透系数	三轴不排水剪			
运营期	总应力法	渗透系数小于 10^{-7}cm/s	直剪固结快剪	c_{cu}、φ_{cu}	同上	用于新建路堤的稳定性分析
		任何渗透系数	三轴固结不排水剪			
		渗透系数小于 10^{-7}cm/s	直剪快剪	c_u、φ_u	同上，但要预先饱和	用于新建路堤边坡的浅层稳定性分析
		任何渗透系数	三轴不排水剪			
		渗透系数小于 10^{-7}cm/s	直剪快剪	c_u、φ_u	取路堤原状土	用于已建路堤的稳定性分析
		任何渗透系数	三轴不排水剪			

二、桥涵

桥涵地质勘察应正确反映桥（涵）位地形、地貌、地层结构，按测设计划，及时提供桥位地质勘察资料及影响桥涵稳定的不良地质、断层构造、岩土的物理力学性质及地下水埋藏等详细资料，提出推荐的桥涵基础类型及基础底面持力层的适合地质层面，所提供的地质勘察资料应满足各阶段设计文件编制中桥涵设计的需要。

1. 桥梁基础类型的选择

（1）标准化桥梁的基础宜采用明挖扩大基础及桩基础

桥（涵）位覆盖层较薄，无地表水或地下水位较低，地基承载力较高，大于墩台地基应力，基础沉降量符合设计规定时，可推荐采用明挖扩大基础。地基上的作用荷载大、地基土质较差且层厚较大或基坑开挖可能出现流砂现象时，不宜采用明挖扩大基础。

当地基地质构造不适宜采用平浅扩大基础时，可推荐采用桩基础，以适应地质构造复杂、持力层地形多变化、持力层高程不同等地基条件。

（2）桩基础类型的选择

桥梁桩基工程按桩基材料可分为：混凝土桩与钢桩（管桩、H 形截面桩等）。标准化桥梁非特殊需要，宜采用混凝土桩。

桥梁混凝土桩基，按承载性状可采用摩擦桩和端承桩；按成桩方法可采用非挤土桩（如挖孔灌注桩、钻孔灌注桩等）、部分挤土桩（如冲孔灌注桩、挤扩孔灌注桩等）、挤土桩（如沉桩等）。

宜按桩基地质、水文等条件，经比较后提出成桩方法类别：

①钻孔桩适用于各类土层。

②挖孔桩宜用于无地下水或地下水量较小的地层。

③沉桩可用于黏土、砂土、碎石土等地层。

岩石埋藏面较浅，桩底可置于风化程度不低于中风化的非软岩层时，可推荐采用端承桩；桩基处覆盖层较厚,合理桩长范围中,桩底无基岩分布时,宜推荐采用摩擦桩。墩台桩基类型的选定应符合《公路桥涵地基与基础设计规范》(JTG D63—2007)第 5.1.5 条规定,即"在同一桩基中,除特殊设计外,不宜同时采用摩擦桩和端承桩"。

2. 桥涵基础地质勘探的合理深度

桥梁基础的勘探深度,宜考虑基底持力层的合理选择或合理的桩长设计。

(1)基底持力层的选择

①在探明地基各土层(岩层)物理力学特性,及地下水埋藏深度的基础上,通常选择强度较高、压缩较低的黏性土、粉土、中密或密实砂土、砾石土以及中风化或微风化的岩层作为持力层。

②如持力层下卧有较软土层时,基底以下持力层应具有足够的厚度。如持力层为岩石地基,应判定其下有无软弱层、断裂带、洞穴,基底以下应力分布范围内有无岩体临空面,持力层下应有足够的岩层支承厚度。

③当地下水位较高时,应研究基础浅埋的可能性。

④河床中及河岸边的桥涵构造物,要考虑水流和波浪的冲刷侵蚀作用,持力层应选择在最大冲刷深度以下。

(2)合理的桩长设计

①按摩擦桩算出来的桩长大于桩基嵌入基岩所需的长度,则桩基宜采用按端承桩计算的桩长。

②按摩擦桩算出来的桩长远小于桩基嵌入基岩所需的长度,则桩基宜采用按摩擦桩计算的桩长,不必使桩基嵌入基岩。

③按摩擦桩计算的桩长小于桩基嵌入基岩所需的长度,但差值小于 5m 时。考虑端承桩具有沉降量小的优点,宜采用按端承桩计算的桩长。

④桩长计算所依据的地质参数,应符合附表 G-4 ~ 附表 G-8 的规定。

岩石坚硬程度分级　　附表 G-4

坚硬程度类别	坚硬岩	较硬岩	较软岩	软岩	极软岩
饱和单轴抗压强度标准值 f_{rk}(MPa)	$f_{rk}>60$	$60\geqslant f_{rk}>30$	$30\geqslant f_{rk}>15$	$15\geqslant f_{rk}>5$	$f_{rk}\leqslant 5$

岩体完成程度分类　　附表 G-5

岩体完整性系数(K_V)	>0.75	0.75 ~ 0.55	0.55 ~ 0.35	0.35 ~ 0.15	<0.15
完整程度	完整	较完整	较破碎	破碎	极破碎

钻孔桩桩侧土的摩阻力标准值 q_{ik}　　附表 G-6

土　类		q_{ik}(kPa)
中密炉渣、粉煤灰		40 ~ 60
黏性土	流塑 $I_L>1$	20 ~ 30
	软塑 $0.75<I_L\leqslant 1$	30 ~ 50
	软塑 $0<I_L\leqslant 0.75$	50 ~ 80
	坚硬 $I_L\leqslant 0$	80 ~ 120
粉土	中密	30 ~ 55
	密实	55 ~ 80
粉砂、细砂	中密	35 ~ 55
	密实	55 ~ 70

续上表

土类		q_{ik}(kPa)
中砂	中密	45 ~ 60
	密实	60 ~ 80
粗砂、砾砂	中密	60 ~ 90
	密实	90 ~ 140
圆砾、角砾	中密	120 ~ 150
	密实	150 ~ 180
碎石、卵石	中密	160 ~ 220
	密实	220 ~ 400
漂石、块石		400 ~ 600

沉桩桩侧土的摩阻力标准值 q_{ik} 附表 G-7

土类	状态	摩阻力标准值 q_{ik}(kPa)
黏性土	$1.5 \geq I_L \geq 1$	15 ~ 30
	$1 > I_L \geq 0.75$	30 ~ 45
	$0.75 > I_L \geq 0.5$	45 ~ 60
	$0.5 > I_L \geq 0.25$	60 ~ 75
	$0.25 > I_L \geq 0$	75 ~ 85
	$0 > I_L$	85 ~ 95
粉土	稍密	20 ~ 35
	中密	35 ~ 65
	密实	65 ~ 80
粉、细砂	稍密	20 ~ 35
	中密	35 ~ 65
	密实	65 ~ 80
中砂	中密	55 ~ 75
	密实	75 ~ 90
粗砂	中密	70 ~ 90
	密实	90 ~ 105

沉桩桩端处土的承载力标准值 q_{rk} 附表 G-8

土类	状态	桩端承载力标准值 q_{rk}(kPa)		
黏性土	$I_L \geq 1$	1000		
	$1 > I_L \geq 0.65$	1600		
	$0.65 > I_L \geq 0.35$	2200		
	$0.35 > I_L$	3000		
—		桩尖进入持力层的相对深度		
		$1 > h_c/d$	$4 > h_c/d \geq 1$	$h_c/d \geq 4$
粉土	中密	1700	2000	2300
	密实	2500	3000	3500
粉砂	中密	2500	3000	3500
	密实	5000	6000	7000

续上表

土　类	状　态	桩端承载力标准值 q_{rk}(kPa)		
细砂	中密	3000	3500	4000
	密实	5500	6500	7500
中、粗砂	中密	3500	4000	4500
	密实	6000	7000	8000
圆砾土	中密	4000	4500	5000
	密实	7000	8000	9000

3. 桥涵位地质报告中宜提供的重点内容

(1)查明不良地质现象的成因、类型、分布范围、发展趋势及危害程度,并提出评价与整治方案建议。

(2)查明桥涵构造物基础范围内各层岩土的类别、厚度、坡度、结构特性、工程特性,准确计算和评价地基的稳定性和地基承载力。

(3)对抗震设防烈度大于或等于 7 度的场地,应按抗震要求做剪切波测试,划分场地土类型和场地类别;抗震设防烈度大于或等于 7 度的场地,尚应分析预测地震效应,判定饱和砂土或饱和粉土的地震液化情况,提供液化指数。

(4)准确判定地下水的埋藏情况及地下水对建筑材料的腐蚀性,并提出防腐蚀措施建议。

(5)准确提供桩基设计所需的岩土参数,提供地基承载力的建议值,提出桩的类型、长度及施工方法等建议。

三、隧道

(1)岩质围岩分级指标值获取方法见附表 G-9。

岩质围岩分级指标值获取方法　　附表 G-9

公路隧道围岩分级指标			指标值获取方法
岩石坚硬程度	定性指标	岩性	初勘阶段主要采用调查和测绘,配合物探及少量钻探获取;详勘阶段主要采用钻探,结合调绘及物探等获取
		风化程度	
	定量指标	单轴饱和抗压强度 R_c	单轴抗压强度试验
		点荷载强度指数 $I_{S(50)}$	点荷载强度试验
		风化系数 K_f	单轴抗压强度试验
岩体完整程度	定性指标	结构面发育程度	初勘阶段主要采用调查和测绘,配合物探及少量钻探获取;详勘阶段主要采用钻探,结合调绘及物探等获取
		主要结构面结合程度	
		主要结构面类型	
		岩体结构类型	
	定量指标	岩体完整性指数 K_V	弹性波测试
		岩体体积节理数 J_V	初勘阶段一般不进行测试,必要时配合钻探进行;详勘阶段以钻探为主
		结构面组数 J_n	
		结构面平均间距 d_p	
		结构面张开度	
岩体初始应力场	定性指标	初始应力状态	调查并结合少量钻探获取
	定量指标	强度应力比(R_c/σ_{max})	地应力测试
主要软弱结构面产状	定量指标	走向与洞轴线夹角	初勘阶段主要采用调查和测绘,配合物探及少量钻探获取;详勘阶段主要采用钻探,结合调绘及物探等获取
		结构面倾角	
		结构面走向	

续上表

公路隧道围岩分级指标			指标值获取方法
地下水状态	定性指标	出水状态	初堪阶段主要采用调查和测绘，配合物探及少量钻探获取；详堪阶段主要采用钻探，结合调绘及物探等获取
	定量指标	水压力(MPa)	初堪阶段主要以收集的定性资料进行预测计算；详堪阶段在钻孔中进行提水、注水、压水或抽水等试验预测
		单位涌水量(L/min/m)	
弹性波速度	定量指标	弹性纵波速度 V_P(km/s)	弹性波测试

(2)岩石坚硬程度定量值参见附表G-10、附表G-11。

R_C与岩石坚硬程度定性值的对应关系 附表G-10

R_C(MPa)	>60	60~30	30~15	15~5	<5
定性值	坚硬岩	较坚硬岩	较软岩	软岩	极软岩

无R_C实测值时，可按$R_C=22.82I_{S(50)}^{0.75}$进行换算；$I_{S(50)}$为岩石点荷载强度指数。

$I_{S(50)}$与岩石坚硬程度定性值的对应关系 附表G-11

$I_{S(50)}$(MPa)	>3.63	3.63~1.44	1.44~0.57	0.57~0.13	<0.13
定性值	坚硬岩	较坚硬岩	较软岩	软岩	极软岩

(3)岩石坚硬程度定性值按附表G-12确定。

岩石坚硬程度定性值 附表G-12

定性值		定 性 鉴 定	代表性岩石及其风化程度
硬质岩	坚硬岩	①锤击声清脆，有回弹，振手，难击碎； ②浸水后，大多无吸水反应	未风化~微风化的： 花岗岩、正长岩、闪长岩、辉绿岩、玄武岩、安山岩、片麻岩、石英片岩、硅质板岩、石英岩、硅质胶结的砾岩、石英砂岩、硅质石灰岩等
	较坚硬岩	①锤击声较清脆，有轻微回弹，稍振手，较难击碎； ②浸水后，有轻微吸水反应	①中风化的坚硬岩； ②未风化~微风化的：熔结凝灰岩、大理岩、板岩、白云岩、石灰岩、钙质胶结的砂岩等
软质岩	较软岩	①锤击声不清脆，无回弹，较易击碎； ②浸水后，指甲可刻出印痕	①强风化的坚硬岩； ②中风化的较坚硬岩； ③未风化~微风化的：凝灰岩、千枚岩、砂质泥岩、泥灰岩、泥质砂岩、粉砂岩、页岩等
	软岩	①锤击声哑，无回弹，有凹痕，易击碎； ②浸水后，手可掰开	①强风化的坚硬岩； ②中风化~强风化的较坚硬岩； ③中风化的较软岩； ④未风化的泥岩等
	极软岩	①锤击声哑，无回弹，有较深凹痕，手可捏碎； ②浸水后，可捏成团	①全风化的各种岩石； ②各种半成岩

(4)根据围岩分级指标的定性和定量值，岩质围岩按表G-13确定围岩级别。

公路隧道岩质围岩分级 附表G-13

围 岩 级 别		岩 质 围 岩	
基本级别	亚级	主要定性特征	基本质量指标BQ值范围
Ⅰ	—	坚硬岩，岩体完整，整体状或巨厚层状结构	≥551
Ⅱ	—	①坚硬岩，岩体较完整，块状或厚层状结构； ②较坚硬岩，岩体完整，块状结构或整体状结构	550~451

续上表

围岩级别		岩质围岩	
基本级别	亚级	主要定性特征	基本质量指标 BQ 值范围
Ⅲ	Ⅲ$_1$	①较软岩,完整,结构面不发育、结合好或一般,整体状或巨厚层状结构; ②较坚硬岩或以硬岩为主的软硬岩互层,较完整,结构面不发育、结合差,块状或厚层状结构	450~391
	Ⅲ$_2$	①较坚硬岩,或以硬岩为主的软硬岩互层,较完整,结构面较发育、结合好或一般,块状结构; ②坚硬岩,较破碎,结构面发育、结合好或较发育、结合差,镶嵌碎裂结构、裂隙块状或中厚层状结构	390~351
Ⅳ	Ⅳ$_1$	①软岩,完整,结构面不发育、结合好或一般,整体状或巨厚层状结构; ②较软岩或软岩为主的软硬岩互层,较完整,结构面较发育、结合好或一般,块状结构	350~311
	Ⅳ$_2$	①较坚硬岩,较破碎,结构面发育、结合好,镶嵌碎裂结构; ②较软岩或以软岩为主的软硬岩互层,较破碎,结构面发育、结合一般,中、薄层状结构	310~276
	Ⅳ$_3$	①坚硬岩或较坚硬岩,破碎,结构面极发育、结合一般或差,碎裂状结构; ②软岩,较完整,结构面较发育、结合好或一般,块状结构	275~251
Ⅴ	Ⅴ$_1$	软岩,较破碎,结构面较发育、结合差或发育、结合好	250~211
	Ⅴ$_2$	①较软岩,破碎,结构面发育或极发育; ②软岩,较破碎,结构面发育、结合一般或破碎; ③极破碎各类岩体,碎裂状结构或散体状结构	≤210

(5)根据围岩分级指标的定性和定量值,土质围岩按附表 G-14 确定围岩级别。

公路隧道土质围岩分级　　附表 G-14

围岩级别		土质围岩			
		黏质土围岩	砂质土围岩		碎石土围岩
基本级别	亚级	主要定性特征	主要定性特征	基本质量指标BQ值范围	主要定性特征
Ⅳ	Ⅳ$_3$	坚硬状,天然密度≥20kN/cm^3	密实状,细粒含量≥30%且细粒含水率≤18.75%或细粒含量<10%	≥0.7	密实状,细料含量≥30%且细料含水率≤14%或细料含量<30%
Ⅴ	Ⅴ$_1$	①坚硬状,天然密度<20kN/cm^3; ②硬塑状,天然密度<20kN/cm^3且塑性指数≤18或天然密度≥20kN/cm^3	①密实状,细粒含量≥30%且细粒含水率在18.75%~43.29%之间或细粒含量在10%~30%之间; ②密实~中密状,细粒含量<10%; ③密实以下,细粒含量≥30%,细粒含水率≤18.75%	0.6~0.7	①密实状,细料含量≥30%且细料含水率>14%; ②中密状,细料含量≥30%且细料含水率<18%或细料含量<30%
	Ⅴ$_2$	①硬塑状,天然密度<20kN/cm^3,塑性指数>18; ②可塑状,天然密度≥16kN/cm^3	①中密~稍密状,细粒含量<10%; ②稍密~密实状,细粒含量在10%~30%之间; ③密实以下,细粒含量≥30%,细粒含水率在18.75%~43.29%之间	0.5~0.6	①中密状,细料含量≥30%且细料含水率≥18%; ②稍密状碎石土
Ⅵ	—	①可塑状,天然密度<16kN/cm^3; ②软塑~流塑状黏质土	①稍密以下,细粒含量<30%; ②细粒含量≥30%且细粒含水率≥43.29%的砂质土	<0.5	—

附录 H　工程地质勘察大纲编制纲要

1　勘察项目背景

1.1　工程概况

1.2　勘察目的及任务

1.3　前期资料及场地地质条件

1.4　勘察技术要求（勘察执行的技术标准、勘察重点、勘察工作量布置原则）

2　勘察工作计划

2.1　项目管理机构及主要人员安排

2.2　拟投入的技术装备及进出场计划

2.3　勘察实施方案

2.4　进度计划安排

3　勘察工作进度保证措施

3.1　组织保证措施

3.2　人员、设备后勤、保证措施

3.3　雨季施工措施

4　勘察质量保证体系

4.1　质量原则和目标

4.2　质量保证体系

4.3　质量保证措施

5　安全文明施工保证措施

5.1　安全风险分析

5.2　安全保证体系

5.3　安全管理及保证措施

5.4　环保、文明施工保证措施

6　与项目建设单位、设计单位、审查咨询单位的配合及协调保证措施

7　提交主要成果资料

附件 1　勘探计划工作量布置一览表

附件 2　进度计划横道图（或网络计划图）

附件 3　项目安全管理规定

附录Ⅰ　勘察管理工作表格

广东省公路建设项目

××××高速公路××段

工程地质勘察开工申请表

附表Ⅰ-1

勘察单位：　　　　　　　　　　　　　　　编　号：

建设单位或委托单位：

致(建设单位或委托单位)： 我单位已根据勘察设计合同、工程地质勘察大纲和有关规定,完成了工程地质勘察开工前的人员、技术、设备等的准备工作,请予批准开工。 附件： 1. 工程地质勘察主要进场机械、设备报验表 2. 工程地质勘察主要进场人员报审表 勘察项目部(章)： 负责人：　　　　日期：　　年　　月　　日
业主或委托单位审批意见： 建设单位或委托单位(章)： 负责人：　　　　日期：　　年　　月　　日

注:此表一式二份,勘察单位、建设单位或委托单位各一份。

广东省公路建设项目

××××高速公路××段

工程地质勘察主要进场机械、设备报验表

附表 I-2

勘察单位：　　　　　　　　　　　　　　　　　　编　号：

建设单位或委托单位：

致(建设单位或委托单位)：

根据工程地质勘察的需要，我单位已将下列机械、设备准备完毕，请审查、签证，并准予使用。

技术负责人：　　　　　日期：

序号	机械设备名称	规格、型号	数量	状况	拟进场日期	拟用何处	审查意见

意见：

建设单位或委托单位负责人：

日期：

注：此表一式二份，勘察单位、建设单位或委托单位各一份，此表写不下时可另附。

广东省公路建设项目

××××高速公路××段

工程地质勘察主要进场人员报审表

附表 I-3

勘察单位：　　　　　　　　　　　　　　　　　　　　　　编　号：

建设单位或委托单位：

致（建设单位或委托单位）：

我单位拟安排下列主要技术（管理）人员参加本项目的勘察工作，请予审查。

附：报审人员资格证明复印件

勘察项目部（章）

项目负责人：

日期：

序号	姓名	性别	出生年月	拟任职务	学历	专业	职称	专业年限	审查意见

意见：

建设单位或委托单位负责人：

日期：

注：此表一式二份，勘察单位、建设单位或委托单位各一份。

广东省公路建设项目

××××高速公路××段

工程地质勘察复工申请表

附表 I-4

勘察单位：　　　　　　　　　　　　　　编　号：

建设单位或委托单位：

<table>
<tr><td>致(建设单位或委托单位)：

我单位已按照你方　　年　　月　　日签发的《工程地质勘察暂停通知单》(编号：)的要求，对　　进行了整改和纠正，暂停地质勘察的原因已消除，现申请复工。

表中应简要填写所采取的纠正措施及今后不发生类似质量问题的保证措施。

勘察项目部(章)：
负责人：
日期：</td></tr>
<tr><td>审核意见：

建设单位或委托单位负责人：
日期：</td></tr>
</table>

注：此表一式二份，勘察单位、建设单位或委托单位各一份。

广东省公路建设项目

××××高速公路××段

工程地质勘察通知单

附表 I-5

勘察单位： 编 号：

建设单位或委托单位：

<table>
<tr><td>致(勘察单位)：

此表应填写事由、具体通知内容等(包括“一般质量问题”“一般安全问题”和需提请注意的其他事项)。

建设单位或委托单位负责人：
日期：</td></tr>
<tr><td>勘察部收件人：
日期：</td></tr>
</table>

注：此表一式二份，勘察单位、建设单位或委托单位各一份。

广东省公路建设项目

××××高速公路××段

工程地质勘察暂停通知单

附表 I-6

勘察单位： 编　号：

建设单位或委托单位：

<table>
<tr><td>致(勘察项目部)：

由于____的原因,现通知你方必须于　　年　月　日时起,暂停(工点名称、里程或勘察项目)的工程地质勘察工作。</td></tr>
<tr><td>停工原因：</td></tr>
<tr><td>停工内容：</td></tr>
<tr><td>整改要求：</td></tr>
<tr><td>建设单位或委托单位负责人：
日期：</td></tr>
</table>

注:此表一式三份,勘察单位、建设单位或委托单位各一份。

广东省公路建设项目

××××高速公路××段

工程地质勘察复工通知单

附表Ⅰ-7

勘察单位： 编 号：

建设单位或委托单位：

致（勘察项目部）：

鉴于 年 月 日签发的《工程地质勘察暂停通知单》（编号： ）所责令暂停 项目 段工程地质勘察工作的原因已经消除，现通知你方于 年 月 日时起可对该项目恢复工程地质勘察。

特此通知

建设单位或委托单位负责人：

日期：

注：此表一式二份，勘察单位、建设单位或委托单位各一份。

广东省公路建设项目

××××高速公路××段

工程地质勘察回复单

附表 I-8

勘察单位：　　　　　　　　　　　　　　　　编　号：

建设单位或委托单位：

<table>
<tr><td>致(建设单位或委托单位)：
1. 此表主要用于对通知单的书面回复,如对提出的整改意见的回复、对质量安全问题处理情况的书面回复等。
2. 对重大质量安全问题表中应简要说明如下内容：
(1)质量问题发生的时间、地点。
(2)质量问题的经过、发生的原因。
(3)问题性质、估计造成的损失。
(4)应急措施及初步处理意见。
(5)必要的附件

勘察项目部(章)：
负责人：
日期：</td></tr>
<tr><td>审核意见：

建设单位或委托单位负责人：
日期：</td></tr>
</table>

注:此表一式二份,勘察单位、建设单位或委托单位各一份。

广东省公路建设项目

××××高速公路××段

工程地质勘察检查日志

附表 I-9

天气：　　　　　　　　　　　　　　　　　　　　　　　　　年　　月　　日

工程名称	
工点及里程编号	
勘察阶段	
勘察单位	
人员动态	
工作状态	
问题及解决方案	
检查人	

广东省公路建设项目

××××高速公路××段

工程地质勘察日常巡视记录表

附表 I-10

勘察单位：　　　　　　　　　　　　编　号：

建设单位或委托单位：

<table>
<tr><td colspan="2">工程地点：</td><td colspan="2">日期：</td><td>气候：</td></tr>
<tr><td colspan="5">检查部位或工序</td></tr>
<tr><td colspan="3">检查开始时间：</td><td colspan="2">检查结束时间：</td></tr>
<tr><td colspan="5">勘察情况：</td></tr>
<tr><td colspan="5">检查情况：</td></tr>
<tr><td colspan="5">发现的问题：</td></tr>
<tr><td colspan="5">处理过程：</td></tr>
<tr><td colspan="5">备注：</td></tr>
<tr><td colspan="3">勘察项目部负责人：
日期：</td><td colspan="2">建设单位或委托单位负责人：
日期：</td></tr>
</table>

注：此表一式二份，勘察单位、建设单位或委托单位各一份。

广东省公路建设项目

××××高速公路××段

工程地质勘察旁站记录表

附表 I-11

勘察单位：　　　　　　　　　　　　　　　　　　编　号：

建设单位或委托单位：

<table>
<tr><td>工程地点：</td><td colspan="2">日期：</td><td>气候：</td></tr>
<tr><td colspan="4">旁站部位或工序：</td></tr>
<tr><td colspan="2">旁站开始时间：</td><td colspan="2">旁站结束时间：</td></tr>
<tr><td colspan="4">勘察情况：</td></tr>
<tr><td colspan="4">旁站情况：</td></tr>
<tr><td colspan="4">发现的主要问题：</td></tr>
<tr><td colspan="4">处理过程和结果：</td></tr>
<tr><td colspan="4">备注：</td></tr>
<tr><td colspan="2">勘察项目负责人：
日期：</td><td colspan="2">建设单位或委托单位负责人：
日期：</td></tr>
</table>

注：此表一式二份。勘察单位、建设单位或委托单位各一份。

广东省公路建设项目

××××高速公路××段

工程地质调绘检查记录表

附表 I-12

工程名称		里程编号		
勘察阶段		勘察单位		

检核内容	合格	存在问题	备注
1. 调绘工具是否齐全			
2. 是否配备合格的安全防护用品			
3. 人员配置是否符合要求			
4. 调绘工作及工作量是否合规			
5. 安全防护措施是否落实			
6. 记录是否规范、齐全，签署是否完备			

检查人	
勘察项目负责人	
日期	年　　月　　日

广东省公路建设项目

××××高速公路××段

钻探检查记录表

附表Ⅰ-13

工程名称		里程编号	
勘察阶段		勘察单位	

检核内容	合格	存在问题	备注
1. 钻探设备配置是否齐全			
2. 是否配备合格的安全防护用品			
3. 人员配置是否符合要求			
4. 操作人员是否持证上岗,操作是否规范			
5. 安全防护措施是否落实			
6. 孔位偏差是否合规			
7. 钻探工艺、岩芯采取、摆放及保管是否合规			
8. 样品采取、运输、交接、保管是否合规			
9. 终孔程序是否合规			
10. 是否复测孔位			
11. 环境保护措施是否落实			
12. 记录是否规范、齐全,签署是否完备			

检查人	
勘察项目负责人	
日期	年　　月　　日

广东省公路建设项目

××××高速公路××段

勘察工序检查记录表

附表 I-14

工程名称		里程编号	
勘察阶段		勘察工序	
检核内容	合格	存在问题	备注
1. 设备与检定证书是否相符,校准记录和标识是否齐全			
2. 是否配备合格的安全防护用品			
3. 人员配置是否符合要求			
4. 操作人员是否持证上岗,对仪器的操作是否规范			
5. 安全防护和环境保护措施是否落实			
6. 记录是否规范、齐全,签署是否完备			
7. 测量点位标设是否规范			测量工序填写
8. 物探点或测线施放是否合规			物探工序填写
9. 危险品保管、流转、使用是否符合有关安全规定			
10. 原位测试数量是否合规			原位测试工序填写
11. 样品的接收、储存、加工、处理是否合规			室内试验工序填写
12. 外部委托试验程序是否合规			
检查人			
勘察项目负责人			
日期	年　月　日		

注:此表适用于测量、物探、原位测试、水文地质测试、室内试验工序。

广东省公路建设项目

××××高速公路××段

工程勘察钻孔验收单

附表Ⅰ-15

<table>
<tr><td>工程名称</td><td colspan="4"></td></tr>
<tr><td>里程编号</td><td colspan="4"></td></tr>
<tr><td>勘察阶段</td><td colspan="4"></td></tr>
<tr><td>勘察单位</td><td colspan="4"></td></tr>
<tr><td>设计孔深(m)</td><td colspan="2"></td><td>终孔孔深(m)</td><td></td></tr>
<tr><td>开孔日期</td><td colspan="2"></td><td>终孔日期</td><td></td></tr>
<tr><td>钻孔孔位</td><td>无偏移</td><td></td><td>偏移</td><td></td></tr>
<tr><td>孔口高程</td><td>无变化</td><td></td><td>变化</td><td></td></tr>
<tr><td rowspan="3">取样数量
及质量(件)</td><td>原状土(件)</td><td></td><td>质量</td><td></td></tr>
<tr><td>扰动样(件)</td><td></td><td>质量</td><td></td></tr>
<tr><td>岩石样(件)</td><td></td><td>质量</td><td></td></tr>
<tr><td rowspan="4">钻探记录情况</td><td>记录齐全情况</td><td colspan="3"></td></tr>
<tr><td>描述规范性</td><td colspan="3"></td></tr>
<tr><td>地下水位测量</td><td colspan="3"></td></tr>
<tr><td>签字齐全性</td><td colspan="3"></td></tr>
<tr><td rowspan="2">原位测试
及质量</td><td>标贯(次)</td><td></td><td>质量</td><td></td></tr>
<tr><td>重Ⅱ(次)</td><td></td><td>质量</td><td></td></tr>
<tr><td rowspan="4">岩芯状况</td><td>采芯率</td><td></td><td></td><td></td></tr>
<tr><td>摆放</td><td></td><td></td><td></td></tr>
<tr><td>回次标签</td><td></td><td></td><td></td></tr>
<tr><td>岩芯照片</td><td></td><td></td><td></td></tr>
<tr><td>验收结论</td><td colspan="4"></td></tr>
<tr><td>现场技术员</td><td colspan="2"></td><td>检查人</td><td></td></tr>
<tr><td>日期</td><td colspan="4">年　　月　　日</td></tr>
</table>

广东省公路建设项目

××××高速公路××段

工程地质勘察工作联系单

附表 I-16

编　号：

致：
事由：
内容： 单位(章)： 单位负责人： 日期： 签收人： 日期：

注：此表为与相关单位文函往来用表。

广东省公路建设项目

××××高速公路××段

工程地质勘察变更通知单

附表I-17

勘察单位：　　　　　　　　　　　　　　　　　　　　编　号：

建设单位或委托单位：

<table>
<tr><td>工程勘察项目名称</td><td></td></tr>
<tr><td>变更地段里程/工点名称</td><td></td></tr>
<tr><td colspan="2">工程勘察变更的主要内容：</td></tr>
<tr><td colspan="2">工程地质勘察的主要技术要求：</td></tr>
<tr><td>通知单位(章)：
负责人：
日期：</td><td>接收单位(章)：
接收人：
日期：</td></tr>
</table>

注：此表为与相关单位文函往来用表。

附录 J　工程地质调绘表格

地 质 点 记 录 表

附表 J-1

线路工点：　　　　　　　　　　　　　　　　天气：　　　　　　　　年　　月　　日

<table>
<tr><td rowspan="2">点号</td><td>野外</td><td></td><td rowspan="2">高程</td><td>绝对高程(m)</td><td></td></tr>
<tr><td>室内</td><td></td><td>相对高程(m)</td><td></td></tr>
<tr><td rowspan="2">位置</td><td>线路里程</td><td></td><td>地层年代</td><td colspan="2"></td></tr>
<tr><td>坐标</td><td>X：　　Y：</td><td>产状要素</td><td colspan="2">°∠　　°</td></tr>
<tr><td colspan="6">地层岩性、地质构造描述(平面、剖面或柱状示意图、素描图)：</td></tr>
<tr><td colspan="6">节理(裂隙)描述统计：</td></tr>
<tr><td colspan="6">地貌、岩溶及物理地质现象：</td></tr>
<tr><td colspan="6">水文地质特征(含水性、地下水补径排条件、动态等)描述：</td></tr>
<tr><td colspan="6">沿途观测描述：</td></tr>
</table>

资料来源	样品记录及编号	照片记录及编号	录像记录及编号

调查：　　　　　　　　　　　　　　　记录：　　　　　　　　　　　　　　　审核：

构 造 点 记 录 表

附表J-2

线路工点：　　　　　　　　　　天气：　　　　　　　　　　年　　月　　日

<table>
<tr><td rowspan="2">点号</td><td>野外</td><td></td><td rowspan="2">位置</td><td>线路里程</td><td colspan="2"></td><td rowspan="2">褶皱构造</td><td rowspan="2">地层及产状、地层变形特点、变形程度及规模、褶曲要素：</td></tr>
<tr><td>室内</td><td></td><td>坐标</td><td>X：</td><td>Y：</td></tr>
<tr><td rowspan="2">高程</td><td>绝对高程（m）</td><td></td><td>地质年代</td><td colspan="3"></td><td></td><td></td></tr>
<tr><td>相对高程（m）</td><td></td><td>层位要素</td><td colspan="3">°　∠　°</td><td colspan="2" rowspan="2">对地形地貌、工程地质条件、水文地质条件的影响：</td></tr>
<tr><td rowspan="3">断裂特征描述</td><td colspan="6">主断面的产状、性质、断距（垂距、视距）：</td></tr>
<tr><td colspan="6">断层两侧地层年代与岩性、岩层产状及变形情况：</td><td colspan="2" rowspan="2">示意图（平面、剖面或素描）：</td></tr>
<tr><td colspan="6">断层带内构造岩破碎程度、结构特征、宽度、擦痕阶步性质等：</td></tr>
<tr><td rowspan="7">裂隙发育情况</td><td>组别</td><td>产状</td><td>密度</td><td>张开度</td><td>充填情况</td><td>裂面特征</td><td colspan="2" rowspan="3"></td></tr>
<tr><td></td><td></td><td></td><td></td><td></td><td></td></tr>
<tr><td></td><td></td><td></td><td></td><td></td><td></td></tr>
<tr><td></td><td></td><td></td><td></td><td></td><td></td><td>标本或样品采集记录及编号</td><td>照片记录及编号</td></tr>
<tr><td></td><td></td><td></td><td></td><td></td><td></td><td></td><td></td></tr>
<tr><td></td><td></td><td></td><td></td><td></td><td></td><td colspan="2" rowspan="2">沿途观测描述：</td></tr>
<tr><td></td><td></td><td></td><td></td><td></td><td></td></tr>
</table>

调查：　　　　　　　　　　记录：　　　　　　　　　　审核：

附表 J-3

地貌点记录表

线路工点：　　　　　　　　　　天气：　　　　　　　　　　年　　月　　日

<table>
<tr><td rowspan="2">点号</td><td>野外</td><td></td><td rowspan="2">位置</td><td>线路里程</td><td colspan="2"></td><td rowspan="4" colspan="2">地貌与新构造运动关系（剥夷面、阶地等与地壳运动对应关系）：</td></tr>
<tr><td>室内</td><td></td><td>坐标</td><td>X：</td><td>Y：</td></tr>
<tr><td rowspan="2">高程</td><td>绝对高程（m）</td><td></td><td colspan="2">地层年代</td><td colspan="2"></td></tr>
<tr><td>相对高程（m）</td><td></td><td colspan="2">产状要素</td><td colspan="2">°　∠　°</td></tr>
<tr><td colspan="7">地貌形态特征、空间尺寸测量描述：</td><td colspan="2">切割程度、工程场地适宜性评述：</td></tr>
<tr><td colspan="7" rowspan="2">地貌成因类型、地层岩性、结构构造观察描述：</td><td colspan="2">示意图（平面、剖面或柱状、素描）：</td></tr>
<tr><td>标本或样品采集记录及编号</td><td>照片记录及编号</td></tr>
<tr><td colspan="7" rowspan="2">现代地貌作用描述：</td><td></td><td></td></tr>
<tr><td colspan="2">沿途观测描述：</td></tr>
</table>

调查：　　　　　　　　　　记录：　　　　　　　　　　审核：

裂隙点记录表

附表J-4

线路工点：　　　　　　　　　　　　　　　　天气：　　　　　　年　　月　　日

野外点号		线路里程		所处构造部位	
室内点号		地层年代		岩性成分		地层产状	

组号	裂隙产状	水平延长（m）	竖向切深（m）	裂面平整性	裂面光滑度	发育密度条（m）	裂隙连通性及是否穿层	张开度（mm）	充填成分及牢固度	含水性	裂隙力学性质
1											
2											
3											
4											
5											
6											
7											
8											

裂隙倾向玫瑰花图	赤平投影图

小结（分析岩体结构类型、边坡结构类型，块体稳定性）	照片、样品资料登记

调查：　　　　　　　　　　　　　　记录：　　　　　　　　　　　　　　审核：

水文地质点记录表

附表 J-5

线路工点：　　　　　　　　　　　　天气：　　　　　　　　　年　　月　　日

<table>
<tr><td>点号</td><td>泉</td><td></td><td>井</td><td></td><td>溪沟</td><td></td><td>其他</td><td></td></tr>
<tr><td>水的类型</td><td colspan="4"></td><td>气温(℃)</td><td></td><td>水温(℃)</td><td></td></tr>
<tr><td rowspan="2">泉、井口或沟底的高程(m)</td><td rowspan="2"></td><td rowspan="2">点的位置</td><td>线路里程</td><td colspan="5"></td></tr>
<tr><td>坐标</td><td colspan="5">X：　　　　　Y：</td></tr>
<tr><td rowspan="3">水文地质特征</td><td>地层时代岩性产状</td><td colspan="7"></td></tr>
<tr><td>构造部位相互关系</td><td colspan="7"></td></tr>
<tr><td>出露地形地貌条件</td><td colspan="7"></td></tr>
<tr><td rowspan="6">水文地质条件</td><td rowspan="2">补给</td><td>补给源</td><td></td><td rowspan="4">物理性质</td><td>颜色</td><td colspan="3"></td></tr>
<tr><td>补给方式</td><td></td><td>气味</td><td colspan="3"></td></tr>
<tr><td rowspan="2">径流</td><td>径流方向</td><td></td><td>口味</td><td colspan="3"></td></tr>
<tr><td>径流方式</td><td></td><td>透明度</td><td colspan="3"></td></tr>
<tr><td rowspan="2">排泄</td><td>排泄方式</td><td></td><td rowspan="3">水流量</td><td>点位实测值(1/s)</td><td colspan="3"></td></tr>
<tr><td>排泄终点</td><td></td><td>测量方法</td><td colspan="3"></td></tr>
<tr><td colspan="2">井、泉的结构</td><td colspan="2"></td><td>动态变化</td><td colspan="3"></td></tr>
<tr><td>井、泉沉淀物</td><td></td><td rowspan="3">取样记录</td><td>编号</td><td></td><td>数量</td><td colspan="3"></td></tr>
<tr><td>井、泉卫生条件</td><td></td><td>加保护剂</td><td></td><td>日期</td><td colspan="3">月　　日</td></tr>
<tr><td>照片记录及编号</td><td></td><td>分析要求</td><td colspan="6"></td></tr>
<tr><td colspan="9">剖面图或素描图(标比例、方向)</td></tr>
</table>

调查：　　　　　　　　　　　　记录：　　　　　　　　　　　　审核：

岩溶点调查记录表

附表 J-6

线路工点：　　　　　　　　　　　　天气：　　　　　　　　年　　月　　日

<table>
<tr><td>点号</td><td></td><td>线路里程</td><td colspan="3"></td><td>岩溶类型</td><td colspan="3"></td></tr>
<tr><td rowspan="2">坐标</td><td>X</td><td></td><td rowspan="2">发育高程</td><td>绝对高程（m）</td><td></td><td>地层时代</td><td></td><td>产状</td><td></td></tr>
<tr><td>Y</td><td></td><td>相对高程（m）</td><td></td><td>岩性描述</td><td colspan="3"></td></tr>
<tr><td>岩溶形态特征</td><td colspan="9">[长、宽、延(切)深、发育方向、平面形态、垂向形态、个体及组合形态等]</td></tr>
<tr><td>地形、地质条件</td><td colspan="9">(所处地形地貌、地质构造部位,断层、裂隙等特征)</td></tr>
<tr><td>水文地质特征、环境意义</td><td colspan="9"></td></tr>
<tr><td colspan="10">平、剖面示意图</td></tr>
<tr><td>备注</td><td colspan="9"></td></tr>
</table>

调查：　　　　　　　　　　　　记录：　　　　　　　　　　　　审核：

滑坡调查表

附表 J-7

线路工点：　　　　　　　　　　　　　　天气：　　　　　　　年　　月　　日

<table>
<tr><td>线路里程</td><td colspan="7"></td></tr>
<tr><td>野外编号</td><td></td><td>室内编号</td><td></td><td>坐标</td><td colspan="2">X：</td><td>Y：</td></tr>
<tr><td>滑坡类型</td><td colspan="2"></td><td>滑动方式</td><td></td><td colspan="2">主滑方向</td><td></td></tr>
<tr><td>前缘高程</td><td></td><td>平面形状</td><td></td><td>纵向长度</td><td></td><td>垂向厚度</td><td></td></tr>
<tr><td>后缘高程</td><td></td><td>剖面形态</td><td></td><td>横向宽度</td><td></td><td>体积规模</td><td></td></tr>
<tr><td rowspan="6">滑坡环境条件</td><td colspan="7">地形地貌条件（所处地貌单元、地形特征、斜坡形态、临空面与地层产状关系）</td></tr>
<tr><td colspan="7">地层岩性及岩性组合关系</td></tr>
<tr><td colspan="7">地质构造特征（构造部位，褶皱、断裂、裂隙发育特征及切割关系，岩体结构类型）</td></tr>
<tr><td colspan="7">水文特征（地表汇水、冲刷条件，地下水类型、补径排条件，对滑坡的影响）</td></tr>
<tr><td colspan="7">人类工程活动（类型、方式、范围及强度、对滑坡的影响）</td></tr>
<tr><td colspan="7">植被（种类、覆盖率）</td></tr>
<tr><td rowspan="5">滑坡基本特征</td><td colspan="7">边界条件[前、后缘，左、右界，滑面（带）、滑床]</td></tr>
<tr><td colspan="7">滑体特征（形态特征、物质结构、空间展布）</td></tr>
<tr><td colspan="7">滑体、滑床基本水文地质特征</td></tr>
<tr><td colspan="7">滑坡变形特征（变形活动现状表现、变形破坏历史）</td></tr>
<tr><td colspan="7">滑坡成因及影响因素</td></tr>
<tr><td rowspan="3">稳定性评价</td><td colspan="7">可能复活的诱发因素</td></tr>
<tr><td colspan="7">现状</td></tr>
<tr><td colspan="7">今后发展趋势</td></tr>
<tr><td rowspan="2">危害性评价</td><td colspan="7">已有灾害损失（致灾对象，范围及损失大小）</td></tr>
<tr><td colspan="7">潜在威胁及灾害预测</td></tr>
<tr><td rowspan="2">防治
措施</td><td colspan="7">已有防治经验及效果</td></tr>
<tr><td colspan="7">今后防治建议及可行性</td></tr>
<tr><td colspan="8">平、剖面图（比例、平面方位）</td></tr>
<tr><td>资料来源</td><td colspan="2"></td><td colspan="2">样品及照片登记</td><td colspan="3"></td></tr>
</table>

调查：　　　　　　　　　　　　　　　　记录：　　　　　　　　　　　　　　　　审核：

崩塌体调查表

附表J-8

线路工点：　　　　　　　　　　　　　　　　　　　　天气：　　　　　　　　　　年　　月　　日

<table>
<tr><td colspan="2">线路里程</td><td colspan="5"></td><td rowspan="5">稳定性分析</td><td rowspan="3">崩塌源山体开裂、位移、错落现状及失稳诱发因素、发展趋势</td></tr>
<tr><td colspan="2">野外编号</td><td></td><td>室内编号</td><td></td><td>坐标</td><td>X：　　Y：</td></tr>
<tr><td colspan="2">崩塌类型</td><td></td><td>运动方式</td><td></td><td>崩塌方向</td><td></td></tr>
<tr><td rowspan="4">崩塌体特征</td><td rowspan="2">前缘高程</td><td rowspan="2"></td><td rowspan="2">坡体形态</td><td rowspan="2"></td><td>纵长</td><td></td><td rowspan="2">崩积体目前稳定性及今后发展趋势</td></tr>
<tr><td>横宽</td><td></td></tr>
<tr><td>后缘高程</td><td></td><td>坡度</td><td></td><td>厚度</td><td></td><td rowspan="2">危害性</td><td>已致灾害（对象，范围及损失大小）</td></tr>
<tr><td>物质成分</td><td></td><td>下伏层位岩性、产状</td><td></td><td>体积</td><td></td><td>对工程的潜在威胁及危害</td></tr>
<tr><td rowspan="6">崩塌源特征</td><td colspan="6">地形地貌（所处地貌单元、陡坡地形形态特征、崩塌面高度与宽度、临空面结构类型）</td><td rowspan="4">防治措施</td><td rowspan="2">已有防治经验及效果</td></tr>
<tr><td colspan="6">母岩性质（地层年代、产状、岩性、结构构造、岩层组合关系、力学性质）</td></tr>
<tr><td colspan="6">地质构造（构造部位，断裂、裂隙发育特征及切割关系，岩体结构类型）</td><td rowspan="2">今后防治建议、可行性</td></tr>
<tr><td colspan="6">水文地质特征（含隔水层、地下水类型及其补径排条奖以及对岩土体稳定性的影响）</td></tr>
<tr><td colspan="6">人工活动（类型、方式、范围及强度、对崩塌的影响）</td><td colspan="2" rowspan="3">平、剖面图（比例、方向）</td></tr>
<tr><td colspan="6">植被（种类、覆盖率）</td></tr>
<tr><td rowspan="3">崩塌成因分析</td><td colspan="6">地质结构面及结构体条件</td></tr>
<tr><td colspan="6">动力条件（重力、气候、地震、地表及地下水、生物、人工等）</td><td rowspan="2">资料来源</td><td rowspan="2">样品及照片登记</td></tr>
<tr><td colspan="6">变形及破坏型式、过程（历史）分析判断</td></tr>
</table>

调查：　　　　　　　　　　　　　　　　　　记录：　　　　　　　　　　　　　　　　　　审核：

泥石流调查表

附表 J-9

线路工点：　　　　　　　　　　　　天气：　　　　　　　　年　　月　　日

<table>
<tr><td colspan="2">线路里程</td><td colspan="6"></td><td rowspan="4">灾害
评估</td><td colspan="4" rowspan="2">已造成的灾害损失(危害对象、范围及后果)</td></tr>
<tr><td colspan="2">野外编号</td><td></td><td>室内编号</td><td></td><td>坐标</td><td colspan="2">X：　Y：</td></tr>
<tr><td colspan="2">泥石流类型</td><td colspan="2"></td><td>发育阶段</td><td></td><td>流动速度</td><td>m/s</td><td colspan="4" rowspan="2">潜在灾害及威胁对象</td></tr>
<tr><td rowspan="6">泥石流
形成
条件
及动力</td><td colspan="7">地形地貌</td></tr>
<tr><td colspan="7">地层岩性</td><td colspan="5" rowspan="3">防治措施建议(已有工程防治经验及效果,今后工程防治的可行性及措施建议)</td></tr>
<tr><td colspan="7">地质构造</td></tr>
<tr><td colspan="7">水文地质</td></tr>
<tr><td colspan="7">降雨及汇水条件</td><td colspan="5" rowspan="6">平、剖面示意图(比例,平、剖面方位)</td></tr>
<tr><td colspan="7">人为动力因素</td></tr>
<tr><td rowspan="5">泥石流
基本
特征</td><td colspan="7">形成区(地形、汇水边界及面积、物质来源及丰富程度、坡度、植被情况等)</td></tr>
<tr><td colspan="7">流通区(沟谷形态、长度、纵坡降、边坡地层岩性等)</td></tr>
<tr><td colspan="7">堆积区(堆积体的平、剖面形状,前、后缘高程,纵、横长度,厚度,体积,物质构成及结构特征,分选性及磨圆度,透水性、充填情况等)</td></tr>
<tr><td colspan="7">活动历史</td></tr>
<tr><td colspan="7">今后发展趋势分析、评价</td><td colspan="2">资料来源</td><td></td><td>样品及照片登记</td><td></td></tr>
</table>

调查：　　　　　　　　　　　　记录：　　　　　　　　　　　　审核：

岩溶地面塌陷野外调查表

附表 J-10

线路工点：　　　　　　　　　　天气：　　　　　　年　　月　　日

<table>
<tr><td colspan="2">野外编号</td><td colspan="3"></td><td colspan="2">室内编号</td><td colspan="3"></td></tr>
<tr><td colspan="2">线路里程</td><td colspan="2"></td><td>坐标</td><td colspan="2">X：</td><td colspan="3">Y：</td></tr>
<tr><td colspan="2">名称</td><td></td><td>高程(m)</td><td></td><td colspan="2">图幅名称及比例尺</td><td colspan="3"></td></tr>
<tr><td rowspan="7">陷坑发育特征</td><td rowspan="2">塌陷类型</td><td rowspan="2">诱发动力因素</td><td rowspan="2">单体形状</td><td rowspan="2">长轴方向</td><td rowspan="2">深度(m)</td><td rowspan="2">坑口规模(m^2)</td><td colspan="2">充水情况</td><td rowspan="2">江水位高程(m)</td></tr>
<tr><td>埋深(m)</td><td>高程(m)</td></tr>
<tr><td></td><td></td><td></td><td></td><td></td><td></td><td></td><td></td><td></td></tr>
<tr><td colspan="9">群体分布情况</td></tr>
<tr><td>数量(个)</td><td colspan="2">影响面积(km^2)</td><td colspan="2">陷坑面积(m^2)</td><td colspan="2">群数</td><td colspan="2">排列方向</td></tr>
<tr><td></td><td colspan="2"></td><td colspan="2"></td><td colspan="2"></td><td colspan="2"></td></tr>
</table>

塌陷区地形地貌特征：

地质构造及水文地质条件：

第四系覆盖层厚度、岩性结构、空间变化规律：

岩溶分布规律与发育特征：

平面图	素描图

主要危害及经济损失			
防治情况			
其他			
试样编号		照片编号及说明	

调查：　　　　　　　　　　记录：　　　　　　　　　　审核：

附表 J-11

软弱土层分布逐沟调查调查记录表

线路工点：　　　　　　　　　　　　　天气：　　　　　　　年　　月　　日

野外编号												
室内编号					里程范围							
填方高度					地下水位							
调查点编号	位置	照片编号	地形地貌	植被情况（水田、沼泽、鱼塘、旱地等）	软弱土名称	软土性质			上覆层		下卧层	备注
						颜色	厚度	状态	土性	厚度	土性	
工程处治建议：												

调查：　　　　　　　　　　　　　记录：　　　　　　　　　　　　　审核：

附录 K　钻探记录表及柱状图(参考样图)

钻探记录表(参考样图)

附表 K-1

路线名称		孔口标识					钻孔编号		地下水埋深(m)		机台号	
		坐标			桩号	高程	外业		初见		钻机型号	
工点名称		放点	X				内业		静止		陆地孔 / 水中孔	
			Y				天气记录:					
地理位置		收点	X				重点不良地质记录:					
			Y									

钻孔进尺						岩土描述								标贯击数	动探击数	岩芯长	取样号	钻头取土器	钻进过程记录(包括岩土性质)	分层深度
时间段	钻进回次	钻具全长	上余 开钻 / 停钻	自(m)	至(m)	岩土名称	颜色	湿度	密度	可塑性	风化程度	完整程度	粒径、成分、磨圆度、级配、充填物、均匀性、夹杂物等					名称 / 规格	钻进方式,钻进压力、水压、转速、护壁方式、返水、漏水、堵水情况,进尺快慢、跳动、刻取声大小等	

使用套管	ϕ146 根数:	入土深度: m	ϕ127 根数:	入土深度: m	ϕ108 根数:	入土深度: m	ϕ89 根数:	入土深度: m
记事:			终孔意见:				现场技术负责:	

机高________m　钻杆外径________mm　立轴长度________m　班次:　记录员:　钻探机长:　日期:　年　月　日

附表 K-2

钻孔柱状图(参考样图)

工程名称: 钻孔位置: 开工日期:

钻孔编号: 孔口高程: 完工日期:

钻孔坐标:

层深(m)		层厚(m)	层底高程(m)	成因时代	柱状剖面比例 1:×××	岩(土)层描述	地下水位高程(m)	状态或密度	含水率或湿度	基本容许值 $[f_{a0}]$ (kPa)	推荐摩阻力 q_{ik} (kPa)	取样编号——孔深	标贯——孔深 动探
自	至												

×××高速公路×××设计阶段	(图名)	(签章部分)	图表号		第 张 共 张

附录L 岩溶发育程度划分

场地的岩溶发育程度可根据场区岩溶发育特征、线密度、隐伏岩溶岩体岩土界面坡度角按附表L-1进行综合判定。

岩溶发育程度 附表L-1

岩溶发育程度	场区岩溶发育特征	岩溶线密度	隐伏岩溶岩土界面坡度角
岩溶极强发育	经长期强烈溶蚀后岩体基本解体，地表普遍覆盖红黏土，红黏土下以石芽、溶解解体岩块等为主。具坡立谷等形态为代表，显岩溶发育晚年期特点，区内地表水系发育。钻孔见洞率大于60%	>20%	>30°
岩溶强烈发育	岩体经长期强烈溶蚀，地表广布溶蚀槽谷、洼地、落水洞等形态，地下暗河等地下管道系统等发育。具岩溶壮年期特点，地表水系不发育。钻孔见洞率为30%～60%	20%～10%	30°～15°
岩溶中等发育	岩体经长期溶蚀，地表以溶蚀裂隙/石芽等为主，地下发育管道系统。具溶蚀壮年期特点，一般情况地表水系不发育。钻孔见洞率为10%～30%	10%～3%	15°～10°
岩溶弱发育	岩体具溶沟/溶槽现象，大型岩溶形态不发育，有地表水系等水体分布。钻孔见洞率小于10%	<3%	<10°

注：1. 钻孔见洞率是指发现溶蚀洞穴、溶蚀裂隙的钻孔数量与场区内钻孔总数量的百分比率。

2. 岩溶线密度是指场区内钻孔所揭示的岩溶洞穴、岩溶裂隙的总高度与进入碳酸盐类岩层的总进尺的百分比率。

心理学译丛

Development Through the Lifespan, 4e

伯克毕生发展心理学

从青年到老年（第4版）

[美] 劳拉·E·伯克 (Laura E. Berk)　著

陈会昌　等译

中国人民大学出版社

·北京·

心理学译丛·教材系列
出版说明

我国心理学事业近年来取得了长足的发展。在我国经济、文化建设及社会活动的各个领域，心理学的服务性能和指导作用愈发重要。社会对心理学人才的需求愈发迫切，对心理学人才的质量和规格要求也越来越高。为了使我国心理学教学更好地与国际接轨，缩小我国在心理学教学上与国际先进水平的差距，培养具有国际竞争力的高水平心理学人才，中国人民大学出版社特别组织引进"心理学译丛·教材系列"。这套教材是中国人民大学出版社邀请国内心理学界的专家队伍，从国外众多的心理学精品教材中，优中选优，精选而出的。它与我国心理学专业所开设的必修课、选修课相配套，对我国心理学的教学和研究将大有裨益。

入选教材均为欧美等国心理学界有影响的知名学者所著，内容涵盖了心理学各个领域，真实反映了国外心理学领域的理论研究和实践探索水平，因而受到了欧美乃至世界各地的心理学专业师生、心理学从业人员的普遍欢迎。其中大部分教材多次再版，影响深远，历久不衰，成为心理学的经典教材。

本套教材以下特点尤为突出：

● 权威性。本套教材的每一本都是从很多相关版本中反复遴选而确定的。最终确定的版本，其作者在该领域的知名度高，影响力大，而且该版本教材的使用范围广，口碑好。对于每一本教材的译者，我们也进行了反复甄选。

● 系统性。本套教材注重突出教材的系统性，便于读者更好地理解各知识层次的关系，深入把握各章节内容。

● 前沿性。本套教材不断地与时俱进，将心理学研究和实践的新成果和新理论不断地补充进来，及时进行版次更新。

● 操作性。本套教材不仅具备逻辑严密、深入浅出的理论表述、论证，还列举了大量案例、图片、图表，对理论的学习和实践的指导非常详尽、具体、可行。其中多数教材还在章后附有关键词、思考题、练习题、相关参考资料等，便于读者的巩固和提高。

这套教材的出版，当能对我国心理学的教学和研究具有极大的参考价值和借鉴意义。

中国人民大学出版社

译者序

毕生发展（development through the lifespan），指一个人从受精卵到死亡整个一生中生理和心理的发育、发展和老化、衰退的全过程。在20世纪70年代以前，“毕生发展”这一主题并没有受到科学界的充分关注。从20世纪初到60年代，科学心理学把主要关注点放在0～18岁的心理发展上，因此，当时并没有“毕生发展心理学”这个心理学分支学科，只有“儿童心理学”，即包括婴儿、幼儿、儿童、青少年心理发展的心理学研究。

从20世纪70年代起，由于长期和平环境，西方一些国家的人口的期望寿命大大延长，中老年人在人口中所占比例达到人类历史上空前的高度，越来越多的中老年人的生理、心理开始受到人们的关注：他们的生命过程和心理过程有何特点？他们是不是只有老化、退化而没有向前的发展？怎样才能让他们生活得更幸福快乐？人们在暮年和临终时心理状态如何？社会大众应该怎样看待和对待中老年人？这些问题，在人类几千年的文明史上，确实较少受到关注。

同一时期，在德国心理学家保罗·巴尔特斯（Paul B. Baltes，1939—2006）的倡导和引领下，一些发展心理学家开始关注并探索“毕生发展”这一主题。此后，由于西方社会对这一问题的迫切需要，该领域发展越来越快，参与研究的人越来越多，成果也越来越多。很快，“毕生发展”就成为世界上一些著名大学心理系的研究生和本科生课程。

我认为，毕生发展理论有几个核心思想是读者需要重点理解的。

第一，发展是持续终生的，不存在一个对生命全程起最重要影响的年龄阶段。每个阶段发生的变化对未来发展变化的路径有同等重要的影响。

第二，发展是多维度、多方向的。多维度，是说发展受到生物、心理及社会因素复杂的共同作用的影响。多方向，指一个人从生到死，得与失、进与退同时并存。我们过去认为，从0岁到18岁，主要是“得”与“进”；进入成年期以后，在很长一段时间里，“得”与“失”、“进”与“退”保持相对平衡；进入老年期以后，就谈不上什么“得”与“进”，而主要是“失”与“退”了。但是，毕生发展观认为，上述看法是不正确的。一个人从生到死，一直贯穿着有得有失的过程。举例来说，一个高中毕业生选择了报考理科专业，他就“失”去了学习文科的机会；而一位身体衰老的长者，在他失去很多东西的同时，可能因为他的经验和智慧，担任重要的领导工作，如政治和宗教领袖、科学研究课题组负责人、大公司首席执行官等，他的经验还在继续“得”到丰富，他的晶体智力还在继续前进。

第三，发展是可塑的。一个在两岁时非常害羞、退缩的人，可能因为他在其他方面的长处，到青少年期变为一个比较善于社交的人。多数在青年期、成年期“男子气”十足的男人，到老年期变得有些“女子气”，他们的攻击性、进取性、果断性减弱，慢慢变得更关心人，做更多的家务，与老伴和睦相处，安度晚年。

第四，发展受到多种相互作用的因素的影响。毕生发展观认为，发生变化的路径是千差万别的，因为发展受到多种相互作用的因素的影响，包括生物的、历史的、社会的和文化的影响。这些范围广泛的影响以独特方式影响着每个人的生活进程。例如，每个人可以上小学、领取居民身份证、可以考驾照的年龄大体相同，但是每个人结婚、参加工作、买房子、做父母的年龄却差别巨大。又如，有的人因偶然机会，被名人发现，而在艺术、体育、政界取得巨大成就，另一些人因为没有遇到这种偶然的机会，只得一生平凡。

西方学者大多赞同“发展”（development）包括三部分——生理、认知、情绪社会性，这三方面的发展都包括在《伯克毕生心理学》的内容中。因此严格说来，该书并不是一部纯粹心理学的著作，而是跨学科的，包括生理学、心理学、社会学、老年学等多个学科。

该书是在美国影响较大、被广泛使用的大学本科教科书。目前，像这样的教科书，在我国还没有出现。当前我国各大学心理系的“发展心理学”教科书，无论容量还是内容，都无法与它相比。它的篇幅巨大冗长，内容面面俱到，如果作为一门课程，显然不可能在一个学期之内学完。① 但是我认为，由于该书在以下几方面的鲜明特色，它可以作为我国大学心理系的可选教科书或教学与学习参考书，也可作为各种培训教材。即使对根本不懂心理学的普通读者，也有重要的阅读和参考价值。

第一，把生理学、身体发育方面的内容与心理发展融合起来，使我们对人的发展有更全面的了解。

第二，对怀孕、孕期发育、分娩、新生儿的讲述非常详细周到，对老年期、衰老、临终、死亡、丧亲的介绍更使中国读者有耳目一新之感。我本人作为一个“老年人”，深感在对老年人的关注、研究和社会福利方面，西方国家确实走在了前面，无论从研究还是社会福利政策角度，都有很多东西值得我们思考和借鉴。

第三，理论联系实际，从婴儿期到老年期的所有章节，作者都指名道姓地以一些真人真事为例，让这些人的语言、行动、想法来体现科学理论。作者还费尽心血地在全书各处插入多个“专栏”，包括“毕生发展观”、“社会问题”、“文化影响”和“生物因素与环境”，引用大量实例，对理论加以诠释。非但如此，作者还使用了多个“学以致用”表，向普通读者和相关专业人员提出建议，这些表格中列出的都是一些实际做法，不同的人可以从中得到不同的帮助。

第四，以年龄阶段为界限划分章节，共10篇，19章。除第一篇讲理论和研究方法之外，从第二篇起，分别对孕期、0～2岁、2～6岁、小学期、青少年期、成年早期、中年期、老年期和死亡临终加以介绍。

第五，对任何读者都有实用价值。举个例子，一个30岁左右、已经结婚生子的读者，可以从婴幼儿、小学生的部分得到有利于教育孩子的知识，可以从成年早期的章节获得有关自己的心理、婚姻、职业方面的知识，可以从中年期部分得到关于他的父母心理特点方面的知识，也可以从老年期部分得到关于他的祖父母、外祖父母心理特点方面的知识。同样，一个60～70岁的老人，可以获得有关他的孙辈、子女辈、他本人心理发展方面的知识，还可以了解老年人如何面对死亡、临终。

第六，由于文化差异，该书中有些内容是我国读者较少见到的，例如，关于遗传咨询、生育技术、致瘾物滥用、儿童在法庭上的证词、换性者、男女同性恋及同性恋者做父母、离婚与再婚、农牧部落的文化与心理特点、宗教观念的发展、安乐死、临终关怀等问题，在我国要么刚刚开始关注，要么尚且不能公开讨论，对其中的有些话题，我本人也是初次接触，颇为好奇，深感大千世界，无奇不有，人类价值观之差异，好比花草树木、山川河海，五彩斑斓。与一般书籍不同之处在于，以上所有令人好奇的内容，作者都不是从一个作家或文化学者角度来阐述的，而是从科学研究角度来谈的，所引用的无不是研究者采用各种方法所得出的研究结果或理论观点，这一点是难能可贵的。

对中国心理学者来说，直到20世纪80年代后期，对“毕生发展”或“lifespan”这个词，仍处在一无所知状态。我于1987年去东京参加国际行为发展研究会第九届双年会的时候，就处于这种状态。在东京会议之后，中国首次举办了心理学国际学术会议，即国际行为发展研究会第九届双年会的卫星会，毕生发展研究的倡导者巴尔特斯教授恰好到北京出席了这次会议，此后，他还分别在1998年和2000年来北京参加国际会议。我因为在国际行为发展研究会担任中国地区负责人，所以与巴尔特斯教授多次共同参加学术活动，并有个人交往。由于这个原因，毕生发展问题逐渐引起了我的兴趣，巴尔特斯等人提出的

① 正是出此考虑，该书中文版一分为二出版，即《伯克毕生发展心理学：从0岁到青少年》和《伯克毕生发展心理学：从青年到老年》。

理论思想，也慢慢渗透到我的研究与心理学教学中。2006年巴尔特斯教授在柏林因癌症逝世时，我曾发去悼词以示怀念。

1998年，该书的第1版在美国出版，我很快就得到了这本书。2001年该书第2版出版之后，我和我的研究生开始翻译该书的部分章节，目的主要是为研究和教学之用，并无出版意图。2007年该书第4版出版后，培生图书出版公司和中国人民大学出版社找到我，希望我能翻译此书。我当时虽然工作繁忙，但仍想把该书及其理论、研究成果介绍给我国广大读者，于是接下了这一工作。

不料，从2008年之后，此工作因种种原因竟然拖了5年之久。从2001年我们翻译第2版算起来，该书的翻译工作已持续10年多。直到2010年我退休之后，我才得以拿出大量时间，集中精力去完成这一规模浩大的工程。

该书作者劳拉·E·伯克是美国一位颇有影响的心理学研究者、伊利诺伊州立大学心理系教授、著名的心理学教科书编写者、儿童事业的积极活动者。我们虽同为美国儿童发展研究协会会员，但我多次到美国参加学术会议，均无机会与她谋面。一个重要原因是，伯克教授的主要精力并不在儿童发展研究方面，而且她的学术兴趣和我不同，我的研究方向主要是儿童气质与家庭教养方式、儿童青少年道德发展等方面，而她则主要关注维果茨基理论在教育上的应用、幼儿的假装游戏、幼儿认知发展等，在编著教科书、心理学教学、教育咨询等方面也投入很大精力。令我觉得不可思议的是，她比我年长几岁，但是在她已经步入老年期的时候，居然还能做如此多规模巨大的工作，实在令人感佩！

参加该书翻译工作的有我的18名博士和硕士。其中，谷传华（博士）、王茜（博士）、张云运（博士）、夏美萍（硕士）曾经翻译该书第2版的12章，具体为：谷传华，第5～11、13～14章；张云运，第16章；王茜，第18章，夏美萍，第19章。他们的译稿，在翻译第4版时，都被作为重要参考。

参与第4版翻译、校对工作的人员如下：

作者简介（封面处）、致学生、致教师，陈会昌译

第1章[①]，张桂芳（硕士）译，张光珍（博士）一校，陈会昌二校

第2章，张银娜（博士）、钟娟（博士）译并互相一校，陈会昌二校

第3章，吴巍（硕士）译，高雯（博士）一校，陈会昌二校

第4章，张光珍译，张银娜一校，陈会昌二校

第5章，梁宗保（博士）、张光珍译并互相一校，陈会昌二校

第6章，张光珍译，彭曦（硕士）一校，陈会昌二校

第7章，张琳琳（硕士）译，陈会昌校

第8章，蔡晓露（硕士）译，陈会昌校

第9章，高雯译，张桂芳一校，陈会昌二校

第10章，高雯译，吴巍一校，陈会昌二校

第11章，张萍（博士）译，陈会昌校

第12章，周博芳（硕士）、钟娟译并互相一校，陈会昌二校

第13章，曹睿昕（博士）译，陈会昌校

第14章，段鑫星（博士）译，陈会昌校

第15章，曹睿昕译，陈会昌校

第16章，陈会昌译

第17章，张琳琳译，陈会昌校

第18章，陈会昌译

---

① 第1章至第12章的内容，请读者参见《伯克毕生发展心理学：从0岁到青少年》。从第13章起，内容均在《伯克毕生发展心理学：从青年到老年》（即本书）之中，并且为方便读者阅读，在书中，第13章重新编排为第1章（相应地，原第七篇调整为第一篇），第14章重新编排为第2章，依此类推。

第19章，陈会昌译

在翻译、校对工作结束后，我进行了统稿。

由于该书内容浩繁，涉及学科较多，不乏一些新学科、新领域和我国研究者不熟悉的一些研究问题和术语，又因参加翻译者人数多，人名、术语的统一工作量较大，虽细心再三，仍难免疏漏。在翻译、校对和统稿过程中，我力求做到“信”与“达”，但是因为译稿拖欠时间过长，为赶时间，“雅”就难以做到了，敬请心理学同行和广大读者指正。

陈会昌

2012年10月28日于北京学知园

致学生

我从事儿童发展教学三十余载，所教学生数千，他们和你们一样，来自不同专业，带着不同目的、兴趣和需求。其中一些人是我所在的心理系的学生，更多的人则来自相关领域：教育学、社会学、人类学、家庭研究、社会服务、护理与生物学等，不一而足。每个学期，学生们的学习热情因所在的研究领域而不同。大多数人希望在教育、护理、学校心理学和项目管理等应用领域找工作，还有一些想做教师，少数人希望做研究工作。多数人希望将来有一天能做父母，少数已经做父母的，则希望能更好地看待和养育孩子。几乎所有人都对自己怎样从一个弱小的婴儿成长为今天这样的复杂的成人而怀着深深的好奇心。

我修订的目的，是提供一本既符合你们课程目标，又能满足你们兴趣和需求的教材。为了达到这一目的，我在书中精选了一些经典和现代的理论和研究。此外，还强调从生命全程角度看待发展，强调生物因素与环境对成长中的人共同起作用。教材注重阐明不同种族、文化和我们所生活的社会大背景的共性和差异。我提供了一个独特的教学大纲，帮助你们掌握知识，把发展的各方面加以整合，批判性地审视有争议的问题，把所学知识加以应用并和自己的生活联系起来。

我希望，对人的发展的学习，像我多年来看到的那样，将会使你们受益。我很想知道，你们怎样看待人的发展这个领域，以及怎样看待该教材。欢迎大家不吝赐教，来信请寄：

Box 4620

Illinois State University

Normal

IL 61790

来信也可由出版商转交给我。

劳拉·E·伯克

致教师

多年来的职业经验和个人经历激励我写作本书。首要的也是最重要的原因，是30多年来我在大学执教生涯中，感受到的学习人的发展的成千上万的学生的兴趣和关注。首先，每个学期，他们的见解和提问都表明，必须从生命全程角度看待发展的每个阶段。其次，由于我自己已经度过了成年期，我不由得越来越多地回顾影响自己生活道路的那些因素——家庭、朋友、导师、同事、社区和社会大环境。自己的事业稳定，婚姻经受住了时间的考验，孩子们已经长大成人，深刻地把握这些相互作用的多重影响因素，有助于看清自己当前身在何处，未来将走向何方，怎样成为一个更好的教师、学者、家庭成员和公民。教学已经成为我职业生涯中重要和令人愉悦的部分，我愿意把自己关于毕生发展的思考跟大家分享。

从本书第1版问世至今，本领域的理论和研究发生了相当大的拓展。这次修订的第4版，加入了很多反映该领域发展趋势的新内容，也添加了不少新内容和教学手段。

1. **重视多样化的发展变化途径**。研究者一致认为，不同的生物结构和日常活动导致了发展路径和最终能力的巨大个体差异。本书更加关注发展的易变性和尝试解释这种易变性的新近理论，如生态学理论、社会文化理论和动力系统理论。多元文化和跨文化的发现，如跨国比较研究结果，将会贯穿全书。标题为"生物因素与环境"和"文化影响"的一系列专栏，也突出了发展的多样性这一主题。

2. **强调毕生发展观**。和第3版一样，毕生发展观——发展是终生的、多维的、多方向的、灵活的和植根于多种环境下的——将继续在本版作为一个统一的方法来理解人的发展并贯穿全书。书中的"毕生发展观"栏目讨论了毕生发展观的假设和对跨年龄发展的关注。

3. **对生物因素与环境因素之间的复杂、双向联系给予更多关注**。有关脑、动作技能、认知能力、气质和人格、心理异常等方面越来越多的证据表明，生物因素既被经验因素所改变，也与经验因素形成合力。本书把生物与环境因素的相互关联整合到毕生发展观当中，在全书内容中加以体现，在"生物因素与环境"专栏也增添了一些新专题，或对原有内容做了更新。

4. **增加了跨学科研究结果**。把思维、情感和行为看作受生物因素、社会环境和文化背景影响的整体，促使发展研究者加强了与心理学以外的学科的联系，本版讨论的主题和研究结果中增加了教育心理学、社会心理学、健康心理学、临床心理学、神经心理学、生物学、儿科学、老年学、社会学、人类学、社会福利及其他领域的贡献。

5. **加强了理论、研究与应用之间的联系**。研究者正在努力使研究结果推广到现实生活情境，因此我增加了社会政策问题和基于应用的理论与研究的比重。"学以致用"表给学生提供了在知识与实践之间架一座桥的具体方法。

6. **更加强调学生的主动学习**。本次修订，对全书各主要章节后面的**思考题**进行了修订和扩充，鼓励主动学习的四种方法：**复习**、**应用**、**联结**和**反思**。本次修订新加的**反思**问题鼓励学生有理有据地思考一些重要问题，把理论、研究与自己的生活相联系，从而使毕生发展研究对自己有个人意义。

本书的编写理念

本书的基本倾向受到我作为教师、研究者和母亲等经历与个人经历的影响。本书秉承七个理念，我认为，它们对学生从本课程了解毕生发展是非常重要的。所有理念都渗透到全书每一章。

1. **对本领域理论的多样性及各个理论优缺点的理解**。第1章开头就强调，只有多样性的理论才能解释多姿多彩的人的发展过程。每当我论述一个年龄阶段和发展的某一方面时，我都会介绍不同的、相互补充的理论观点，来说明每种理论怎样强调过去曾被忽视的发展的方面，同时讨论评价该理论的研究。理论之间的比较有助于对有争议的问题做出正确的分析。

2. **把毕生发展观作为对发展进行整合的途径**。我在第1章就指出，毕生发展观是一个结构框架，并在全书中阐明它的观点，努力帮助学生构建从受精卵到死亡的发展的全面视角。

3. **了解人的发展顺序及其内在机制**。学生将会看到随变化过程而发生的系统化发展顺序的讨论。除了描述发展阶段，我还讨论了变化的过程。生物因素和环境因素以复杂的方式相结合，共同促成发展，这已成为近期研究的焦点。本书突出了对这种观点的介绍。对关于发展变化的时间表的新研究结果也有所介绍。婴儿和老年人在许多方面比我们过去认为的更有能力。此外，成年期发展的一些标志事件，如完成正规教育，开始职业生涯，结婚生子和退休等，现在比过去更难预测。本书还介绍了人生各阶段有关发展的顺序与时间表方面的研究，以及它们对发展的意义。

4. **了解社会环境和文化对人的发展的影响**。许多研究证明，人生活在丰富多彩的物质环境和社会环境中，这些环境影响着发展的所有方面。在本书的不同地方，学生可以在跟着我回顾不同文化中成长的个体时，到世界各地去徜徉。书中还讨论了美国和加拿大对不同社会经济地位和不同种族人们的研究结果。此外，不同历史时期和各个同龄群组的影响一直受到关注。在这方面，性别问题——男性和女性不同的经验、角色和生活道路——在书中也做了讨论。除了强调家庭、邻居和学校这些小环境影响之外，我还用一定篇幅阐述了大社会结构，如社会价值观、法律和政府的政策对人生幸福的影响。

5. **理解生物和环境因素共同影响发展**。现在对遗传素质与环境因素共同作用的认识比以前大大加强了，这两方面的因素以复杂的方式结合起来影响着发展，而不能以简单方式把它们割裂开来。本书列举了大量实例来说明，生物素质既可能得以保持，又可能在社会环境影响下发生变化。

6. **生理、认知、情绪与社会性等发展的各方面的相互依存性**。每一章都强调了看待发展的整合取向。我阐述了生理、认知、情绪与社会性发展是怎样紧密交织的。在教材的字里行间，在主要章节后面的思考题中，提醒学生阅读其他章节，使学生对发展的不同方面之间的关系有更深的理解。

7. **对理论、研究与应用之间相互联系的理解**。我在本书中强调，人的发展的理论和这些理论所引发的研究，为儿童、青少年和成人的和谐有效的生活提供了依据。本书以一种系统化的方式突出了理论、研究与应用之间的联系，即，先介绍理论和研究，再介绍实际应用。当前，本领域的人们特别强调，让人的发展的知识影响社会政策，以满足毕生发展中人们的需要，本书各章对这一点都有所反映。本版教材中还介绍了美国、加拿大和世界其他国家的儿童、青少年和成人的生活状况，向读者显示了，理论和研究是怎样与公共利益相结合，对人们的生活进行成功干预的。其中包括一些重要的应用课题，如计划生育、婴儿死亡率、母亲就业与婴儿保育、未成年人怀孕与做父母、家庭暴力、成人的体育锻炼与健康、终生学习、祖辈对孙辈的养育、退休调适、对鳏寡生活的适应以及临终前的缓解护理等。

本书的结构[①]

在本书中，我选择的是按发展的时间顺序编排的结构。第1章概述了毕生发展研究领域的历史、当代的理论和研究方法。之后的两章介绍了发展的基础，其中第2章讲述生物学基础和环境背景如何统一和整合起来，对发展产生多方面的影响。第3章讲孕期发育、分娩及新生儿的情况。学生掌握了这些基础知识，就为进一步了解七个主要的发展阶段做了准备，这七个阶段是：婴儿期与学步期（第4章、第5章、第6章），幼儿期（第7章、第8章），小学期（第9章、第10章），青少年期（第11章、第12章），成

① 第1章至第12章的内容请见《伯克毕生发展心理学：从0岁到青少年》。——译者注

年早期（第 13 章、第 14 章），中年期（第 15 章、第 16 章），老年期（第 17 章、第 18 章）。每一个发展阶段又分别包括生理发展、认知发展以及情绪与社会性发展。最后以死亡、临终与丧亲为主题（第 19 章）结束全书。

按年龄顺序编排的结构便于学生把握每个年龄阶段。把发展的各个领域放在一起，写起来比较容易，因为这样写，各个领域非常接近。但是，按年龄顺序编写教材，不得不把理论分成块，分别讲述不同的年龄阶段。这给学生造成了困难，他们必须把各部分内容联系起来。为了帮助学生做到这一点，我在教材中不断地提醒学生，在学习新的发展阶段之前，把有关章节联系起来。同时，讨论同一主题（如认知发展）的不同章节，其结构也很相似，便于学生把不同年龄阶段的内容加以联结，对整个发展变化形成完整认识。

第 4 版新增内容

由于新发现不断涌现，现有知识不断被更新，因此毕生发展是一个魅力无穷、日新月异的研究领域。第 4 版引用了枝繁叶茂的当代文献，其中新文献超过 2 200 种。最新主题在书中随处可见，下面是一些例子。

第 1 章：更多地关注了发展的动力系统说 • 增加了中世纪欧洲儿童期被看作生活中一个割裂时期的历史新发现 • 增加了对一个新研究领域——发展认知神经科学——的介绍 • 增加了采用系统观察、结构访谈和相关研究的新的研究实例 • 新增了实验设计与发展设计相结合的内容，包括在一个新的“社会问题”专栏中回答下面的问题：“音乐经验能否促进智力？”

第 2 章：更新了对基础遗传学的讨论 •增加了两性出生比例发生变化的新证据 • 增加了遗传突变和细胞突变对一生健康的影响 • 增加了对疾病的遗传学检测与遗传治疗的新研究 • 更新了收养儿童的发展内容 • 新增了关于富裕生活、家庭机能与发展的内容 • 更新了邻居对儿童与成人身心健康影响的研究 • 扩充了农村与城市环境对儿童与成人发展影响方面的内容 • 更新了公共政策与毕生发展的内容 • 增加了一个新的“毕生发展观”专栏，讨论了世界各地对女孩的教育问题，以及它对当前一代和未来几代人的影响 • 更新了美国、加拿大和其他工业化国家和地区儿童与成人状况的指标 • 增加了关于环境对基因表达的影响的讨论

第 3 章：更新了关于胎儿感觉和行为能力以及胎儿活动水平是儿童期气质的预测指标的研究 •更新了有关孕期环境与后期健康关系的“毕生发展观”专栏 • 扩展并更新了关于畸形发育的内容 • 增加了关于孕期情绪压力的长期后果的新研究 • 增加了关于高龄母亲的孕期和出生并发症的新发现 • 更新了关于早产儿与出生低体重儿的讨论 • 加强了“袋鼠式养育”对早产儿好处的讨论 • 更新了“生物因素与环境因素”专栏关于婴儿猝死综合征的内容，包括保护性睡眠法 • 增加了关于胎儿和新生儿痛知觉的新研究 • 增加了关于孕期环境对新生儿气味偏好影响的新发现 • 增加了对父亲影响的描述，包括畸形儿的影响、母亲的社会支持、有父亲照料的出生时激素的变化

第 4 章：增加了对测量脑机能的主要方法的介绍，包括 EEG、ERPs、fMRI 和 PET • 更新了“毕生发展观”专栏关于一生中脑的可塑性内容 • 增加了对来自罗马尼亚孤儿院的收养儿童的新研究，涉及婴儿期是否发展的敏感期问题 • 增加了关于婴儿期和幼儿期适当刺激、经验—预期型和经验—依赖型大脑发育之间区别的新研究 • 更新了“文化影响”专栏关于婴儿睡眠时间的文化差异的内容 • 更新了母乳喂养相关内容 • 增加了关于婴儿和学步儿饮食习惯和早期肥胖危险的新证据 • 修订并更新了习惯化相关内容，包括采用习惯化任务测量近期和远期记忆 • 增加了有关新生儿对人和黑猩猩的模仿行为的新发现 • 增加了关于伸手动作发展的动力系统新研究 • 扩展并更新了对早期面孔知觉的描述 • 增加并更新了联合知觉相关内容，包括联合知觉对心理发展各方面的影响

第 5 章：扩展了认知发展的核心知识观方面的内容 • 增加了关于学步儿模仿行为的新研究 • 更新了关于记忆与分类能力发展的新研究结果 • 增加了关于早期记忆方法的新研究结果 • 修订并更新了

“毕生发展观”专栏关于婴儿健忘症的内容 • 增加了**贝雷婴儿发展量表**新版（Bayley Ⅲ） • 更新了美国、加拿大儿童养育质量与认知、社交能力发展结果的影响的新研究结果 • 增加了对婴儿和学步儿赤贫家庭早期干预的新研究，包括“早期智力启蒙项目”（Early Head Start Program） • 扩充了早期语言发展相关内容，包括对互动理论的介绍和口语发展的新研究、语言进步中的社会经济地位变量，以及听力缺陷婴儿的发展 • 新增了关于亲子互动对聋儿语言与认知发展影响的“生物因素与环境”专栏

第6章：修订了“毕生发展观”专栏关于父母抑郁与儿童发展的内容，增加了母亲与父亲抑郁的内容 • 扩充了如何对待社交参照行为的内容，增加了婴儿对父母声音的敏感性方面的内容 • 增加了气质—努力控制维度的自我调节的新研究结果 • 更新了气质的稳定性相关内容 • 增加了关于父母强调孩子的气质差异倾向的新研究结果 • 增加了对依恋评价方法的关注，如依恋Q分类法 • 扩充了敏感的养育对依恋安全性影响的文化差异的介绍 • 扩充了父亲参与婴儿活动相关内容 • 新增了一个“文化影响”专栏，讲述父亲疼爱对发展的重要作用 • 丰富了婴儿期依恋质量对后期发展影响的讨论 • 更新了“社会问题”专栏有关婴儿养育质量与长时间养育对依恋和后期发展影响的内容

第7章：更新了关于儿童免疫的研究 • 新增了关于美国和其他西方国家关于儿童保健的“社会问题”专栏 • 增加了关于幼儿对符号—真实世界关系的理解相关内容，涉及双重表征能力 • 增加了有关外表—真实性区分能力发展的新研究结果 • 新增了一个“文化影响”专栏，讲述乡村部落文化中的儿童凭借观察和实际参与成人劳动而学习 • 增加了关于注意发展的介绍，涉及抑制的作用 • 扩充了关于自传式记忆发展的讨论，涉及内容是亲子关系的影响 • 增加了关于认知进步对掌握错误信念任务影响的新证据 • 更新了关于早期计算能力发展的研究 • 更新了“生物因素与环境”专栏“心理盲”与自闭症的内容，增加的内容涉及对自闭症儿童心理缺失理论的解释 • 增加了对贫困儿童学前干预的长远收效的内容 • 扩充了教育媒介相关内容，涉及电视和电脑的影响 • 扩充并更新了幼儿用于理解词意的多种方法的研究结果 • 增加了关于语法技能渐进发展的新研究结果及相关的理论分歧

第8章：增加了对主我和客我的解释，并附图说明 • 增加了情绪能力概念的研究 • 对幼儿期情绪自我调节部分进行了更新，增加了关于努力控制的内容 • 扩充了关于同伴交际性的内容，如非社交游戏对适应的作用 • 修订并更新了关于父母教养方式与儿童同伴关系相关内容 • 增加了关于严厉惩罚对发展影响的研究结果 • 新增了一个“文化影响”专栏，介绍体罚后果的种族差异 • 增加了积极管教方式的内容 • 更新了关于幼儿道德推理的讨论 • 修订并更新了攻击性类型的内容，包括身体攻击、言语攻击和关系攻击 • 更新了关于媒体暴力与攻击性发展的讨论 • 增加了关于儿童习得早期性别成见的新证据，包括父母与同性别同伴关系的影响 • 更新了关于认知对性别恒常性影响的研究结果 • 更新了对性别图式理论的讨论，涉及儿童的性别图式加工中的个体差异 • 增加了关于父母对孩子的心理控制对儿童适应的伤害性影响的新研究结果 • 扩充了父母教育观念与教育行为的文化差异的内容 • 更新了虐待儿童相关内容，包括家庭访问预防项目有效性的内容

第9章：修订并更新了超重和肥胖相关内容 • 新增了青少年参与体育活动项目结果的内容 • 新增了关于进化对儿童游戏的影响相关内容，特别关注了嬉闹游戏及其适应意义 • 修订了关于注意缺失多动综合征的“生物因素与环境”专栏的内容 • 增加了小学期元认知发展的介绍，涉及次级错误信念 • 更新了关于阅读学习的讨论，涉及语音意识的影响 • 扩展了数学能力发展相关内容，增加了数学教学所起作用的内容 • 介绍了**斯坦福—比纳智力量表**（第5版）和**韦克斯勒儿童智力量表**（第4版），包括新的测验项目举例 • 更新了对斯腾伯格三维智力理论的介绍 • 新增了一个“毕生发展观”专栏，内容涉及社会智力与情绪智力 • 增加了关于文化、沟通方式与儿童心理测验成绩的新研究结果 • 增加了关于种族成见对少数族裔儿童心理测验成绩不良影响的相关内容 • 新增了一个“社会问题”专栏，内容涉及高标准心理测验 • 扩充了小学期语言发展的内容，特别关注了口语叙述问题 • 修订并更新了教育观念相关，涉及建构主义和社会建构主义的课堂教学 • 更新了不同国家儿童学习成绩的比较结果，特别关注了支持良好学习成绩的家庭、学校和社会因素

第10章：增加了小学生自我概念的文化差异方面的内容 • 扩充了对情绪自我调节的介绍，如小学

生对问题中心应对策略和情绪中心应对策略的使用 • 扩充并更新了小学生对道德与社会常规理解方面的内容 • 增加了学龄儿童的个人权利相关内容，包括道德理解力在其中的作用 • 新增了儿童对种族多样性和不平等的理解相关内容，包括对种族偏见发展的研究结果 • 增加了关于亲社会儿童与攻击性儿童的友谊差异的讨论 • 更新了“社会问题”专栏“欺负与被欺负”的内容 • 增添了关于小学期性别同一性发展的新研究结果，涉及情绪调节的作用 • 加大了对学龄儿童父母教养方式的关注，侧重于父母参与与儿童发展 • 更新了小学生常见恐惧的介绍 • 新增了关于儿童目击者证词的新研究结果，强调了导致儿童容易受暗示的因素

第 11 章：新增了关于青少年脑发育相关内容 • 增加了关于青少年睡眠“时间周期延迟”对学习成绩和高危行为的不良影响的新研究结果 • 增加了关于青春期到来时间对成年期心理调节影响的新研究结果 • 介绍了关于父母—青少年关于性问题谈话的新研究结果 • 修订并更新了关于男女同性恋和双性恋青年的性别同一性发展的“社会问题”专栏 • 增加了关于不和父亲一起生活与早期性活动之间关系的新研究结果 • 增加了关于促使青少年爸爸多参与孩子养育的因素的讨论 • 加大了对文化对青少年吸毒和酗酒影响的关注 • 新增了关于青少年决策的相关内容 • 增加了关于青少年男生的阅读和写作成绩下降的新研究结果 • 更新了导致数学与空间能力性别差异的因素的内容 • 增加了关于转学对适应影响的新研究结果 • 更新了对中学生学习成绩的追踪研究

第 12 章：更新并扩充了青少年的自尊相关内容 • 更新了少数族裔青年同一性的发展的“文化影响”专栏 • 修订了对科尔伯格阶段论的评价 • 新增了关于青少年的道德、社会常规和个人关切的协调相关内容 • 扩充了关于促进道德自我相关度的经验的内容 • 新增了加入宗教与道德发展相关内容 • 更新了“社会问题”专栏“公民责任感的发展” • 扩充并更新了父母教养方式与青少年的自主性相关内容 • 新增了网上友谊相关内容 • 增加了关于亲子依恋与青少年恋爱行为之间关系的新研究结果 • 修订并更新了“毕生发展观”专栏，增加了关于青少年违法行为的两条途径，介绍了早期关系与攻击和反社会行为之间关系的新研究结果

第 13 章：增加了介绍成年初期向完全成人角色全面过渡相关内容 • 更新了关于生物学衰老理论的介绍 • 增加了基于对优秀运动员研究发现的关于成年期运动能力变化的新研究结果 • 更新并增加了关于影响成人健康的社会经济地位变量的讨论 • 增加了关于成年早期致瘾物滥用的新研究结果 • 增加了关于使用网上约会服务的新发现 • 增加了对男性主动和女性主动的强迫性行为的研究结果 • 修订并更新了关于佩里的理论与认知发展相关内容，重点是促进认知发展的经验 • 扩展了拉伯威-维夫的理论及成年早期和中期的认知—情感复杂性 • 增加了关于致使大学生辍学因素的新研究结果及关于预防性测量的讨论 • 更新了影响职业选择因素的研究，尤其侧重于父母和教师的作用 • 新增了一个“社会问题”专栏，内容涉及选择非传统职业的男人

第 14 章：增加了关于同一性和亲密感发展任务之间关系的讨论 • 更新了有关亲密爱情发展的研究，重点是建设性冲突解决 • 增加了离家之后与父母关系发生变化的新研究证据 • 增加了婚姻满意度的性别差异的新发现 • 增加了有关父母对头胎和二胎的适应的讨论 • 更新了父母教育相关内容 • 增加了对离婚危机的代际传播的新研究 • 更新了关于男性同性恋和女性同性恋父母的研究 • 增加了关于女性和少数族裔成人面临的独特的工作场所挑战的新研究证据 • 增加了关于可以帮助既要工作又要负担家庭责任的成人的工作单位政策 • 新增了一个“社会问题”专栏，涉及选择离职回家的职业女性

第 15 章：更新了有关更年期综合征的内容 • 增加了采用激素疗法治疗更年期综合征的危险和优点，介绍了新的研究 • 增加了女性对更年期综合征的反应及种族差异的讨论 • 更新了有关男性生殖能力变化的一节 • 更新了随年龄增长慢性病发病率的统计数字 • 增加了关于遗传、生物学衰老和环境对癌症影响的讨论 • 更多地关注了男性骨质疏松症，特别是对普查和治疗的需求 • 更新了随年龄增长加工速度减缓和抑制能力减弱的内容 • 增加了关于中年人在有压力的、类似课堂教学情况下的记忆和自我决定学习节奏情况下的记忆的新研究 • 更多地关注了非传统的大学学生面临的挑战，包括性别与种族成见

第 16 章：增加了关于中年期男性和女性对其外貌变老的情绪反应的新研究结果 • 更新了是否存在

中年危机相关内容，介绍了询问中年期成人是否对生活感到悔恨的研究结果 • 增加了从成年早期到中年期心理压力变化的新研究结果 • 增加了男性和女性对中年期离婚原因的新研究 • 更新了关于三明治一代和赡养老年父母者的相关内容 • 更新了“社会问题”专栏“祖辈抚养孙辈的隔代家庭” • 增加了关于在工作场所的女性、少数族裔和“天花板”效应的新研究

第17章：更新了北美地区对平均期望寿命和积极寿命的统计数字 • 更新了“毕生发展观”专栏关于百岁老人的内容，介绍了有记录以来的最长寿老人珍妮·路易斯·卡尔蒙特的传记 • 扩展并更新了老年成见及其对老年人影响的讨论，包括老年成见的害处及媒体对老年人的描述 • 更多地关注了患病压力问题，尤其是健康生活方式的重要性 • 增加了关于营养和锻炼对老年人健康状态影响的新研究 • 增加了老年人身体虚弱影响因素的新研究 • 更新了导致老年期死亡因素的统计数字 • 增加了与阿尔兹海默症有关的神经系统变化的新研究结果 • 更新了关于阿尔兹海默症的遗传和环境危险因素，包括糖尿病与阿尔兹海默症之间的关系 • 更新了“社会问题”专栏“对痴呆老人护理者的干预”，增加了对REACH干预项目有效性的介绍 •增加了关于记忆力变化的新研究，包括对事件背景回忆能力的减退、对长久事件的回忆(特长时间的回忆能力)，以及前瞻性记忆 • 增加了关于语言加工的新发现，包括老年人越来越多地体验到的欲言难吐现象 • 更新了与认知变化相关的因素的新研究结果，包括教育、吸烟、慢性病，以及复杂而富于启发性的工作 • 讨论了随年龄增长认知成绩越来越不一致及其对认知减退的预测 • 增加了对老年人的认知训练项目，介绍了ACTIVE，一个大规模干预，显示老年人经培训可获得各种技能

第18章：讨论了琼·埃里克森增加的一个心理阶段：老年卓越阶段 • 更多地关注了老年期的情绪能力，介绍了拉伯威-维夫对情感最优化的研究 • 增加了对老年期可能自我的介绍 • 增加了对老年期精神力量和宗教信仰的新研究 • 新增了关于连续性理论及相关研究的内容 • 更新了有关社会情感选择理论的新研究 • 讨论了老年期同居问题 • 更新了关于鳏寡生活适应的新研究 • 讨论了作为老年人虐待形式之一的老年人遗弃问题

第19章：更新了关于儿童对死亡的理解的研究 • 增加了关于宗教信仰与死亡焦虑之间关系的新研究 • 更新了绝症患者临终前反应波动的新研究 • 增加了文化对临终体验影响的新解释 • 新增了一个“生物因素与环境”专栏“音乐对临终患者的缓解性护理” • 增加了特丽·施亚沃的案例及公众对死亡权利问题的辩论 • 更新了“社会问题”专栏“自愿主动安乐死”，增加了荷兰法律通过准许安乐死 • 增加了公众是否赞同协助自杀行为的新统计结果 • 更新了对俄勒冈《尊严死亡法》的介绍 • 介绍了沃尔登关于哀痛是一套使事情做得更圆满的任务的观点 • 更多地介绍了丧亲意义的新研究，认识到丧亲的意义是应对丧亲的有效应对策略 • 讨论了因没有公开表达哀痛的机会而导致的哀痛剥夺现象 • 介绍了社会惨案和丧亲超载的危险 • 介绍了丧亲干预中的自助小组

教学特点

简明易读的写作风格，既要简明、吸引人，又不过分简化，这是本书写作的重要目标。我经常在上课时与学生对话，鼓励学生把书本上学到的知识与自己的生活相联系，让人的发展的学习富有参与性和乐趣。

真人真事。为了使行文活泼，印象深刻，我举了很多例子。比如，在小学期部分，你将读到10岁的乔伊和8岁的莉琪的经历、他们离异的父母丽娜和德雷克，还有他们的同学。在老年期的几章里，学生将认识一对活跃的退休夫妇沃尔特和露丝、沃尔特的哥哥迪克和嫂嫂高尔蒂，以及露丝的姐姐伊达——一位阿尔兹海默症患者。除了和每个年龄阶段相配合的几个主要人物，还有很多插图，提供了发展的实例以及儿童、青少年和成人的多样性。

章前导读和章末小结。为了提供一个对学生有帮助的课程内容简介，我归纳出每章的大纲和概览，作为各章的导读。根据每章各节主要内容归纳出**本章要点、重要术语和概念**，提醒学生抓住教材所讨论的重点。小结中还有一些思考题，鼓励学生主动地学习。

思考题。每节后面的思考题鼓励学生主动参与到所学教材中来。四种类型的思考题提示学生以不同方式思考人的发展问题：**复习题**提醒学生回忆并领悟刚学到的知识；**应用题**鼓励学生把所学的知识运用到人们正在讨论的问题和儿童、青少年、成人及做这些人工作的专业人员所面临的问题上。**联结题**帮助学生把他们学到的不同年龄阶段和不同领域的知识加以整合，形成一个人的完整图像。**反思题**让学生反思自己的成长过程和生活经历，使对人的发展的研究具有个人意义。

以下四个专栏突出了本书的编写理念：

“毕生发展观”专栏。这个栏目讨论的是对发展或代际问题有深远意义的主题。比如：世界女童教育：为了下一代；孕期环境与后期健康；社会智力和情绪智力；儿童期的依恋类型与成年期的爱情；有繁衍感的成人谈自己的生活经历；从百岁老人身上我们能学到什么？

“社会问题”专栏。考察了社会环境对儿童、青少年和成人的影响，强调了敏感的社会政策对人的身心健康的重要性。比如：音乐经验能否促进智力；美国和其他西方国家的儿童保健；高标准测验；工作中的男子气：选择非传统职业的男性；选择留在家中职业女性；对痴呆老人护理者的干预。

“文化影响”专栏。本书贯穿全书地加强了对文化的关注，既强调跨文化差异，也强调多元文化差异。比如：移民后代的惊人适应力；非洲裔美国人大家庭；婴儿睡眠习俗的文化差异；父亲疼爱对发展的重要作用；乡村和部落儿童怎样观察和参与成人的劳动；衰老体验的文化差异。

“生物因素与环境”专栏。本专栏强调了越来越引起关注的在发展过程中生物因素和环境因素之间的复杂、双向关系。比如：亲子互动对聋儿语言和认知发展的影响；害羞与交际性的发展；“心理盲”与自闭症；欺负与被欺负；抗衰老的饮食限制适合于人类吗？哪些因素可以促进中年期的心理健康？音乐对临终患者的缓解性护理。

“学以致用”表。为了强调理论研究与应用之间的联系，“学以致用”表简明易懂地提出建议，把一生中怎样关照自己、怎样照顾别人，突出重点地列出来。这些表格的内容适用于已做父母和即将成为父母的学生，适用于在儿童和家庭领域寻找工作的学生，也适用于教师、保健、咨询及社会工作等工作领域。表格内容主要有：高质量家庭生活的特征：婴儿—学步儿家庭分量表；支持早期语言学习；怎样培养婴儿的服从和自我控制；帮助儿童适应父母离异；与青少年讨论性问题；双职工兼顾工作和家庭的方法；减轻照料年迈父母的压力；促进老年人丧偶的适应力。

“重要标志”表。“重要标志”表出现在教材中每一个年龄阶段的末尾。这些表格对生理、认知、语言、情绪和社会性等方面的进步做了概括，可以帮助人们回顾毕生发展的时间进程。

美术作品和照片。精心修订的美编风格清晰而诱人地展示了各种研究发现，可以很好地帮助学生理解和记忆。插图中使用了大量第3版中用过的照片。这些精心选择的照片描绘了人的发展，表现了生活在美国、加拿大和世界其他各地的人们的多样性。

教材中定义性的关键术语、章末的术语表和书末的术语总表。术语是本领域中的核心词汇，可以通过书中标明的关键术语和概念定义来掌握这些术语，它们可以帮助学生通过重读相关内容，深刻理解本领域中的重要概念。关键术语还出现在章末的页码索引术语表和书末带页码索引的总术语表中。

致谢

本书第4版承蒙很多人的无私帮助，他们使本书更为精细。审阅人对本版的结构和内容提出了很多有助益的建议、建设性的批评和热情的鼓励。在此我向下列每个审阅人表示感谢。

第4版审阅人

Gerald Adams，University of Guelph

Jackie Adamson，S. D. School of Mines and Technology

Cheryl Anagnopoulos，Black Hills State University

Sherry Beaumont，University of Northern British Columbia
Kimberly Blair，University of Pittsburgh
Tracie L. Blumentritt，University of Wisconsin La Crosse
Lanthan Camblin，University of Cincinnati
Byron Egeland，University of Minnesota
Karen Fingerman，Purdue University
Laurie Gottlieb，McGill University
Dan Grangaard，Austin Community College
Marlene Groomes，Miami Dade College
Laura Guntmeir，Redlands Community College
Deb Hollister，Valencia Community College
Hui-Chin Hsu，University of Georgia
Marita Kloseck，University of Western Ontario
Karen Kopera-Frye，University of Nevada，Reno
Valerie Kuhlmeier，Queens University
Deanna Kuhn，Teaches College，Columbia University
Dale Lund，University of Utah
Ashley Maynard，University of Hawaii
Kate McLean，University of Toronto at Mississauga
Carol Miller，Anne Arundel Community College
Ulrich Mueler，University of Victoria
Marion Perlmutter，University of Michigan
Dolores Pushkar，Concordia University
David Shwalb，Southeastern Louisiana University
Judi Smetana，University of Rochester
JoNell Strough，West Virginia University
Mojisola Tiamiyu，University of Toledo
Ruth Tincoff，Harvard University
Laura Thompson，New Mexico State University

第3版审阅人

（略）

我所在的伊利诺伊州立大学给我的研究以支持，对本书的修订给予了很大的帮助。政策与行政系的理查德·佩恩（Richard Payne），是一个忠诚的朋友，我和他曾就书稿的撰写、儿童与老年人的环境及其他问题多次进行富有成效的讨论，这些讨论明显地影响了我对毕生发展和社会政策的看法。萨拉·哈里斯（Sara Harris）与我一起编写了**教师资源手册**、**生活中的毕生发展**观察录像指南和**毕生发展窗口**录像指南，在这些工作中她表现出巨大的热情、想象力、渊博的知识和杰出的写作能力。特里莎·曼（Trisha Mann）在查阅文献、修订学习评分指导中的忘我工作非常令人赞赏。科特尼·库珀（Courtney Cooper）付出大量时间收集、编撰了参考文献。

教辅材料包也得益于其他几位同事的天才、勤奋的工作。乌尔辛努斯（Ursinus）学院的加布雷尔·普林斯佩（Gabrielle F. Principe）和范德比尔特（Vanderbilt）大学的娜奥米·泰勒（Naomi Tyler）编辑了高质量的测验题库。理查德·威尔考克斯（Richard Wilcox）编撰了优秀的网上套件和附有练习性测验的评分指导。兰德（Lander）大学的麦克尔·索恩塔格（Michael Sonntag）亦对网上套件有所贡献。谢拉里·康诺尔斯（Sheralee Connors）设计了PPT幻灯片，苏珊·梅瑟尔（Susan Messer）编撰了在我的发展实验室中出现的本领域一些主要人物的内容丰富的传记材料。

我有幸与培生出版公司高效的编辑人员一起工作。主编苏珊·哈特曼（Susan Hartman）从最初的策划到出版提出了富有助益的建议和细心的监督。在她紧张的日程中慷慨地安排时间每周和我会面。编辑主管米列拉·米西亚捷克（Mirella Misiaszek）在协调本书各方面的繁杂工作方面付出了极为专业和认真仔细的努力，包括安排专家审稿，指导教辅材料的编写，组织拍摄录像，这些工作极大地增强了我向人们展示重要的发展概念和里程碑的能力，在本书的照片编辑方面她也做了很好的工作，其他还有很多很多，难以列举。与米列拉合作的一年中，她对人的发展的兴趣给我带来了很多快乐。

发展专业的编辑朱蒂·阿什凯纳兹（Judy Ashkenaz）在我写作每一章时和我密切配合，细心审查每一个想法和概念是否得到严谨的表述和完善的编排。她娴熟的写作与编辑能力和对发展问题的渊博学识把编辑工作变成了一种额外的学习和乐事。我也要感谢苏珊·梅瑟尔给照片加的说明，感谢朱蒂·豪克（Judy Hauck）对改进美编工作的高超眼光。

帕特里克·卡什-彼得森（Patrick Cash-Peterson）承担了书的制作任务，保证了精美的第4版图书的面世。他高度的审美敏感性、对细节的关注、灵活性、工作效率和严谨性令人赞赏。我感谢萨拉·艾维尔特森（Sarah Evertson）和劳丽·弗兰肯达勒（Laurie Frankenthaler）提供的非同寻常的照片，使教材图文并茂。玛格丽特·皮内特（Margaret Pinette）和比尔·海克曼（Bill Heckman）帮助制作了精良的清样，并进行了精细的校对工作。

在此还要衷心感谢市场部执行经理帕姆·拉斯基（Pam Laskey），感谢她的热心、创造性、不厌其烦的咨询与沟通以及温馨的友情。帕姆确保了本书准确、明晰的信息发布，协助培生出版公司完成销售任务，满足了对书的预订和对现书的需求。言辞很难尽述她对本书的质量及传播所做的种种努力。

最后，感谢我的家庭，它的爱、忍耐力和理解才使我得以同时做一个妻子、母亲、教师、研究者和教科书作者。我的两个儿子，戴维和彼得，对这项工作表现出特殊的兴趣。他们对自己生活中发生的事情和取得的进步的反思，通过电话、电子邮件和家庭聚会转达给我，对我撰写成年早期的几章很有帮助。我的丈夫，肯，在我们的共同生活中，始终毫无怨言地为我耗功费时的工作让路，以无言的、无微不至的关心表达他对我的工作重要性的认可。

劳拉·E·伯克

补充教材

教师用补充教材

有多种教学手段可资配合有组织的课堂教学、示范和考试，确保学生对教材的理解。

1. **我的发展实验室**（MyDevelopmentLab）

这一互动性、指导性的多媒体资源可用作课堂教学的补充，或作为在线课程的具体管理手段。与劳拉·E·伯克共同制作的**我的发展实验室**内含一系列评价手段，可以循序渐进地对学生的学习做出评价。该资源还包括特别针对本书制作的长度可观的录像片、多媒体模拟演示、本领域重要人物的传记以及互动活动等。**我的发展实验室**的功能体现在，它是作为一种包罗万象的教学与学习手段而设计的。

2. **教师用成套教具包第一、第二卷和光盘**（Instructor's Classroom Kit，Volume I and II and CD-ROM）

这是一个内容丰富、独一无二的教学资源，这套教具包包括全部印刷的补充教材。第1卷含有第1章到第10章的补充教材，第二卷含有第11章到第19章的补充教材。教具包以章节为顺序，每一卷都包括教师资料手册、测验题库、附有练习性测验的评分指导和PPT演示片。

（1）教师资料手册（Instructor's Resource Manual，IRM）

这套教师手册可以帮助新教师和有经验的教师丰富教学经验。每章都有一个本章概览表、本章内容提要、学习目标、详细的教学大纲、改进教学效果的方法，思考题及其答案、建议学生阅读的材料、幻灯片清单和媒体材料清单。

（2）测验题库（Test Bank）

测验题库里包含有2 000多个多项选择题，每道题都附有页码索引同章节内容相对应，并有题型说明（事实题、应用题和概念题）。每一章还包括一道选择性思考题及答案范例。

（3）附有练习性测验的评分指导（Grade Aid with Practice Tests）

这个对学生有帮助的指导手册包括每章的内容提要、学习目标、根据教材的主要标题汇集的学习思考题、为掌握重要术语而编造的纵横字谜拼图，另外，每章有两个多重选择题的练习性测验。

（4）PPT演示片（Power Point Presentation）

PPT演示片包括教材上每章的主要内容的说明和纲要，以清晰而吸引人的方式展示出来。

（5）教师用光盘（Instructor's Resource CD-ROM）

教师用成套教具包的全部内容都以电子版形式存入此套光盘中。

3. **计算机化测验题库**（Computerized Test Bank）

这个计算机版的测验题库简便易行地编辑在TestGen软件中，既可以打印出来，也可以在线施测。它具有完全的编辑功能。测验项目也可以在CourseCompass、Blackboard和WebCT formats中找到。

4. **“生活中的毕生发展”观察项目**（“Development Through the Lifespan in Action” Observation Program）

这个经过修订和扩充的真实生活的录像时间超过两个小时，包含数百个观察片断，说明了很多理论、概念和人的发展的里程碑。新增内容包括对错误信念的理解、成人初期、退休和做志愿者、百岁老人、老年人护理、丧子后的哀伤与寻找意义等。其中的观察指南帮助学生把录像资料与教材相联系，加深他们的理解并学以致用。

5. **“毕生发展窗口”观察录像**（“A Window on Lifespan Development” Running Observational Footage Video）

这个录像是前面观察项目的补充，以超过两小时的无剧本录像描述了人的发展的很多方面。也附有一个录像指南。

6. **幻灯片**（Transparencies）

学生用补充教材

除了书中列出的信息资源，培生出版公司还为学生提供了大量的补充材料：

1. **我的发展实验室**（MyDevelopmentLab）

这一互动性、指导性的多媒体资源是一个包括全部内容的学习工具。与劳拉·E·伯克共同制作的我的发展实验室鼓励使用者积极参与其中，并通过有控制的评价、录像播放、多媒体刺激材料、本领域重要人物的传记和互动活动等对学习加以强化，所有这些都是毕生发展所独有的。我的发展实验室可以满足每个学生的学习需要。若想看它的丰富内容的片断，可登录网站：www. mydevelopmentlab. com。

2. **附有练习性测验的评分指导**（Grade Aid with Practice Tests）

这个有帮助的指导手册包括每章的内容提要、学习目标、根据教材的主要标题汇集的学习思考题、为掌握重要术语而编造的纵横字谜拼图，另外，每章有两个多重选择题的练习性测验。

3. **发展的“重要标志”学习卡片**（Milestones Study Cards）

改编自教材中的多个“重要标志”表的有趣的学习卡片概括出主要的发展结果。这些简明易懂的卡片帮助学生把发展的各个领域加以整合，形成一个成长中的人的完整形象。

4. **研究领航员**（ResearchNavigator™）——**现已被纳入我的发展实验室中**

借助三个各自独立的数据库，这个直观的搜寻界面给研究工作提供很大的帮助，使学生可以省出很多时间用于做研究。第一个数据库是 EBSCO's *ContentSelect* 学术期刊数据库，可在专业杂志和普及性杂志上对某一学科的研究进行搜寻。第二个数据库是 *New York Times* 主题搜寻档案。第三个是 *Best of the Web* Link Library。如想了解 ResearchNavigator™，可访问 www. researchnavigator. com。

5. **教学中心**（Tutor Center）——**现已被纳入我的发展实验室中**

教学中心给学生提供了免费的、一对一式的互动教学，教学由具备资格的教师进行，可针对教材的所有内容。可通过电话、传真、互联网和电子邮件获得教学援助。

本书作者劳拉·伯克的母亲索菲亚的一生照片说明

在第 1 章和第 19 章中讲述了索菲亚从出生到去世的一生。第 1 章开头讲述了她的一生以及她之后两代人的家人。

第 2 页①

1. 1908 年，还是婴儿的索菲亚和她的母亲。

2. 1914 年，6 岁的索菲亚和她 8 岁的哥哥。

3. 1926 年，索菲亚 18 岁，中学毕业。

4. 索菲亚的德国护照。

5. 1968 年，60 岁的索菲亚在女儿劳拉的婚礼上。

6. 1968 年的索菲亚和菲利普，此后不到两年，索菲亚去世。

7. 1985 年，劳拉、肯及他们的 13 岁的儿子戴维和 10 岁的儿子彼得在戴维的成年礼上。

8. 索菲亚的外孙、劳拉与肯的儿子，5 岁的戴维和两岁的彼得。

9. 2005 年，劳拉、肯和已成年的儿子彼得。

10. 2005 年，肯与两个儿子戴维和彼得。

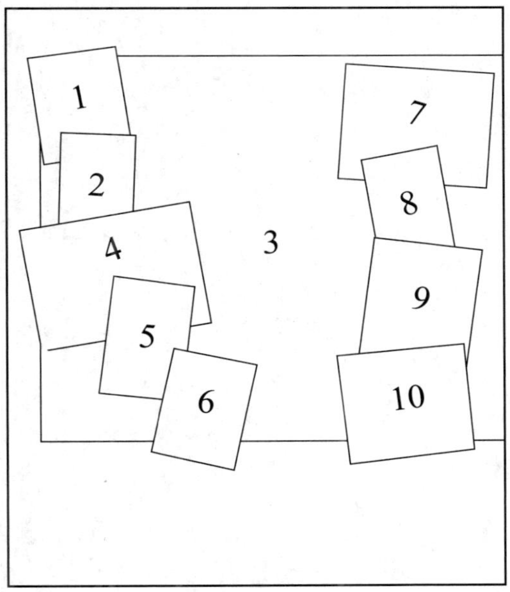

第 4 页②

左：1969 年 10 月，61 岁的索菲亚和她的第一个外孙艾伦，摄于索菲亚去世前三个月。

右：30 多岁时的索菲亚和菲利普参加了第二次世界大战。

---

①② 见《伯克毕生发展心理学：从 0 岁到青少年》。——译者注

目录

第一篇　成年早期

第二篇　中年期

第三篇　老年期

第一篇　成年早期

成年早期发生着重要的变化——包括选择职业，完成高等教育，开始全职工作，获得经济独立。一旦年轻人步入职业生涯，就像照片中这位年轻医生那样，与前辈和同事之间建立起密切的关系，就成为他们成功的关键。

第1章

成年早期的生理与认知发展

前言　一个渐进的过渡：成年初显期

第一部分　生理发展

一、生物学老化已经在成年早期开始

1. DNA和细胞水平上的老化

2. 器官和组织水平上的老化

二、身体变化

1. 心血管系统和呼吸系统

2. 运动能力

3. 免疫系统

4. 生育能力

三、健康与健身

1. 营养

专栏　毕生发展观　肥胖盛行：美国人怎样成为世界上最重的人

2. 锻炼

3. 致瘾物滥用

4. 性行为

专栏　生物因素与环境　性态度的性别差异

5. 心理压力

第二部分　认知发展

一、思维结构的变化

1. 佩里的理论：认知的认知

2. 拉伯威-维夫的理论：实用性思维和认知—情感复杂性

二、专长和创造力

三、大学生活

1. 上大学对心理的影响

2. 辍学

四、职业选择

1. 职业选择

2. 影响职业选择的因素

专栏　社会问题　工作中的男子气：选择非传统职业的男性

3. 未上大学的年轻人的就业准备

专栏　文化影响　德国的半工半读教育制度

429 23岁的莎丽丝与妈妈和弟弟拥抱告别，跳上汽车，车后座和后备箱里堆满了行李，她带着前所未有的自由感，夹杂着些许的忧虑，驶向州际公路。三个月前，家人不无自豪地目睹了莎丽丝在 60 公里外一所不太知名的大学拿到化学学士学位。大学，是她在经济和心理上逐渐摆脱对家庭依赖的时期。她每逢周末都要回家，暑假就住在家里。她妈妈每月一次用家里的钱帮她还贷款。可是今天是个转折点。她要搬到 1 300 公里外的一个城市，自己租住公寓，开始攻读硕士学位。拿到了助教奖学金和学生贷款的莎丽丝从没有感到如此独立。

大学几年，莎丽丝的生活方式发生了变化，她还确定了职业方向。中学时期身体超重的她，在大学一年级就减了 10 公斤。她改变了饮食习惯，参加了大学的极限飞盘队锻炼，还当上了队长。暑假里，她在一个夏令营给患慢性病的儿童做咨询，这使她确信，自己的学术背景对她将从事的公共卫生专业大有用武之地。

就在决定离家去读硕士学位的两周前，莎丽丝还向妈妈说，她不知道自己的选择到底对不对。妈妈说："莎丽丝，谁也不能预知自己的选择适不适合自己，大多数情况下这些选择并不完美。但是我们做出选择的过程，对选择进行思考，最后做出决定，也就是使选择走向成功的过程。"因此，莎丽丝开始了她的旅程，她知道，自己面临着许许多多令人激动的挑战和机遇。

本章将考察成年早期（青年期），即大约 18～40 岁这一年龄的生理和认知状况。《伯克毕生发展心理学：从 0 岁到青少年》的第 1 章曾讲到，成年期很难分成几个互相独立的阶段，因为对不同的人，人生重要里程碑的时期差别远远大过儿童期和青少年期。但是，对大多数人来说，成年期 430
的第一个阶段都包含一些共同的任务：离开家，完成学业，参加工作，经济上独立，建立长期的亲密伴侣关系，成家。这是精力充沛的 20 多年，人要一次又一次地做出重大决定，这段时间比一生中的任何时期都更加充满潜力。

前言　一个渐进的过渡：成年初显期

请沉思片刻，问问自己："我进入成年期了吗？"当研究者向成千上万的北美年轻人提出这个问题时，大多数 18～25 岁人的答案是模棱两可的："既是，又不是。"（见图 1.1）直到 30 岁左右，大多数人才感到自己真的成年了（Arnett，1997，2001，2003）。

现在的年轻人接受成家、立业和经济独立这三项成年标志比上一代人晚得多，他们常常在做最后决定之前犹豫不决。事实上，向成年的过渡已被拖慢到可以产生一个新的过渡的发展阶段，这个阶段从20岁之前两三年到25岁左右，被称为**成年初显期**（emerging adulthood）。在这一时期，许多人已经结束了青少年期但是仍不能承担成年人的责任。但是，他们对不同想法加以探索的欲望比十几岁时强烈得多（Arnett，2004，2006）。频繁地变换恋爱伴侣、学校和工作的现象很普遍。

注意成年初显期是怎样大大延缓了同一性发展的。18～25 岁的人脱离了父母的管束，但是还没进入成年人的角色，他们可以参与的活动多得

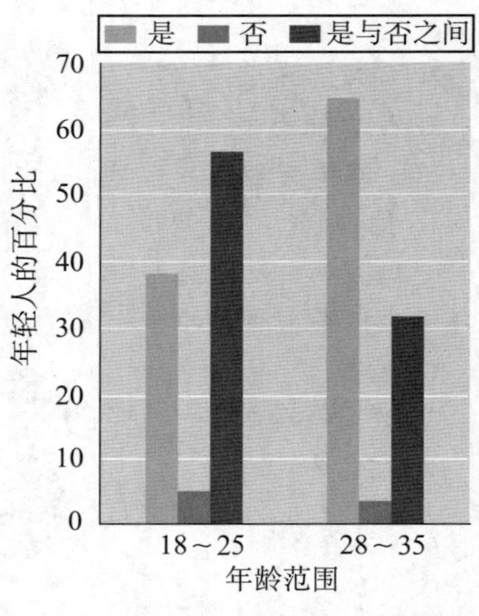

图 1.1　北美年轻人对"你是否认为自己已进入成年期"的回答

多数 18～25 岁人的答道："既是，又不是。"这反映了他们觉得自己虽已脱离青少年期但还不是完全的成人。即使到 30 岁前后，还有约 1/3 的人认为自己尚没有完成向成年期的过渡。

资料来源：Arnett，2001。

难以枚举。由于按部就班地按社会期望走的人少之又少，因此不同的人在通向成人所承担责任的道路上，其时间和顺序差别巨大（Côté，2006）。例如，以持久的、非线性方式发展的大学生，现在比上一代大大增多，他们在做出职业选择的过程中转换专业，半工半读，或暂时中断学业去工作或旅行，之后再上学。大约 1/3 的北美大学毕业生继续攻读研究生，用几年时间来确定职业方向（Statistics Canada，2003f；U. S. Department of Education，2005b）。

社会文化的巨大变化可以解释近年来出现的青少年期和成年期之间的巨大而复杂的差距。首先，进入许多领域都要求具备比过去更高的教育水平，促使年轻人努力使自己的身份证记录号上的教育程度更高些。其次，经济富足、居民长寿的国家没有迫切需要年轻劳动力的压力。这使得 18～25 岁的年轻人在这一“延缓期”比较自由。最后，全球化——国与国之间思想、信息、贸易、移民的交流——促进了成年初显期的传播（Arnett，2000，2006）。发达国家与发展中国家间的联系促进了经济发展，增强了人们对发生在世界各地的事件、生活方式和实践活动的关注。

在工业化国家，大多数年轻人可以利用这段时间来丰富阅历，做自己感兴趣的事情。但是，对低社会经济地位的许多年轻人来说，他们承担着做父母的责任，中学没毕业，大学没考上，又没有钱接受职业培训，他们的成年初显期很短或根本不存在。这些年轻人面临的不是充满活力和个人能力的充实，而是一个“挣扎期”，他们不得不在失业、找不到出路和低薪酬工作之间徘徊（Cohen et al.，2003；Eccles et al.，2003）。

在成年初显期的探索中，年轻人常常在人际关系、教育、工作中遇到不确定和令人失望的事情需要去适应，有时候会根本改变他们的生活轨迹。他们精力充沛的探索常常会增大早期风险，包括性病、致瘾物滥用、飙车行为和严重的心理压力。但是在家庭、社区、社会的帮助下，大多数年轻人都能应对压力，战胜这一时期的挑战。 431

第一部分 生理发展

《伯克毕生发展心理学：从 0 岁到青少年》讲过，在儿童期和青少年期，身体长得更高大强壮，协调能力增强，感知系统也能更有效地收集信息。一旦身体结构的能力和效率达到极值，**生物学老化**（biological aging）或**衰老**（senescence）就开始了，它是在基因影响下的器官和系统的机能衰退，在人类所有成员身上普遍存在（Cristofalo et al.，1999）。但是，就像身体发育一样，生物学老化是不同步的（见《伯克毕生发展心理学：从 0 岁到青少年》第 7 章）。身体各部分变化的差异很大，个体差异也很大，毕生发展观有助于我们理解这种差异。许多背景因素，包括每个人独特的基因结构、生活方式、生活环境以及历史时期，都影响着生物学老化，其中每一个因素都能加速或减缓由年龄导致的衰退（Arking，1991）。因而，成年期的身体变化确实是多维度、多方向的（见《伯克毕生发展心理学：从 0 岁到青少年》第 1 章）。

下面，我们将考察生物学老化过程。然后讨论成年早期的生理和运动能力的变化。其中一个要点是，生物学老化并非一成不变。它可以通过对行为和环境的干预得到实质性的改变。20 世纪营养状况、医疗条件、公共卫生和安全的改善，使工业化国家的平均期望寿命增加了 25 到 30 年（见《伯克毕生发展心理学：从 0 岁到青少年》第 1 章）。在第 5 章我们还要深入讨论这一问题。

脱离了父母管束但是还没有进入成人角色，当代18～25 岁的人正在经历着被称为成年初显期的阶段，这一阶段使他们能够自由参与最丰富多彩的活动。

一、生物学老化已经在成年早期开始

在一次校际锦标赛上，莎丽丝在运动场上飞奔了几个小时，跳起来去抓飞盘。二十出头时，她的体力、耐力、感觉灵敏性和免疫系统的反应性都达到了顶峰。但是，在接下来的20年，她会老化，到她进入成年中晚期时，将出现更多的明显衰退。

生物学老化是许多因素综合作用的结果，有些属于DNA水平，有些在细胞水平，还有一些在组织、器官和整个机体水平。解释这一现象的理论多达几百种，表明我们的理解仍处于初级阶段（Cristofalo et al.，1999）。有一种比较流行的观点——“磨损”理论（the “wear-and-tear” theory）——认为，身体由于使用而磨损。但是身体结构和机器零部件不同，身体磨损的部分通常能自行替代或修复。而且，体力劳动和早亡之间并无相关。相反，有规律的、中等强度以上的运动可以预测社会经济地位和种族迥异的人们更健康、更长久地生活（Cockerham et al.，2004；Stessman et al.，2005）。现在，我们对这种“磨损”理论还所知甚少。

1. DNA和细胞水平上的老化

当前，在DNA水平和细胞水平上对生物学老化的解释有两种类型：一是强调特定基因的编程效应；二是强调破坏基因和细胞物质的随机事件的累积效应。两种观点都有证据，把二者加以整合可能是更正确的。

对血缘关系的研究在某种程度上支持了基因编程影响老化的理论，这些研究发现，寿命具有家族遗传性。父母都长寿的人，其寿命通常也较长，同卵双生子比异卵双生子的寿命更接近。但是，寿命的遗传力（heritability）并不大，在死亡年龄上是0.15～0.25，在当前生物学年龄的各种测量，诸如握力、肺活量、血压和骨密度等方面分别达到0.27～0.57（Karasik et al.，2005；Kerber et al.，2001；Mitchell et al.，2001）。长寿并不是直接遗传的，人们很可能是遗传了一种或多种威胁健康的因素，并影响到死亡的早晚。

有一种“基因编程”理论指出，人体具有“老化”基因，它们控制着相应的生物学变化，如绝经，头发变白，身体细胞退化。支持这种观点的最有力证据表明，在实验室分裂的人体细胞，在其生命全程中，可以进行50±10次分裂（Hayflick，1965，1998）。每复制一次，细胞中的一种DNA，染色体末端的端粒就会变短，直到细胞不 432
能再复制。端粒变短是一种抵制体细胞突变（诸如癌细胞）的方式，在细胞复制时端粒更有可能变短（Wright & Shay，2005）。但是，老化细胞（有短端粒的细胞）的增加也是老年病和机能丧失的原因（Nakashima et al.，2004）。

父母寿命长的人更可能长寿。但是遗传并不是寿命的唯一影响因素。就像这位奶奶给她的孙子树立了榜样一样，保持苗条和健康的身材，用享受生活来缓解压力也是有作用的。

根据另一种观点，即“随机事件”理论，由于自发的变异或外因导致的变异，身体细胞内的DNA逐渐遭到破坏。随着这种变异的增多，细胞修复和替代的有效性越来越低，或产生异常的癌细胞。动物研究证实，随着年龄增长，DNA越来越被破坏和削减，并伤害到其他细胞质。人类也有类似的证据（Wei & Lee，2002）。

随年龄增长，DNA和细胞异常的一个原因可能是自然产生的**自由基**（free radicals）的释放，这些在有氧环境中形成的化学物质具有高度的反应性（辐射、污染物和药物都能引发类似反应）。当细胞内的氧分子分解时，化学反应就会去掉一个电子，产生自由基。当它从周围环境中寻求替代物时，就会破坏附近的细胞质，包括细胞赖以发挥机能的DNA、蛋白质和脂肪。自由基被认为是影响60多种老年病的因素，包括心血管病、神经性紊乱、癌症、白内障和关节炎（Miguel，2001；Poon et al.，2004）。虽然我们的身体能够产生中和自由基的物质，但它仍有危害，并且随着时间延长具有累积效应。

一些研究者认为，长寿基因是通过抵制自由基而发挥作用的。由此，基因编程反应可以限制随机发生的DNA和细胞的恶化。富含维生素C、E和β-胡萝卜素的食物可以预防自由基的破坏，这是改善饮食有助于延长寿命的一个原因（Harman，2003）。

2. 器官和组织水平上的老化

上述DNA和细胞恶化会对器官和组织的结构产生怎样的影响呢？存在多种可能。其中具有明确支持的学说是**交联衰老理论**（cross-linkage theory of aging）。随着时间推移，构成身体联结组织的蛋白质物质相互联系或联结。当这些正常分离的纤维交叉联结时，组织的弹性就会降低，产生许多消极后果，如皮肤和其他器官失去弹性，眼睛晶状体变模糊，动脉阻塞，肾损伤等。和其他方面的老化一样，交叉联结可由外因而减缓，例如坚持锻炼，富含维生素和低脂肪饮食（Schneider，1992；Wickens，2001）。

产生和调节激素的内分泌系统机能逐渐下降，是老化的另一形式。一个明显的例子是，女性雌激素的分泌量逐渐下降，最终绝经。由于激素影响着许多身体机能，内分泌系统的衰退对健康和生存状况影响广泛。关于激素对老化的影响的研究表明，肌肉和骨量减少、身体脂肪增加、皮肤松弛、心血管机能下降都与生长激素（GH）的逐渐减少有关。对生长激素异常低的成年人来说，激素疗法可以缓解这些症状，但是有严重的副作用，例如，可增大液体在组织中滞留、肌肉疼痛和癌症的风险（Harman & Blackman，2004；Toogood，2004）。到目前为止，恰当饮食和身体活动是减缓内分泌系统老化的较安全的方式。

此外，免疫机能下降也导致了多种老化，包括增加了对传染病、癌症、导致心血管病的血管壁病变的易感性。免疫系统反应能力的下降似乎是由基因编程的，但其他老化过程（如内分泌系统的衰退）可使其加剧（Hawkley & Cacioppo，2004；Malaguarnera et al.，2001）。当前，我们需要更好的理论整合，包括前面提到的和未提及的理论，来解释生物学老化过程的复杂性。下面介绍老化过程中出现的身体迹象和其他特征。

二、身体变化

20～30岁期间，身体外貌的变化和身体机能的下降很缓慢，且大多难以察觉。其后，老化的速度加快。表1.1概括了因老化而出现的身体变化。本章先分析几种情况，其他的在以后章节进行讨论。首先需要指出，这些趋势主要是横断研究的结论。由于越年轻的被调查者，其保健和营养状况越好，因此横断研究可能会夸大衰老的后果。幸好，有关的追踪研究也在展开，有助于修正这些结果。

表1.1　衰老的身体变化

器官或系统	变化的年龄	具体的变化
感觉		
视觉	30岁开始	因晶状体变硬变厚而看不清近物。晶状体黄化，眼肌对瞳孔的控制力衰弱，玻璃体（充满眼球的胶质物）变浑浊，导致到达视网膜的光量减少，损害了颜色辨别力和夜视能力。视敏度和细小物体辨别力在70～80岁间迅速下降。
听觉	30岁开始	对声音，尤其是高频音的敏感度下降，并逐渐扩展到对各种频率的声音。男性的下降速度是女性的两倍多。
味觉	60岁开始	对四种基本味道：甜、咸、酸、苦的敏感性降低。由于味蕾的数量和分布并未发生变化，因此这种变化可能由老化之外的其他因素导致。
嗅觉	60岁开始	嗅觉感受器的减少降低了察觉和辨别气味的能力。

续前表

器官或系统	变化的年龄	具体的变化
触觉	逐渐	触觉感受器的减少降低了手，尤其是指尖的敏感性。
心血管系统	逐渐	心肌逐渐变硬，导致最大心率降低，运动时心脏对身体的供氧力降低。动脉壁硬化，有害物质堆积，输送到体细胞的血流量减少。
呼吸系统	逐渐	身体运动时，呼吸能力下降，呼吸频率增高。肺部联结组织和胸肌硬化使左右肺叶不能充分扩张。
免疫系统	逐渐	胸腺皱缩妨碍了 T 细胞成熟和 B 细胞的抗病能力，损害了免役反应能力。
肌肉	逐渐	随着刺激性神经细胞的死亡，快速伸缩性肌肉纤维（掌管速度和爆发力）的数量和体积都比慢速伸缩性肌肉纤维（掌管耐力）减小更快。肌腱和韧带（传递肌肉动作）变硬，降低了运动速度和灵活性。
骨骼	始于 40 岁前，50 多岁加速，70 岁后速度减慢	关节软骨密度变小，出现裂缝，使下方骨末端不断磨损。增生的细胞在骨骼外层逐渐堆积，骨骼的矿物质含量降低。使骨骼变得粗大而稀疏，骨架衰弱，容易骨折。女性比男性老化更快。
生殖系统	女 35 岁后、男 40 岁后加速衰退	出现生育问题（不能怀孕和满期分娩），生下带有染色体疾病婴儿的危险提高。
神经细胞	50 岁开始	脑重逐渐减轻，原因是皮层神经细胞失水和脑内空间加大。新突触和少量新神经细胞的形成可部分弥补脑重的减轻。
皮肤	逐渐	表皮与真皮结合不再紧密，真皮和内皮纤维变细，真皮细胞的脂肪减少，导致皮肤松弛、失去弹性和多皱。女性的皮肤变化比男性快。
头发	35 岁开始	变得灰白而稀疏。
身高	50 岁开始	骨骼力量的下降使椎间盘塌缩，使身高在 70～80 岁时下降 5 厘米。
体重	50 岁前增加；60 岁后减轻	体重变化由脂肪增多、肌肉和骨骼矿物质减少所致。由于肌肉和骨骼比脂肪重，导致体重先增后降。体内脂肪在躯干上累积，四肢脂肪减少。

资料来源：Arking，1998；Whalley，2001；Whitbourne，1996.

1. 心血管系统和呼吸系统

434 在研究生院的第一个月，莎丽丝钻研了几篇有关心血管机能的研究报告。在她的非洲裔大家庭中，她的父亲、一个叔叔和三个姑姑都是在四五十岁时死于心脏病突发。这些悲剧使莎丽丝对自己的健康有些担忧，促使她反思自己与健康有关的行为，进入公共卫生领域，希望能找到解决美国黑人健康问题的方法。美国黑人的高血压发病率比白人高 12%；心脏病的死亡率要高出 28%（American Heart Association，2006a）。

莎丽丝在阅读资料时不无惊奇地发现，心脏随着年龄发生的变化并没有人们预料得那么大。心脏病是整个成年期死亡的一个主要原因，美国 20～34 岁成年男性死亡的 11%和女性死亡的 6%是由心脏病导致的，这一比率在 35～45 岁期间增加两倍多，并随着年龄增长持续增高。对健康人而言，心脏在特定条件下向机体供氧的能力（可用与心脏供血量有关的心率来衡量）在成年期并没有很大变化。只是在高负荷运动中，心脏机能才会随年龄而降低。这种变化是由最大心率下降和心肌变硬导致的。结果，在活动量较大时，心脏难以将足够的氧气输送到全身各处，并在疲劳时快速恢复（Haywood & Getchell，2001）。

心血管系统最严重的疾病是动脉硬化（atherosclerosis），该病发作时，胆固醇和脂肪等有害物质在大动脉壁上严重堆积。这种病常常在生命早期就开始，在中年期发展，最终表现为严重疾病。动脉硬化是由多种因素导致的，人们很难把生物学老化的影响与个人的遗传和环境条件区分开来。动物研究揭示了该病病因的复杂性，研究表明，在发情期前，高脂肪的饮食在动脉壁上只产生脂肪条纹（Olson，2000）。但是，对性成熟的成年动物，它可导致严重的动脉血管壁内的脂肪沉积，这表明，性激素可能加大高脂肪饮食的危害。

自 20 世纪中期以来，心脏病的发病率有很大下降。过去 20 年下降幅度更大，原因是患病者减少吸烟，改善饮食，适当锻炼，对高血压和胆固醇的检测和治疗技术更高（American Heart Association，2006a)。对芝加哥地区17 000多名18～39岁的人的追踪研究显示，不易患心脏病的年轻成人往往不吸烟，没有糖尿病，胆固醇、血压和体重正常，这些人比易患心脏病的同龄人，在以后30 年中的死亡率低得多（Daviglus et al.，2004；Stamler et al.，1999）。在后面考察健康状况时，我们会知道，为什么莎丽丝家族患心脏病的人那么多，为什么心脏病在非洲裔族群中发病率特别高。

和心脏一样，随着年龄增长，在安静状态下肺机能的变化也不大，但是在从事繁重体力劳动时，随着年龄增长，单位时间呼吸容量下降，而呼吸频率增加。25 岁以后，最大肺活量(肺能够呼出和吸进的空气量）每 10 年下降 10%(Mahanraner al.，1999)。肺内的联结组织、胸肌和肋肌随年龄增长都会变硬，这使肺叶难以充分舒张（Haywood & Getchell，2001）。幸好，正常情况下，我们只使用不到一半的肺活量。虽然如此，肺的老化也会使老年人在锻炼时难以满足身体对氧的需求。

2. 运动能力

在身体有负荷条件下心肺机能的下降，连同肌肉机能的逐渐下降，共同导致了运动能力的下降。对一般人来说，生物学老化对运动能力的影响很难与运动动机和实际运动的减少分开。研究者考察了那些在现实生活中努力保持最佳运动成绩的优秀运动员（Tanaka & Seals，2003)，结果发现，只要运动员持续进行高强度训练，他们在每个年龄阶段的成绩都会接近生物学极限。

许多运动技能在 20 到 35 岁之间达到顶峰，随后逐渐下降。有几项研究统计了各体育项目的奥林匹克运动员和专业运动员取得最佳成绩的平均年龄。在过去一个世纪中，许多竞赛的绝对成绩都提高了。运动员不断创造新的世界纪录，这标志着训练方法的改进。但是，表现出最佳成绩的年龄却相
435 对稳定。需要较高的四肢运动速度、爆发力和身体协调力的项目，如短跑、跳跃和网球，其成绩都在20 多岁初期达到顶峰。靠耐力、手臂稳定性和瞄准能力的项目，如长跑、棒球和高尔夫球，在 30 岁前后达到顶峰。由于这些技能不是需要耐力就是需要准确的动作控制能力，因此需要较长时间达到完美（Schulz & Curnow，1988）。

对优秀长跑运动员的追踪研究表明，只要坚持锻炼，从 35 岁左右一直到 60 岁前，其速度只有轻微下降。图中 318 号的老年运动员多年来一直坚持训练，他在马拉松比赛中能够与年轻运动员并驾齐驱。

对杰出运动员的研究显示，在成年早期的早段即达到运动能力的生物学上限。此后，运动能力的减退有多快？对优秀长跑运动员的追踪研究表明，只要坚持训练，从 35 岁左右直到 60 岁前，速度只有略微下降，60 岁以后加速下降（见图 1.2）（Tanaka & Higuchi，1998）。长距离游泳是一种不容易受伤又不用承担体重的项目，随着年龄增长，其速度下降更慢，直到 70 多岁，成绩才加速下降（Tanaka & Seals，1997）。

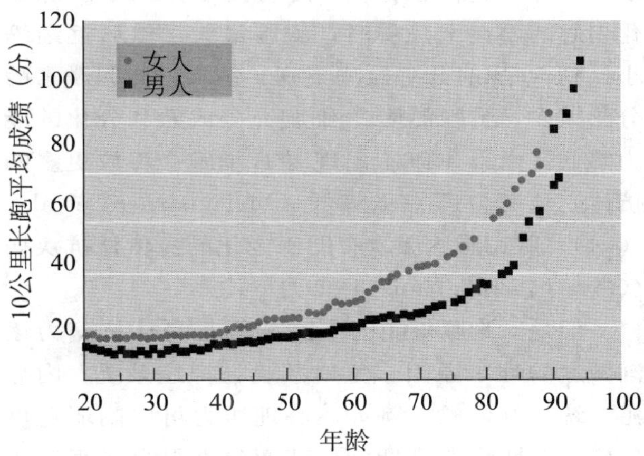

图 1.2　几百名优秀运动员在 20～90 岁期间 10 公里长跑成绩的追踪研究

35 岁左右，长跑运动员仍保持着他们的速度，从 35 岁到 60 岁前，所用时间有中度增长，60 岁以后所用时间大幅上升。

资料来源：H. Tanaka & D. R. Seals，2003，"Dynamic Exercise Performance in Master Athletes：Insight into the Effects of Primary Human Aging on Physiological Functional Capacity，" *Journal of Applied Physiology*. 5，p. 2153. 经授权引用。

坚持不懈的训练确实导致了身体结构的改善，

使运动能力得以保持。例如，积极参加体育运动的年轻人和老年人，其肺活量比身体健康但不积极参加体育运动的同龄人大 1/3（Pimentel et al.，2003；Tanaka et al.，1997）。锻炼还可减缓肌肉机能下降的速度，增加肌肉收缩的速度和力度，使快速伸缩肌纤维变成慢速伸缩肌纤维，这大大促进了长跑能力和耐力（Trappe，2001）。

总之，虽然运动技能在成年早期达到最高水平，但是在老年之前，生物学老化所能解释的运动能力随年龄下降只是很小部分。一些身体健康的人在六七十岁以后运动水平较低，主要反映了由于适应不太需要体力劳动的生活方式而导致的体能下降。

3. 免疫系统

免疫反应是体内负责抑制或破坏抗原（异物）的特异细胞的协同作用。其中有两种白细胞起关键作用。在骨髓中产生、在胸腺（位于胸部上方的小腺体）中发育成熟的 T 细胞可以直接破坏抗原。骨髓制造的 B 细胞将抗体分泌到血液中，负责繁殖并俘获抗原，再由血液来破坏抗原。由于这两种细胞表面的受体只能识别单个抗原，因此 T 细胞和 B 细胞的数量很大。它们与其他细胞一起产生免疫力。

免疫系统的抗病能力在青少年期提高，20 岁以后下降。这种趋势在一定程度上是由于胸腺变化引起的，在十几岁时，胸腺最大，然后逐渐缩小，到 50 岁时几乎检测不到。结果，胸腺激素的分泌减少，胸腺促使 T 细胞充分成熟和分化的能力降低。由于 T 细胞出现时 B 细胞会释放更多的抗体，免疫力进一步降低（Malaguarnera et al.，2001）。服用胸腺激素有助于老化的身体抵抗疾病（Goya & Bolognani，1999）。

但是，胸腺机能的下降并不是身体抗病力逐渐减退的唯一原因。免疫系统与神经系统、内分泌系统相互影响。例如，心理压力可以削弱免疫反应。在期终考试期间，莎丽丝觉得自己很容易感冒。在父亲去世后的那个月，她患了流感，而且很难康复。离婚，照顾年迈多病的父母，缺乏睡眠，长期抑郁，这些都会降低免疫力（Hamer，Wolvers & Albers，2004；Robles & Kiecolt-Glaser，2003）。生理压力——源自污染、过敏原、营养不良和住房条件差——在成年期也会破坏免疫机能。当生理压力和心理压力结合起来时，患病的风险就会增大（Friedman & Lawrence，2002）。

如果说应激激素激发了身体活动，而免疫反应又因活动减少而被促进，那么压力和疾病之间的联系就很重要了。但是，这又意味着，应对生理和心理压力的难度增大，会导致免疫系统的机能随年龄增长而降低。

4. 生育能力

莎丽丝出生时，她的妈妈刚二十出头。一代人之后，也是在这个年龄，莎丽丝还单身一人，436
正在研究生院就读。许多人认为，在 20 多岁时怀孕是理想的，这不仅因为流产和孩子患染色体疾病的危险较低（见《伯克毕生发展心理学：从 0 岁到青少年》第 2 章），而且因为较年轻的父母更有精力照看活泼好动的孩子。但是，如图 1.3 所示，在过去 20 年中，30 岁以后生育第一胎的女性大大增多。许多人把生孩子一直推迟到完成学业、工作稳定并且确认自己有能力养育一个孩子之后。

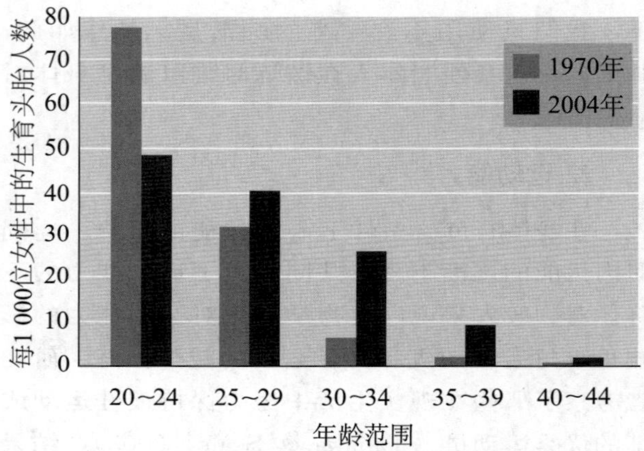

图 1.3 在 1970 年和 2004 年不同年龄的美国女性生育头胎的年龄分布

从 1970 年到 2004 年，20～24 岁的女性出生率降低，但是 25 岁及以上女性的出生率增加。30 岁女性的出生率翻了一番还多。加拿大和其他工业化国家也有相同趋势。

资料来源：U. S. Department of Health and Human Services，2005b.

但是，生育能力确实随年龄增长而下降。从 15 岁到 50 岁，女性的生育问题不断增加。在15～29 岁之间，8%的被调查女性有生育困难；在30～34 岁之间，该数字上升到了 14%；在 35～44 岁之间，该数字上升到 18%，这一时期正常生育的能力迅速下降（见《伯克毕生发展心理学：从 0 岁到青少年》第 2 章）（U. S. Department of Health and Human Services，2005e）。既然 40 岁前后子宫并没有出现明显退化，女性生育力的下降就主要因为卵子数量和质量的下降。许多动物，包括人类，具备一定量的卵子储备是怀孕所必需的。一些女性月经正常但不能怀孕，因为她们的卵子储备太少，这是女性随年龄增长生育力下降的主因（Baird et al.，2005）。

男性 40 岁以后，精子数量、精液浓度和精子活动性逐渐降低，这是年龄较大的男性生育力下降的原因（Kühnert & Nieschlag，2004）。虽然在成年期的什么年龄生孩子没有最好的答案，但直到 40 岁前后才生孩子的人，生的孩子比他们想生的要少，或者干脆没有孩子。

思考题

复习　文化的哪些变化导致了成年初显期的出现？

应用　佩妮是大学田径队的长跑运动员，她想知道 30 年后她的长跑成绩会怎样。哪些因素会影响佩妮将来的运动能力？

联结　遗传和环境是如何共同作用于心血管系统、呼吸系统和免疫系统，使它们的机能随着年龄增长而变化的？

反思　在学习本章之前，你是否想过把成年早期作为一个老化的阶段？为什么年轻人了解影响生物学老化的因素很重要？

三、健康与健身

图 1.4 显示了在美国和加拿大导致成年早期死亡的主要原因。可以看到，加拿大所有类型的死亡率都比美国低。毫无疑问，这是各种因素综合作用导致的差异，包括加拿大较低的贫困率和重度肥胖率、严格的枪支管控政策、全民福利、政府承担医疗保险等等（Torrey & Haub，2004）。在后面章节我们还要讲到，因意外伤害（主要是交通事故）和凶杀的所导致的死亡率随年龄的增加而减少，而因疾病和身体能力缺失导致的死亡率则随年龄增加而增加。生物学老化显然促成了这种趋势。但是，身体变化有很大的个体和群体差异，这些差异与环境中的危险因素及与健康有关的行为相联系。

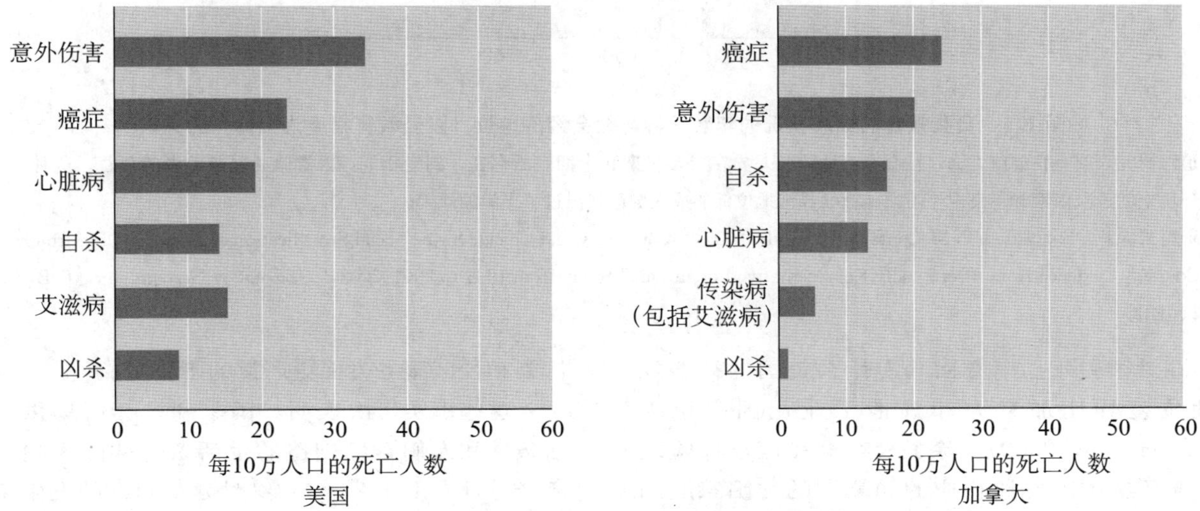

图 1.4　美国人和加拿大人 25～44 岁之间死亡的主要原因

许多因素的综合作用使加拿大的死亡率较低。这些因素包括加拿大较低的贫困率和重度肥胖率、严格的枪支管控政策以及全民医疗保险等。

资料来源：Statistics Canada，2002d；Torrey & Haub，2004；U.S. Census Bureau，2006b.

不同社会经济地位的人在一生健康状况上的差异反映了这些影响。收入、教育和职业状况几乎与每一种疾病和健康指标都有密切而稳定的相关（Adler & Newman，2002；Alwin & Wray，2005）。研究者询问代表性样本中3 600名美国人“日常生活中哪些因素影响健康”，结果显示，社会经济地位的差异在成年早期和中期普遍存在，但是到老年期，因为健康状况最差的人已经死亡，这种差异减小（见图1.5）（House，Lantz & Herd，2005）。追踪研究证实了这种趋势，经济条件较好、受过良好教育的人在成年生活的大部分时间段，常常保持着良好的健康状况，而收入和受教育程度较低的人，其健康状况则随年龄增长而稳定下降（Lantz et al.，1998，2001）。这主要是由于，社会经济地位的差异对卫生环境和卫生习惯，包括压力生活事件、拥挤的住房、污染、饮食、锻炼、超重和肥胖、致瘾物滥用、获得社会支持的可能性以及（在美国）医疗保健等有很大影响 437 (Evans & Kantrowitz，2002；Wray，Alwin & McCammon，2005）。此外，社会经济地位低的人们在儿童时期健康状况一般较差，也会影响成年后的健康。如果成年之后社会经济地位提高，儿时不良因素的影响会减弱。但是，在多数情况下，儿童和成人的社会经济保持得相当稳定，随着年龄增长，这种累积效应会使社会经济地位和健康的差异加大(Dannefer，2003；Luo & Waite，2005)。

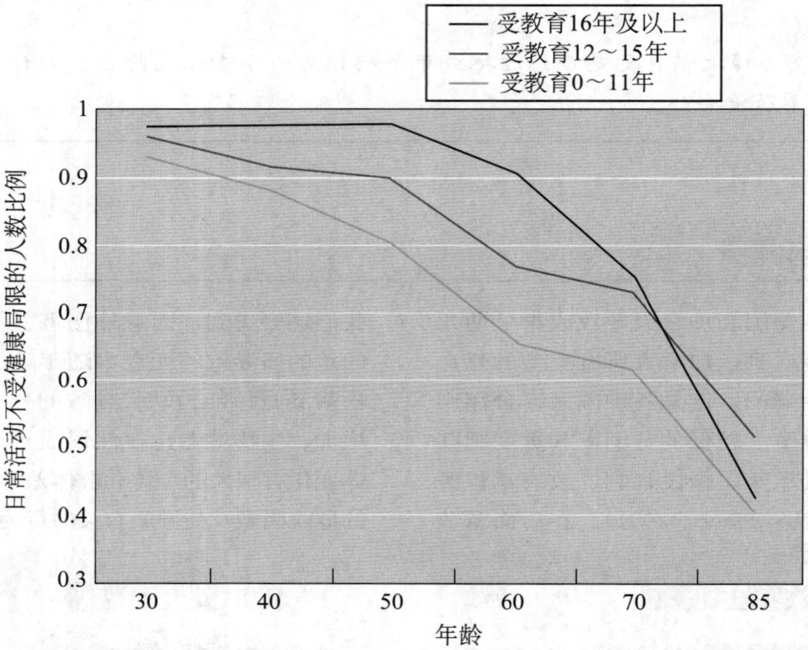

图1.5　自我报告的健康状况的年龄差异与社会经济地位（以受教育程度为指标）的关系

追踪研究表明，在健康方面，社会经济地位的差异在成年早期和中期广泛存在，到老年期，因健康状况最差者的死亡，这种差异减小。环境中的危险因素和不良卫生习惯是社会经济地位低的成人健康状况过早下滑的原因。

资料来源：J. S. House，P. M. Lantz & P. Herd，2005，“Continuity and Change in the Social Stratification of Aging and Health Over the Life Course：Evidence from a Nationally Representative Longitudinal Study from 1986 to 2001/2002，” *Journal of Gerontology*，60B，p. 16. 经授权引用。

在健康和死亡率方面，为什么美国的社会经济地位差异比加拿大和其他工业化国家更大(Mackenbach，2002)？除了没有全民医疗保险之外，美国贫困家庭比相应的加拿大的贫困家庭的收入更低。在美国各大城市，低社会经济地位的族群比加拿大的低社会经济地位族群更容易受到邻居的排斥，导致在关乎健康的环境，如住房、污染和社区服务方面更严重的不公平。

这些事实再次表明，国家和社会所提供的生活条件和人们自己创造的生活条件共同影响人的衰老过程。由于20～30岁时健康问题的发生率比随后几十年低得多，所以，成年早期是预防后来 438 健康问题的最佳时期。下面，我们将讨论几个主要的健康问题——营养、锻炼、致瘾物滥用、性行为和心理压力。

1. 营养

由于铺天盖地般的广告宣传和五花八门的食品选择余地，人们发现，做出明智的饮食决策越来越难。丰富的食品和紧张的生活节奏意味着，多数北美人之所以吃东西，是因为他们喜欢吃，或者因为该吃饭了你就得吃，而不是为了维持身体机能（Donatelle，2004）。结果，许多人所吃的食物种类和数量很不恰当。超重、肥胖和高脂肪饮食成为对成年期健康具有长期不良影响的、普遍存在的营养问题。

（1）超重和肥胖

在许多西方国家，肥胖（超出平均体重 20%，平均体重是基于年龄、性别和体格标准计算出来的）问题剧增。目前，31%的美国成人和 23%的加拿大成人肥胖，西班牙裔成人的这一数字则达到 34%，加拿大原住民成年人 38%，非洲裔美国成年人和美国原住民 40%。在美国和西欧，女性比男性肥胖的比例高出 5%～7%。在加拿大，两性的肥胖比例相当（Tjepkema，2005；U. S. Department of Health and Human Services，2005o）。

超重是一种不如肥胖严重，但也属不健康的状态，它影响着另外 34%的美国人和 36%的加拿大人。把超重和肥胖的比率相加，在美国人中所占比例是 65%，因此美国人是世界上最重的人，加拿大占 59%，也不逊色。肥胖儿童成年后很可能也肥胖（见《伯克毕生发展心理学：从 0 岁到青少年》）。但是，相当多的人是成年期增重的，大多数是在 25～40 岁之间。已经超重或肥胖的年轻人会更胖，导致肥胖比例在 20 和 60 岁之间稳步增长（Tjepkema，2005；U. S. Department of Health and Human Services，2005o）。

1）原因和结果

遗传使一些人比别人更容易肥胖（见《伯克毕生发展心理学：从 0 岁到青少年》）。但是，环境也促使工业化国家的肥胖率不断上升：随着家庭和工作岗位需要的体力劳动逐渐减少，人们在生活中坐着的时间越来越久。另外，北美人消耗的总热能以及糖和脂肪的总量在 20 世纪大部分时间是增加的，70 年代后迅速增长（见本节的专栏“毕生发展观”）。

25～50 岁之间的体重增加是老化的正常现象，因为**基础代谢率**（basal metabolic rate，BMR），即身体在完全放松状态下所消耗的能量随着活性肌肉细胞（它们对能量的需求最大）的减少而逐渐减少。但是，体重过重和严重的健康问题密切相关，包括高血压、循环系统病症、动脉硬化、中风、成年期发作的糖尿病、肝胆疾病、关节炎、睡眠和消化机能紊乱，以及大多数的癌症，并可导致早亡（Calle et al.，2003）。此外，肥胖的成人会受到社会歧视。与正常体重的同龄人相比，他们找到伴侣、租到公寓、得到大学资助以及找到工作的可能性要小一些。他们报告说自己常常不能受到家人、同伴、同事、健康护理人员的善待（Carr & Friedman，2005；Rogge，Greenwald & Golden，2004）。

平衡而低脂的饮食会增强身心健康，有助于保持正常体重。这些年轻人喜欢诱人而可口的带有新鲜蔬菜的饭。

2）治疗

因为成年早期和中期的肥胖症增多，所以对成人的治疗应当尽早下手，最好在二十出头开始。即使是中度的减肥也会显著减少健康问题（Orzano & Scott，2004）。但是，成功干预肥胖问题是困难的。许多参加减肥的人，在两年内恢复如初，甚至更重（Vogels，Diepvens & Westerterp-Plantenga，2005）。减肥不容易成功，在一定程度上是因为，人们对肥胖怎样损害维持体重正常的神经、激素和新陈代谢机能缺乏了解。研究者正在查明与成功减肥有关的个体特征和治疗特点，以获取更多的信息。下面这些因素有利于行为的持久变化。

- 低热量、低脂肪的平衡饮食加锻炼。为了减肥，莎丽丝在饮食中大量地减少热量、糖分和脂肪，并进行有规律的锻炼。蛋白质、碳水化合物和脂肪如何加以平衡才有助于成人减肥，是一件有争议的事情。各种饮食书籍有不同的建议，但是还没有明确证据表明哪一种方法是长期有效

的（Tsai & Wadden，2005）。研究证实，有限度
439 地减少摄入的热量和脂肪（不超过应摄入热量的20%～30%），增加体育锻炼，确能降低超重的遗传倾向（Avenell et al.，2004）。另外，锻炼对身体和心理也很有好处，它有助于防止过度饮食。但是，在美国的肥胖成年人中，医生建议他们控制饮食和参加锻炼的不到一半（Mokdad et al.，2001）。

● 参加减肥训练者准确记录其餐食。约30%～35%的肥胖者觉得自己吃的东西比他们实际吃的东西少，25%～45%的人报告自己有暴饮暴食问题（Wadden & Foster，2000）。当莎丽丝意识到自己不饿时吃东西的频率有多高之后，她在限制自己的摄入量方面做得就好些了。

● 社会支持。群体或个体咨询、朋友和亲戚的鼓励都有助于增强减肥者的自信（Johnson，2002）。莎丽丝一旦决定在家人和减肥顾问的支持下进行减肥，她的自我感觉转好，连走路和神态都变了，这些改变甚至发生在一斤体重都没减下去之前。

● 教给解决问题的技能。在认知和行为方面学会应对食物诱惑和进步缓慢的策略，与体重的长期变化有关。与放弃减肥者相比，坚持减肥者能更清楚地了解自己的行为，利用社会支持，直接面对问题（Cooper & Fairburn，2002）。

● 长期干预。长期采用上述方法进行治疗（25～40周），使减肥者慢慢养成新习惯。

许多通过饮食减肥的北美人体重仍然超标，但还是有大约1/3的人体重恢复正常（Mokdad et al.，2001）。《伯克毕生发展心理学：从0岁到青少年》第11章曾讲过，对苗条身材的崇尚带来了对合意体重的不切实际的追求，导致了厌食症、贪食症，危险的饮食障碍在成年早期仍然很普遍。抱着过于苛刻的目标进行减肥的超重者更可能恢复到原来的体重。体重正常的减肥者常常患有"饥饿综合征"，表现为抑郁、焦虑、虚弱和贪食。既不过重也不过轻的理想体重可以预测生理和心理的健康及较长的寿命。成年期体重过轻和过重都与高死亡率相关（Flegal et al.，2005）。

（2）饮食中的脂肪

莎丽丝进入大学后，改变了儿童青少年时的饮食习惯，大量减少红肉、蛋、黄油和油炸食品。虽然公益部门宣称，高脂肪饮食对健康有害，导致北美成年人的脂肪摄入量有轻微下降，但是仍有60%的成年人吃过量的脂肪。美国和加拿大的饮食建议是，把脂肪摄入量减少到热能总量的30%，其中饱和脂肪不超过10%（Health Canada，1999；U. S. Department of Health and Human Services，2005h）。许多研究者认为，摄入脂肪对乳腺癌有一定影响，并且（若同时摄入大量红肉）与结肠癌有关（Binukumar & Mathew，2005；Kono，2004）。但是，限制脂肪摄入量的主要原因是，脂肪总量与肥胖密切相关，饱和脂肪和心血管病密切相关。

脂肪是一种碳氢化合物。饱和脂肪多来自肉类和奶制品，室温下呈固态，含有在化学上能够容纳的最多的氢原子。大多数液态植物油都是不饱和脂肪，没有包含最多的氢原子。

摄入适度的脂肪对于身体机能的正常发挥是必要的。但是，如果摄入太多，尤其是摄入的饱和脂肪过多，其中的一部分就转化成胆固醇，在动脉硬化患者的动脉壁上堆积起来。本章前面指出，动脉硬化症是由多种生物学因素和环境因素共同造成的。但是，脂肪摄入过多（与其他的社会条件一起）是美国黑人心脏病发病率高的原因。研究者比较了西非人、加勒比非洲裔和美国非洲裔（这三个地区代表了历史上买卖奴隶的路径），发现，摄入的脂肪量增加，患高血压和心脏病的概率也增加（见图1.6）。西非人本来是世界上心脏病发病率最低的人群之一。

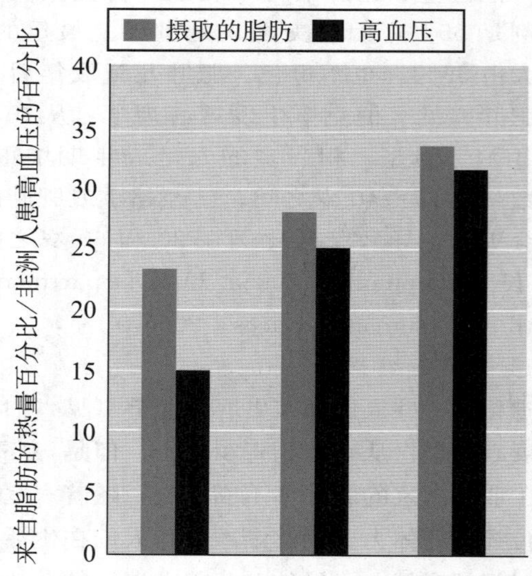

图1.6 西非人、加勒比非洲裔和美国非洲裔的脂肪摄入量与患高血压的情况

这三个地区代表了历史上买卖奴隶的路径，因此具有遗传相似性。随着脂肪摄入量的增加，高血压和心脏病的发病率增高，这两种病的患病率在非洲裔美国人中都相当高。

资料来源：Luke et al.，2001.

441 最好的经验性的方法是减少摄入各种脂肪，尽可能食用不饱和脂肪而非饱和脂肪。此外，有规律的锻炼可以降低摄入脂肪的有害影响，因为锻炼产生的化学物质有助于将胆固醇排到体外。

专栏　**毕生发展观**

肥胖盛行：美国人怎样成为世界上最重的人

20 世纪 80 年代末，肥胖在美国开始剧增。图 1.7 显示了它是多么迅速地席卷全国的。肥胖盛行也传到了别的西方国家，包括加拿大，那里（和美国一样）大多数的成年人不是超重就是肥胖。但是这种威胁生命的流行没有国家能与美国匹敌。

饮食环境与生活方式的变化　以下社会因素助长了范围广泛的体重剧增：

- **便宜的脂肪和糖类食品的作用**。20 世纪 70 年代，美国的食品经济有两大变化：一是高果糖玉米酱，一种比一般的糖甜 6 倍而且便宜得多的甜品的发明和大量生产；二是从马来群岛进口大量的棕榈油，它比别的植物油更便宜，因其饱和脂肪的含量高也更好吃。随着食品制造商用玉米酱和棕榈油来生产软饮料和高热量的廉价食品（这些产品的成本低，种类繁多），“便宜、丰富、可口的卡路里”的新纪元到来了（Critser，2003）。

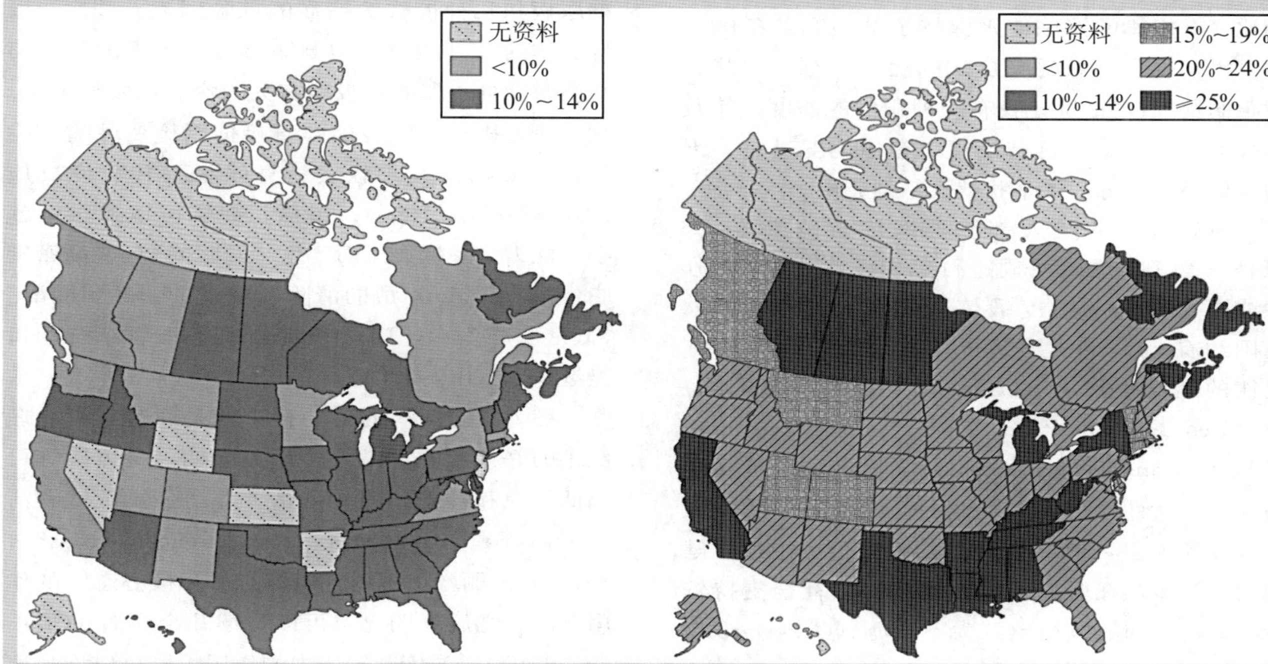

1990　　　　2004

图 1.7　1990 年和 2004 年美国和加拿大成人的肥胖趋势

上述地图表明两个国家的肥胖增长迅速，美国的增长更快。

资料来源：Health Canada，2005d；Mokdad et al.，2001；U. S. Department of Health and Human Services，2004c.

- **分量超大**。快餐连锁店发现了一个吸引顾客的好办法：充分增加分量，对那些生产成本较低的食品，价格只贵一点点。顾客趋之若鹜地来买“超值食品”：大块的汉堡和玉米煎饼、“以英尺计”的比萨、600 克一大杯的可乐（Critser，2003）。研究表明，大分量的出现使人们在两年或更长时间内，食物的平均摄入量增加了 25%～30%（Fisher，Rolls & Birch，2003；Rolls，Morris & Roe，2002）。
- **生活节奏加快**。20 世纪 70—90 年代间，女性劳动力达到最高纪录，北美人的平均工作时间延长了 15%，一年大约增加 350 个小时（Higgins & Duxbury，2002；Schor，2002）。由于时间紧迫，人们在外面吃饭的次数增加。此外，超市里卖的高热量快餐食品越来越多样，使北美人成了快餐食客。这一时期美国人在外面摄入的热量几乎翻了一番，饮食中的脂肪含量从 19% 增加到 38%。总之，平均每天摄入的食物的热量增加了 200 大卡——每 20 天足以增加 1 磅（Nielsen & Popkin，2003）。

- 身体锻炼减少。身体锻炼自 20 世纪 60 年代以来逐渐增多，到了 80 年代，随着北美人在久坐的工作上花费更多时间，身体锻炼开始减少。在家里，电视成了他们放松身心的主要手段——平均每天 4 个小时，这与成人和儿童的体重增加关系明显（Gore et al.，2003）。

与肥胖盛行作斗争 肥胖的代价巨大。仅在美国，它就导致每年 900 亿美元的医疗费和 30 万人早亡（Manson et al.，2004）。与肥胖作斗争不仅需要个人努力，也需要全社会共同努力。现提出以下建议：

- 政府出资支持大众健康饮食和身体锻炼教育；
- 大力支持在超重和肥胖比例最高的低收入地区建设公园和休闲中心；
- 用法律规定在餐馆、影院、便利店里出售的食品包装上注明热量、糖分和脂肪含量；
- 对高热、高糖、高脂肪的食品实行特殊的税收政策；
- 鼓励学校和工作单位倡导健康饮食和每天锻炼，并提供体重管理计划。

2. 锻炼

莎丽丝每周有三个中午在市区风景如画的一条林间小道上跑步。与长久坐着并且超重的时候相比，有规律的锻炼使她保持了健康和苗条的身材。也减少了她患呼吸疾病的次数。有一次莎丽丝跟朋友说："锻炼让我有一种积极的态度，使我平静下来。我感到自己是精力充沛地度过每一天的。如果不锻炼，下午我就会感到疲倦。"

虽然多数北美人都懂得锻炼对健康有益，但是只有 1/3 的人每周进行至少 5 次为时 20 分钟或更长时间的适度锻炼。加拿大约有 30%、美国约有 38%的人不锻炼，连短暂、轻微而有规律的运动也没有（Canadian Fitness and Lifestyle Research Institute，2002；U. S. Department of Health and Human Services，2005h）。不锻炼的人里，女性比男性多。低社会经济地位的成人不锻炼的较多，他们生活在较不安全的地方，健康问题较多，在坚持锻炼方面获得的社会支持较少，对自己的健康更感到力不从心（Grzywacz & Marks，2001；Wilson et al.，2004）。

除了减少体内脂肪、强健肌肉之外，体育锻炼还能增强对疾病的抵抗力。经常进行中等强度的锻炼，可以增强免疫系统的反应能力，降低患感冒或流感的可能性，即使真的患病，也能较快地康复（Nieman，1994）。几项持续 10～20 年的追踪研究发现，体育锻炼还有助于降低除皮肤之外的身体各部位的癌症发病率，最明显的是直肠癌和结肠癌的发病率（Albanes，Blair & Taylor，1989；Tardon et al.，2005；Wannamethee，Shaper & Macfarlane，1993）。锻炼身体的人更不易患糖尿病和心血管病（Bassuk & Manson，2005）。即使患病，他们也比不锻炼身体的同龄人患病晚并且较轻。

体育锻炼为什么有助于防止上述严重疾病？首先，它降低了肥胖的可能性——肥胖是心脏病、糖尿病和几种形式的癌症的危险因素。其次，锻炼身体的人可能有其他健康行为，因而能降低与高脂肪饮食、酗酒和吸烟有关的疾病的发病危险。动物研究表明，锻炼能够直接抑制癌变肿瘤的生长，其影响力大于饮食、身体脂肪和免疫反应（MacKinnon，1999）。最后，锻炼可以通过增强心肌能力、降低血压而产生"好胆固醇"（高密度脂蛋白，HDLs）帮助清除动脉壁的"坏胆固醇"（低密度脂蛋白，LDLs）来提高心血管系统的机能（Donatelle，2004）。

锻炼预防疾病的另一种方式是通过它对心理健康的好处实现的。许多研究表明，身体锻炼可降低焦虑和抑郁，改善心情，并增强灵敏性和活力（Mutrie & Faulkner，2004；Penedo & Dahn，2005）。莎丽丝也感到，锻炼对"积极心态"的作用在锻炼之后最明显，可以持续几个小时（Chollar，1995）。锻炼减轻压力的作用无疑可以增强疾病免疫力。由于体育锻炼增强了心理健康，所以能增强自尊心，也可提高应对压力的能力、工作 442
效率和生活满意度。

当我们把上述研究证据作一个整体考虑时，就会发现，体育锻炼和低死亡率密切相关并不奇怪。锻炼有助于长寿不能解释为不锻炼的人先前就有疾病。丹麦有人对 20～79 岁的 7 000 名健康人的代表性样本进行了几十年的追踪，结果表明，把业余时间的体育锻炼从少量增加到中等或很多的人，比那些一直不锻炼的人的死亡率低（Schnohr，Scharling & Jensen，2003）。

多大程度的锻炼才能生活得更健康、幸福和

有规律的、中度到高强度的锻炼可以预测健康和长寿。参加这个跆拳道班的人们在身体和精神健康上都有收获。

长寿呢？对以前不锻炼的人，经常进行中等强度的锻炼，例如 30 分钟的快走，对健康有好处。进行更高强度的、每次都能出汗的锻炼，能更好地预防心血管病、糖尿病、直肠癌和肥胖（Hu & Manson，2001；Yu et al.，2003）。当前，美国政府建议人们每周有 5 天以上、每天做 30 分钟中等强度的锻炼，或者每周 3 次以上、每次 20 分钟以上的高强度锻炼（如慢跑、骑山地自行车、快速游泳）（U. S. Department of Health and Human Services，2006）。加拿大的建议标准更高：每天至少锻炼 30～60 分钟，高强度时可适当减少时间（Health Canada，2003d）。

3. 致瘾物滥用

吸食致瘾物的高峰在 19～22 岁，然后在 20 岁以后的 10 年间下降。这一时期的年轻人在安心于成年期的责任之前，渴望有更多的体验，所以比其他人更容易吸烟、咀嚼烟草、吸大麻、服用兴奋剂来寻求认知或身体的刺激（U. S. Department of Health and Human Services，2005k）。酗酒、服用处方药（如盐酸羟考酮，Oxycontin，一种高致瘾止痛药）和“新型毒品”（如 LSD 和 MDMA，或摇头丸）也时常会导致悲剧发生。这些行为的风险包括脑损伤、脑机能永久性损害、意外伤害和死亡（Burgess，O'Donohoe & Gill，2000；Montoya et al.，2002）。

此外，酒精和毒品的持续摄入，会导致心理上成瘾。20％的 21～25 岁的北美人是致瘾物滥用者（Canadian Center on Substance Abuse，2004；U. S. Department of Health and Human Services，2005k）。《伯克毕生发展心理学：从 0 岁到青少年》第 11 章有讲到导致青少年对酒精和毒品滥用的因素。相同的个体和环境状况对成年状况具有预测性。吸烟和酗酒是两种最常见的致瘾物滥用行为。

（1）吸烟

关于吸烟有害的知识普及，使北美成年人的吸烟率从 1965 年的 40％降到了 2004 年美国的 25％，加拿大的 19％（Shields，2005；U. S. Department of Health and Human Services，2005k）。

但是吸烟率的降低仍然很慢，并且大多数戒烟者是大学毕业生，那些中学未毕业的人很少改变吸烟习惯。此外，虽然吸烟的男性比女性多，但是这种性别差异越来越小，这说明，中学未毕业的女性吸烟人数剧增。大学生吸烟的人数也在增加，无论性别和族裔，情况都是如此。90％多的男性烟民和 85％的女性烟民在 21 岁之前就开始吸烟（Nordstrom et al.，2000；U. S. Department of Health and Human Services，2005h）。人们开始吸烟的时间越早，每天吸烟的数量就越多，持续吸烟的可能性也越大，这是让青少年和年轻人加入预防吸烟行列的一个重要原因。

香烟烟雾中含有的尼古丁、焦油、一氧化碳和其他化学物质会对身体造成伤害。人在吸烟时，输送到各个组织的氧气减少，心跳加速，血压升高。久而久之，接触有毒物质和供氧不足会导致：视网膜损伤；皮肤异常，包括过早老化、伤口愈合慢和脱发；骨质疏松，女性卵子储量减少和过早停经；男性精子数量减少，性无能发生率提高（American Society for Reproductive Medicine，2004；Freiman et al.，2004；Thornton et al.，2005）。其他的严重后果还包括心脏病、中风、急性白血病、黑素瘤、口腔癌、咽喉癌、食道癌、肺癌、胃癌、胰腺癌、肾 443
癌和膀胱癌的患病风险增加。吸烟是工业化国家最重要，但是可预防的致死因素。每三个从年轻时开始吸烟的人中，就有一个会死于与吸烟有关的疾病（U. S. Department of Health and Human Services，2005a）。

早亡的可能性与吸烟量有关。戒烟有很大的好处，其中包括与吸烟有关的多数疾病的发病危险性在戒烟后的 3 到 8 年内恢复到非吸烟者的水平，戒烟还能使生活环境更健康。已有数百万人在没有帮助的情况下戒了烟，但是那些接受治疗或使用戒烟辅助物（例如专门设计的可降低依赖性的尼古丁口香糖、喷鼻剂或鼻罩）的烟民常常戒烟失败：一年后，其中70%～90%的烟民又恢复吸烟（Ludvig，Miner & Eisenberg，2005）。

遗憾的是，能持续较长时间或教给烟民避免出现反复的技能的治疗方案太少。有时候，个人经验或医生建议也足以促使烟民戒烟。我的父亲在二三十岁时吸烟很厉害，后来因慢性支气管炎（这在烟民中很常见）到医院治疗。医生告诉他，如果不停止吸烟，他就可能活不到孩子长大成人的时候。那天他抽了最后一支烟。父亲活到80岁，比他同龄人的平均寿命大约长了30年。

（2）饮酒

全国性调查显示，在美国和加拿大，约有13%的男性和3%的女性属于严重饮酒者（Canadian Center on Substance Abuse，2004；U. S. Department of Health and Human Services，2005k）。其中约1/3的人是酗酒者（alcoholics），他们完全不能自制。男性中的酗酒者通常在十几岁和二十出头就开始饮酒，并且在接下来的10年喝得更多。女性开始酗酒的比较晚，在二三十岁，发展过程差别较大。许多酗酒者还兼有毒品成瘾问题。大约80%的酗酒者同时也是烟鬼（John et al.，2003）。

双生子研究支持了遗传对酗酒的影响（Tsuang et al.，2001）。但是，人们是否会借酒浇愁，则受到人自身特点和环境的很大影响：因为住院治疗的酗酒者中，有一半没有酗酒的家族史（Hawkins，Catalano & Miller，1992）。不同社会经济地位和族群中都有酗酒者，但某些群体中的酗酒者多于其他群体。把酒当作宗教或仪式活动的文化中，人们酗酒的可能性较小。在酒受到严格控制、饮酒被当作成年标志的地方，形成酒精依赖的可能较大，这可在一定程度上解释，为什么大学生比没念大学的年轻人饮酒厉害（Slutske et al.，2004）。贫困和绝望也能导致酗酒（Donatelle，2004；U. S. Department of Health and Human Services，2005k）。

饮酒会抑制和损害大脑控制思想与行为的能力。对酗酒者来说，它可以在刚开始解除焦虑，但是酒劲消失后，焦虑又会出现，于是酗酒者接着饮酒。长期饮酒对身体会造成许多损害。其中最主要的是肝炎，它还与心血管病、胰腺炎、胃肠机能紊乱、骨髓病、血液病和关节病以及某些癌症有关。长期酗酒会导致大脑损伤，造成迷惑、冷漠、学习无能、记忆力下降（Brun & Andersson，2001）。社会为此付出的代价非常巨大。在美国和加拿大，约40%的严重交通事故与酒后驾驶有关（Mayhew，Brown & Simpson，2005；Subramanian，2005）。近一半的严重犯罪者都是酗酒者，大城市中约一半的治安事件由酒后闹事导致的（McKim，2002）。酗酒还会导致强奸，包括约会中的强奸以及家庭暴力。

把酒当作宗教或仪式性活动因素的文化中，人们酗酒的可能性较小。这位犹太爷爷正向他的孙子传授犹太逾越节家宴的习俗，其中就包括祈祷和饮酒。

最成功的治疗方案是综合性治疗，它把个人和家庭咨询、团体支持与厌恶疗法（用医学手段对酒精产生生理上的不适反应，如恶心、呕吐）相结合。酗酒者互戒会（Alcoholics Anonymous）这种以社区为依托的治疗活动，可以让曾经酗酒的人对正在酗酒的人进行鼓励，帮助他们严格控制自己的生活。虽然如此，戒除酒瘾仍然很困难；大约50%的酗酒者在接受治疗后几个月就故伎重演（Volpicelli，2001）。

4. 性行为

到青少年末期，70%多的人有过性行为；22岁时，该比例上升到90%（Michael et al.，1994；U. S. Department of Health and Human Services，2004d）。与前几代人相比，从现代成年人身上可以看到更多的性选择和性生活方式，包括未婚同居、结婚、婚外恋以及同性恋或异性恋偏好。本章我们将探讨，性行为变成年轻人生活中的寻常事而导致的态度、行为与健康问题。第2章将着重讨论亲密关系的情感方面。

（1）异性恋者的态度和行为

444 一个星期五的晚上，莎丽丝陪着同宿舍的好友海泽尔去青年单身酒吧。刚到那儿，就有两个男青年凑过来。莎丽丝忠诚于男友厄尔尼（他们在大学相识，他现在另一座城市工作），因此她始终和男青年保持距离。相反，海泽尔就显得很健谈，并给其中一个叫里奇的留了电话号码。第二个周末，海泽尔就和里奇去约会。第二次约会，他们就上床了，但他们的恋爱关系非常短暂。短短几周，他们就开始各自寻找新伴侣。注意到海泽尔各种各样的性生活，莎丽丝想知道她自己是否正常。于是，她在和厄尔尼约会半年之后，也开始上床了。

自 20 世纪 50 年代以来，电影、报纸、杂志、书籍中关于性的公开描述越来越多，它给人这样一种印象，即北美人的性生活比以前更活跃了。性开放程度的提高，使那些性活动比较少的人怀疑自己是否失落了什么。现代成年人真实的性态度和性行为是怎样的呢？在国民健康和社会生活调查、一项基于全国样本对美国人的性生活进行的首次深度考察之前，对这个问题很难做出回答。在随机抽取的 18～59 岁的被试中，近 4/5 的人愿意参加，共 3 400 人。研究结果与同时期法国、英国、芬兰的调查结果非常类似，并且与后来在美国的调查相似（Langer，2004；Laumann et al.，1994；Michael et al.，1994）。

《伯克毕生发展心理学：从 0 岁到青少年》第 11 章有讨论到，多数青少年的性活动与媒体所描述的令人咂舌的情形并不吻合，西方国家成人的情况也是如此。虽然他们的性活动各式各样，但远不如人们想象的那样活跃。像莎丽丝和厄尔尼这样一对一的、忠实于感情的伴侣比海泽尔和里奇那样的伴侣更普遍（也更令他们满意）。

性伴侣，无论是约会者、未婚同居者，还是已结婚者，双方通常并不是武断地选择对方。相反，他们常常在年龄（相差不到 5 岁）、受教育程度、民族与宗教信仰（相对不重要）等方面相似。另外，大部分建立了持久关系的人是以传统方式认识的：由家人或朋友介绍，或者在工作单位、学校及同类人的聚会等社交活动上相识。社会关系网对选择性伴侣的重大影响具有适应性。如果两个成年人有共同的兴趣、爱好和价值观，他们的关系又被周围人所接受，其亲密关系就更容易得到维持。

在过去 10 年，网上婚介服务成为日益流行的建立恋爱关系的途径。据报道，短短一个月时间就有超过 1 600 万成年人访问这些婚介网站（Hollander，2004）。登录者希望通过描述自己的概况和想要寻觅的人迅速找到合适的对象。虽然这种方法比传统方法的成功率低，但是确立了网上关系然后见面的成年人往往会继续见面，18%的这种关系持续了一年以上（Gavin，Scott & Duffield，2005）。

与人们普遍的看法一致，当今的美国人比上一代人拥有更多的性伴侣。例如，50 岁以上的成年人，有 1/3 的人在一生中有 5 个或 5 个以上的伴侣，而 30～50 岁的人有一半在较短时间内就能拥有这么多的性伴侣。但是，当任一年龄的成人被问及在过去一年中拥有多少性伴侣时，通常的回答（大约 70%）是只有 1 个。

在已有配偶的情况下，又与别人结成性伴侣关系，怎样解释这种现象？过去，人们结婚前会与几个对象约会。如今，约会变成了同居，然后双方或者结婚，或者分手。另外，现在人们结婚更晚，离婚率仍然很高。这些因素为建立新的伴侣关系提供了更多的机会。虽然如此，对大学生的调查结果表明，几乎所有的被调查者都希望最终确立唯一的性伴侣（Pedersen et al.，2002）。与这个目标相一致，多数人在一生的大部分时间里只有一个伴侣。只有 3%的美国人，其中多数是男性，报告说一年内有 5 个或 5 个以上伴侣（见本节的“生物因素与环境”专栏之“性态度的性别差异”的讨论）。

美国人性行为的频率如何？实际情况并不像媒体宣传的那样频繁。在 18～59 岁的人中，1/3 的人每周有两次性生活，1/3 的人每月有几次，其余 1/3 每年只有几次，或者完全没有。有三个因素可能影响性生活频率：年龄；是否同居或结婚；双方在一起的时间长短。单身者有更多的伴侣，但是并不意味着有更多的性行为！20 多岁的人因同居或结婚，其性行为也较多。到 30 岁前后，虽然激素水平并没有太大变化，但性行为开始下降。这可能是由日常生活——工作、上下班长途奔波、照顾家和孩子——的需要引起的。虽然人们普遍认为，不同社会群体的性行为差异很大，但上述特点并不受教育、社会经济地位或种族因素的影响。

大多数成年人对他们的性生活是满意的。在那些具有自愿关系的人中，80%以上的人说自己“在身体和精神上都感到非常满意”；在已婚夫妇中，该数字达到88%。相反，随着性伴侣数量的增多，满意度也大幅下降。这些发现向人们对婚姻的两种成见提出了挑战，即结婚导致性冷淡，性伙伴很多的人拥有最“火热的”性生活。

有一小部分成人报告说他们一直存在性问题，其中女性多于男性。女性的两个最常见问题是性冷淡（33%）和不能达到性高潮（24%）；男性则是早泄（29%）和性无能焦虑（16%）。性障碍与社会经济地位较低和心理压力有关，在未婚者、性伴侣多于5个以及儿童期受过性虐待或在成年期遭到过强奸（对女性而言）的人中，这些问题更多（Laumann，Paik & Rosen，1999）。这些研究结论表明，不理想的男女关系和性体验提高了性功能障碍的危险性。 445

这些调查结果表明，完全没有问题的生理体验并不是性快感的必要条件。对成人的调查结果反复证明：满意的性生活不仅包含性技巧；它还需要在充满爱、情感和忠诚的情境中来实现。总之，与伴侣之间愉悦的性体验是与充满情感的关系、良好的精神状态和对生活的总体满意度相联系的（Bancroft，2002；Michael et al.，1994）。

专栏　生物因素与环境

性态度的性别差异

男性和女性在性态度和性行为上的差异被广泛揭示之后，当代理论做出了各种解释。例如，女权主义者、精神分析理论家南希·邱多洛夫（Nancey Chodorow），女权主义者、道德发展理论家凯罗尔·吉利根（见《伯克毕生发展心理学：从0岁到青少年》第12章）认为：婴儿—抚养者之间的情感关系会被完全带入女孩长大以后的亲密关系中；对男孩而言，早期依恋则随着形成独立自主的“男性特征”而中断（Chodorow，1978；Gilligan，1982）。

进化论观点认为，想生孩子并确保孩子成活的愿望，这是性行为最强有力的起因。因为精子远比卵子多，女性必须比男性更谨慎地选择伴侣，他们要有必需的承诺和资源保证孩子的养育（Bjorklund & Shackelford，1999）。社会学习理论把性别差异归于对性别角色的塑造和强化（见《伯克毕生发展心理学：从0岁到青少年》第8章）。对女性而言，有许多伴侣和轻浮的性行为不被赞许，但是对男性而言，这种做法有时会受到赞许并提高社会地位。

小型研究和大型调查都证实，女性比男性更反对轻浮性行为，有轻浮性行为的女性只占男性的一半（Cubbins & Tanfer，2000；Hyde & Oliver，2000）。但是，除了少数有许多性伴侣的男性之外，同一时代的男性和女性在性伴侣的平均数上差别很小（Langer，2004）。为什么会这样？从进化论角度看，更多更有效的避孕措施使性行为几乎不会导致怀孕，这使女性可以拥有和男性同样多的性伴侣而不会危及她们后代的利益。

但是，很多女性抱怨说她们认识的男性对长期的承诺不感兴趣，她们的抱怨是有根据的。更多的男性报告说他们寻求的是性游戏和快乐，而不是结婚或者爱。当不贞的行为发生时，男性常常因想到自己的伴侣与别人发生了性关系而烦恼，女性想得更多的是自己的伴侣与别人产生了感情，这意味着自己的孩子将失去经济依靠（Buss，2004）。这些互相矛盾的目标和态度对年轻的成年人来说最激烈。随着年龄增长，两性逐渐变得相似，认为爱情比性更重要（Schwartz & Rutter，1998）。

由于有了更有效的避孕措施，男性和女性在婚外性行为上的态度差异逐渐缩小。对两性来说，满意的性生活是在充满爱、情感和忠诚的情境中实现的。

（2）同性恋的态度和行为

大多数北美人支持同性恋和双性恋者的公民自由和平等的就业机会（Brooks，2000）。在过去10年，人们对两个同性别的成年人之间的性关系越来越容忍：55%～65%的18～65岁的美国人认为那种关系“可以”（Langer，2004）。同性恋者在政治上的激进行为和在性取向上的开放态度，使人们慢慢接受了同性恋。同性恋者的自我曝光和人际交往减少了人们对同性恋的消极态度。但是男异性恋者对同性恋（尤其是男同性恋）的评价比女异性恋者对同性恋的评价更严苛，这可能是因为异性恋的男性特别关注性别角色的一致性（Kite & Whitley，1998；Lim，2002）。

全国健康和社会生活调查发现，2.8%的男性和1.4%的女性承认自己是同性恋者或双性恋者，这一结果与美国、法国和英国的调查相似（Black，Gates & Sanders，2000；Spira，1992；Wellings et al.，1994）。但是据估计，有30%的同性恋者在调查中不承认他们是同性恋者。受歧视的氛围造成同性恋者不愿做出真实的回答，使研究人员难以得到同性恋者性生活方面的真实信息。所能获得的少数数据表明，同性恋的性关系遵循着与异性恋者同样
446 的规则：倾向于选择受教育程度和背景与自己相似的伴侣；具有自愿关系的伴侣，性生活更频繁，也更满意；性生活的总体频率是适度的（Laumann et al.，1994；Michael et al.，1994）。

同性恋者喜欢住在大城市，那里有许多性取向相同的人，或者住在大学城，那里的人们对同性恋更认可。如果他们居住在小城镇，周围人偏见强烈，缺乏可寻找合适的同性伴侣的社交网络，他们就会感到孤独、寂寞，并可能出现精神健康问题（Meyer，2003）。

承认自己是同性恋者的人常常受过良好的教育（Black，Gates & Sanders，2000）。在全国健康和社会生活调查中，报告自己是同性恋的人中，大学文化程度的男性是高中文化程度男性的两倍，而大学文化程度的女性是高中文化程度的女性的8倍。这种差异的原因尚不清楚，它很可能反映了受教育程度较高的群体中盛行着较强的社会自由和性自由，因而他们更愿意袒露自己的同性恋倾向。

（3）性传播疾病

大约25%的美国人和8%的加拿大人在生活中可能会感染某种性传播疾病（STD）（Health Canada，2005c；U. S. Department of Health and Human Services，2005h）。性传播疾病在青少年中发病最高，在成年早期仍很普遍。人们的大多数性伴侣是在10多岁和20多岁寻找的，他们往往不采取适当措施来预防性病。女性性病的发病率高于男性，因为男性把任何一种性传播疾病、包括艾滋病传染给女性的危险都至少是女性传染给男性的两倍。

艾滋病，这种最严重的性传播疾病，主要发生在同性恋群体和静脉注射者中，但许多同性恋者已经开始通过改变他们的性行为方式来预防艾滋病，例如限制发生性关系的对象的数量，选择性伴侣时更谨慎，坚持正确地使用橡胶避孕套等。有多个性伴侣、患病风险很高的异性恋者也采取了同样的做法来预防性病。因此，现在感染艾滋病的男性同性恋者和异性恋者要少于20世纪80年代初。但是，艾滋病仍然是导致美国年轻人死亡的第五大原因。美国HIV阳性的成年人的比率高于其他工业化国家，是加拿大的2.5倍（Heuveline，2002）。艾滋病在经常接受静脉注射且健康状况差、受教育程度低、生活压力大和贫困的少数族裔人群中通过性行为传播得最快。这样的人们采取预防措施的可能性最小（Capaldi et al.，2002）。

但是，艾滋病是可以采取措施控制和预防的，这些措施是：从儿童期持续到成年期的性教育，为患病危险性高的人们提供健康服务、避孕套以及清洁的针头和注射器。当前，女性艾滋病患者剧增，她们占北美、东欧、东亚患者的1/4，拉丁美洲患者的1/3，非洲患者的一半多；因此特别需要由女性主动控制的预防措施（Quinn & Overbaugh，2005）。近来开发的女性避孕套在一定程度上满足了这种要求，但它的有效性和可接受性尚未确立。

（4）性胁迫

上了一天课，莎丽丝打开电视，找到一个讨论非自愿性活动的脱口秀节目。凯伦，一位25岁的女性，讲述了她的丈夫迈克推她，打她，用言语侮辱她，并强迫她性交。凯伦哭着说：“这是应该有节制的事情，他抱怨说，我总是不能按他的想法去做。我感到困惑和自责。我没跑，因为我知道他会追上我，对我更粗暴。”

一天，凯伦正在给妈妈打长途电话，迈克抢过话筒，大声说：“她不是我娶的女人！如果她再不顺从，我就杀了她！”凯伦的父母很惊慌，第二

天就坐飞机到她家去营救她，然后帮她开始了离婚诉讼，并让她接受治疗。

在这个强奸危机干预中心，一位专业的咨询人员通过社会支持、个人的有效经验和制订安全计划，帮助一位受害者从伤害中得以恢复。虽然有些男性也是性侵犯的受害者，但是很少有针对他们的治疗措施，大多数男性也羞于寻求帮助。

估计有6%～15%的北美女性遭到过强奸，在法律上强奸被界定为运用暴力、胁迫，或者在受
447 害者（因心理疾病、智力低下或醉酒）无能力判断的情况下强制发生性关系。22%～57%的女性遭受过其他形式的性侵犯。其中多数受害者（80%）在30岁以下（McGregor et al.，2004；Testa et al.，2003）。女性容易受到伴侣、熟人和陌生人的性侵犯，但是大多数时候侵犯她们的是她们熟悉的男人。在不同的社会阶层和族群中都有强奸现象。强奸者和受害者可能来自各行各业。

对女性施暴的男人的个人特征比被施暴女性的特征能更好地预测该女性被施暴的可能性。实施性暴力的男性大多相信传统的性别角色，赞同对女性使用暴力，深信关于强奸的传言（“女人想被强奸”或“任何一个健康的女人，如果想被强奸，她都会抵抗”）。施暴者还常常错误地理解女人的社交行为，把女人的友好看作诱惑，把果断看作敌意，把抵抗看作是想接受。他们常常反复推托“是她自己想要”，而毫无悔意（Abbey & McAuslan，2004；Scully & Marolla，1998）。此外，儿童时期遭受性侵犯，青少年时期的乱交，以及成年期的酗酒都与性胁迫相关。将近一半的性侵犯都发生在醉酒之后（Abbey et al.，2004；Kalof，2000）。

文化也有一定的作用。如果男性从小就被告知男人要有支配性、竞争性和攻击性，女性则应当顺从、合作、被动，那么强奸行为就会被强化。在这种情况下，男性不是把约会看作了解伴侣的机会，而看作征服异性的机会。社会对暴力的接纳也为强奸创造了条件，在两性关系中存在着暴力的情况下，强奸尤其容易发生。一些描写性暴力的色情文学和媒体报道常把女性说成是愿意和喜欢受到性攻击，这也会降低人们对强奸的伤害性后果的敏感性，促成强奸的发生。

大约15%～30%的北美年轻成人样本报告了女性发起的性胁迫行为，其中3～10%的男性报告说他们曾遭到身体或行为的威胁。受害男性说，有这种行为的女人强迫他们喝酒并威胁说，如不服从就结束关系（Anderson & Savage，2005）。遗憾的是，权威人士很少认为女性发起的性攻击是非法的，也很少有男性报告这些罪行。

1）*后果*

女性对强奸的心理反应类似于遭受严重创伤的幸存者。当时的反应是震惊、困惑、退缩和心理麻木，最终会变为慢性疲劳、紧张、失眠、抑郁和产生自杀意念（Stein et al.，2004）。在发生强奸时，采取任何行动似乎都是危险的，因此受害者陷入极度的被动和恐惧。如果她遭受过性虐待，或在告诉别人后得到消极反馈，她更可能会自责，这会增强她的无助反应（Briere & Jordan，2004）。

1/3到一半的被强奸者会受到身体伤害。一些人还被传染性病，5%～20%的人会怀孕。此外，被强奸（和其他罪行）伤害的女性还报告了更多的遍及全身的疾病症状。而且，她们更可能做出不健康的行为，如吸烟和酗酒（McFarlane et al.，2005）。

和女性受害者一样，一些男性受害者也报告了心理和生理后果，如慢性抑郁（Struckman-Johnson & Struckman-Johnson，1998）。但是对女性发起的性攻击及其影响的研究甚少。

2）*预防和治疗*

许多被强奸者并不像凯伦那样幸运，由于担心招致再次性攻击，她们甚至对家人和朋友都不信任。如果她们为其他问题而寻求帮助，围绕性的冲

突可能导致她们找一位健康专业人员考察一下是否可能会发生强奸。许多社区服务可以帮助女性摆脱施虐的伴侣，其中包括提供安全的住房，开通危机热线，成立支持团体，提供法律援助。但是，很多地方都因资金不足，不能满足每个需求者的需要。实际生活中没有为男性受害者提供的服务，他们常常不情愿去寻求帮助（Anderson & Savage，2005）。

治疗强奸造成的严重创伤是很重要的。除了旨在降低紧张和焦虑的个别治疗之外，许多专家提倡进行群体干预，因为和遭到强奸的其他幸存者进行交流，能帮助受害者克服孤独和自责（Neville & Heppner，2002）。促进康复的其他重要活动包括：

- 对受伤害程度进行筛查。在受害女性来看门诊时做这种筛查，以便向社区服务机构举报，避免伤害再次发生。
- 对个人受侵犯经历的确认。让遭受强暴者知道，还有许多女性在身体和性方面曾经遭到亲密伴侣的强暴；这些强暴行为会导致各种持续的症状，是非法的、不适当的和不可容忍的；但是所造成的创伤是可以治愈的。
- 安全规划。即使施虐者不在场时都应做好预案，防止再次遭到强奸和殴打。计划包括强奸幸存者若再次面临被强奸危险时，应怎样获得警察保护，怎样诉诸法律，怎样获得安全住所和其他帮助信息。

最后，在个人、社区和社会水平上可以采取许多措施来防止强奸事件的发生。本节的“学以致用”表列出了一些具体措施。

学以致用　　**性胁迫的预防**

建议	描述
减少性别成见和性别不平等。	男人对女人实施性胁迫的根源是女性自古以来所处的从属地位。教育和就业机会的不平等使许多女性在经济上依赖于男性，因而没有足够的能力避免伴侣的暴力。同时，公众也需要关注女性有时也有性攻击行为。
强行要求实施身体或性侵犯的男人或女人负责治疗。	有效的干预包括：让当事人为自己的暴力行为负责；通过教育增强社会意识，学会社交技能和对愤怒的调控；建立支持系统预防以后可能出现的暴力。
让目睹过父母间暴力的儿童青少年参与干预活动。	目睹过父母暴力行为的儿童在成年后多数不会向亲人施虐，但他们施虐的可能性比别人高。
教给女性和男性怎样采取措施，预防遭受性攻击的危险。	采取以下方法降低性侵犯的危险：在约会时说明性关系方面的限制；女性可以与其他的女性邻居建立联系；提高当时环境的安全性（例如安装保险门锁，在进入汽车前检查后坐）；不去偏远地方；天黑后不单独散步。
扩展强奸的定义，体现性别中立。	美国一些州对强奸的定义仅限于阴茎插入阴道或肛门的动作，因此女性肯定不能强奸男性。需要扩展定义，使女性既可能是性侵犯的受害者也可能是加害者。

资料来源：Anderson & Savage，2005；Smith，2002.

（5）月经周期

月经周期是女性生活中的一件大事，关系到一些特殊的健康问题。几乎所有的女性在月经期都会经历某种不适，但有些人的问题更严重。**经前综合征**（premenstrual syndrome，PMS）是在经前6～10天出现的一系列生理和心理症状。常见的是腹部
448 绞痛、体液潴留、痢疾、乳房痛、背痛、头痛、虚弱、紧张、易发火、抑郁；具体症状因人而异。近40%的女性有程度不一的经前综合征，通常始于20岁以后的某个时期。多数人的症状较轻，但是10%～20%的女性有严重的经前综合征，以致影响学业、职业和社会活动。经前综合征影响着所有社会阶层的人，是一种世界性的现象，无论在意大利还是在伊斯兰教国家巴林，都像在美国一样常见（Brody，1992；Halbreich，2004）。

经前综合征的发生原因至今尚无定论，但遗传方面的研究越来越多。同卵双生子都有此症状的可能性是异卵双生子的两倍（Freeman & Halbreich，1998；Treloar，Heath & Martin，2002）。经前综合征与排卵后、月经前激素的变化有关。但是激素疗法并不一定有效，表明发病原因可能是脑中枢对这些激素的敏感性，而不是激素本身（Dickerson，Mazyck & Hunter，2003）。治疗方法一般采用止痛、抗抑郁和利尿药，限制咖啡因的摄入（咖啡因会使症状加重），低脂肪高纤维的饮食，补充维生素/矿物质，锻炼和其他降低压力的策略。各种疗法因人而异，但是还没有办法能够完全消除之。

5. 心理压力

心理压力是贯穿前述各节的一个问题，其影响

广泛，值得专门讨论。因社会条件差、消极生活事件或家庭矛盾而测得的心理压力，与各种不良健康状况都有关系。除了导致一些不健康行为之外，压力还会产生明显的生理后果。例如，在激活身体活动的同时，它还使血压升高。由贫穷和在贫民区生活导致的长期压力与高血压有稳定相关，这种关系与低收入阶层，尤其是非洲裔心脏病的高发病率有关。与较高社会阶层的人相比，低社会阶层的人对压力的心血管反应较强，可能因为他们觉得紧张性刺激是无法克服的（Almeida et al.，2005；Carroll et al.，2000）。前面讲过，心理压力还会干扰免疫系统的机能，因而导致和几种癌症之间的关系。此外，因为压力会减少血液向大脑、心脏和四肢的流动，可造成胃肠疾病，包括便秘、痢疾、肠炎和溃疡（Donatelle，2004）。

成年早期的许多困难任务使这一时期成为一生中特殊的压力时期。年轻人比中年人报告的压抑感受更多，因为多数中年人已经事业有成，经济独立，所承担的做父母责任慢慢减轻，因此有了更多的闲暇时间（Schieman，Gundy & Taylor，2001；Wade & Cairney，1997）。第 3 章和第 4 章将要讲到，中年人比年轻人应对压力的能力更强。由于中年人的生活阅历更丰富，对生活的自我控制更得心应手，所以他们在面对可以改变的压力时，更多地采取以问题为中心的应对方式，在面对不可改变的困境时采取以情绪为中心的应对方 449
式（Lazarus，1999）。

前面章节我们多次提到社会支持对心理压力的缓冲作用，而且这种作用可以持续一生（Markides & Cooper，1989）。因此，帮助面对压力的年轻人建立和维持满意的社会关系，与前面所述的其他健康干预方式具有同样重要的作用。在考察成年早期的认知发展之前，先来看看下面的“学以致用”表中归纳的促进健康成年生活的方法。

学以致用　　促进健康的成年生活的建议

建议	描述
培养健康的饮食习惯。	要有健康的饮食结构。饮食要适度，学会辨别什么是真正的饥饿，什么是因为厌倦或压力而吃东西。
保持合理的体重。	如果需要减肥，应通过终生饮食习惯的变化而不是临时的饮食变化来实现。选择明智而平衡的食谱，进行有规律的锻炼。
保持身体健康。	选择专门的时间锻炼身体，并持之以恒。为了坚持锻炼，使之更有趣，可以与伴侣或朋友一起锻炼，相互鼓励。期望要合理，要有足够的时间实现自己的健康目标；许多人就是因为期望过高而放弃了锻炼。
控制饮酒，不吸烟。	适量饮酒或不饮酒。不要认为必须饮酒才能被人们接纳，饮酒才能参加社会活动。如果你吸烟，可选择一个压力较小的时候戒烟。寻求伴侣或朋友的支持。
培养负责任的性行为习惯。	确定自己需要养成什么样的态度和行为，以建立健康而亲密的伴侣关系。学习性解剖学和性机能方面的知识，正确地决定在什么情况下采取避孕措施，防止染上性传播疾病。
调控压力。	合理地平衡工作、家务和休闲时间。对压力源保持清醒的认识，确定应对压力的有效方式，以便在压力出现时做好充分准备。进行有规律的锻炼，每天找时间进行放松和安静的反思。

资料来源：Donatelle，2004.

思考题

复习　尽可能多地列出导致莎丽丝的非洲裔亲戚心脏病发作和早亡的因素。

复习　为什么忠于伴侣者的性行为比与几个人约会者的性行为更多、更满意？

应用　汤姆原来每周三次在下班后去健身房。后来工作压力使他觉得自己没时间坚持锻炼了。给汤姆解释一下他为什么应该继续锻炼，并给他提出建议，怎样从忙碌的生活中找到合适的方式。

联结　说说导致肥胖流行的历史因素（可参见《伯克毕生发展心理学：从 0 岁到青少年》第 1 章）。

第二部分　认知发展

当一个人进入成年期的时候，认知方面有哪些变化？毕生发展观从人们熟悉的三个方面考察了这个问题。第一，思维结构转换为新的、性质不同的方式，它扩展了儿童期和青少年期的认知发展变化。第二，成年期是人学习专业知识的时期，而知识增长对信息加工和创造力具有重要意义。第三，研究者一直很关心成年期智力测验测出的各种心理能力保持稳定或发生变化的程度，这一话题我们将在第 3 章讨论。

一、思维结构的变化

莎丽丝把她在研究生院的第一年描绘为“认知转折点”。在公立保健站实习的时候，她亲眼见到了影响人们健康行为的许多因素。一段时间以来，她一直在想一个令人不安的事实：对日常生活中出现的难题，给出明确的解决办法十分困难。一天，她给妈妈打电话说：“在复杂的现实生活中工作跟我上大学时解决问题的过程根本不一样。”

450 皮亚杰（Piaget，1967）认为，在形式运算阶段之后，思维仍然可能有重大发展。① 他发现，青少年过于相信各种抽象体系，喜欢用一种符合逻辑、有内在一致性——但不准确——的观点看待世界，而不喜欢模糊、矛盾但适合于具体情况的观点（见《伯克毕生发展心理学：从 0 岁到青少年》第 11 章）。莎丽丝的反思与许多考察**后形式思维**（postformal thought）——**皮亚杰的形式运算阶段之后的认知发展阶段**——的研究者看法一致。为了解成年期的思维是怎样重新建构的，我们先介绍两种有影响的理论及其相关研究。这两种理论揭示出，个人努力和社会阅历怎样引发了更加理性、灵活、现实的思维方式，使人们接受各种情况下的不确定性和变化。

1. 佩里的理论：认知的认知

威廉·佩里（William Perry，1981，1970/1998）的研究标志着认知的认知（epistemic cognition）研究的开端。*epistemic* 意指“知识的或关于知识的东西”，**认知的认知**是**人们对怎样获得事实、观念和想法的反思**。成熟、理性的思考者考虑其结论的合理性的方式与其他人不同。如果无法证明自己的方法正确，他们就修正它，寻求更平衡、更充分的方法来获得知识。

（1）认知的认知的发展

佩里试图查明，为什么大学生对他们在大学里接触的各种思想会有完全不同的反应。为了找到答案，他对哈佛大学将要毕业的大四学生进行访谈，问他们在过去几年中“最难忘的是什么”。结果表明，由于在大学生活中承担了复杂而接近成人的角色，他们的认知观点发生了变化。后来的许多研究都证实了这一结论（King & Kitchener，1994，2002；Magolda，2002；Moore，2002）。

低年级大学生认为，知识是由相互独立的单元（观点和命题）组成的，把这些单元与抽象标准，即独立于思维者及其情境的标准相对照，可以确定知识的实质。这反映了一种**二元论思维**（dualistic thinking），**即把信息、价值观、权威分成对与错、好与坏、我们与他们的思维方式**。例如，一个大学生说：“我上第一堂课时，老师的话就如上帝的旨意。我相信他所说的一切，因为他是教授……这是一个受人尊敬的职位。”（Perry，1981，p. 81）当被问及：“如果两个人对一首诗的解释有异议，你怎样判定谁是对的？”一个大学二年级的学生说：“这你得问诗人，是他的诗。”（Clinchy，2002，p. 67）

相形之下，大学高年级学生的思维属于**相对论思维**（relativistic thinking），**认为所有知识都处于特定的思维框架中。对同一个问题可能有不同看法，不存在绝对真理，真理是多元的，每个真理都是相对于其背景而言的**。这使他们的思维变得更灵活而宽容。例如，一个大学高年级学生说：“只要看看（哲学家们的）那些回答都不能面面俱

① 关于皮亚杰的理论的完整阐述，请参见《伯克毕生发展心理学：从 0 岁到青少年》第 1 章。——译者注

到，（你就知道）思想的确只属于个人。你可能非常崇敬他们的伟大思想，但并不认为它们是绝对真理。”（Perry，1970/1998，p. 90）相对论思维是这样看问题的：个人观点往往是主观的，因为符合内在逻辑一致性标准的观点不止一种（Moore，2002；Sinnott，1998，2003）。因此，相对论思维者深刻地意识到，每个人在达到一个位置时，都会创造他自己的“真理”，也就是说，若从许多可能的位置选择其一，每一个位置都有自己的道理。

大学生在解决现实的、模糊的问题时，彼此拿出自己的解决办法互相争辩，他们的认知能力也随之发展。这种交流促使他们反思自己的观点，对不同的观点和方法做出评价，把不同观点加以协调，得出新的、更有效的办法。

最后，思维最成熟的人形成**自觉的相对论思维**（commitment within relativistic thinking）：不是在互相对立的观点之间做出选择，而是把互相矛盾的观点加以整合，形成一个更圆满的观点。当思考大学课程里学到的两个理论哪个更好，或几部电影中哪一部最应获得奥斯卡奖时，这样的人可能认为，对任何事情都会见仁见智，而各种意见都可用理性标准做出评价（Moshman，2003）。很少有大学生能达到这种相对论的高度。达到这种水平的成人会显示出一种更老练的学习方式，他们积极寻找不同的观点来补充知识，加深理解。

（2）同伴交往和反思的重要性

很多人在成年早期认识能力有所发展，但并不总是有进步。认知发展还取决于元认知的发展，
451 而元认知最容易发生在对年轻人的观点提出挑战、促使他们反思自己的思维过程是否合理的情境下（Moshman，2005）。用佩里的理论比较大学高年级优秀生和差等生的学习经历，可以发现，优等生较多地报告说，在教师的鼓励和指导下，努力解决那些无肯定答案的实际问题，这样的活动对他们的进步影响最大。例如，一位工程专业的学生说，飞机设计课程需要发达的认知能力，对他的发明的注解是：“你可以设计 30 种不同的飞机，每一种都有自己的特长，但是每一种又都有短处。”（Marra & Palmer，2004，p. 116）差等生很少提及这样的经历。

当学生解决难度大、无条理的问题时，知识和权威大体相当的人们之间的互动很有好处，因为它可以防止仅仅因为权力大或威望高而接受别人的观点。在一项研究中，让大学生拿出解决一个逻辑难题的最有效的方法。32 个学生中只有 3 个人（9%）在单独解决的情况下成功。但是在“互动”的情况下，20 个小组里有 15 个小组（75%）通过开放式讨论找到了正确的解决方法（Moshman & Geil，1998）。多数的小组对他们的解决方法进行了反思，但是这样做的个人很少。他们共同参与了“集体理性”的过程，在这一过程中，小组成员相互挑战来证明推理的正确性，共同找到最合理的策略。

对自己的想法进行反思可以单独进行，但是在同伴互动中这种反思更容易，因为它可以促进个人反思中必不可少的一些方式，例如，用富于挑战性的思想和策略与自己辩论，把互相矛盾的观点加以协调，形成一个新的、更有效的观点。《伯克毕生发展心理学：从 0 岁到青少年》第 9 章讲到，支持儿童的同伴协作很重要。到成年期，同伴协作仍能促进认知发展，也仍然是提高教育有效的基础。

显然，佩里的理论及其所激发的研究是以受教育程度较高的被试为对象的。这些研究者承认，从二元论到相对论的过渡可能只限于接触过多种观点，尤其是受过大学教育的人，其最高阶段，即自觉的相对论思维，则必须接受过高等教育（King & Kitchener，2002）。但是，一个更重要的问题是，思维并不限于找到问题的答案，也不限于对问题的背景很敏感，这一点在成人认知的另一种理论中有所反映。

2. 拉伯威-维夫的理论：实用性思维和认知—情感复杂性

吉塞拉·拉伯威-维夫（Gisella Labouvie-Vief，1980，1985）对成年人认知状况的描述呼应了佩里的理论。她指出，青少年生活在充满机

会的世界。成年期则从假设性思维过渡到**实用性思维**（pragmatic thought），这是一种结构性的变化。此时，逻辑成为解决现实生活问题的工具。

拉伯威-维夫认为，专业化的需要促成了上述变化。当成人从多种可能性中选择一种时，他们就能更清楚地意识到日常生活的限制。在协调多种角色的过程中，他们放弃了过去那种要弥合各种冲突的要求。他们把不一致性看作生活的一部分，并形成了在不完美和妥协基础上做出努力的观点。莎丽丝的朋友克里斯蒂是一个小学生和两个幼儿的妈妈，她说：

> 我一直是个女权主义者，在家庭和事业中，我想保持一份真实。但是，加里当中学老师才一年，他承担着四项工作，还担任学校篮球队的教练。至少现在我必须奉行“给予—索取式的女权主义”，参加学校业余活动，承担抚养孩子的大部分事情，让加里习惯新工作。否则，我们在经济上很难翻身。

拉伯威-维夫（Labouvie-Vief，2003）还认为，年轻人反省能力的增强改变了其情感生活的动力：他们更善于把认知与情感加以整合，因此增强了判别力。拉伯威-维夫考察了来自社会各阶层的 10～80 岁的人们的自我描述，她发现，从青少年期到中年期，人们的**认知—情感复杂性**（cognitive-affective complexity），即意识到积极和消极情感并把它们协调成一个复杂的、有组织的结构的能力不断增长（见图 1.8）（Labouvie-Vief
452 et al.，1995；Labouvie-Vief，DeVoe & Bulka，1989）。例如，一个集多种角色、特质、情感于一身的 34 岁的人这样描述自己：“随着最近我们第一个孩子的出生，我比以前忙多了，在某些方面更辛苦了。孩子作为独立的个体有他的需要和要求，我必须尽职尽责，孩子带给我的快乐被这些职责带来的烦恼抵消了。”

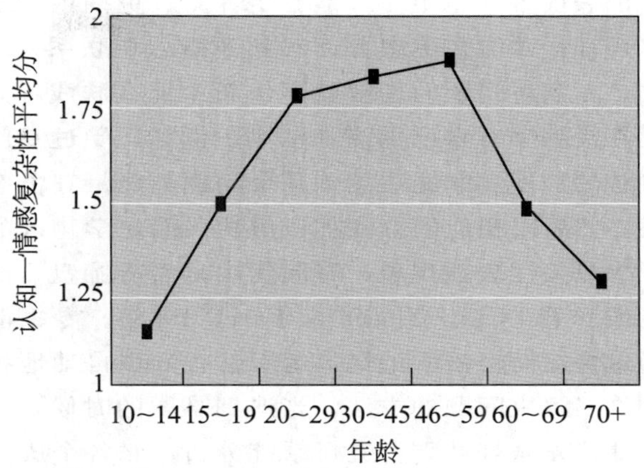

图 1.8　从青少年期到老年期认知—情感复杂性的变化

根据被试对他们的角色、特质和情感的描述，其得分从青少年期开始稳步增长，在中年期达到顶峰，在基本信息加工能力衰退的老年期下降。

资料来源：G. Labouvie - Vief，2004，“Dynamic Integration：Affecf，Cognition and the Self in Adulthoud，” *Current Directions in Psychological Science*，12，*p.* 203. 经授权引用。

认知—情感复杂性有助于更好地认识自己和他人的观点与动机。拉伯威-维夫（2003）指出，它是成人情绪智力（见《伯克毕生发展心理学：从 0 岁到青少年》第 9 章）的重要方面，在解决许多实际问题时发挥着重要作用。认知—情感复杂性较高的人能够以包容、开明的方式对待人和事。因为认知—情感复杂性包含着接纳和辨别积极情感与消极情感的能力，它帮助人们调节强烈的情感，因而对现实的困难和负面信息能够进行理性思考（Labouvie-Vief & Gonzalez，2004）。

意识到真理是多元的，能够把逻辑和现实、认知—情感复杂性整合起来，成年早期思维就这样逐渐发生了质变（Sinnott，1998，2003）。下面将讲到，成人越来越专业化和情境化的思维虽然抑制了一些选择，但是为能力和水平的提高创造了新的条件。

二、专长和创造力

《伯克毕生发展心理学：从 0 岁到青少年》第 9 章讲到，儿童知识的拓展使他们能更好地记忆与旧知识有关的新知识。**专长**（expertise），即获得某一领域或方面的广泛知识，是在专业化基础上发展起来的，这种专业化开始于大学志愿的选择，一个人要精通任一复杂领域，都需要多年时间（Horn & Masunaga，2000）。一旦达到精通水平，专长就会对信息加工过程产生深刻影响。

与新手相比，专家的识记和推理更快、更有效。专家对特定领域的知识了解更多，对这些知识的表征方式也更多，能在更深刻、更抽象的水平表征，并能在更多方面和其他概念相联系。因而，专家对问题的理解就不像新手那么肤浅，而是在头脑中有自己的潜在法则。例如，受过专门训练的物理学家能注意到几个问题与能量守恒有关，然后以相似的方式加以解决。而初学物理的学生只关注表面现象，看问题中是否有圆盘、滑轮或弹簧（Chi，Glaser & Farr，1988）。专家能通过快捷而轻松的记忆，运用已有知识自动地找到许多解决问题的方法。当遇到难题的时候，他们往往先做好计划，进行系统分析，对各个成分分类，从诸多可能的方案中选择最佳方案，而新手在解决问题时往往面临许多阻碍和错误。

阿拉斯加的这位钦西安人为冬节典礼——一个分享食物和资源的庆典雕刻了一个图腾。他在雕刻方面的专业技术使他能迅速高效地解决问题。

专长不但对解决问题很重要，对创造力也很重要。成年期的创造不同于儿童期，它不仅要有独创性，而且要符合社会或审美的需要。因此，成熟的创造力需要一种独特的认知能力——阐释新的、文化内涵丰富的问题，提出以前未提出过的重要问题的能力。帕特丽西亚・阿尔林（Patricia Arlin，1989）认为，从解决问题到发现问题，是后运算思维的一个核心特征，这在成就卓著的艺术家和科学家身上得到了证实。

个案研究支持了高水平创造力发展的 10 年规则——从刚进入一个领域到非常专业地从事创造性工作一般需要 10 年（Feldman，1999；Simonton，2000）。百年来的研究表明，创造力在成年早期不断提高，到 40 岁前后达到顶峰，然后逐渐下降，但是一个富于创造性的人并不会从根本上变成一个非创造性的人（Dixon，2003）。这一发展模式也存在着例外。创造力表现早的人达到顶峰和衰落的时间一般也早，而“晚熟者”的创造力则在较高年龄才得到充分发展。这表明，对创造力发挥作用的主要是“职业年龄”，而不是日历年龄。

不同领域创造力的进程也不同（Simonton，1991）。例如，艺术家和音乐家的创造力在早期就很高，这也许因为他们无需受到多年正规教育就能做出创造。而人文学者和科学家则必须接受大学教育，经过几年研究才能做出有价值的贡献，其创造力一般表现较晚，持续时间较长。

创造力是以专长为基础的，但并不是所有的专家都是有创造性的人。创造还需要其他品质：
创新的思维方式，对不确定性的容忍度，强烈的 453
成就动机以及失败后重新实验和尝试的意志力（Sternberg & Lubart，1996；Lubart，2003）。另外，创造力还需要时间和精力。拿女性来说，她们的创造力会因生儿育女、离婚或伴侣不支持而推迟或中断（Vaillant & Vaillant，1990）。总之，创造力是由多种因素共同决定的，当它得到个人和环境因素的共同促进时，就能持续几十年，一直到老年。

思考题

复习 专长对信息加工有何影响？为什么专长是创造性所必需的但又不同于创造性？

应用 玛西娅在上“人的发展”课时写了一篇文章，讨论皮亚杰和维果茨基的理论对教育的不同影响。她提出把两种观点合二而一、形成一个更好的理论的论据。解释玛西娅的推理怎样说明更高级的认知的认知。

联结 《伯克毕生发展心理学：从 0 岁到青少年》第 9 章讲到，情绪智力与生活满意度和事业成功有关。认知—情感复杂性是怎样影响这些积极结果的？

反思 说说你所上的大学课程中一次有助于促进相对论思维的课堂经历或作业。

三、大学生活

许多人在回顾自己的生活经历时，都认为大学生活能够塑造人，而且比成年期的其他任何阶段影响都大。这并不奇怪，因为大学是“检验发展状况的基地”，在这一时期，人们可以全身心地去探索各种价值观、角色和行为。为了促进这种探索，大学让学生接受“文化冲击”，与新的思想和信仰、新的自由和机遇、新的课程和社会要求接触。大约2/3的北美大学毕业生继续深造（ACT，2005；Service Canada，2005）。除了可以提供一条通往较高地位的职业途径，带来个人和经济利益外，上大学对年轻人还有改变人生的影响。

宿舍生活加强了念大学的好处。住在校园里使学生有更多的机会体验丰富多样的机构和制度，这是认知发展的最稳定的预测指标。

1. 上大学对心理的影响

成千上万项研究表明，从大学一年级到高年级，学生的心理发生了巨大变化（Montgomery & Côté，2003；Pascarella & Terenzini，1991）。佩里的理论所引发的研究表明，学生们开始善于论证那些没有明确解决方案的问题，辨别复杂问题中对立各方的优势和劣势，反思自己的思维品质。他们的态度和价值观也开阔了。他们对文学、表演艺术及哲学和历史问题的兴趣增强，更能包容民族和文化的多样性。《伯克毕生发展心理学：从 0 岁到青少年》第 12 章讲到，大学还可以促进青年对人权和人类幸福的关注而影响其道德推理。此外，接触多种世界观，使年轻人能更清醒地认识自己。在大学期间，学生的自我理解力大大提高，自尊得到增强，自我同一性也更稳定。

这些相互关联的变化是怎样发生的呢？年轻人就读的大学类型——公立或私立、录取条件的严与宽——对心理发展乃至最终的事业成功和收入几乎没有影响（Montgomery & Côté，2003）。就读于两年制社区学院的学生和四年制大学的学生在认知发展方面取得同样大的成就（Bohr et al.，1994）。

大学的影响是由个人投入学习和课外活动以及大学环境的丰富性和多样性共同决定的。学生在课内课外与同伴交流越多，受益就越大。住在学生宿舍是认知发展的最稳定的预测因素之一，因为它使学生最大限度地参与到教育和社会机构体系中来（Terenzini，Pascarella & Blimling，1999）。这些发现提示，应该制定相应的教育方案，把走读生融合到大学生活中去。学习经历的质量也会影响上大学的结果。学生积极努力地投入课堂学习，体现在各 454
门课程中的挑战性教学，与教师的频繁接触，课堂学习与实践活动的相结合上，这些都给学生心理带来很大益处（Franklin，1995）。

2. 辍学

完成大学学业对一个人今后的机会和世界观有持久影响。在北美，两年制大学的辍学学生达到 45%，四年制大学达到 30%，其中多数在一年级辍学，一些人在入学 6 周内就辍学了（ACT，2005）。选拔标准较低的学校辍学率较高；有些学校的新生辍学率达到 50%。来自低社会阶层的少数族裔学生，辍学的可能性较大（Montgomery & Côté，2003）。

个人和学校因素都可能造成辍学。大学新生往往对大学生活抱有很高的期望，但是他们完成这一过渡并不容易。适应困难的学生一般是因为缺乏学习动机，学习技能差，有经济压力，或在情感上过分依赖父母，他们很快就对大学环境产生消极态度。这些学生往往比较退缩，不和他们的指导老师或教授见面。有些学校没有采取预备性课程和其他措施来帮助有退学危险的学生，这些大学的辍学率也较高（Moxley，Najor-Durack & Dumbrigue，2001）。另外，当学生因为其种族和信仰而在校园里“不被尊重”时，他们继续学习的愿望直线下降（Zea et al.，1997）。

在青少年早期就培养一些必需的观念和技能，对顺利完成大学学业很有好处。对近700名青少年从六年级到中学毕业后两年的追踪研究表明，在各年级的平均分数、学业自我概念、面临挑战时的坚持性、父母的社会经济地位、学校的教育理念、想上大学的动机，这些因素可以预测20岁时是否能被大学录取（Eccles，Vida & Barber，2004）。《伯克毕生发展心理学：从0岁到青少年》第11章和第12章讲到，虽然父母的社会经济地位很难改变，但是我们有各种办法可以改善父母的态度和行为，改进学生的学习动机和上学读书的愿望。

学生进入大学后，给他们以帮助，尤其是入学前几周和第一年提供帮助是很关键的。促进师生联系，提供学习辅导、兼职机会、有意义的课外活动能够提高学生坚持学习的比例。学校里的社团和宗教组织对增强少数族裔学生的归属感能起到很大作用（Fashola & Slavin，1998）。如果一个大学生觉得，自己在大学这个集体里被当作独立的人而受到了关注，他就更可能坚持到毕业。

四、职业选择

年轻的成人，无论上没上过大学，都面临着一个重要的生活抉择：选择合适的工作。成为一名有创造性的就职者要求具有许多品质，这些品质也是作为一个积极公民和孩子的父母所必备的，即良好的判断力、责任心、奉献精神和协作精神。哪些因素影响着年轻人的职业选择？从学校向工作岗位的过渡是怎样发生的？决定这一过渡难易的因素有哪些？

1. 职业选择

在具有无穷多就业机会的社会中，职业选择是在青少年期之前就已开始的渐进过程。多数学者认为，年轻人的职业发展过程经历下面几个阶段（Gottfredson，2005；Super，1990，1994）：

- **幻想期**（fantasy period）：在幼儿期和小学期，儿童通过对未来职业的幻想接触职业选择问题。他们对职业的偏好在很大程度上受其对职业的熟悉度、职业的吸引力和刺激性的影响，与他们最终做出的选择几乎无关。
- **尝试期**（tentative period）：在11～16岁之间，青少年开始仔细思考职业问题。起初是根据兴趣，后来他们慢慢懂得了不同职业对个人条件和受教育状况的要求，于是开始根据自己的能力和价值观来思考。莎丽丝在高中毕业时想："我喜欢科学和科学发现过程。""但是我也喜欢和人打交道，我想做些能够帮助别人的事情。因此，教育或医学也许能满足我的需要。"
- **现实期**（realistic period）：20岁前后，年轻人将要面临成年期的经济问题和实际生活，他们逐渐缩小职业选择范围。选择职业的第一步是进行深入探索，收集各种职业是否适合自己的信息。在最后的阶段，明确期，他们聚焦于一般职业分类，并且在确定某一职业前，花一段时间去体验。例如，莎丽丝在大学二年级的时候，对科学很感兴趣，但是她还没有选择专业。如果她决定选化学专业，她就要考虑自己是否还要从事教学、医学或者公共卫生。

2. 影响职业选择的因素

多数人的职业发展遵循上述的发展模式，但是有少数人例外，他们很早就知道自己将来要做什么，并朝着这一职业目标前进。有些人决定之后又改变主意，有些人则长期犹豫不决。大学生有充分的时间去探索各种选择。但一些社会经济地位低的年轻人的生活状况则限制了他们选择的范围。

这两个女性已经实现了她们的职业目标，在公司里拥有一份稳定、高收入、责任重大的工作。她们很可能来自一所重视女性成就并提供支持性环境来考察其能力的大学。

455 做出职业选择不仅是一个理性过程，年轻人须根据所选职业权衡自己的能力、兴趣和价值观；和其他发展转折点一样，职业选择还是个人与环境之间动态互动的过程（Van Esbroeck，Tibos & Zaman，2005）。许多因素影响着最终的决定，包括人格、家庭影响、教师、性别成见等等。

（1）人格

人们可能会投身于可以完善其人格的职业。约翰·霍兰德（John Holland，1985，1997）划分出六种影响职业选择的人格类型：

● 探究型，喜欢理论探索，可能选择科学方面的职业（例如人类学家、物理学家或工程师）。

● 社会型，喜欢与人打交道，倾向于选择人事服务性工作（咨询、社会工作或教学）。

● 现实型，喜欢处理现实生活中的问题，喜欢与物打交道，倾向于选择机械行业（建筑、管道工程或调查）。

● 艺术型，情感丰富，具有强烈的自我表达需要，喜欢艺术领域的职业（写作、音乐或视觉艺术）。

● 契约型，喜欢有条理的工作，注重物质财富和社会地位，适合于商业领域的职业（会计、银行业或质量监管行业）。

● 进取型，勇于冒险，善于说服人，是很强势的领导，倾向于做销售、管理或从政。

研究表明，在各种文化中，这六种人格类型都和职业选择有类似的相关，但这种相关只达到中等程度。一些人兼有几种人格特征，能在多种职业中发挥出色（Holland，1997；Spokane & Cruza-Guet，2005）。此外，职业选择还受到家庭背景、受教育机会和当前生活环境的共同影响。例如，莎丽丝的朋友克里斯蒂在霍兰德的“探究型”人格维度上得分很高。但是，因为结婚生孩子较早，她把自己当大学教授的梦想放在一边，选择了对教育程度要求不高的人事服务工作。克里斯蒂的例子说明，人格对职业选择只起到一半的作用。

（2）家庭影响

年轻人的职业取向与其父母的职业密切相关。在社会经济地位较高的家庭中长大的人更可能选择地位较高的白领职业，如医生、律师、科学工作者和工程师。而低收入阶层的人一般会选择地位较低的蓝领职业，例如管道工、建筑工人、餐饮业服务员或者秘书。亲子之间的职业相似性在一定程度上是人格、智力，尤其是教育程度相似性的结果（Ellis & Bonin，2003；Schoon & Parsons，2002）。当前，受教育年限比以前能更好地预测职业地位。

还有一些因素使家庭成员之间所选择的职业相似。社会经济地位较高的父母更可能给孩子提供有关职业的重要信息，也更可能与那些能帮助孩子获得较高职位的人有来往。一项关于非洲裔美国母亲对女儿学业和职业目标的影响的研究表明，上过大学的母亲会更多地参与到帮助女儿进步的活动中来，例如搜集学校及其所在地的信息，寻找能帮上忙的资深人士（Kerpelman，Shoffner & Ross-Griffin，2002）。父母的教养行为还有助于培养与职业有关的价值观。《伯克毕生发展心理学：从 0 岁到青少年》第 2 章曾讲过，社会经济地位较高的父母常常促进孩子好奇心和独立性的发展，这是许多地位高的职业所需要的。而社会经济地位较低的父母更强调听话和遵从。最终，年轻人可能选择了与上述价值观一致的职业。

父母可能会激发更远大的理想。父母要求孩子好好学习，鼓励孩子选择地位高的职业，这些因素对职业成就的预测作用超过了社会经济地位的作用（Bell et al.，1996）。

（3）教师

准备或已经从事需要受过高等教育的职业的年轻人通常报告说是教师影响了他们的选择（Bright et al.，2005；Reddin，1997）。最后进入大学的中学生一般比其他人与老师的关系更亲近，这种关系可能促使年轻女性树立起远大的职业理想（Wigfield et 456
al.，2002）。之所以要促进积极的师生关系，尤其是对那些来自低社会阶层的中学生，上述研究结论正是原因之一。教师对学生的鼓励，以及教师本人的榜样力量，是年轻人积极向上的力量源泉。

（4）性别成见

过去 30 年，年轻女性对男性所从事的职业表现出越来越大的兴趣（Gottfredson，2005）。由于母亲就业者大量增多，她们成了自己女儿的就业榜样，人们对性别角色的态度也在发生变化，这也是女性开始从事非传统职业的原因。

但是女性进入男性主导行业并精于其道的进程一直比较缓慢。如表 1.2 所示，1983—2005 年，美国女性在工程师、律师、医生和商业主管等职位中所占比例有所提高，但还远没有达到一半。女性仍主要从事收入较低的传统女性职业，如文秘、社会工作、教育和护理等（U. S. Census Bureau，2006b）。在几乎所有的行业中，女性的成就都落后于男性，男性撰写的著作、科学发现、所占的领导岗位以及所创作的艺术作品都多于女性。

表1.2 1983年和2005年美国女性在不同行业所占的百分比

职业	1983	2005
工程师	5.8	9.2
律师	15.8	29.4
医生	15.8	29.4
商业主管	32.4	36.7[a]
作家、艺术家和演艺人员	42.7	47.8
社会工作者	64.3	77.7
小学和九年制学校教师	93.5	81.3
中学教师	62.2	55.3
大学教师	36.3	46.0
图书馆、博物馆管理员	84.4	83.2
护士	95.8	92.2
心理学工作者	57.1	66.7

[a] 该比例包括各层次的行政管理人员。在大公司高管中女性只占23%，虽然该数字在过去20年增加了6倍。

资料来源：U. S. Census Bureau，2006b.

能力并不能说明上述显著的性别差异。《伯克毕生发展心理学：从0岁到青少年》第11章讲到，女性在阅读和写作上有优势，男性在数学上的优势也很小。但是，性别成见起着关键作用。虽然女孩在中学的成绩高于男孩，但是她们对自己的能力缺乏自信，并可能低估自己的成绩（Wigfield et al.，2002）。

在大学期间，学习成绩优秀的天才女性的职业选择志向进一步降低。一项研究对中学毕业生进行了长达10年的追踪。到大学二年级时，由于对自己的能力产生疑问，并且想兼顾工作和抚养孩子，女生一般会选择要求较低的职业（Arnold，1994）。

女性对在男性主导职业上取得成功的不自信也大大限制了她们的职业选择。研究表明，许多有数学天分的大学女生选择了非科学专业。即使选择科学专业，与男生相比，她们也只是选择医学或卫生专业，很少选择工程、数学或物理专业（Benbow et al.，2000）。

这些研究结果表明，我们亟需一些项目，促使中学和大学的人事部门重视激励女生树立并保持较高的职业志向，帮助她们解决选择非传统职业时面临的特殊困难。当女生接受过就业指导，被鼓励树立与其能力、兴趣和价值观相适应的目标后，她们的职业志向就会提高。研究发现，那些成就卓著的女性大多有以下四种经历：

- 注重女性成就的大学环境以及促进女性体验的课程；
- 经常与所选专业的教师、专业人员交流；
- 在支持性环境中有机会检验自己的能力；
- 有能够妥善处理家庭—职业角色冲突的成功女性做榜样。（Pascarella et al.，1997；Swanson & Fouad，1999）

与女性相比，男性在对非传统职业的兴趣上变化很小。本节的“社会问题”专栏，介绍了那些选择女性主导行业的男性的动机和经历。

专栏 社会问题

工作中的男子气：选择非传统职业的男性

罗斯在大二时从工程专业转到护理专业，这震惊了他的家人和朋友。“我从不走回头路，”罗斯说，“我喜欢护理工作。”他解释了男人在女性世界工作的一些好处，包括女同事的关注和迅速的进步。“但是外面的人一听说我是干什么的，就质疑我的能力和男子气概。”罗斯失望地说。

什么因素影响了像罗斯这样人数很少却一直在增多的男人进入女性占主导的职业？

对几百个男生在大一时进行测验，四年后再测，结果发现，选择传统女性职业的男生比选择传统男性职业的男生，其社会态度，尤其是对性别角色的态度更开放。他们在选择职业时不看重职位威望，也不想接受研究生教育（Lease，2003）。他们的性别观念的适应性使他们选择自认为满意的职业，哪怕别人认为这些工作不适合男性。

另一项研究的对象是从事教师、护士、飞机乘务员和图书馆员的40位男性，问他们为什么选择这些职业，他们说了各种缘由（Simpson，2005）。有些是主动选择，有的属于巧合，还有的是先干了别的职业（通常是男性占主导的），觉得不称心，就进入了现在的行业。

这些男性也强调了罗斯的观点：因为同事中男性很少，所以女同事们常常认为他们很渊博。他们也有机会很快地升到管理层，虽然许多人不求提升（Simpson，2004）。一位男教师说：“我只想做一个好老师。这有什么？”此外，在接受培训和工作中，所有男性都说，他们感到被社会接纳，与女性一起工作很放松、很惬意。

但是当让他们说说别人对他们选择职业的反应时，许多男性表达了怕被别的男人而不是女人笑话的焦虑，他们说女性一般都能接纳他们。为了减轻这种焦虑，他们经常淡化其工作的女性特征来描述他们的工作。几个图书管理员说他们的头衔是“信息科学家”或者“研究员”，来强调其工作对技术的要求。教师则强调他们工作中体育运动的一面。护士有时会用一些特殊的“肾上腺素急升”的情况，如事故、急诊等，使自己远离女性工作的本色。

虽然有压力，但这些男性都从他们的非传统职业中获得了快乐和自尊。和罗斯一样，他们的高自我满足感超越了其工作的女性印象给他们带来的不安。

越来越多的男性和这位空中服务生一样，进入了非男性传统行业。虽然他们担心由于他们的“女性”职业选择而被别的男人笑话，但是多数人都报告说在工作中感受到社会接纳。由于在周围同事中女性多、男性少，所以他们很快会升到管理层。

3. 未上大学的年轻人的就业准备

莎丽丝的弟弟莱昂是一所职业中学的毕业生。与近 1/3 的有中学文凭的北美年轻人一样，他不打算上大学。上学期间，莱昂找了一份兼职，在当地一家购物中心卖糖果。他希望毕业后找一份
457 资料处理方面的工作，但是 6 个月后，他仍然是糖果店的一名业余职工。虽然莱昂填写了许多职业申请表，但他都没有得到面试或录取通知。他对学业和职业之间的联系大失所望。

莱昂找工作时的力不从心与他作为学生找工作时的感觉不同，这对北美未上大学的中学毕业生来说很有代表性。虽然与辍学青年相比，他们找到工作的机会更多，但是与几十年前相比，他们的工作机会少多了。近来，没有读大学的中学毕业生找不到工作的，加拿大约为 15%，美国约为 20%（Statistics Canada，2004；U. S. Department of Education，2005b）。即使找到工作，多数人也仅限于临时的、低收入的、非技能型工作。另外，从学校
458 走向工作岗位，他们几乎毫无选择地求助于就业指导和就业安置机构（Shanahan，Mortimer & Krüger，2002）。

北美的雇主普遍认为，近期的中学毕业生没有为需要技能的工商业和手工业做好准备。这个结论确有一些事实依据。《伯克毕生发展心理学：从 0 岁到青少年》第 11 章讲到，与欧洲不同，美国和加拿大没有针对未上大学的青年人的全国性职业教育体制。因此，大多数中学毕业生缺乏工作技能，不得不经历一个持续几年的“挣扎期”（Grubb，1999）。奥地利、丹麦、瑞士和几个东欧国家的教育中，把职业培训和学校学习结合起来，形成了良好的职业教育体系，可作为美国和加拿大教育改革的重要借鉴。本节的“文化影响”专栏介绍了德国先进的职业教育体制。

把学校学习和工作结合在一起好处很多，它 459
有助于那些未上大学的年轻人毕业后投入富于建设性的生活，激励那些可能辍学的青年坚持学业，促进国家经济的发展。但是，实施职业教育体制也有很大困难，必须解决雇主不愿承担职业培训责任的问题，确保学校和企业之间的协作，防止低社会经济地位的青年处于低技能的学徒位置，这个困难就连德国也没有完全解决（Hamilton & Hamilton，2000）。当前，美国和加拿大一些小规模的半工半读项目正在试图解决这些问题，在学习和工作之间搭建桥梁。

职业发展是一个持续终生的过程，其中青少年期和成年早期是确立职业目标和创业的关键时期。为了过上收入高和令人满意的生活，年轻人必须为此付出努力，因此，他们更可能成为富于创造性的公民、乐于奉献的家庭成员和知足长乐的成年人。家庭、学校、企业、社区和社会的支持作为一个整体，对这样的结果富有重要责任。我们将在第 2 章讨论创业过程中所遇到的挑战，并把它与日常生活中的其他任务结合起来。

专栏 文化影响

德国的半工半读教育制度

罗尔夫，德国职业学校的 18 岁学生，是因产品质量好而闻名世界的大企业勃兰特公司的一名学徒。和德国很多企业一样，勃兰特公司有非常完善的职业教育体制，包括专业培训人员、多间教室和一个装有最新设施的学习实验室。学徒至少在企业里的 10 个部门流动，每个部门都是为了满足他们的学习需要而精心挑选的。罗尔夫已经在采购、仓库、生产、人事、市场、销售、财务部门实习过。现在他在成本会计那里，帮助主管赫尔斯坦设计一个管理存货的计算机控制系统。

罗尔夫在热爱工作又诲人不倦的师傅的指导下，投入了既复杂又困难的项目。罗尔夫每周有两天去高等职业专科学校上课，那是一所半工半读的职业学校。罗尔夫在工作中需用到大量的学习技能，包括读、写、问题解决和逻辑思维。他在课堂上学的东西都是与他每天的工作直接相关的（Hamilton & Hamilton，1999；Shanahan，Mortimer & Krüger，2002）。

德国拥有世界上最先进的为年轻人进入现代工商业做准备的职业教育体系。大约 40% 的德国年轻人参与其中。没有进入以知识学习为主的普通中学的德国青少年，一般在 15～16 岁完成职业教育，但是义务教育持续到 18 岁。他们用这两年的时间到职业专科学校上课，这些学校都和一些公司和企业的职业教育体制挂钩。学生在那里接受广泛的蓝领和白领职业训练，其行业超过 400 个，接近 2 万个工种。职业教师和雇主共同为每个学徒制订学习计划。完成训练并通过考试的学徒就获得技工资格，并领取该职位的工资。企业提供培训和资金支持，因为他们深知学徒制可大大增加工人的竞争力和贡献（Heinz，1999b）。

德国的学徒制为没有进入大学读书的青年提供了从学校向职场过渡的平稳而满意的途径。对 2 200 名德国职业技术学校毕业生和英国中学毕业生（英国没有全国职业教育体系）的早期从业途径的追踪研究表明，在进入劳动力市场的前 5 年，德国的男性和女性的工作变动和失业时间少得多（Scherrer，2001）。许多学徒当即就被培训他们的公司录用。其他多数人也在同类行业找到了工作。如果想换工作，职业学校毕业证书非常管用。很多雇主愿意投资，用于员工培训，以满足公司的需要。此外，优秀的年轻雇员可以从一些专门的促进项目获得政府资助，拓展他们的职业教育（Buchman，2002；Kerckhoff，2002）。

德国的年轻人在 18～20 岁就确立了稳定、有发展空间而且收入不错的职业，使他们获得和成人一样的尊严和地位。德国的职业教育制度的成功以及奥地利、丹麦、瑞士和几个东欧国家相似制度的成功提示我们，加拿大和美国的一些全国性职业教育项目也可能促进年轻人从学校向工作的过渡。

德国拥有世界上最先进的职业教育体系，为没有读大学的青年进入工商业并得到一份收入不错的职位做准备。这几个厨师学徒正在一个设备先进的专业厨房里接受一名高级厨师的培训。

思考题

复习 学生和学校的哪些特征有助于大学时期积极的心理变化？

应用 黛安娜是一个高中生，她知道自己想“与人打交道”，但是心目中还没有一个明确的职业。黛安娜的父亲是化学教授，母亲是社会工作者。黛安娜的父母该怎样扩展她对职场的认识，帮助她建立一个职业目标？

联结 在前面章节中，你学习了哪些有关性别成见的发展的知识？怎样用这些知识来解释女性进入并精通男性主导职业的进程缓慢？（提示：可参考《伯克毕生发展心理学：从 0 岁到青少年》第 10 章）

反思 说说你选择职业的历程。哪些个人和环境因素影响了你的选择？

本章要点

前言 一个渐进的过渡：成年初显期

什么是成年初显期？文化的变化是如何影响这一时期的出现的？

■ 在**成年初显期**，18～25 岁的年轻人脱离了父母的管束，但是还没有进入成人的角色。年轻人不断地变换教育途径、工作、恋人，在很大范围内尝试探索，因此延缓了同一性的发展。

■ 由于进入许多领域都要求具备比过去更高的教育水平，经济繁荣减少了对年轻劳动力的需求，以及全球化的进程，这些条件推动了成年初显期的出现和蔓延。

第一部分 生理发展

一、生物学老化已经在成年早期开始

讲述了生物学的老化理论，分别从 DNA 水平、细胞水平、组织器官水平介绍了相关理论。

■ 身体各组织的能力和效率在十几岁、二十几岁达到峰值之后，**生物学老化**或**衰老**就开始了。特定基因的编程效应控制着因年龄增长相应的 DNA 和体细胞的生物学变化。随机变化的累积也可能破坏 DNA，导致细胞修复和替代的有效性降低，或者产生异常的癌细胞。

■ 高反应性**自由基**的释放是与年龄相关的 DNA 和体细胞损坏的一个可能原因。生物学老化可能是特定基因的编程效应和破坏细胞的随机事件共同作用的结果。

■ 基因的和细胞的破坏影响器官和组织。**交联衰老理论**认为，随着年龄增长，蛋白质纤维相互交叉联结，弹性降低，导致许多器官的消极变化。内分泌系统和免疫系统的衰退也可能导致老化。

二、身体变化

讲述了老化的身体变化，包括心血管系统和呼吸系统、运动能力、免疫系统、生殖能力。

■ 身体变化在成年早期渐进展开，后期加速。一个明显表现是运动时的心肺机能降低。过去半个世纪，因生活方式的改进和医学发展，心脏病发病率已大幅降低，但心脏病仍是成年人死亡的主要原因。动脉硬化是一种严重的、多因素决定的心血管病，其病因是脂肪在动脉壁上出现堆积。

■ 需要速度、爆发力和身体协调性的运动能力在二十出头达到顶峰；需要耐力、手臂稳定性和瞄准能力的运动在 30 岁前后达到顶峰。随年龄增长，体育技能和运动成绩下降的原因，主要是消极生活方式，而不是生物学老化。

■ 青少年期的免疫反应增强，20 岁以后开始下降。这种趋势在一定程度上由胸腺萎缩所致，应对生理和心理压力的困难加大也有一定影响。

■ 女性 35 岁以后因为卵子的数量和质量降 460
低，生育能力急剧下降。男性 40 岁以后，每次射精时的精液和精子数量逐渐下降。

三、健康与健身

讲述了社会经济地位、营养和锻炼对健康的影响，讨论了成年期肥胖问题。

■ 经济宽裕、受过良好教育的人们在成年生活中的大部分时间保持着良好的健康状况，而收入和受教育程度较低的人们的健康状况则随年龄增长而下降。造成与健康相关的生活状况和生活习惯不同的主要原因是社会经济地位的差异。

■ 超重和肥胖在西方国家急剧增长。当今，美国人是世界上最重的人。社会经济地位低的少数族裔受到的影响最大。久坐的生活方式、高糖高脂肪的饮食习惯是肥胖的原因，肥胖与严重的健康问题、社会歧视和早亡有关。

■ 一些人在 25～50 岁之间因**基础代谢率**的下降而体重增加，但是许多年轻成人体重大幅增长。对付肥胖的好办法主要有低脂肪饮食加上锻炼、严格控制饮食、社会支持、学习问题解决技能和长期干预。

■ 坚持锻炼能减少体内脂肪，锻炼肌肉，预防疾病（尤其是心血管病），增强心理健康。身体活动与较低的死亡率有关。经常进行中等强度的锻炼对健康有益，锻炼强度加大，益处也增大。

两种最常被滥用的致瘾物是什么？它们会带来哪些健康危害？

■ 烟与酒是成人最常被滥用的两种致瘾物。多数吸烟的成年人在 21 岁之前开始吸烟。他们面临一些健康问题风险，包括眼和皮肤异常、骨质疏松、生育问题、心脏病、中风、各种癌症和早亡。

■ 大约1/3的酗酒者为酒精中毒所困，遗传和环境在其中共同起作用。和酗酒有关的疾病有肝病、心血管病、癌症、生理紊乱，酗酒还和一些社会问题相关，如车祸、犯罪和强奸。

描述了年轻成人的性态度和性行为，讨论了性传播疾病、性胁迫和经前综合征。

■ 多数成年人的性行为并没有媒体宣传得那么活跃，但是与前几代人相比，他们的性选择和生活方式更宽泛，性伴侣也较多。但是，多数人在一生的大多数时间只有一个伴侣。

■ 忠于伴侣的成人报告说对性生活很满意。只有很少的成人报告说有持续的性问题，这些问题与低社会经济地位、压力、有多个性伴侣、儿童期遭受过性虐待、成年期遭受过性侵犯相关。

■ 对待同性恋的消极态度已经开始转变，原因主要是社会更开放，同性恋者扩大了人际交往。同性恋者和异性恋者有相似的特点，如伴侣的教育和背景相似、对忠诚关系很满意、适度的性行为等。

■ 许多北美人有可能在生活中感染某种性传播疾病（STD），女性比男性更容易感染。艾滋病仍主要集中在同性恋和静脉注射者中，但它在同性恋者中的发病率正在降低。目前，艾滋病在吸毒现象严重的贫困少数族裔地区通过性传播迅速蔓延。目前亟需由女性控制的预防措施。

■ 多数强奸受害者是被她们熟悉的男性所害的。实施性侵犯的男性往往持传统的性别角色观念，赞同对女性实施暴力，且不能准确解释女性的社交行为。文化对强烈性别成见和暴力的宽容，助长了性胁迫现象。女性发起的性胁迫也有发生，但往往很少被报告和被法律系统承认。

■ 将近40%的女性有**经前综合征**，多数属于中等程度。少数人的经前综合征严重到影响日常生活。遗传导致经前综合征易感性的证据正在增多。

心理压力是如何影响健康的？

■ 长期心理压力可引发心脏病、癌症和呼吸系统疾病。成年早期面临的诸多挑战使这一时期成为一生中的高压期，帮助有压力的年轻人建立支持性的社会联系非常必要。

第二部分　认知发展

一、思维结构的变化

描述了成年人的思维特点，阐述了成年期思维发生了怎样的变化。

■ 在皮亚杰所说的形式运算之后，认知发展进入**后形式思维**。成人认知的主要特点是，意识到真理的多元性，能把逻辑与现实加以整合，能够接受理想和现实之间的差距。

■ 依据佩里的**认知的认知**理论，大学生的认知从以对错判断事物的**二元论思维**过渡到接受真理多元性的**相对论思维**。最终，多数成熟的成年人发展到**自觉的相对论思维**，这种思维能把不同观点整合为一种新的、更合理的观点。

■ 促进认知的认知发展的，是能够鼓励年轻人对自己的思维过程进行理性反思的经验，这导致了元认知的产生。在此过程中，同伴协作解决难度大、条理性差的问题很有益处。

■ 依据拉伯威-维夫的理论，专业化的需要促使成年人从追求理想世界过渡到**实用性思维**，这种思维以逻辑为工具解决现实问题，能够接纳不一致性和矛盾性，并在需要时做出妥协。随着反思能力增强，成人的**认知—情感复杂性**增强，这 461
有助于把积极和消极情感协调成一个复杂而有条理的结构。

二、专长和创造力

专长和创造力在成人思维中发挥什么作用？

■ 读大学和就职中的专业化导致**专长**，即掌握了某一领域或行业的广泛知识，它使问题解决能力增强，也是创造力所必需的。成熟的创造力须能提出有意义的新问题。创造力的发展趋势是在成年早期逐渐增强，到40岁前后达到顶峰，但是其发展因学科和个体的不同而不同。除了专长，各种个人和情境因素也对创造力发展起作用。

三、大学生活

描述了上大学对年轻人生活的影响，讨论了辍学问题。

■ 课程学习和校园生活使大学生在探索中掌握知识和推理能力，改变态度和价值观，增强自尊和自我认识，为获得较高的职位做准备。

■ 选拔标准较低的学校和来自低社会经济地位家庭的少数族裔学生的辍学率较高。辍学大多发生在大学一年级，因个人和学校原因所致。以关心和尊重为目的的干预能降低这些学生的辍学率。

四、职业选择

介绍了职业选择的发展历程及影响职业选择发展的因素。

■ 职业选择的发展经历三个阶段：**幻想期**，儿童通过游戏接触职业选择；**尝试期**，青少年根据自己的兴趣、能力和价值观尝试不同的职业；**现实期**，年轻人先选定一个职业类型然后确定一个具体职业。

■ 职业选择受人格、父母提供的受教育机会、职业信息、受到的鼓励、与教师的亲密关系等因素的影响。女性进入男性主导职业的进展缓慢，且女性在几乎所有行业的成就都落后于男性。关于女性能力的性别成见妨碍了女性发挥其职业潜力。虽然一些男性选择了女性占主导的职业，但这种现象还不普遍。

北美未读大学的年轻人为职业做准备时面临哪些问题？

■ 北美没有读大学的中学毕业生比几十年前的中学毕业生就业机会更少，且大多限于低收入、非技术性工作，很多人找不到工作。受西欧国家职业教育体制的启发，满足中学毕业生需要的职业培训可作为美国和加拿大教育改革的重要借鉴。

重要术语和概念[①]

basal metabolic rate（BMR）（p. 438）基础代谢率

biological aging，or senescence（p. 431）生物学老化或衰老

cognitive-affective complexity（p. 451）认知—情感复杂性

commitment within relativistic thinking（p. 450）自觉的相对论思维

cross-linkage theory of aging（p. 432）交联衰老理论

dualistic thinking（p. 450）二元论思维

emerging adulthood（p. 430）成年初显期

epistemic cognition（p. 450）认知的认知

expertise（p. 452）专长

fantasy period（p. 454）幻想期

free radicals（p. 432）自由基

postformal thought（p. 450）后形式思维

pragmatic thought（p. 451）实用性思维

premenstrual syndrome（PMS）（p. 447）经前综合征

realistic period（p. 454）现实期

relativistic thinking（p. 450）相对论思维

tentative period（p. 454）尝试期

① 在每一章的这一部分，英文术语后的页码为英文版页码，即本书边码。以下不再一一注明。——译者注

这对年轻夫妇的亲密互动显示他们正处在激情的爱之中。不过前面还面临着很多需要适应的东西。持久的亲密伴侣需要努力、妥协、敏感和相互尊重。

第2章
成年早期的情绪与社会性发展

463 获得硕士学位后，莎丽丝回到家乡，她要在家里和厄尔尼结婚。之前，在他们一年的约会时间里，莎丽丝曾对两人是否继续交往犹豫不决。有时候，她还挺羡慕单身一人、可以自由选择各种职业的海泽尔。

莎丽丝还对比了克里斯蒂和她丈夫加里的生活状况，他们在大学三年级时结婚，随后几年生了两个孩子。虽然克里斯蒂教学方面表现不错，但由于和中学校长关系紧张，她教了一年就辞职了。经济压力和做妈妈的压力推迟了克里斯蒂的读书和职业规划。莎丽丝想，是否有可能同时兼顾家庭和事业？

随着婚期的临近，莎丽丝的思想矛盾日渐加剧，她向厄尔尼坦言说自己觉得还没准备好结婚。厄尔尼对莎丽丝的欣赏在他们恋爱中得以升华，他再次向莎丽丝做出爱的承诺。厄尔尼的事业已经起步，28岁时，他期盼着能成一个家。莎丽丝的内心却充满矛盾，举棋不定，但随着亲戚、朋友和贺礼的到来，她感到自己正走向圣坛。终于在约定的那一天，她步入了婚姻殿堂。

本章将讨论成年早期的情绪与社会性问题。第1章曾提到，同一性发展仍旧是**成年初显期**的主要任务。生活背景不同的18～25岁的大量被调查者在回答“做一个成年人意味着什么”时，大多强调了心理上的成熟，尤其是要实现自立：对自己的行为负责任，确定个人信仰和价值观，与父母建立平等关系，在经济上逐步独立（Arnett，2006）。受集体主义文化熏陶的年轻人对获得各种确定的角色尤其重视。例如，非洲裔和西班牙裔的年轻人认为，供养和照顾家人是成年的重要标志（Arnett，2001，2003）。

当年轻人形成了稳定的同一性并从父母身边 464
独立出来后，他们就开始寻求亲密的情感联系。然而，在20～29岁这10年里，人们却不断感到只有自己一个人在掌控生活中的所有事。他们报告说，他们从未感到如此强烈的控制感，这种感觉以后也不会再有了（Grob，Krings & Bangerter，2001）。或许正因为如此，就像莎丽丝一样，年轻人很怕失去自由。

一旦这一冲突得到解决，成年早期将导致成家立业做父母，这些都要在生活方式多样化的背景中完成。与此同时，年轻人必须精通自己所从事职业的各项技能。我们将讲到，同一性、爱情和工作是相互交织在一起的。在协调这些问题的过程中，年轻人比其他年龄段的人要做出更多的选择、规划以及方向的改变。当他们的决定与他们自己以及他们的社会和文化协调一致时，他们就能获得很多新的能力，生活将变得充实而有价值。

一、埃里克森的理论：亲密对孤独

埃里克森的贡献推动了有关成人人格发展的研究。他的观点对当代所有理论都产生了影响。①埃里克森认为（Erikson，1964），成年的每一阶段都面临着机遇和危机，每个阶段“都是变得更好或更糟的转折点”（p. 139）。他的成年早期**亲密对孤独**（intimacy versus isolation）的心理冲突理论，在年轻人思想和情感上的反映就是要永远地投身于一个亲密伴侣。

莎丽丝发现，建立双方都满意的亲密关系是一个挑战。大部分年轻成人仍在解决同一性问题，只有很少人刚实现经济独立。但是亲密关系需要年轻成人放弃自己的一些独立，根据双方的价值观和兴趣重新确定自己的同一性。这些人在他们十几岁和二十出头时经常会说：自己还没为建立长久关系做好准备（Collins & van Dulmen，2006）。在结婚第一年，莎丽丝曾与厄尔尼分开两次，在此期间，她试着把自己既想独立又想要亲密关系的欲望进行协调。成熟意味着平衡这两种力量。缺少亲密关系，年轻人将面对埃里克森所说的成年早期的消极后果：孤独和自恋。厄尔尼的耐心和坚持帮助莎丽丝认识到，忠贞的爱情需要宽容和妥协，而不是一切由着自己性子来。

研究证实了埃里克森所说的，稳定的同一性有助于亲密关系的建立。对个人重要价值观和目标的努力使年轻人准备投身于另一个人，在成年早期，

① 关于埃里克森的理论的完整阐述，请参见《伯克毕生发展心理学：从0岁到青少年》第1章。——译者注

这种准备越来越完备（Kroger，2002）。在对大学生的大样本研究中，不论男女，他们同一性的实现都与忠实（在各种关系中的忠诚）和爱情有关。而同一性的延缓——为了把承诺付诸行动而不断探索的状态——对于忠实和爱情是不利的（Markstrom et al.，1997；Markstrom & Kalmanir，2001）。几项研究表明，同一性的快速发展预示着年轻人正投入强烈而坚定的恋爱关系，或已准备建立这样的关系（Craig-Bray，Adams & Dobson，1988；Montgomery，2005）。对女性而言，同一性和亲密感的协调更复杂，她们想得较多的，是个人目标对各种重要关系的影响（Archer，2002b）。

在朋友关系和工作关系中也是如此，同一性比较成熟的年轻人能与人合作，对人宽容，愿意接纳人们背景和价值观的差异。他们享受与别人在一起的时光，但独处时也很自在。而那些具有孤独感的人对建立亲密关系存有疑虑，他们害怕失去自己的同一性，他们喜欢竞争，不喜欢合作，不能接受人们之间的差异，在别人对他们过分亲密时，容易产生威胁感（Hamachek，1990；Marcia，2002）。

埃里克森认为，成功解决亲密对孤独的冲突可以使一个人为步入中年期做好准备，中年期的主要任务是繁衍，即为了社会进步而培育下一代。但如前所述，到什么年龄就必然完成什么任务，这并不能描述很多成人的具体情况。生孩子和养育孩子（繁衍的两个方面）通常是 20 多岁、30 多岁时的事情，通过工作为社会做贡献也是在这一时期开始的。而且，婚姻、养育子女和参加工作，这三者之间盘根错节，其中每件事在发生时间和具体投入上都有自己的特点。

总之，同一性、亲密和繁衍都对成年早期产生影响，但是不同的人侧重也不同。另一些理论家认为，埃里克森的理论只是提供了成人人格发展的大的框架，他们拓展和修正了其人生八阶段理论，使其更详尽、更灵活。

二、成人心理社会性发展的其他理论

在 20 世纪 70 年代，人们对成人发展的兴趣越来越大，在这一兴趣的推动下出版了几本有关这一话题的、为人们广泛阅读的专著。其中，丹尼尔·莱文森的《人生四季》（*The Seasons of a Man's Life*）（Daniel Levinson，1978）、乔治·魏兰特的《适应生活》（*Adaptation to Life*）（George Vaillant，1977）和《老年健康》（*Aging Well*）（George Vaillant，2002）展现了具有埃里克森风格的心理学理论。表 2.1 概括了三种理论的要点。

表 2.1　成人心理社会性发展阶段

发展时期	埃里克森	莱文森	魏兰特
成年早期（20～40 岁）	亲密对孤独	向成年早期过渡：17～22 岁 成年早期生活结构初建：22～28 岁 30 岁过渡：28～33 岁 成年早期生活结构确立：33～40 岁	亲密 职业确立
中年期（40～65 岁）	繁衍对停滞	向中年期过渡：40～45 岁 中年期生活结构初建：45～50 岁 50 岁过渡（50～55 岁） 中年期生活结构确立（55～60 岁）	繁衍 保持生活意义
老年期（65 岁以后）	自我完整对绝望	向老年期过渡：（60～65 岁） 老年期（65 岁至去世）	自我整合

1. 莱文森的人生四季理论

莱文森（Levinson，1978）对 40 个来自四种
465 职业（工厂小时工、商业主管、大学生物学家和
作家）的 35～45 岁的男性进行了深度传记式访谈。之后他还访谈了 45 位女性，年龄也是 35～45 岁，这些女性分属三种职业：家庭主妇、商业主管、大学教授。他的研究结果以及其他人的研究揭示了人们发展的一个共同变化历程，其中男性和女性在完成发展任务的方式上略有不同

（Levinson，1996；Roberts & Newton，1987）。

像埃里克森一样，莱文森（Levinson，1978，1996）把发展看作一系列各具特性的时期（阶段或季节）。在每一时期，生物学老化和社会压力都会带来新的心理挑战。每个阶段都始于一个过渡期，过渡期大约持续5年，发挥承前启后的作用。两次过渡期之间是一个稳定期，大约持续5～7年，在此期间人们开始构建协调个人需求和社会需求的生活结构，从而提高生活质量。之后，人们质疑现有的生活结构，并迎来新的过渡期。

生活结构（life structure）是莱文森理论的核心概念，它是一个人生活的基本设计，由这个人与重要他人的关系构成，这些重要他人包括个人、群体和组织。生活结构可以由许多部分组成，但只有与婚姻、家庭和职业有关的一小部分是生活结构的核心。不过核心部分和边缘部分的比重存在着很大的个体差异。

男性和女性对他们生活的报告证实了莱文森对生活过程的描述。他们的报告都显示，成年早期是“精力充沛但充满矛盾和压力”（Levinson，1986，p. 5）的时期。成年早期为爱情、性生活、家庭生活、职业发展等方面带来巨大的满足。但是一些人在不具备做出明智选择的经验之前，必须面对各种重要的决定，包括结婚、生孩子、工作和生活方式的选择。

（1）理想和引路人

年轻人是怎样处理这一时期的机遇和危机的？莱文森发现，在向成年早期过渡阶段，多数人形成了某种理想，即他们在成人世界中的自我意象，这种自我意象引导着他们的决策。对男性而言，理想指向在某一职业角色中的个人成就，而事业型女性则大多表现出“两全其美”的理想，在她们心目中，婚姻和事业同等重要。而且，女性的理想倾向于通过与丈夫、孩子和同事的关系来界定自我。男性的理想则具有更多的个人主义色彩：他们把重要他人，尤其是妻子，看作是其目标的重要支持者，却很少把自己看作是别人目标的支持者。

年轻人同样与那些有助于他们实现理想的引路人建立某种关系——这些引路人经常是工作中的年长同事，有时也会是一位经历丰富的朋友、邻居或亲戚。引路人会像老师一样教导年轻人，
466 提高他们的职业技能；引路人也可能是指导者，使年轻人了解职场内别人的价值观、习惯和个性特征；引路人也可能是激励者，鼓励年轻人在工作中不断进步。一般来说，在职业发展过程中，男性比女性更容易找到一位支持性的引路人。

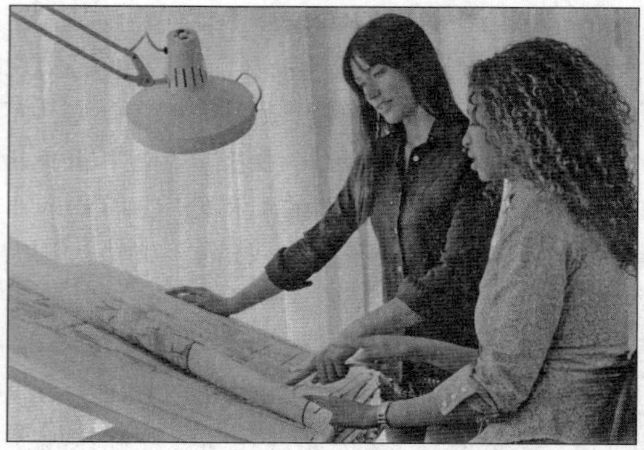

为了实现理想，年轻人必须靠身边的一位引路人来帮助他们掌握职业技能，形成职业价值观、良好习惯和个性特征。这些引路人经常向他们的人生规划提出积极的建议。

莱文森认为，倾向于选择高社会地位职业的男性，他们20多岁的时光是在学习各种专业技能、形成相应的价值观以及获得专业学位的过程中度过的。有些女性也遵循这一发展过程，但多数女性的职业发展一直持续到中年。有些专注于照养孩子的父亲，在职业发展中也出现滞后现象（Kogan & Vacha-Haase，2002；Levinson，1978，1996）。

（2）30岁过渡期

在30岁过渡期，年轻人重新评价其生活结构。以前专注于事业、现在仍单身的人，通常会关注于寻找一位生活伴侣。男性很少会颠倒职业和家庭的相对重要性，而事业型女性有时会这样做。

以前重视婚姻和做妈妈的女性往往会形成个人主义色彩较浓的目标。比如，克里斯蒂曾希望成为一个教授，她30多岁的时候，终于拿到了博士学位并得到一份大学教职。女性也开始意识到，她们婚姻中有些东西阻碍着她们渴望的独立性和进一步发展。已婚女性通常要求她们的丈夫接纳并支持她们在家庭之外的兴趣和志向。

对那些未能建立满意的亲密关系或职业成就的男性和女性，30岁过渡期可能是一场危机。还有些人往往质疑自己能否创建一个有意义的生活结构，对这些人来说，这将是一个充满矛盾和动荡的时期。

（3）男人稳定，女人动荡

为了建立成年早期的生活结构，男性一般会通过专注于确定的关系和志向而逐渐“稳定”下来，此时他们会把其他问题放在一边。正因为如此，他们尝试着在社会中构建稳定的生活，这种生活与他们的价值观相一致，他们可能追求财富、权力、威望、艺术或科学成就，也可能组建家庭或参加社区活动。例如，莎丽丝的丈夫厄尔尼在 30 多岁期间，扩展了房地产会计学方面的知识，成为他公司的股东之一，他还担任儿子所在足球队的教练，并被选为教堂财务主管。与 20 多岁时相比，厄尔尼花在高尔夫、旅游和吉他上的时间少了很多。

然而，“稳定”并不能准确地描述女性 30 多岁时的生活。很多女性由于把时间花在职业和人际关系上，生活仍不稳定。在两个孩子出生后，莎丽丝感到自己在州卫生部的研究工作与家庭之间扯来扯去。每个孩子出生后她都休假 6 个月。回到工作岗位后，莎丽丝没有去竞争富有吸引力的管理职位空缺，因为这一职务经常出差，没法顾及家庭。克里斯蒂在任教后不久，和加里离了婚。在职业生涯开始的同时又成为单身母亲，这些都给克里斯蒂带来新的压力。很多女性直到中年才逐渐稳定下来，而男性在 30 多岁时就已过上了安定日子，他们在职业上达到成熟，并在社会上获得更多权威地位（Levinson，1996）。

2. 魏兰特的适应生活理论

魏兰特（Vaillant，1977）对 20 世纪 20 年代出生的近 250 位男性的发展状况进行了研究，研究始于这些男性的学生时代，当时他们就读于竞争激烈的文科大学，之后魏兰特对他们进行了长达数十年的追踪研究。在大学期间，魏兰特对这些被试进行了大量的访谈。之后每隔 10 年，他们都要填写各种问卷。在这些男性 47 岁、60 岁和 70 岁时，魏兰特（Vaillant，2002）又对他们进行了访谈，询问他们的工作，家庭及身体、心理健康等等。

魏兰特并没否认存在一个严格的与年龄相关的变化时间表，他的理论与莱文森的理论是一致的。二者都认为，与重要人物关系的品质影响人生道路的形成。在对男性如何改变自己和社会以适应生活的研究中，魏兰特证实了埃里克森的阶段论，并对各阶段存在的间隙进行了补充。这些被试在 20 多岁追求亲密关系的时期过后，30 多岁时开始关注事业的稳定，他们努力工作，并在工作中取得成绩。40 多岁时，他们不再关注个人成就，而是更关心晚辈——给予他人帮助和指导。到 50～60 多岁时，他们成为“生活意义的保持者”，或是文化的护卫者，表现出对下一代价值观和他们所在社会状况的关注。很多被试感到亟须通过教育来保护和传承文化传统，这些是他们从生活中亲身体会到的（Vaillang & Koury，1994）。最后，在 70 多岁时，这些男人更关注内心世界并变得更具反思性，他们思考人生的意义，并接受其局限性。

魏兰特的研究最初仅限于男性，后来他又对一些接受过良好教育的优秀女性的发展状况进行了终生的追踪考察。魏兰特的研究结果以及其他一些研究表明，女性所经历的变化与上面提到的男性变化具有相似性（Block，1971；Oden & Terman，1968；Vaillant，2002）。

3. 莱文森和魏兰特理论的局限性

虽然两位心理学家对成人发展的研究揭示出很多一致性，但应当注意，他们的结论主要建立在访谈的基础上，而这些人出生于 20 世纪初。也就是说，莱文森和魏兰特所概括的发展模式可能与莎丽丝、厄尔尼、克里斯蒂和加里的经历比较吻合，但这些模式也许并不适用于当代年轻人。

这些学者得出结论的局限性，还因为另外两个原因。第一，在莱文森的研究样本中，没上过大学、低收入的成人只占少数，对低社会经济地位的女性几乎没有研究。但社会经济地位对人生道路有很大影响。例如，在莱文森的研究中，蓝领工人很少能实现职业理想。这或许是因为事业发展对他们并不重要，低社会经济地位的男性意识到“成年早期”结束的年龄，比社会经济地位较高男性要早些（Neugarten，1979）。魏兰特分析了一些追踪的资料，这些资料涉及成长于 20 世
437
纪 40 年代的低社会经济地位的男性，分析结果支持魏兰特（Vaillant，1993）的阶段论。但是，他承认样本有局限性。

第二，莱文森研究中的被试在接受访谈时已进入中年，他们对成年早期发生的所有事情可能记得不准确。在做出前述发展顺序可适用于大部分或全部年轻人的结论之前，必须对新生代进行研究，而且研究对象应包括社会背景各异的男性和女性。

4. 社会钟

经验告诉我们，从一代人到另一代人，社会变化可能会影响生活道路。伯尼斯·纽加滕（Bernice Neugarten，1968a，1979）指出，**社会钟**（social clock）对成人发展有重要的文化影响和代际影响，它是对某一年龄应该发生哪些生活事件的预期，这些事件如参加工作、结婚、生第一个孩子、买房和退休。所有社会都有这样的时间表。成人像儿童和青少年一样会做社会比较，他们把自己的发展进程与同龄者做比较，人生事件发生的准时与否对自尊可能产生深刻影响。

符合不符合社会钟，是成年期人格变化的一个重要原因。纽加滕对 20 世纪 30 年代的女大学生做了调查，并在她们 27 岁和 43 岁时做了追踪调查，研究者试图查明，这些人究竟是按照“女性”社会钟成长的（在 20 多岁初期或中期结婚、生孩子），还是按照“男性”社会钟成长的（在 20 多岁后期从事高职位的工作并取得成就）。结果发现，按女性社会钟成家立业的女性更有责任感，自控力较强，她们比较宽容，善于照顾人，但自尊心较低，在生活中容易受伤害。按照男性社会钟发展的女性，则更具支配性、交际性、独立性，而且聪明能干，在 10 年后出生的另一组被调查者身上也发现了相同的特点（Vandewater & Stewart，1997）。那些没按社会钟发展的女性——到 30 岁既没结婚也无职业的人——发展最不顺利：她们自我怀疑，感到无能和孤独。其中一位女性说：“我的未来是个巨大的问号！”（Helson，1992；Helson，Mitchell & Moane，1984，p. 1090）

《伯克毕生发展心理学：从 0 岁到青少年》第 1 章讲过，对于成年早期、中年期和老年期做什么样的事情最恰当，人们的期盼已不像过去那样明确。在询问澳大利亚大学生完成各种里程碑式发展任务的最佳年龄是多大时，他们主张晚婚晚育，所提到的退休年龄范围也比 30 年前人们认为的更宽（Peterson，1996）。当人生事件发生时间明显滞后时，很多成人会承受某些心理压力（Antonucci & Akiyama，1997；Rook，Catalano & Dooley，1989）。在成年早期遵循社会钟似乎能增强自信，因为它保证年轻人参与社会工作，发展各项技能，增强对自我和他人的理解（Helson，1997；Helson & Moane，1987）。正如纽加滕（Neugarten，1979）所说的，社会的稳定取决于人们对社会钟模式的遵从。在牢记这一点的同时，让我们来看看青年男女是怎样完成成年早期各项主要任务的。

社会钟对成人发展有重要的文化和代际影响，它是什么年龄该做什么事的社会预期。这位孕妇在生孩子之前还在做研究助理工作，这种方式目前已被广泛接纳，因为社会钟的预期已不再像过去那样严格。

思考题

复习 根据莱文森的理论，男性和女性的生活结构有何不同？

应用 运用社会钟的概念，分析莎丽丝在完成学业后准备与厄尔尼结婚过程中的心理矛盾。

联系 参阅《伯克毕生发展心理学：从 0 岁到青少年》第 12 章有关埃里克森的理论，回顾探索和责任对同一性成熟的作用。运用这两个标准，解释为什么同一性成熟有助于亲密感的形成（忠实和爱情），而同一性延缓不利于亲密感的形成。

反思 说说你自己成年早期的理想。再问问你的异性朋友或同班同学的理想，把二者加以比较，看是否与莱文森的研究结果一致。

三、亲密关系

468 为了和另一个人建立亲密关系，人们必须找到一位伴侣，与之建立情感纽带，并长期维持下去。年轻成人虽然最关注爱情关系，但也需要其他亲密关系：它表现在相互承诺的各种关系中，如朋友、兄弟姐妹和同事关系。

1. 爱情

大学三年级的时候，莎丽丝发现自己在上管理课时总是关注一位大四高才生厄尔尼。在一个周末，莎丽丝和厄尔尼在舞会上结识，他们谈了很久。莎丽丝觉得厄尔尼温和有趣，表里如一。厄尔尼则觉得莎丽丝活泼聪明，富有魅力。舞会后，他们感到两人对重要社会问题的看法相似，也喜欢相同的休闲活动。之后他们开始定期约会，四年后，他们结婚了。

寻找一位伴侣并与之共同生活是成人发展的一个重要里程碑，它对自我概念的发展和心理健康有很大影响。它又是一个复杂的过程，随时光流逝不断展开，受到多种事件的影响，莎丽丝和厄尔尼的关系表明了这一点。

（1）选择配偶

第 1 章曾提到，亲密伴侣通常在能找到与自己的年龄、种族、社会经济地位和宗教信仰相似的人的地方，或者是（这种情况不多）通过网络认识并约会。人们常会选择与自己在各方面都相似的伴侣，如态度、人格、教育经历、智力、身体吸引力甚至身高（Keith & Schafer，1991；Simpson & Harris，1994）。相爱伴侣有时是互补的：一方擅长交往，另一方矜持拘谨；一方充满好奇，凭直觉行事，而另一方则墨守成规。如果这些差异能使双方满足个人爱好和目标，那么差异就能导致相容性（Dryer & Horowitz，1997）。但总体来说，很少有证据支持“差异互补”的观点。很多研究证实，伴侣之间越相似，他们对彼此的关系越满意，两人越有可能一起相守（Blackwell & Lichter，2004；Caspi & Herbener，1990；Lucas et al.，2004）。

在选择终身伴侣的过程中，对方哪些特征更被看重？对这一问题，两性间存在差异。对多个工业化国家和发展中国家进行的研究表明，女方更看重男方的智力、志向、经济地位和品德，而男方更看重女方的身体吸引力和家务技能。此外，女性喜欢选择与自己同龄或年龄稍大的伴侣，而男性更多地选择年龄较小的伴侣（Buunk，2002；Cramer，Schaefer & Reid，2003；Stewart，Stinnett & Rosenfeld，2000）。

进化论可以解释这些研究结果。第 1 章讲到，由于女性生育力是有限的，所以她们会寻找那些有能力挣钱、愿意投入感情、能确保孩子生存和健康的配偶。相反，男性在寻找配偶时只关注年龄、健康、能给予性快乐、能生育后代等特征。有证据可以证明这一差异：男性常常希望使关系迅速发展到身体方面，而女性大多希望先花时间达成心理上的亲密（Buss，2004）。

社会学理论认为，性别角色对选择配偶的标准有深刻影响。从童年开始，男性便学习如何变得自信和独立，这些特点有助于他们事业的成功。女性则学习各种照顾行为，这些行为有助于抚养子女。逐渐地，男女两性学会看重符合社会分工的性别行为（Eagly & Wood，1999；Wood & Eagly，2000）。在一些文化以及在年轻一代人中，性别平等越来越被强调，男性和女性对配偶的喜好更相似。例如，与中国和日本的男性相比，北美的男性更注重配偶的经济状况，较少关注她们的家务技能。而且两性都不太注重配偶与自己的年龄差异。事实上，他们更重视关心和爱，认为这是亲密关系所必需的（Buss et al.，2001；Buunk et al.，2001；Toro-Morn & Sprecher，2003）。

无论如何，男性比女性更注重异性的身体吸引力，而女性更重视对方的挣钱能力。此外，这些性别差异，加上两性对负责任的、体贴的伴侣的共同需要，也符合同性恋男女的特征（Regan，Medina & Joshi，2001）。总之，生物因素和社会压力共同影响到配偶选择。

本节的专栏“毕生发展观”揭示出，年轻人对亲密配偶的选择以及他们关系的品质还受到早期对亲子关系记忆的影响。此外，要使爱情走向婚姻，结婚的时间必须恰当。两个人都是彼此要找的人，但是如果一方或双方因受到自身社会钟的影响而没有准备好结婚，那这种关系很可能终止。

专栏 毕生发展观

儿童期的依恋类型与成年期的爱情

《伯克毕生发展心理学：从0岁到青少年》第6章讲到，根据鲍尔比的依恋理论，早期依恋关系构建了**内部心理作用模型**，或对依恋形式的一些预期，它对整个人生的亲密关系起引导作用。前面还讲到，成人对其早期依恋经历的评价与他们做父母的行为有相关关系，这种相关尤其表现在他们与孩子之间形成的依恋特征上。还有证据表明，对儿童时期依恋方式的回忆可对成年期的爱情关系做出很强的预测。

在澳大利亚、以色列和美国进行的一项研究中，让人们回忆和评价他们早期与父母的关系（依恋经历）、他们对亲密关系的态度（内部心理作用模型），以及他们与情侣的经历。在另几项研究中，调查者观察了夫妇的行为。与鲍尔比的理论相一致，成人对儿童期依恋方式的记忆和解释能很好地预测内部心理作用模型和恋爱关系经历（关于依恋方式，可参见《伯克毕生发展心理学：从0岁到青少年》第6章）。

安全型依恋 认为自己的依恋经历属于安全型（温暖、爱和支持）的成人，其内部心理作用模型可以反映这种安全性。他们觉得自己讨人喜欢，容易与人相识，对亲密关系感到自在，不担心被抛弃，也不怕有些人跟他们过分亲近。研究表明，他们用信任、幸福和友情来描述他们最重要的爱情关系（Cassidy，2001）。他们给伴侣以帮助，用建设性方法来解决冲突。他们能很自然地请求伴侣给他们安慰和帮助，并报告说双方都能发起乐趣无穷的性生活（Collins & Feeney，2000；Creasey，2000；Creasey & Ladd，2004；Roisman et al.，2002）。

回避型依恋 具有回避型依恋经历（父母属命令型，缺乏尊重，爱指责）的成人，其内部心理作用模型的特点是：看重独立，不相信情侣，别人与他们过分亲近时感到焦虑。他们认为别人不喜欢他们，很难找到真正、持久的爱情。在他们最重要的爱情关系中充斥着嫉妒和情感距离，身体接触也很少带来快乐（Collins & Feeney，2000）。无论是过度的房事还是短暂的风流韵事，回避型成人都否认有依恋的需要（Feeney，1998）。和拒绝型依恋的人相似，他们对爱情关系有许多不切实际的想法，例如，伴侣不能更换，男性和女性的需求不同，希望从心理上了解别人（Stackert & Bursik，2003）。

拒绝型依恋 有拒绝型依恋经历（父母的回应常常出乎预料和不公平）的成人表现出这样的内部心理作用模型：他们希望与别人融为一体，而且很快就坠入爱河（Cassidy，2001）。同时，他们又担心别人承受不起他们的强烈感情，认为别人并不爱他们也不愿和他们在一起。他们的最重要爱情关系中充满嫉妒和情绪起落，对伴侣能否对他们投桃报李感到绝望（Brennan & Shaver，1995）。

成人对他们儿童期依恋经历的描述是否准确，其中是否有扭曲的部分，或者整个经历都是虚构的？在几个追踪项目中，研究者考察或评价了5～27年前的家庭访谈记录。结果表明，亲子互动的品质是成年早期内部心理作用模型和爱情品质的最好预测指标（Allen & Hauser，1996；Donnellan，Larsen-Rife & Conger，2005；Ogawa et al.，1997；Roisman et al.，2001）。研究还发现，成人的回忆与原来的真实亲子经历基本一致。但是，对父母的依恋特征并不是影响后来的内部心理作用模型和爱情关系的唯一因素。伴侣特征和当前的生活条件也是重要因素。一项研究表明，具有内在安全感的成人促进了其伴侣以及处于青少年期和成年早期的子女的安全感（Cook，2000）。

总之，消极的亲子经历会影响成人关系，使他们觉得自己不值得被爱，或认为自己的亲密伴侣不值得信任。此外，内部心理作用模型是在不断“更新”的。那些拥有不幸福爱情生活的成人有机会去形成更满意的亲密关系，他们能修正自己的内部心理作用模型。如果伴侣中的一方带着安全的内心状态和体贴、支持性的行为步入爱情关系，那么，感到不安全的另一方会重新评价自己的预期并做出相同的回应（Kobak & Hazan，1991）。这样的互惠能够创建一个信息反馈通路，通过它，一个被修正的、更好的内部心理作用模型，以及相互满意的互动将会持续下去。

这个女孩两岁时与她妈妈（左上图）形成的内部心理作用模型会怎样影响她长大成人以后与丈夫（左下图）和儿子（右图）的关系？研究表明，早期依恋模式是可以预测后来亲密关系品质的若干个因素之一。

（2）爱情的要素

我们怎么知道自己正在恋爱？罗伯特·斯腾伯格（Robert Sternberg，1987，1988，2000）的**爱情三维理论**（triangular theory of love）提出了亲密、激情和奉献三个要素，随着恋爱关系的发展，三种要素的侧重有所不同。其中亲密是情感要素，包括温情、亲切的交流、表达对对方幸福的关心，并渴望对方给予回报。激情是性行为和爱恋的欲望，是生理—心理唤醒要素。奉献是认知要素，它使两个人确定他们是否相爱，是否维持这种爱。

在开始阶段，**激情的爱**（passionate love），即巨大的性吸引力是非常强烈的。渐渐地，激情让
469 位于亲密和奉献，并以此为基础，过渡到**陪伴的爱**（companionate love），表现为温情、信任和互相照顾（Acker & Davis，1992；Fehr，1994）。爱情的每一个要素都有助于爱情关系的维持。早期充满激情的爱是伴侣双方能否继续约会的有力预测指标。但如果缺乏平和的亲密感、对未来的憧憬以及对爱情的共同态度和价值观，恋爱关系终将破裂（Hendrick & Hendrick，2002）。

爱情关系的发展需要伴侣双方的共同努力。对新婚夫妇婚后第一年的感受和行为所做的研究表明，婚后，夫妻双方“热恋”的感觉逐渐减少，对婚姻生活也不是很满意。导致这种情况发生的原因很多，例如相互交流时间大幅减少，双方所做的能给对方带来快乐的事情减少（例如说“我爱你”或逗对方大笑）。共同的休闲活动让位给了大量的家务和日常琐事，所以夫妻在一起的快乐时光减少了。同时，在讨论有矛盾的问题时，配偶渐渐不再去认真地了解对方的想法和感受。或许是在经历了这样的互动后，他们不再尝试去理解对方的观点，而是诉诸一些习惯做法，比如妥协或逃避（Huston，McHale & Crouter，1986；Kilpatrick，Bissonnette & Rusbult，2002）。

但那些关系持久的夫妇通常报告说他们比以前更相爱（Sprecher，1999）。从激情的爱转向陪伴的爱，奉献精神可能是决定双方关系能否持续的一个方面。以温情、体贴、共情、关怀、接纳和尊重的方式进行的相互奉献的沟通是非常有益的（Knapp & Taylor，1994）。例如，由于厄尔尼一再表达他的奉献精神，才使莎丽丝对婚姻的怀疑烟消云散。最富有戏剧性的一幕是，在莎丽丝生日那天，厄尔尼在一块大牌子上漆上“我爱莎丽丝”，并把它放在前院。莎丽丝回报了厄尔尼的感情，他们的关系也越来越亲密了。

那些持续表达奉献态度的亲密伴侣报告说，他们拥有高品质和更持久的关系（Fitzpatrick & Sollie，1999）。他们之间沟通的一个重要特征是建设性地解决冲突，例如直接表达期望和需求，耐心倾听，澄清问题，互相妥协，承担责任，避免因指责、轻视、戒心、设置障碍而使消极互动加剧（Johnson et al.，2005；Schneewind & Gerhard，2002）。在一项跟踪调查中，新婚夫妇的消极行为，尤其是冲突过程中的激素急剧上升预示着在以后 10 年中对婚姻的不满和离婚（Kiecolt-Glaser et al.，2003）。那些婚姻关系破裂的夫妇已没有早期的心理交流。事实上，拙劣的问题解决技能改变了他们激素的应激水平，在吵吵闹闹的日子里，这种应激水平往往保持上升状态。

男性怎样处理矛盾是非常重要的，因为与女性相比，他们在协商解决矛盾时一般缺乏技巧，时常回避讨论（Gayle，Preiss & Allen，2002）。下面的“学以致用”表列出了帮助情侣保持爱情的一些方法。

学以致用 **情侣之间怎样保持爱的活力**

建议	描述
为两人的关系付出时间。	为了保持对二人关系的满意感和“相爱”感，安排好二人一起相处的时间。
向伴侣表达爱。	表达爱和关怀，在适当时候说“我爱你”。它可让对方感受到你的奉献态度，并鼓励伴侣做出同样的反应。
在需要时陪在伴侣身边。	在伴侣感到悲伤时陪伴他/她，给以情感上的支持。
遇到矛盾时建设性地、积极地沟通。	如一方对另一方不满，应提出克服困难的方式，请对方共同做出选择并付诸行动。务必要回避保持亲密关系的四大敌人：指责、轻视、戒心和设置障碍。
对伴侣生活中看重的东西感兴趣。	询问伴侣的工作、朋友、家庭和爱好，表达自己对其特殊能力和成绩的欣赏。增强伴侣的价值感。

续前表

建议	描述
信任伴侣。	分享内心情感，保持亲密关系。
原谅小过失，对大过失尽量表示理解。	在可能情况下，通过谅解化解愤怒。你这样做虽然等于认可了不公正行为，但却避免了被这件事困扰。

（3）文化与爱的经历

471 由于个体主义价值的凸显，作为爱情基础的激情和亲密关系，也成为20世纪西方国家婚姻的主要根基。从这种主流观点来看，成熟的爱情是建立在自主、对伴侣独特品质的欣赏和强烈情感基础上的。用亲密关系来满足自己依赖另一个人的需求则被认为是不成熟的（Hatfield，1993）。

西方人的这种观点与日本和中国这样的东方文化形成鲜明的对比。在日本，*amae*，即爱情，意思是“依托于一个好人”。在生活中，依赖被人们接受，并对它持正面看法。中国传统的集体主义观点认为，一个人必须通过各种角色关系来界定自我是儿子还是女儿，是兄弟还是姐妹，是丈夫还是妻子。因为一个人的情感分布于整个社交网络，所以每一种关系的强度就减弱了。

在中国和日本，人们期望年轻人在选择配偶时要想到对别人的责任，尤其是对父母的责任。一位作者这样写道：“美国人会问：‘我是怎么觉得的？’而中国人会问：‘别人会怎么说？’”（Hsu，1981，p.50）亚洲的大学生接受以身体吸引力和深刻情感为基础的爱情观的可能性比美国人、加拿大人或欧洲人要小（Dion & Dion，1993；Hatfield & Sprecher，1995）。相反，他们看重陪伴关系和现实问题，例如，相似的背景、职业预期、能不能做个好父母等等。和美国情侣相比，正在约会的中国情侣报告说他们感受到的激情较少，感受较多的是亲密和责任（Gao，2001）。

2. 朋友

与恋爱中的情侣和儿时的朋友一样，成年期的朋友往往在年龄、性别和社会经济地位方面相似，这些因素促成了相同的兴趣、经历和需求，因此能从这种朋友关系中获得快乐。像青少年期
472 一样，成年期的朋友也会通过相互肯定和接纳来增强自尊，并在面对压力时相互给予支持（Bagwell et al.，2005；Hartup & Stevens，1999）。朋友还给予人们学习知识、丰富个人观点的机会，使生活更有趣。

北京的一对年轻夫妇在婚礼当天穿上中国传统服装照相。在集体主义文化中，因为一个人的情感须分布于一个社交网络，所以每种关系的强度都会减弱。与强烈的情感和身体吸引力相比，夫妇更看重陪伴关系和现实问题。

与小学期和青少年期一样，信任、亲密和忠诚在成人朋友关系中仍旧非常重要。朋友之间分享思想和情感有时比夫妻之间更多，但是在整个一生中，朋友之间的相互奉献则变得越来越不重要。即便如此，有些成人朋友关系仍持续多年，甚至持续终身。女性的朋友关系持续时间更长久，她们经常与朋友见面，这有助于维系彼此的关系（Sherman，de Vries & Lansford，2000）。

（1）同性朋友

在一生中，女性比男性拥有更多的亲密同性朋友。女性朋友经常说她们喜欢“聊天”，而男性朋友说他们喜欢“做些事情”，比如体育运动（见《伯克毕生发展心理学：从0岁到青少年》第12章），这是儿童期和青少年期关系的拓展。男性还报告说，与其他男性建立亲密关系存在障碍。他们可能感到与男性朋友间存在竞争，因此不愿示弱，他们还可能担忧，向朋友表露自己，朋友不会给予回应（Reid & Fine，1992）。由于权力的对称性和付出索取的对等性是良好朋友关系的基础，所以与男性相比，女性对与同性朋友的关系往往做出更积极的评价（Veniegas & Peplau，1997）。

当然，朋友关系的品质存在个体差异。男性

朋友关系持续时间越长，朋友之间就越亲密，彼此告诉对方的个人信息就越多（Sherman，de Vries & Lansford，2000）。而且，在家庭中承担的角色影响着对朋友的依赖。例如，单身成人更愿意把朋友当作伙伴和知己。在互相支持和自我表露方面，年轻人的同性朋友关系越亲密，他们对这种关系就越感到满意，持续时间也越长（Sanderson，Rahm & Beigbeder，2005）。

随着恋爱、结婚，年轻人，尤其是男性，越来越多地向伴侣做直接的自我表露（Carbery & Buhrmester，1998；Kito，2005）。但是，在整个成年期，友谊关系一直是与人分享个人内心世界的重要场所。在此，可以参阅《伯克毕生发展心理学：从 0 岁到青少年》图 12.3 所揭示的对情侣和朋友自我表露的发展趋势。

（2）异性朋友

异性朋友关系不像同性朋友关系那样多，持续时间也不如同性朋友那样长，但它对成人仍然很重要。在大学期间，异性朋友关系像爱情关系一样普遍。但在结婚后，男性的这种关系减少，而女性随着年龄增大这种关系却在增多，她们大多在同事中结交异性朋友。很多高学历的职业女性拥有多个异性朋友。通过异性朋友关系，年轻人可以改善与伴侣的关系，增强自尊，并对男性和女性的亲密方式有更多的了解（Bleske & Buss，2000）。由于男性很容易相信他们的女性朋友，因此这种友谊关系给他们提供了增强表达能力的独特机会。而且女性常常认为，男性朋友能对问题和形势提出客观的意见，而女性朋友做不到这一点（Monsour，2002）。

在异性朋友关系中很多人会约束性欲望，维持柏拉图式的友谊，以维护友谊的纯洁性（Messman et al.，2000）。有约一半的大学生与异性朋友发生性关系，但他们并不打算与对方继续发展。男性比女性更能感受到异性朋友的性吸引力（Kaplan & Keys，1997）。如果这种感觉持续下去，友谊就会演变成爱情。有些朋友维持着柏拉图式的友谊，但在其中又掺杂了性爱。有些人认为，柏拉图式的友谊与性爱难以协调，从而导致友谊的破裂（Affifi & Faulkner，2000）。当牢固的异性友谊关系转变为爱情时，这种关系比那些没有友谊的爱情可能更稳定、更长久（Hendrick & Hendrick，1993）。

（3）成为朋友的兄弟姐妹

亲密是友谊关系的基本条件，而奉献，即愿意保持关系并关心对方，则是家庭关系的决定性特征。年轻人结婚后，他们花在恋爱上的时间减少，这时候，兄弟姐妹，尤其是关系一直比较密切的兄弟姐妹就成为交往频繁的伙伴。通常，朋友和兄弟姐妹的角色很难分清。例如，莎丽丝描述海泽尔给她的实际帮助，在她生病时跑来跑去照顾她时，她说："她就像我的姐妹。我总是可以向她求助。"而且成人兄弟姐妹间的关系很像朋友：保持长久的联系，互相帮助，乐意在一起（O'Connor，1992）。

幼年时父母的偏爱和兄弟姐妹间的竞争会破坏成人以后的兄弟姐妹关系（Panish & Stricker，2002）。但是如果家庭经历是美好的，那么，长大成人以后，同性别兄弟姐妹间的关系会变得尤其 478
亲密。他们共同的家庭环境促成了价值观和看问题的相似性，以及彼此之间的深刻理解。

这对兄弟正在享受照相的快乐瞬间。在成年早期，兄弟姐妹成为经常交往的伙伴。同性别兄弟姐妹间的朋友关系尤其亲密。

成年期兄弟姐妹间的温馨关系是心理健康的重要源泉（Riggio，2000）。魏兰特对接受过良好教育的男性的研究中发现，成年早期亲密的兄弟姐妹关系是这些人 65 岁时情感是否健康的单一的、最好的预测指标。另一项研究则发现，1/5 的已婚女性把姐妹看作自己最好的朋友（Oliker，1989）。

3. 孤独

年轻人也会面对孤独的风险，**孤独感**（loneliness）是一个人现有的社会关系与其期望拥有的社会关系间存在的差距所导致的不快，孤独的人既没有亲密伴侣，也没有好朋友。没有亲密伴侣和没有好朋友会导致相似的情绪，但这两种情绪并不等同（Brehm，1992）。例如，海泽尔虽然有些好朋友，但她仍然时常感到孤独，因为她没有情侣。莎丽丝和厄尔尼的婚姻虽然很幸福，但他们搬到一个小镇后仍感到孤独，因为他们在那里不认识什么人。

孤独感在20岁左右时达到顶峰，随后逐渐下降并一直持续到70岁。图2.1显示了这一趋势，该图以加拿大的大样本研究结果为基础，被研究者的年龄跨度为13～80岁（Rokach，2001）。成年早期孤独感上升是情有可原的。当年轻人升学和就业时，他们必须不断与别人建立新的关系。而且，年轻人比年长者期望从亲密关系中得到更多的东西，而年长者已不再对生活抱过多的奢望。随着年龄增长，人们逐渐能理解孤独，并利用孤独得到积极的结果，加深自己对恐惧和需求的意识（Rokach，2003）。

孤独在一定程度上是由环境引起的。分居、离婚或丧偶的成人比已婚、同居或单身的同龄人更孤独，这显示，失去某段亲密关系后孤独感最强烈。没有恋爱的男性比女性更感孤独，这或许是因为，他们几乎没有其他办法满足对亲密的需要（Stroebe et al.，1996）。与北美出生的人相比，来自集体主义文化的移民报告了较高水平的孤独感（DiTommaso，Brannen & Burgess，2005）。在个体主义社会中，这些移民不得不离开一个关系密切的大家庭，这引发了他们强烈的孤独感。

孤独感也可由个性特征引起。社交焦虑型、依赖父母型和工作不稳定的年轻人更容易感到较强的孤独感（Jackson et al.，2002）。如果长期处于极端孤独状态，人的态度和行为会变得笨拙，对自我和他人的评价更为消极，在社交方面不敏感甚至反应迟钝，而且与别人建立亲密关系非常缓慢，因为他们不愿跟别人谈起自己（Jones，1990）。这些反应，无论是孤独的原因还是结果，都会使人更加离群索居。

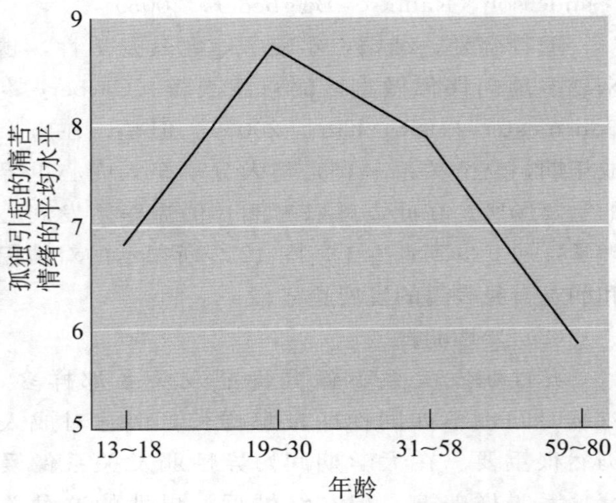

图2.1 青少年期至老年期因孤独引发的消极情绪变化

700多名加拿大13～80岁的人在问卷中评价了他们因孤独感导致的消极情绪程度。孤独感在十几岁和20多岁时急剧上升，之后逐步下降。

资料来源：Rokach，2001.

只要不是过分的孤独，它可以激励年轻人冒着社交风险去接近他人。它还可以鼓励年轻人去寻找各种舒适的孤独方式，并利用独处时间更好地了解自我。健康的人格发展也包括打破这种平衡——“与别人的良好关系和安全、内在的自我满足”（Brehm，1992，p. 345）之间的平衡。

思考题

复习 说说人们所希望的长期伴侣的特质有何性别差异。哪些研究结果表明生物因素和社会压力二者共同影响了这些差异？

应用 相处两年后，明蒂和格雷厄姆说他们比刚认识几个月时更相爱、更满意。什么样的沟通加深了他们的关系？为什么他们的关系能够长久？

应用 克莱尔和汤姆两人都已跟别人结了婚，他们在工作中相识，有时一起吃午饭，他们能从这种异性友谊中得到什么？

反思 你是否有非爱情的、亲密的异性朋友？如果有，它怎样促进了你的情绪和社会性发展。

四、家庭生活周期

474 大多数年轻人对亲密关系的追求促成了婚姻。他们遵循**家庭生活周期**（family life cycle），形成了自己的生活道路，家庭生活周期是世界上大多数家庭发展都具有的一种时间顺序。成年早期，人们一般遵循独立生活、结婚、生孩子的顺序。到中年期，孩子离家，中年人承担的养育责任逐渐减轻。老年期，人们要面对退休、变老、丧偶（主要是女性）（Framo，1994；McGoldrick，Heiman & Carter，1993）。

但是不应该把家庭生活周期看作一个固定的进程。《伯克毕生发展心理学：从 0 岁到青少年》第 2 章曾讲过，家庭是一个融合于社会、文化和历史背景中的人际关系动态系统。现今，家庭生活周期的顺序和时间存在巨大差异，例如，非婚生子女、晚育、离婚、再婚等现象越来越多。还有些人，出于自愿或非自愿，并没有经历家庭生活周期的所有阶段。

不过，家庭生活周期模型仍能说明问题。它可以使人们更有条理地去思考，家庭系统怎样随时代演进而变化，以及家庭周期的每个阶段对单个的家庭和家庭中每个人产生的影响。

1. 离开家庭

上大学的第一学期，莎丽丝觉得自己与母亲的关系变了。她觉得与母亲讨论日常生活经历和生活目标比过去更有意思，在征求和听从母亲建议时，她更开放，对感情的表达也更自由了。莎丽丝在离家之前对自己住的卧室恋恋不舍，她深深地怀念温暖而平静的童年，怀念的同时又对自己即将独立感到自豪。

离开父母是承担成人责任的重要一步。近年来，更多的年轻人在婚前就开始独立生活，他们离开家庭的平均年龄降低了。在 1940 年，超过 80%的北美年轻人在 20 多岁还与父母同住；如今，18～25 岁的年轻人只有大约一半这样做。随着年龄增长，年轻人独自居住的比例越来越高，多数工业化国家都有这种趋势（Cohen et al.，2003；Statistics Canada，2002h）。

离家上大学的年龄倾向于更年轻，而参加全职工作和结婚的年龄却更大。由于北美多数年轻成人都要读大学，所以很多人在 18 岁左右离家独自生活。也有些年轻人为了逃避家庭冲突而较早离开家（Stattin & Magnusson，1996）。因为家庭压力，那些来自离婚家庭和单亲家庭的年轻人也愿意早些独立生活（Cooney & Mortimer，1999）。与上辈人相比，只有很少的北美和西欧年轻人是为结婚而离家的；更多人离开家庭只是为了“独立”，以显示自己的成人身份。但艰难的劳动力市场和租金高昂的住房意味着很多年轻人必须从事令人生厌的工作，或仍在经济上依赖父母（Lindsay，Almey & Normand，2002）。

近一半的年轻人在初次离家后一段时间又重返家庭。因结婚而离家的年轻人重返家庭的可能性最小。但单身的独立生活是不稳定的。年轻人在走向独立过程中如果遇到挫折和意外变化，父母家就是他们的避风港，也是走向成人生活的实践基地。工作或婚姻的失败也可能促使年轻人重返家庭。那些因为家庭冲突而离家的人一般也会回去，这主要是因为他们还没做好独立生活的准备。角色的转变，如大学毕业或服完兵役，也会使人重返家庭。与流行的观点相反，重返家庭并不是软弱的表现，而是未婚成人的很普通的事情（Graber & Brooks-Gunn，1996）。

多数高中生希望在结婚前独自生活，但他们能否做到，却有社会经济地位和族群差异。家庭经济宽裕的年轻人更可能有自己的居所。在非洲裔、西班牙裔、美国和加拿大原住民中，贫困和文化传统对家庭生活的影响使年轻人离家的比例很低，即便上大学或工作的年轻人也是如此（Fussell & Furstenberg，2005）。未婚的亚裔年轻人一般和父母一起居住。但亚裔家庭在北美国家生活的时间越长，受个体主义价值观影响越大，年轻人越可能在高中毕业后离家独自生活（Goldscheider & Goldscheider，1999）。

如果年轻人已经做好独自生活的准备，并且与父母的关系密切，那么独立生活可能与更好的亲子互动以及成功地向成人角色过渡相联系。即便是强调孝顺和责任的少数族裔也是如此。一项研究调查了 17～20 岁属中产阶级的非洲裔美国人，与一直住在家里或处于独立生活过渡期的女孩相比，那些因上大学而离开家独立生活的女孩与母亲的互动更积极（Smetana，Metzger & Campione-Barr，2004）。非洲裔男孩（与其他研究中的白人不同）由于生活自主，或者是因为在青少年期，他们已经享有很大的、远超过其他族裔青少年的自由，所以他们与母亲经常冲突的现象没有发生根本的改变（Bulcroft，Carmody & Bulcroft，1996）。

最后，过早离家独立生活可能有长期的不利影响，因为过早离家意味着去寻找工作而不是去上学，而且这些青年往往缺少父母的经济资助和社会支持。因此，那些18～19岁就离家、没上过大学的年轻人在婚姻和工作中很少一帆风顺（White，1994）。

2. 结婚成家

在1950年，女性初婚的平均年龄是20岁，男性是23岁。如今，美国女性初婚的平均年龄是
475 25岁，男性为27岁，加拿大则分别为27岁和29岁。在过去几十年中，有过第一次和第二次婚姻的人数逐渐下降，越来越多的人选择单身、同居或离婚后不再结婚。然而，美国和加拿大仍保持着强调婚姻责任的文化。所以近90%的北美人至少结婚一次。现在，59%的美国成人和47%的加拿大成人是一起生活的已婚夫妇（Statistics Canada，2002a；U. S. Census Bureau，2006b）。

同性婚姻已在比利时、加拿大、荷兰、西班牙等国获得认可。美国只有马萨诸塞州在法律上承认同性婚姻。加利福尼亚州、康涅狄格州、哥伦比亚特区、夏威夷州、缅因州、新泽西州、佛蒙特州给予同性结合的人与已婚夫妇相同的法律地位。由于同性婚姻合法化是晚近发生的事，所以对同性婚姻的研究很少。但有关同性同居的证据表明，维持异性婚姻幸福的因素也适合于同性婚姻（Kurdek，1994）。

婚姻虽是两个人的结合，但它仍然需要两个系统，即配偶双方家庭的适应和协调，以创建一个新的子系统。所以，婚姻面临着复杂的挑战。在现代社会尤其如此，因为只有走进现实的关系，无论是教育方面的，还是职业和情感方面的关系之后，丈夫和妻子的角色才真正开始。在同性婚姻中，向父母表明同性关系（即便这种关系不被允许）、让伴侣参与家庭事件，对彼此的关系是有利的。在访谈中，男性同性婚姻双方报告说，不隐藏他们的关系是有益的（LaSala，2000）。

（1）婚姻角色

蜜月结束后，莎丽丝和厄尔尼开始面对各种问题，这些问题之前是由他们个人决定或由各自的家庭指示的，例如，他们必须处理各种家庭琐事（何时及怎样吃饭、睡觉、谈话、工作、休闲、性生活、开支），他们还必须决定各种传统和仪式（哪些应当保留，哪些应由自己决定）。当他们以夫妻身份与周围的人们打交道时，他们必须修正与父母、兄弟姐妹、大家庭、朋友和同事的关系。

近年来婚姻背景发生的变化，例如性别角色的转换，远离父母家人生活，意味着现代夫妇必须付出更大的努力来确定他们的关系。虽然丈夫和妻子在宗教和种族背景方面一般是相似的，但“异族（异教）”通婚比过去更多了。例如，现今北美近一半的犹太人选择与非犹太人结婚（United Jewish Communities，2004）。据统计，在美国，不同族裔间的结合约占已婚人口的4%，加拿大则为3%（Statistics Canada，2003e；U. S. Census Bureau，2006b）。生活背景相差巨大的夫妇在向婚姻生活过渡中面临着更多的困难。

当前，很多伴侣是未婚同居的，这使结婚不再是家庭生活周期的重要节点。它也使婚姻角色的确定更困难。结婚年龄是预测婚姻稳定性的一个最好的指标。20岁左右结婚的年轻人比晚婚的人更可能离婚（Heaton，2002）。早婚者大多没有为达成成熟的婚姻关系而形成安全的同一性或足够的独立性。因孩子出生和一些违反家庭生活周期的事件（未婚先孕）而导致的早婚较多地出现在低社会经济地位的成人中（Leonard & Roberts，1998；U. S. Census Bureau，2006b）。这种草率的婚姻往往使夫妇生活适应不良。

虽然在女权方面已有进步，但**传统型婚姻**（traditional marriages）在西方国家仍然存在，这种婚姻形式对丈夫和妻子的角色有明确区分。男性是一家之长，首要职责是为家庭提供经济保障。女性则负责照顾丈夫和孩子，营造一个照顾周到的舒适家庭。最近几十年，传统婚姻形式发生了改变，过去在孩子年幼时做专职母亲的女性，在孩子长大一些后又回到了工作岗位。

在**平等主义婚姻**（egalitarian marriages）中，丈夫和妻子的关系平等，彼此分享权力和威望。

夫妻双方都要平衡他们在工作、照看孩子、处理夫妻关系方面投入的时间和精力。多数受过良好教育的职业女性赞成这种婚姻形式。那些打算结婚的大学生情侣往往会提前做出规划，确定如何协调工作和家庭角色，在女性打算从事男性主导的职业时尤其如此（Botkin，Weeks & Morris，2000；Peake & Harris，2002）。

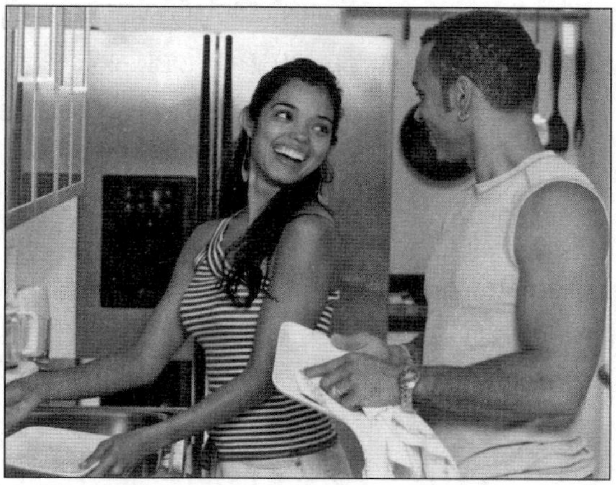

在平等主义婚姻中，丈夫和妻子分享权力和权威。双方在权衡工作、孩子和夫妻关系方面地位平等。

在西方国家，双职工家庭的男性在看孩子方面比过去做得更多，美国的父亲照顾孩子的时间相当于母亲照看孩子时间的 85%，加拿大则为 75%（见《伯克毕生发展心理学：从 0 岁到青少
476 年》第 6 章）。但在家务方面，如打扫、购物、做饭、洗衣服、收拾房间等，却出现了不同情况。一份国际性研究表明，美国和加拿大女性花在家务上的时间是男性的两倍（见图 2.2）。瑞典非常注重男女平等，男性做家务的时间比别的国家的男性多。日本男性一般很少做家务或看孩子，因为日本的上班时间较长（Institute for Social Research 2002；Schwalb et al.，2004）。总之，婚姻中真正的平等仍然很不够，努力争取平等权利的夫妻往往会在传统型婚姻和平等主义婚姻之间找到一个平衡点。

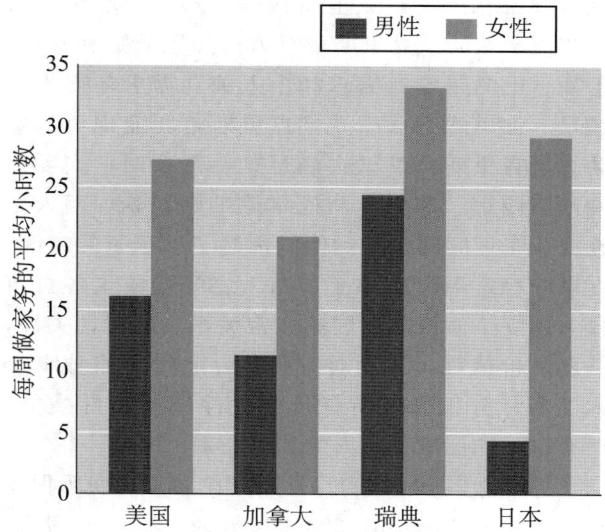

图 2.2　四个国家的男性和女性报告的每周做家务的平均小时数

四个国家的女性做家务的时间都比男性多。瑞典男性做家务的时间较多，该国崇尚男女平等。在日本，传统性别角色观念盛行，男性做家务的时间最少。

资料来源：美国、瑞典和日本的数据来自 Institute for Social Research，2002；加拿大的数据来自 Statistics Canada，2002f。

（2）婚姻满意度

莎丽丝和厄尔尼的婚姻起初曾经有波动，后来他们慢慢变得很幸福。相形之下，克里斯蒂和加里对婚姻越来越不满。划分幸福婚姻和不幸福婚姻的标准有哪些？上述两对夫妻的差异反映了有关个人和环境因素的大样本研究结果，这些结果见表 2.2。

表 2.2　婚姻满意度的相关因素

因素	幸福的婚姻	不幸福的婚姻
家庭背景	双方社经地位、教育程度、宗教和年龄相似	社经地位、教育、宗教和年龄等差距大
结婚年龄	23 岁以后	23 岁以前
恋爱时间	6 个月以上	不足 6 个月
第一次怀孕的时间	婚后一年	婚前怀孕或婚后一年内怀孕
与大家庭的关系	亲密而积极	消极，希望保持距离
大家庭的婚姻模式	稳定	动荡，常常分居和离婚
经济和职业地位	稳定	不稳定
家庭责任	两人分担并感觉公平	女方承担大部分责任，感觉不公平
个人特征	情感积极；良好的冲突解决技能	情感消极，冲动；冲突解决技能差

注：上述特征同时出现越多，婚姻越可能幸福或不幸福。

资料来源：Bradbury，Fincham & Beach，2000；Johnson et al.，2005；Waldinger et al.，2004.

克里斯蒂和加里有过一段短暂的恋爱，很年轻就结婚生子，之后为改善家庭经济状况而努力工作。加里消极、挑剔的秉性使他与克里斯蒂的父母很难相处，和克里斯蒂一有不合，就觉得自己受到了威胁。克里斯蒂努力给加里鼓励和支持，但她自己的受照顾需求和个人独立需求却得不到满足。加里感到自己受到克里斯蒂职业抱负的威胁。当克里斯蒂尝试去满足这些需要时，夫妻之间渐行渐远。莎丽丝与厄尔尼结婚较晚，两人是在完成学业后结婚的。他们推迟了生孩子的时间，在事业稳定后才生孩子，两人之间形成了各自可作为独立个体得以发展的亲密关系。忍耐，关怀，共同的价值观，喜欢对方陪伴，通过交流分享个人经历，分担家庭责任，解决冲突的良好技能，所有这一切促成了二人的和睦关系。

477 男性大多报告说自己从婚姻中感到的快乐很少（Dillaway & Broman，2001；Kurdek，2005）。过去，婚姻关系的品质对女性心理健康具有重要影响，现今它对两性的心理健康起着相似的预测作用（Kurdek，2005；Williams，2003）。当丈夫、孩子、家务和职业的要求超过限度时，女性对婚姻尤其感到不满（Saginak & Saginak，2005；Wilkie，Ferree & Ratcliff，1998）。对西方和非西方工业化国家的研究表明，夫妻关系中的平等权利、分担家庭责任可以增强双方对婚姻的满意度和婚姻的和谐（Amato & Booth，1995；Xu & Lai，2004）。

婚姻关系在最坏的情况下会充满对立、支配与屈从、情感和身体的暴力。本节“社会问题”专栏说到，女性更可能成为家庭暴力的受虐对象，但男女双方都可充当施暴者和受害人的角色。

（3）婚姻期望和婚姻迷思

在一项研究中，心理学者访谈了 50 位婚姻幸福的夫妇，询问有关他们婚姻的问题，每位被访谈者都报告了婚姻中满意与不满意的方面，不少人承认有时他们想离婚，觉得结婚是个错误（Wallerstein & Blakeslee，1995）。显然，婚姻幸福并不是“玫瑰园”，它是建立在相互尊重、相互陪伴的快乐和舒适感以及共同解决问题基础上的。所有夫妇都认为，应根据新的环境和夫妻双方不断变化的需要和期望来重建他们的婚姻关系。但是，社会期望并不符合有关婚姻的这种看法，即婚姻是一项正在进行的、需夫妻双方共同参与和合作的工程。在历史上，女性在婚姻和社会中几乎没有权力可言；妻子的地位取决于她的丈夫。这一性别差异有深刻的文化根源，至今仍对婚姻产生影响（Brooks，2000）。在一项有关大学生的研究中，在智力、教育程度、事业成功、收入等方面，报告说配偶在这些方面应高于自己的人，女性多于男性，而认为配偶在这些方面应低于自己的则是男性多于女性（Ganong & Coleman，1992）。在这种情况下，女性可能会降低其能力，牺牲其自我。男性则把自己定位为供养者，而不是全身心地投入家庭生活。

很多年轻人对婚姻幸福抱有神话般的幻想，憧憬着电视上的浪漫喜剧般的婚姻，这是不现实的（Segrin & Nabi，2002）。例如，很多年轻人对婚姻持有下列缺乏根据的看法：

- 经过第一年的婚姻生活，夫妻双方的满意度增加。
- 夫妻性生活的品质是婚姻满意度的最好预测指标。
- “如果我的配偶爱我，他/她凭直觉就应该知道我的愿望是什么。”
- “无论我做什么，我的配偶都应该爱我，就因为他/她是我的配偶。”（Larson，1988，p. 5；McCarthy & McCarthy，2004）

当这些想法破灭后，夫妻双方都会感到失望，婚姻不再令人满意，而是充满冲突和困扰。有趣的是，一些信奉宗教的年轻人把婚姻看作上帝所赐的神圣之物，他们反而对婚姻不抱幻想，能更好地化解夫妻之间的矛盾（Mahoney et al.，1999）。或许是因为他们尊重婚姻关系，所以与其他夫妻相比，他们为建立和谐的夫妻关系全力以赴，尽力采取共同协商的办法来化解矛盾。

专栏 **社会问题**

配偶虐待

家庭暴力是一个关乎健康和人权的问题，在所有文化和社会经济地位群体中都有发生。通常来说，配偶一方的家庭暴力行为都与另一方有关。回顾第 1 章凯伦的经历。她的丈夫不仅对她进行性侵害和身体伤害，还对她进行心理虐待——孤立，羞辱，贬低人格（Dutton et al.，2001）。有暴力倾向的成人还会破坏伴侣喜欢的财物，在墙上打洞，或乱扔东西。如果有孩子在场，孩子也会成为受害者。

丈夫施暴，妻子受害，这是官方报告的配偶虐待的典型形式。但是有很多家庭暴力行为没有被报告。当研究者问及北美夫妇导致敌意的打架行为时，男性和女性报告的攻击行为比率大体相似（Archer，2002a；Straus，1999）。例如，对加拿大进行的一项全国性调查发现，7%的女性和6%的男性表示，在过去5年中曾遭到配偶的身体虐待（Statistics Canada，2005）。然而，女性更有可能遭受身体攻击，受到严重伤害，如经常挨打，被掐住脖子而窒息，溺水，受到枪支威胁。男性则会受到妻子的抱怨，妻子会打他们耳光，乱扔东西，用刀具恐吓（Hoff，2001）。配偶虐待在同性恋者和异性恋者中发生的概率相同（Schwartz & Waldo，2004）。

自卫经常是女性做出家庭攻击行为的起因，但北美男性和女性都可能会"先发制人"（Carrado et al.，1996；Currie，1999）。"引起配偶的注意"，"获得控制权"，"表达愤怒"通常是虐待配偶的理由（Straus，1999）。

配偶虐待的相关因素 在虐待关系中，有时是妻子屈从于丈夫，有时是丈夫屈从于妻子。但是有大约一半的案例，配偶双方都是施暴者（Cook，1997）。马文和帕特的关系可以帮助我们了解配偶虐待是怎样逐步升级的。他们婚后不久，帕特开始抱怨马文上班时间太长，她坚持让马文早点下班，回家跟她相处。如果他不同意，帕特就用难听的绰号辱骂他，朝他扔东西，打他耳光。一天晚上，马文对帕特的行为感到愤怒，忍不住把一个碟子摔到墙上，把结婚戒指扔给她，离家出走。第二天早上，帕特向他道歉，说保证不再出现这种行为。但马文的火气却越来越大。

这种施暴—自责的循环，使好斗的情绪不断增强，这是很多虐待关系的特征。它们为什么会发生？人格和成长历程、家庭环境、文化因素都促成了配偶虐待的发生（Dixon & Browne，2003）。

一些虐待者高度依赖配偶，有很强的嫉妒心、占有欲和控制感。例如，当凯伦表示她将永远离开家时，迈克非常焦虑，所以他监控凯伦的所有行为。抑郁、焦虑和低自尊也是虐待者的特征。由于他们不能控制自己的愤怒，所以哪怕鸡毛蒜皮的小事，如衬衫没熨或开饭稍晚，都会成为虐待的起因。在要求他们解释自己的攻击行为时，他们把主要责任归于对方而不是自己（Henning，Jones & Holdford，2005）。

很多虐待配偶者生长在这样的家庭：父母经常打架，采取高压手段，并虐待孩子（Bevan & Higgins，2002；Reitzel-Jaffe & Wolfe，2001）。这也许就是儿童期的问题行为和青少年期的暴力倾向能够预测配偶虐待的原因（Magdol et al.，1998）。在儿童期经历过家庭暴力的成人并不一定会重蹈覆辙。但其父母给他们做出了消极的预期和行为，使他们常常把这些东西带入自己的亲密关系中。压力生活事件，如失业或经济困难，会增加配偶虐待行为（Emery & Laumann-Billings，1998）。由于普遍的贫困，非洲裔、美国原住民、加拿大原住民报告的配偶虐待比率较高（Hoff，2001；Statistics Canada，2005c）。酗酒则是另一个相关因素。

在社会层面，男人支配、女人屈从的文化标准对配偶虐待起着推波助澜作用（World Health Organization，2000b，2005b）。图2.3显示，在贫困并认可性别不平等的国家，针对女性的配偶暴力比率最高，受害女性占40%～50%。

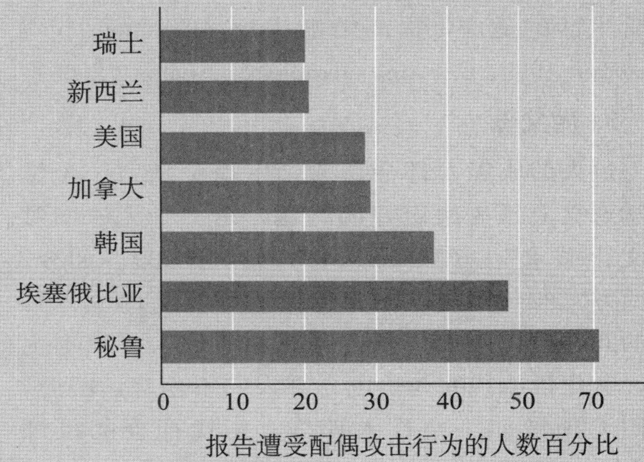

图2.3 7个国家中女性遭受亲密伴侣暴力行为的情况
让参与调查的女性回答自己是否曾遭受过亲密伴侣的虐待。这一从未发表过的研究结果显示，女性受虐待的比率在7个国家中都很高。在认可传统性别角色且比较贫困的国家中，女性遭受虐待的比率最高。

受害者往往忍受着长期的焦虑和沮丧，并经受着频繁的令人惊恐的攻击行为（Stuart et al.，2006）。为什么她们不退出这种恶劣的关系？很多环境因素阻碍了她们这样做。一位遭受暴力的妻子可能依赖丈夫挣的钱，或者害怕离开后会为她和孩子带来严重伤害。因为在夫妻分居后，有时会发生更极端的攻击行为，甚至杀害（Statistics Canada，2005c）。男女都可能受害，但男性较多，因为他们不愿报警。有些受害者可能错误地认为配偶会悔过（Straus，1999）。

干预和治疗 社区服务能为受虐女性提供帮助，例如，提供匿名的咨询电话和社会支持，设立可提供保护和治疗的庇护所。很多女性在下决心离开施虐丈夫之前都会回到他们身边几次，所以社区的调解人员可以为男性施暴者提供心理治疗。多数人需要几个月至一年的团体治疗，在治疗中需要放弃顽固的性别成见；教会他们沟通、解决问题和控制愤怒的方法；还可通过社会支持来改变其行为动机（Harway & Hansen，2004）。

虽然有治疗比没有治疗好些，但很多治疗对克服夫妻关系中的困难或酗酒问题效果有限。接受过治疗的不少施虐者仍然对原配偶或新配偶施暴（Schwartz & Waldo，2004；Stuart，2005）。现在，一些干预机构承认，男性同样也是受害者。但是他们的需求往往被忽视，使家庭暴力得以持续。当受害者不愿与施暴者分离时，家庭治疗应该关注如何改变夫妻的互动方式，并尽量降低生活压力。

从长远来看，令人奇怪的是，很多已婚者在结婚之前几乎没好好想过是否决定结婚这个问题（McGoldrick，Heiman & Carter，1993）。高中和大学阶段开设的家庭生活教育课有助于消除婚姻迷思，帮助年轻人更好地选择伴侣。另外，开展婚前咨询，帮助年轻人公开讨论自己的愿望，采用积极的、相互尊重的化解矛盾方法，也可以促进他们对婚后生活的适应，提高婚姻质量（Christensen & Heavey，1999；Gordon，Temple & Adams，2005）。

3. 做父母

过去的成年人都会认为，生孩子是“一个生物学意义上预先决定好的问题，是一个无法回避的文化需求”（Michaels，1988，p. 23）。如今，在西方工业化国家，做父母已成为真正由个人选择的问题。有效的计划生育技术使成人可以不生育。文化价值观的变化也允许人们不生育，因此，他们无须像前一两代人那样，担忧社会的批评指责。

1950年，北美78%的已婚夫妇成为父母。现在，70%的夫妇生孩子，但他们通常在年龄较大时生第一个孩子。生育年龄的延后使工业化国家中的家庭规模缩小了。1950年，每对夫妇平均有3.1个孩子。现在，美国每对夫妇平均有两个孩子；澳大利亚的夫妇平均有1.8个孩子；加拿大、英国、荷兰和瑞士的夫妇平均有1.6个孩子；奥地利、德国和日本的夫妇平均有1.3个孩子；意大利夫妇平均有1.2个孩子（U. S. Census Bureau，2006a）。但是，多数已婚者仍把做父母视为一生中最有意义的经历。为什么出现这种情况？养育孩子的挑战是如何影响成人生活道路的？

（1）决定生孩子

做父母的选择受到各种复杂因素的影响，包括经济条件、个人和宗教价值观，以及健康状况。秉持传统性别同一性的女性通常会决定生孩子。女性是否工作对生孩子的影响不如职业类型的影响大。例如，从事高社会地位、高要求职业的女性很少选择做母亲，即便她们决定生孩子，也比 *479*
那些无须过多投入职业的女性生得晚些（Barber，2001；Tangri & Jenkins，1997）。

当询问北美居民是否要孩子时，他们列出了生育的各种好处和坏处，见表2.3。虽然有族裔和地区差异，但总体来看，生孩子的最重要原因包括温暖、慈爱的关系以及孩子带来的刺激和快乐。人们还提到孩子为成人生活带来成长和经验，死后让孩子传宗接代的愿望，帮助孩子成长过程中体会到的成功和创造感（Cowan & Cowan，2000；O'Laughlin & Anderson，2001）。

很多年轻人意识到生孩子就要承担多年的额外负担和责任。问到做父母的坏处时，年轻人提到最多的是“失去自由”，其次是“经济紧张”。的确，养育孩子的花费是现代家庭支出的一个重要部分。根据保守估计，从孩子出生到18岁，美 *480*
国的父母大约要花费185 000美元，加拿大父母大约要花费168 000美元，很多父母还要承担孩子上大学以及在成年初显期经济独立时所发生的数额巨大的费用（Child Care Advocacy Association of Canada，2004；U. S. Department of Agriculture，2005a）。

表2.3 当代夫妇对做父母优缺点的描述

好处	坏处
给予并得到温情和爱。	失去自由，受到拖累。
体验孩子给生活带来的刺激和快乐。	经济负担加重。
被人们看作一个负责任的、成熟的社会成员。	负担重，没有足够时间兼顾家庭和工作。
体验新的成长，掌握使生活更有意义的新机会。	母亲就业受到限制。
传宗接代。	担忧孩子的健康、安全和幸福。

续前表

好处	坏处
在教育孩子成长过程中感受成功和创造。	在充满犯罪、战乱和污染的社会中养育孩子要冒风险。
学会给予和奉献。	与伴侣相处时间减少。
子女帮助父母工作或挣钱养家。	失去一些个人隐私。
	担心孩子在父母无过错情况下学坏。

资料来源：Cowan & Cowan，2000.

在生不生孩子和什么年龄生孩子方面的充分自由，使当代家庭计划比以往更具挑战性。由于配偶双方都希望有平等发言权，生孩子就成为需要认真商量的事情（Cowan & Cowan，2000）。在仔细权衡做父母带来的好处和坏处之后，很多夫妇做出了精明的、具有个人意义的选择，也就是说，当他们已经做好了生孩子的准备，而且生了孩子会使自己的生活更丰富多彩的情况下，他们就更可能会要孩子。

（2）做父母的过渡期

孩子出生后的几个星期，家庭会发生深刻变化：照看新生儿，有了做很多新的家务事，缺少睡眠，夫妻沟通时间减少，有了新的经济负担等等。作为对这些需求的回应，丈夫和妻子的角色一般会变得更传统，即便像莎丽丝和厄尔尼那样主张男女平等、双方分担家务的夫妇也不例外（Cowan & Cowan，2000；Salmela-Aro et al.，2001）。

1）第一胎和第二胎

对多数新生儿父母来说，孩子的降生并不会给婚姻造成巨大压力。婚姻仍旧像以前一样美满，和没有孩子的时候一样欢乐融融（Feeney et al.，2001；Miller，2000）。但是如果婚姻有问题，那么在孩子出生后问题会更大。一项对新婚夫妇的研究中，心理学者每隔 6 年对夫妻双方进行一次访谈，结果发现，如果丈夫在其陈述中经常发自内心地用“我们的”字眼（表明他的价值观和目标与妻子相似），并能理解妻子的日常生活，则可以预测，在孩子出生后妻子对婚姻的满意度保持原有水平或上升。相反，如果丈夫表现出消极情绪特征，夫妻间的矛盾不能得到妥善解决，则可预测妻子对婚姻满意度下降（Shapiro，Gottman & Carrere，2000）。

违背了预期的家庭分工，也会对新生儿父母的幸福产生影响。在双职工家庭中，夫妻看孩子责任的分配越不平衡，孩子出生后夫妻对婚姻的满意度下降越大，女性尤其如此，这将对亲子关系产生负面影响。如果夫妻能分担照看孩子的责任，则可以预测夫妻更幸福，对孩子更体贴（Feldman，2002；Feeney et al.，2001）。但是，那些持有传统性别角色观念、参加了工作且社会经济地位较低的妇女却是个例外。当她们的丈夫积极帮助照看孩子时，这些母亲却说感到更苦恼，这或许是因为她们无力去满足自己想多承担照顾孩子责任的愿望（Goldberg & Perry-Jenkins，2003）。

如今，越来越多的夫妇直到 28～29 岁或 30 多岁才要孩子，这使他们向做父母的过渡来得更容易。延迟生育使年轻夫妇可以去追寻个人职业目标，丰富人生阅历。在这种情况下，男性对做父亲显得更急切，因此更愿意参与对孩子的养育。而有工作在身的母亲更有可能鼓励丈夫分担家务，照看孩子（Coltrane，1990）。

第二个孩子的出生通常需要父亲在抚养孩子方面承担更积极的角色，例如，在妻子产后的恢复过程中照顾第一个孩子，协调好老大和老二的需求。总之，一个和谐的家庭在第二个孩子出生后会改变只有一个孩子时形成的家庭分工。一项研究考察了妻子孕期结束到第二个孩子出生后一年内的家庭状况，结果发现，父亲是否重视对孩子的照养，取决于母亲在第二个孩子出生后的适应状况（Stewart，1990）。此外，家庭、朋友和配偶的支持对父亲的幸福感也很重要。

2）干预

接受咨询师的指导，有助于年轻父母更顺利地完成向父母角色的过渡。在一项干预计划中，前 6 个月，让年轻父母每周聚会一次，讨论对家庭的想法以及孩子出生带来的关系变化。这个项目结束 18 个月后，参加过干预项目的父亲们反映，他们与孩子更亲近，好于没有参加干预项目的父亲。或许是因为父亲在养育孩子方面给予的帮助，参与干预项目的妈妈们在家庭和工作角色方面仍保持着未生育前的满意度。孩子出生 3 年后，参加干预项目的夫妇婚姻关系良好，他们像做父母之前那样幸福。而未参加干预项目的夫妇，有 15%离了婚（Cowan & Cowan，1997）。对那

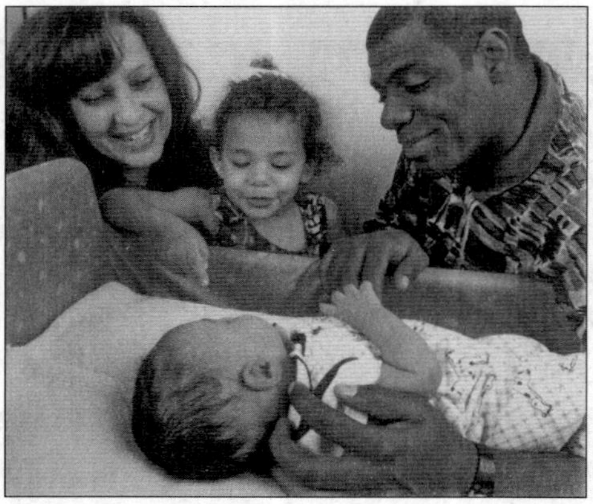

与第一个孩子的出生比起来，第二个孩子的出生更需要父亲积极投入养育孩子的事务，还要协调好老二和老大的不同需求。

些生活贫困或孩子先天残疾的高风险父母来说，干预的强度应该加大，尤其要增强社会支持和养育技能的培训（Cowan & Cowan，1995）。

481　在工业化国家广泛实行的带薪休假制度对新生儿父母的好处很大（见《伯克毕生发展心理学：从0岁到青少年》第3章）。但是，许多停薪休产假的母亲，其收入远低于美国联邦法规定的最低收入，婴儿父亲的收入也很少，甚至无收入，这加重了他们的经济负担（Han & Waldfogel，2003）。如果有良好的产假制度，使年轻父母能从中获益，夫妇双方就更可能互相支持，生活得更幸福（Feldman，Susssman & Zigler，2004）。这样一来，孩子出生带来的压力就是可控的。

（3）家庭规模

除了有效的计划生育外，在过去半个世纪家庭规模稳步缩小的另一个原因是：家庭规模较小使很多女性能够分配精力，既能带好孩子，也能去上班。另外，婚姻不稳定也造成了家庭规模的缩小：很多夫妇在未生孩子之前就离婚了。

对年轻夫妇有一种流行的建议，说限制家庭规模有助于改善“孩子的品质”，孩子能得到父母更多的爱、关注和物质条件，有助于孩子的智力发展。但是，一项研究对美国年轻人的代表性样本进行了智商测验，14年后，又测查了其子女的智商，结果表明，限制家庭规模可提高“孩子品质”的观点并不可信。家庭规模与孩子智商之间的负相关主要是因为智商较低的父母更倾向于生比较多的孩子，这是遗传、环境或二者共同作用的结果（见图2.4）（Rodgers et al.，2000）。如果测查仅限于经济条件良好的父母，则家庭规模与智商的相关就不再显著（Guo & Van-Wey，1999）。

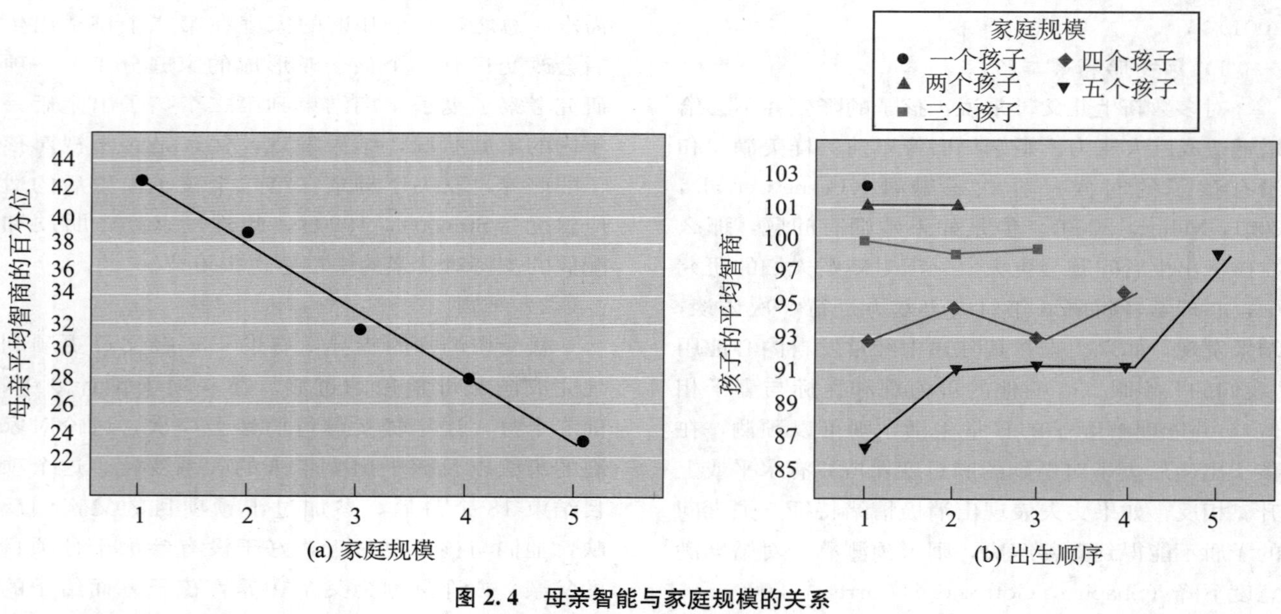

图2.4　母亲智能与家庭规模的关系

家庭规模随着母亲智商的下降而增大（a）。在多子女家庭中，所有孩子的智商都较低，而无论出生顺序如何（b）。儿童的智商没有因出生顺序而降低。相反，在多子女家庭中，最后出生的孩子智商往往较高。这显示决定生较多孩子的父母并没有减少最后一个孩子的生活机会。低智商父母往往生较多的孩子，这些年轻父母多因辍学、生活贫困而不善家庭规划。

资料来源：J. L. Rodgers，H. H. Cleveland，E. van den Oord & D. C. Rowe，2000，“Resolving the Debate over Birth Order，Family Size，and Intelligence，” *American Psychologist*，55，pp. 607，609. Copyright © by the American Psychological Association. 经授权引用。

（4）有幼儿的家庭

第一个孩子出生后，莎丽丝和厄尔尼接到了海泽尔的电话，海泽尔在电话中询问他们做父母的感受如何："当了父母觉得怎么样，是兴高采烈，还是累得精疲力竭?"

莎丽丝和厄尔尼不禁笑起来，他俩异口同声地说："都有!"

在当今错综复杂的社会中，男人和女人都不像前几代人那样对养孩子了如指掌。明确养育孩子的价值观，以温情、投入、提出合理要求的方式将其付诸实施，这对下一代人的幸福，对社会都是至关重要的。文化并不总是把做父母置于优先地位，很多文化缺乏对儿童和家庭的社会支持（见《伯克毕生发展心理学：从 0 岁到青少年》第 2 章）。而且，家庭形式的改变使现代父母的生活与前几代人有了很大差别。

在《伯克毕生发展心理学：从 0 岁到青少年》中，我们讨论了影响孩子教养方式的各种因素，包括孩子和父母的个人特征、社会经济地位、种族。夫妻关系也是很重要的。如果夫妻像合作二人组一样，在养育孩子过程中彼此合作，紧密团结，互相尊重，他们就能从婚姻中获得温情，相信能胜任父母角色，采用高效的养育方式，孩子也能更好地成长（McHale et al.，2002；Schoppe-Sullivan et al.，2004）。如果父母在孩子出生前几个月就形成这种合作关系，这种关系更有可能持续下去（Fivaz Depeursinge & Corboz-Warnery，1999）。

482 对双职工父母来说，一个主要任务是找到高效的儿童保育机构，并在孩子生病或出现其他情况需要照顾时，能够离开岗位或做出其他应急反应（Lower，2005）。孩子年龄越小，父母感到的风险和困难就越大，对低收入的父母尤其如此，为了支付账单他们必须工作更长时间。在美国，这些人常常享受不到工作福利（健康保险或带薪休假）；一般也负担不起儿童保育费用（Halpern，2005b）。在缺少专业而方便的儿童保育机构时，母亲常面临额外压力。她不得不减少或放弃工作，使家庭经济负担更重；或者听凭孩子的哭闹，上班时思虑重重，总想着怎样倒班更好。

即便困难重重，抚育年幼的孩子仍是成人发展的重要源泉。一些父母说，养育孩子增强了他们的情感调节力，丰富了他们的生活。例如，厄尔尼谈到，通过分担抚育孩子的家务，他感到"养育孩子是非凡的经历"。还有些父母说，做父母帮助他们了解他人的感受和需要，这要求他们更宽容、自信、负责任，还拓展了朋友关系和社会关系（Coltrane，1990；Nomaguchi & Milkie，2003）。

（5）有青少年的家庭

孩子处于青少年期使父母角色发生了巨大变化。《伯克毕生发展心理学：从 0 岁到青少年》第 11 章和 12 章讲到，父母必须修正与青少年期孩子的关系，把引导与给予自由结合起来，逐步放松对孩子的监控。当青少年获得自主性，探索各种价值观和目标以寻求建立同一性的时候，父母经常抱怨孩子过于关注同伴而不再关心家庭了。亲子之间在一些日常小事上的争吵得不偿失，对平日管孩子最多的母亲尤其如此。

孩子看来比父母更容易克服青少年期的困难，很多父母说，他们的婚姻和生活满意度下降了。与家庭生活周期的其他时期相比，在这一时期寻求家庭治疗的人更多（Steinberg & Silk，2002；Young，1991）。

（6）父母教育

过去，家庭生活没有什么代际变化，成人通过模仿和实际经验学习怎样养孩子。在当代社会，成人面对很多复杂多变的因素，这些因素限制着他们承担父母角色的能力。

当代很多父母如饥似渴地学习养育孩子的知识，很多女性从朋友那里获得知识和帮助。

现代很多父母如饥似渴地寻求有关养育孩子的知识。新生儿妈妈们大多认为，那些畅销的育儿书籍很有价值，其重要性仅次于医生（Deutsch et al.，1988）。她们还通过其他女性获得育儿知识和帮助。相形之下，父亲很少有能帮助他们了解儿童保育机构和相关知识的社交网络。所以，他们常常求助于孩子的妈妈，并通过妈妈与孩子建立联系，在他们拥有亲密无间、互相信任的婚姻的情况下更是如此（Lamb & Lewis，2004；McHale，Kuersten-Hogan & Rao，2004）。《伯克毕生发展心理学：从0岁到青少年》第6章曾经讲过，和谐的婚姻会促使父母双方与孩子建立亲密关系，但这对父亲更重要。

父母教育课程可以帮助父母明确养育孩子的价值观，有助于家庭交流，理解孩子的发展，采用更有效的养育方法。其中的各门课程都可带来良好效果，包括增进父母孩子间的交流，更灵活的抚育态度，作为孩子的教育者更好地理解自己所承担的角色（Shumow，1998；Smith，Perou & Lesesne，2002）。家长教育的另一个好处是可以得到社会支持，它给父母提供了与专业人员和其他父母一起讨论的机会，并与他们分享这样的观点：没有任何事情比养育儿童对社会的未来更重要。

思考题

复习 夫妇可以运用哪些策略顺利地度过做父母过渡期？

应用 莎丽丝刚结婚时，觉得自己犯了个错误。列举维持她婚姻并使婚姻幸福的因素。

联结 青少年发展的哪些方面使教育青少年子女成了父母的负担，并影响婚姻和生活满意度（见《伯克毕生发展心理学：从0岁到青少年》第11章和第12章）。

反思 你是和父母一起住还是独自居住？什么因素造成了你现在的生活安排？如果你独自生活，那你与父母关系的改变是否与研究结果一致？

五、成人生活方式的多样性

483 现代成人多样的生活方式可以追溯到20世纪60年代，当时，年轻人开始对过去时代人们的传统观念提出质疑，他们的问题是：“我怎样才能找到幸福？为了过上充实而满足的生活我应当付出什么？”随着社会大众越来越能接受多样化的生活方式，人们有了更多的选择，例如单身、同居、不要小孩和离婚。

现在，选择非传统型家庭已成为北美国家的主流。许多成人不止经历一种生活方式。下面我们将探讨这些多样性，我们将看到，有些人在深思熟虑后选择了某种生活方式，有些人则随波逐流。生活方式可能受到社会影响，例如，美国的同性恋伴侣在多数州不能依法结婚。有些人因为感觉被另一个人抛弃，例如他们的婚姻“变了味”，而选择某种生活方式。总之，选择生活方式可能是人们可控的，也可能是不可控的。

1. 单身

海泽尔一毕业就参加了和平队（Peace Corps），在非洲待了5年。虽然她愿意建立长期关系，但她只有短暂的恋爱。返回美国后，她在一家保险公司担任主管。她要面对各种专业性的挑战，并且常常出差。35岁那年，在一次和莎丽丝一起午餐时，她对自己的生活状况进行了反思：“我对婚姻持开放态度，但是参加工作后，觉得婚姻会干扰工作。现在我一个人生活很习惯，我不禁自问，我能否习惯与另一个人一同生活。我希望自己能天马行空，独往独来，不必请求什么人，也不必想着照顾谁。但我的生活也有另一面：我孤枕而眠，多数时候自己一个人吃饭，一个人度过休闲时间。”

单身生活——不与亲密伴侣一同生活——近年来逐步增多，在年轻人中尤其多见。例如，自1970年以来，北美30～34岁未结过婚的人数比例上升了6倍，其中1/3是男性，1/4是女性。越来越多的人晚婚或不结婚，而离婚也增加了单身成人的人数。这一趋势显示，多数北美人在成年以后的时间是单身度过的，还有约8%～10%的人选择单身生活（Statistics Canada，2003e；U. S. Census Bureau，2006b）。

因为结婚较晚，单身生活的年轻男性的人数比女性多，但女性比男性更可能多年或终生保持单身。随着年龄增长，符合多数女性择偶标准的男人越来越少，她们的标准是：同龄或年龄稍长，文化水平相同或更好，事业成功。相反，男性可以从很多未婚女性中选择配偶。因为女性倾向于“上嫁”而男性倾向于“下娶”，所以蓝领男性和高职位白领女性在 30 岁后未结婚的单身中占多数。

种族差异仍然存在。例如，成年早期未婚的非洲裔美国人的人数是美国白人的近两倍。调查显示，黑人男性的高失业率影响了他们的婚姻。很多非洲裔美国人直到 40 岁前后才结婚，在这一年龄段，黑人和白人的结婚比率逐渐接近（U. S. Census Bureau，2006b）。

单身可能具有多种意义：在一个极端，一些人选择单身是经过深思熟虑的；在另一个极端，一些人认为，他们单身是因为受到自己无法控制的环境的影响。多数人像海泽尔一样处于中间状态，他们想结婚，但却做出了相反的选择。一项研究针对单身女性进行了访谈：有些女性说她们更关注职业目标而不是结婚；另一些女性说，跟男人关系很差还不如单身；还有些人说，她们只是没有遇到“合适的人”（Baumbusch，2004；Lewis，2000）。

单身女性通常能适应她们的生活方式。其中一个原因是，她们能从亲密的同性朋友那里获得社会支持。相形之下，单身男性的身体和心理健康问题比较多。

单身生活也有好处，其中人们提到最多的是自由和灵活。但单身者也认识到单身的缺点，如孤独，令人厌倦的约会，性生活和社交生活受限制，缺乏安全感，感到被排斥于已婚者之外。单身男性比单身女性的身体和心理健康问题更多，单身女性通常能忍受一个人生活，这在一定程度上是因为，她们从亲密的同性朋友那里得到很多帮助（Pinquart，2003）。此外，未结过婚的男性常常有矛盾重重的家庭背景和人格特征，这也是他们单身和适应困难的原因（Buunk & Van Driel，1989）。

很多单身者在 20 多岁后期会倍感压力，因为 484
在这一年龄，身边的很多朋友结婚了。对单身女性而言，35 岁左右是另一个做出努力的时期，因为此时从生物学上离不能生小孩的年龄不远。少数人决定采取人工授精或婚外性行为来做妈妈。越来越多的人通过收养成为父母（通常是海外收养）。

2. 同居

同居（cohabitation）**指未婚伴侣的生活方式，同居者拥有亲密的性关系并一同居住。**直到 20 世纪 60 年代，在西方国家，未婚同居主要局限于低社会经济地位的成人。现在，在所有群体中同居的人数都有所增加，在接受过良好教育、经济状况优越的年轻人中增长最快。图 2.5 显示，现今北美年轻人比上一代人更有可能以同居方式实现其第一次夫妻关系。在人们 20 多岁时，同居成为向婚姻过渡的最好方法，有一半多的夫妇选择了这种方式（Statistics Canada，2002a；U. S. Census Bureau，2006b）。未婚同居的比率在离过婚的成人中更高。在美国和加拿大一半的未婚同居关系中，至少有一方曾经分居或离异，1/3 这样的家庭有孩子（Cohan & Kleinbaum，2002）。

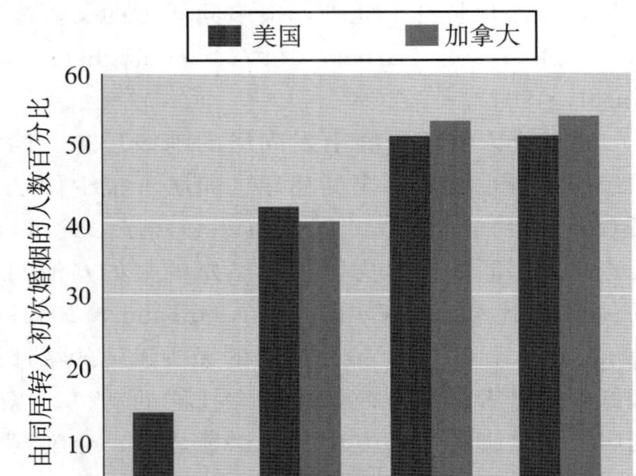

图 2.5　美国和加拿大由同居转入婚姻的人数百分比的代际增长

与前一代人相比，北美年轻人越来越多地把同居作为向初次婚姻过渡的方式（1970—1974 年的数据只适用于美国）。

资料来源：Bumpass & Lu，2000；Statistics Canada，2002a；U. S. Census Bureau，2006h.

像单身一样，同居也有多重意义。对一些人来说，同居是婚姻准备期，从中考验彼此的关系并习惯于共同生活。对另一些人来说，同居是婚姻的替代形式，两人分享亲密的性生活和陪伴，如果觉得不满意，也容易分开。从这个角度来看，同居者对金钱、财产和对双方孩子所承担的责任方面差异巨大也就不足为奇。

如果说北美人对同居比以前更开放，那么他们的态度还是不如西欧人那样积极。在荷兰、挪威、瑞典，未婚同居已完全为社会所接受。这些国家中70%～90%的年轻人以同居作为他们的第一次亲密关系，同居者的彼此投入程度和已婚夫妇相差无几（Fussell & Gauthier，2005；Ramsøy，1994）。在北美约50%的同居者在2年内分手，在西欧这一比率只有6%～16%（Brown，2000；Kiernan，2002）。荷兰、挪威和瑞典的同居者决定结婚是为了使他们的关系合法化，特别是对孩子有好处。北美的同居者一般用结婚来确认他们的爱和责任，这也是西欧人对同居的看法。

结婚前同居的美国和加拿大夫妇，比决定结婚之后才同居的夫妇离婚的可能性更大。但这种情形在西欧国家不明显或根本没有（Kiernan，2001，2002；Kline et al.，2004）。在北美，在订婚前同居的人一般不持有传统的价值观，他们有多位性伙伴，政治上追求自由，不大信仰宗教，而且有双性化特征。此外，很多同居者的父母离过婚（Axinn & Barber，1997；Cunningham & Antill，1994）。

这些个人特征可能引发同居的消极后果。同居经历本身也起着一定的作用。同居者很少像已婚者那样经济拮据或共同拥有一套房子。此外，无论是未婚同居还是先同居后结婚的夫妇，他们的关系都比较差（Cohan & Kleinbaum，2002；Kline et al.，2004）。或许同居的无头无尾的特性降低了同居者学习有效解决冲突技能的动机。当同居者把蹩脚的沟通方法带入婚姻之后，会削弱婚姻满意度。此外，父母曾经离婚，也使同居者在不满意其婚姻时如法炮制。

当然，也有一些同居者没有出现上述情况。有些在分居或离婚后又同居的人，往往会认真检验新关系，防止另一次失败，在有孩子的情况下尤其如此。这些人同居的时间较长，也不太可能结婚（Smock & Gupta，2002）。再者，低社会经济地位的一些同居者也往往用同居来替代婚姻。他们认为，自己的经济能力对婚姻而言不太确定，所以只能一直住在一起，他们也会生孩子，当经济情况改善时再结婚（Jayakody & Cabrera，2002）。另据报告，同居的同性恋伴侣有较强的责 485
任感，与已婚者报告的水平相同。同性恋者在两人关系变坏时，比已婚者更多地选择终止同居关系，因为分手对他们几乎没什么障碍，他们没有共同生育的孩子，在经济上不互相依赖，用不着计较离婚的代价（Kurdek，1998）。

对那些没有做好结婚准备的人来说，同居既能得到亲密关系，又有机会做出一定的奉献。北美很多伴侣以同居来回避婚姻的法律责任，但他们也恰恰因为没有承担这些责任而面临很多困难（Mahoney，2002）。当未结婚的伴侣关系破裂时，为财产、金钱、房租、孩子抚养责任而进行激烈的争执的情形也不少见。

3. 不愿生育

莎丽丝在工作中结识了比特丽丝和丹尼尔。他们已结婚7年，都已30多岁，但他们还没有孩子，也不打算生。在莎丽丝眼里，这对夫妇非常体贴恩爱。比特丽丝说："起先我们还想要小孩，但最终我们决定把精力集中到我们的婚姻关系上。"

有些人没有孩子是非自愿的，他们要么是没找到可以一同做父母的伴侣，要么是尝试过生育却未成功。比特丽丝和丹尼尔属于另一类人——夫妻自愿不生孩子。

有多少北美夫妇选择不生孩子，这是个有争议的问题。有的研究者认为，近几十年来不愿生孩子的夫妇比率已经下降。另一些研究者称，这一比例由20世纪80年代的2%上升到90年代中期的6.5%（Rhone & Fulbrigh，2001；Toulemon，1996）。这些不同的报告反映了一个事实，即自愿不生孩子并不是一个永久的决定。有些人很早就决定不做父母，并始终坚持这种计划。但多数人像比特丽丝和丹尼尔一样，是在结婚后慢慢形成了他们不愿改变的生活方式之后才做出不生孩子的决定。之后，有些人改变了他们的决定。

除了保持和提高婚姻满意度、不必承担抚养孩子的责任外，不生孩子的原因还有女性的职业和经济保障等。研究发现，自愿不生孩子的人大多受过高等教育，有一份受人尊敬的职业，并积极投入工作（Kemkes-Grottenhaler，2003）。其中有不少人在家里是独生子女或是头生孩子，父母鼓励他们取得成就和独立自主。在对不生孩子有深刻成见的文化中，自愿不要孩子的女性表现得更自立、果断（Morell，1994）。

自愿不生孩子的成人和有孩子、爱孩子的父母一样，对生活感到满意。而那些不能生育的成人可能对生活感到不满，一些人深感失望，另一些人则心情矛盾，要看能从生活中其他方面得到多少补偿（Letherby，2002；Nichols & Pace-Nichols，2000）。这些研究结果质疑了“无子女者感到孤独和无能”的社会成见。只有在个人无法控制的情况下，无子女才会影响到对生活的适应和满意度。

4. 离婚和再婚

离婚率自 20 世纪 80 年代中期以来保持稳定，部分原因是人们结婚年龄增大使经济更稳定，婚姻满意度更高。此外，未婚同居的增加减少了离婚率：很多原本应该结婚的关系在结婚前就破裂了（Bumpass，2004；Heaton，2002）。然而，在美国仍有 45%的婚姻破裂，加拿大的离婚率为 30%。因为多数离婚事件发生在结婚后 7 年内，所以大多牵扯到年幼的孩子。离婚在向中年期过渡时也较多，此时离婚者的子女已至青少年期，这是婚姻满意度下降的时期。

约 2/3 的离婚者会再婚。但在再婚的最初几年，婚姻失败率甚至超过第一次婚姻，比第一次婚姻的失败率高出 37%。在此之后，初婚和再婚的离婚比率大致相当（Coleman，Ganong & Fine，2000；Wu & Penning，1997）。

（1）离婚的相关因素

为什么失败的婚姻如此之多？克里斯蒂和加里的离婚表明，最主要的原因是夫妻关系破裂。克里斯蒂和加里之间的争吵还没有莎丽丝和厄尔尼那么多，但他们解决问题的方式却很低效。当克里斯蒂提出自己感兴趣的话题时，加里就表示反感、生气、沉默，在情感破裂的很多夫妻身上都发现了这种要求—退缩的模式。另一种比较普遍的方式是双方不吵架，但夫妻逐渐走向分居，因为双方对家庭生活抱着不同的期望，两人很少有共同的兴趣、活动或朋友（Gottman & Levenson，2000）。

这些不良交流方式背后潜藏着哪些问题？心理学者在一项长达 9 年的追踪研究中，考察了 2 000对美国已婚夫妇，询问他们有关婚姻方面的问题，在第一次访谈后的 3 年、6 年、9 年进行追踪，以查明这 2 000 对夫妇中有哪些已经分居或离婚（Amato & Rogers，1997）。结果，妻子比丈夫报告的婚姻问题更多，性别差异主要涉及妻子的情绪状况，如生气、受伤害感和喜怒无常。丈夫似乎难以体会到妻子的痛苦，这使妻子认为婚姻是不幸福的。无论夫妇哪一方报告说婚姻有问题，也无论谁应对此承担责任，在后来的 10 年中，可以预测离婚的最好指标是对婚姻不忠，乱花钱，酗酒或吸毒，妒忌，令人讨厌的习惯，喜怒无常。

结婚时年龄较小、无宗教信仰、离过婚、父母离异等背景因素与离婚相关，这些因素都与婚姻中的困难相联系。例如，结婚早的夫妇间，不忠与嫉妒的情形较多。不参加宗教活动可能增大 486
离婚的可能，因为这会减弱积极的婚姻态度和行为的影响环境。对一部分家庭进行的超过 20 年的跟踪研究表明，父母离婚至少增加了之后两代人的离婚风险，这在一定程度上是因为父母离婚导致孩子出现适应困难，减少了他们对婚姻的投入（Amato & Cheadle，2005；Hetherington & Elmore，2004）。所以，当这些子女成年结婚后，更有可能做出各种不妥当的行为，导致矛盾冲突，而且他们很少尝试解决这些问题，或者不想掌握解决这些问题的技能。这样的人如果与家庭背景稳定的配偶结婚，会减少这些消极结果的产生。

无效的问题解决方式会导致离婚。例如，很多配偶关系破裂起因于这样的关系模式：一方提出感兴趣的问题，另一方却表现出反感、生气和沉默。

文化水平低和家庭贫困的夫妻承受着重重生活压力，他们更有可能关系破裂（Amato，2000）。但克里斯蒂的案例代表着另一种趋势，在接受过良好教育、职业型的、经济独立的女性中，离婚率在不断上升。当女性的工作地位和收入超过丈夫时，离婚的风险增大，配偶间应该有差异的性别角色观念可以解释这种关系（Sayer & Bianchi，2000）。丈夫不支持妻子的事业会大大增强妻子的不幸福感，因此也增强了她结束婚姻的可能。总之，女性提出离婚的可能性是男性的两倍（Popenoe，2006）。

（2）离婚的后果

莎丽丝对克里斯蒂和加里离婚的反应是好像“有人死了”。她这样说一点也不过分：离婚等于失去一种生活方式，也因此失去由生活方式所支持的一部分自我。作为结果，离婚同时提供了积极的和消极的改变机会。

分手之后，男女双方立刻体验到断裂的社交网络、社会支持的减少、焦虑和抑郁的增加以及冲动行为等（Amato，2000）。对多数离婚夫妇，这些反应要持续两年。那些处于传统婚姻中、围绕丈夫构建其同一性的女人，尤其要经历一段艰难的时期（Hetherington，Law & O'Connor，1994，p. 216）。一些没有子女监护权的父亲感到迷茫，由于和孩子联系减少，感觉失去了根基。另一些人则诉诸于疯狂的社会交往（Cherlin，1992）。

对离异的成人来说，找到一位新伴侣会大大提高生活满意度（Forste & Heaton，2004；Wang & Amato，2000）。这对男人来说更重要，因为他们比女人更难适应单身生活。女人虽然感到孤独，收入大大减少（见《伯克毕生发展心理学：从0岁到青少年》第10章），但女性比较容易走出离婚阴影。例如克里斯蒂在离婚后有了新的朋友圈子，而且有了自信心，如果她继续与加里保持婚姻关系，这些改变可能都不会发生。但是，有些女性，尤其是那些充满焦虑和恐惧，或过分依赖前夫的女性，会感到自尊下降，持续抑郁，一而再、再而三地重复不成功的婚姻（Amato，2000；Ganong & Coleman，1994）。参加职业培训，继续去读书，投身于事业，以及来自家庭和朋友们的帮助，这些因素在改善离婚女性的经济状况和心理健康方面起着重要作用（DeGarmo & Forgatch，1997）。

（3）再婚

人们一般会在离婚之后的4年内再婚，其中男性的再婚时间比女性早些。如前所述，再婚关系很不稳定，这有以下几个原因：首先，虽然人们是为了寻求爱而再婚的，但现实问题，如经济稳定，帮助抚育孩子，缓解孤独感，为社会所接纳等等，比第一次婚姻还重要。但这些顾虑没有为长久的伴侣关系提供坚实的基础。其次，有些人把第一次婚姻中形成的消极互动和解决问题方式带入了第二次婚姻。再次，曾经婚姻失败的人在婚姻再次出现问题时，更可能把离婚当作可行的解决问题方法。最后，再婚夫妇在有继子女的情况下可能会经受更大的压力（Bray，1999；Coleman，Ganong & Fine，2000）。研究表明，继父母—继子女之间的关系是婚姻幸福的最有力的预测指标。

离婚和再婚，和成人的其他生活方式一样，会带来不同的结果。这种混合家庭一般需要3至5年，才能过上亲生父母与子女那样的有序和舒适的生活（Ihinger-Tallman & Pasley，1997）。家庭生活教育、夫妻关系咨询、团体治疗等方法可以帮助离婚和再婚的成人适应其复杂的新生活环境（Forgatch，Patterson & Ray，1996）。

5. 做父母的多种方式

家庭形式不同，使做父母的方式也不同。每一种家庭类型，无论是再婚家庭，未结婚家庭，
还是同性恋家庭，都对做父母的能力和成人心理 487
健康提出独特的挑战。

（1）继父母

无论继子女住在家里，还是偶尔来家里，继父母都处于尴尬的境地。继父母是作为外人进入家庭的，在很多情况下，他们过快地进入做父母的角色。由于没来得及形成温暖的依恋关系，他们的管教往往是不起作用的。继父母经常批评亲生父母纵容孩子，亲生父母则认为继父母对孩子过于严厉，这种差异可能使夫妻再度分手（Ganong，Coleman & Fine，1995）。与第一次结婚的父母相比，再婚父母的紧张感与不满情绪更强，其焦点集中在教育孩子问题上。如果夫妻双方都带有前一次婚姻的子女，而不只一方有子女，发生矛盾的可能性更大，关系会更糟（Coleman，Ganong & Fine，2000）。

继母可能面对更多的矛盾冲突。如果继母从未结过婚，或没有孩子，可能对家庭生活抱着理想化的憧憬，但这种憧憬很快就会破灭。期望能掌控家

庭关系的继母很快就会发现，继父母与继子女的关系不能很快建立起来。离婚后，亲生母亲经常会表现出嫉妒，不合作，想让孩子听自己的话。即便丈夫没有孩子的监护权，继母还是有压力。由于继子女会来到家和离开家，继母也会对身边有和没有拒绝听从管教的孩子两种生活加以比较。很多人喜欢没有继子女的生活，同时又对自己的“缺乏母爱”感到愧疚（Church，2004；MacDonald & DeMaris，1996）。无论继母怎样努力建立亲密的亲子关系，她们的努力过不了多久就会功亏一篑。

有自己孩子的继父比较轻松。他们一般能较快地与继子女建立积极的情感联系，原因可能是他们在建立温暖的亲子关系方面富有经验，而且他们在投身于父母角色过程中感受到的压力比继母小。继子女也比较喜欢继父努力通过各种有趣的活动与他们交流（Ganong et al.，1999）。没有亲生子女的继父（和相同处境的继母一样）可能抱有不切实际的想法。有时妻子会把他推向父亲的角色，这会招来孩子的不快。在给孩子提的建议几次被忽略或拒绝后，这些继父会退出父亲的角色（Hetherington & Clingempeel，1992）。

恩爱的夫妻关系、亲生父母间的合作、孩子对父母新配偶的接受程度，这些对继父母顺利进入角色非常重要。一些夫妇通过增进彼此的感情，建立共同教育孩子的合作关系，来改善与继子女的互动（Church，2004）。由于继父母与继子女很难形成亲密关系，所以有继子女的再婚夫妇比无子女的再婚夫妇离婚率高一些（Bray，1999）。

（2）从未结婚的单亲父母

有 10％的美国儿童和 5％的加拿大儿童与既没结过婚、也没有配偶的单亲父母一起居住。这些单亲父母中，母亲占 90％，父亲占 10％（U. S. Census Bureau，2006b；Vanier Institute of the Family，2004a）。当然，单身成人有时也会决定成为父母，独立抚养孩子。近年来，年龄超过 30 岁、从事高职位工作的单身女性成为母亲的情形增多。但她们仍是极少数人，人们对她们和她们孩子的情况知之甚少。

在美国，最大的未婚父母群体是年轻的非洲裔女性。在 20 多岁生孩子的黑人女性中，婚外生育者达 60％，相同情况的白人女性只有 13％（U. S. Census Bureau，2006b）。与美国其他族群相比，非洲裔女性推迟结婚的人较多，生孩子较少。失业并一直找不到工作，使很多黑人男性无法养家，这也是结婚推迟的原因。

未婚的黑人母亲往往依附于大家庭，依附于自己母亲的最多，有时也会依靠男性亲属，求他们帮助抚养孩子（Gasden，1999；Jayakody & Kalil，2002）。大约有 1/3 的人在第一个孩子出生后 9 年内结婚，但结婚对象不一定是孩子的生父（Wu，Bumpass & Musick，2001）。这类夫妇的情况与第一次结婚的父母很相似。他们的孩子通常不知道自己的父亲是继父，在混合家庭大多会遇到的抚养孩子的困难，在这样的家庭中却少见（Ganong & Coleman，1994）。

低社会阶层的未婚母亲，其经济状况会更拮据。约 50％的白人母亲和 60％的黑人母亲在未婚状态下生第二胎。但她们不能像离婚母亲一样得到孩子的抚养费（Lipman et al.，2002；Wu，Bumpass & Musick，2001）。当前美国的福利政策规定，父母有工作才能获得福利待遇。在美国一些州，工资和补贴加在一起可以使家庭脱离贫困，由于父母的压力减轻，孩子也能在学习和社会行为方面表现良好。但是一些福利项目要求父母从事的是低收入工作以至于他们无法摆脱贫困，这些项目就不能增强父母及其子女的幸福感（Gennitian & Morris，2003；Morris，2002）。

没有父亲、只有单身母亲的孩子，与低社会经济地位、第一次结婚家庭的孩子相比，在学校表现更差，反社会行为更多，这些问题使他们母亲的生活变得更艰难（Coley，1998）。但是，这些单身母亲若想和孩子的亲生父亲结婚并且想给孩子带来好处，孩子的父亲必须有可靠的经济收入和情感支持。假如这些母亲与一个有反社会行为的父亲结婚，还不如她独立抚养孩子，因为孩子出现行为问题的可能性更大（Jaffee et al.，2003）。加强对低收入父母的社会支持，提高教育程度，增加就业机会，会大大提高未婚母亲和她们孩子的幸福感。

（3）同性恋父母

美国有几百万男性同性恋者和女性同性恋者 488
做父母，在加拿大，这一群体约 10 万人，多数人的孩子是在以前异性婚姻时生育的，有些是收养子女，还有越来越多的人借助生育技术得到小孩（Ambert，2003；Patterson，2002）。过去，法律规定同性恋者没有做父母的权利，这使他们与异性伴侣离婚后即失去对孩子的监护权。现在，美国的有些州和加拿大都接受性偏好与监护权无关的理念。但是美国有些州仍禁止同性恋者收养孩子（Laird，2003）。

对同性恋父母及其子女的研究很少，即便有研究，研究对象也是少量的自愿者。这些观察表明，在养育孩子方面，同性恋父母的投入和效果与异性父母没有什么差异（Tasker，2005）。孩子无论是父母亲生的还是收养的，或者是通过人工授精而出生的，同性恋家庭的子女在心理健康、同伴关系、性别同一性方面与异性家庭的孩子并无差别（Allen & Burrell，1996；Flaks et al.，1995；Golombok & Tasker，1996）。还有两项研究，为了克服志愿者样本造成的取样误差，所有被试都是来自通过人工授精生育孩子的女性同性恋家庭，结果，这些母亲报告说，她们的孩子发展良好（Brewaeys et al.，1997；Chan，Raboy & Patterson，1998）。从英国的一个母亲及其7岁孩子的代表性样本中选取的被试也表明，在同性恋母亲家庭长大的孩子和异性恋家庭长大的孩子，其社会适应和性别偏好没有差异（Golombok et al.，2003）。还有研究发现，男同性恋双亲和女同性恋双亲家庭的子女的性取向与其他家庭的子女没有差别，多数是异性恋取向（Tasker，2005）。

如果同性恋者所生活的大家庭不接受他们，同性恋母亲或父亲会与朋友组建"选择的家庭"，让朋友来当假想的亲戚。但是，男性和女性同性恋父母一般不能忍受长久的不和（Hare，1994）。随着时光流逝，同性恋父母和其原来所在家庭之间的交流会越来越积极，从而为抚养孩子提供支持。

同性恋配偶养育孩子的投入程度因孩子不同的由来而不同。同性恋父母报告说，当他们选择通过收养或人工授精成为父母时，两个人在照顾孩子和做家务方面会平均分担（Chan，Raboy & Patterson，1998）。如果孩子是原来的异性婚姻出生的，亲生父母一般会承担照顾孩子的主要职责（Hare & Richards，1993）。

人们对同性恋父母的最大担忧是，他们的孩子会因父母的性取向而受到羞辱。多数研究表明，被取笑和侮辱的情形很少发生，因为这些父母和孩子很小心地控制着他们对别人透露的信息（Tasker，2005）。但澳大利亚的一项研究表明，虽然大多数来自同性恋家庭的三至十年级学生很少与同学谈论他们父母的事情，但仍有近一半的人报告说他们受过侵扰（Ray & Gregory，2001）。看起来，同性恋家庭只有生活在一个不接纳同性恋的社会环境中，才会显出它们是另类的。

对同性恋父母的研究虽然不多，但现有的研究表明，同性恋双亲在抚育孩子中的投入和效果与异性父母相同。同性恋家庭只有生活在缺乏支持的社会中，才会显出与其他家庭的不同。

思考题

复习　为什么未结婚的单身父母在非洲裔美国人中较多？哪些因素影响着这些家庭中父母与子女的幸福感？

应用　万达和斯科特在交往一年后，决定同居。但他们的父母担心同居会妨碍两人顺利地结婚。这种担忧有道理吗？为什么？

联系　参阅《伯克毕生发展心理学：从0岁到青少年》第10章有关离婚和再婚对儿童和青少年的影响的内容。这些研究结果与成人生活是否一致？哪些原因能对这种相似性做出解释？

反思　你自己或你朋友的经历与对同居、单身、从未结婚的父母、同性恋父母的研究结果是否符合？举一个例子进行讨论。

六、职业发展

489 除了家庭生活外，职业生活也是成年早期社会性发展的重要领域。在选择一份职业后，年轻人必须知道怎样做好本职工作，怎样与同事相处，怎样与领导打交道，怎样保护自己的利益。随着工作经验不断增加，成人形成新的能力，体会到个人成就感，结交新朋友，实现经济独立和稳定。对女人，也包括支持伴侣发展其事业的男人来说，职场中的志向和成就总是和家庭分不开的。

1. 立业

我们对莱文森和魏兰特理论的讨论中，曾经强调职业发展道路和时间表的多样性。再回想一下莎丽丝、厄尔尼、克里斯蒂和加里在立业过程中的差异。对于厄尔尼和加里这样的男人来说，职业生涯是长久和连续的，从完成正规教育开始，到退休结束。而像莎丽丝和克里斯蒂这样的女性，则有着不连续的职业路径，它会因为养孩子和家庭的其他需求而中断或推迟（Hite & McDonald，2003）。另外，不是所有人都能从事他们理想的职业。一项对澳大利亚人的研究，对完成学业的1 200名年轻人进行了长达7年的追踪，结果发现，在以后7年中的任何一个时间段，都只有20%的人在他们最感兴趣的领域工作（Athanasou，2002）。

即使进入自己选择的领域，起初的工作经历也可能障碍重重。在州卫生部，莎丽丝发现，她的很多时间都耗在文山会海中。由于每个项目都有截止期限，所以她感到工作压力很大。要调整好对薪水、上司和同事方面不符合预期的失望情绪，往往很难做到。当刚参加工作的人们发现期望和现实存在差距时，他们常常会辞职。人们在20～30岁期间平均每两年换一次工作；换五六次工作的比比皆是（Petersen & Gonzales，1999）。

经过一段评价和调整期后，年轻人会慢慢安顿下来。在那些有晋升机会的职业当中，怀有很高抱负的年轻人必须经常向下调整自己的期望，因为很多工作职位的结构是金字塔状的，其中高层管理和总监职位只占少数。一项追踪考察了美国电信公司400多名低职位的男性管理人员，结果发现，在男人生活中，工作的重要程度因职位晋升和年龄的不同而变化（Howard & Bray，1988）。那些很少有晋升机会的男人，会较早地出现“工作倦怠”；在他们30岁出头的年纪，家庭、娱乐、社区服务变得相对重要。在职业成就方面处于平均水平的男性在较大的年纪才开始注重工作以外的角色。而那些事业非常成功的男性，在很长时间里都会忘我工作。随着年龄增长，他们对晋升的愿望有所减弱，但很多人仍在寻求挑战，从工作角色中获得满足。

除了机遇之外，个人特征也影响着职业进展。我们将会讨论，自我效能感，即相信自己有能力获得成功，也会产生影响（可参见《伯克毕生发展心理学：从0岁到青少年》第1章重温这一概念）。非常害怕工作中有失误和挫败的年轻人，他们的职业抱负不是过高就是过低。遇到困难时，他们很快就断定，工作任务太难，从而放弃工作（Lent & Brown，2002）。结果，他们所取得的成就远低于其能力所及。

重温莱文森的理论，我们曾提到，事业成功常常取决于与引路人的关系，能否找到一位好的引路人——拥有丰富的阅历和知识，关心晚辈的进步，与晚辈建立相互信任的关系——取决于身边有没有这样的引路人和个人选择引路人的能力这两个条件（Crosby，1998）。最好的引路人很少是高级管理人员，因为他们对工作很专注，顾不上帮助和关心别人。一般来说，年轻人选择级别较低的引路人更好，他们是经验丰富的同事，或者是专业协会的会员（Allen & Finkelstein，2003）。

2. 女性和少数族裔

虽然女性和少数族裔几乎从事着所有职业，但他们的才能却没有得到全面展现。多数女性，尤其是贫困的少数族裔女性，仍旧从事着那些晋升机会很少的职业，她们中很少有人担任行政管
理人员（见第1章）。虽然男性和女性收入的差距 490
比25年前明显缩小，但差距仍然可观。北美25～34岁的男性每挣1美元，相同年龄的女性平均只能挣0.82美元，这种差距随年龄增大而增大（Prokos & Padavic，2005）。如果男性和女性从事

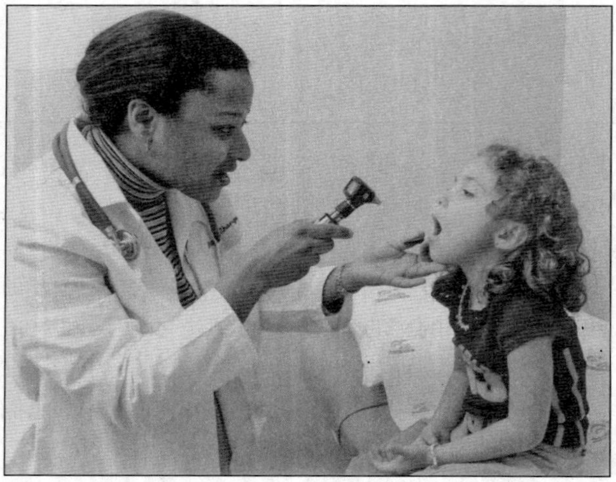

虽然法律保证就业机会平等，但职场中的种族偏见仍然严重。由于种族歧视与性别歧视，少数族裔妇女面临的困难更大。那些事业成功的女性，如图中这位非洲裔医生，常常表现出高度的自我效能感，她们把其他女性，有时是自己的母亲，视为引路人和榜样。

相同的工作，具有相同的职业地位，收入差距就会大大缩小，职业发展中的性别不平等在很大程度上是由收入差距造成的（Venable，2002）。

对从事传统女性职业的妇女来说，职业规划往往是短期的、受环境变化制约的。很多女性在生孩子和抚育孩子期间几次进出劳动力市场。在18～34岁之间，普通女性有26%的时间不工作，而男性不工作的时间只有11%（Hynes & Clarkberg，2005；US Department of Labor，2004）。脱离工作对晋升有很大影响，这正是从事地位高的男性主导职业的女性推迟或不愿生孩子的主要原因（Blair-Loy & DeHart，2003）。但是，有越来越多精通业务的职业女性离开职位，全心全意地去抚养孩子，这一趋势引发了媒体的很多关注，并且对她们的“选择”做出了错误的、带有性别成见的解释（见本节的“社会问题”专栏）。

在男性主导的职业领域，低自我效能感也限制了女性在职业上的进展。从事非传统职业的女性往往具有“男子气”特征，如高成就取向，自信，相信自己的努力会带来成功（Petersen & Gonzales，1999）。但即便那些具有高自我效能感的女性，也不像她们的男同事那样，确信自己能战胜困难，取得成功（Lindley，2005）。此外，对家庭的责任以及女性是追随者而非领导者的性别成见，也减缓了女性向高层管理职位晋升的脚步。由于男人统治着高社会地位的职业，所以很少有女人能够成为引路人。在同性别和异性别指导关系中，引路人所提供支持的总量大体相似，但拥有女性引路人的女性，其工作更有成效（Goldstein，1979；O'neill，Horton & Grosby，1999）。原因可能是女性引路人更容易被看作榜样人物，并为女性在工作中遇到的特殊问题提供指导。

虽然法律保障了机会的平等，但劳动力市场的种族偏见仍然严重。一项研究中，向报纸上刊登的1 300多个招聘广告做出反应，给它们寄去虚构的简历，有些简历的学历较高，有些的学历则较低。一半的简历用的是听起来像白人的名字（如艾米莉·沃尔什、布伦丹·贝克），另一半用的是听起来像黑人的名字（拉吉莎·华盛顿、贾马尔·琼斯）。从文秘到高管的所有职位，写“白人”姓名的简历收到的回信都比写“黑人”姓名的简历多50%。白人的高学历简历收到的回信比低学历简历收到的回信多得多，而黑人的高学历简历收到的回信与低学历简历收到的回信却相差无几（见图2.6）。研究者据此指出：“歧视的影响似乎是双倍的，它使非洲裔美国人更难找到工作，也更难增强其就业能力。”（Bertrand & Mullainathan，2004，p. 3）

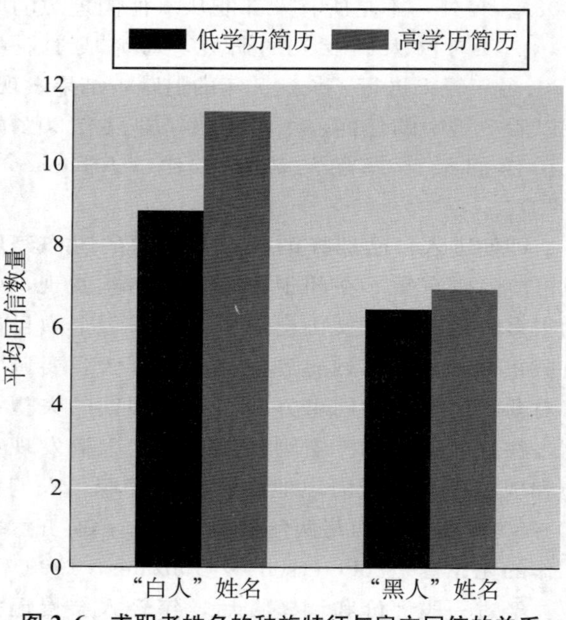

图 2.6　求职者姓名的种族特征与雇主回信的关系

研究者把虚构的求职简历寄给在报纸上登招聘广告者，一部分简历的姓名听起来像白人，另一部分的姓名像黑人。写有“白人”姓名的简历收到的回信远多于写有“黑人”姓名的简历。白人的高学历简历收到的回信多于低学历简历，但黑人的高学历简历收到的回信与低学历简历相差无几。

资料来源：Bertrand & Mullainathan，2004.

少数族裔女性必须同时克服性别歧视和种族歧视才能施展出她们的职业潜能。那些职业成就突出的女性往往具有异乎寻常的高自我效能感，她们敢于面对困难，克服重重阻碍，去争取成功（Byars & Hackett，1998）。一项研究访谈了在各个职业领域担任领导者的非洲裔美国女性，所有人都报告说，由于受到其他女性，如老师、同事和一些战胜了职业孤立感的朋友的激励，她们才有了坚定的毅力。不少人把她们的母亲描述为有抱负的榜样，母亲给她们设置了高标准。还有人提到了来自非洲裔社区的支持，她们说，对那里的人们难以割舍的深深情感使自己变得更强大（Richie et al.，1997）。

专栏　社会问题

选择留在家中的职业女性

拿到专业学位的女性虽然大多数参加工作，但选择退职的人数是类似的职业男性的3～4倍。一项全国性调查发现，大学毕业10年后，从事法律工作的12%的女性和4%的男性不再工作。拿到医学博士的这个比率是11%和3%。拿到工商管理硕士的比例是8%对2%（Baker，2002）。女性常常说她们放弃工作是为了承担家庭责任。

这些女性的个人事业和决定离职回家之间显而易见的矛盾，使她们成为多家媒体的专题报道和电台节目关注的焦点。媒体大多从性别刻板印象角度解释她们向全职母亲的转变，说这显示了对传统角色个人偏好的实际行动。事实上，离职始终是个痛苦的决定，因为离职在很多方面限制了她们的生活。

研究者对43位女性进行了深度访谈，她们平均工作了13年后离开了高职位、高收入的职业，然后全力以赴投入家庭，结果显示，超过90%的女性对离职心存矛盾（Stone & Lovejoy，2004）。放弃稳定的职业同一性和成就自豪感，失去工作带来的发自内心的快乐，其影响是痛苦而漫长的。

这些女性的2/3在男性主导的法律、商贸、制药或科研领域表现出类拔萃。其余的人在出版、营销、银行或卫生界从事地位较高的职业。虽然她们在事业上和收入上都很成功，但是与工作、配偶和孩子相关的因素纠结在一起，导致了她们的辞职。

工作　这些女性中86%的人认为，工作环境是离职的最主要原因。很多人每周工作60小时或更多，在没有孩子时她们就感到很大的工作时间压力。本行业的经济重组，如合并、收购、扩张，常常打破她们工作和家庭之间的平衡。曾任公司总管的一位女性在公司合并后这样说："我必须在合并之前离开，合并后的规模就像这样（她用双手和声音做了个原子弹爆炸的样子）。"（p. 71）

超过1/3的女性认为，工作毫无灵活性，她们的工作是"全或无"的（要么全职，要么退职）。请求半职工作，却总是被拒绝。那些从事半职工作的女性，大多出于这样一个理由辞掉了半职工作职位：那就是，她们的实际上班时间延长了。在很少有半职工作人员的单位，这些女性说她们被说成是无责任心的在"妈咪车道"上跑的车，晋升机会变得无影无踪。她们问自己："这值得吗？"最终答案是"不值"。

配偶和孩子　这些女性中，多数人的丈夫和她们一样从事着"高危"职业，所以她们的丈夫很少照顾孩子，也很少做家务。虽然她们自己在事业上是成功的，但很少有人认为她们的丈夫会同意离职。相反，这些女性不由自主地这样想：如果双职工生活方式的压力过大，她们就需要做出牺牲。这时候，她们的丈夫会说，"这可是你的选择"，然后表示同意。

一些职业女性可能选择离职回家，因为她们所从事的高要求、低变通性的职业使她们难以平衡工作和家庭。离职的决定经常是痛苦和漫长的，有些女性为了解决这一问题只得把工作带回家里做。

这些女性大多都曾花钱雇保姆。但是，工作了10年或十几年，为此推迟生育（很多人是这样），却要离开自己的孩子，她们感觉很不踏实，有时甚至很苦闷。几位在四十出头才当了妈妈的人，做妈妈的愿望非常强烈，因为她们不指望再生了。另一些人想多帮帮她们已经上学的孩子，要管的事情太多了，家庭作业、特长班、体育班，各种活动五花八门。她们觉得孩子的童年转瞬即逝，担心“时不再来”。虽然家庭负担很重，但多数人还是因为工作上的原因下决心离职。

总之，在这些事业成功的女性中，很少有人自愿选择离开职业车道。相反，是因为她们所从事的高要求、低变通性的职业使她们想要平衡工作与家庭的努力付诸东流。

虽然通向成功的道路上充满坎坷，但那些从事高层次职业工作的年轻女性和中年女性大多具有良好的心理健康和生活满意度（Burke，2001）。这一结果揭示出，已婚女性经常表示不满，可能并不是婚姻本身造成的，而是因为她们没有一份令人满意的工作。研究证实了这一观点，多数女性既要工作，又要顾及家庭（Barnett & Hyde，2001）。来自经济困难家庭的女性不得不这样做。

3. 工作和家庭的结合

492 无论女性是自己想工作，还是不得不去工作（或二者兼有），她们都导致当今主要的家庭形式是**双职工家庭**（dual-earner marriage），即丈夫和妻子都参加工作。由于很多有孩子的妇女参加工作，所以大多数双职工夫妇是孩子的父母（见《伯克毕生发展心理学：从0岁到青少年》第10章）。但是女人在努力协调工作和家庭责任过程中感受到比男人更多的中度或高度的压力（Cinamon & Rich，2002；Gilbert & Brownson，1998）。

主要的压力来自何方？以莎丽丝为例，孩子出生后，莎丽丝回去上班，她感到角色超载，工作和家庭责任之间的冲突使她力不从心。除了工作上的要求之外，她还要（像多数在职女性一样）照看孩子并承担大部分家务。莎丽丝和厄尔尼两人都觉得自己快崩溃了，他们既想在事业上进步，又想多花点时间与爱人、孩子、朋友和亲戚相处。研究表明，角色超载与心理压力上升、婚姻关系变坏、低效的养育行为以及孩子的行为问题都有相关（Perry-Jenkins，Repetti & Crouter，2000；Saginak & Saginak，2005）。

女性的角色超载多于男性，从事低层次职业、上班时间固定和缺少自主性的女性尤其如此（Marshall，1997）。从事高层次职业工作的夫妇对工作和家庭都有较多的掌控。例如，莎丽丝和厄尔尼就能想方设法地花更多时间与孩子在一起。他们每周有一天可以早点到托儿所接孩子，用晚上或周末的时间做些工作来补偿。莎丽丝像其他职业女性一样，权衡主次，来应对不同角色带来的压力，例如，她减少了做琐碎家务的时间，而不减少抚育孩子的时间（Institute for Social Research，2002）。

莎丽丝和厄尔尼所采取的方法说明，工作单位的支持可以大大减轻角色超载，同时给雇主带来不小的回报。对美国有代表性就职成人的大样本调查表明，职工工作环境中上班时间的灵活性政策越多（如请假照顾生病的孩子，可选择上下班时间，可以在家工作等），他们的工作表现就越好（Halpern，2005a）。有多个灵活的时间可供选择、可以有几天不来上班的雇员，其迟到或早退的现象减少，感到应为雇主做更多的贡献，工作也更努力。他们报告的与因压力造成的健康症状也减少了。

有效地平衡工作和家庭的关系好处很多，包括更高的生活水平，提高工作效率，增进心理健康，更强的自我完善感，幸福的婚姻等等。例如，厄尔尼就为莎丽丝在工作中的突出成绩感到自豪，莎丽丝的工作成绩让他把莎丽丝看作一个既有趣又能干的帮手。多重角色还使年轻夫妇拓宽了体验成功的背景，加大了两个人日常经历的相似性，从而促进夫妻之间的良好沟通（Barentt & Hyde，2001）。下面的“学以致用”表列出了一些有助于双职工家庭兼顾工作和家庭角色的方法，使他们能更好地驾驭这两个领域，生活得更快乐。

学以致用 **双职工兼顾工作与家庭的方法**

方法	说明
设计一个家务分担计划。	确立关系后尽快讨论投入工作和家庭的精力和家务分担。根据两人的能力和时间而不是根据性别来决定两人分别承担哪些家务。确定一个时间再次讨论计划。

续前表

方法	说明
孩子出生后马上开始一起照养孩子。	父亲尽可能花同样多的时间与婴儿相处。妻子不要把自己的标准强加给丈夫。经常讨论养育孩子的价值观和最关心的事情，分享“养育孩子专家”的角色。一同参加父母教育课程。
讨论在做决定和责任方面的矛盾。	通过交流来解决矛盾。澄清自己的感受和需要，并把这些告诉配偶。倾听并尝试去理解你配偶的观点。然后进行协商，必要时做出妥协。
建立工作和家庭的平衡关系。	根据自己的价值观和事情的轻重缓急，认真评价自己投入工作的时间。如果投入的时间太多，可酌情减少。
确保二人关系经常得到爱的关怀和关注。	参见 47 页的“学以致用”表。
敦促工作单位，呼吁制订有助于双职工家庭的公共政策。	双职工夫妇面临的困难在一定程度上是缺乏来自工作单位和社会的支持所致。敦促你的雇主采取措施帮助员工兼顾工作和家庭，例如弹性工作时间、带薪休假、本地高质量且负担得起的托幼机构。与立法者和其他市民就促进有关儿童和家庭公共政策问题进行沟通。

这位妈妈和双职工家庭的多数母亲一样，承担了教养子女任务和大部分家务。女性比男性更容易体验到角色超载，即工作和家庭责任之间的冲突。

思考题

复习　为什么事业成功的女性，尤其是经济困难的少数族裔女性一般都表现出较高的自我效能感？

应用　海泽尔在她公司职位晋升得很快，30 岁出头就做了高层总监。而莎丽丝和克里斯蒂在成年早期未成为管理人员。是什么因素影响了她们职业发展的进程？

联结　工作和家庭生活是不可分割和相互交织的。请解释成年早期为什么会出现这种情况？

反思　与你工作领域中的一位主要雇主进行联系，问问他采取哪些政策来帮助员工协调工作和家庭关系。你会提出怎样的改进建议？为什么有利于家庭的政策能使员工和雇主“双赢”？

本章要点

一、埃里克森的理论：亲密对孤独

根据埃里克森的理论，在成年早期发生了怎样的人格改变？

■ 埃里克森认为，年轻成人必须解决**亲密对孤独**的冲突，在他们与伴侣形成亲密关系时要平衡独立和亲密的关系。研究证实，稳定的同一性有助于亲密的获得。缺乏亲密的消极后果是孤独和自恋。

■ 年轻人也关注繁衍问题，他们通过工作和养育孩子为社会做贡献。

二、成人心理社会性发展的其他理论

介绍了莱文森和魏兰特有关成人人格发展的心理社会性理论。

■ 莱文森描述了发展的各个时期，每个时期都包含一段过渡期和一段稳定期，在此期间人们修正他们的**生活结构**。年轻成人常常会形成某种理想，男性的理想大多和职业有关，女性的理想则与婚姻和职业都有关系，年轻成人还会与某位帮助他们实现自己梦想的引路人建立关系。30多岁时，男人逐渐稳定下来，而很多女人在中年之前的生活仍然动荡。

■ 魏兰特确认了埃里克森的阶段论，并对各阶段做了描述。20多岁是追求亲密的时期，30多岁时追求事业稳定，40多岁时指导他人，50多岁时则关心文化和价值观。

什么是社会钟？在成年期它如何影响人格发展？

■ 虽然社会期望已不再严格，但遵从或偏离**社会钟**，即由文化决定的人生重大事件的时间表，仍然是成年期人格变化的主要原因。遵从社会钟给年轻成人以自信；偏离社会钟会带来心理压力。

三、亲密关系

阐述了影响配偶选择的因素以及爱情在年轻人建立亲密关系的过程中所发挥的作用。

■ 建立亲密关系是成人发展的重要里程碑。爱情伴侣往往与对方在年龄、种族、社会经济地位、宗教信仰、人格和心理特征等方面有相似之处。

■ 根据进化论，女性寻找的配偶具有能保证孩子生存的特征，而男性在寻找配偶时关注能否得到性快乐和生育后代，社会学理论认为，性别角色对选择配偶的标准有深刻影响。研究证实生物学因素和社会压力共同对配偶选择产生影响。

■ 根据**爱情三维理论**，当爱情关系由具有强烈性吸引力的、**激情的爱**过渡到比较平静的**陪伴的爱**时，激情、亲密和责任三要素之间的平衡就发生了改变。责任是形成满意而持久关系的关键。西方人在配偶选择过程中所强调的浪漫爱情并不是所有文化的特征。 494

描述了成人的朋友关系、兄弟姐妹间的朋友关系以及孤独在成人发展中的作用。

■ 成人的朋友关系与早期朋友关系具有相似的特征和益处，它以信任、亲密和忠诚为基础。女性的同性朋友关系比男性同性朋友关系更亲密。异性朋友关系在成年期是有益的，但它不如同性朋友关系那样普遍和持久。兄弟姐妹间的朋友关系，尤其是同性兄弟姐妹间的朋友关系在成年早期会变得更紧密，一般具有朋友关系的特征。

■ 年轻成人重新评价**孤独感**，孤独感在他们形成满意的亲密关系后逐步减弱。如果孤独感不是非常强烈，它可以鼓励年轻人去接近他人并更好地了解自己。

四、家庭生活周期

阐述了在成年早期划分家庭生活周期的各阶段的重要性，并分析了当前影响各阶段的因素。

■ **家庭生活周期**的顺序和时间有广泛的差异。离家是承担成人责任的重要一步。很多青少年因去学校读书而离开家。社会经济地位和种族影响着年轻人在结婚前离家独立生活的可能性，一些未婚的年轻人在离家一段时间后又重返家庭。

■ 北美成年人中结婚者近90%，但多数人的结婚时间较以前明显推迟。**传统型婚姻**和**平等主义婚姻**都受到女性就职的影响。当前，丈夫和妻子必须努力才能确定他们的婚姻角色。在北美的双职工家庭中，妻子花在家务上的时间几乎是男性的两倍。

■ 婚姻关系的质量可预测夫妻的心理健康。但是，当工作和家庭角色的需求超过限度时，女性对婚姻关系更加感到不满。一些年轻人抱着不切实际的幻想步入婚姻。即便是幸福的婚姻也有起伏，需要夫妻双方共同适应。

■ 在西方工业化国家，有效的计划生育技术和文化价值观的改变使生孩子成为一件可选择的事情。多数夫妇成为父母，但他们在年龄稍大时才生育，与前几代相比他们生孩子的数量减少。

■ 孩子的出生要求夫妇适应责任的加重并促使传统角色的变化，但这种情况在第二胎出生后得到修正。孩子出生后夫妻对婚姻的满意度和相互支持不会改变，但有问题的婚姻会变得更痛苦。分担照看孩子的责任将使夫妻更幸福，也有利于亲子互动。

■ 家庭规模的缩小使妻子更可能把精力分配给工作和养育孩子两个方面。与广为流传的观点不同，家庭规模大并不会降低儿童的生活质量。相反，低智商的母亲生孩子较多，显示了家庭规模与智商的关系。

■ 有年幼孩子的家庭面临的困难有：没有充分准备好做父母，缺少养育孩子的社会支持，缺乏夫妻相互合作，很难找到高质量的托幼机构。如果夫妻像“合作二人组”一样养育孩子，则会感到自己能胜任父母角色，也会采用有效的养育方式，使孩子的发展更好。

■ 有青少年子女的父母必须与自主性不断增强的孩子建立新的关系（引导与自由相结合，逐步放松对孩子的控制）。在这一时期，婚姻满意度会下降。父母教育课程有助于父母澄清养育孩子的价值观，并采取更有效的教育方法。

五、成人生活方式的多样性

讨论了成人生活方式的多样性，如单身生活、同居、不愿生育等问题。

■ 受晚婚和高离婚率影响，单身人数在近些年逐步增多。从事高社会地位职业的女性和蓝领职业的男性更可能单身生活。女人比男人更能适应单身生活。

■ **同居**的人数急剧上升，在受过良好教育、经济状况优越的年轻人中尤其如此，同居是步入婚姻的最好途径。在分居和离婚的成人中，同居比率最高。与西欧同龄人相比，北美同居者常常抛弃传统价值观，对伴侣的奉献较少，所以他们的婚姻更容易失败。然而，因无法结婚而同居的同性恋夫妇报告的奉献精神与已婚夫妇相同。

■ 自愿不生孩子的成人往往接受过良好的教育并以事业为重，和与孩子具有良好关系的父母一样，他们对自己的生活感到满意。只有不生孩子超出个人可控范围时，它才会对适应和生活满意度产生影响。

讨论了当今社会的高离婚率和再婚问题，分析了造成这种情况的原因。

■ 近一半的美国人和 1/3 的加拿大人婚姻破裂，通常情况下孩子还生活在家中。约 2/3 的离婚者再婚，再婚后又有很多人离婚。伴侣间无法交流、贫困、家族离婚史，以及女性社会地位的改变都会导致离婚。

■ 对离婚成人而言，找到一位新伴侣非常重要，对男性尤其如此。再婚后又离婚的原因很多，如过于关注现实问题，前次婚姻遗留下来的消极沟通方式，认为离婚是解决婚姻困难的可接受方式，有继子女家庭的适应问题等。

讨论了做父母的多种形式，包括继父母、从 495
未结婚的父母、同性恋父母所面临的挑战。

■ 继父母和继子女之间建立关系比较困难，对没有自己孩子的继父母更困难。恩爱的夫妻关系、与亲生父母的合作、孩子的接受性对继父母的适应非常重要。

■ 从未结婚的单身父母在低收入的非洲裔美国女性（在她们 20 多岁时）中尤为常见。失业的黑人男性助长了这种情况的发生。这些母亲经常从大家庭成员中获得帮助，但她们很难摆脱贫困。

■ 同性恋父母和异性恋父母一样爱他们的孩子，并有效地教养子女，同性恋父母的孩子和异性夫妇养育的孩子，其适应性无差异。生活在非支持性社会的同性恋家庭将面临困难。

六、职业发展

讨论了职业发展的模式，分析了女性、少数族裔和夫妇在平衡工作和家庭时面临的困难。

■ 男性的职业道路通常是连续的，而女性的职业道路则常常因为养育孩子和家庭的其他事务而中断。在适应了现实的工作环境后，年轻人会安心工作。他们的职业进程受到所选择职业的晋升机会和个人特征的影响，这些个人特征如自我效能感，能否找到一位好的引路人。

■ 女性和少数族裔几乎从事所有职业，但其职业发展却受到限制。女性的职业发展因多次进出职场、低自我效能感和在男性主导职业领域中缺少引路人等原因而受到阻碍，而且传统的性别成见认为女性应是追随者，而不应是领导者。职场的种族歧视仍然严重，取得事业成功的少数族裔女性展现出异常高的自我效能感。

■ 夫妇，尤其是女性，在**双职工家庭**中经常感到角色超载，她们为丈夫的职业发展做出了职业牺牲。双职工夫妇如能相互协作克服困难，他们的收入将增多，生活水平将提高，女性的自我实现感增强，生活更幸福。灵活的工作政策有助于这些家庭有效地平衡工作和家庭的需求。

重要术语和概念

496 cohabitation (p. 484) 同居
companionate love (p. 469) 陪伴的爱
dual-earner marriage (p. 492) 双职工家庭
egalitarian marriage (p. 475) 平等主义婚姻
family life cycle (p. 474) 家庭生活周期
intimacy versus isolation (p. 464) 亲密对孤独
life structure (p. 465) 生活结构
loneliness (p. 472) 孤独感
passionate love (p. 468) 激情的爱
social clock (p. 467) 社会钟
traditional marriage (p. 475) 传统型婚姻
triangular theory of love (p. 468) 爱情三维理论

成年早期发展的重要标志

年龄	生理	认知	情绪/社会性
20～30 岁	● 掌握需四肢快速运动的体育技能，爆发力增强，在 20 岁早期肌肉协调性达到顶峰，随后开始下降（434－435*）  ● 掌握需耐力、手臂稳定性的运动技能，这些技能在 29 岁到达顶峰，随后下降（434） ● 触觉敏感性下降，呼吸道、心血管、免疫系统机能衰退；皮肤开始松弛并持续整个成年期（432－435） ● 随着基础代谢能力的下降，体重在 25 岁开始上升并持续到中年（438）	● 接受大学教育者，相对论思维增加，二元论思维减少（450）  ● 从假设思维向实用性思维转变（449－453） ● 职业选择范围缩小并安心于某一确定职业（454－459） ● 表现出认知—情感复杂性并持续到成年中期（451） ● 拓展本人学习领域的专长，增强了解决问题的能力（452－453）	● 对个人生活事件的掌控感增强（463） ● 具有个人意义的同一性可能成熟（464）  ● 永久地离开家庭（474） ● 永久性地投身于一个亲密伴侣（464，468） ● 一般会形成一个理想，它是在成人世界中的自我形象，影响着决策的制定（465） ● 与一位引路人建立关系（465－466） ● 如果从事高端职业，则要掌握专业技能，形成价值观，获得各种资格（489－491） ● 开始形成相互满意的朋友关系和工作关系（441－473）

续前表

年龄	生理	认知	情绪/社会性
20～30 岁	● 性行为增多（444 - 446） 	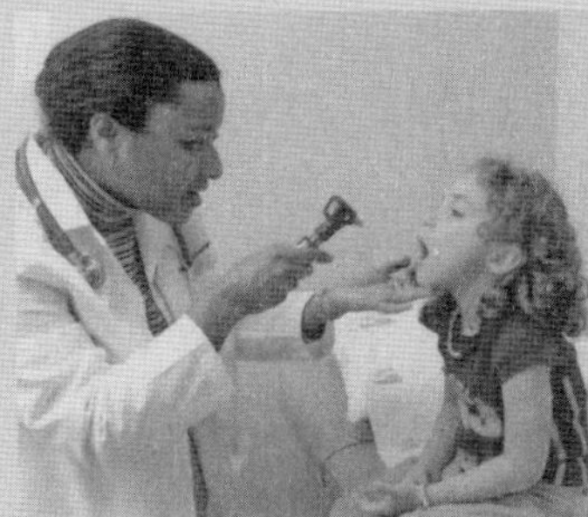 ● 创造力增强（452 - 453）	● 可能会同居，结婚，生子（464，466 - 471，474 - 482） ● 兄弟姐妹关系变得更亲密（472） ● 孤独感在 20 岁出头到达顶峰，然后在整个成年期逐步下降（473） 
30～40 岁	● 视力、听力下降，开始骨质疏松，并将持续整个成年期（433） 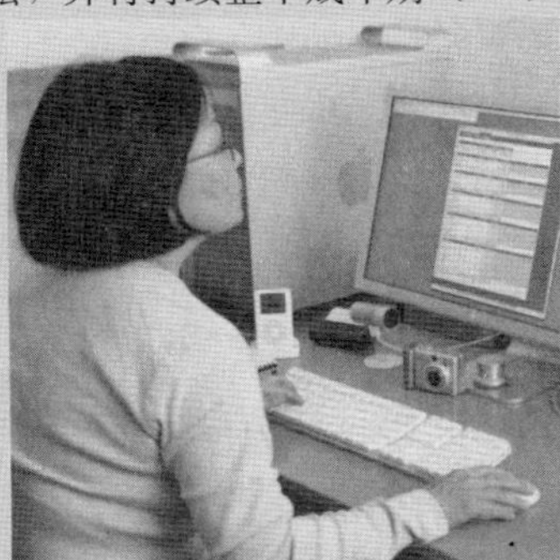 ● 女性 35 岁后生育问题急剧增多（435） ● 35 岁后头发开始花白稀疏（433） ● 性行为减少，原因可能与生活忙碌有关（444）	● 可能形成自觉的相对论思维（450） ● 创造力到达顶峰（452） 	● 重新评价生活结构，并尝试改变不足的部分（466） ● 通过家庭、职业和社会活动在社会中建立稳定的小环境（对于女性，职业成熟和社会权威地位的获得可能延迟）（466） 

* 表中的页码为英文版页码，即本书边码。以下不再一一注明。——译者注

第二篇　中年期

中年期的选择性变少了，但是也有很多收获作为补偿。专长——可支持职业或娱乐活动中高水平表现的丰富知识——达到顶峰。这位专业指挥在指导一所学校的管弦乐队时，向年轻一代传递着知识、技能和对音乐的热情。

第3章

中年期的生理与认知发展

499 12月一个雪花飞舞的夜晚，德温和特里莎坐在一起翻看节日贺卡，卡片在厨房柜子上堆得很高。德温刚过55岁生日；特里莎将在几周内过48岁生日。去年，他们庆祝了结婚24周年。生活中的这些重要日子，加之每年朋友们新的问候，大大减少了中年期变化带来的烦恼。

在这里，带来新话题的不是新生命的诞生、孩子开始上学或工作中的初次晋升，而是节日贺卡和信件。从杰维尔去年的日记来看，他们越来越意识到生命有限，生命变得更珍贵。她写道：

> 生日过后，我的心情很轻松。到49岁时我放下了一些负担。我母亲48岁就去世了，所以现在对我来说就如同一份礼物。上帝保佑！

乔治和安雅述说了他们的儿子从法律学校毕业，以及女儿米歇尔第一年大学生活的情况：

> 安雅正在重回大学读护理学位，来填补孩子们不在身边带来的失落。今年秋天入学后，她惊讶地发现自己和女儿在同一个心理学班上课。起初，安雅担心自己能否学好，但在第一学期取得成功之后，她变得自信多了。

蒂姆的情形则反映了他持续的精力充沛的健康状态，他坦然接受自己的身体变化，他挑起的照顾年迈父母的新担子不断提醒着他，生命是有限的：

> 上大学时我是个不错的篮球运动员，但是最近我发现，我20岁的侄子布伦特已经会在我身边运球和上篮了。这正是我当年那个年龄！我9月份参加了本市举办的马拉松比赛，在50多名运动员中名列第七。布伦特也参加了比赛，但当我还在拼命坚持时，他却在离终点几英里处退出比赛。我那个年龄时 500
> 一定也会这样！
>
> 最不幸的消息是我的父亲患了严重中风。他头脑清醒，但身体偏瘫了。让人忧心的是他逐渐喜欢上了我送给他的那台电脑，在他中风之前的几个月我和他谈起电脑来他就已经兴奋异常。

中年期，或称成年中期，大约从40岁开始，65岁左右结束。中年期的标志是人生的选择范围变小，前程越来越短，此时，子女离开家，走上职业道路。另外，中年期很难界定，因为人的态度和行为方式差异巨大。一些人在65岁时仍显身心年轻，他们积极乐观，给人一种从容和稳定感。另一些人在35岁或40岁时就感到老了，似乎生活已经达到顶峰，开始走下坡路。

中年期难以界定的另一个原因在于，它本身是一个与时代同步的现象。20世纪之前，年轻人和老年人各应该完成什么任务，只有一个大致的划分。女性常常在50岁中期成为寡妇，这时她们最小的孩子还没有离开家独立生活。艰苦的生活条件迫使人们把病怏怏的身体看作生活的一部分。由于百年以来预期寿命的延长以及健康和身心健康的改善，成年人越来越意识到自己的衰老和死亡。

本章，我们将探讨人生中40～65岁的生理和认知发展。我们将看到，这两方面的发展速度会减慢，但是行为能力得到保持，其他方面还有一些有益的补偿。和前几章一样，我们要讨论变化发生的多种方式。除了遗传和生物学衰老之外，我们对人的探讨还会随着年龄的增长关注家庭、社区、文化环境对衰老的影响。

第一部分　生理发展

中年期的生理发展是成年早期开始发生的变化的持续。即使对于精力最充沛的成年人，当他们照镜子或翻看家庭照片时也会发现自己变老了。头发变白、变稀，脸上出现新的皱纹，富态的、不再洋溢着青春气息的体型就是证明。在中年期，大多数人开始遇到威胁生命的健康问题，这些问题不是发生在自己身上，就是发生在配偶和朋友身上。从“出生后的几年”到“生命余下的年头”这种年龄变化，也增强了人们对衰老的意识（Neugarten，1968b）。

这些因素使人的身体自我形象发生了变化，他们不再看重能得到什么，看重的是害怕失去什么（Bybee & Wells，2003）。40～65 岁之间的人最担心患上致命疾病，害怕因为生病，生活不能自理，害怕丧失各种心理能力。遗憾的是，许多中年人不能很好地把握机会，成为健康、精力充沛的中年人（Hooker & Kaus，1994）。

衰老的很多方面虽然不能控制，但是，我们可以争取积极结果，避免可怕的后果。在中年期，人们可以做许多事情来增强身体活力，增进身体健康。

一、身体变化

一天早晨，特里莎起床准备去上班时，她和德温开玩笑说："我想我应该不擦镜子，这样我就看不见脸上的皱纹和灰白的头发了。"瞥一眼自己的形象，她用严肃的语调说："当然，我对自己的体重不满意。看这些脂肪——它根本就不想消失！我需要多锻炼锻炼——让这些脂肪减少些。"一番话引得德温不由得低头看了看自己变大的肚子。

早餐时，德温上下推着眼镜，眯着眼睛看报纸。"特里莎，眼科医生的电话是多少？我得再换一副双光镜片。"他们在厨房和起居室交谈时，德温有时会让特里莎重说一遍她说过的话。他把收音机和电视机的音量调得很大，特里莎常说："音量有必要这么大吗？"德温似乎不能像以前那样听得很清楚了。

这一节，我们将考察中年期身体上的主要变化。在阐述这些变化的时候，有必要重温一下表 1.1 的内容。

1. 视力

40 多岁的人大多在看小字时觉得费劲，因为晶状体变大，眼睛能够适应（调整焦距）近处物体的肌肉变得松弛。晶状体表面出现增生的纤维，它们把已有的纤维压向中心部位，形成较厚、密度较大、柔韧性较差的结构，导致最终失去调焦能力。50 岁时晶状体的调节能力只有 20 岁时的 1/6。60岁左右，晶状体完全失去适应物体各种距离的能力，形成**远视眼**（presbyopia）（即"老花眼"）。由于晶状体逐渐增大，眼睛在 40～60 岁之间变得越来越远视（Strenk，Strenk & Koretz，2005）。老花镜，对近视眼来说是双光镜片，能缓解阅读困难。

501 第二种变化限制了在暗光下看物体的能力，这种能力的下降速度是日光视觉下降速度的两倍（Jackson & Owsley，2000）。在整个成年期，瞳孔缩小，晶状体变黄。另外，从 40 岁开始，玻璃体（眼球内透明的胶状物质）出现了不透明区域，从而减少了到达视网膜的光量。晶状体和玻璃体的变

40 多岁，眼睛晶状体的体积、厚度和密度加大，柔韧性变差，使眼睛能聚焦于近处物体的肌肉松弛。结果，中年人阅读小字、做精细的事都感到费劲。老花镜、双光镜片会有些帮助。

化使光在眼睛内分散，提高了对强光的敏感性。例如，德温在大学时代喜欢在夜间开车。现在他有时候会难以区分信号和移动物体。他变得害怕亮光，如迎面而来的汽车前灯（Owsley et al，1998）。

晶状体变黄和玻璃体密度增大还使得辨色力减弱，尤其是对光谱中绿、蓝、紫色的辨别（Kraft & Werner，1999）。有时，德温不得不问一下他的运动衣、领带和袜子颜色是否相配。

除了眼睛结构的变化，视神经系统也在发生变化。视网膜上的柱状细胞和锥状细胞（光和颜色的接收细胞）以及视神经（视网膜和大脑皮层间的通路）上的神经元逐渐减少，是视觉下降的原因。中年期，有一半的柱状细胞（使人具有暗视觉）消失。由于柱状细胞能够分泌锥状细胞（使人具有明视觉和颜色视觉）所必需的物质，所以导致了锥状细胞的减少（Bonnel，Mohand-Said & Sahel，2003）。

中年人患青光眼的风险增大，**青光眼**（glaucoma）是一种眼液排出效果差导致眼内压升高引起的疾病，能损坏视神经。青光眼影响着近 2%的 40 岁以上的人，其中女性多于男性。其典型特征是病情发展无明显症状，是导致失明的一个重要原因。青光眼具有家族性：兄弟姐妹中有人患此

病，其余人的患病风险增加10倍，这种病在非洲裔和西班牙裔中的发病率是白人发病率的3～4倍（Friedman，2006；Gohdes et al.，2005）。从中年开始，眼部检查就应包括检查青光眼，包括轻吹一口气测眼压。促进排出眼液的药物和打开受阻排液通道的手术能够阻止视力丧失。

2. 听力

据估计，有14%的45～64岁的北美人有听力丧失，这通常是从成年期开始的听力损伤的结果。有些听力丧失是家族性的，即遗传的，但多数与年龄有关，被称为**老年性耳聋**（presbycusis）（“老年耳背”）（Gratton & Vásquez，2003）。

随着年龄增长，动脉硬化导致细胞死亡或供血量减少，使得负责把机械声波转化为神经冲动的内耳结构的功能减弱。同时，在听觉皮层进行的神经信息的加工也减少。50岁左右，对高频音的听力明显下降是最初迹象。此后，这种听力障碍蔓延到各种频率的声音。生命后期，识别人类语言更加困难，但对高频音的听力下降最严重（Chisolm，Willott & Lister，2003）。当然，在整个中年期，多数人的听力尚能良好地维持。非洲部落里的人，其听力随年龄增长几乎没什么下降（Jarvis & van Heerden，1967；Rosen，Bergman & Plester，1962）。这些结果表明，衰老之外的因素也影响听力变化。

男性比女性听力下降得更早、更快，这种差异与吸烟、男性主导职业中的强噪音以及（随年龄增大而出现的）高血压、心血管病、破坏大脑组织的创伤有关（Cruickshanks et al.，2003；Heltzner et al.，2005）。为此，美国政府制定了相应法规，要求工厂控制噪音，提供耳塞，定期做听力测试等，这些安全措施可明显降低听力损害，但是，仍有些雇主没有完全执行（Sataloff & Sataloff，2001）。

很多有听力障碍的中老年人受益于可将声音放大的辅助听力设备。对听力变差的人，要耐心、清楚地对他们说话，并辅以目光交流，帮助其理解。

3. 皮肤

人的皮肤有三层组织：*下皮层*，或称外保护层，该层一直有新皮层细胞产生；*真皮层*，或称中间支持层，由相互联结的组织构成，其伸展和收缩使皮肤具有弹性；*上皮层*，是内部脂肪层，能增加皮肤的柔美线条，为皮肤塑形。随着年龄增长，下皮层与真皮层的连接不再紧密，真皮层的纤维变细，上皮层的脂肪减少，导致皮肤起皱和松弛。

30多岁时，当人微笑、皱眉和做出其他面部 *502*
表情时，额头上会出现皱纹。40多岁，皱纹更明显，眼睛两边出现“鱼尾纹”。皮肤逐渐失去弹性并开始下垂，脸、胳膊和腿上的皮肤尤其如此。50岁以后，由皮肤下色素积累导致的“老年斑”增加。脂肪层变薄使皮肤上的血管清晰可见。

阳光暴晒会增加皮肤的皱折和黑斑，与同龄人相比，长时间待在户外，又没有采取适当的护肤措施的人会显得年纪更大。在一定程度上，由于女性的真皮层不如男性那样厚，女性的皮肤衰老更快（Whitbourne，2001）。

4. 肌肉—脂肪结构

特里莎和德温说得很对，体重增加，即人们常说的“中年发胖”，是男女都关注的问题。一般变化方式是脂肪增加，瘦组织群（肌肉和骨骼）减少。脂肪增加主要影响躯干，发生于脂肪在体内的累积。如前所述，四肢的皮下脂肪减少。平均来说，从成年早期到成年中期，男性的腹部增加6%～16%，女性增加25～35%（Whitbourne，1996）。脂肪分布的性别差异开始显著。男性脂肪在背部和上腹部累积较多，女性则在腰部和上臂累积。40～50岁时肌肉质量逐渐下降，主要是因为掌管速度和爆发力的快肌纤维萎缩。

但是，第1章讲过，体重增加和肌肉力量下降并非不可避免。随着年龄增长，人们必须逐渐减少热量的摄入，以适应由年龄导致的基础代谢水平的降低。对近30 000名来自不同经济地位和种族的50～79岁的美国女性进行的一项追踪研究表明，那些低脂饮食、多吃蔬菜、水果和谷类者，研究开始时其体重减轻较多，并在7年里保持较好（Howard et al.，2006）。对于动物，抑制饮食能明显延长寿命，维持健康和活力。当前，研究者试图考察其中包含的生理机制，并查明这些结论能否应用于人类（见本节的专栏“生物因素与环境”）。

此外，负重锻炼，如抗阻力训练（一种对肌肉有中等程度压力的举重训练）可以防止体重增加和肌肉减少。人的肌肉，经常使用和很少使用，其力量很不一样（Arking，1998；Macaluso & De Vito，2004）。德温的老朋友，57岁的蒂姆，多年来都是骑自行车上下班，周末慢跑，平均每天花1

小时的时间从事精力充沛的活动。像许多耐力运动员一样，他在成年早期和中期保持着相同的体重和肌肉发达的体格（Horber et al.，1996）。

5. 骨骼

由于新细胞在表层累积，骨骼逐渐变粗，但其矿物质含量下降，因此变得比较稀松。这导致骨骼质量逐渐减少，这种减少从近 40 岁开始，到 50 多岁加剧，女性尤甚（Chan & Duque，2002）。女性骨骼中的矿物质含量本来就比男性少。绝经后，在骨骼对矿物质的吸收过程中，雌激素发挥的积极作用消失。成年期骨骼密度的下降非常可观：男性约降低 8%～12%，女性则降低 20%～30%（Seeman，2002）。

骨骼力量的降低，使脊柱出现塌缩。到 60 岁左右，身高会下降 2.5 厘米，此后这种变化加速。另外，弱化的骨骼不能支撑重物，容易骨折且愈合慢。健康的生活方式，如负重锻炼，摄入钙和维生素 D，避免吸烟和酗酒，可使绝经后女性骨骼力量下降减缓 30%～50%（Borer，2005；Dawson-Hughes et al.，1995）。

如果骨质疏松严重，将导致骨质疏松症。在“疾病与能力缺失”小节我们将讨论这种病。

6. 生殖系统

人的生殖力下降的中年转折期称为**更年期**（climacteric）。对于女性，它意味着生殖能力丧失；对于男性，生殖能力下降，但仍然保留。

（1）女性生殖系统的变化

女性更年期的变化延续 10 年多的时间，在此期间雌激素的分泌减少。结果，女性月经周期从 20～30 岁时的大约 28 天到 50 岁前几年的约 23 天，月经周期也变得不规则。有时候，没有卵子排出；即使排出，也有缺陷（见《伯克毕生发展心理学：从 0 岁到青少年》第 2 章）。女性更年期以**绝经**（menopause）宣告结束，此时女性的月经停止，丧失生殖力。女性绝经的年龄范围较大，从接近 40 岁到 70 岁之前，北美、欧洲和东亚女性绝经的平均年龄是 50 岁出头。吸烟的女性和无生育经历的女性绝经更早（Avis，Crawford & Johannes，2002；Rossi，2005）。

绝经后，雌激素分泌进一步减少，使生殖器官缩小，生殖器不容易被激活，在激活过程中，阴道的润滑缓慢。结果，对性功能的抱怨增加，大约 35%～40%的女性，尤其是身体有病或伴侣有性能力障碍的女性报告有各种困难（Walsh & Berman，2004）。雌激素分泌减少也导致皮肤弹性下降和骨量减少。雌激素还丧失了通过促进“好胆固醇”（高密度脂蛋白）的产生来减缓动脉壁废物积存的能力。

绝经期间和绝经后常伴有情绪和生理症状， *504*
包括情绪波动和潮热，后者是一种周期性的出汗之后出现的热感，伴有体温上升和面部、颈部、胸部的潮红（Bromberger et al.，2001）。潮热可能在白天发生，加上夜间睡眠时盗汗，会影响西方工业化国家大约 75% 的女性（Bastian，Smith & Nanda，2003）。但是这种症状并不严重：只有大约 1%～12%的人每天都有症状。

绝经期的女性往往报告她们易怒，睡眠质量下降，但是用脑电分析仪和其他生理测量仪器进行的研究发现，绝经与睡眠质量或数量变化之间并无关系（Shaver et al.，1988；Young et al.，2002）。另有研究表明，绝经与正常人的抑郁无关（Avis，2003；Bosworth et al.，2001；Dennerstein et al.，1999）。但是，过去有抑郁史、生理机能缺乏活动性的女性，或有经济困难的女性更可能在更年期抑郁。根据这些研究结果，失眠或抑郁不应该被看作绝经的附属物：这些病症需要多方面的诊断和治疗。

图 3.1 显示，与北美、欧洲（不包括相应的中东部分）、非洲和中东的女性相比，亚洲（不包括相应的中东部分）女性较少报告绝经期症状，如潮热。亚洲人的低脂、多豆制品（富含植物性雌激素）的饮食可能是影响因素（Obermeyer，2000）。

专栏　**生物因素与环境**

抗衰老的饮食限制适合于人类吗?

近 70 年来的科学研究发现，限制动物摄入的热量能够延缓衰老，保持健康和身体功能。在猫和老鼠生命的早期，如果给它们吃的食物比自由状态下摄入的食物热量减少 30%～40%，对其健康有多种益处，如慢性病发病率降低，寿命延长50%（Hursting er al.，2003）。对身体成熟的啮齿动物进行适度的热量限制，也能减缓衰老，延长寿命，但效果不如早期控制那样明显（Roth et al.，2000）。其他对老鼠、跳蚤、蜘蛛、蚯蚓、鱼和酵母菌的研究，也发现了饮食控制的相似作用。

对灵长类的研究 灵长类，尤其是人类是否也能从控制饮食中获益？研究者对1～20岁恒河猴和松鼠猴的健康状况进行了跟踪，让一些猴子的热量摄入减少30%，用维生素和矿物质来代替，以保证健康的饮食。超过10年的追踪研究表明，与自由饮食的猴子相比，控制饮食的猴子体型略小，但是并不过瘦。它们积累体内脂肪的方式不同，较少在四肢上累积，而这正是可降低中年人患心脏病风险的脂肪分布方式。

控制热量摄入的猴子体温较低，代谢较慢，这些变化表明，其生理过程主要不是为了生长，而是维持生命功能。结果，像控制热量摄入的啮齿动物那样，这些猴子能更好地承受巨大的生理压力，诸如手术和传染病，这可能是因为它们的身体更容易修复受损细胞（Weindruch et al.，2001）。此外，控制热量摄入的猴子，能够长期把内分泌激素去氢表雄酮（DHEAS）维持在年轻时的水平。当年长灵长类的去氢表雄酮水平下降时，容易出现心血管病、糖尿病、癌症和免疫系统紊乱（Mattison et al.，2003）。

在以生理过程为媒介的限制热量的各种好处中，最重要的是血糖和胰岛素水平降低，碳水化合物代谢水平大大提高。正常的血糖标准能预防灵长类老年时的糖尿病和心血管病。限制热量摄入的猴子，其血压较低，胆固醇较低，“好胆固醇”多于“坏胆固醇”，是疾病减少的重要原因（Roth，Ingram & Lane，2001）。

对猴子来说，限制热量的年龄越早，对身体的好处越大。研究中的大多数猴子还活着，因此还不知道限制热量能否使它们寿命更长（Mattison et al.，2003）。截至目前，限制热量猴子的早死率已明显低于自由饮食的猴子。

人类的相关研究 用来研究限制动物热量摄入的实验室实验不能应用于人类。但是两个自然实验表明，限制食物摄入的人也能获得类似的好处。

冲绳岛居民比日本本岛居民平均少消耗20%的热量，并保持着健康的饮食。这种饮食限制使癌症和心血管病死亡率降低了60%～70%，超过100岁的老年人比日本其他地方多2～40倍（Kagawa，1978）。虽然冲绳人和日本本岛人的其他差异可能也起作用，但是统计显示，那些迁到其他地方居住的冲绳人，因为放弃了限制饮食的生活方式，死亡率有所上升（Mizushima & Yapori，1992）。

图中这位100岁高龄的日本冲绳的老人正从她的园子里挖出新鲜蔬菜。保持健康饮食的冲绳居民比日本本岛居民平均少摄入20%的热量。在冲绳，死于癌症和心血管病的人较少，百岁老人较多，可能与他们的饮食限制有关。

在20世纪90年代早期，8位25～67岁的美国人进入所谓的“生物圈”，一块面积为3英亩的封闭地块。他们自己种植作物，在这里生活了两年。每天摄入1 800卡热量，参加3～4小时的繁重劳动，他们表现出了与限制热量摄入的啮齿动物和猴子相似的生理变化：血脂、胰岛素、胆固醇和血压降低；免疫系统增强；脂肪降低（Heilbronn & Ravussin，2003）。

为什么限制热量摄入可以抗衰老？研究者的假设是，身体对食物匮乏的反应增大了人在灾难中的生存率。

然而，人类的寿命已经在随着生活状况和医疗条件的改善而延长，而限制热量摄入也许只能延长2～3年的寿命（de Grey，2005）。伦理因素（包括营养不良的危险和能量不能满足日常生活需要）也坚决反对让人们限制饮食的尝试。所以很少有人愿意在一生的大多数时间里减少饮食。现在，科学家正在探索热量限制的替代物，如自然食品、香草，以及较大运动量的锻炼等不需饮食控制就可带来与热量控制同样效果的方法（Roth，Lane & Ingram，2005；Smith，Heilbronn & Ravussin，2004）。不过，这些研究还处于初级阶段。

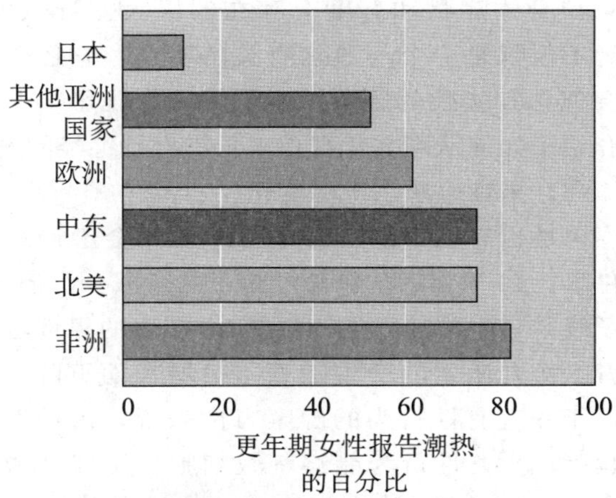

图3.1　世界不同地区的更年期女性报告潮热的百分比

这些结果来自各地区的大样本访谈。亚洲女性，尤其是日本女性，较少有潮热症状，可能与她们食用富含植物雌激素的豆制品有关。见下页“文化影响”专栏关于日本女性较少出现绝经症状的其他证据。

资料来源：Obermeyer，2000.

（2）激素疗法

为了减轻绝经期的不舒适，医生会采用**激素疗法**（hormone therapy），让绝经期的女性每天摄入小剂量的雌激素。激素疗法有两种类型：一是只使用雌激素，或称*雌激素替代疗法*（ERT），适用于做过子宫切除的女性；二是雌激素加黄体酮，或称*激素替代疗法*（HRT），适用于其他女性。雌激素和黄体酮结合使用可降低患子宫内膜癌的风险，子宫内膜癌长期以来被认为是激素疗法的严重副作用所致。

激素疗法对克服潮热和阴道干燥很有效。这种疗法对非抑郁女性的情绪无明显影响，但是对被诊断为抑郁症的女性，它可以增强抗抑郁药物的效果（Miller，2003）。激素疗法也可以预防骨质疏松和结肠癌（Nelson et al.，2002）。

在一项大样本实验中，16 000多名50～79岁的女性被随机安排接受雌激素替代疗法或服糖丸组，追踪5年之后，发现了两种消极后果。首先，雌激素替代疗法使心脏病、中风和血凝的发病率略有增加。其次，采用雌激素替代疗法超过4年可略微增加乳腺癌发病率（Women's Health Initiative，2002）。另有研究发现，激素替代疗法会增大乳腺癌和血凝风险（Bhavnani & Strickler，2005；La Vecchia，2004）。

另一项针对4500名65～79岁女性的研究表明，激素替代疗法增加了认知能力略微下降的风险，使老年痴呆症的发病率翻倍（Rapp et al.，2003；Shumaker et al.，2003）。但是，如果绝经期马上开始使用激素疗法，则可以降低老年痴呆的风险（Zandi & Breitner，2003）。绝经后立即采用激素疗法会不会增大心血管病风险，还有待于研究证实。

基于现有研究证据，女性及其医生在决定采用激素疗法时应该慎重。有心血管病或乳腺癌家族史的女性，一般不要采用这种疗法。幸好，可供选择的治疗方法越来越多。一种相对安全的偏头痛药物，加巴喷丁（gabapentin），通过作用于大脑的体温控制中心能够明显地减少潮热症状。几种新的抗抑郁药和一种草药黑升麻（black cohosh），也很有效（Guttuso et al.，2003；Osmers et al.，2005）。这些药还可以保护骨骼，但其长期安全性尚不清楚。

无论如何，激素疗法仍是减轻更年期症状的最常用方法。因此，有些专家认为，激素疗法在短期内（5年）对女性低风险，这种说法更准确， *505*
因为它可以提高生活质量（Col et al.，2004）。

（3）女性对绝经的心理反应

女性怎样应对绝经这个意味着她们不能再生育的标志性事件呢？答案就在于，她们怎样回溯过去、放眼未来地看这件事。

杰维尔一直想结婚成家，但始终未能如愿，绝经对她来说无疑是创伤性的。她的生理能力感仍然与生育能力感密切关联。生理症状也使绝经成为一个困难时期。在当代社会，人们都喜欢年轻美貌，因此，一些女性对更年期性吸引力的丧失非常失落（Howell & Beth，2002）。

但是，许多女性认为，绝经几乎或根本没有带来什么麻烦，她们把绝经看作一个新的起点（George，2002）。当询问2 000多名美国女性，不来月经感受如何时，近一半正在绝经中的人和60%的已经绝经的人说，她们觉得自己解放了（Rossi，2005）。多数女性不想再要孩子，很高兴不需要再担心怀孕。与受教育较少的女性相比，受过高等教育、有一定职业取向、在家庭之外有充实活动的美国白人女性对绝经的态度一般更积极（Theisen et al.，1995）。

还有研究表明，非洲裔和墨西哥裔女性对绝经大多持积极态度。一项研究发现，非洲裔女性比白人女性较少经历喜怒无常（Melby，Lock &

很多非洲裔美国女性认为绝经是正常的，不可避免的，甚至是受欢迎的。她们在这一过渡时期看起来比白人女性较少经历喜怒无常。

Kaufert，2005）。非洲裔女性很少拿生理衰老来说绝经，她们认为，绝经是正常的，不可避免的，甚至是受欢迎的。一位女性说："我有点儿盼着这件事，我知道我能顺利走过去，但是我觉得你绕不过去。"（Holmes-Rovner et al.，1996；Sampselle et al.，2002，p. 359）几位非洲裔美国女性表达了她们的气愤，她们说，社会上总是给中年女性因工作或家庭压力而做出的正常行为贴上"发疯"的标签，把这一切都和绝经扯在一起。那些还没有学会说主流社会的语言（可能还有一些观念）的墨西哥裔美国女性，对绝经的态度尤其积极（Bell，1995）。一项研究调查了13 000多名40～55岁、不同族裔的美国妇女，结果发现，在对自我评价的生活质量产生影响的因素中，社会经济地位、身体健康、生活方式因素（吸烟、饮食、锻炼、体重增加），尤其是心理压力等因素，其影响力都大于绝经和三种常见症状（潮热、盗汗和阴道干涩）（Avis et al.，2004）。

在身体症状和态度上存在的极大差异表明，绝经不仅仅是一个与激素有关的事情，它还受到社会观念和实践的影响。本节的"文化影响"专栏介绍了如何从跨文化视角来看待女性绝经问题。

（4）男性生殖系统的变化

男性也有更年期，但是男性却不会遭遇绝经这件事。40岁以后，精液和精子的量减少，但是，精子终其一生都会产生，甚至90多岁的男性也能生育。睾丸激素的产生随着年龄增长而下降，但是对于一直有性行为的健康男性来说，这种下降的程度不大，性行为能够刺激细胞分泌睾丸激素（Hermann et al.，2000）。

但是，由于血流速度降低，阴茎结蒂组织发生变化，需要更多的刺激才能使阴茎勃起，并且难以持续。性生活时的勃起无能在任何年龄都会发生，但在中年期更常见，到60岁时，它影响着约40%～50%的男性（Kingsberg，2002）。

一两次阳痿并不严重，但经常如此则会使一些男性产生焦虑，无法过性生活，进而伤害他们的自我形象。能够增进阴茎血液循环的伟哥等药物能暂时解决勃起障碍。这些药物的面市，激发了男性性开放的讨论，并鼓励更多的男性诉诸"春药"。但是服用了这些药物的男性常常没有充分考虑除了睾丸激素分泌下降以外、影响勃起的其他因素，如：神经系统、循环系统和内分泌系统的紊乱，焦虑和抑郁，骨盆损伤，对性伴侣失去兴趣等（Montorsi，2005）。虽然勃起药物一般是安全的，但是也有少数人出现了严重的视力下降。目前还不清楚这些药物是否有问题。

专栏　**文化影响**

作为生物文化事件的绝经

生物因素和文化因素共同影响女性对绝经的反应，使之成为一个**生物文化事件**。在西方工业化国家，绝经被"医学化"，认为是需要治疗的一种综合征。许多女性出现生理和情绪症状。她们报告的症状越多，对绝经的态度越消极（Theisen et al.，1995）。

改变看待绝经的环境，也会改变对绝经的态度。在一项研究中，近600名19～85岁的男性和女性描述了关于绝经的三种观点：是一个医学问题；是一生中的一个过渡时期；是衰老的标志之一。是一个医学问题的观点比其他观点引发了多得多的消极描述（Gannon & Ekstrom，1993）。

研究发现，在非西方文化中，中年女性的社会地位也影响绝经体验。在年长女性受到尊重、婆婆和祖辈角色会带来新特权和责任的社会中，对绝经症状的抱怨很少（Fuh et al.，2005；Patterson & Lynch，1988）。这或许在一定程度上使亚洲国家的女性很少报告不适。即使报告，其症状也与西方国家的女性不同。

例如，日本女性很少抱怨潮热，但是少数人报告说肩膀僵硬、背痛、头痛和疲劳。日本女性在中年得到的尊敬和责任达到顶峰。一般情况下，她每天要掌管家里开支，照看孙辈，照顾公婆，做家务（Lock & Kaufert，2001）。少数经历绝经痛苦的女性也根据这些社会义务来看待绝经。日本女性和妇科医生都不认为绝经是中年女性的重要标志。而认为中年期是“被社会认可，能力达到成熟”（Menon，2002，p. 58）的可以大显身手的时期。

对尤卡坦半岛农村的玛雅女性和希腊埃维亚岛农村女性的比较，发现了生物文化对绝经的其他影响（Beyene，1992；Beyene & Martin，2001）。在这两种社会中，年老是地位上升的时期，绝经使女性从生养孩子中解放出来，有更多的时间休闲娱乐。而在另一些方面，玛雅和希腊女性则截然不同。

玛雅女性 10 多岁就结婚。到了 35～40 岁之间，她们已经生了好多小孩，但是由于她们反复怀孕和哺乳，已经很少来月经。她们渴望生孩子的时期结束，欢迎绝经，把绝经说成成“愉快的”，“又像小女孩一样自由了”。没有人报告有潮热或其他症状。

希腊的农村女性和北美人一样，采用计划生育来限制家庭规模，多数人报告绝经期有潮热和盗汗。但是她们把这些症状看作暂时的不舒服，认为它们会自己停止，不认为它们是需要治疗的医学症状。如果问潮热时怎么办，希腊女性回答说，“不在乎”，“出去呼吸新鲜空气”以及“夜里把被子掀开”。

玛雅女性和希腊女性的对比提出一个问题：生育的胎数是否影响绝经症状？这还有待更多的研究证实。此外，北美女性和希腊女性在看待和处理潮热上，差异也很显著。这与其他跨文化研究的结果一样，都揭示出，生物因素和文化因素在绝经经历上是共同起作用的（Melby，Lock & Kaufert，2005）。

对这些尤卡坦半岛农村的玛雅女性来说，上年纪是她们地位上升的时期，绝经使她们更自由。生养孩子几十年后，玛雅女性欢迎绝经，把它说成是“愉快的”和“又像小女孩一样自由了”。

思考题

复习 说说文化对更年期有什么影响。

应用 斯坦在 42 岁时开始戴双光眼镜，以后 10 年里，他每年都要换新镜片。怎样的身体变化使斯坦需要经常更换眼镜？

应用 南希在 40～50 岁期间增加了 20 磅。她还打不开密封罐头，爬一段楼梯就会小腿疼。南希想，肌肉变为脂肪是衰老过程中不可避免的。她的想法正确吗？为什么？

反思 鉴于激素疗法的益处和风险，在采用此法之前你会考虑哪些因素，或者会建议别人考虑哪些因素？

二、健康与健身

507 在中年期，有近 85％的美国人和 88％的加拿大人评价他们的健康状况是“很好”或“好”，这个比例虽然占大多数，但显著低于成年早期的 95％（Health Canada，2002b；U. S. Department of Health and Human Services，2005h）。年轻人对身体健康的抱怨大多因为急性病，中年人则是因为慢性病。中年人看病和住院的情况更多。评价自己健康状况不好的中年人，男性通常患的是致命性疾病，而女性患的一般是非致命的、影响健康的疾病。

除了典型的负性指标——得重病和能力缺失——之外，我们把性行为作为健康状况的一个正性指标。开始讨论之前需要指出，我们对成年中晚期的认识还受到对女性和少数族裔的研究不充分的局限。多数关于患病危险因素、预防和治疗的研究是针对男性开展的。还好，这种状况正在改变。例如，“女性健康行动”，这个由美国政府发起、历时15年的项目，将要考察各种生活方式和治疗方案对绝经后女性健康的影响，对164 000多名各族裔和各社会经济地位的女性进行追踪。该研究已经有重要发现，包括前面讲到的关于心血管病、乳腺癌与使用激素疗法的关系等结果。

1. 性生活

已婚夫妇性行为的频率在中年期有下降趋势，但是对于大多数人，这种下降是微弱的。追踪研究发现，性行为的稳定性远比变化性更显著。成年早期性行为频繁的夫妇，中年期仍然如此（Dennerstein & Lehert，2004；Walsh & Berman，2004）。预测性行为频率的最好指标是婚姻幸福感，二者的关系可能是双向的（Edwards & Booth，1994）。性行为经常发生在幸福的婚姻关系中，经常有性行为的夫妇认为他们的关系更亲密。

但是，由于更年期的身体变化，中年期性反应的强度下降。男女都需要更长的时间被唤起和达到高潮（Bartlik & Goldstein，2001；Walsh & Berman，2004）。如果双方都认为对方的吸引力不强，可能是因为性欲下降所致。不过如果态度积极，性行为可以令人更满意。例如，德温和特里莎以接纳和深情来看待彼此身体的衰老，把这当作他们持久、深厚感情的标志。随着从工作和家庭中获得更大的解放，他们的性生活更主动。多数50多岁的已婚者认为性生活是他们关系的重要部分，而且能找到解决性功能障碍的办法。一位幸福的52岁已婚女士说：“我们知道我们在做什么，我们有丰富的经验（笑），我本来绝不相信这种事越老越好，但确实是。”（Gott & Hinchliff，2003，p. 1625；Kingsberg，2002）

对已婚和未婚者的调查发现了与年龄相关的性行为的巨大性别差异。男性没有性伴侣的比例增长缓慢，从30多岁的8%到50多岁后期的11%。相反，女性没有性伴侣的比例增长迅速，从9%到30%，到老年期，这一性别差异更大（Avis，2000）。机会，而非需要，是造成这种差异的原因。男性较高的死亡率、女性注重感情付出和性关系的连续性使她们找到性伴侣的可能性小一些。有证据显示，中年期的性行为和早期性行为一样，是生物、心理和社会因素共同作用的结果。

2. 疾病与能力缺失

图3.2显示，癌症和心血管病是中年期死亡的主要原因。意外事故虽然仍是一个主要的健康威胁，但比成年早期发生的比率低，主要是因为机动车事故减少。中年人的视力虽然不如过去，但他们多年的驾驶经验和更加小心谨慎减少了这类死亡。相反，摔倒造成的骨折和死亡从成年早期到中期增加了近一倍（Statistics Canada，2002d；U. S. Department of Health and Human Services，2005h）。

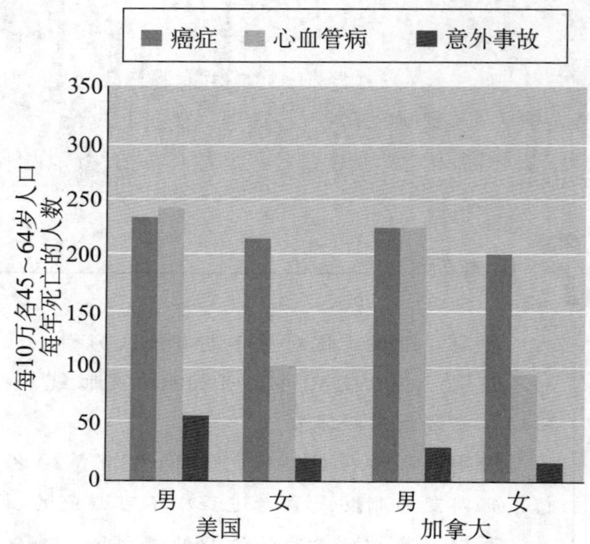

图3.2　美国和加拿大45～64岁人口死亡的主要原因

和成年早期一样，加拿大的年均死亡率比美国低。每一种死亡原因，男性都高于女性。截至目前，癌症是女性死亡的首要原因。对于男性，因癌症和因心血管病死亡的比率相近。

资料来源：Statistics Canada，2002d；U. S. Census Bureau，2006b.

在中年男性中，患心血管病和癌症的比率大体相当。总的来说，在多数健康问题上男性都比女性脆弱。癌症是目前为止导致女性死亡的首要原因。几十年前，经济状况差是健康不良和中年死亡的一个强有力的预测指标。由于美国的贫穷 508

人口比加拿大多，且没有实行全民健康保险，其死亡率一直比加拿大高。在本节，随着对疾病和能力缺失的深入讨论，我们遇到了另一个熟悉的主题：情绪和身体健康的密切关系。夸大压力的人格特质，尤其是敌意和愤怒，是中年期健康的严重威胁。

(1) 癌症

从成年早期到中期，癌症导致的死亡率翻了 10 倍，在美国，这在中年期死亡原因中占 1/3，在加拿大则占一半。虽然一些类型的癌症发病率普遍下降，但是几十年来，癌症死亡率一直在上升，其中一个原因是吸烟导致的肺癌大幅上升。在过去的 15 年，男性患肺癌的比率下降；现在的吸烟量比 20 世纪 50 年代减少了 50%。相反，女性患肺癌的比率上升，她们大多数是二战之后开始吸烟的（U. S. Department of Health and Human Services，2005h）。

当细胞的基因编程被破坏时癌症就产生了，导致非正常细胞不可控制地增长和扩散，排挤正常的细胞和组织。为什么会这样？有三种突变导致了癌症。一是致癌基因导致的突变，它们直接造成非正常细胞的复制。二是肿瘤抑制基因活动性的突变，导致它们不能控制致癌基因的复制。三是破坏了稳定基因活动性的突变，稳定基因可修复在正常细胞复制或环境变化中 DNA 的微小错误，使基因的变化程度最小（Vogelstein & Kinzler，2004）。稳定基因失效，许多基因的突变率就会增高。

与癌症有关的突变，可能是种系的（germline，源于遗传性的易患病体质），也可能是躯体性的（somatic，先出现在个别细胞，然后复制）（见《伯克毕生发展心理学：从 0 岁到青少年》第 2 章）。第 1 章讲过，按照某种理论的观点，DNA 复制中的错误随着年龄的增长而增加，这些错误要么自发产生，要么因为自由基释放，要么因为免疫系统被破坏。此外，环境中的毒素可能引发或强化这一过程。

图 3.3 显示了最常见的癌症类型的发病率。其中一些对两性都有影响的癌症，男性通常比女性更脆弱。这种差异可能源于基因组成、生活方式或者职业中接触致癌物，以及延迟去医院治疗等差异。社会经济地位与癌症的关系情况不同（例如，肺癌和胃癌与社会经济地位低有关，乳腺癌和前列腺癌与社会经济地位较高有关），总体来看，癌症死亡率随社会经济地位的降低而增高，在低收入的少数族裔中更高（Jemal et al.，2006）。不佳的医疗条件、不恰当的饮食以及高生活压力导致对疾病的抵抗力减弱，从而导致了这种趋势。

总之，遗传素质、生物学衰老和环境的复杂性，它们交互作用导致了癌症。例如，许多患家族性乳腺癌的病人都是因为缺乏特定的肿瘤抑制基因（BRCA1 或 BRCA2），治疗效果较差。不过，只要提早采取预防措施，筛查这些突变基因是可能的。例如，与其他女性相比，带有其中一种缺陷基因的女性患乳腺癌的风险更大，但事实上只有 35%～50%的人患病。遗传和生活方式的其他因素，如饮酒、超重、怀孕次数以及使用口服避孕药都会增加患病的风险。BRCA1 或 BRCA2 发生突变的女性更容易在 30 岁之前早发乳腺癌（Nkondjock & Ghadirian，2004）。这种风险在成年中晚期继续加大，这一时期，女性乳腺癌的发病率也普遍增加。

人们害怕癌症，因为他们把癌症看作不治之症。其实，有 40%的癌症患者被治愈（摆脱癌症 5 年或以上）。乳腺癌对女性是最多发的恶性肿瘤，前列腺癌则是对男性最多发的恶性肿瘤。肺癌——通过戒烟可以预防——是两性的第二杀手，结肠癌和直肠癌次之。每年例行筛查这些以及其他类型癌症的体检，采取后面“学以致用”表中所列的各项措施，能够明显降低癌症发病率和死亡率。目前，已经有越来越多的致癌突变基因被 509
识别，针对这些突变基因的新疗法正在实验中。

患癌症幸存是一种胜利，也带来情感上的挑战。治疗癌症期间，亲朋好友关注的是疾病本身。但是在此之后，他们必须重新关注健康问题，全身心投入病人的日常生活。遗憾的是，社会上仍然流传着癌症的坏名声。病人的朋友、家人和同事可能需要提醒别人癌症不传染，有上级和同事的耐心和支持，癌症幸存者才能重获工作能力（Mains et al.，2005）。

(2) 心血管病

过去几十年，心血管病的发病率有所下降（见第 1 章），但每年因心血管病死亡的美国和加拿大中年人仍占全部死亡人数的大约 25%（Statistics 510
Canada，2002d；U. S. Department of Health and Human Services，2005h）。我们常认为，心血管病就是

心脏病发作，但是德温和许多中老年人的病不是因为心脏病发作，而是在年度体检时发现的。医生发现他有高血压、高血脂和动脉硬化——冠状动脉壁有钙化斑，冠状动脉环绕心脏，为心肌提供氧气和营养。这些心血管病的指标被认为是“无声杀手”，因为它们通常没有什么先兆。

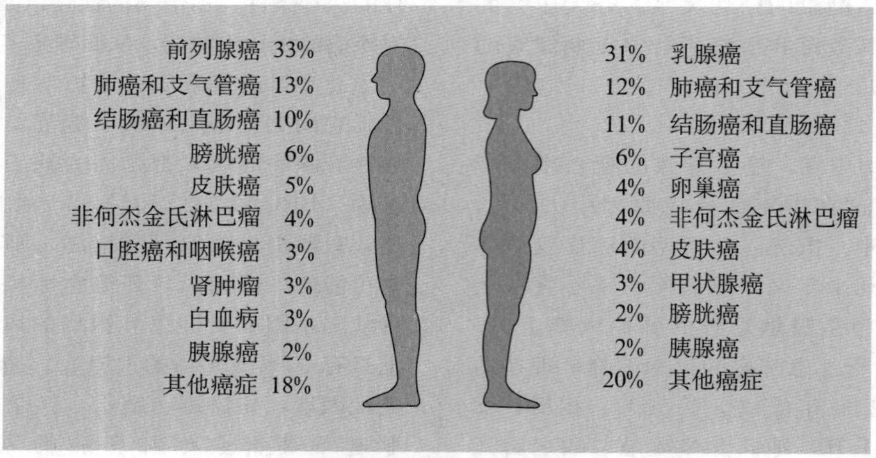

图 3.3　美国男性和女性前十位的癌症发病率

加拿大的癌症发病率比美国略低，但两个国家各类癌症的相对比例相似。

资料来源：A. Jemal et al.，2006，“Cancer Statistics，2006，”CA：*A Cancer Journal for Clinicians*，56，p. 109. 经授权引用。

学以致用　　**降低癌症患病率和死亡率的措施**

干预	描述
知道 7 种癌症警报信号。	这 7 种信号是：大小便习惯改变，创伤难愈合，不正常的出血或分泌物，乳房或其他部位变厚或结块，消化不良或吞咽困难，疣或痣明显改变，持续咳嗽或声音嘶哑。如有任何一种现象需立即就医。
做自我检查。	每月一次自我检查，女性检查乳房，男性检查睾丸，看是否有结块及其他变化。如果早期发现，乳腺癌和睾丸癌通常可以治愈。
做定期体检和癌症筛查。	女性应该每年做一次乳房和乳头 X 线检查。从 50 岁开始，男性每年做前列腺检查。男女都应遵照医生指导定期做结肠癌检查。
戒烟。	吸烟与 90％的肺癌死亡和 30％的癌症死亡有关。无烟型（咀嚼型）烟草可能增加患口腔癌、喉癌、咽喉癌和食道癌的风险。
防止过度日晒。	日晒可能导致皮肤癌。日照时间较长时，应使用遮阳伞遮盖暴露的皮肤。
少接受 X 光照射。	过多接触 X 光会增大患癌症的风险。多数医用 X 射线都调到最低限度，但除非必需，否则不要使用。
少接触工业化学制剂及其他污染物。	接触镍、铬酸盐、石棉、氯乙烯及其他工业用品可能增加各种癌症的患病率。
权衡激素疗法利弊。	雌激素替代疗法可能增加患子宫癌和乳腺癌的风险，在采用前要与医生一起慎重考虑。
保持健康饮食。	不吃过量脂肪、腌制食物、烧烤和亚硝酸盐食品，多吃富含纤维和维生素 A、C 的食物。

当症状明显时，心血管病表现为不同的形式。最极端的形式就是*心脏病发作*——心脏某一区域的正常供血受阻。它通常是由一条或几条冠状动脉中的斑块凝结所致。当被影响区的肌肉功能丧失时，会伴随心绞痛。心脏病发作是一种急性病。50％以上的病人还没被送到医院就已死亡，15％的病人在接受治疗时死亡，还有 15％的人在发病几年后死亡（American Heart Association，2006b）。其他非极端性的心血管病，还有*心律不齐*或不规则心跳，持续发作时，会阻碍心脏输出足够的血液，从而导致昏厥。它亦可在心室内形成血块，这些血块可能渗出并流入大脑。有些人可能会产生类似消化不良的疼痛或压迫性的胸痛，称为*心绞痛*，表明心脏缺氧。

现在，已经有各种手段可以治疗心血管病，如冠状动脉搭桥（coronary bypass）、药物治疗和调节心律的心脏起搏器等等。为缓解动脉阻塞症状，德温做了*心脏支架*（angioplasty）手术，在这种手术中，医生把一根像针一样细的导管置于冠状动脉中，在其顶部系一个鼓起的气球，压平此处的脂肪，使血液能通畅地流动。医生警告德温，如不采取措施降低疾病发作的风险，冠状动脉将会在1年内再次出现阻塞。下面的“学以致用”表列出了可预防心脏病或减缓病情加重的方法。

学以致用　　降低心脏病发作风险的注意事项

干预	减少的风险率
戒烟。	→70%　在戒烟5年后心脏病的发病风险率比仍抽烟者降低70%以上。
降低血脂水平。	→60%　血脂每降低1%，发病风险率就降低2%～3%。通过食疗使胆固醇平均降低10%可以超过通过药物治疗降低20%的效果。
治疗高血压。	→60%　综合采用饮食疗法和药物治疗能在很大程度上降低血压，进而能降低60%的发病风险率。
保持理想体重。	→55%　与肥胖者相比，保持理想体重可将心脏病发作风险率降低55%以上。
有规律地锻炼。	→45%　保持活动的而非久坐的生活方式可以将发病风险率降低45%。
偶尔喝杯白酒或啤酒[a]。	→45%　少量、适量饮酒可将发病风险率降低45%以上；可促进高密度脂蛋白（“好胆固醇”，可以减少“坏胆固醇”）的生成，降低血管内生成斑块的风险率。
服用低剂量的阿司匹林。	→20%　每天或每隔一天服用162毫克（半片）者可将发病风险率降低20%以上；该药可降低血液凝块的可能性（需遵医嘱；长期服用会有严重副作用）。
减少敌意和其他形式的心理压力。	风险率降低的程度尚不清楚。

[a] 结合第1章，过度饮酒会增加许多疾病的患病风险，包括心血管病。

资料来源：Agarwal，2002；American Heart Association，2006b；Ho，Hankey & Eikelboom，2004.

有些危险因素，如遗传、衰老与性别（男性），是不可改变的。但是心血管病的后果严重，人们必须保持警惕，即使对非高发人群，例如女性，也应如此。由于在中年期有70%以上的心脏病患者是男性，医生常把心脏方面的疾病看作是“男性病”，而忽视女性的症状，女性症状较轻，更多地出现心绞痛而不是心脏病发作（Roger et
511 al.，2000）。在一项研究中，让男性和女性演员向700多名医生表演同样的心绞痛症状，结果表明，医生更少怀疑女性有心脏病，尤其是非洲裔女性，其实她们的心脏病发病危险性高于白人女性（Schulman et al.，1999）。对心脏病患者的追踪证明，女性，尤其是非洲裔美国女性，接受支架和搭桥术等高侵入性治疗的可能性较小（Brown，2002；Watson et al.，2002）。

（3）骨质疏松症

因年龄增长，骨量减少严重，会出现**骨质疏松症**（osteoporosis）。这种病影响着超过2 500万美国人和140万加拿大人，它大大增加了骨折的危险性（Osteoporosis Society of Canada，2006；U. S. Department of Health and Human Services，2005h）。目前，一项规模最大的关于骨质疏松的研究，对超过20万名绝经中年女性进行的研究显示，40%的人骨质密度低，需要引起注意，7%的人被诊断为患病（Chestnut，2001）。70岁以上的人，无论男女，多数都有这种症状（Donatelle，2004）。人们常把骨质疏松症和站立不稳的姿态、踉踉跄跄的步伐和驼背联系起来，但这些极端情况其实很少。因为骨骼是在多年间逐渐变得疏松的，骨质疏松症直到发展到骨折——一般是脊柱、臀部和腰部骨折——或做X射线检查时才被发现。

更年期雌激素分泌减少，是导致骨质疏松症的一个主要因素。在成年中晚期，女性的骨量减少约50%，其中的一半是绝经后的前10年丧失的。女性进入更年期越早，罹患与雌激素减少有关的骨质疏松的可能性越大。对男性，随着年龄增长，睾丸激素减少（比女性雌激素的减少缓慢）导致骨量减少，这是由于身体将一部分睾丸激素转换成雌激素。

遗传对骨质疏松起着重要作用。有骨质疏松家族史者，其患病风险较大，同卵双生子比异卵双生子更容易同时患病（Notelovitz，2002）。身体瘦弱、矮小的人更可能患病，因为他们的骨量在青少年期达到高峰时就比别人少。相反，非洲裔美国人骨骼密度较大，患此病的可能性要低于亚裔、白人和西班牙裔。不健康的生活方式也是一个致病原因：饮食缺钙、身体活动少都会减少骨量；吸烟、酗酒也会干扰骨细胞的更新（Chakkalakal，2005；Liu et al.，2001）。

重要骨骼（如髋骨）发生骨折时，10%～20%的病人会在一年内死亡（Reginster & Burlet，2006）。由于女性比男性更早出现骨质疏松，它似乎成了一种“女性病”，男性很少去做相应的筛查和治疗（Kiebzak et al.，2002）。与女性相比，男性发生髋骨骨折的年龄更大，更缺乏保护骨密度的干预习惯。可能就是这些原因，男性在髋骨骨折后一年内的死亡率是女性的两倍（Campion & Maricic，2003）。

对待骨质疏松，医生建议饮食要含有丰富的钙和维生素D（可促进钙吸收），进行承重锻炼（走路而非游泳）和强壮骨骼疗法。一个更好的方法是通过早期干预来减小一生的风险：增加钙和维生素D的摄入，在儿童期、青少年期和成年早期进行有规律的锻炼，最大限度地增大骨密度（NIH Consensus Development Panel，2001）。

70岁以上的人，无论男女，大多有骨质疏松。降低患病风险的最好方法就是进行早期干预：增加钙和维生素D的摄入，在儿童期、青少年期和成年早期进行有规律的锻炼。图中这位中年父亲和他的儿子喜欢行走，这是一种可增强骨质的承重锻炼。

3. 敌意和愤怒

每次打电话来，特里莎的姐姐多蒂都像一个马上要爆炸的火药筒。多蒂在单位对老板不满，在家里对特里莎在父亲去世后管理家务的方式不满。所有的谈话都是以多蒂的一脸怒容和一番贬损伤害特里莎的话而告终：“任何一位律师都知道该怎么做，特里莎，你为什么就这么笨！我应该请一位真正的律师。”“你和德温过着优越的生活，你们根本就不考虑别人。你们根本不懂工作是什么。”

只要能忍受，特里莎总是忍耐地听着，然后发出警告：“多蒂，如果你再说，我就挂掉电话，我跟你就说到这儿！”

多蒂的生活中健康问题不断。53岁时，她患了高血压，还有失眠和背痛。在过去五年里，她曾五次住院：两次治疗消化系统疾病，两次治疗心律失常，一次治疗甲状腺良性肿瘤。特里莎常常想，多蒂的人格特征是否在一定程度上导致了她不良的健康状况。

敌意和愤怒可能会对健康产生消极影响，这是一个存在了数百年的古老观念。几十年前，研究者首次在年龄35～59岁、表现出A型行为模式的男性身上检验了这个观点，具有**A型行为模式** 512
（Type A behavior pattern）者具有很强的竞争性和高抱负，缺乏耐心，对人有敌意，容易暴怒，有时间压力感。研究者发现，在以后的8年中，A型行为模式者患心脏病的可能性是B型行为模式者（具有较轻松的性格倾向的人）的两倍多（Rosenman et al.，1975）。

但后来的很多研究不能证实上述结果。事实上，A型行为模式是多种行为的综合，其中只有一两种行为影响健康。当前的研究确认，敌意是A型行为模式的“有毒”成分，因为把敌意从整体的A型行为模式中拿出来，就能稳定地预测心脏病和其他健康问题（Aldwin et al.，2001；Eaker et al.，2004；Matthews et al.，2004；Williams，2000）。在敌意测验上得分高的成人，患动脉硬化的风险是得分低成人的2.5倍（Iribarren et al.，2000）。

最近的研究结果表明，用频繁的暴怒、粗鲁、令人生厌的行为、社会交往中挑剔和傲慢的非言语线索（包括怒目而视、蔑视和厌恶的表情，冷漠、固执的语气）等来表达敌意，都会导致心血管系统被高度激发以及健康问题和疾病（Chesney et al.，1997）。当一个人愤怒时，会心率加快，血压上升，压力激素的分泌增加，导致身体反应达到极点。

经常暴怒的人可能会抑郁，对生活不满，缺乏社会支持，参与不健康的活动（Siegler et al.，

2003）。但是，即使控制了吸烟、酗酒、过度肥胖、日常的不快和消极生活事件等因素，敌意仍然能预测健康状况。由于男性的敌意得分比女性高（多蒂是个特例），因而情感模式可能促成了心脏病的上述性别差异（Stoney & Engebretson，1994）。

多蒂是否应该把敌意埋藏在心底，不发泄出来，以维护身体健康呢？反复地压抑愤怒情绪，或回忆过去令人愤怒的事件，同样与高血压和心脏病有关（Hogan & Linden，2004；Julkunen，1996）。较好的做法是寻找应对压力和冲突的有效途径。

三、适应中年期的生理挑战

中年期是人生的多产期，在这一时期，人们取得的成就最大，生活满意度也达到最高，但是仍需很大毅力来适应这一时期发生的变化。由于腰围增大和心血管病，德温每周参加两次不太剧烈的增氧健身训练班。他每天还做 10 分钟的调节训练来减轻工作压力。特里莎体谅到姐姐多蒂的困境，她决心慢慢控制自己的敌意情绪。一向乐观的世界观使她能够成功地应对中年期出现的身体变化、法律职业的工作压力和德温的慢性病。

1. 压力处置

翻到第 1 章 24 页，回顾一下心理压力对心血管、免疫系统和胃肠道系统的消极影响。成人在家庭和工作中遇到问题，日常与周围人们的争执都会带来压力负担。在任何年龄段，压力处置都是重要的，在中年期，这样做可以防止疾病随年龄增长而增加，即使疾病不期而至，也可以降低其严重性。

本节的“学以致用”表概括了减轻压力的有效方式。如果压力源不能消除，人们可以改变自己处理及看待其他事物的方式。例如，特里莎在工作中着重解决她能控制的问题——不管上司怎样发火，她都会把那些一般性工作推给其他职员去做，她只去解决那些需要她的经验和能力的问题。当多蒂打来电话时，特里莎努力把正常的情感反应同不合理的自我责备区分开。她不再把多蒂的愤怒看作是她自己无能，而是提醒自己，多蒂的情绪与她的难照养型气质和生活困难密切相关。丰富的生活经验使她认识到，变化是不可避免的。因此，她做好充分的心理准备来应对突然的变故，如德温因心脏病而住院。

来看特里莎是怎样运用应对压力的两种基本策略的（见《伯克毕生发展心理学：从 0 岁到青少年》第 10 章）：问题中心应对策略，在这种策略下她认为现状是可以改变的，认清困难所在，并决定对此做些什么；情绪中心应对策略，这种策略是内在的、个体的，对现状无计可施时可以控制烦恼。追踪研究表明，能够有效减轻压力的成年人常常根据情境，灵活采用问题中心和情绪 *513*
中心的应对策略（Zakowski et al.，2001）。他们的解决方式是经过深思熟虑的，并能同时尊重自己和他人。相反，无效的解决方式主要是情绪中心的，要么凭一时冲动，要么逃避现实（Lazarus，1991，1999）。

在任何年龄段，压力处置都是重要的，在中年期，这样做可以防止疾病随年龄增长而增加，即使疾病不期而至，也可以降低其严重性。图中的这个人在工作时用瑜伽来平静自己和集中精力。

学以致用　　**压力处置**

策略	描述
重新评价情境。	学会区分正常反应和不合理想法所导致的反应。
关注可控事件。	不要为你不能改变或不可能发生的事情担忧，关注怎样去掌控事件。
把生活看作是可变的。	对变化做出预期，承认变化不可避免，意外变化就不会对情感产生很大影响。
考虑到各种可能性。	不要仓促行事，三思而后行。
为自己确立合理的目标。	目标要高，但须切合你的实际能力、动机和当时情形。
经常锻炼身体。	身体健康者能较好地管理身体和情感压力。
精通放松技巧。	放松有助于重新集中精力，减轻压力给身体带来的不适。有课程和自助书刊可以教你这些技巧。
使用建设性的方法缓解愤怒。	延迟反应（“让我再检查一下，然后答复你”）；使用注意分散策略（从 10 数到 1）和自我指导（暗自发出命令“停住!”）以控制愤怒；冷静、自我控制地解决问题（“我应当给他打电话，先不要跟他见面”）。
寻求社会性支持。	朋友、家人、同事和支持团体可以对如何应对压力情境提供信息、帮助和建议。

建设性地缓解愤怒情绪的方法是一种重要的健康干预措施（请参考“学以致用”表）。教会人们保持自信而不是带有敌意，与人协商而不是怒火中烧，都能中止强烈的身体反应，这种身体反应正是心理压力和疾病的中介。有时最好离开当时的情境，来减缓做出反应，就像特里莎那样，她告诉多蒂，如果再骂下去，她就挂电话（Deffenbacher，1994）。

第 1 章曾讲过，从成年早期步入成年中期以后，人们能更好地应对压力。因为中年人更清楚自己有多大能力改变环境，对压力事件的预期以及逐步避免这些事件的技能也更娴熟（Aldwin & Levenson，2002）。此外，中年人对“吃一堑，长一智”深有体会，有过一次高压经历之后，蓦然回首，他们自己都很难相信，自己在极端困难的情况下所做的事情，因此产生一种强烈的掌控感。一场重病，与死神擦肩而过，通常会引起价值观的改变，例如，重新认识到锻炼身体和家庭关系的重要性（Aldwin，Sutton & Lachman，1996）。在这些方面，高压管理可以说是积极发展的重要方面。

但是，社区为有困难的中年人提供的社会支持，不如给年轻人和老年人那样多。比如，杰维尔不知道更年期做些什么，她对特里莎说：“如果有支持性的团体，我就能对绝经有所了解，也就更容易应对它。”关注中年人常见问题的一些社区项目，如成年人重返大学，协助照顾他们年迈的父母，有助于减轻这一时期的压力。

2. 锻炼

如第 1 章所述，经常锻炼对身心好处良多，其中之一就是可以让成人更好地应对压力。德温在增氧健身班的第一堂课就想：“50 岁才开始锻炼，能补救我多年不活动造成的影响吗?”他的问题很重要，超过一半的北美中年人是久坐的，在参加锻炼的活动者中，有一半的人在最初 6 个月内中止了锻炼。即使在那些积极锻炼的人当中，其锻炼程度对健康能起帮助作用的也不到 20%（Canadian Fitness and Lifestyle Research Institute，2002；U. S. Department of Health and Human Services，2005h）。

中年开始锻炼的人必须克服最初遇到的困难和障碍：没有时间和精力，不方便，锻炼和工作有矛盾，以及健康因素（如超重）。自我效能感——对自己能够成功的信念——在接受、坚持并投入某种锻炼养生活动中的作用，就像其对事业进步的重要性一样（见第 2 章）。开始某项锻炼活动的一个 514
重要结果是，习惯久坐的成人的自我效能感增强了，这能更加促进身体活动（McAuley & Blissmer，2000；Wilbur et al.，2005）。身体健康状况的改善反过来又使中年人形成更好的生理自我。久而久之，他们对自己身体的自尊——对身体的良好状态和吸引力的感觉——也会提高（McAuley，Mihalko & Bane，1997）。

怎样锻炼最有效，是因人而异的。体重正常者比超重者更适合参加集体锻炼班，超重者可能会感到尴尬并且跟不上班级进度。肥胖者适于开展由健康顾问设计的个性化的、以家庭为基础的锻炼活动（King，2001）。生活压力很大的成人，在集体班锻炼比自己在家锻炼更可能坚持下来，因为与家庭锻炼相比，集体锻炼有固定的日程表和大家的互相支持（King et al.，1997）。但是，压力大的人如能坚持家庭锻炼，就能有效地降低压力，并且比集体锻炼更有效（King，Taylor & Haskell，1993）。也许独立取得成功有助于压力大的成人更好地控制自己的生活。

方便、有吸引力又安全的锻炼环境，如公园、小径、社区娱乐中心，以及看到别人也在这里锻炼，都会激励人们锻炼身体（King et al.，2000）。除了健康问题和日常压力源外，低社会经济地位的人常常抱怨，妨碍他们锻炼的因素是缺乏方便的设施、经费，以及安全的邻居，这是锻炼水平随社会经济地位的降低而急剧下降的重要原因（Burton，Turrell & Oldenburg，2003；Wilbur et al.，2003）。除了生活方式和动机因素之外，旨在增加低社会经济地位成人身体活动的干预措施，必须考虑低成本设备的实用性和周边的安全性。

低社会经济地位的成人常抱怨，缺乏方便的设施、经费和安全的邻居常常妨碍他们参加锻炼。优美而安全的公园、小径，以及看到别人在某处锻炼，都会激励人们参加体育活动。

3. 乐观态度

哪种人有可能灵活地应对不可避免的生活变化所带来的压力，进而减小对疾病和死亡的影响？探索这一问题的研究者提出了三种个人品质——控制、自觉与挑战——合在一起可称为**毅力**（hardiness）（Maddi，1999）。

特里莎就是一个有毅力的人。首先，她认为大部分经验是可控的。在了解了杰维尔的更年期症状后，她劝杰维尔："你不能阻止所有的坏事发生，但是你应努力去做些什么。"其次，特里莎自觉性很强，能全身心地投入到日常的各项活动中去，并能从活动中获得乐趣和意义。最后，她还认为，变化就是挑战——是生活的组成部分，也是个人成长的机遇。

研究表明，毅力影响着人们在多大程度上认为压力情境是可控、有趣和快乐的。这些积极评价反过来又能预测可促进身体健康的行为、寻求社会支持的倾向以及身体病症减少（Florian，Mikulincer & Taubman，1995；Smith，Young & Lee，2004）。毅力很强的人在他们可以控制的环境中会采用主动的、以问题为中心的应对策略。相反，毅力差的人更常采用以情绪为中心的、逃避的应对策略，例如，他们会说"我希望能改变我的感受"，从而否认压力事件的存在，或通过吃、喝忘掉它（Maddi & Hightower，1999；Soderstrom et al.，2000）。

一些研究表明，在毅力上获得的积极评价与面对压力时的生理低唤醒有关，这是人们认为毅力能预防疾病的主要原因。坚定的毅力和心理反应性低之间并不总是相关的，这也许因为，一个有毅力的人的积极应对行为，有时也能导致更大程度的生理唤醒。但是久而久之，这种唤醒程度的提高可被有效控制压力所带来的平静所抵消（Wiebe & Williams，1992）。毅力的乐观成分可以预测较低的平均血压，这一结果支持了上述观点（Räikkönen et al.，1999）。对400多人的临床追踪研究表明，乐观态度与30年后自我报告的身心健康有正相关（Maruta et al.，2002）。

之前曾讲到，许多因素可以成为有效抵抗压力的资源，包括遗传、饮食、锻炼、社会支持、应对策略等等。有关毅力的研究增添了另一个因素：乐观态度和对生活的热情。

4. 性别与衰老：双重标准

对衰老的消极成见使许多中年人害怕生理上的变化，其中，女性比男性更容易被消极成见影响，从而产生了双重标准。例如，许多中年女性说她们正"意气风发"，感到自信、多才多艺，能解决生活中的难题，但是人们通常认为她们缺乏魅力，比中年男性的消极特征更多。有研究发现，
老年男性在外貌、成熟和力量上得到积极评价， *515*
而老年女性在这些方面得到的评价较低。而且男女的评价标准不同：男性对老年女性的判断比女性对此的评价更苛刻（Kogan & Mills，1992）。

当人们对男人和女人的照片而不是言语描述做评价时，这种现象更常见。理想的性感迷人的

女性皮肤光滑、肌肉结实、头发有光泽，这可能是衰老的双重标准的核心。第 2 章曾讲过，女性更喜欢同龄的或年龄比自己略大些的性伴侣，而男性更喜欢比自己年轻的伴侣。进化论从生殖能力的性别差异角度对此做出解释，而社会学习理论则强调性别角色的作用。有证据表明，女性生育力的消失促成了人们，尤其是男性对她们的消极评价（Marcus-Newhall，Thompson & Thomas，2001），社会因素又夸大了这种观点。假若媒体广告中有中年人出现，这些人大多是男性管理者、父亲、祖父，象征着能力和安全。而化妆品广告更多地设计成是为了掩饰女性的衰老而不是男性的衰老。

在人类进化史上，衰老的双重标准曾经具有适应性。今天，许多夫妇都限制生育，把更多的时间用于事业和休闲，这种双重标准已经不相关了。新的调查发现，衰老的双重标准正在减弱，越来越多的人认为，中年期对两性都是幸福而令人满意的时期（Menon，2002）。年长女性的典范是这样的，她们的生活中有亲密的人际关系，充满成就、希望和想象，使人们能够接受她们身体的衰老，并促成了对衰老的新看法：强调她们的优雅、充实和内在力量。

思考题

复习 说说衰老、遗传和环境因素导致骨质疏松的证据。

应用 在一次常规体检中，弗洛医生为 55 岁的比尔做了一系列与脑血管病有关的检查，但是没有测他的骨密度。相反，当 60 岁的凯拉抱怨胸痛时，弗洛医生表示，先"等等看"再做检查。怎样解释弗洛医生对凯拉和比尔所采取的不同方法？

联结 从毕生发展的角度来看，发展是多维度的，受生物、心理和社会因素的影响。举例说明这一论断在中年期身体健康上是如何体现的。

反思 哪一种中年期的健康问题与你最相关？你会采取什么措施来预防？

第二部分　认知发展

中年期，日常生活对认知的要求扩展到新的、有时更具挑战性的情境中。不妨看看德温和特里莎的一天是怎样度过的。最近，德温在他工作的一所规模不大的大学里被任命为系主任，他每天早上 7 点上班。在战略性规划会议期间，他要浏览申请新职位人员的档案，做好来年的财政预算，并在毕业生午餐会上发言。特里莎则在为一项民事案件的出庭做准备，参与陪审团选拔工作，然后与其他高级律师一起开会讨论管理问题。那天晚上，特里莎和德温还和回家探望的 20 岁的儿子马克商量，对他该不该换大学专业提出建议。晚上 7 点半，特里莎参加了当地校务委员会的一个晚会。德温则去参加每两周一次的业余四重奏团的音乐会，他在其中拉大提琴。

中年期，人的责任扩展到工作、社区和家庭中。为担当好不同的角色，德温和特里莎需要运用各种智能，包括积累的知识、流畅的言语、记忆，对信息的迅速分析、推理、问题解决以及专业技能。中年期的思维发生了哪些变化？职业生涯，这个认知能力得以表现的大舞台是怎样影响智能的？我们能做些什么，才能促进那些重返大学、希望多学点知识、提高生活质量的成人不断进步呢？

一、心理能力的变化

德温 50 岁的时候，当他偶尔想不起一个人的名字，或不得不在讲课或说话时停一下，想想接着该说些什么时，他就想，这是不是心理衰老的迹象？20 年前，他几乎不注意这些事情。他的疑问来自社会大众的成见，认为上年纪的人健忘、糊涂，能力减弱。关于认知衰老的多数研究都重在考察心理缺陷，而忽视了认知能力的稳定与进步。

在考察中年期思维的变化时，我们将重新考察发展的多样性问题。认知功能在不同方面呈现出不同的变化模式。虽然某些方面的能力会下降，但多数人都表现出认知技能的增强，尤其是在熟悉环境中，其中不少人还获得杰出的成就。我们发现，一些看起来像是认知衰退的现象，其实是由于研究本身的局限造成的。总的来说，研究支持了成年人认知潜能的比较乐观的看法。

我们要介绍的研究采用了毕生发展观的核心假设：即发展是多维度的，是生物、心理和社会因素综合作用的结果；发展是多方向的，是上升和下降的综合表现形式，这种表现随能力和个体差异而有不同的组合；发展具有可塑性，即发展
516 是可改变的，它取决于一个人的生物性、在环境中积累的经验与当前生活状况的结合（可重温《伯克毕生发展心理学：从 0 岁到青少年》第 1 章的相关内容）。

1. 年龄群效应

采用智力测验所做的研究证明了人们的普遍看法：在成年中晚期，智力不可避免地随着大脑的衰退而下降。早期的很多横断研究结果呈现出这样的趋势：智力在 35 岁时达到顶峰，进入老年期则迅速下降。在 20 世纪 20 年代对大学生和士兵进行的大规模测查为追踪研究提供了便利机会，研究在被试中年时进行了重测。结果表明，智力随着年龄增长而增高！为了解释这一矛盾，克劳斯·沃纳·沙伊（Klaus Warner Schaie，1998，2005）在西雅图追踪研究中，采用一种系列设计，把追踪研究和横断研究结合起来（见《伯克毕生发展心理学：从 0 岁到青少年》第 1 章）。

在 1956 年，对 22～70 岁的被试进行了横断研究。然后，在一定的时间间隔进行追踪，同时加入新的样本，最终达到 5 000 名被试，5 个横断研究，追踪年限超过了 60 年。五种心理能力的横断测查发现，从 30 岁中期以后出现了一般性的智力下降。但是对这些能力的追踪发现，中年期智力有所上升，持续到 50 多岁和 60 岁早期，然后缓慢下降。

图 3.4 显示了沙伊在智力的言语能力因素上的横断和追踪研究结果。年龄群效应是导致这种差异的主要原因。在横断研究中，新一代人比前代人的健康和教育条件更好。另外，所做的智力测验可能选择了年长者较少使用的能力，他们的生活不再需要了解有些信息，而需要他们老练地解决现实生活中的问题。

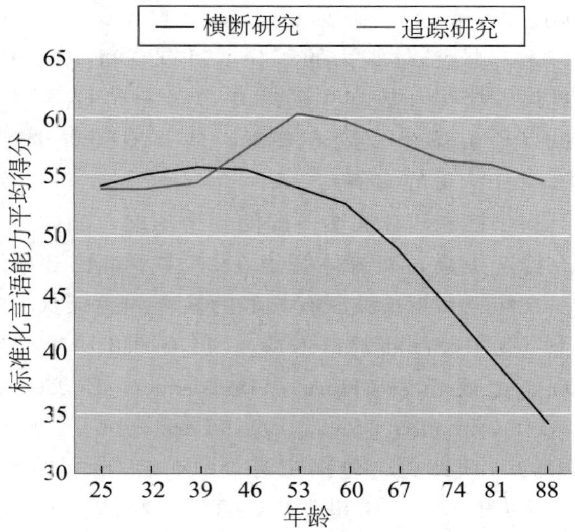

图 3.4　对言语能力的横断和追踪研究显示了年龄群效应

横断研究测查到言语能力迅速下降，主要是因为新一代人的健康和教育条件较好。对成年人进行追踪研究则发现，其言语得分在成年早期和中期上升，然后缓慢下降。但这一追踪发现的趋势并非在所有能力上都适用。

资料来源：K. Warner Schaie，1988，"Variability in Cognitive Functioning in the Elderly，" in M. A. Bender，R. C. Leonard & A. D. Woodhead，Eds.，*Phenotypic Variation in Populations*，New York：Plenum，p. 201. 经授权引用。

2. 晶体智力与流体智力

对各种心理能力的深入分析表明，只有一些能力遵循图 3.4 显示的发展模式。为了解这种变化，让我们来看看两种主要的心理能力，其中每一种各包含一系列特殊的智力因素。

第一种主要的能力，**晶体智力**（crystallized intelligence），指凭借积累性知识经验的、良好的判断力和深谙社会习俗的能力，这些能力的习得，缘于个体所在文化对它们的看重。当德温在毕业生午餐会上准确表达自己的思想和他提出节省经费开支的有效途径时，就运用了晶体智力。在智

力测验中，词汇、常识、言语理解和逻辑推理等项目测量的就是晶体智力。

第二种能力，**流体智力**（fluid intelligence）主要依靠基本的信息加工能力，如对视觉刺激之间关系的觉察、对信息进行分析的速度，以及工作记忆的容量。流体智力常常与晶体智力一起，保证有效的推理和问题解决。但是，一般认为，流体智力较多地受到大脑状况和个体已有知识的影响，而较少受到文化影响（Horn & Noll，1997）。测量流体智力的测验项目有空间知觉、数字广度、字母—数字先后顺序以及符号搜寻（可参阅《伯克毕生发展心理学：从 0 岁到青少年》第 9 章 327 页的实例）。

多项横断研究表明，即使到中年期，晶体智力仍在稳定提高，而流体智力在 20 多岁就已开始下降。在年轻和年长被试有相似的教育和健康状况情况下（为了控制年龄群效应），已有不止一项研究发现了上述趋势（Horn，Donaldson & Engstrom，1981；Kaufman & Horn，1996；Park et al.，2002）。其中的一项调查，包括了近 2 500 名身心健康的 16～85岁的被试，结果发现，言语（晶体）智力测验的得分在 45～54 岁之间达到顶峰，直到 80 多岁还没有下降！相反，非言语（流体）智力测验在整个年龄范围内稳步下降（Kaufman，2001）。

晶体智力在中年期上升是情有可原的，因为
517 成人一直在工作、家庭和休闲活动中增长知识和技能。此外，许多晶体智力方面的技能几乎每天都在练习。但是追踪研究的结果是否证实了流体智力的逐渐衰退？如果是这样，应该如何解释？

（1）沙伊的西雅图追踪研究

图 3.5 详细展示了沙伊的追踪研究结果。成年早期和中期获得的五种能力——言语能力、演绎推理能力、言语记忆、空间定向与数字能力——既包括晶体智力，也包括流体智力。其变化轨迹证实，中年期是一些最复杂的心理能力达到高峰的时期（Willis & Schaie，1999）。这些结果显示，中年人在智力上“处于全盛期”，而不是人们认为的“盛极而衰”。

图 3.5 还显示了第六种能力，即知觉速度——一种流体能力，比如，测量时被试必须在一定时间内辨别出 5 个图形中哪一个与刚才看过的图形相同，或成对的数字组合是否相同（Schaie，1994，1996，1998）。与过去的很多研究结论相一致，从 20 多岁到 80 多岁后期，知觉速度一直下降，也就是说，认知加工速度随着人的衰老而减慢。图 3.5 展示了生命后期，流体智力（空间定向、数字能力和知觉速度）比晶体智力（言语能力、演绎推理和言语记忆能力）表现出更大的下降。对较大年龄跨度的个体进行的短期追踪也证实了这些趋势（McArdle et al.，2002）。

图中这对古生物学者/古植物学者夫妇，运用自己多年积累的知识经验，在加拿大阿尔伯塔省红鹿河畔荒地上的一个考古发掘现场一起工作。追踪研究证实，中年期是一些最复杂的心理能力达到高峰的时期。

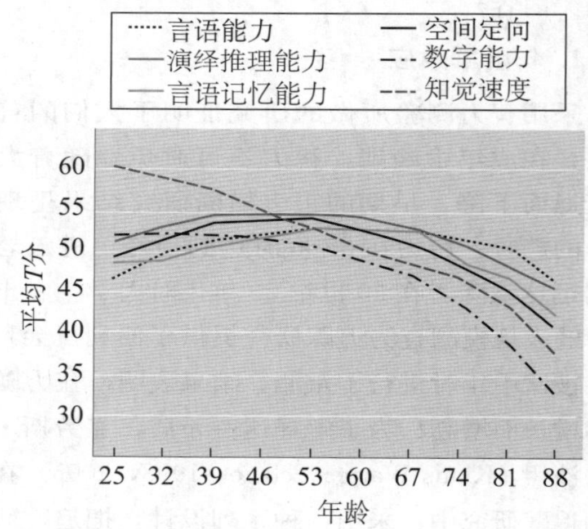

图 3.5 西雅图追踪研究发现的六种心理能力的发展趋势

其中五种能力在 50 多岁和 60 多岁早期之前适度增长，然后缓慢下降。第六种能力——知觉速度，从 20 多岁到 80 多岁晚期稳定下降。生命后期，流体智力（空间定向、数字能力和知觉速度）比晶体智力（言语能力、演绎推理能力和言语记忆能力）下降更快。

资料来源：K. Warner Schaie，1994，“The Course of Adult Intellectual Development，” *American Psychologist*，49，p. 308. Copyright © 1994 by the American Psychological Association. 经授权引用。

（2）对心理能力变化的解释

一些学者认为，中枢神经系统功能的下降几乎可以解释所有的认知能力随年龄增长而下降的现象（Salthouse，1993，1996）。许多研究都至少在一定程度上支持了这一观点。例如，考夫曼（Kaufman，2001）的报告显示，速度测验得分反映了流体智力随年龄增长有规律的下降。研究还发现了信息加工过程的重要变化，其中一些变化可能是由加工速度的下降引起的。

但在分析这些证据之前，需要先澄清一个问题：既然流体智力或基本信息加工能力很早就开始下降，为什么研究却发现晶体智力稳中有升呢？首先，从 45 岁之后到晚年之前，基本信息加工速度的下降都很小，不足以影响各项测验的成绩。其次，成人常常能运用自己的认知强项来弥补弱项。再次，当人们发现自己在某些任务上的表现不再像以前那样好时，他们会去适应，转向较少依赖于认知效率，而更多依赖于知识积累的活动（Salthouse，1991）。因此，篮球高手就当了教练，精明的推销员当了经理。

3. 个体差异与群体差异

518 年龄发展趋势恰恰描述了隐含着的巨大个体差异。由于患病或环境不佳，一些成人的智力下降比另一些人早得多。一些人在年龄很大时仍保持完好的认知功能，甚至流体智力也如此（Schaie，1989）。

智能似乎是用进废退的。西雅图追踪研究中，有些人的受教育程度在平均水平以上，他们从事复杂职业，追求刺激性的休闲活动，如阅读、旅游和各种文化活动，还参加俱乐部和专业组织，其智能的下降就比较慢。另一些人具有灵活的人格特征，婚姻关系长久（如果伴侣认知能力良好尤其如此），无心血管病和其他慢性病，也可能到老年期都保持良好的心理能力。此外，经济条件宽裕也与良好的认知发展状况相关，这无疑是因为社会经济地位与上述多种认知能力密切相关（Schaie，1996，2000）。

还发现了与儿童期和青少年期相一致的性别差异。在成年早期和中期，女性在言语任务和知觉速度上比男性表现好，而男性在空间能力上表现更好（Maitland et al.，2000）。总之，两性成年期心理能力的变化很相似，从而否定了年长女性没有年长男性有能力的社会成见。

此外，与相同年龄段的前一代人相比，这些出生在生育高峰期、现已成为中年人的一代，年龄群效应也很明显。在言语记忆、逻辑推理和空间定向能力上，生育高峰期出生组表现得更好，反映了教育、技术、环境刺激与医疗卫生等条件改善的效果（Willis & Schaie，1999）。这些发展在 21 世纪还将继续：当今的儿童、青少年和青年人也比前代人的心理测验得分高（Flynn，1999，2003）。有趣的是，在西雅图追踪研究中，后出生的被试组的数字能力下降。对计算器和计算机的依赖似乎妨碍了新一代人计算能力的发展。

最后一点，能保持较高知觉速度的成人，其他心理能力的发展水平也较高。看看中年人在信息加工方面的表现，就会明白，加工速度下降为什么影响了其他方面的认知功能。

二、信息加工

考察成人发展的信息加工研究者一般会赞同《伯克毕生发展心理学：从 0 岁到青少年》第 5 章介绍的心理系统模型，以指导他们对思维不同方面的探索。随着信息加工速度的下降，注意和记忆的某些方面也在走下坡路。然而，成人善于把他们丰富的知识和生活经验用来解决日常生活中的问题，因此中年期也是认知能力继续发展的时期。

1. 加工速度

一天，德温的目光扫过 20 岁的儿子马克，看见他在玩电脑游戏时，能对多种线索快速做出反应。于是他自己也想试试，练了好几天，成绩仍远远落后于马克。还有，他们一家在澳大利亚度假时，马克能很快地适应左侧行驶，但是，在澳洲待了一周之后，特里莎和德温在十字路口仍然手忙脚乱，不能迅速地做出反应。

这些现实生活中的经验与实验室的研究结论是一致的。在简单反应时任务（出现某种灯光时按一下按钮）和复杂反应时任务（出现绿光按左侧按钮，出现红光按右侧按钮）中，从 20 多岁初期一直到 90 多岁，反应时稳步增加。情境越复杂，年长者越不占优势。虽然反应时的下降幅度很小，在多数研究中都少于 1 秒，但它仍具有重要的实际意义（Salthouse，2000；Deary & Der，2005）。

什么原因导致了认知加工随年龄增长而下降？研究者一致认为，是大脑变化导致的，在具体解释上主要有两种意见。**神经网络观**（neural network view）认为，大脑神经元死亡时，会出现某些神经网络中断现象。大脑凭借新形成的侧路——在中断处的周围形成新的突触联系，来适应这种变化，但效果不如原来（Cerella，1990）。另一种意见，**信息遗失观**（information-loss view）认为，中老年人在信息通过认知系统时遗失较多。结果，整个系统对信息检查和解释都要慢下来。举例来说，我们复印一个文件，然后用复制品再次复印，复印次数越多，越不清晰。同样，人的思维每前进一步，信息就减少一部分。人的年龄越大，这种效应越明显。由于复杂任务包括更多的信息加工过程，因而更容易受信息损失的影响（Myerson et al.，1990）。

信息加工速度能够预测成人在许多复杂能力测验中的表现。他们的反应时越长，在记忆、推理和问题解决上的得分就越低，这种关系在流体智力项目上表现更明显（Salthouse，2005）。随着成年人逐渐衰老，信息加工速度和其他认知表现的关系越来越强（见图 3.6）。这表明信息加工速度是一种对认知功能下降有广泛影响的核心能力；年龄越大，其影响越广泛、越重要（Li et al.，2004）。

但是，加工速度远非中老年人行为表现的唯一指标，对他们的日常表现来说尤其如此。许多中老年人能相当熟练地完成复杂但熟悉的任务。例如，德温能以极快的速度和灵活性用大提琴演奏莫扎特的四重奏，而且与另外三个比他小 10 岁的演奏者配合默契。他是如何做到的呢？与其他乐手相比，他常常预先浏览乐谱。这种补偿方法
519 使他能提前做好准备，因而在很大程度上降低了速度的重要性。在一项研究中，让 19～72 岁的被试完成各种类型的任务，同时测量其反应时。虽然反应时随年龄增长而延长，但键入速度并没有什么变化。就像德温一样，年龄较大的人能预先浏览要键入的材料，预测接下来要敲的键（Salthouse，1984）。

知识经验也可以补偿加工速度的不足。德温演奏大提琴多年以及他对莫扎特四重奏的熟悉，无疑有助于他轻快而流畅地演奏。因为年长成人能够凭借对任务的熟悉来补偿认知速度的减慢，他们在言语题目（尽快对一组字母是否能构成单词做出判断）上的反应时比在非言语题目（对一种光或者其他信号做出反应）快得多（Hultsch，MacDonald & Dixon，2002；Wingfield & Stine-Morrow，2000）。

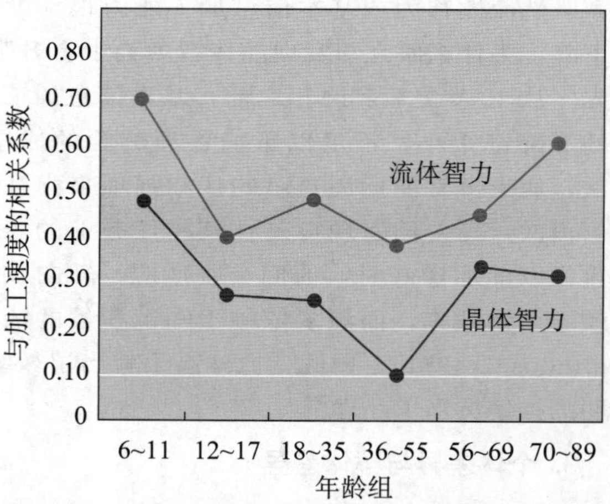

图 3.6　加工速度与晶体智力和流体智力测验成绩的关系随年龄增长的变化

在较年轻和较年长时相关更高。在儿童期，加工速度会促进其他能力的发展，加工速度的发展也与心理测验的成绩有关（见《伯克毕生发展心理学：从 0 岁到青少年》第 9 章）。随着年龄增长，加工速度的下降限制了多项能力的发展，对流体智力的影响大于晶体智力。即使是年龄最大的被试，加工速度与其他能力也只有中度相关。

资料来源：S.-C. Li et al.，2004，"Transformations in the Couplings Among Intellectual Abilities and Constituent Cognitive Processes Across the life Span，" *Psychological Science*，15，p. 160. © Association for Psychological Science. 经授权引用。

2. 注意

有关注意的研究主要考察成人的以下能力：一次可接受的信息量；有选择地注意某些信息而忽略无关信息的程度；按情境要求调整注意，从一种任务转向另一种任务的难易度。多蒂打电话时，特里莎有时一边接电话一边做晚饭，或继续写一份法律摘要。但是随着年龄增长，她同时做两件事越来越难。与特里莎的体会一致，实验室研究结果表明，随着年龄增长，一次完成两种复杂任务越来越困难（Kausler，1991；Madden &

Plude，1993）。注意有关信息，在两种心理操作之间转换的能力也随着年龄增长而下降，比如，有些测验让被试判断一对数字中的其中一个“是奇数还是偶数”，有些则让被试判断“大还是小”（Kray & Lindenberger，2000；Radvansky，Zacks & Hasher，2005）。

注意能力的下降可能是由前述信息加工速度的下降导致的，它限制了一个人每次能注意的信息量（Plude & Hoyer，1985）。加工速度下降也导致了下面这一相关的研究发现：把许多零星的视觉信息整合为一个有意义模式的能力也随年龄而下降。当大脑缓慢地检查这些信息刺激时，信息之间更可能是互不联系的。这反过来也提高了注意的难度（Plude & Doussard-Roosevelt，1989）。

随着成人年龄的增长，*抑制*——抵制无关信息的干扰——变得更困难（Hasher，Zacks & May，1999）。在持续操作测验中，用电脑屏幕向被试呈现一系列刺激，要求被试在特定顺序出现时（例如，字母 K 紧接着字母 A 出现）才能按空格键，从 30 多岁到老年人的成绩稳步下降，年长者的虚报（对错误的字母顺序按空格键）更多。当加入无关噪音时，漏报（出现 K-A 顺序时不按空格键）随年龄增长而增多（Mani，Bedwell & Miller，2005）。
520 在日常生活中，抑制困难导致年长者容易分散注意力，因为被某种想法困扰，或被环境刺激吸引而不能把注意力集中到正在完成的任务上。

飞行员必须同时注意几项任务，在复杂的刺激环境中关注相关信息，经常在心理操作间转换。因为他们每天都要使用这些技能，因此他们的注意随年龄增长下降较少。

成人也能对上述变化进行补偿。在高度关注重要信息并同时执行几种任务方面经验丰富的人，如航空管制员和飞行员，清楚地知道该注意哪些信息（Morrow et al.，1994；Tsang & Shaner，1998）。而且，经常实际运用，也能提高同时执行两种任务、有选择地注意相关信息、在不同心理操作之间进行转换的能力。年龄较大的成人接受上述训练后，他们的成绩会和年轻人得到同样的提高，尽管训练并未弥合不同年龄组之间的差距（Kausler，1994；Kramer，Hahn & Gopher，1998）。

3. 记忆

记忆对各个方面的信息加工都非常重要，这是我们重视中年期和老年期保持良好记忆力的重要原因。从 20 多岁直到 60 多岁，人们的工作记忆所能容纳的信息量逐渐减少。无论让被试学习给定的系列单词或数字，还是学习有意义的散文片段，中老年人的回忆效果都比年轻人差，其中年龄对记忆散文片段的影响小于记忆清单式材料的影响（Hultsch et al.，1998；Salthouse & Skovronek，1992）。

上述变化的主要原因，是人们逐渐减少了记忆策略的使用。年长者的复述效果不如年轻人，这种差异可能是由思维活动速度的逐渐下降导致的（Salthouse & Babcock，1991）。年长者不能像年轻人那样迅速地向自己复述新信息。

随着年龄增长，人们对记忆的组织和精细化策略的使用逐渐减少，使用这些策略的效果也变差（关于这些策略，可参阅《伯克毕生发展心理学：从 0 岁到青少年》第 9 章）。组织和精细化策略都需要把输入的信息与已有信息相联系。年长者使用信息组织和精细化策略效果差的原因是，他们较难从长时记忆中提取有助于回忆的信息。例如，向中老年人呈现一系列单词，其中包括鹦鹉和蓝松鸦，他们不能马上想起“鸟”这个范畴，其实他们清楚地知道二者都属于“鸟”类（Hultsch et al.，1998）。原因何在？可能因为他们较难注意有关信息，忽略无关信息。当无关刺激在工作记忆中占据一定位置时，当前记忆任务所占的比重就减少了（O'Connor & Kaplan，2003；Radvansky，Zacks & Hasher，2005）。

有一点不能忽视，研究者呈现的记忆任务需要用到的策略，很多人都不常用到，可能也缺乏使用的动机，因为其中大多数策略都不常用（见《伯克毕生发展心理学：从 0 岁到青少年》第 9 章）。如果呈现的单词表具有明确的范畴结构关系，年长者对信息的组织和年轻人不相上下（Small et al.，1999）。若能得到信息组织和精细化的指导，中老年人都愿意采用这些经指导而学会的策略，成绩也相应提高。

此外，也可以对任务进行设计，来弥补工作记忆能力随年龄增长的下降。例如，把呈现信息的速度放慢，或者提供在新信息和已有信息之间建立联系的线索（“为了学会这些单词，试着去想‘鸟’这个类别”）（Hay & Jacoby，1999；Kausler，1994）。在一项研究中，给19～68岁的成年人看一段录像，然后马上让他们回忆录像内容（有压力的、像学校教室的环境）。然后，给他们一些与同一录像主题相似的信息，让他们回家去学习，并告诉他们，三天后回来接受测试（自定节奏的情境）（Beier & Ackerman，2005）。结果，他们的记忆成绩只是在压力情境下才随着年龄增长而下降，在自定节奏的情境下则没有。在两种情境下被试原有的与主题相关的知识都能预测较好的回忆成绩，但是在自定节奏情境下，这种预测力更强，因为自定节奏情境使被试有足够的时间去回忆和应用已有信息。

这位女性正在家里按自己的节奏学习一个职业培训项目的知识。与这种有充分时间回忆和应用已有知识的情境相比，年长者在结构化的限定情境下容易低估自己的记忆能力。

这些研究结果表明，年长者在高度结构化的限定情境下，比在自定节奏情境下明显低估了自己的记忆能力。当我们考察日常生活中运用的各种记忆技能时，就会发现，上述记忆能力的下降只出现在一定范围内。如果记忆一般的陈述性知识（如历史事件）、程序性知识（如怎样驾驶汽车，或解一道数学题），以及和所从事职业有关的知识，那么记忆能力要么保持不变，要么到中年期仍在增长（Baltes，Dittmann-Kohli & Dixon，1984）。此外，有些记不住某些信息的中年人，常会运用数十年积累的关于怎样取得最佳成绩的元认知知识。例如：在做一个重要报告前回顾要点，整理笔记和档案，以便迅速找到需要的信息；每天把车停在停车场的相同位置等 521
等。研究表明，年龄增长对元认知的影响很小（Berg，2000；Schwartz & Frazier，2005）。

总之，当人们运用认知能力满足日常生活需要时，记忆随年龄增长而发生的变化会因个体和任务的不同而表现出很大差异。不妨参阅《伯克毕生发展心理学：从0岁到青少年》第9章讲到的斯腾伯格的*成功智力理论*，尤其是他的*实践智力*的观点。该理论认为，智者能运用信息加工技能，同时满足个人愿望和环境的要求。为了理解成年期记忆（以及认知的其他方面）的发展，我们必须把它们放到特定背景中。在讨论问题解决、专长和创造力时，我们会遇到同样的问题。

4. 实际问题解决和专长

一天晚上，当德温和特里莎正坐在芝加哥歌剧院的包间中等待歌剧开幕时，突然传来67岁的阿迪斯·卡拉尼克（Ardis Krainik，该歌剧院的经理和“灵魂”）去世的噩耗。片刻寂静之后，观众开始议论这位使芝加哥歌剧院成为世界一流歌剧院之一的女性。

从一位合唱队员和打字员做起，阿迪斯迅速晋升，成为总经理助理，并因其不知疲倦的工作精神和无与伦比的组织能力享有盛名。在歌剧院负债累累的关头，阿迪斯这位新上任的总经理，只用一年就还清债务，重塑了剧院不断下滑的声誉。她找来的捐款人为剧院做出巨大贡献，她还请来世界一流的歌唱家，使剧院场场爆满。她办公室的墙上挂着她收到的一件礼物，上面写着：“神奇的女人。”（Rhein，1997）

阿迪斯是一个极端的例子，但是所有的中年人在解决实际问题方面都有机会展现他们持续的认知发展，**实际问题解决**（practical problem solving）需要人们对现实情境做出评价，并分析怎样最好地实现高度不确定的目标。掌握专长，这一用来获得高水平成就的高度组织化、整合性的知识基础，可以帮助我们理解，为什么实际问题解决能取得一个飞跃。

专长在成年早期一直在发展，到中年达到高峰，使中年人能够凭借抽象原理和直觉判断进行筹划，从而高效地解决问题。凭着丰富经验，专家能直觉地判断出，一种问题解决方法何时有效，何时无效。这种快速、内隐的知识应用能力，是多年学习和积累经验的结果（Ackerman，2000；Wagner，2000）。这种能力不能借助用不到这些知识的实验室任务或心理测验来评价。

专长并不是受过高等教育者和高级管理者所特有的。在一项对餐饮业职工进行的研究中，心理学者从身体技能（体力和灵活性）、技术知识（菜谱、订菜和上菜知识）、组织技能（确定轻重缓急，预测顾客的需要）与社交技能（自信、快乐而优雅的行为方式）等方面考察了专业技能的各个方面。然后对年龄 20～60 岁、工龄 2～10 年的厨师进行评价。结果表明，虽然体力和灵活性随年龄增长而下降，但工作知识和实践能力却随年龄增长而增加（Perlmutter，Kaplan & Nyquist，1990）。与工作经验相似的年轻人相比，中年雇员的表现更好，能非常熟练和专注地为顾客服务。

在解决日常问题中，随年龄增长而出现的优势也很明显（Denney，1990；Denney & Pearce，1989）。来看下面的难题：

> 如果你想让房东修缮一下你租住的房子，但是房东嫌花费太大而拒绝了，你该怎么办？
>
> （a）自己修缮。
>
> （b）理解房东的想法，考虑房子是否非修不可。
>
> （c）请人调解你和房东之间的矛盾。
>
> （d）接受现实，不在意这件事。（Cornelius & Caspi，1987，p. 146）

在这样的任务中，中老年人比年轻人选择了更好的策略（根据中立的评判者做出的评价）。

拿这个例子来说，较好的选择是（b），因为这种问题中心的解决策略包括了寻求信息、运用信息指导行动的过程。中年人更重视对实际问题进行思考，他们试着更好地理解问题，从不同角度看问题，通过逻辑分析解决问题。也许因为这个原因，中老年人做出的决策更理性，不像年轻人那样，喜欢做出看上去不错，但三思之后并非最佳的选择（Kim & Hasher，2005）。

5. 创造性

第 1 章讲过，创造力在 30 多岁晚期或 40 多岁早期达到顶峰，然后下降，但是不同的人、不同的学科，创造力的变化很大。有些人在生命的后几十年仍做出高创造性的工作：玛莎·格雷厄姆（Martha Graham）在她 60 多岁的时候创作了著名的大型舞剧《克吕泰涅斯特拉》（*Clytemnestra*）①。伊戈尔·斯特拉文斯基（Igor Stravinsky）在 84 岁时创作出他最后的音乐作品。查尔斯·达尔文（Charles Darwin）在 50 岁时完成《物种起源》，并且在他60～70 岁时仍然写出了具有开创性的著作和论文（Tahir & Gruber，2003）。和问题解决一样，创造力的品质随年龄增长发生着以下三种变化。

到中年期，创造变得更加深邃、整合和具有利他性。欧仁·利昂（Oren Lyons），纽约州奥依达加印第安图尔特氏族的精神领袖，正在对他著名画作《和平之树》做最后的润饰，从中可以捕捉到创造性的这些特征。

第一，青年在文学艺术上的创作常常是自发 522
而带有强烈情感的，而 40 岁之后的创作则往往更具思想性（Lubart & Sternberg，1998）。正因为如此，诗人比小说和散文作者在较年轻时更能创作出引用频率最高的作品（Cohen-Shalev，1986）。诗歌更依赖于语言组织和热烈的情感表达，故事和长篇小说则需要周密的计划和构思。

① 克吕泰涅斯特拉是希腊神话中迈锡尼王阿伽门农的妻子，她与情人埃吉斯托斯同谋，杀死了从特洛伊战争中归来的阿伽门农，后被自己的儿子俄瑞斯忒斯杀死。——译者注

第二，随着年龄增长，许多创造者从创作不同寻常的产品转而把知识和经验融入独特的思维方式（Abra，1989；Sasser-Coen，1993）。中老年人的创造性活动更多地总结或整合信息。成熟的学者不再投入那么大的精力去发现新东西，他们喜欢撰写论文集、本学科的历史以及其他反思性著作。在老年创造者的小说、学术论著、绘画和音乐作品中，常常会表现老年生活和面对死亡这样的主题（Beckerman，1990；Sternberg & Lubart，2001）。

第三，中年人的创造性往往反映出从自我中心的表达向利他主义目标的转变（Tahir & Gruber，2003）。由于中年人摆脱了青年人常有的生命永恒的幻觉，为人类做出贡献和丰富别人生活的愿望就更为强烈。

总之，这些变化可能是人生最后几十年的创造果实总体下降的原因。但是，在中老年人的现实生活中，创造性还会以新形式得以表现。

6. 环境中的信息加工

中年人在认知上的进步更多地表现为经验的增多，以及从知识向技能的转换。如前述，加工速度随着情境的不同而不同。当面对与其专长有关的、挑战性的现实问题时，中年人会在解决问题的效率和思维品质上独占鳌头。此外，在与中老年人现实生活有关的行为、智力、认知活动任务和测验题目上，他们的反应与年轻人一样快捷和胜任。

进入中年，人们的过去经验和当前经验变化巨大，这种变化超过了过去几十年，由于行业分支越来越细，思维的专业化程度增强了。为了展现认知潜能，中年人必须有持续发展的机会。让我们来看看职业环境和教育环境对中年期认知发展有怎样的帮助。

思考题

复习 说说关于成年期晶体智力和流体智力变化的研究结果。是什么原因导致了不同的变化趋势？

复习 中年期认知加工速度减慢对注意和记忆有何影响？中老年人可以做怎样的补偿？

应用 说起年长的销售人员，一位部门销售经理说："他们是我最好的员工！"随着年龄增长信息加工速度会下降，为什么这位经理还特别赞赏年长员工？

联结 德温哪些认知能力下降，哪些认知能力上升？德温思维的变化是如何反映毕生发展观假设的？

三、职业生活与认知发展

职业环境对于维持已经掌握的技能和学习新技能是非常重要的条件。但是，工作环境在激励认知发展和促进自主性的程度上有所不同。有关
523 老年人问题解决和决策技能的不正确的、消极的成见，会导致人们不让他们做那些具挑战性的任务。

第1章讲过，认知特点和人格特征会影响职业选择。例如，德温选择了在大学做教学和管理工作，因为他喜欢阅读和写作，产生新想法，并且帮助别人学习。当一个人沉浸于某种工作时，这种职业就会影响他的认知。对从事不同职业的600多名美国男性进行的一项研究中，询问了他们工作的复杂性和对工作的自我定位。在访谈中，他们还根据被试的逻辑推理、能否看到问题的两面性、做决策的独立性，评价了他们的认知灵活性。10年后，对上述工作和认知变量进行了重测，以查明二者的相互影响。不出所料，认知灵活的男性从事的是具挑战性和自主性的工作。但是职业和认知之间的关系是相互的：复杂的工作也能导致认知灵活性的增强（Kohn & Schooler，1978）。

在日本和波兰这两个与美国差异很大的文化中所做的大样本调查也发现了相同的结果（Kohn et al.，1990；Kohn & Slomczynski，1990）。在这两个国家中，拥有一份激励性的、非程序性的工作可以解释社会经济地位与灵活性、抽象思维之间的关系。而且，工作中的学习可以推广到生活的其他方面。从事脑力劳动的人参与刺激性的休闲活动也有助于培养认知灵活性（Kohn et al.，2000）。并且，思维灵活的人重视对自己和子女进行自我指导，他们可能会把自己的认知偏好传给下一代。

对事业发展尚处于初级阶段的年轻人来说，挑战性工作对认知发展的作用如何？研究表明，挑战性工作对 50～60 岁的人与 20～30 岁人的认知促进大体相当。对生活在不同时代、生活经验差异很大的人来说也是如此（Avolio & Sosik，1999；Miller，Slomczynski & Kohn，1985）。这再次让我们想起了发展的可塑性。直到成年中期，乃至中年以后，认知灵活性都可以很好地解释职业经验。这等于说，应该设置更多的工作，增强智力性的刺激和挑战，这些因素与后来较高的认知功能有密切联系。

四、成年学习者：在中年做学生

有很多成人在大学本科和研究生院学习。在过去 1/4 个世纪中，北美的大学中，25 岁以上的学生占所有注册学生的比例从 28%增加到了 40%，而 35 岁以上的学生增加更快（Statistics Canada，2001a；U. S. Department of Education，2005b）。他们重返校园的原因多种多样：为调换职业，增加收入，自我提高，获得个人成就感，或只是为了获得学位。在一个非洲裔美国女性样本中，这种学习还有另外的动机：给孩子树立榜样，给整个的本族裔群体增添色彩（Coker，2003）。生活中的变化也会让人们重返校园，接受正规教育，德温和特里莎的朋友安雅就是这样。安雅在她最小的孩子离家之后，参加了一项护理课程。离婚，寡居，失业或最小的孩子上了学以及其他转变，都可能导致成人重返校园（Donaldson & Graham，1999）。

1. 重返校园学生的特点

大约 60%的成年学生是女性。就像安雅担心学不好大学课程一样（见 80 页），重返校园第一年的女性报告说，自己比重返校园的男性或 25 岁以下的青年学生更自觉，更感觉自己的知识不足，更不敢在班上发言（Wilke & Thompson，1993）。她们的焦虑在一定程度上是由于已经多年没有学习，也由于人们对年长者和女性的消极成见，即年轻学生更聪明，男性更有逻辑性，因此学习能力更强。对于少数族裔的学生，种族成见和歧视也有影响。一位非洲裔成人研究生说："如果我向经济学老师问一个他认为我应该知道答案的问题，他会让我感到我很蠢。所以，后来我就不问问题了。我到别处，到课堂外面找人辅导。"（Coker，2003，p. 668）

在校外承担的角色，来自配偶、孩子、其他家人、朋友、雇主等的需求常常使重返校园的女性陷入几种角色的矛盾中。那些自我报告说承受着很大心理压力的女性，一般是为了找工作而不是为了提高自我而上学，她们有年幼的孩子，经济条件较差，丈夫也不支持她们（Novak & Thacker，1991；Padula & Miller，1999）。一天，一位同学向安雅诉苦："我把书翻开，一边读书，一边做饭，一边与孩子谈话。可是这样仍然无济于事，孩子们感到我忽视了他们。" 524

如果支持体系适当，大多数中年返回校园的女性都能有很大的个人收获，搞好学业。成功协调好教育、家庭和工作要求之间的关系，会带来自我效能感的提高和家人、朋友、同事的赞许。

由于成年女性要在相同时间内满足来自多方面的要求，所以和成年男性相比，她们在学校获得的学分较少，学习经常中断，进步也较慢。角色超载是她们完不成学业最普遍的原因(Jacobs & King，2002)。但是，她们中很多人表示，有强烈的动机去战胜这些困难，她们还提到学习带来的兴奋，学业成功带来的自我完善感，希望大学教育会改进她们的工作和家庭生活(Chao & Good，2004)。

2. 支持重返校园的学生

上述研究结果表明，对重返校园者的社会支持，将决定他们是继续学习还是退学。成年学生需要家人和朋友对他们的努力给予鼓励，帮他们抽时间不间断地学习。安雅的同学说："当我丈夫主动地说'我来做饭、洗衣服，你看你的书，做自己的事情吧'时，我不再怀疑自己了。"学校校务工作对重返校园学生的照顾也很重要。例如，成人学生与院系建立良好关系，可帮助他们互相了解的同伴网络，在晚上和周六开课，开设网上课程，对业余时间学习的学生（其中许多是重返校园的成年人）提供经济资助，都有助于他们的学业成功。

成人学生很少有人在确定职业目标方面上寻求帮助，但是在选择恰当的课程、探索与他们的能力相关的职业方面，他们却非常希望得到帮助(Luzzo，1999)。学习指导和针对他们需求的专业实习也很重要。低收入学生常常需要特别的帮助，比如课程指导，帮他们树立信心，对少数族裔，则须帮他们适应与其文化背景不同的学习方式。

下面的"学以致用"表归纳了帮助成人重返校园的方法。如果有一个良好的支持体系，多数重返校园的学生都能有所斩获，搞好学业，协调好上学、顾家和上班之间的关系，增强自我效能感，得到家人、朋友、同事的赞许(Chao & Good，2004)。成人学生尤其重视建立新的人际关系，分享观点和经验，将所学的课程与自己的生活相联系。他们整合知识能力的提高，使他们对课堂学习经验和作业的评价更积极。大学班级中有这些学生还有一个好处，525
不同代的人之间能进行相互交流。当年轻学生看到年长同学的能力和才华时，他们对年长者的消极成见就会减弱。

学以致用　　帮助成人重返校园

支持源	描述
配偶和孩子	重视和鼓励继续上学的努力。 帮着做家务，使他们不间断学业。
大家庭和朋友	重视和鼓励继续上学的努力。
教育机构	提供指导方案和材料，告知成年学生有关的校规和社会支持信息。 针对学生学习上的弱点、对取得学业成功的疑虑、课程与职业目标相匹配等问题提供咨询和干预。 通过定期见面或电话联系促进同学间的交往。 建立个人与院系之间的良好关系。 鼓励在课堂上主动参与和讨论，将课程内容与现实生活相结合。 开设晚上、周六和不在校的课程和网上课程。 为业余学习的学生提供经济资助。 开展招收重返校园学生的活动，尤其是来自低收入家庭和少数族裔的学生。 帮助有孩子的学生找到托幼机构，提供校园托儿服务。
工作单位	重视和鼓励继续上学的努力。 提供灵活的上班时间，使成人学生有可能协调好上班、学习和家庭责任。

和年轻时一样，中年期受教育也会使个人发展发生变革。安雅拿到学位之后成了一名教区护士，从而能给参加大型宗教集会的人们提供健康咨询。教育给她的生活提供了新选择和经济收入，当她重新评价自己的能力时，自尊感也提高了(Redding & Dowling，1992)。有时，这些价值观的修正和自信心的增强能够引发其他变化，例如离婚或结交新的亲密伴侣(Esterberg，Moen & Dempster-McClain，1994)。由此看来，重返校园能够有力地重塑生命轨迹。

思考题

复习　根据职业和教育经历对中年期认知发展的影响，评价“老狗难学新把戏”这句话。

应用　玛塞勒 20 多岁时读过一年制大学。现在 42 岁了，她又重返学校攻读学位。请给玛塞勒的第一学期制订一个帮助她学业成功的计划。

联结　大多数的政府公务员和企业高层职位掌握在中老年人手中，而不是掌握在年轻人手中。是什么认知能力使成熟的成年人能够把这些工作做好？

反思　采访一下你班里的一位年轻大学生，问问他年长者攻读学位面临的挑战和机遇。你们学院为支持重返校园的学生提供了哪些服务？

本章要点

第一部分　生理发展

一、身体变化

描述了成年中期的身体变化，重点介绍了视力、听力、皮肤、肌肉—脂肪组织和骨骼。

■ 身体变化始于成年早期，到了中年期仍在继续，这些身体变化对身体自我形象改变的影响，不是希望获得什么，而是害怕衰退。

■ 视力受**远视眼**或者晶状体聚焦能力下降的影响，在昏暗灯光下的视力下降，对强光的敏感性增强，辨色力下降。40 岁以后，成人患**青光眼**的概率上升，眼压的累积损伤了视神经。

■ 听力下降，或者**老年性耳聋**，首先影响的是对高频音的察觉，然后扩展到其他频率。男性老年性耳聋出现较早，发展较快，这在一定程度上与吸烟和一些男性从事职业的噪音环境有关。

■ 皮肤出现褶皱、松弛，出现老年斑，尤其会发生在女性和经常暴晒的人身上。肌肉减少，脂肪堆积，男人和女人的脂肪分布有不同的发展模式。低脂低糖饮食，经常锻炼，尤其是阻力训练可以减轻体重，减缓肌肉减少。

■ 两性的骨密度都在下降，但是女性下降较快，绝经后更甚。骨密度下降导致身高和骨架缩减。

描述了女性在成年中期生殖能力的变化，讨论了女性对绝经的心理应对。

■ 雌激素分泌下降导致**绝经**，女性出现**更年期**，一般持续 10 年以上，有时伴有情绪和生理症状。医生可能采用**激素疗法**来降低绝经带来的不适，使女性少受雌激素减少的影响。但激素疗法仍有争议，它可能增大患某些癌症和心血管病的风险，并导致认知能力下降。

■ 绝经是一种生物文化事件，受到激素变化、社会观念和实践的共同影响。绝经引起的生理症状和心理反应不一而足。女性把绝经看作一种创伤还是个人解脱，取决于她们怎样结合过去和未来的生活对其做出解释。

描述了男性在成年中期生殖力的变化。

■ 男性也有更年期，但是不存在绝经：男性生殖力下降但仍然存在。偶尔的阳痿在中年期更
常见。用来治疗阳痿的伟哥和其他药物通常是安 526
全的，但是也有一些人在服用之后视力严重下降，这可能与服药有关。

二、健康与健身

讨论了成年中期性生活及其与心理健康之间的关系。

■ 中年已婚夫妻性生活频率下降得很少，这种下降与婚姻幸福感有关。由于更年期的身体变化，性反应的强度下降较多。

■ 多数 50 岁以上的已婚者都有办法战胜性功能障碍。与男性相比，更多的女性没有性伴侣，这种趋势一直持续到老年期。

讨论了癌症、心血管病和骨质疏松，阐释了

危险因素和干预措施。

■ 从成年早期到成年中期，癌症死亡率增加了 10 倍。癌症是中年女性的首要杀手。遗传、衰老和环境的复杂交互作用导致了癌症。现在，40%的癌症病人能够康复。年度体检和各种预防措施（如戒烟）能够降低癌症发病率和死亡率。

■ 近几十年来心血管病的发病率下降，但它仍是中年人，尤其是男性死亡的重要原因。其症状包括高血压、高血脂、动脉硬化、心脏病、心律失常和心绞痛。饮食、锻炼、药物治疗和减压可以降低患病风险并有助于治疗。需要特别注意对女性心血管病的准确诊断。

■ **骨质疏松症**患者在绝经女性中占 7%，另有 40%的女性的骨密度低，须引起重视。承重锻炼、钙和维生素 D、激素疗法及其他增强骨质的疗法有助于防止和治疗骨质疏松。

讨论了敌意和愤怒与心脏病和其他健康问题的关系。

■ 敌意是 A **型行为模式**的成分，可以预测心脏病和其他健康问题，原因是生理唤醒与愤怒有关。压抑情绪也与健康问题有关，较好的办法是找到控制压力和冲突的有效办法。

三、适应中年期的生理挑战

讨论了压力处置、锻炼以及乐观在有效应对中年期生理挑战中的益处。

■ 中年期的变化和责任会导致心理压力和心血管、免疫系统以及肠胃系统的不良反应。有效的压力处置包括：根据情境运用以问题为中心和以情绪为中心的应对策略；缓解愤怒的建设性方法；社会支持。中年期的人们往往能更有效地应对压力，对压力的应对能使人长期受益。

■ 经常锻炼有益于身心健康，让久坐的中年人参加锻炼很有必要。提高自我效能感，选择适合自己特点的锻炼方式（肥胖者可在家锻炼，压力大的人可参加集体锻炼）会增加刚开始锻炼的人的坚持性。

■ **毅力**由三种个人特征组成：控制、责任与挑战性。通过引导对生活的乐观态度，毅力有助于人们适应性地应对压力。

阐述了衰老的双重标准。

■ 关于衰老的消极成见对年长成人有不良影响，但是人们认为衰老对中年女性更不利，且男性更多地持有这种观点。这种双重标准，在历史演变过程中已具有适应性，但是在限制生育、女性更多地参加工作和休闲活动的时代已经与事实不符。新的调查发现衰老的双重标准正在下降。

第二部分　认知发展

一、心理能力的变化

描述了沙伊的西雅图追踪研究所揭示的智力的年龄群效应。

■ 早期横断研究表明，35 岁左右智力测验成绩达到顶峰，然后急剧下降。但是追踪研究表明，从成年早期到成年中期，智力随着年龄增长是上升的。沙伊采用系列设计发现，横断研究发现的智力急剧下降是年龄群效应导致的，因为新一代人的健康和教育条件好于前一代人。

阐述了中年期晶体智力和流体智力的变化，讨论了智力的个体与群体差异。

■ 在控制了年龄群效应的横断研究中，中年期的**晶体智力**（凭借知识经验的积累）稳步发展。而**流体智力**（凭借基本信息加工技能）在 20 多岁即开始下降。

■ 在西雅图追踪研究中，知觉速度稳步而持续下降。但是，除了晶体智力呈现上升以外，其他的流体技能在中年期也在上升，这证实了中年期是多项复杂能力达到顶峰时期。

■ 中年人巨大的个体差异提示，智力发展是多维度、多方向和可塑的。由于疾病或不利的环境，有人较早地表现出智力下降。而较多使用心理能力者能更好地维持心理能力。富于刺激性的职业、追求娱乐、灵活的人格特质、持久的婚姻、良好的健康状况和经济条件都有利于认知发展。

■ 在成年早期和中期，女性在言语任务和知觉速度上优于男性，男性在空间技能上占优。在某些智力上的代际发展，反映了教育、技术、环境的刺激性与医疗卫生等条件的改善。

二、信息加工

信息加工在中年期是如何变化的？

■ 随着年龄增长，认知加工速度减慢，这种变化可用**神经网络观**或者**信息遗失观**来解释。随着反应时延长，人们在记忆、推理、问题解决，尤其是流体智力项目上的表现欠佳。

527 ■ 信息加工速度减慢使中年人分配注意、关注相关刺激、根据情境需要进行任务转换变得更困难。认知抑制也变困难，导致容易分心。中年期的成人工作记忆的信息减少，主要是由于记忆策略的使用减少。

■ 培训、锻炼、改善任务的设计以及元认知策略可以弥补成年中晚期的信息加工速度、注意和记忆的下降。年长成人在限制性情境下比在自定节奏情境下更容易低估自己的记忆能力。

讨论了中年期实际问题解决、专长和创造性的发展。

■ 各行各业的中年人都擅长**实际问题解决**，主要是因为专长的形成。中年期的创造性变得更深邃，从创造不同寻常的产品转向整合想法，从关注自我表达转向更富利他性的目标。

三、职业生活与认知发展

描述了职业生活与认知发展的关系。

■ 在各年龄阶段和不同文化的人群中，职业生活和认知发展的关系是双向的。富于刺激性的、复杂的工作与灵活、抽象和独立的思维方式互为因果。

四、成年学习者：在中年做学生

讨论了成人重返校园面临的挑战、支持重返校园学生的方式，以及在中年攻读学位的好处。

■ 成人以创纪录的数量重返大学和研究生院。其中多数为女性，她们重返校园往往是受生活变迁的激发。重返校园的学生必须适应学业上、对衰老的社会成见和多重角色的需求。低收入学生和少数族裔学生的学业需要特殊帮助。

■ 来自家人、朋友的社会支持，以及适应她们需要的校务制度，能够帮助重返校园学生的学业成功。接受高等教育能够增强能力，带来新的人际关系，有利代际交流并重塑生命轨迹。

重要术语和概念

climacteric（p. 502）更年期
crystallized intelligence（p. 516）晶体智力
fluid intelligence（p. 516）流体智力
glaucoma（p. 501）青光眼
hardiness（p. 514）毅力
hormone therapy（p. 504）激素疗法
information-loss view（p. 518）信息遗失观
menopause（p. 502）绝经
neural network view（p. 518）神经网络观
osteoporosis（p. 511）骨质疏松症
practical problem solving（p. 521）实际问题解决
presbycusis（p. 501）老年性耳聋
presbyopia（p. 500）远视眼
Type A behavior pattern（p. 512）A 型行为模式

中年是繁衍感增强的时期，所谓繁衍，就是生育和指导下一代。这位祖母投入而满足的表情说明繁衍活动给中年人深深的满足感。

第4章

中年期的情绪与社会性发展

一、埃里克森的理论：繁衍对停滞

专栏　毕生发展观　有繁衍感的成人谈自己的生活经历

二、中年期心理发展的其他理论

1. 莱文森的人生四季理论
2. 魏兰特的生活适应理论
3. 中年危机存在吗？
4. 阶段论对生活事件论

三、自我概念和人格的稳定性与变化性

1. 可能的自我
2. 自我接纳、自主性与环境掌控

专栏　生物因素与环境　哪些因素可以促进中年期的心理健康？

3. 应对策略
4. 性别同一性
5. 人格特质的个体差异

四、中年期的人际关系

1. 结婚与离婚
2. 亲子关系的变化
3. 做祖辈

专栏　社会问题　祖辈抚养孙辈的隔代家庭

4. 中年人与年迈父母
5. 兄弟姐妹
6. 朋友
7. 代际关系

五、职业生活

1. 工作满意度
2. 职业发展
3. 中年期的职业变化
4. 失业
5. 退休计划

529 周末，德温、特里莎和他们 24 岁的儿子马克在一起度假时，这对中年父母来敲马克的宾馆房门。“你爸爸和我要出去看手工艺展览，”特里莎说道，“你就待在这儿吧。”她一边说着，一边想起青少年时马克讨厌参加这样的活动。“我们大概中午回来吃午饭。”

“展览听起来很不错！”马克回答，“我们已经没多少时间在一起了，咱们待会儿在宾馆大厅见。”

“有时我忘记他是个大人了！”特里莎和德温回房间拿外套时，特里莎叫道，“这几天和马克一起过得太开心了，就像是和好朋友度假似的。”

在特里莎和德温 40～50 岁时，他们在早期积蓄的基础上，为了给后代留下遗产投入更大的努力。随着马克大学毕业、有了第一份工作、恋爱和结婚，他们感到骄傲，因为下一代人中的一员在他们的呵护下成了一个有责任心的成年人。在马克上中学和大学那些年，家庭活动减少了，现在，这种活动又多起来，因为特里莎、德温和儿子儿媳的关系不但是亲属，而且还像朋友。努力工作，用更多的时间参加社区活动，休闲度假，追求闲暇，这些事情使他们的生活丰富多彩，充满欢乐。

特里莎和德温的两个朋友的中年生活就没有这样平顺。杰维尔害怕自己孤独地老去，她近乎疯狂地想找到一个亲密伴侣。她参加单身者活动，在婚介中心登记，为了找到一个同病相怜的人而到处旅行。她在给特里莎的信里哀叹道：“一想到 50 岁我就无法忍受。我看上去像一个旧口袋，眼睛下面有大眼袋。”杰维尔也有补偿性的满意之处，例如变得越来越重要的友谊关系、与侄子侄女的亲密关系、做得不错的商业咨询工作等等。

蒂姆，德温研究生时的好朋友，已经离婚 15 530
年了。近来，他认识了艾列娜并对她一往情深。但是艾列娜正面临着生活中的重大变化：离婚，女儿麻烦重重，调换工作，为了忘记伤心的往事而搬离原来的城市。而蒂姆正处在事业的巅峰，一心要享受生活呢。艾列娜想要重新得到已经失去 20 年的东西：不仅是令人愉悦的亲密感情，还有重新认识自己潜力的机会。蒂姆在电话里困惑地对特里莎说：“我不知道从哪里入手来配合艾列娜的计划。”

随着中年期的来临，生命的一半或一多半已经过去。成年人越来越意识到，未来时日已然不多，这令他们重新评价生活的意义，关心子孙后代。大多数中年人能够在个人前途、目标和日常生活等各方面做出适当的调节。也有少数人经历了深深的内心动荡，开始面临重大变迁，他们往往想尽力弥补失去的光阴。除了年纪已大之外，家庭和职业变迁也对情绪和社会性发展影响巨大。

一、埃里克森的理论：繁衍对停滞

埃里克森把中年期的心理冲突称为**繁衍对停滞**（generativity versus stagnation）。繁衍是以帮助和培养下一代的方式形成的与他人的联系。第 2 章曾讲过，繁衍从成年早期就已开始，当时的表现形式是生育并抚养孩子，并且在职场上为自己建立一个小生态环境。在中年期，繁衍得到很大的扩展，人的奉献精神超越了个人（同一性）和自己的生活伴侣，转向更大的群体，如家庭、社区和社会。有繁衍感的成年人把自我表现的需要和与人交流的需要结合起来，把个人目标和全社会人们的幸福整合起来（McAdams & Logan, 2004）。其结果是，中年人以各种各样的方式关心他人的能力比前几个阶段增强了。

埃里克森（Erikson，1950）使用繁衍这个术语来概括自我之外、保证社会持续和发展的一切创造物：孩子、思想、产品和艺术作品等等。虽然做父母是实现繁衍的主要手段，但并不是唯一手段，成人还能以其他方式获得繁衍感：例如通过其他的家庭关系（如杰维尔和她的侄子侄女的关系），在工作单位做引路人，做志愿者，以及进行其他各种生产与创造等等。

上述一切都显示，繁衍既是个人愿望，又是文化的要求。从个人角度，中年人感受到一种被需要的需求；他们想得到一种象征性的不朽——

自己所做的贡献能够在死后长存（Kotre，1984，1999；McAdams，Hart & Maruna，1998）。这种愿望可能深深地植根于想要保护并促进下一代成长的进化的动机。从文化角度，社会向中年人敲响了繁衍的社会钟，提醒他们担当好父母、教师、引路人、领导者和协调者角色，担负起教育下一代的责任（McAdams & Logan，2004）。按照埃里克森的说法，文化的“物种信念”——即使人类面临灾难与贫穷，生活也是美好的、值得为之奋斗的——是推动繁衍活动的主要动力。没有这种乐观的世界观，人们就不会期盼着人性的升华。

这一阶段的消极结果是停滞。埃里克森认为，一旦成人实现了特定的人生目标，如结婚生子、工作顺利，就会变得自我中心和自我放纵。有停滞感的人不能为他人的幸福做贡献，因为他们把个人的舒适和安逸置于为别人去克服困难、做出牺牲之上（Harmachek，1990）。他们的自我关注有多种表现形式——缺乏对年轻人的兴趣（包括自己的孩子），重索取而轻付出，对创造性的工作、展现个人潜力或以其他方式改进周围环境感到索然无味。

研究者以各种不同方法对繁衍进行考察。一些研究者评价人格特质，如果断性、照顾性与责任感。有研究者请人评价自己的繁衍特征，并说出自己的繁衍活动。还有研究者从人们对自己的口头描述中寻找繁衍主题（Keyes & Ryff，1998a；McAdams et al.，1997；Ryff & Migdal，1984）。无论采用哪种方法，都发现中年期的繁衍感增强了（Keyes & Ryff，1998a；Rossi，2001）。例如，对受过大学教育的女性的追踪和横断研究，以及对来自各种社会经济地位的中年人的研究中，自我评定的繁衍感从30多岁到40～50多岁都增强了（见图4.1）。同时，被调查者还表达了对衰老的更强烈关切，同一性的安全感增强，以及能力感增强（Miner-Rubino，Winter & Stewart，2004；Stewart，Ostrove & Helson，2001；Zucker，Ostrove & Stewart，2002）。就像本节的“毕生发展观”专栏中所说的，繁衍感是不同文化的中年人生活历程中的一个共同话题。

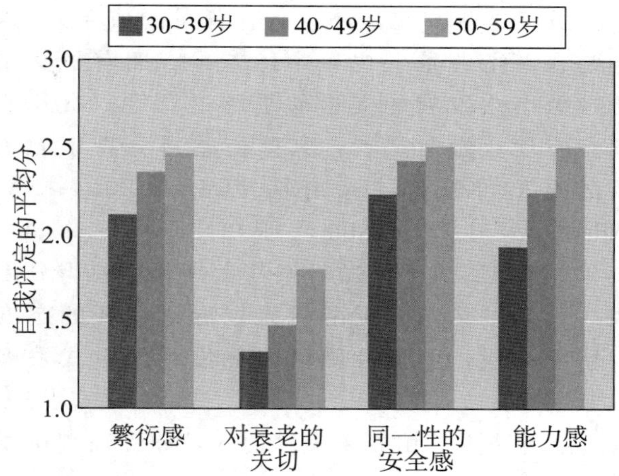

图4.1 自我评定的繁衍感、对衰老的关切、同一性的安全感和能力感随年龄的变化

对受过高等教育的女性的一项追踪研究中，自我评定的繁衍感从30多岁到50多岁呈上升趋势，对衰老的关切也上升。繁衍感的上升伴随着其他心理健康指标的上升，包括同一性的安全感和能力感。

资料来源：Stewart，Ostrove & Helson，2001.

埃里克森的理论认为，高繁衍感的人表现出良好的心理调节：焦虑和抑郁程度低，自我接纳和生活满意度较高，更可能拥有幸福的婚姻和亲密朋友

532 （Ackerman，Zuroff & Moskowitz，2000；Grossbaum & Bates，2002；Westermeyer，2004）。他们也能听取不同意见，具有领导者的品质，希望从工作中有所收获而不看重物质奖励，他们很关心子女、伴侣、自己的老年父母和各种社会问题（Peterson，2002；Perterson，Smirles & Wentworth，1997）。此外，繁衍感还和更有效的儿童养育相关，包括对诚信更看重，亲子沟通更开放，向子女传递价值观，以及权威型的教养方式（Hart et al.，2001；Pratt et al.，2001）。拥有繁衍感的中年人会更多地参与政治活动，如投票，参加竞选，与政府官员接触（Cole & Stewart，1996）。

这位参加政府官员竞选的中年女性表现出她的繁衍价值观和行为，她把个人目标与社会大众的幸福整合起来。

虽然这些发现是针对所有背景的成年人的，但是在繁衍背景上也有个体差异。拥有子女对男性繁衍感发展的促进似乎胜过女性。有几项研究发现，做父亲者，其繁衍感得分高于无子女的男人（Marks，Bumpass & Jun，2004；McAdams & de St. Aubin，1992；Snarey et al.，1987）。相形之下，做母亲与女性繁衍感得分无关。可能做父亲会提醒男人以温柔关怀的态度对待下一代，而女性则可以凭借其他方式发展其繁衍感。

还有一点，相较于美国白人，非洲裔美国人更多地投入一些繁衍活动。他们较多地参加宗教社团和活动，给予更多的社会支持，也更可能把自己当作子女的榜样和智慧泉源（Hart et al.，2001）。从教会和大家庭获得很大帮助的生活经历会加强这种繁衍价值观与繁衍行为。在美国白人样本中，笃信宗教和具有宗教精神与参与更多的繁衍活动相关（Dillon & Wink，2004；Wink & Dillon，2003）。尤其是在高度个体主义的社会，归属于某个宗教社团或信仰一个高尚的神灵，可能有助于保持繁衍精神。

专栏　**毕生发展观**

有繁衍感的成人谈自己的生活经历

为了查明成人的繁衍感有多强就能使他们的生活更有意义，丹・麦克亚当斯等（Dan McAdams，1997，2001）对两组中年人进行了访谈，一组是经常做出繁衍行为的人，另一组是不经常做的人。访谈中向被访谈者提出了有关他们生活经历的问题，例如，从儿童期、青少年期到成年期，生活的高峰、低谷和转折点分别在什么时候。对访谈材料的分析显示出，成人生活的高峰和低谷以完全不同的方式修正他们的过去，预期他们的未来。

具有高繁衍感的成人的口述中常常包含一些次序分明的事件，研究者称之为**奉献经历**，成人把给予作为回报家庭、社区和社会的手段（McAdams，1993）。讲述繁衍经历的人一般会说起早期受到的好影响（如善良的家庭或一个有才干的人），还会说到早期对别人遭遇困难的同情。这种为别人祈福和别人遭受苦难之间的矛盾，激发人们把自己看作“被召唤者”或奉献者，为别人做善事。在这些奉献经历中，**救赎主题**尤显突出。高繁衍感的成人谈到很多负面生活事件，例如遭遇挫折、失败、损失或他人死亡，但是接着是好的结局：人重新焕发活力，获得进步，受到启迪。也就是说，坏事情得到救赎，然后变得好起来。

来看一位 49 岁的四年级教师戴安娜的经历。她出生于一个小镇的牧师之家，戴安娜从小就受到教区信众们的宠爱，他们非常关心她、喜欢她。但是在她 8 岁那年，她生活的低谷出现了：她目睹了一场惨剧，年幼的弟弟跑到大街上，被一辆汽车撞倒，第二天就死了。戴安娜感受到父亲的极度痛苦，想变成他失去的“儿子”，这当然做不到。但是这一幕以一个欢乐的音符结尾，因为戴安娜嫁给了一个男人，这个男人跟戴安娜的父亲结成了亲密关系，人们都说“就像他自己的儿子一样”。戴安娜的生活目标之一就是做一个教师，因为“我喜欢给别人回报……让自己成长也帮助别人成长”（McAdams et al.，1997，p. 689）。她的谈话充分表达出带有繁衍感的奉献精神。

高繁衍感的成人说出的经历往往是悲剧变喜剧，而低繁衍感的成人会说出一些带有**污染主题**的经历，这种经历往往以喜剧开场，以悲剧收场。例如：一个孩子得到一件珍贵的乐器，但是很快就被偷了；上大学第一年还不错，后来一位教授给打了个不公平的分数，一切就变得糟糕起来；一位年轻妇女减了体重，看上去挺好，但是却无法改变她的低自尊。

高繁衍感的成人述说自己的生活经历时，常常说出一些救赎主题，消极生活事件之后是完满的结局。也许救赎体验使这位纳瓦霍印第安男人在教本族裔年轻人怎样穿戴节日服装时表现得如此耐心和快乐。

为什么繁衍感与生活经历中的救赎事件相联系，其中的坏事变成了好事呢？首先，有些成人可能把繁衍活动看作生活中的消极面的救赎。一项对有犯罪前科、被释放出狱者生活经历的研究中，不少人都谈到，他们强烈地希望好好工作，以表达对犯罪行为的忏悔（Maruna，2001；Maruna，LeBel & Lanier，2004）。其次，繁衍感似乎承载着这样一种信念：今天虽然不尽如人意，但是明天一定会更好。通过指导和帮助下一代，成熟的成年人不再重犯过去错误的机会增多了。最后，以救赎的方式看待自己的生活，会给人以希望，只要好好干，将来必有回报，这种期望使各种繁衍的努力得到保持，从养育孩子到服务于社区和社会（Kotre，1999）。

生活经历启示人们，怎样使生活更有意义、更有目标。高繁衍感和低繁衍感的成人在他们的叙述中包含的积极事件和消极事件的数量并没有差异。但是，他们对这些事件的解释完全不同。充满救赎精神的奉献经历体现出一种把自我看作关怀、同情别人的护卫者的思维方式（McAdams & Logan，2004）。这种经历使人懂得，即便他们自己的故事总有一天会结束，但是别人的故事，作为他们自己繁衍努力的一部分，还会继续下去。

成年人生活经历中的救赎情节越多，他们的生活满意度和自尊就越高，生活中的挑战就越有意义，容易掌控且能够带来回报（McAdams，2001）。目前研究者仍在探讨，是什么因素使有些人把好事看作灾祸的先兆。

二、中年期心理发展的其他理论

埃里克森的理论只提供了成人人格发展的大框架，为了对中年期的心理变化有更清晰的了解，让我们回顾第 2 章曾介绍过的莱文森和魏兰特的理论。

1. 莱文森的人生四季理论

翻到第 2 章回顾一下莱文森的阶段论（阶段或季节），与成年早期一样，成年中期的开端也是一个过渡阶段（40～45 岁），之后是建立一个生活结构的开端（45～50 岁）。随后这个生活结构不断地进化和演变（50～55 岁），直到将这一生活结构发展完备（55～60 岁）。在莱文森（Levinson，1978，1996）访谈的男女被试中，多数人都经历过这些阶段中的前两个阶段，但是，由于性别成见和机会不均等，男性和女性的经验有所不同。

（1）成年中期的过渡

40 岁左右的人在实现成年早期目标的过程中获得成功。意识到从此刻起大半的时光已经过去，他们对剩下的时光分外珍惜。一些人经历了生活结构中家庭与职业成分的巨大变化：离婚、再婚，更换职业，或表现出更强的创造力。另一些人的婚姻、生活环境、职业和工作单位没有变动，经 533
历的变化较少。

不管这些年的生活带来的是狂风还是暴雨，多数人都会在一段时间内转向自身，关注有意义的个人生活（Neugarten，1968b）。一个原因是，对很多中年人来说，事业发展和个人成长的机会已经不多。有些人因为没能实现成年早期的梦想而失望，希望趁着自己还不是太老，找到一条更满意的生活道路。即使已经实现自己生活目标的人还会问自己："这些成就对于他人、社会和我自己算不错了吗？"

根据莱文森的理论，对中年人来说，为了重新评价自己与外界世界的关系，他们必然面临四个发展任务，表 4.1 是对这些内容的概括。每个任务都要求人们协调自我中的两种可能倾向，以求得更好的内心和谐。让我们看看这些是如何产生的。

表 4.1　莱文森成年中期的四个发展任务

任务	描述
年轻—年长	中年人必须找到结合着年轻人和年长者特征的新方式。这意味着要放弃年轻人的某些特征，保留或改造另一些特征，并且发现年长的积极意义。
毁灭—创造	由于死亡意识增强，中年人关注自己曾经做过、现在仍有人在做的破坏行为。过去对父母、配偶、孩子、朋友和竞争对手所做的伤害举动，现在被一种强烈的创造愿望所取代，如制造对自己、他人有价值的产品，参加促进人类幸福的活动等等。

续前表

任务	描述
男子气—女子气	中年人必须对自己的某些男子气和女子气加以调整，达到一种更好的平衡。对男性，这意味着变得更加感性和关心别人；对女性，则意味着更自主、支配和果断。
融入—分离	中年人必须在与周围人们的融入和分离之间建立更好的平衡。对男性，这意味着收敛雄心壮志，多关注自我。一心照料孩子、对工作不满意的女性须转向另一个方向——更多地投身于工作和大社会。

资料来源：Levinson，1978，1996.

（2）生活结构的修正：两性的相似性与差异

进入中年期，成人必须放弃某些年轻人的特征，以适合年龄的方式展现他们的特点，接受自己变老的现实。身体变化、个人遭受疾病侵袭和存在老年父母加重了这一任务，它往往促使中年人重新思考什么事情是重要的。能适应年龄带来的变化、灵活地对自己的同一性加以修正又能保持自我连续性的人，就能更清醒地意识到自己的思想和情感，具有更高的自尊（Sneed & Whitbourne，2001，2003）。

也许因为对老化的双重标准（见第 3 章），多数中年女性担心随着年龄增长自己的容貌不再具有吸引力（Rossi，2005）。例如杰维尔，人们对老年妇女的固有成见使她害怕自己不可爱和失去吸引力。她尝试了各种补救办法，从使用润肤霜到整容，让自己显得年轻。虽然只有少数人像杰维尔那样担忧自己的容貌，但女性比男性更可能认为自己比实际年龄看起来更年轻，这种差异在整个中年期和老年期越来越大（Montepare & Lachman，1989）。

男性也会收到关于其年老的消极文化信息，而且他们也担忧自己的容貌变化。一项研究发现，在整个中年期，未上过大学的男性比未上过和上过大学的女性对自己身体衰老更敏感。女性则比上过大学的男性更敏感（见图 4.2）（Miner-Rubino，Winter & Stewart，2004）。由于未上过大学的男性大多从事蓝领职业，需要更强的体力和耐力，他们可能担心身体衰老会影响工作能力。

由于中年人自己将要面临死亡，又目睹同辈人相继有人死去或重病缠身，他们越来越清楚地意识到，人们可能会对父母、亲密伴侣、子女、朋友和同事做出一些伤害行为。这种行为的反面，是希望通过增进人类幸福，加强自我中肯定生命的一面，其结果，就是要给下一代人留下遗产。在中年期越来越萦绕脑际的关于遗产的意象，可以用多种方式得到满足，例如向慈善事业捐款，创造出各种产品，参加志愿服务，做年轻人的引路人等等。

中年期还是使自我中的男子气和女子气更加和谐的时期。对男人，这意味着要多接受一些女人特质，如照顾性和关怀，这些特质可以增进在工作场所的紧密的人际关系，使领导者对下属更富有同情心。对女人，这通常意味着更开放、更具有“男子气”，例如自主、支配性和果断性（Gilligan，1982；Harris，Ellicott & Holmes，1986）。《伯克毕生发展心理学：从 0 岁到青少年》第 8 章曾讲到，男子气和女子气相融合的人具有双性化的同一性。后面我们将介绍，双性化与许多良好的人格特质有关。 534

最后一点，中年期须在投入外部世界和与外界分离之间找到一个中间点。男人需要减弱其雄心壮志，更多地关注自我。那些从事积极而成功职业的女性也应如此。而那些在成年早期一心一意地养育儿女或没找到满意职业的女人，则常常感到，她们是不得以那样做的，经过一段时期的反思之后，她们会转向别的方向（Levinson，1996）。艾列娜在 48 岁时，离开了她所在小城市一家报社的记者职位，拿到了写作专业的较高学位，然后受聘于一所大学当教师，并开始创作长篇小说。蒂姆曾经分析，自己内心的最大愿望是找到一个中意的爱情伴侣。回过头来看看自己的职业，他意识到，他应该给予艾列娜为建立自己的职业生活所需要的时间和空间，这样做只会加深他们之间的感情。

（3）社会环境中的生活结构

生活结构的重建还取决于有没有一个支持性的社会环境。若主导生活道路的是贫穷、失业，在社会上没有一个受尊重的地位，人的精力就只能投入谋生存，而不是建立满意的生活结构之中。即便拥有安全的职业、生活在好邻居中的成人，也可能觉得自己的工作限制了自己的成长，例如，过分强调产量和利润，忽视工作的意义。特里莎在 40 多岁时离开了一家规模很大的律师事务所，她在那儿一直受到吸引高酬金客户的压力，她为一件小业务做出的努力却得不到承认。

晋升机会使中年期过渡变得更容易，因为成年早期的理想变成了现实。但是女人的这种机会大大低于男人。从事蓝领职业者，不论男女，都很少有晋升机会。莱文森（Levinson，1978）样本中的产业工人很多都尽其所能地调换了职业，当了工会领导、商店总管或年轻工人的师傅。很多人因为做了家里的长辈，心理上得到补偿。

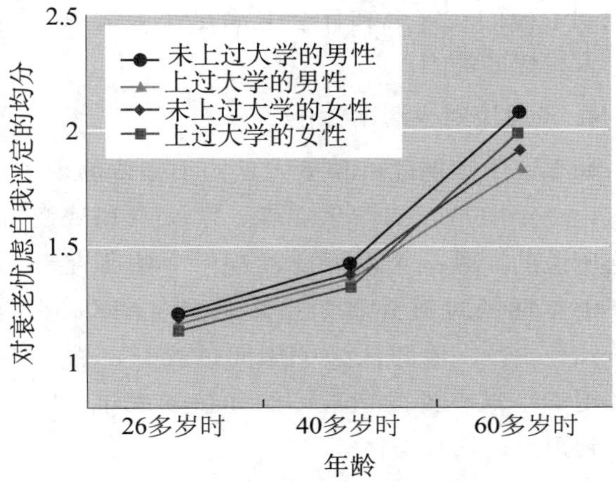

图 4.2　对身体衰老的忧虑随年龄增长的变化及其与性别、文化水平的关系

250 多名 60 岁出头的男女被试采用 3 点量表回溯式地评价了他们在 20 多岁、40 多岁和 60 多岁时对衰老的忧虑程度。未上过大学的男性报告的对身体变化的敏感性最高，其次是上过大学和未上过大学的女性，最后是上过大学的男性。

资料来源：K. Miner-Rubino，D. G. Winter & A. J. Stewart，2004，"Gender，Social Class，and the Subjective Experience of Aging：Self-Perceived Personality Change from Early Adulthood to Midlife，" *Personality and Social Psychology Bulletin*，30，p. 1605. © 2004 by the Society for Personality and Social Psychology，Inc. 经授权引用。

2. 魏兰特的生活适应理论

因为莱文森访谈的被试年龄都在 35～45 岁之间，他的研究发现无法告诉我们 50 岁以后的心理变化。但是魏兰特（Vaillant，1977，2002）的追踪研究考查了受过良好教育的男人和女人，在过去半个世纪里对他们进行了追踪。第 2 章讲到，成年人在 40 多岁后期和 50 多岁，其维持社会良好运作的责任心达到高峰，他们成了"生活意义的保持者"或"文化的护卫者"。魏兰特介绍说，最成功、适应最好的人们步入了一段比较平和、安定的生活时期。"传递火炬"——关注本文化优良传统的保持——成为他们的当务之急。

在世界各个国家和社会，年长者都是传统、法律和文化价值观的护卫者。这一稳定力量抑制、检查着由青少年和年轻人的质疑和挑战造成的剧烈变化。当成人进入中年期尾段的时候，他们关注着长期的、个人成分很少的目标，例如所处社会的人际关系的状况。他们变得更富于哲理，并且承认，在他们生活的时代，并不是所有问题都能得到解决。

3. 中年危机存在吗？

莱文森（Levinson，1978，1996）报告说，他所研究的多数男性和女性，在向中年期过渡时都明显感觉到内心的骚动。但是魏兰特（1977）的研究对象中只发现少数人出现危机，变化大多是缓慢而稳定的。两人的研究结果相反，于是提出一个问题：伴随着中年期的来临，人生变化的程度到底有多大？是否像**中年危机**（midlife crisis）这个术语所说的那样，40多岁时，自我怀疑和压力特别巨大，这些自我怀疑和压力是否促成了重要的人格重构？

想想特里莎、德温、杰维尔、蒂姆和艾列娜对中年期的反应。特里莎和德温很轻松地进入这一时期，但是杰维尔、蒂姆和艾列娜则怀疑自己的境况，打算改变生活道路。和这几个人差不多，对中年期的反应具有很大的个体差异。总体而言， 535
男性的变化主要发生在 40 岁早期（符合莱文森的时间表）。而女性则延迟到 40 岁末期和 50 岁以后，那时父母责任减轻，给了她们时间和自由来做个人的事（Harris，Ellicott & Holmes，1986；Mercer，Nichols & Doyle，1989）。而且，女性变化的方向更多样化。这在一定程度上取决于，她们年轻时关注的是"女性化"社会钟（结婚生子），还是"男性化"社会钟（高地位的职业），抑或是把二者结合起来（Helson & Roberts，1994；Stewart & Vandewater，1992）。

但是也有非常规的、例外的剧烈动荡发生。例如，艾列娜在下决心离婚和换职业之前犹豫了很长时间。她 30 多岁时就与丈夫分居，后来和解了，她把重回学校读书的想法告诉了丈夫，丈夫坚决反对。由于女儿在学习上和情绪上的困难，加上丈夫的反对，她只好凑合着过日子。一项对 700 多名成人的调查显示，只有1/4的人报告说经受了中年危机。当问到这个字眼儿意味着什么时，被调查者所下的定义比研究者的定义更松散。一些人说，危机在40岁之前就开始了，一些人说50岁以后才开始。多数人不把危机归因于年龄，而是归因于挑战性的生活事件（Wethington，2000）。

考察中年期这一问题的另一种方法是问成年人有什么生活悔恨，例如没抓住好的职业机会和其他改变生活的机会，或没有做出改变生活方式的变化等等。对女性的两项调查中，因后悔在40岁早期没做出生活改变者，和做出了生活改变者相比，其心理健康和身体健康状况一直比较差（Landman et al.，1995；Stewart & Vandewater，1999）。但是在影响生活变化的社会与经济资源方面，这两类人没有差异。她们的差异在人格上：做出变化的人，其自信心和果断性都较强。

居住在科罗拉多一座小镇的这两姐妹开了一家餐厅和一所烹饪学校，来应对中年期过渡。但是她们做出的改变也许并不是中年危机的结果。对中年期的反应存在很大的个体差异，也有些非常规的、例外的剧烈动荡发生。

在中年期尾段，由于剩下的时间已不再允许做出什么生活改变，所以，中年人对后悔的解释对其幸福感就起到很大作用。在一个几百名60～65岁、社会经济地位不同的中年人样本中，大约一半的人表示，他们至少有一件感到悔恨的事。和没有解决好感觉失望的事情的人相比，解决了这些遗憾事情的人（接受并认清了这件事最后带来的好处），或"尽全力面对这些事情"的人（认清了其中的好处但仍留下一些悔恨），所报告的身体健康状况和生活满意度都较好（Torges，Stewart & Miner-Rubino，2005）。

总之，在中年期，人们普遍要对生活做出评价。多数人做出了改变，这种改变，用最好的词来形容，是他们生活中的"转折点"，而不是剧烈的变化。不能修正其生活道路的人，往往会想办法给生活中的困难"镀一层银"（Lachman & James，1997；Wethington，Kessler & Pixley，2004）。少数陷入危机的中年人大多是因为，他们在成年早期的性别角色、家庭压力、低收入和贫困限制了他们在家庭和社会上满足个人需求、实现个人目标的能力。

4. 阶段论对生活事件论

如果说中年期危机和重大重构不是普遍现象，那么，中年期是否如埃里克森、莱文森和魏兰特理论所说的，是一个发展阶段呢？一些研究者认为，中年期的过渡并不是阶段性的（McCrae & Costa，1990）。他们认为中年期过渡只不过是对一些正常生活事件的适应，例如孩子成年、职业发展到顶点、面临退休等等。

但是，回顾前几章内容，这几位理论家已不再像过去那样，把生活时间看作年龄阶段。这些事件发生的时间变化非常大，不可能成为中年期改变的唯一原因。有几项研究让人们回忆从成年早期到中期的观点、感受、态度和希望。在发生个人动荡之后进行回溯性评价的方式发现，心理社会性的变化，既同家庭生活周期的各种事件相符，又同他们的实际年龄相符。因此，多数理论家认为，对中年生活的适应是年龄增长与社会经验相结合的产物（Lachman & James，1997；Whitbourne et al.，1992）。重温我们对繁衍感和中年生活过渡的讨论，注意这两个因素是如何相互作用的。

大多数中年人在讲述自己的生活时说出了一些动荡烦恼的回忆，这提示了新的理解和目标——它符合阶段论的发现。随着我们更详尽地讨论中年期的情绪与社会性发展，我们就知道，这一时期和其他各个时期一样，都是既有连续性又有阶段变化的。带着这样的想法，让我们看一看在中年期影响心理健康和做决策的各种来自内心的思虑和来自外部的经验。

思考题

复习　哪些个人因素和文化因素促成了繁衍感的形成？为什么它会促进中年期的良好适应？

应用　42 岁的梅尔觉得自己多年来在工作上没有什么长进，于是他想换个新工作，后来在另一个城市得到一个不错的职位。一方面要离开多年的老朋友，一方面得到期待已久的好工作，他为此感到矛盾重重。在几个星期的心灵探索之后，他选择了接受新工作。梅尔的两难是中年危机的一种体现吗？为什么？

联结　参阅《伯克毕生发展心理学：从 0 岁到青少年》第 8 章提到的双性化概念。为什么在中年期同时接纳自我中的“男性化”和“女性化”成分有助于良好适应？

反思　找出一个你钦佩的中年人。说说一个人展现繁衍感的各种方式。

三、自我概念和人格的稳定性与变化性

536 中年期自我概念和人格的变化反映出对有限的一生、多年的生活经验和对繁衍的关切的意识越来越清醒。同时，人格的某些方面保持稳定，则体现了过去各个阶段形成的个体差异的持久性。

1. 可能的自我

一次出公差的时候，杰维尔找了个空闲下午去看望特里莎。两人坐在咖啡馆里，回忆过去，思考未来。杰维尔说：“我一直是一个人生活，忙工作，我想把工作做得更好，做点对社会有好处的事，保持健康，朋友求我时帮帮他们。当然，我不会独自一个人变老，但是如果我找不到那个想找的人，我想我也能生活得很自在，我永远不会面临离婚或成为寡妇。”

杰维尔所说的就是**可能的自我**（possible selves），是关于一个人希望将来变成什么样子、不愿变成什么样子的表征。可能的自我是时间维度上的自我概念，说明一个人努力成为什么样的人，避免成为什么样的人。毕生发展研究者认为，这种希望和担忧，就像人们怎样看当前的自己一样，对于理解人的行为是非常重要的。可能的自我在中年期是行为的有力推动者，因为很多有意义的事情都和时间有联系。当我们上年纪时，可能不再依赖社会比较来判断我们的自我价值，而更多地依赖时间比较：和原来的打算相比，自己实际做的究竟怎样。

整个成年期，人们在描述当前的自我时显示出相当大的稳定性。一个人如果在 30 岁时说自己是个善于合作、有能力、对人友好、事业有成的人，那么，过若干年后，他仍可能这样描述自己。但是可能的自我则变化较大。20 岁出头的人有各种各样可能的自我，一般都显得很崇高且理想化，例如“快乐无比”，“既有名又有钱”，“一生都很健康”，绝不会“穷困潦倒”，“无足轻重”。随着年龄增长，可能的自我数量逐渐减少，也更加适度和具体。很多中年人不再期盼成为完美无缺、飞黄腾达的人。他们关心的是已经开始承担的角色和责任，例如“能胜任工作”，“做个好丈夫、好父亲”，“让孩子去他们想去的大学读书”，“身体健康”，而不想成为“我家的负担”或“挣不够养家糊口钱”（Bybee & Wells，2004；Cross & Markus，1991；Ryff，1991）。

怎样解释可能的自我的这些变化呢？由于未来不再有很多机会，成人凭借调整自己的希望和担忧，使自己的心理更健康。为了保持前进动力，他们必须保留某些事情尚未实现的感觉；同时，无论多么失望，他们也必须对自己、对生活感觉良好（Lachman & Bertrand，2002）。例如，杰维尔不再像她 20 多岁时那样，希望能当上一个大公司的主管。现在她只是希望在自己目前的职位上有所长进。虽然她担心晚年会孤独，但她也会自我安慰地说，结婚也会带来恶果，例如离婚和守寡，相比这样的坏结果，没有抓住结婚机会反而更容易忍受。

当前的自我概念必须随时对别人的反馈做出回应，可能的自我（尽管也受他人影响）则不然，可能的自我是一个人自己根据需要加以定义和修

正的。因此，哪怕事情并不如意，它也允许给自我以肯定（Cross & Markus，1991）。研究者认为，可能的自我是成年人保持其幸福感的一把钥匙，因为人们通过修订未来的图景，使希望达到的目标和已经实现的目标相匹配。许多研究表明，中老年人的自尊等同于或略高于年轻人，也许就是因为可能的自我起了保护作用（Bengtson，Reedy & Gordon，1985）。

2. 自我接纳、自主性与环境掌控

在中年期，能力和经验的混合导致了一些人格特质的变化。中年人对自己的描述一般比年轻人和老年人更复杂、更全面（Labouvie-Vief，2003）。很多人还会对环境加以改造，使之更适合个人的需要和价值观。

537 这些进展无疑能使人在执行功能方面有所斩获。一项研究考察了20岁到70多岁、受过良好教育的成年人，有三项特质从成年早期到中期呈上升趋势，之后下降。

- 自我接纳：中年人比年轻人更能认同并接纳自己的优缺点，对自己和生活的态度更积极。
- 自主性：中年人在看待自己时不大关心别人的期望和评价，他们关心的，是怎样遵循自己选择的标准。
- 环境掌控：中年人认为自己有能力轻松而有效地应对所完成任务的复杂编排。（Ryff，1991，1995）

第3章曾讲到，中年人在专长和解决实际问题方面有很多收获。这种认知上的变化有助于这一阶段自信心、主动性和决策能力的增强。总之，中年期是人的各方面舒适度逐渐增强的时期，包括自我、独立性、果断性、实现个人价值观、心理健康和生活满意度等等（Helson，Jones & Kwan，2002；Helson & Wink，1992；Keyes，Shmotkin & Ryff，2002；Mitchell & Helson，1990）。也许由于这些个人特质，人们常常把中年期称为“人生的全盛期”。虽然存在个体差异（见本节的“生物因素与环境”专栏），但是，的确有很多中年人认为，中年是他们感觉最幸福、能力发挥得最淋漓尽致的时期。

幸福的涵义在不同文化中有所不同。把50多岁的韩国人和北美人进行比较，韩国人报告的幸福感较低，这主要是因为他们不把个体主义文化的一些特质，如自我接纳和自主性，看作他们的特征（Keyes & Ryff，1998b）。出于集体主义倾向，韩国人较高的幸福感得分来自与他人的良好关系。他们把自我完善看作是通过家庭让子女取得成功。北美的成年人也认为家庭关系与幸福感有关，但是他们看重自己的特质和成就胜过自己的子女。

3. 应对策略

第3章曾讨论压力处置在预防疾病方面的重要性。压力处置对心理健康也是非常重要的。对1 000多名美国成年人、连续8个夜晚的访谈中，研究者从成年早期到成年中期日常压力源的高峰，然后，在60多岁的10年间，由于家庭和工作责任减轻，闲暇时间增多，压力开始下降（见图4.3）（Almeida & Horn，2004）。女性报告的因角色超载、家庭网络和子女造成的压力频次较多，男性的工作压力较多，但男性和女性都感受到了所有的压力。与老年人相比，年轻人和中年人认为他们感受到的压力更动荡，更不快乐，也许因为他们往往同时感受到好几种压力，其中许多来自经济困境和子女教育。

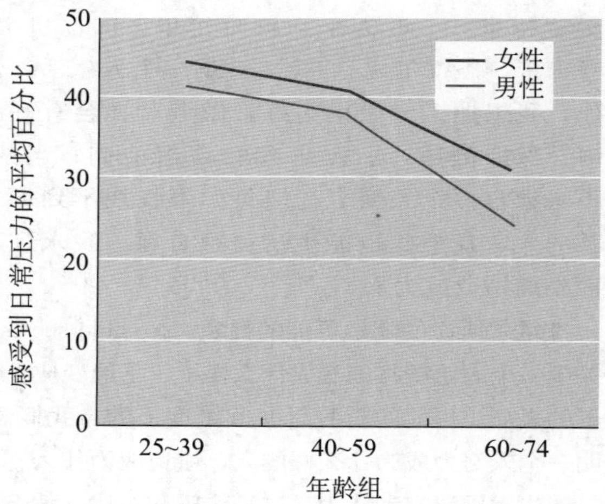

图4.3 男性和女性的日常压力随年龄的变化

研究者对1 000多名美国人进行了连续8个晚上的访谈。结果显示了从成年早期到成年中期的一个压力高峰，之后在61～70岁的10年间，因家庭和工作责任减轻、闲暇时间增多，压力逐渐减少。

资料来源：D. M. Almeida & M. C. Horn，2004，“Is Daily Life More Stressful During Middle Adulthood?” In O. G. Brim，C. D. Ryff & R. C. Kessler，Eds.，*How Healthy Are We? A National Study of Well-Being at Midlife*，Chicago：University of Chicago Press，p. 438. 经授权引用。

第 3 章还讲到，中年期的有效应对策略增多了。中年人会更清楚地辨清困难情境的积极面，推迟行动，以便对其他备选行动方案做出评价，预先估计到并制订计划来处置可能出现的难题，幽默地表达观点和感受而不冒犯别人（Diehl，Coyle & Labouvie-Vief，1996）。请注意，这些做法是怎样灵活地把问题中心策略与情绪中心策略同时加以利用的。

为什么中年期的有效应对策略增多了呢？看来是其他方面的人格变化起了作用。一项研究发现，复杂、全面的自我描述能力在中年期有所加强，它标志着把优点和缺点同时纳入一幅条理分明的图景的出色能力，这种能力可以预测良好的应对策略（Labouvie-Vief & Diehl，2000）。在处理生活中的各种问题时，较强的自信心也能发挥一定作用。一项对受过良好教育的女性的追踪研究发现，在成年早期主动克服困难的时间多少，可以预测 43 岁时正确的自我理解、社交成熟、道德成熟和较高的生活满意度（Helson & Roberts，1994）。这些发现表明，过去多年来战胜压力的经验可以促进一种高超的自我认识的形成，它和生活经历一道，帮助中年人形成更成熟、更灵活的应对策略。

专栏　**生物因素与环境**

哪些因素可以促进中年期的心理健康？

对特里莎和德温来说，中年期带来了充实的生活和高满意度。但是对杰维尔、蒂姆和艾列娜来说，通向幸福的道路却充满坎坷。哪些因素对中年期心理健康发挥了作用？正如毕生发展观所说的，生物因素、心理因素和社会因素相互交织，共同发挥了作用。

良好健康与锻炼　良好的健康状况影响生命的能量和激情。把自己的健康评价为好到非常好的成人，不管是什么年龄，都能更积极地感受生活环境。但是在成年中期和后期，改善健康和预防疾病能更好地预测幸福感。一项对 3 000 多名 20～64 岁的人们的研究中发现，坚持锻炼，如散步、跳舞、慢跑或游泳，与自我评价的健康和积极态度有较高的相关，其中老年人比年轻人的相关更强（Ransford & Palisi，1996）。坚持锻炼的中年人把自己看成是他们这一年龄的人里特别有活力者，因此会有一种特殊的成就感（Netz et al.，2005）。锻炼会减少年龄增长带来的对疾病的易感性，对心理有额外的好处。对疾病和障碍的恐惧是造成中年期低幸福感的最主要的影响因素之一（Barsky，Cleary & Klerman，1992）。

控制感和个人生活投资　报告自己对生活各方面事物包括健康、家庭和工作等具有高控制感的中年人，其幸福感更强。控制感促成了自我效能感，即个人能力能克服困难的信念。它使人在面临健康、家庭和职业困境时坚持积极的观点（Lachman & Firth，2004；Smith et al.，2000）。

除了控制感之外，个人生活投资——坚持达到一个目标并为实现目标而投入，也能增强心理健康和生活满意度（Staudinger，Fleeson & Baltes，1999）。根据米哈利·契克岑特米哈伊的理论，一个至关重要的幸福源泉是涌动（flow）——全神贯注地投入一项高要求、有意义的活动而失去时间感和自我意识的心理状态。人们把涌动形容为极乐的时刻，是一种狂喜状态。人们体验到的涌动越多，他们对生活就越感到满足（Nakamura & Csikszentmihalyi，2002）。涌动在创造性活动中很常见，其他人也会报告这样的体验，如热爱学习的学生、喜欢工作的员工、挑战闲暇追求的成人、与孩子一起愉快学习的父母和祖父母等等。涌动取决于百折不挠的精神，也取决于可为成长提供潜能的全神贯注的能力。这些品质在中年期得到了很好的发展。

积极的社会关系　形成良好的社会联系，与中年期的幸福感紧密相关。一项纵向研究选择 90 个身心健康的男大学生，对他们追踪了 32 年，结果他们大多保持着良好的身体状态。成年早期与引路人的良好关系（导致高职业成就）和良好的同伴关系，是他们 50 岁前后心理健康的最好预测指标（Westermeyer，1998）。对大学男毕业生的一项调查发现，追求职业声望和高收入而不是亲密朋友的人，把自己描绘为“相当”和“非常”不快乐的人数是其他人的两倍（Perkins，1991，转引自 Myers，2000）。

幸福的婚姻　友谊和良好的同事关系很重要，但良好的婚姻更能促进幸福感。横断研究和纵向研究都发现，婚姻作为心理健康指标的作用随着年龄增加，到中年期尾段时成为一个最强的预测因子（Marks，Bumpass & Jun，2004；Westermeyer，1998）。

一些追踪研究考察了人们在结为亲密关系和结束亲密关系时的情形，结果显示，婚姻可以带来幸福感。例如，当 13 000 名中年人在 5 年后再一次接受访谈时，一直保持婚姻状态的人比一直单身的人报告的幸福感更高。分居或离异者则很少有快乐，较多地报告了抑郁。第一次结婚的男性和女性都感受到幸福感剧增，而第二次结婚者报告的幸福感有中度的增加（Marks & Lambert，1998）。

在很多国家都发现了婚姻与幸福感之间这种相似的联系，说明婚姻可以因为改善了人们的经济状况而改变人的行为（Diener et al.，2000；Lansford et al.，2005）。婚姻伴侣可以互相照顾对方的身体，在生病时及时给以照顾。他们挣的钱和存的钱都比单身多，研究发现，较高的收入与幸福感有中度的相关（Myers，2000；Waite，1999）。此外，性满足可以预测心理健康，第 2 章曾讲到，已婚夫妇比未婚伴侣和单身者有更满意的性生活。当然，并不是人人都有幸福的婚姻，但是对很多人来说，长时期地投身于婚姻对心理健康有促进作用。

承担多个角色 最后一点，承担好多个角色也与幸福感有关。现在的女性一般比过去的女性更幸福，因为她们不仅从家庭得到快乐，还从工作成绩中收获快乐。一项研究考察了近 300 名中年女性，研究者询问了在以下四种角色中的能力感和控制感：妻子、母亲、病弱父母的照料者和员工。参加者在承担工作角色上的水平高于其他角色。但是这四种角色的能力和控制力都能预测生活满意度和抑郁降低（Christensen，Stephens & Townsend，1998）。在家里和工作中承担好几个角色的女性看来从促进其掌控感的机会中得到了好处。

这位中年人在投入精力旺盛、激情洋溢的业余活动时，也许反思着他克服健康、家庭、工作上的困难的方式。个人生活投资，即坚定地追寻有意义的目标，可以增强中年人的幸福感。

4. 性别同一性

539 特里莎在 40 多岁和 50 岁出头的时候，对工作特别自信，开会发言流畅自如，她领导一个律师小组处理非常复杂的案子。在家里她处于支配地位，她比 10～15 年前更自如地对丈夫和儿子表达观点。相反，德温的共情心和对别人的关心越来越强，他不像以前那么果断，更容易听从特里莎了。

一些研究发现，在中年期，女性的“男子气”特质和男性的“女子气”特质都增加了（Huyck，1990；James et al.，1995）。女性变得更加自信、自满和有能力；男性则在情感上更敏感，关心人，体贴和依赖。这种趋势出现在横断研究和追踪研究中，也出现在对不同经济地位和不同文化的人们中，不仅在西方工业化国家，还出现在农村社会，如危地马拉的玛雅人，美国的纳瓦霍印第安人部落，以及中东德鲁兹教派穆斯林中（Fry，1985；Gutmann，1977；Turner，1982）。这些研究支持了莱文森的理论，中年期的性别同一性更加双性化——“男子气”特质和“女子气”特质互相结合起来。

人们普遍认同这种变化的存在，但是对它的解释却不同。一种广为人知的进化论观点是**父母强制理论**（parental imperative theory），即父母在孩子比较小的时候，一直保持着对传统性别角色的认同，将有助于确保子女的生存。男人的行为更有目的性，女人则更多地照顾家人。孩子成年后，父母开始自由地展现人格中“另一性别”的一面（Gutmann & Huyck，1994）。与此有关的一种意见是，随年龄增长，性激素逐渐下降，可能对晚年的双性化有影响（Rossi，1980）。

但是这些生物学观点受到了一些批评。前几章曾经讨论过，父母既需要温暖，又需要果断（以坚定和一致的方式），才能更好地养育孩子。虽然子女离开家庭与男人开始显露人格中的“女子气”相关，但是女人身上“男子气”特质的增强却没有相关（Huyck，1996，1998）。追踪研究发现，上过大学的职业女性，无论有没有子女，40 岁出头时都在工作上变得更具独立性；而一直做家庭主妇者就没有这种变化。拥有较高职位的女性，在 50 岁出头时，更富于支配性、果断性，讲话也更直言不讳（Helson & Picano，1990；Wink & Helson，1993）。还有研究发现，双性化的增强与更年期无关——这一结果与激素观点不一致（Helson & Wink，1992）。

除了父母责任减轻以外，中年期的其他要求和经验也可能促进了双性化趋势。例如，孩子离家后，男人需要在夫妻关系上都投入一些，职业晋升机会的减少可能唤醒了他们情绪上的敏感特质。和男人比起来，女人更多地面临着经济和社会关系方面的不利局面。很多人离婚之后一直单身，并在工作中受到歧视。自立和果断性对于应对这种局面是非常重要的。

中年期对于两性来说，性别同一性都变得更双性化。男人开始显现出一些“女子气”特质，情感上比较敏感，关心人，体贴和让人依赖。

总之，中年期的双性化是社会角色和生活状况复杂地共同影响的结果。《伯克毕生发展心理学：从 0 岁到青少年》第 8 章讲到，双性化能预测较高的自尊。它还与较高水平的道德推理和心理社会成熟有关（Prager & Bailey，1985；Waterman & Whitbourne，1982）。没有把其人格中的男子气和女子气互相整合的人，会有心理健康问题，这可能因为他们不能灵活地适应年龄增长带来的挑战（Huyck，1996）。 *540*

5. 人格特质的个体差异

特里莎和杰维尔在中年期都变得更自信、果断，但是在其他方面两人有差别。特里莎有组织能力，工作勤奋；杰维尔则善交际，很风趣。一次两个人一起外出旅游。每一天结束时，特里莎会因为自己没能按计划参观每个旅游点而遗憾。杰维尔则是“走到哪儿算哪儿”，不是在街上逛来逛去，就是停下来跟店主或当地居民聊天。

前面几节，我们讨论了普遍发生在很多中年人身上的人格变化，但是稳定的个体差异仍然存在。人们身上各自不同的数百个人格特质被组合为五个基本要素，称为**“大五”人格特质**（big five personality traits）：**神经质**、**外向性**、**求新性**、**随和性**和**尽责性**。表 4.2 概括了对每个特质的具体描述。显然，特里莎具有高尽责性，而杰维尔具有高外向性（Costa & McCrae，1994；McCrae & Costa，1990）。

表 4.2　“大五”人格特质

特质	描述
神经质	得分高者易担忧、喜怒无常、自怜、情绪化和脆弱。得分低者平静、镇定、自足、舒适、非情绪化、勇敢。
外向性	得分高者善于表达情感、健谈、积极主动、风趣而热情。得分低者保守、安静、消极、冷静、情感反应性低。
求新性	得分高者善于想象、有创造力、好奇、喜欢自由。得分低者较实际、缺乏创造力、传统、缺乏好奇心、保守。
随和性	得分高者心眼儿好、值得信任、慷慨、顺从、仁慈、友善。得分低者缺乏怜悯心、多疑、吝啬、敌对、爱指责人、易激惹。
尽责性	得分高者有责任心、工作努力、有条理、守时、有进取心、坚韧。得分低者粗心大意、懒散、缺乏条理、缺乏目标、不能持之以恒。

对加拿大和美国的男人和女人的横断研究显示，从十几岁到中年期，随和性和尽责性得分逐渐增高，神经质得分逐渐降低，外向性和求新性没有变化或只有轻微下降，这些变化反映出人们随着年龄增长逐渐“安定下来”和更加成熟。在文化传统不同的其他一些国家也发现了相似的趋势，这些国家包括德国、意大利、日本、俄罗斯和韩国（Costa et al.，2000；McCrae et al.，2000；Roberts et al.，2003；Srivastava et al.，2003）。有研究者根据这些一致的跨文化研究结果

做出结论说，成年人格的变化受到遗传的影响。他们指出，个体在“大五”特质上差异很大而且非常稳定：在某一年龄得高分或低分的人，可能在另一年龄得到相同的分数，这个“另一年龄”的跨度可能从3年到30年（Costa & McCrae，1994）。对包括5万多名参加者的150项追踪研究数据的元分析表明，人格特质的稳定性从成年早期到中年期越来越稳定，在50多岁这10年，稳定性最高（见图4.4）（Roberts & DelVecchio，2000）。

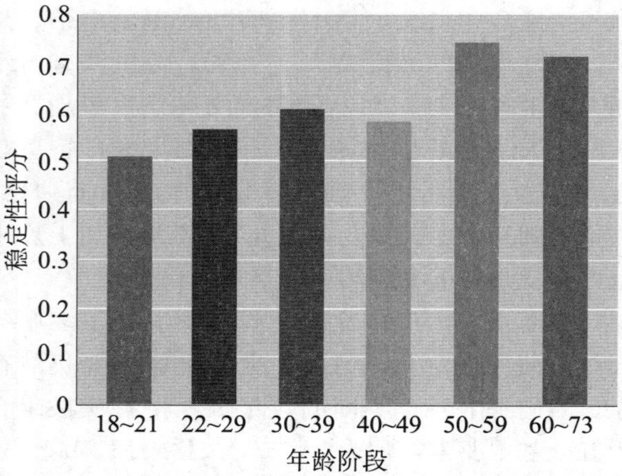

图4.4 “大五”人格特质的稳定性从成年早期到成年中期逐渐增强

对150多项追踪研究的再分析表明，在所有年龄阶段，人格特质的稳定性都很强；在某一特质上得高分或低分的成人，再测时仍会得到相当接近的得分。这种稳定性在50多岁达到最高值。

资料来源：Roberts & DelVecchio，2000.

既然前面说过，人格在某些方面发生了显著变化，那么人格特质为什么会有这么高的稳定性呢？对“大五”特质的研究考察了非常大的样本，但是大多没有考察研究所在地的环境因素的影响，例如生活事件、社会钟、文化价值观等等，正是这些因素影响着人的抱负、目标，以及对适宜行为的期望（Caspi & Roberts，2001）。仔细看看表4.2，你会发现其中的内容与前几节讲过的品质不同：“大五”既不重视动机、偏好任务和应对方式，也不重视人格中的某些方面，例如男子气和女子气的整合（Block，1995；Helson & Stewart，1994）。一些理论家关注由于经验而引起的变化，他们分析问题的焦点是，个人需要与生活事件怎样导致新的策略和目标产生。另一些理论家认为，稳定性是遗传导致的，所以热衷于找出容易在人们之间进行比较的，以及在一生中的任何时间都有所表现的人格特质（Rosenberg，Rosenberg & Farrell，1999）。

为了解决这个的矛盾，我们可以把成人看作整体组织和整个人格在发生变化的人，但是这样做必须立足于一个根本的、持久的素质基础上，人们在适应变化的生活环境时，它支持着一种自我一致感。研究者让2 000多名40多岁的成人反思自己6年前的人格时，52%的人说，“和现在一样”，39%的人说“变化很小”，9%的人说“变了很多”（Herbst et al.，2000）。这些发现又一次和 541
中年期是剧烈动荡变化时期的说法相矛盾。但是这些研究者也强调说，人格始终是一个“开放的系统”，随时对生活经历中的各种压力做出反应。的确，中年期的某些人格变化可能增强了特质的一致性！不断改进的自我理解、自我接纳和应对困难情境的技能可能使人们在很长时间里不再需要对基本的人格素质做出修正（Caspi & Roberts，2001）。

思考题

复习 对中年期的人格变化做一个小结。这些变化怎么会与越来越稳定并在50多岁达到最稳定的“大五”人格特质互相协调的？

应用 46岁的杰夫向他的妻子朱莉亚提出一个建议，每年花点时间讨论一下他们的关系，哪些方面不错，哪些地方需要改进。朱莉亚觉得很奇怪，杰夫以前从来没表示过对他们两人婚姻的兴趣。中年期的哪些发展导致了杰夫对夫妻关系的关心？

联结 列出中年期认知方面的进展（参考第3章相关内容）。它们对中年期的人格变化可能有哪些正面影响？

反思 说说你所希望的和担心的可能的自我。然后请你家里处于成年早期和成年中期的人也来回答这个问题。他们所说的和相关的研究结果一致吗？为什么？

四、中年期的人际关系

中年期的情绪与社会性方面的变化发生在家庭和朋友关系的复杂网络中。在美国和加拿大，只有少数中年人独自生活，90%的人生活在家庭中，其中多数有配偶（Statistics Canada，2001b；U. S. Census Bureau，2006b）。原因之一是他们与家里的老一代和年轻一代有联系，原因之二是他们建立了良好的友谊关系，中年人比其他任何年龄段的人都希望有更多的亲密关系（Antonucci，Akiyama & Takahashi，2004）。

家庭生活周期的中年时段往往被形容为“放飞孩子，继续前进”。这一时期一度被称为“空巢期”，但是这种说法带有消极过渡的意味，对女性来说尤其如此。如果成人全身心地投入在孩子身上，做父母的活跃阶段结束就会引发失落和遗憾。但是对很多人而言，中年期是一个获得解放的时期，他们因为子女长大成人而产生一种成就感，中年期还为加强现有关系和建立新关系提供了机会。

一个世纪前，许多父母几乎在整个的活跃成年期都在养育子女。生育率降低和期望寿命延长，使当代父母在退休前 10 年或更长时间，孩子就已离家，在此之后，他们会做其他有意义的事情。由于这一时期相当长久，所以原有的加上新来的家庭成员人数最多。随着子女结婚成家，中年人必须适应做岳父母、公婆、祖父母、外祖父母之类的新角色。同时，因为年迈的父母可能生病、体弱或去世，他们必须与父母建立不同于过去的关系。让我们看看在一生中这一阶段家庭内外的各种联系发生了哪些变化。

1. 结婚与离婚

虽然不是所有的夫妇在经济上都富足，但是中年家庭比其他年龄段的经济状况都好一些。45～54 岁的北美人年平均收入最高（Statistics Canada，2002b；U. S. Census Bureau，2006b）。部分由于经济上的安全性增强，加之从最小的子女离家到退休间隔很长，使当代社会对中年期婚姻的看法更开阔。

这些因素激发了回顾和调整婚姻关系的需要。对德温和特里莎来说，这种变化是逐渐发生的。人到中年，他们的婚姻满足了家庭和个人的需求，经受住了各种变迁，夫妻之间的情感达到最深。反观艾列娜的婚姻则矛盾重重，十几岁女儿的问题造成了额外的紧张，孩子离家后婚姻困境暴露无遗。蒂姆的婚姻失败则是另一种类型。随着时光流逝，矛盾减少了，爱意的表达也少了。如果夫妻关系中好事、坏事都很少发生，这种夫妻不大可能长相厮守（Rokach，Cohen & Dreman，2004）。

上节“生物因素与环境”专栏“哪些因素可 542
以促进中年期的心理健康？”曾讲到，婚姻满意度是中年期幸福感的强有力的预测指标。只关注事业的中年人往往会意识到，自己追求生活的天性是不足够的。而他们的妻子则希望得到更令人满意的关系。另外，孩子长大成人也提醒中年父母，他们已经走到了生命的后半段，这促使许多人做出决定，现在到了改进他们的夫妻关系的时候了（Berman & Napier，2000）。

成年早期离婚是解决中年期婚姻不幸的一种方法。多数离婚发生在婚后 5 到 10 年，约 10%的离婚发生在婚后 20 年以上（Statistics Canada，2002a；U. S. Department of Health and Human Services，2002）。在任何年龄离婚都要有心理付出，但中年人看来比年轻人更容易适应。对 13 000多名美国人的调查显示，离婚后，中年人幸福感的降低比年轻人少一些（Marks & Lambert，1998）。中年期解决实际问题和有效应对策略能力的提高可能减弱了离婚的压力。

由于再婚夫妻的离婚率是初婚夫妻离婚率的两倍多，中年期离婚的实际数字还包括过去有过一次或多次不成功婚姻的人。受过良好教育的中年人离婚者较多，可能是因为较好的经济环境使他们更容易从不幸福的婚姻中脱身（Wu & Penning，1997）。对许多女性来说，婚姻破裂，特别是再次破裂，会明显降低生活水平（见《伯克毕生发展心理学：从 0 岁到青少年》第 10 章）。因为这个原因，在中年期或更早的时候离婚，在很大程度上造成了**贫穷的女性化**（feminization of poverty），即女性自己养活自己及其家庭的趋势，这些女性，无论年龄和种族，已成为生活贫困的成年人口的主体。由于保护家庭的公共政策不健全，美国和加拿大的贫穷的性别差异比西方其他工业化国家都要高（Paque，2002；U. S. Census Bureau，2006b）。

当前离婚的中年人们如何解释他们婚姻的终结呢？女性提到较多的依次是：沟通问题，关系不平等，丈夫有外遇，两人距离逐渐增大，致瘾物滥用，身体和言语虐待，女方希望自主。男性提到的有：沟通不畅，自己“专心于事业”，或情感方面缺乏敏感。女性主动提出离婚的比男性多，其中确有一些人因为离婚使幸福感略有改善。男性主动离婚者往往是因为先有了别的意中人，再提出离婚的（Rokach，Cohen & Dreman，2004；Sakraida，2005；Schneller & Arditti，2004）。

追踪研究证实，成功度过离婚风雨的中年女性的人格会变得更宽容，坦然对待不确定事件，不顺从别人，自立，这些特征可能是因为离婚带来的独立性促成的。男性和女性都会重新评价，对良好关系来说什么东西最重要，把平等关系放在更重要位置，而不再像第一次婚姻那样，把缠绵的爱看得很重。像过去一样，离婚被形容为既是创伤的时刻，又是成长的契机（Baum，Rahav & Sharon，2005；Schneller & Arditti，2004）。对男性离婚后的长期适应我们知之甚少，也许因为他们中间的很多人在很短时间内就建立新关系或再婚了。

很多中年夫妇结成既能满足家庭又能满足个人需求的关系，这使他们的感情越来越深厚。

2. 亲子关系的变化

父母与长大的子女的良好关系是逐步“放开”过程导致的，这一过程开始于儿童期，到青少年期加快，子女独立生活后即告结束。前面曾经讲到，许多中年父母能够很好地适应这一家庭生活周期的“放开”阶段，只有少数人有困难。对非父母关系和角色的投入、子女的特征、父母的婚姻和经济状况以及文化的力量都决定着，这一过渡是顺畅愉快，还是忧伤不幸。

新学年开始的时候，德温和特里莎把儿子马克送到大学宿舍后，想起往日时光倍感神伤。在回家路上，他们回忆起儿子的出生，以及第一天上学和中学毕业的情形，还说起突然变得安静的家。在这一切过去之后，他们又回到令人愉快的工作和社会活动中，并且很高兴两人有更多的时间在一起。拥有自己丰富多彩活动的父母，一般会欢迎子女的成年（Dennerstein，Dudley & Guthrie，2002）。强烈的事业心尤其能够预测孩子离家后的生活满意度（Seltzer & Ryff，1994；Silverberg，1996）。

青少年和年轻人，不管是否与父母同住，如果在发展上“延迟”，没有显露出人们所期望的独立和成功的迹象，将会增加父母的压力（Aquilino，1996；Pillemer & Suitor，2002）。拿艾列娜来说，她上中学的女儿经常逃学，有不能毕业的 *543*
危险。这就需要做父母者更细心的照顾和引导，给本打算结束父母抚养阶段、投身个人和职业发展的艾列娜带来了很多焦虑和不快。

在“放飞”子女的社会钟方面存在着相当大的差异。第 1 章曾讲到，很多出身于低社会阶层和具有大家庭生活传统的年轻人不会很早就离开家。在希腊、意大利和西班牙等南欧国家，父母常常有意延后其子女离家的时间。比如，意大利的父母认为，孩子如果没有“正当”理由就离家，说明家里一定是出了什么问题（Rossi，1997）。因此，在结婚前一直和父母住在一起的意大利年轻人，比其他西方国家多得多。同时，意大利父母在家里给他们已成年的子女相当大的自由（Rusconi，2004）。父母与成年子女的关系往往是积极的，使和父母一起生活很有吸引力。

由于父母与子女不再同住，父母的权威性会大大下降。德温和特里莎不再知道马克日常的行踪，也不指望儿子告诉他们。不过，马克每隔一段时间就会打电话回家，说说他的事情，需要做重要决策时，也会征求他们的意见。虽然父母的角色有变化，但是继续承担这一角色对中年人很重要。如果父母与孩子的联系和情感一直很好，孩子离家相对来说就是一件小事情。但是如果沟通很少甚至不再沟通了，父母的生活满意度就会下降（White，

1994）。对新西兰家庭的一项大型追踪研究发现，父母与成年子女之间的关系，与父母多年前的教育质量有关系。在孩子小学期和青少年期采取温暖、支持教育方式的父母，在孩子成年后联系较多，关系更亲密（Belsky et al.，2001）。

在整个中年期，父母给子女的帮助一直比他们得到的多，尤其是在子女未结婚或遇到困难时，如婚姻破裂或失业（Ploeg et al.，2004；Zarit & Eggebeen，2002）。当孩子刚开始独立生活时给他们以情感和经济上的支持，与中年期的幸福感相关。因为父母自己的关系破裂或经济需要而离异和再婚的父母，比一直保持第一次婚姻的父母给成年子女的支持要少，而且他们也不愿意这样做（Marks，1995）。子女的心理适应对中年父母心理适应的影响，比子女的教育和职业成功的影响还要大（Ryff，Schmutte & Lee，1996）。如果年轻的成年子女在情绪和社会性方面问题较少，他们与父母的关系就会更好。能否顺利地适应子女离家这一阶段，取决于做父母的成功感，也取决于不要疏远子女。

子女结婚后，父母将面对家族里多了姻亲的新挑战。如果父母不喜欢孩子的配偶，或者年轻夫妻的生活方式与父母的价值观不一致，都会出现困难。但是，如能保持温暖、支持的关系，父母与子女在整个成年期就会变得更亲密，对提高父母的生活满意度也很有好处（Ryff，Singer & Seltzer，2002）。等到成年子女完全独立后，中年一代的家庭成员，尤其是母亲，通常会承担起**亲情维系者**（kinkeeper）的角色，把家人聚在一起庆祝节日，确保家人之间保持联系。

随着孩子长大成人，父母希望与他们建立更宁静满意的成熟关系。但是，来自子女和父母两方面的很多因素影响着这一目标的实现。本节的“学以致用”表帮助中年父母归纳了一些有助于增强与成年子女的联系的途径，父母将从中得到子女的爱和回报，并促进个人的成长。

学以致用　　**中年父母与成年子女形成良好关系的途径**

建　议	描　述
重视积极的沟通。	让成年子女知道你的尊重、支持和关心。这不仅是情感交流，而且能在建设性氛围中化解矛盾。
不要像孩子小时候那样对孩子妄加评论。	成年子女和年幼子女一样，都喜欢与年龄相适宜的关系。为安全、吃喝、卫生等事情唠唠叨叨（如“高速路上小心开车”，“别吃那些东西”或“天冷一定要穿外套”）会惹成年子女生气，妨碍沟通。
承认文化价值观、惯例和生活方式会在下一代发生变化。	在建构个人同一性时，多数成年子女都曾经评价过文化价值观和惯例对自己生活的重要性。传统和生活方式不能强加在成年子女身上。
当成年子女遇到困难时，忍住“越俎代庖”的冲动。	要接受这样的事实，即没有成年子女的合作，什么有意义的改变都不会发生。越俎代庖传达的是不信任和不尊重。看一看子女是否需要你的帮助、建议和决策。
清楚自己的需求和偏好。	若无法与子女见面、不能帮着看小孩或提供其他帮助，要说出实情，商量出合理的折中办法，不要怨恨。

资料来源：Toder，1994.

3. 做祖辈

马克结婚两年后，德温和特里莎听到孙女即将出生的消息，激动万分。在人们心目中，祖父母是老年人，其实当今美国成年人成为祖辈的平均年龄是 40 岁中期到晚期，加拿大则是 40 岁晚期到 50 岁初期（AARP，2002；Rosenthal & Gladstone，2000）。期望寿命变长意味着成年人一生中的 1/3 将在承担祖父母角色中度过。

（1）做祖辈的意义

为什么特里莎和德温像这个年龄的很多人一样，怀着这么大的热情庆贺孙辈的到来？很多人都把做祖辈看作一个重要的里程碑，并提到以下一个或几个理由：

- *有价值的老人*——感觉自己是有智慧和有用的人；
- *因为有后代而不朽*——身后不止有一代人而是两代人接班；
- *重温自己过去的一生*——能够把家庭的历史和价值观传给新的一代；
- *溺爱*——与孩子共享天伦之乐却不用承担主要抚养责任。（AARP，2002；Miller & Cavanaugh，1990）

（2）祖孙关系

祖孙关系的方式因祖辈从新角色中体会到的意义而有很大的不同。祖辈和孙辈的年龄和性别会造成一些差异。在孙女很小时，特里莎和德温很享受和孙女之间疼爱的游戏关系。随着孙女的慢慢长大，她从祖父母那里得到的，除了疼爱和照料，还有知识和建议。等孙女进入青少年期，特里莎和德温已经成为做人的榜样，家史传授者和社会、职业、宗教价值观的传递者（Hurme，1991）。

一般来说，同性别的祖孙关系更亲密些，尤其是外婆与外孙女的关系，在很多国家都发现了这种情况（Brown & Rodin，2004）。祖母比祖父
544 报告的祖辈角色满意度高一些，可能因为祖母更多地与孙辈参加娱乐、宗教和家庭活动，因此接触更多（Silverstein & Marenco，2001；Somary & Stricker，1998）。祖辈角色可能是一个重要手段，它使中年女性因为承担了亲情维系者的角色而倍感满足。

因为住得很近，特里莎和德温能够很方便愉快地和孙女交往。若彼此的住所相隔很远，祖辈和孙辈的关系也会疏远一些，因为除了假期、生日或其他正式场合之外，他们的接触很少。虽然西方工业化国家的家庭流动性较高，但是多数祖辈有至少一个孙辈住得离他们比较近，能经常见面。即使孙辈住得比较远，影响孙辈发展的强烈意愿也会促使他们参与到孙辈的生活中（AARP，2002）。随着孙辈慢慢长大，距离的影响就不大了。孙辈的青少年和年轻成人对祖辈价值观的相信程度是预测他们的密切关系的良好指标（Brussoni & Boon，1998）。

社会经济地位和种族也会影响祖孙关系。在收入较高的家庭，祖辈对家庭的维持和生存并不起核心作用，祖孙关系的结构相当松散，有各种不同形式。相反，在低收入家庭，祖辈做着非常重要的事情。例如，许多单亲父母与自己的娘家人一起生活，靠祖辈的接济和对孩子的照看，减轻了贫穷的影响。与完整家庭相比，单亲或再婚家庭的孙辈报告说，他们与祖辈一起参加更多样、更高质量的活动（Kennedy & Kennedy，1993）。由于这些家庭的孩子经受着家庭变迁的压力，他们与祖辈的关系就显得更重要。

在某些文化中，祖辈参与到大家庭的家务中来，并主动帮助带孩子。当一位身为外祖母的华裔、韩裔或墨西哥裔美国人负责操持家务时，她会很愿意在孩子父母上班时带孩子（Kamo，1998；Williams & Torrez，1998）。与此相似的是，美国和加拿大原住民的祖辈参与照料小孩的也很多。如果家里没有亲祖辈，他们会找一位无亲戚关系的老人来家里帮助管教孩子（Werner， 545
1991）（见《伯克毕生发展心理学：从 0 岁到青少年》第 2 章对非洲裔美国人大家庭中祖辈角色的描述）。

很多做祖辈的人从与孙辈的疼爱、嬉戏关系中得到快乐。当这个小孙女逐渐长大以后，她从祖辈那里得到的，不仅是疼爱和照料，还能受到教诲，看到做人的榜样，并且了解家史。

（3）祖辈身份的近期趋势

当面临严重家庭问题时，祖辈会渐渐成为主要的养育者。本节的“社会问题”专栏揭示出，北美儿童住在祖辈主管家务的家里、不与父母同住的数量越来越多。虽然祖辈愿意并且有能力帮着带孩子，但是承担对年幼孩子的全部抚养责任，使他们在情感和经济上感受到很大压力。他们需要社会和政府机构提供比现在更多的帮助。

专栏　社会问题

祖辈抚养孙辈的隔代家庭

大约 240 万美国儿童、7.5 万加拿大儿童，占儿童人口的 4～5%，生活在**隔代家庭**（skipped-generation families），

即和祖辈住在一起而和父母分开住（Statistics Canada，2003a；U. S. Census Bureau，2006b）。在过去 10 年里，由祖父母抚养孙辈的数量有所增加。这种情况发生在各个族群，但非洲裔、西班牙裔和加拿大原住民家庭要多于白人家庭（Fuller-Thomson，2005；Minkler & Fuller-Thomson，2005）。

一位祖母这样描述隔代家庭的境况：

> 我想（孩子的妈妈）吸了很多毒品。我不懂那是不是厉害的毒品，但是已经足以让她干不出什么好事。她们开好多好多派对，我只希望能有一天找到她，跟她说："你的生活简直一团糟，让我照顾孩子一段时间吧，这样你也好调整一下自己的生活。"这只因为我们想让她（孙女）离开那儿。她是我们最先考虑的。(Jendrek，1994，p. 209)

大约一半的隔代家庭中，祖辈插手帮忙是因为致瘾物滥用使父母，往往是孩子母亲没有能力照养孩子。其他原因还有父母的情感障碍或身体有病（Pruchno & McKenney，2000；Weber & Waldrop，2000）。儿童虐待和忽视也是常见原因。有时，孩子的父母出于爱孩子，把孩子交给亲戚而不是收养家庭，大多是交给孩子的祖辈，让他们担任孩子的临时或永久的合法监护人。很多情形下，祖辈会在有或没有法律责任的情况下，给孩子的父母提供帮助。很多人说，他们这样做只是为了保护孩子，因为孩子父母的情况实在无法忍受了。

由于隔代家庭结构不是自由选择的，很多作为监护人的祖辈面临着压力重重的生活环境。父母不在，孩子适应困难，使家庭关系更紧张（Hirshorn，Van Meter & Brown，2000）。蹩脚的儿童养育经历给孩子留下印迹，使他们中很多人出现学习困难、抑郁和反社会行为。一些父母使用暴力妨碍祖辈对孙辈的管教，未经允许就把孩子带走，或对孩子承诺说不会让孩子一直待在自己身边。这些年轻父母还给已经入不敷出的家增加经济负担（Mills，Gomez-Smith & De Leon，2005；Williamson，Softas-Nall & Miller，2003）。所有这些因素都使祖辈陷入深深的忧虑中。

祖辈常常陷入两难困境，他们希望做孩子的祖父母而不是父母，希望父母能和孩子一起生活，但是又害怕父母回来不关心孩子，使孩子不幸。带孩子使祖辈很少有时间陪老伴儿，会朋友，他们希望有空闲时间但是却没有。许多人抱怨说，他们的情感枯竭、抑郁并且担忧自己生病了孩子怎么办（Hayslip et al.，2002；Kolomer & McCallion，2005）。一些家庭的负担沉重。美国和加拿大原住民当中，抚养孙辈的祖辈很难找到工作，更可能有能力缺失，或看几个小孩，或生活非常贫困（Fuller-Thomson，2005；Fuller-Thomson & Minkler，2005）。

隔代家庭亟须得到社会的、经济的援助，以及对有问题的孩子进行干预。尽管负担如此重，这些祖父母似乎意识到，他们在别人心目中的形象如"沉默的救星"，大多和他们的孙辈结成了亲密的情感联系（Fuller-Thomson & Minkler，2000）。对美国家庭的一个代表性大样本的调查显示，与离异、单亲和混合家庭的儿童相比，由祖辈抚养的儿童在学校的表现更好，生病较少，学习成绩不错（Solomon & Marx，1995）。

虽然抚养孙辈的祖辈平日里感到压力重重，但他们中的很多人表示，很高兴和孙辈分享生活，帮助他们成长。这些好的结果使祖父母获得了成就感和自豪感，对他们的艰难处境是一种补偿。有的祖辈把抚养孙儿看做"第二次机会"，来修正过去做父母时做得不太好的那一套，现在"按正确的做"（Minkler & Roe，1993；Waldrop & Weber，2001）。

71 岁的维拉·桑德斯和她 17 岁的孙子，她显得疲惫但是很骄傲。她在中年时做了三个孙儿的监护人。隔代家庭中的祖辈往往失去自由和空闲时间，且经济负担沉重。对维拉来说，这种牺牲是值得的。

由于父母辈往往是祖辈与孙辈之间关系的掌门人，因此祖辈与他们的儿媳或女婿之间的关系好坏，对祖孙之间关系的密切程度影响很大。其中，爷爷奶奶与孙子孙女的关系好坏，在很大程度上要看爷爷奶奶与儿媳的关系如何（Fingerman，2004）。如果婚姻解体，作为监护人的父母（母亲为多）一方的祖辈和孙辈的接触较多（Johnson，1998）。

祖辈，尤其是非监护人一方的祖辈所担忧的一件事，是父母离婚后怎样与孙辈保持联系。现在，美国全国50个州和加拿大的魁北克省都允许祖辈争取法律探视权。但是祖辈的探视权可能给家庭增添困难。在父母离婚后，祖辈的行为差异很大，从建设性的帮助到使父母陷入困境，不一而足。遗憾的是，在未能获得正式探视权的祖辈的法律诉状之外，常常发生激烈的冲突（Smith & Drew，2002）。结果，法庭往往被迫不再授予祖辈探视权。

如果家庭关系和谐，祖辈身份可以给中老年人提供一个满足个人与社会需求的重要手段。对儿童、青少年和年轻人来说，祖辈往往是快乐、支持和知识的来源。他们还能让小辈直观地了解，老年人是怎样想、怎样发挥作用的。反过来，孙辈可能对祖辈产生深深的依恋，并且让祖辈跟上社会变化的脚步。显然，祖辈对几代人的共同分享生活来说，是一个重要的来源。

4. 中年人与年迈父母

北美的中年人，其父母仍然健在的比例大幅上升，从1900年的10%增长到21世纪初期的50%（U. S. Census Bureau，2006b；Vanier Institute of the Family，2004b）。寿命的延长意味着成年人子女与自己父母将要一起步入老年。中年子女与老年父母的关系如何？在年迈父母的健康每况愈下的情况下，成人子女的生活会发生怎样的变化？

（1）来往的频率和质量

一种普遍流传的说法是，过去几代的成年人比如今的成年人更孝敬他们的老年父母。虽然成年子女与父母的身体接触的时间少了，但其原因不是忽视或孤立老人。现在与子女同住的老人比过去少是因为他们希望独立，健康和经济上有保障使这种独立成为可能。不过美国和加拿大有2/3的老年人和至少一个子女住得很近，相互见面和电话来往很多（Rosenthal & Gladstone，2000；U. S. Census Bureau，2006b）。这种接近的程度是随年龄增长而逐渐密切的：老年人向自己子女的方向搬迁，中年子女则向年迈父母的位置搬迁。

中年期是成人重新评估与父母关系的时期，正如他们也会对其他亲密关系加以重新思索（Helson & Moane，1987）。很多成年子女很赞赏父母的能力和慷慨。例如，特里莎为她父母在收入有限的情况下培养三个大学生的坚韧精神赞叹不已。她回想起30年前母亲在她与德温结婚前夕跟她说的话：“在一起好好生活，但也要营造你自己的生活。这样你会更快乐。”特里莎在几次面临转折关头时，这个建议都影响了她做出的决定。

特里莎和母亲的和谐关系显示出，母女关系比其他几种亲子关系更亲密（Fingerman，2001b）。由于在青少年期母女冲突的程度较低，很多女儿在成年后与母亲建立起有益的亲密关系。女儿能从母亲那里得到很多好处，人们也常用热情洋溢的语句描述母女关系。女儿进入中年期后，她们对母女关系的描述变得比较复杂，既有积极面，又有消极面，这种变化可能因为女儿的看法更成熟及母女关系更密切（Fingerman，2000）。 547
虽然步入中年的女儿仍然爱她们的母亲，也希望母亲也这样。但是她们的时间和精力却面对着各种各样的要求（Fingerman，1996）。结果，年迈母亲（尤其是寡居者）往中年女儿身上投入的感情，往往比女儿往母亲身上投入的感情还要多（Fingerman，2001a）。

在非西方国家，很多老人与已婚的子女住在一起。例如，中国、日本和韩国的老人往往会去儿子家，与儿子、儿媳以及他们的孩子一起生活。但这种模式正在发生变化：老年人与女儿一家同住或自己单住的情形比过去增多了（Kamo，1998；Zhan & Montgomery，2003；Zhang，2004）。不管是否住在一起、日常来往多少，关系质量一般都反映出早先形成的关系类型：积极的亲子关系一般会继续保持，矛盾重重的互动也会继续维持。

成年子女与其老年父母间的相互帮助是过去和现在家庭关系的反应。如果亲子关系一向很好，那么互相的付出与获得也就比较多（Whitbeck，Hoyt & Huck，1994）。父母对单身子女和残疾子女的关心比较多，而子女对鳏寡或多病的父母关心也较多。在整个成年期，这种帮助会发生转换，父母对子女的教导、帮着做家务、送礼物和经济资助逐渐减少，而子女对父母的各种形式的帮助则增多（Kunemund，Motel-Klingebiel & Kohli，2005；Rossi & Rossi，1990；Zarit & Eggebeen，

2002)。即使亲子关系在情感上出现隔阂，成年子女也会因父母年纪大并出于利他和家庭义务感而帮助父母（Silverstein et al.，2002)。

（2）照料年迈的父母

照料年迈父母的担子会变得越来越重。《伯克毕生发展心理学：从0岁到青少年》第2章讲到，由于出生率下降，几代人同住，但年轻人减少的家庭结构变得“头重脚轻”。这就意味着需要照顾的老人不止一个，但是能提供帮助的年轻人却很少。在美国和加拿大，大约20%的中年人需要照顾患慢性病或能力缺失的父母（Takamura & Williams，2002；Vanier Institute of the Family，2004b)。

术语**三明治一代**（sandwich generation），意思是，**中年人必须同时照顾上下几代人**（Riley & Bowen，2005)。虽然需要照料年迈父母的中年人，自己家里很少再有年幼的孩子，但很多人需要帮助已成年的年轻子女和孙辈，当这些责任同工作与社会责任结合在一起时，中年人就会觉得自己像“三明治夹层”，被挤压在老人和年轻一代的中间。

与身体多病的父母居住地比较远的中年人，如果条件允许，常常用经济上的资助来代替直接的照顾。但是若父母住得比较近且没有老伴能满足其需求，成年子女就必须直接来照顾。无论家庭收入高低，非洲裔和西班牙裔美国人对老年父母的经济资助都多于美国白人（Shuey & Hardy，2003)。少数族裔家庭一般会形成大而广泛的支持网络，其中，非洲裔美国人往往与朋友、邻居建立起如同家人般的关系，在经济和照养孩子方面互相帮助。

在所有族群中，照顾老年父母的责任一般都会落在女儿而不是儿子身上（见图4.5)。为什么女儿一般都是主要的照顾者？家人往往求助于一个最方便的人，例如，住在附近，没有什么其他事情妨碍其照顾父母。这些不成文的规则，加上父母都喜欢同性别的照顾者（老年母亲活得更长)，导致较多的女人承担这一角色。女儿也比儿子感到自己更有义务照顾老年父母（Stein et al.，1998)。虽然夫妻双方尽力对两家父母公平对待，但是对妻子的父母直接照顾更多。这种偏向在少数族裔家庭就不那么明显，在亚洲国家根本没有这种偏向，在那里，儿媳都要照顾她的公婆（Shuey & Hardy，2003；Zhan & Montgomery，2003)。

北美大约50%的女性照料者是有工作的；其他10%～30%则辞去工作，专门照顾父母。用于照顾能力缺失的老年父母所花的时间很可观，每周平均达到20小时（Nichols & Junk，1997；Takamura & Williams，2002)。图4.5显示，男人虽然比妻子做得少，但他们也做这种事。例如，蒂姆照顾他的刚刚中风的父亲，每天晚上，给他读书，照他的吩咐做事，修缮房间，帮他管账。他的姐姐则住在父亲家里，手把手地照顾父亲，做饭、喂饭和帮他洗澡。儿子和女儿在照顾老人时一般会按性别分工。如果家人不能全部照料，那么儿子负责照顾的时间可以达到约10%，他们 548
会全力以赴地做好最要紧的事情（Campbell & Martin-Matthews，2000；Harris，1998)。

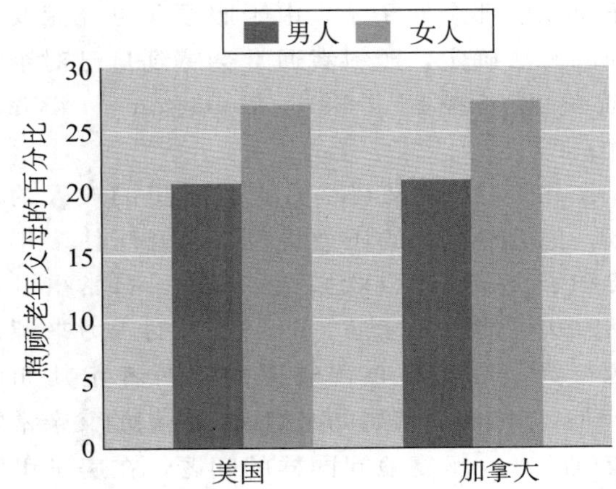

图4.5 美国和加拿大45～54岁人口参与照顾老年父母的比例

两国都是女人比男人参与照顾的比例高。但是男人也有不少人参与照顾。

资料来源：Takamura & Williams，2002；Vanier Institute of the Family，2004b.

当成人从中年期的早段过渡到尾段时，父母照料方面的性别差异会逐渐减弱。可能是因为男人对工作的投入减少，也不再需要遵照“男子气”的性别角色做事，他们变得善于并且乐意做照顾老人的那些最基础的事情（Marks，1996)。同时，照顾父母也有助于男性对自己人格中“女子气”的一面持接受态度。一个照顾患阿尔兹海默症母亲的男人谈论了这种经历如何改变了他的想法：

> 我不得不做个人护理，成了一名男护士，这需要努力适应。做这些事情真困难，是一个男人、一个儿子无法想象的。但是，我必须改变，因为行善事必须克服那些自私的习俗观念。我已经彻底改变了对习俗观念的看法。（Hirsch，1996，p. 112）

尽管大多数成人子女都乐意照料患有慢性病或能力缺失的父母，但这种照料给他们带来很大压力，这与照料一个小孩根本不同。照顾父母的需要往往是在父母心脏病突发、摔倒、中风或者确诊为癌症后突然出现的，没有什么时间做准备。而且小孩子会越来越独立，父母却一直走下坡路，所要求的付出也越来越多。例如，蒂姆就曾对德温和特里莎说："最难的一件事，是眼睁睁地看着父亲身体和心智衰退带来的情感压力。"蒂姆也因为丧失至爱的关系而悲痛，因为他的父亲已经完全不是以前那个样子了。由于照顾父母究竟要多长时间无法确定，照料者通常会感到自己对个人生活失去了控制（Gatz，Bengtson & Blum，1990）。

在北美，患病父母住在自己家里的成人约占10%，他们感受到的压力更大。分开居住多年的父母和子女一般不喜欢搬到一起住，日常事务和生活方式可能引发矛盾。但是最大的压力来源是问题行为，对父母心智衰退的照料者尤其如此（Marks，1996）。蒂姆的姐姐说，他们的父亲常常在夜里醒来，反复地问同样的问题，在房子里跟着她走，而且爱发脾气。

照顾父母常常会带来情感和身体健康方面的问题。它导致角色超载（工作、夫妻、父母和照顾老年人角色之间的冲突），高缺勤，倦怠、难以集中精力，敌意感，对变老的焦虑以及抑郁的比率高达30%～50%（Killian，Turner & Cain，2005；Stephens et al.，2001）。在成年子女对照顾老年父母具有特别强烈责任感的一些文化和亚文化中，子女的付出会更多。一项对韩国人、韩裔美国人和美国白人照料智力低下父母者的研究发现，韩国人和韩裔美国人所报告的家庭责任感和照料负担的水平最高，但他们的焦虑和抑郁水平也最高（Youn et al.，1999）。在非洲裔美国人照料者中，出于强烈的文化原因承担照料责任的女人（"我们这些人一向就是这样做的"），和出于中度的文化原因这样做的女人相比，在两年以后其心理健康较差（Dilworth-Anderson，Goodwin & Williams，2004）。

社会支持能够大大降低照料者的压力。例如，蒂姆的鼓励、帮助和耐心倾听，帮助他的姐姐克服了住在家里照顾父亲的困难，使她觉得做这些事很满足、很值得。虽然辞去工作的女人有更多的时间照顾生病的父母，但她们大多感到心情不好，可能因为社会孤立和经济压力所致（Pohl et al.，1994）。不过，从工作中获得的积极体验能够降低照料父母的压力，因为照料者把良好的自我评价和积极情绪一起带回到了家里（Stephens & Franks，1999）。

在丹麦、瑞典和日本，一个由政府出资的家庭助手系统可以减轻照顾老年父母的负担，该系统根据老年人的需要设有经专门训练的非住家护理员（Blomberg，Edebalk & Petersson，2000；Yamanoi，1993）。在美国和加拿大，请一个非住家的家庭护理员对多数家庭来说过于昂贵；只有10%～20%的家庭这样做（Family Caregiver Alliance，2002）。除非必须，很少有人愿意让他们的父母接受正规的护理，如请家庭护士，其费用也很昂贵。下面的"学以致用"表归纳了在个人、家庭、社区和社会水平上减轻照料老人压力的方法。我们还要在第5章探讨老年人护理及护理者培训等问题。

在所有族群，女儿在照顾年迈父母方面都比儿子承担更大的责任。女方父母一般会受到更多的直接照顾，但亚洲一些国家不存在这种偏向。这位韩国妇女正在细心而充满爱意地照料她的婆婆。

学以致用　　**减轻照料年迈父母的压力**

方　法	描　述
使用有效的应对策略。	采用问题中心策略来处置父母行为和照料任务。给其他家庭成员分配任务，从朋友和邻居处求得帮助，查明父母不能做什么，让父母尽量做自己还能做的事。采用情绪中心策略以积极方式重新看待所处情况，例如，把照顾父母看作个人成长和在父母暮年孝敬父母的机会。避免用生气的拒绝、抑郁和焦虑对照顾父母的负担做出反应。
寻求社会支持。	向家人和朋友诉说照料父母的压力，求得他们的鼓励和帮助。尽量不要辞去工作来照料生病的父母，因为这可能造成社交隔离和失去经济来源。
利用社区资源。	联系社区组织寻求信息和帮助，如家政服务，送餐上门，汽车接送和白天护理。
向工作单位和公共政策部门发出呼吁，减轻照料年迈父母的情感和经济负担。	吁请单位领导为照顾老人提供方便，如弹性工作时间和停薪留职。与法律制定者和其他公民沟通关于增加对照顾老年人的政府投入问题。促进医疗保险计划的实施，减轻中低收入家庭照顾老人的经济负担。

5. 兄弟姐妹

蒂姆与他姐姐的关系反映出，兄弟姐妹是提供社会支持的最理想人选。然而，对各族裔美国
549 人的一项大样本调查发现，从成年早期到成年中期，兄弟姐妹之间的来往和相互支持逐渐减少了，只有 70 岁以上、住得较近的兄弟姐妹才重新保持联系（White，2001）。中年期来往减少可能是因为中年人各种角色的要求。但多数成年的兄弟姐妹说，他们至少每个月见一次面或通一次电话（Antonucci，Akiyama & Merline，2002）。

虽然来往减少，但很多兄弟姐妹都感觉中年期的关系更亲密，尤其是对重大生活事件的反应上（Stewart et al.，2001）。子女离家和结婚似乎能促进兄弟姐妹彼此更关心。例如，蒂姆说："我姐姐的孩子们离家、结婚，这件事推动了我们的关系。我敢肯定，她很关心我。我觉得过去她只是没有时间！"当父母生重病时，以前很少来往的兄弟姐妹因为要照料父母而开始来往。等到父母去世后，成年子女意识到，自己已经是家中最年长的一代，他们必须彼此保持来往，来维系家庭纽带（Gold，1996）。姐妹之间的关系和成年早期差不多，仍旧比兄弟之间的关系更亲密，这种差异在很多工业化国家都存在（Cicirelli，1995）。

当然，并不是所有的兄弟姐妹关系都会改善。例如，特里莎和她姐姐多蒂的关系就不好（见第 3 章 92 页）。多蒂的难照养型气质使她从小就是个难相处的人。当她们的父亲去世、家里在经济上遇到困难时，她的脾气一下子暴躁起来。如果兄弟姐妹不能在照料父母方面相互帮助，承担这一重担的子女就会陷入强烈的消极情感（Merrill，1997）。诚如一位专家所言："随着兄弟姐妹走向中老年，良好的关系（通常）会变得更好，糟糕的关系会变得更糟。"（Moyer，1992，p. 57）

民族背景也会影响兄弟姐妹之间关系的特征。一项研究中，意大利裔美国人（尤其是姐妹）和信仰新教的白人兄弟姐妹相比，来往更多，关系更亲密（Johnson，1985）。研究者分析，意大利移民家庭父母的高权威，使兄弟姐妹小时候相互帮助、形成亲密关系并延续到成年期。

在工业化国家，兄弟姐妹关系是完全自愿的。在农业社会，兄弟姐妹关系一般都是非自愿、以家庭功能为基础的。譬如，在亚洲太平洋群岛，家庭生活围绕着兄弟姐妹之间紧密的互相依靠关系有条不紊地进行着。一对兄妹往往会和另一个家庭的一对兄妹换婚。婚后，人们期望兄弟要保护姐妹，姐妹则成为兄弟精神上的引导者。家里不仅有亲生兄弟姐妹，还有其他亲戚，如堂、表兄弟姐妹，形成整个一生中兄弟姐妹互相支持的非同寻常的大网络（Cicirelli，1995）。

在农业社会，文化准则会减少同胞间的冲突，确保家人的合作（Weisner，1993）。在工业化国家，从儿童期就促进兄弟姐妹间的积极互动，对于他们在以后人生中保持亲密的互相帮助关系意义重大。

6. 朋友

中年期，由于家庭责任减轻，德温有了更多的时间会朋友。每周五下午，他都要在咖啡馆和几位男性朋友见面，一聊就是两个钟头。但是德温的朋友大多是夫妻组合，是他和特里莎的共同 550

朋友。相比于德温，特里莎更多地与自己的朋友聚会（Blieszner & Adams，1992）。

中年期的友谊反映了第 2 章讨论过的相同趋势。在所有年龄段，男性对朋友的表达性都不如女性。男人在一起喜欢讨论体育、政治和商情，女人则热衷于情感和生活问题。正是由于这个原因，特里莎和德温与朋友聚会时，总是男人们聚在一堆儿，女人们聚在另一堆儿（Fox，Gibbs & Auerbach，1985）。女性的亲密朋友数量比男性多，并且她们与朋友互相给予的情感支持也比较多（Antonucci，1994）。

但是，无论男女，朋友的数量都随年龄增长而减少，可能是因为人们逐渐不愿把精力投入到非家庭关系中，除非它特别值得投入（Carbery & Buhrmester，1998）。随着对友谊选择性的上升，人们到一定年龄对友谊的看法变得更复杂。他们尽量与朋友和气相处（Antonucci & Akiyama，1995）。朋友一经选定，中年人就会很看重这种关系，并加以格外呵护。

人到中年，家庭关系和友谊关系支持着幸福感的不同方面。家庭关系帮助人抵御比较大的困难和丧失，在较长时间里给人以安全感。相形之下，友谊是当前的愉快和满足的源泉，女人从中得到的好处比男人更大（Antonucci，Akiyama & Merline，2002）。由于中年夫妻对“少年夫妻老来伴”的体会日深，他们会把家庭和友谊中最好的东西结合起来。研究确实说明，把配偶当作一个好朋友，对婚姻的幸福大有促进（Bengtson，Rosenthal & Burton，1990）。

中年人对友谊更具选择性。和年轻人相比，中年人不太愿意在友谊上投入精力，除非很值得。

7. 代际关系

被家庭、社区和社会广泛接受的一个理想是，每一代人都要让下一代人过得更富足。在过去的两个多世纪，北美人实现了这一目标。例如，特里莎的中学毕业的父母尽其所有，帮她实现了获得专业学位的愿望。而德温和特里莎给他们的儿子提供了比他们小时候更宽裕富足的成长环境。

但是，特里莎和德温，像很多北美人一样，都怀疑下一代年轻人能否过得像自己一样好。眼看着高离婚率、单亲家庭和青少年犯罪的现实，他们怀疑年轻人能否继续尊重并关心他们的长辈。特里莎和德温也担心老年人良好的经济条件同有孩子家庭的高贫穷率的对比（见《伯克毕生发展心理学：从 0 岁到青少年》第 2 章），可能引发代际怨恨。

对美国 18～90 岁人口的全国代表性样本的调查提出了这样一个问题：代际团结是否正在削弱。结果显示，尽管发生了上述社会变化，但年轻人与老年人之间的支持性联系仍然保持得很好（Bengtson & Harootyan，1994；Lawton，Silverstein & Bengtson，1994）。在家庭层面，90%的成年子女认为他们与老年父母关系密切。成年子女所说的与老年父母关系的密切程度，大于老年父母感受到的与其成年子女关系的密切程度（尽管有 80%的老年人认为这种关系很紧密）。与前面章节提到的给予老人很多帮助的情况相似，年轻人表达出对父母很强的奉献感——超出了父母的期望！而且，成人子女为父母付出时间和帮助的意愿与父母的财产多少无关（Wong，Kitayama & Soldo，1999）。

年轻人、中年人和老年人对调查的作答显示出他们在社区层面的志愿行为差异很大。中年人通过宗教活动和学习指导，把很多时间花在儿童和青少年身上。相形之下，年长些的成人更多地向老年人提供志愿的帮助。但是，如果他们与成年子女关系融洽，就更有可能这样做。样本中超过 70%的人描述了给亲戚、朋友、邻居以及其他社区居民的各种非正式的帮助（Harootyan & Vorek，1994）。

最后一点，在这次研究和其他一些研究中，多数参加者都说不会因为政府对其他年龄群体的优惠政策而怨恨。他们主张公平的标准。所有年龄段的成人都赞成财政资金向比较年轻的成人和老年人倾斜，而中年人在其次，因为他们的经济状况较好（Cutler，Whitelaw & Beattie，2002；Garstka，Hummert & Branscombe，2005）。当人们认为某一代人的需要没有得到满足时，他们会因为政府未能满足该年龄组的需求而表达不满（Schlesinger & Kronebusch，1994）。总之，尽管公众担心会发生代际冲突，但是大多数人的所作所为不会从自己利益出发。相反，他们的价值观、看法和行为显示了各代人之间“隐形的桥梁”。

思考题

复习　年龄、性别、接近程度和文化对祖孙关系有何影响？

应用　雷莱恩和她的兄弟沃尔特与他们的老年母亲艾尔西住在同一城市。当艾尔西不能自己一个人生活时，雷莱恩承担了照料母亲的主要责任。哪些因素影响了雷莱恩投身于照料母亲而沃尔特却较少投入？

联结　哪些证据可以证明，早期家庭关系影响着中年人与成年子女、老年父母及兄弟姐妹的关系？

反思　请你熟悉的一对中年夫妇说说他们现在有多少朋友，关系的质量如何，并和他们成年早期时的朋友状况做个比较。他们所说的和研究发现一致吗？请解释。

五、职业生活

551 我们已经知道，中年期过渡一般包括职业的调整。例如，作为中年期职业调整的结果，德温的职业生涯再上台阶，升职为大学学院院长这样一个劳神费力的管理岗位。特里莎对自己的职业做了重新定位，从一家大的法律事务所调到一个小的法律事务所，在这里，她觉得自己的努力能受到肯定。第 3 章曾讲到：安雅在最小的孩子离家后，拿到了大学学位并第一次进入了就业者队伍；杰维尔在已经很成功的商业上投入更多；艾列娜换了职业；蒂姆则减轻了工作上的责任，准备退休。

在中年期，职业仍旧是同一性和自尊的一个重要方面。中年人比过去和将来都更努力地增强其职业生活的个人意义和自我导向（Levinson，1978，1996）。同时，职业行为的某些方面仍有进展。例如，老员工缺勤、辞职和发生事故较少，工作效率则没有什么变化（Warr，1994）。因此，老员工的价值至少等于甚至高于年轻员工的价值。

二战后的生育高峰，加之多数工业化国家取消了强制退休的年龄限制，等于说在今后几十年里老年职工的数量将大幅增加。但是从年轻职工到老年职工过渡的很多优势却被有关老年人的消极成见掩盖了，人们错误地认为，老年人不善于学习，做决策缓慢，抵触改革和监管等等（Sterns & Huyck，2001）。此外，性别歧视继续限制着很多女性在职业方面的进步。下面详细审视一下中年的职业生活。

1. 工作满意度

工作满意度对心理和经济都有影响。如果人们对工作不满意，他们会旷工、辞职、抱怨甚至罢工，所有这些都会给雇主造成损失。

研究显示，在中年期，从总管到小时工的各种职业水平上，工作满意度都呈上升趋势（见图 4.6）。但是女性的这种相关性低于男性，可能是因为女性晋升机会少导致了不公平感。蓝领工人的这种相关也弱于白领职工，这可能是因为蓝领工人对自己工作的时间和内容安排无权过问（Avolio & Sosik，1999；Fotinatos-Ventouratos & Cooper，1998）。从职业的不同方面来说，内在满意度，即工作本身带来的快乐，与年龄呈高相关。外在满意度，即管理、薪酬和晋升带来的快乐则变化甚微（Hochwarter et al.，2001）。

怎样解释中年期的工作满意度上升呢？一种大的时间视角可能与此有关。例如德温就曾这样说：“回想我刚开始教书时，我总是抱怨要干的事情太多。现在来看，我能从一件微不足道的小事分析一个大问题。”像特里莎那样，辞去一个不值得干的工作也能鼓舞士气。可以预测职业幸福感的主要因素有：有权参与决策，工作量合理以及工作条件好。年长者更有机会从事符合这些条件的有吸引力
552 的工作。但是，如果没有可选择的岗位让他们调动，年长职工的职业抱负一般会降低。由于人们感受到，现实的成就和可能的成就之间的距离很小，他们在工作上的投入就会增加（Warr，1992）。

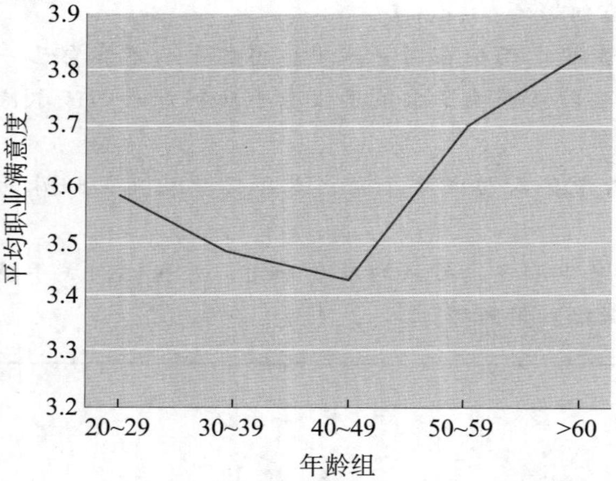

图4.6 职业满意度随年龄的变化

参加本研究的有2 000多名大学教职工，职业层级从秘书到教授。成年早期，由于一些不顺利的经历，职业满意度轻微下降（见第2章）。中年期的职业满意度稳步上升。

资料来源：W. A. Hochwarter et al.，2001，“A Note on the Nonlinearity of the Age-Job-Satisfaction Relationship，” *Journal of Applied Social Psychology*，31，p. 1232. 经授权引用。

对工作的情感投入一般被看作是心理健康的，但是也可能造成**枯竭**（burnout）——长期工作压力带来的心理疲惫、失去个人控制感和成就感降低的心理状态。枯竭较多地发生在助人性职业中，如卫生保健、服务和教师行业，这些行业对从业者有很高的情感要求（Zapf et al.，2001）。虽然从事人际关系方面劳神费力职业的人们，其心理和其他人一样健康，但有时从业者做出的努力会超出他的应对技能，再加上工作条件差，这种情形就容易发生。与枯竭有相关的因素还有：超时加班工作，缺乏来自监管人员的激励和反馈。枯竭现象在北美发生得比西欧国家多，可能因为北美人的成就取向更强（Maslach，Schaufeli & Leiter，2001）。

枯竭是一种严重的工作职业危险，它与丧失注意力和记忆力、严重抑郁、工伤、身体疾病、工作表现差、缺勤和辞职有关（Melamed et al.，1999；Sandström et al.，2005；Wang，2005；Wright & Bonett，1997）。要预防枯竭，从业者可以查明工作负担是否合理，给员工提供脱离压力情境的时间，限制有压力的工作时间，以及提供社会支持。一些干预措施，如让员工参与设计高质量的工作环境，可以提高员工的工作积极性和工作效率，减少枯竭现象的发生（Leiter & Maslach，2000）。另外，允许在家里上班的措施，也会满足一些人对平静、安宁的工作气氛的需求。

2. 职业发展

在做了几年教区护士之后，安雅感觉自己需要再接受培训，才能把工作做得更好。特里莎很欣赏她所在的法律事务所慷慨地支持她参加一些工作坊和课程进修，使她能跟得上新法律的进展。作为学院院长，德温每年都参加几次管理效率和教育技术学方面的研讨会。这些人的经历显示，职业发展在人的整个职业生涯中都是必不可少的。

（1）职业培训

当安雅向她的上司、35岁的罗伊请假去进修时，罗伊答道：“你都50多了，这个年龄，学那么多新知识干什么？”

罗伊的麻木而缺乏气度的反应常常让人无言以对，但是很遗憾，这种事在管理者中太常见了，甚至他们中的某些人也并不年轻！研究显示，对中老年职工的培训和在职咨询很缺乏。即使有职业发展活动，年长员工也较少自愿参加（Hedge，Borman & Lammlein，2006；Salthouse & Maurer，1996）。哪些因素影响着参加职业培训和知识更新的意愿呢？

首先，个人特征很重要，其中首要的就是一个人想要改变的愿望有多强。随着年龄增长，成长的需求逐渐让位于对安全的需求。因此，对很多中老年职工来说，学习和挑战的内在价值降低了。或许正因如此，年长员工的职业发展更多地依赖于同事和上司的鼓励。但是我们已经看到，年长员工很难遇到诚心帮助他们的上司。此外，对年长者的消极成见也会降低年长职工的自我效能感，即更新和扩展个人技能的自信心。自我效能感是从业者努力增强职业技能的一个强有力的预测指标（Maurer，2001；Maurer，Wrenn & Weiss，2003）。

其次，工作单位的特征也是一个相关因素。如果一个职工所做的工作要求他掌握新知识，他

为了完成任务，必然要想方设法地去学习。遗憾的是，老职工往往比年轻职工接手更多的常规工作。因此，部分老职工业务学习的动机减弱，可能是分派给他们的工作类型导致的。同事之间的互动也有很大影响。在项目组里，年龄相仿的人沟通更多。对年龄加以平衡的工作组（每个年龄段的人不止一个）有助于在职学习，因为沟通不仅能提供支持，还是在职学习业务知识的手段（Zenger & Lawrence，1989）。

计算机网络可以促进这样的团队互动，并能实现大公司里的资源共享，帮助低职位的员工以更宽阔的视角看待自己对实现公司目标所做的贡
553 献，感受到自己是大组织的一员（Avolio & Sosik，1999）。而且，计算机技术的发展也迫使老员工提高自己的计算机水平。这反过来又可以帮助他们紧紧跟上工作变化的步伐。

这个项目组由两个年轻人和两个中年人组成，正在完成一项挑战性的设计工作。由于团队成员中年龄相仿者的沟通较多，所以对年龄加以平衡的工作组有助于在职学习，提高工作成效。

（2）性别和种族：玻璃天花板

杰维尔 30 多岁的时候，开了自己的公司当总裁。身为女性，她认定自己在大公司里升到高级行政主管的机会渺茫，所以她并没有去努力。对 26 000 多名美国成人的追踪研究显示，男性在 30 年职业生涯中晋升到管理岗位的机会稳步上升。白人女性和黑人男性的晋升机会居次，黑人女性则很难有机会。这种职业晋升的不平等随着工龄增长越来越明显，这一结果是在控制了工作技能和工作效率这两个因素之后得到的（见图 4.7）（Maume，2004）。在最高职位的经理人方面，白人更具优势：他们获得 77%的大公司首席执行官职位（U. S. Census Bureau，2006b）。

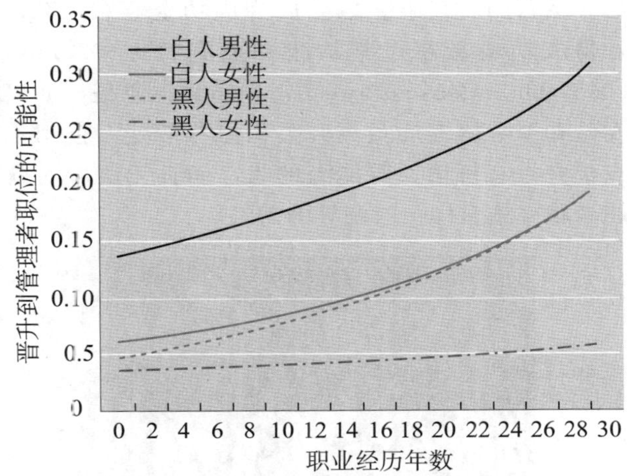

图 4.7　女性和少数族裔在 30 年职业生涯中晋升到管理者职位的可能性

一项对 26 000 多名美国成人的追踪研究发现，男性被提升到管理岗位的稳步上升。女性和黑人男性的提升机会居次，黑人女性则很少有机会升至管理岗位。这些趋势证实了对女性和少数族裔的“玻璃天花板效应”确实存在。

资料来源：D. J. Maume，2004，“Is the Glass Ceiling a Unique Form of Inequality?” *Work and Occupations*，31，p. 266. © 2004 Sage Publications. 经授权引用。

女性和少数族裔面临着一种**玻璃天花板**（glass ceiling），或妨碍她们晋升到公司高层的隐形障碍。为什么会有这种情形？首先，管理是一种需要别人教的艺术和技能。女性和少数族裔员工较难接近引路人、角色榜样或者作为培训渠道的非正式网络。由于社会成见对女性职业奉献精神和成为优秀管理者的疑问，大公司很少会专门出资为女性员工举办正式培训项目。其次，担任领导人和晋升所需要的挑战性、高风险且引人注目的工作，如风险投资、国际业务和解决纠纷等，极少会委托给女性或少数族裔员工来处理（Barr，1996；Lyness & Thompson，1997）。最后，女性如果表现出做领导和晋升方面的品质，如决断、

自信、强势和雄心勃勃，她们就会被人冷眼相看，因为这些特征不符合传统性别角色。和具有同样特质的男性相比，她们会得到更负面的评价（Carli & Eagly，2000；Eagly & Karau，2002）。

许多女性像杰维尔一样，采用绕道而行的方法应对玻璃天花板。因为没有晋升机会，辞去在大公司的中等管理岗位的女性比男性多一倍，她们大多创办了自己的公司（Mergenhagen，1996）。当前美国新创办的公司中，超过一半是由女性拥有和运营的。其中多数人成为成功企业家：72%获得成功或者超过其扩张和盈利目标（Ahuja，2005；U. S. Census Bureau，2006b）。但是，如果女性和少数族裔雇员离开公司另寻职业，公司不仅会失去有价值、有能力的人，而且无法应对就职者越来越多样化对领导的需求。

女性和少数族裔往往会面临一种玻璃天花板，即在公司和政府机构妨碍其晋升的隐形障碍。玛约丽·斯卡蒂诺（Marjorie Scardino）成功地克服了玻璃天花板效应。她是培生公司的首席执行官，这家国际性的媒体公司在全世界有32 000名员工，出版本书的即是培生在波士顿的分公司阿林与培根公司。

3. 中年期的职业变化

大多数人在整个中年期都从事同一职业，但是更换职业的情形也会发生。例如，艾列娜从新
554 闻记者转行去从事教学和创作。前面讲过，是家庭和工作境遇促使艾列娜下决心改换新职业的。像其他改换职业的人一样，她想要更满意的生活——她通过结束不幸福的婚姻，同时主动改换了期待已久的职业实现了这一目标。

如前所述，中年期职业变化不是很大的变化，一般是从一项工作转到另一项相关工作中去。艾列娜选了一份更富于刺激、更需要投入的工作。但是另一些人转到反方向——更轻松、无需艰难决策、不必向别人负很大责任的工作（Juntunen，Wegner & Matthews，2002）。做出更换职业的决定是困难的，必须衡量多年来积累的技能、目前的收入和职业安全性，对比目前的劣势和希望从新职业中得到什么。

但是，极端的职业改变往往是个人危机的信号（Young & Rodgers，1997）。一项研究考察了放弃高报酬、高声望的专业职位而去做普通的、收入低、只需一般技术工作的人们，结果发现，导致已有职业中断的主要是非工作方面的问题。例如，一位 55 岁的知名电视制作人做了学校校车司机，纽约一位银行高级职员做了滑雪场的服务员。这些人都是对个人无意义感作出反应，想逃离家庭冲突、与同事的紧张关系和不满意的工作，投入更自由独立的生活中（Sarason，1977）。

4. 失业

德温和特里莎的朋友乔治在一个公司的退休计划办公室，为退休者享受闲暇生活或寻找新工作提供咨询。乔治在 54 岁失业后，不得不把他的咨询技能用到自己身上。他发现，失业是一种文化休克。头一两个星期，他整天在床上躺着，不刮胡子，喝很多酒。这段时间过去之后，乔治仍然郁郁寡欢，经常生病。

当公司缩编减员的时候，受影响最大的就是中老年人。在任何年龄失业都是困难的，但中年员工在身心健康上比年轻人出现更多的问题（Breslin & Mustard，2003）。失业的年长职工会较长时间处于失业状态，收入大大减少。而且，年过四十却必须自己重新建立工作安全感的人们，感到自己在社会钟方面已经“过时”了。结果，失业可能会打乱中年期的主要任务，包括繁衍感、对生活目标和个人成就的重新评价（Broomhall & Winefield，1990）。此外，长期从事一种职业并全心投入，会使年长失业者失去更多的价值。

一段时间的悲观失望之后，乔治开始遵照自己曾经给来访者提的那些建议行事。他把自己喜欢做的事情、不愿做的事情，以及如果做了就会给他的经济和生活带来危机的事情一一列出来。他做起了自己的小生意，继续给退休者做咨询，写一些文章，就退休的各方面问题作演讲，但他是在家里穿着T恤衫，而不是在办公室穿工装做这些事。有效的问题中心应对策略重新构建起乔治的满意的职业生活（Kinicki，Prussia & McKee-Ryan，2000）。

对于寻找职业的中年人来说，社会支持对减轻压力、确认自己的价值非常重要。但是，并非所有形式的社会支持都能发挥同等效力。了解自己的能力，跟兴趣和价值观相似的人沟通——这种事情往往发生在同事之间——对人的帮助最大（Mallinckrodt & Fretz，1988）。

中年失业的人一般很难恢复到原先的职位和收入水平。在找工作时，他们会遭遇年龄歧视，而且发现，相对于很多空缺职位，自己都显得资历过高。帮助人们制订家庭经济计划、减轻因失业的坏名声带来的屈辱感、鼓励个人灵活性的咨询，可以帮助人们更好地转换职业角色。

5. 退休计划

一天晚上，德温、特里莎与乔治和安雅一起吃晚饭。饭吃到一半，德温问道："乔治，跟我们说说，你和安雅在为退休做什么。你是这方面的专家，你是打算把生意停掉，还是做兼职？你们是住在这里，还是搬走？"

三代或四代人以前的人们不会有这样的谈话。在1900年，北美大约70%的65岁及以上的男人都还是劳动力。到1970年，这个数字下降到27%。到21世纪初，再降到9%（Statistics Canada，2002c；U. S. Census Bureau，2006b）。由于政府出资的退休福利已于1927年在加拿大实行，1935年开始在美国实行，退休不再是有钱人的特权。在这两个国家，政府为大多数老年人出资购买社会安全保险，其他人则通过雇主提供的私人养老金计划来解决（Chappell et al.，2003；Meyer & Bellas，1995）。

大多数就职者说他们期望退休，越来越多的人在中年期离开全职工作岗位。在过去20年里，退休的平均年龄有所下降。现在，美国和加拿大的退休平均年龄是62岁，其他西方国家则在60～63岁之间（Statistics Canada，2002c；U. S. Census Bureau，2006b）。这等于说，一生中的1/4在退休后度过的人数越来越多了。

退休是一个长期、复杂的过程，开始于中年人第一次思考这个问题的时候（Kim & Moen， 555
2002b）。制订计划很重要，因为退休导致与职业相关的两项重要丧失——收入和地位，并改变着生活中的很多方面。与其他生活过渡一样，退休也常常是充满压力的。

乔治在他举办的一次退休讲习班上说道："制订退休计划可以帮助你对自己的选择做出评价，考虑现有资源，在发生改变之前，在情绪上做好准备。"将近一半的中年人都没有制订具体的退休计划，但是多项研究证明，制订退休计划会导致更好的退休适应和满意度（Jacobs-Lawson，Hershey & Neukam，2004；Quick & Moen，1998）。

本节的"学以致用"表列出了制订退休计划时常见的一些问题。理财计划非常重要，因为退休后收入一般会降低50%。虽然人们制订理财计划比制订其他计划更认真，但是即使参加过理财教育培训的人，也往往不能很清楚地了解自己的财务状况并做出理智的决定（Hershey et al.，1998）。很多人都会从专家的理财分析和咨询中获益。

学以致用　　**有效退休计划的要素**

问题	描述
理财	退休理财计划应该始于第一次拿工资的时候；至少应在退休前10～15年就着手，因为多数人退休后还要度过20多年。
健康	中年期就应该开始制订健康计划，因为好身体是退休后幸福生活的基础。
角色适应	退休对习惯于职业角色的人来说比较困难。为身份的巨大变化做准备可以减轻压力。
居住地	要仔细盘算该不该搬家，因为居住地关系到就医、朋友、家庭、消遣、娱乐和兼职。
休闲活动	退休者一般每周能增加50个小时的自由时间。认真计划好这段时间做什么对幸福感有重要影响。
健康保险	投保政府资助的医疗保险有助于提高退休后的生活质量。
法律事务	退休前的一段时间是立遗嘱和制订不动产计划的最好时期。

退休导致的度过时光的方式，主要是由个人兴趣而不是人的责任来决定的。没有仔细想过时间安排的人会失去生活目标感。研究发现，制订一个积极的生活计划对退休后幸福感的影响，比制订理财计划还要大。参加各种活动对幸福感的很多重要因素都有促进作用，例如有条理的时间安排、社交和自尊等（Schlossberg，2004）。退休后的生活是否应该重新安排，认真思考这个问题关系到退休后能否有积极的生活，因为它将影响到家庭、朋友、消遣、娱乐和兼职工作等各方面。

德温在 62 岁时退休，乔治在 66 岁时退休。特里莎和安雅年轻几岁，她们和很多已婚女性一样，丈夫退休之后，也就退休了（Ruhm，1996）。相形之下，杰维尔身体不错，但是没有一位共同享受生活的亲密伴侣，所以她一直到 75 岁还在做她的商务咨询。蒂姆退休较早，然后搬到艾列娜家的附近，在那里他投身于公共服务，在一所公立学校做二年级学生的辅导教师，开车送城里的孩子到博物馆，课后和周末担任青年运动队的教练。退休对于蒂姆像对于很多管理人员一样，提供了关注自己周围世界的机会。

令人遗憾的是，低教育水平的人最不可能参加退休准备项目，其实他们本应当从中受益最多。女性比男性较少制订退休计划，她们常常靠丈夫来做准备，这一发现可能改变了女性与男性越来越平等，而不是第二位的持家者的说法（Han & Moen，1999）。雇主必须采取更多的措施，鼓励低收入员工和女性参与制订退休计划的活动（Jacobs-Lawson，Hershey & Neukam，2004）。另外，要改进经济困难者的退休适应，还有赖于在退休之前受到更好的保健、职业培训，得到更好的工作。显而易见，一生中的各种机会和经历影响着向退休的过渡。在第 6 章，我们将更详细地讨论退休决策和退休适应问题。

思考题

复习 随着年龄增长，影响职业满意度的因素有哪些？

应用 一位公司高管想知道，用什么办法可以帮助他们公司的女性和少数族裔晋升到管理人员位置。你会给他提出什么建议？

联结 一些管理人员有时只给年长员工分派一些普通工作，认为他们不再能胜任复杂工作。请从本章和前一章中找出证据来说明这种安排是错误的。

本章要点

一、埃里克森的理论：繁衍对停滞

556 *根据埃里克森的理论，中年期人格发生怎样的变化？*

■ 繁衍感的形成开始于成年早期，但是在中年期面临埃里克森所说的**繁衍对停滞**的心理冲突时有明显发展。高繁衍感的人通过为社会作贡献而产生完善感，包括做父母，维护家庭关系，努力工作，参加志愿活动等。

■ 个人愿望和文化要求共同塑造了成年人的繁衍活动。高繁衍感的人表现出非常好的适应。如果中年期的人们变得自我中心和自我纵容，就会出现消极发展结果，即停滞。

二、中年期心理发展的其他理论

介绍了莱文森和魏兰特关于成年中期心理发展的观点，讨论了男女两性的共同点和差异。

■ 莱文森认为，中年期的人会重新评估对自己的态度和与外部世界的关系。他们必须面对四个发展任务，每个任务都要求他们协调好自我中的两种相反倾向：年轻—年长、破坏—创造、男子气—女子气，融入—分离。

■ 由于看待老年人的双重标准，女性担忧自己的容貌不再具有吸引力，她们比男人更多地认为自己比实际年龄显得年轻。但是未上过大学的男人对中年后身体变老的敏感性甚至超过了女人。

■ 中年男性表现出对人的照顾、关心等“女子气”特质，女性则表现出自主、支配和果断等“男子气”特质。男人和事业型女人通常会降低对进取和成就的关注。专心养育孩子和没有满意工作的女人，则会更多地投身于工作和社会。

■ 魏兰特发现，40 多岁晚期和 50 多岁的成人往往会承担文化护卫者的责任，努力向后代“传递火炬”。

中年危机的提法是否符合中年期多数人的经历？

■ 多数人认为中年期是一个“转折点”而不是一个危机期。只有少数人感受到**中年危机**，其特征是自我怀疑加剧、内心动荡，个人生活和职业发生巨大变化。

用生活事件论和阶段论解释中年期。

■ 中年期的情绪与社会性发展既有连续性也有阶段性特征。有些变化是对外部事件的适应（如家庭生活周期），但这些事件和过去相比并不具有年龄阶段性。多数中年人认为他们经历了阶段性的发展，其中，一些困难重重的时刻促使人们产生对生活的新理解和新目标。

三、自我概念和人格的稳定性与变化性

描述了中年期的自我概念与人格的变化。

中年期的人们保持着自尊并通过修正其**可能的自我**来获得前进动力，可能的自我的数量减少并更加适度而具体，其原因是人们根据生活境况调整了他们希望的自己和不希望的自己。

■ 中年期一般会导致更多的自我接纳、自主性和对环境的掌控，这些变化增强了幸福感和生活满意度。结果是，有些人把中年期看作“人生的全盛期”。但是，不同文化对幸福的解释有很大差异。

■ 从成年早期到成年中期，生活压力逐渐增加，到 60 多岁时，由于工作和家庭责任减轻，压力逐渐下降。此时的应对策略也更有效，因为中年人对自己处理生活问题的能力更自信。

描述了中年期性别同一性的变化。

■ 中年期的男性和女性都变得更加双性化。对生物学的解释，如**父母强制理论**意见不一。社会角色和生活条件可能以复杂的方式共同影响着中年期性别同一性的变化。

讨论了成年期“大五”人格特质的稳定性和变化。

■ **“大五”人格特质**中的神经质、外向性和求新性在中年期保持稳定或有轻度下降，随和性和尽责性有所增强。“大五”特质的个体差异很大且相当稳定：尽管成人的人格在整体结构上有变化，但这些变化都建立在基本的、持久不变的素质基础上。

四、中年期的人际关系

描述了中年期的家庭生活周期，包括与配偶、成年子女、孙辈及年迈父母的关系。

■ “放飞孩子，继续前进”是家庭生活周期中一个新的、最长的阶段。中年人必须适应子女离家、子女结婚生子和老父母去世等变化带来的家庭成员的到来和离去。

■ 中年期的变化促使很多人注重改善自己的婚姻。离婚较多是由女方先提出的，中年人比年轻人更容易适应离婚。中年期的很多离婚都和先前的一次或几次不成功的婚姻有关。对女性来说，离婚大多会带来经济状况下降，这造成了**贫穷的女性化**。

■ 多数中年父母都能较好地适应家庭生活周期中子女离家的阶段，如果他们有很强的职业取向，而且亲子之间的交往和感情得以保持，适应就更容易。在意大利和其他南欧国家，未婚成年子女大多和父母同住；在北美，父母往往向年轻的成年子女提供情感和经济支持。由于子女结婚并把配偶带入家庭，中年父母，特别是母亲，会成为**亲情维系者**。 557

■ 如果家庭关系良好，做祖辈是满足个人和社会需要的重要手段。姻亲关系影响着祖孙关系的亲密性，在低收入家庭和某些亚文化中，祖辈要提供很多重要资源，如经济资助，帮着带小孩等。当出现严重家庭问题时，祖辈会成为**隔代家庭**中孙辈的主要养育者。

■ 中年人会重新思考自己与年迈父母的关系，这种关系往往变得更亲密。母女关系一般比其他几种亲子关系更亲密。早期亲子关系的质量，无论是积极的还是充满冲突的关系，通常会得到持续并影响着亲子之间互相给予和得到的帮助。

■ 中年人上有体弱多病需要照顾的父母，下有成年子女和孙辈需要帮助，他们被夹在中间，被称为**三明治一代**。成年女儿照料老父母的负担最沉重，在中年期的后期，在照顾父母方面的性别差异逐渐缩小。

■ 父母养育具有情感和健康的效果。在一些文化和亚文化中，成年子女对付出关爱有一种特殊的责任感，他们对子女的付出很大。社会支持对减轻养育压力非常有效。

描述了中年期的兄弟姐妹关系和友谊，讨论了代际关系问题。

从成年早期到成年中期，兄弟姐妹的来往和支持有所减弱，可能因为各种角色的要求所致。但多数中年兄弟姐妹感觉他们更亲密，并积极地对重大生活事件做出反应，如子女离家、结婚以及父母生病和去世。在工业化国家，姐妹关系一般是最紧密的，在非工业化国家，兄弟姐妹关系是家庭正常运作的基础，其他同胞关系（如兄妹关系）也可能很亲密。

■ 在中年期，朋友变少，更有选择性，友谊更深厚。男性对朋友的表达性仍低于女性，女性的友谊关系更亲密。把配偶看作最好的朋友能大大促进婚姻幸福感。

■ 研究显示，在家庭和社区中，代际之间存在强有力的支持关系。多数人支持政府对其他年龄群体的优惠政策。

五、职业生活

讨论了中年期的工作满意度和职业发展，特别关注了性别差异和少数族裔问题。

中年人普遍对职业进行调整，努力增强其职业生涯中的个人意义和自我定向。职业表现中的某些方面有所改进。所有职业地位的职业满意度都在提高，但男性比女性提高更多。

■ **枯竭**是一种严重的职业危险，尤其容易发生在助人型职业中。安排合理的工作量，减少有压力的工作时间，向员工提供社会支持，让员工参与设计高质量的工作环境，可以预防枯竭的产生。

■ 年长员工因为人们对年长者的消极成见而较少参与职业发展活动，这种消极成见伤害了年长员工的自我效能感，使他们很少得到上级管理者的鼓励，也很少被安排做挑战性工作。

■ 女性和少数族裔员工面临着一种**玻璃天花板**，原因是他们很少有机会参加管理者培训，以及对女性的领导能力和晋升资格存有偏见。很多女性为了推进自己的职业生涯而离开大公司，创建了自己的公司。

讨论了中年期的职业变化和失业问题。

■ 多数中年人的职业变化是从同一职业的一种岗位转到另一种岗位。剧烈的职业变动比较少见，它往往是个人危机的信号。

■ 失业对于中年人来说是非常困难的境遇，他们是公司缩编裁员的主要对象。咨询能够帮助他们找到可选择的满意工作，但是很难取得原来的工作地位和薪酬。社会支持对减轻失业压力很重要。

讨论了制订退休计划的重要性，指出了中年人应该注意的一些问题。

■ 北美有越来越多的中年人从全职工作中退休。退休带来一些有压力的变化，如失去了收入和职位，但自由支配的时间增多。在制订理财计划的同时，制订一个积极生活计划，对退休后的幸福感有很大影响。雇主必须采取措施鼓励低收入职工和女职工参与退休准备项目。

重要术语和概念

"big five" personality traits (p. 540) "大五"人格特质

burnout (p. 552) 枯竭

feminization of poverty (p. 542) 贫穷的女性化

generativity versus stagnation（p. 530）繁衍对停滞

glass ceiling（p. 553）玻璃天花板

kinkeeper（p. 543）亲情维系者

midlife crisis（p. 534）中年危机

parental imperative theory（p. 539）父母强制理论

possible selves（p. 536）可能的自我

sandwich generation（p. 547）三明治一代

skipped-generation family（p. 546）隔代家庭

中年期发展的重要标志

558

年龄	生理	认知	情绪/社会性
40～50 岁	● 眼晶状体的适应能力、暗视力和颜色分辨力下降；对强光的敏感性增大（500 - 501） ● 对高频音的听力减弱（501） ● 头发变灰白、稀薄（500） ● 面部皱纹变明显；皮肤失去弹性，变松弛（501 - 502）  ● 体重继续增加，躯干脂肪增多，皮下脂肪减少（502） ● 瘦组织群（肌肉和骨骼）减少 ● 女性雌激素分泌减少，导致月经周期缩短和不规律（502） ● 男性的精液和精子数量减少（505） ● 性反应强度降低，但性生活频率只轻微减少（507） ● 癌症和心血管病发病率上升（508 - 510）	● 衰老意识增强（500，532） ● 晶体智力增强，流体智力减弱（516 - 517） ● 认知加工速度下降，但成人可用经验和实际能力补偿（518 - 519） ● 完成复杂任务时注意分配和注意控制力减弱，但成人可用经验和实际能力补偿（519 - 520）  ● 工作记忆中可保持的信息量减少，主要是由于记忆策略使用减少（520 - 521） ● 从长时记忆中提取信息更困难（520） ● 一般事实类知识、程序性知识、与自己职业有关的知识保持不变或增多（521）  ● 实际问题解决能力增强，专长增多（521） ● 创造性更强调对观点的整合并且更利他（521 - 522） ● 在具有挑战性和自主性的本职工作中显示出认知灵活性的增强（523）	● 繁衍感增强（530）  ● 更关注对个人有意义的生活（530，532） ● 可能的自我的数量变得更少、更适度和具体（536） ● 自我接纳、自主性和对环境的掌控力增强（536 - 537） ● 应对策略变得更有效（537） ● 性别同一性变得更双性化；女性的“男子气”特质增多，男子的“女子气”特质增多（533 - 534，539 - 540） ● 尽责性增强，神经质减弱（540） ● 可能会放飞子女（542 - 543） ● 如果是母亲，可能成为亲情维系者（543） ● 可能成为姻亲和祖辈（543 - 545） ● 可能要照顾体弱多病的父母（547 - 548） 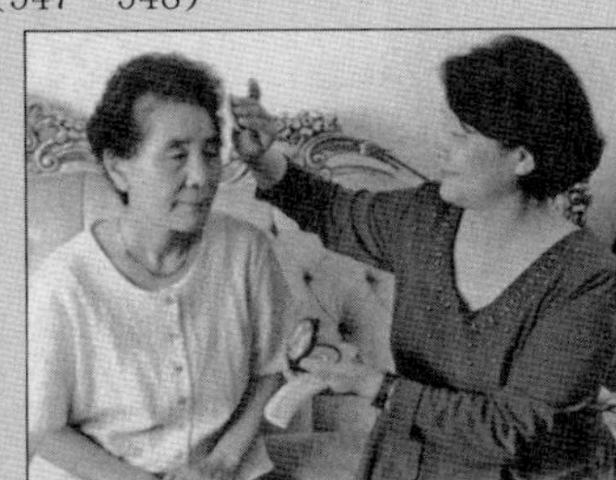 ● 兄弟姐妹关系更亲密（548 - 550） ● 朋友数量一般会减少（549 - 550） ● 职业满意度一般会增强（551 - 552）

续前表

年龄	生理	认知	情绪/社会性
50～65 岁	● 眼晶状体完全丧失适应力（500） ● 听力减弱扩大到所有音频，对最高音区仍保持较好听力（501） ● 皮肤皱纹继续增多且松弛，出现“老年斑”（501） ● 瘦组织群继续丧失，导致骨质疏松高发（502，511） ● 脊柱塌缩导致身高降低约 2.5 厘米（502） 	● 上述认知的各方面的变化继续发生 	● 上述的情绪与社会性变化继续发生 ● 父母对子女的帮助减少，子女对父母的帮助增多（545－548） ● 可能退休（544－545） 

第三篇　老年期

在各种文化中，老年人往往与智慧相联系。丰富的生活经验常常能使他们成为精神引路人。这位秘鲁的萨满巫师正在主持一个精神仪式，向过去的哥伦比亚土地神祭贡品。

第5章

老年期的生理与认知发展

第一部分　生理发展

一、期望寿命

1. 期望寿命的差异
2. 老年期的期望寿命

专栏　毕生发展观　从百岁老人身上我们能学到什么？

3. 最长寿命

二、身体变化

1. 神经系统
2. 感知系统
3. 心血管系统与呼吸系统
4. 免疫系统
5. 睡眠
6. 身体外貌和行动能力
7. 适应老年期的身体变化

专栏　文化影响　衰老体验的文化差异

三、健康、健身与能力缺失

1. 营养和锻炼
2. 性生活
3. 身体能力缺失
4. 心理能力缺失

专栏　社会问题　对痴呆老人护理者的干预

5. 保健

第二部分　认知发展

一、记忆

1. 有意记忆对自动化记忆
2. 联想记忆
3. 长久记忆
4. 前瞻记忆

二、语言加工

三、问题解决

四、智慧

五、认知变化的相关因素

六、认知干预

七、终生学习

1. 项目的类型
2. 继续教育的好处

561 67岁时，沃尔特放弃了摄影生意，希望和64岁、从社会工作者岗位同时退休的露丝一起过休闲生活。晚年，沃尔特和露丝参加很多志愿者活动，一周打三次高尔夫球，与沃尔特的哥哥迪克、嫂子高尔蒂在夏天一起去度假。沃尔特还做了许多他喜欢做但过去一直没时间做的事情，例如写诗，写短篇小说，参加戏剧表演，报名参加一个世界政治课程的学习，并开了一片让邻居们赞不绝口的花园。露丝则是如饥似渴地读书，担任了一家收养机构的董事，她也有了更多的时间看望住在邻近城市的姐姐伊达。

在以后的20年中，沃尔特和露丝的精力与活力鼓舞着见到他们的每个人。他们和蔼可亲，关心他人，对别人不吝惜时间，所以不仅他们的儿女、孙子女，而且他们的侄子、侄女、朋友的孩子和老同事都来找他们。周末，他们家里总是宾朋满座。

但是，80岁过后，老两口的生活发生了巨大变化。沃尔特因前列腺增生和发生癌变而动了手术，还因心脏病发作住了3个月医院。露丝在他身边陪伴了6周之后，沃尔特去世了。露丝不顾自己的悲伤，接着又去照顾伊达。伊达78岁时还思维敏捷、身子骨硬朗，79岁时，身体还不错，但精神明显衰退。同时，露丝的关节炎也越来越严重，视力和听力大大减弱。

85岁时，有些事情露丝不是不能做，但是做起来很困难。“只不过要慢点做！”露丝像以前一样乐观地说。读书已经很难，所以她从当地图书馆借来一些有声读物。她变得步履蹒跚，视力模糊，很少一个人出门。当露丝和家人一起在嘈杂的饭馆里吃饭时，露丝很不适应，也很少加入别
人快节奏的谈话中。但是，如果在安静环境中做 562
一对一的交谈，她还是像过去那样聪明、智慧，具有机敏的洞察力。

老年期，或称成年晚期，从65岁持续到生命结束。令人遗憾的是，普通大众对老年人的看法并未抓住人生最后这几十年的本质，错误观点很盛行，例如：说老年人体弱多病，住在护理院，与家人很少来往；老年人不能再学习，进入衰退和依赖阶段；等等。和老年人很少接触的年轻人，对世上还有沃尔特和露丝这样积极投入周围世界的老年人，往往感到非常惊讶。

当我们考察老年期的生理和认知发展时，就会知道，随着死亡临近，增长和衰退的平衡发生了转换。但是，工业化国家65岁的人们，在这种转换对日常生活发生影响之前，还能过上将近20年健康而充实的生活。露丝的例子就说明，很多老年人虽然身体已不强壮，但他们能找到应对生理和认知挑战的方式。

我们最好把老年期看作以前各个时期的一个延伸期，而不是一个断裂期。只要社会文化环境能为老年人提供支持、尊重和生活目标，这些岁月就仍然是有潜力可挖的。

第一部分　生理发展

当我们说某个老年人相对于其年龄“显年轻”或“显老”时，也就是在说，日历年龄不一定是**机能年龄**（functional age），或实际能力和行为的一个良好指标。因为每个人的生物学衰老速率不同，有些80岁老人比很多65岁的人还显得年轻（Neugarten & Neugarten，1987）。第1章讲过，除了这种总体比较之外，每个人身上，不同部位的变化也不同。例如：露丝的身体虽然衰弱，但精神仍然活跃；而伊达正相反，她的身体健康状况和年龄相符，但却难以和别人交谈、约见或做好熟悉的事情。

个体间和个体内的差异之大，使研究者至今未能找到可以预测老年人整体衰老速率的生物测量方法。但是，我们能够估计老年人的预期寿命，对影响老年期寿命的因素，知道的也越来越多。

这两位老人多大年纪？看上去她们有多大年龄？由于人的生物学衰老的速度不同，所以右边这位 76 岁老人比左边的 74 岁的妹妹看起来还年轻些。

一、期望寿命

每当遇到像退休和变成寡妇这样的重大生活事件时，露丝都会问自己："我还能活几年？"在某一年出生的人们，从任意给定的一个年龄开始，平均还可以活多少年，即**平均期望寿命**（average life expectancy）的大大提高，有力地支持了前几章讲过的延缓生物学衰老的影响因素的多元观点，这些因素包括营养、医疗、卫生设施、安全等条件的改善。第 1 章曾讲过，在北美，1900 年出生的婴儿，其预期寿命还不到 50 岁。而 2004 年，这个数字在美国达到了 77.9 岁（男 77，女 80），加拿大是 80.1 岁（男 77，女 82）。20 世纪期望寿命的增长速度惊人，相当于过去 5 000 年间的增长。婴儿死亡率的下降是促进期望寿命增长的主因（见《伯克毕生发展心理学：从 0 岁到青少年》第 3 章）。成人的死亡率也在下降。例如，在北美成人死亡原因中排第一位的心脏病，过去 30 年减少了近 50%，原因是各种危险因素减少了（如高血压和吸烟），尤其是医疗技术的进步（Statistics Canada，2005a；U. S. Department of Health and Human Services，2005h）。

1. 期望寿命的差异

期望寿命的稳定群体差异证明了遗传和环境对生物学衰老共同发挥作用。北美期望寿命的数据显示，女性平均寿命比男性长 4～7 年，这种差异几乎
563 存在于所有文化中。女性在期望寿命方面的优势也是某些动物所具有的，如大鼠、小鼠和狗（Shock，1977）。一般认为，女性多出来的一条 X 染色体的保护功能起了作用（见《伯克毕生发展心理学：从 0 岁到青少年》第 2 章）。不过 20 世纪 70 年代以来，工业化国家期望寿命的性别差异开始减小（Conti et al.，2003；Leung，Zhang & Zhang，2004）。因为男性患病和早死的风险较高，他们从积极生活方式变化和医学新发现中得到了更大的好处。

期望寿命因社会经济地位、种族和国家的不同而不同。随着受教育水平和收入水平提高，期望寿命也会延长（De Vogli et al.，2005）。2004 年出生的美国白人儿童的寿命可能比非洲裔儿童长 5～7 年，比美国原住民儿童长 4～5 年。在加拿大，原住民人口超过当地人口 20%的地区，其平均期望寿命比全国平均期望寿命短 5～15 年（Statistics Canada，2005e；U. S. Department of Health and Human Services，2005p）。造成这些差异的原因是：高婴儿死亡率、高意外伤害率、威胁生命的疾病、贫穷导致的压力以及（在美国）低社会经济地位少数族裔中的暴力致死。

一个国家的保健、住房、社会服务及生活方式因素，以及更重要的，老年期的生活质量，可以预测寿命长短。研究者对世界各国人口的**积极寿命**（active lifespan）进行了调查，积极寿命指在某一年出生的人能够拥有多少年健康而精力充沛的生活，结果，日本位列第 1，加拿大排第 12，美国很遗憾地排在 24 位（见图 5.1）。日本能够排在第 1 位要归功于其心脏病发病率较低，而这又和日本国内的

低脂肪饮食、良好的保健及其他有利于老年人的政策分不开。由于美国在所有这些方面的不足，美国老人比其他发达国家的老年人受到更多的疾病困扰，并且早死者较多。在发展中国家，由于广泛存在的贫穷、营养不良、疾病和军事冲突，人口寿命约 50 岁，而实际寿命更短——海地 44 岁，阿富汗 38 岁，卢旺达 33 岁，塞拉利昂只有 26 岁（World Health Organization，2000a）。

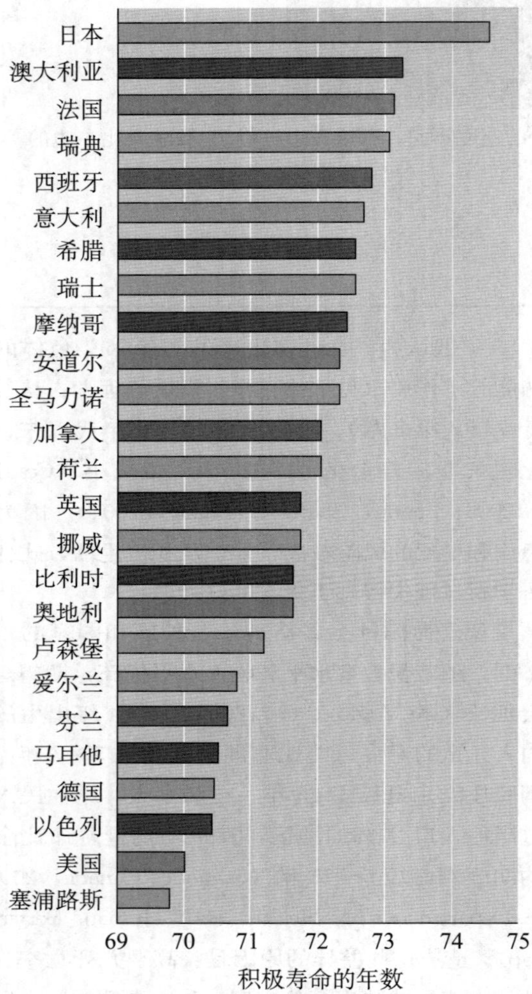

图 5.1　25 个国家的实际寿命

生活方式因素、良好的保健和其他有利于老年人的政策有利于实际寿命的延长。日本位列第 1，加拿大第 12，美国遗憾地排在 24 位。

资料来源：World Health Organization，2000a.

2. 老年期的期望寿命

极度贫穷的群体，其寿命要低于经济条件好的群体，工业化国家中年龄在 65 岁及以上的人口比例大幅增加。1900 年到 2004 年的北美人口中，老年人的比例从 4%增加到 16%，预计到 21 世纪中叶，这一比例会达到 23%。其中增长速度最快的是年龄 85 岁及以上的人口，约占美国总人口的 1%、加拿大总人口的 1.4%。预计到 2020 年，85 岁及以上高龄的老年人数目会翻一番，而到 2050 年将是现在的四倍（Statistics Canada，2005e；U. S. Census Bureau，2006b）。

在 21 世纪初期的美国，65 岁的人有望再活 18 年，在加拿大是 19 年。和过去一样，女性的期望寿命比男性高。今天，65～69 岁的人口，男女比例约为 100∶115；85 岁及以上人口，这一比例高达 100∶226（Health Canada，2002c；U. S. Department of Health and Human Services，2005p）。在所有发达国家都存在的这些差异，在某些发展中国家并不存在，因为这些国家的女性分娩时的死亡率很高，而且深受歧视和贫穷困扰（U. S. Census Bureau，2005）。

由于寿命的优势，女性在老年期的人数超过男性，但男女两性平均期望寿命的差异却在缩小。在北美，一个新生女婴的期望寿命可能比一个新生男婴长 7～8 年。到 65 岁，这一差异缩小到大约 3 年半；在 85 岁，更缩小到 1 年多。超过 100 岁，期望寿命的性别差异消失。与此类似，随着年龄增长，高社会经济地位的白人和低社会经济地位的少数族裔人口之间，慢性病患病率和期望寿命方面的差异也逐渐缩小。大约 85 岁时，出现了**期望寿命的交** 564
叉（life expectancy crossover），低社会经济地位少数族裔人口比白人主流人口活的时间更长（House，Lantz & Herd，2005；Liang et al.，2002）。图 5.2 显示了对非洲裔美国人的研究结果。专家对此的解释是，在男性和低社会经济地位群体中，只有遗传上最具优势者才能长寿。

当然，平均期望寿命并不能说明，老年期的生活究竟有多大的乐趣。北美多数 65 岁以上的老年人能够独立生活，而且过着有建设性的生活，尽管随着年龄增长，需要帮助的人也逐渐增多。70 岁之后，约 10%的人的**日常活动**（activities of daily living，ADLs）出现困难，日常活动指一个人单独生活时的自我照料，如洗澡、穿衣、上下床、在椅子上座下和站起、吃饭等等；约有 20%的人不能从事**日常工具性活动**（instrumental activities of daily living，IADLs），这是需要一定认知能力才能完成的对日常生活的打理，如打电话、购物、做饭、打扫房间、付账单等。随着年龄增

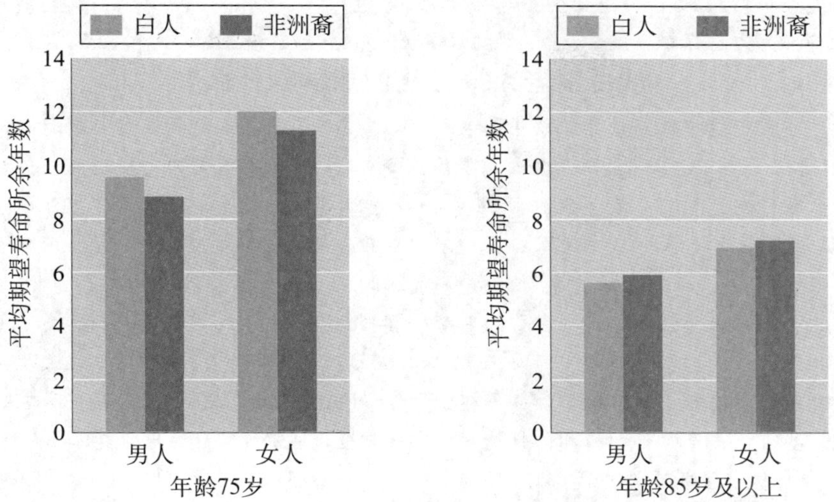

图 5.2　美国白人和非洲裔在 75 岁和 85 岁时的平均期望寿命出现期望寿命的交叉

85 岁以下，美国白人的期望寿命超过黑人。85 岁及以上，这种趋势发生逆转，黑人的平均期望寿命超过白人。因为低社会经济地位的少数族裔群体中，只有最具遗传优势者才能长寿，他们的寿命略长于高社会经济地位的同龄白人。同时，期望寿命的性别差异也随年龄增长而缩小。

资料来源：U. S. Department of Health and Human Services，2005h.

长，不能做这些事情的老年人数量快速增加（Statistics Canada，2005e；U. S. Department of Health and Human Services，2005h）。

从本书中我们知道，遗传和环境共同影响着衰老过程。遗传方面，同卵双生子一般会在 3 年内相继死亡，而同性别的异卵双生子，其死亡时间则相差 6 年以上。长寿还可以在家族中延续。祖先比较长寿的人通常也长寿，而且身体更健康。父母都能活到 70 岁或以上，其子女活到 90 或 100 岁的可能性是一般人的两倍（Hayflick，1994；Mitchell et al.，2001）。

双生子研究还表明，75～80 岁以后，遗传对寿命的影响逐渐下降，环境因素的影响加大，主要有：健康的饮食，正常的体重、有规律的锻炼、很少或不吸烟、不喝酒、不接触毒品、乐观的心态、心理压力较小及社会支持等（Rowe & Kahn，1998；Zaretsky，2003）。对百岁老人的研究使人们深刻认识到，生物、心理和社会因素是怎样共同起作用，促成他们长寿而满意的生活的。本节的专栏“毕生发展观”的内容，可以帮助我们了解长寿的人们是怎样适应生活、做到长寿的。

3. 最长寿命

人们都想知道：人的**最长寿命**（maximum lifespan），即排除了其他危险因素的影响，由遗传决定的寿命极值是多少？根据目前的预测，多数人约为 70～110 岁，平均 85 岁（Harman，2002）。从本节专栏“毕生发展观”中可知，截至目前人类的最长寿命为 122 岁。

这些数字是否反映了人类寿命的极值？人的寿命还可以再延长吗？现在，科学家并不赞同这个说法。一些学者认为，平均期望寿命的延长主要靠一生中前 20～30 年中威胁健康因素的减少，因此，对于大多数人来说，85 岁或者 90 岁是可以预期的最长寿命值。在过去 10 年间，65 岁以上老人的寿命的延长有限，只有 5 个月（U. S. Department of Health and Human Services，2005p）。另一些学者认为，寿命的延长并非不可能，只是人类还没有找到遗传的极限。因为在实验室条件下，几个物种寿命的延长已经实现，主要是通过选择性生育、基因工程及限制饮食实现的（见第 3 章）（Arking，Novoseltsev & Novoseltseva，2004）。

动物研究的成果应用到人类身上引发了另一个问题：人类的寿命应该无限制地延长吗？对这个问题，很多人认为，我们追求的目标应该是生活质量，而不是寿命长短，也就是说，应该尽一切努力去延长积极寿命。多数专家认为，只有在降低社会经济地位较低人群的可预防疾病的发病率、战胜各种导致衰老的疾病后，延长人类的寿命才有意义。

专栏 毕生发展观

从百岁老人身上我们能学到什么?

珍妮·路易斯·卡尔蒙特是吉尼斯世界纪录中的最长寿者。她 1875 年出生于法国阿尔勒，1997 年逝世，享年 122 岁。遗传对她的长寿可能有影响：她父亲活到 94 岁，母亲 86 岁。她的家庭属于中产阶层，20 岁时嫁给了一个富商（Robine & Allard，1999）。年轻时她健康而有活力；她骑车、游泳、滑冰、打网球，而且她每天去做弥撒时都要爬上大教堂高高的台阶。

珍妮认为自己长寿归功于饮食中富含橄榄油和偶尔喝一杯波尔多葡萄酒。一些人把长寿归于她随和的性情和抗压能力。她曾说："如果你做一件事时束手无策，你不要烦恼。"她 85 岁的时候还能击剑，100 岁还骑自行车。100 岁后不久，她开始享受陪护生活，她依然精力充沛，保持良好的身体和精神状态，并且成了名人，一方面因为她的年龄，一方面因为她的人格魅力。她常常出现在媒体上和国家电视台给她庆贺生日的节目中。直到逝世前一年，她始终很活跃且思维敏捷，她认为，欢笑是长寿的最好药方。有人曾问她，衰老对她有什么影响，她风趣地说："我只有一道皱纹，不过我把它压平了。"

由于社会对老年人的成见及研究者对老年人的疾病和能力丧失的过分关注，在社会大众的心目中，年龄最大的那些人是极端脆弱的。过去 40 年，工业化国家百岁老人的数量增加了 10 倍，并有加速趋势。目前美国百岁老人数量为 6.75 万人，加拿大为 3 800 人。这个数字有望在 2050 年增加 12 倍，2050 年之后每两年翻一番（Statistics Canada，2002g；U. S. Census Bureau，2005）。

百岁老人的男女比例为 1∶5，其中 60%～70%受到生理和心理疾病的困扰，不能独立生活，其余则过着积极、自主的生活（Hagberg et al.，2001；Silver，Jilinskaia & Perls，2001）。这些顽强的百岁老人非常有意思，他们代表了人类可能达到的生命极限。他们是怎样一群人？为此，几项追踪研究已经展开。结果表明，他们的受教育年限（从文盲到研究生毕业）、经济状况（从很穷困到很富裕）和种族差异巨大。但他们的身体状况和生活经历却揭示出一些共同线索。

健康 百岁老人的家族长寿史显示出遗传带来的生存优势。这些老人往往有很长寿的祖父母、父母和兄弟姐妹。他们的子女大多已 70～80 岁，而且看上去比实际年龄年轻（Coles，2004；Perls et al.，2002）。一些百岁老人和他们的兄弟姐妹在第四对染色体上有相同的DNA 片断，显示某个或某几个基因可能有助于长寿（Perls & Terry，2003）。

多数百岁老人没有罹患与衰老有关的慢性病。基因检测发现，与基因有关的免疫功能缺失、癌症和老年痴呆症在他们身上的发生率较低。这些百岁老人的免疫系统功能正常，尸检发现他们的大脑很少病变（Silver & Perls，2000）。另一些百岁老人虽有慢性病，多为动脉硬化和心血管病，但他们依然生活得很好（Berzlanovich et al.，2005）。女性百岁老人在 40 岁之后生育者是一般人群的 4 倍（Perls et al.，2000）。晚育表明这些女性的生殖系统老化较慢，这使她们后半生的老化也比较缓慢。

若把百岁老人看作一个群体，则他们的体型属于中等偏瘦，饮食适度。其中不少人的大部分或全部牙齿完好无缺，这是身体异常健康的另一标志。虽然他们的同时代人吸烟者很多，但是这些百岁老人大多不吸烟。其中多数人说，他们一生坚持身体锻炼，并持续到 100 岁后（Kropf & Pugh，1995）。

人格 人格方面，这些高龄老人都表现出很强的乐观主义精神。他们很少陷入恐惧和悲伤，更关注美好的明天。根据百岁老人的自我评定，他们的焦虑和恐惧越少，身心健康就越好（Quinn et al.，1999）。一项研究中，先对百岁老人进行人格测验，18 个月后再测，他们报告了较多的疲惫和抑郁，可能是对生命最后阶段越来越严重的衰弱的反应。

珍妮·路易斯·卡尔蒙特是吉尼斯纪录中最长寿者，她 1997 年去世时 122 岁。她 85 岁时还在击剑，100 岁时还骑自行车，去世前一年仍然思维敏捷，这一切打破了人们对老年人的成见。这是她 121 岁时的照片。

但他们在坚定性、独立性、情绪安全性和求新性等项目上的得分仍然很高，这些特质对他们 100 岁以后的生存可能至关重要（Martin，Long & Poon，2002）。被问及长寿秘诀时，这些老人较多地提到亲密的家庭关系和长久、幸福的婚姻。男性百岁老人中，约 1/4 的人仍处在婚姻状态（Velkoff，2000）。

活动　百岁老人都有参与社会活动的经历，其原因只是为了自己的成长和快乐。他们当前参与的活动主要是富于促进作用的工作、休闲活动和学习，这可能有助于他们保持良好的认知和生活满意度（Samuelsson et al.，1997）。写信、诗歌、剧本和回忆录，做演讲，教授音乐课程，在主日学校任教，照顾病人，砍柴，卖货物、证券和保险，绘画，行医，布道等，这些百岁老人的活动五花八门。有些不识字的老人还重新学习读写。让人印象最深的是一位 105 岁的老太太一周四个晚上去上课。时间不长，她就学会了认路标、报纸标题和《圣经》的片段（Beard，1991）。

人们常常觉得百岁老人很稀罕，不能代表一般人群。随着百岁老人数量的增加，人们不再把他们看作稀罕之物，而越来越把他们看作是发展最好的人。这些独立、思维敏捷、自我完善的百岁老人显示出，在生物学优势的基础上，人们是怎样形成健康的生活方式、丰富的个人资源以及与家庭和社会的紧密联系，并冲破积极寿命的极限的。

二、身体变化

565 引起个体衰老的特定基因的程序性影响，和随机发生的、导致生物学衰老的细胞变化（见第 1 章）使得老年期生理机能明显退化，身体的很多器官和生理系统受到影响。如果能精心护理，大部分身体结构仍能正常发挥功能，并持续到 80 岁以后。重温表 1.1，其中概括了下面要讨论的身体变化。

1. 神经系统

定期体检时，医生问 80 岁的露丝生活得怎么样，露丝回答："前两天，我忘了刚搬过来的邻居的名字，也想不起一叠收据放在什么地方，我还不能正确地告诉快递员怎样找到我的家。我是不是迷糊了？"露丝不无焦虑地问道。

"您说得太过了，"威利医生说，"露丝，如果真迷糊了的话，你就不会担心自己健忘了。"露丝还闹不清楚，为什么在天气特别冷和特别热时，自己比前些年觉得更不舒服。此外，她协调各种动作比过去慢，也不太能保持身体平衡了。

中枢神经系统的老化影响到各种复杂的思维和活动。在整个成年期脑重都在下降，根据脑成像和大脑解剖研究发现，由于脑细胞死亡和脑室（空间）增大，60 岁后脑重的下降幅度加大，到 80 岁时下降 5%～10%（Vinters，2001）。

整个大脑皮层的神经元细胞都会减少，但不同区域减少的速度不同。在视、听和运动区，有 50%的脑细胞死亡。追踪研究发现，大脑皮层负责信息整合、判断和反省思维的额叶和连接两半球的胼胝体的变化要大于顶叶和颞叶，枕叶的变化最小（见《伯克毕生发展心理学：从 0 岁到青少年》第 4 章 129 页的脑区剖面图）。除大脑皮层外，小脑（负责平衡和协调）的神经元也会减少——总体上减少约 25%。掌管神经纤维髓鞘化的神经胶质细胞也减少，导致中枢神经系统功能下降（Raz，2005）。

但是，大脑能防止某些下降。几项研究发现，对没有受到疾病困扰的老人来说，其大脑神经纤维的增长速度与中年人相同。在其他神经元退化以后，正在衰老的神经元会形成新突触（Flood & Coleman，1988）。此外，衰老的神经元在某种程度上也能产生新的神经元（Gould et al.，1999）。功能核磁共振成像研究发现，和年轻人相比，记忆力和其他认知能力较强的老人的大脑皮层有更多的区域参与大脑活动（Gazzaley & D'Esposito，2005）。这表明，调动其他脑区的活动来帮助认知加工，可以缓解脑细胞减少带来的影响（Grady & Craik，2000）。

掌管日常生活机能的自主神经系统在老年期也退化，使老年人在很热和很冷环境中容易出现危险。例如，露丝的排汗功能下降导致她对炎热天气的忍耐性较差；寒冷天气中，她的体温升高很慢。不过，如果老人的身体健康，没有什么疾病，上述功能的下降则较轻（Whitbourne，2001）。另外，自主神经系统分泌的进入血管的应激激素也比年轻时多，这也许是用来激活对激素反应不太敏感的身体组织的（Whitbourne，1999）。后面将会讲到，这种变化会导致老年人免疫力下降和睡眠问题。

2. 感知系统

老年期感觉功能的变化越来越明显。老年人的视力和听力都不太好，味觉、嗅觉和触觉的敏感性也有所下降。图5.3显示，老年人的听力丧失比视力丧失更普遍。作为对中年期开始的下降趋势的延续，女性比男性更多地报告了视力减退，男性的听力减退则比女性严重。

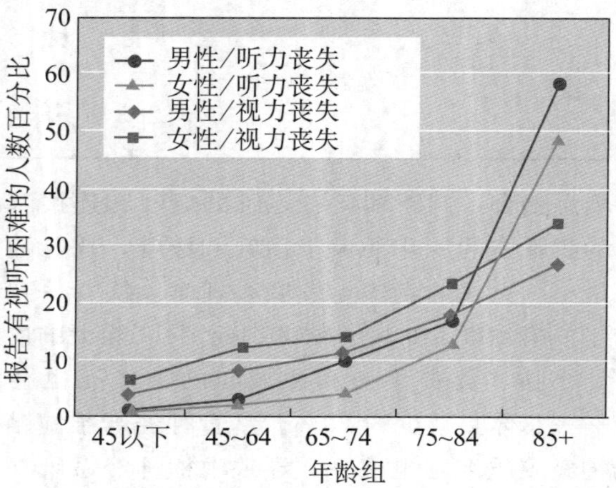

图5.3 美国男性和女性随着年龄增高视力和听力丧失比例

在一个具有全国代表性的大样本中，报告有视力问题、即使经矫正或使用放大镜看东西仍困难者即为“视力丧失”，报告有各种听力困难者为“听力丧失”。女性报告的视力丧失更多，男性报告的听力丧失更多。老年期听力丧失比视力丧失更普遍。加拿大感觉丧失的发生率较小，但是趋势和美国一致。

资料来源：U. S. Department of Health and Human Services，2005p.

（1）视力

566 第3章讲过，眼睛结构的变化使之在看近物、在较暗光线下看东西和辨别颜色较困难。在老年期，视力进一步下降，角膜（眼球的透明薄膜）变得更透明，散光使图像模糊，眼睛对强光的敏感性提高；晶状体变黄导致颜色辨别力进一步下降。从中年期到老年期，**白内障**（cataracts）——出现在晶状体和眼膜的模糊区域——逐渐增多，它导致视力模糊，如果不做外科手术，最终会失明。从中年期到老年期，患白内障的人数成十倍地增加，其中25%在70多岁时患病，50%在80多岁时发病（Harvey，2003；U. S. Census Bureau，2006b）。除生物学老化外，遗传、暴晒、吸烟和某些疾病，如糖尿病，都会增加患白内障的风险（Hammond et al.，2000；Klein et al.，2003）。好在我们可以采用摘除晶状体、植入人工晶体或戴眼镜来有效地恢复视力。

老年期视力下降是由于到达视网膜的光线减少导致的（因晶状体黄化、瞳孔收缩和玻璃体模糊）（见第3章）。暗适应——从亮处到暗处的适应——困难，使老年人在电影开演后进入电影院的适应变得更困难。由于双眼视觉（大脑对两眼摄取的图像进行综合加工的能力）下降，深度知觉也变差（Brabyn et al.，2001）。另外，视敏度（辨别的精度）减弱且在70岁后快速衰退（Fozard & Gordon-Salant，2001）。

视网膜中区（macula）的光敏细胞功能下降，可使老年人罹患**黄斑变性**（macular degenera- 567
tion），导致中央视觉区模糊，并逐渐丧失视觉。黄斑变性是老年人失明的主要原因。如果及早诊断，有时可借助激光手术治疗。而白内障则和动脉硬化一样，遗传、吸烟会增加其危险性，因为到达视网膜的血流量受到限制。保护因素之一是多吃绿叶蔬菜。维生素A、C、E，胡萝卜素（黄、红色植物色素）被认为可以防止视网膜中区细胞的自由基的损伤（Lacour，Kiilgaard & Nissen，2002）。但是几项严格设计的实验发现，一度被认为可减少白内障和视网膜黄斑变性的维生素制剂并没有稳定效果（Dangour et al.，2004）。

视觉困难对老年人的自信和日常行为影响颇深。露丝在75岁前后就不再开车，并且她非常担心沃尔特在开车途中难于做出判断。沃尔特开车时很难一边看路一边看仪表盘，在黄昏和晚上辨别行人时感到吃力（Wood，2002）。步行时，老年人因深度知觉和暗适应较差，容易摔跤。

严重的视力丧失会影响老年人的休闲活动，变得与他人隔离。露丝不再去博物馆，看电影，打桥牌，玩字谜游戏。视力差使她不得不靠别人帮助做家务、买东西。在85岁及以上的老年人中，有30%的人因视力严重丧失而妨碍了日常生活（U. S. Department of Health and Human Services，2005h）。还有很多人的视力下降未被检测出来（Evans & Rowlands，2004）。对眼疾的治疗大大有助于老年人保持其生活质量。

（2）听力

568 感恩节聚会上，85 岁的露丝听不清别人说的话。“妈妈，这是莱奥娜，乔伊的表妹，您来见见她吧。”露丝的女儿西比尔说。在儿孙们的喧闹声、杯盘交错声、电视机声音和身边的谈话声中，露丝听不清莱奥娜的名字，也听不清她和西比尔的丈夫乔伊是什么关系。

“再说一遍你的名字，”露丝说，“咱们到隔壁谈谈，那儿安静点，咱们能说会儿话。”

第 3 章曾讲到，老年期，内耳和皮层听觉区的供血下降，细胞自然死亡，耳隔膜（如鼓膜）硬化，导致听力下降。尽管对各种频率的柔和声音的辨别力都在下降，但对高频音的辨别力下降最甚（见 544 页）。此外，对于让人受惊吓声音的反应性减弱，并较难分辨复杂音调（Fitzgibbons & Gordon-Salant，1998；Hietanen et al.，2004）。

听力丧失对自我照顾的影响虽不如视力丧失那么大，但它仍会影响人的安全和对生活的享受。在嘈杂的城市街道上，80 岁的露丝不能准确地对各种警报做出判断，无论是口头的（“看着点，别往前走了”），还是非口头的（喇叭或警报器）。如果收音机或电视机的音量较大，她有时会听不见电话铃声或敲门声。

由于听力下降，老年人自我报告的自我效能感降低，孤独感和抑郁综合征增多，与之来往的人也比听力正常时减少（Kramer et al.，2002）。在各种听力困难中，言语知觉能力随年龄下降对生活满意度的影响最大。70 岁以后，听清对话内容、辨别谈话的情绪表达特征的能力下降，在嘈杂环境中困难更大（Schneider et al.，2000）。露丝在听别人交谈时即便使用了以问题中心的应对策略，但她还是不能顺利解决问题。有时，一些人不能替老年人着想。例如，一次外出郊游吃晚餐，当露丝请乔伊重复说一遍时，乔伊不耐烦地提高了嗓门。他当着露丝的面对西比尔说：“西比尔，老实说，露丝耳聋了，是不是？”可这次，露丝却听到了他说的每句话。在家庭的感恩节聚会上，几乎没有谁和露丝谈话，她感到十分孤独。

和视力一样，多数老年人的听力降低并不足以影响他们的日常生活。对受影响较大的老人，使用助听器或把周围的噪音降到最低，可以起到补偿作用。从出生起，人就具有联合知觉（把来自多个感知系统的信息综合为统一体）。凭借观察面部表情、手势和唇部动作，老年人能借助视觉增强对口语的理解。当家人在安静环境中交谈时，老年人仍能表现出敏锐和有能力的形象，而不是对周围环境的敏感性下降。

（3）味觉和嗅觉

沃尔特的哥哥迪克吸烟很厉害。60 多岁时，他常把盐和胡椒粉搅进饭里，往咖啡里放大块糖，在墨西哥和印度饭馆里，点“超辣”的菜。

迪克对四种基本味道——甜、咸、酸和苦的敏感性降低，这在 60 岁以后的老人中很常见。另外，老年人只凭味道辨别熟悉食物也变得困难（Fukunaga，Uematsu & Sugimoto，2005；Mojet，Christ - Hazelhof & Heidema，2001）。但是，老年人味蕾的数量和分布并没有变化，味觉敏感性的下降可能是老化以外的因素所致。吸烟、戴假牙、服用药物以及环境污染都会影响味觉。辨不清味道，食物就不好吃，老年人的饮食就可能缺乏营养。加佐料可以使食物对老年人更有吸引力（Drewnowski & Shultz，2001）。

嗅觉除了使食物更好吃外，还具有自我保护功能。老年人如不能辨别馊腐的食物、煤气或烟雾味道，会陷入危机生命的情境中。60 岁以后，味觉感受器数量减少导致味觉敏感性降低。研究者认为，在晚年气味知觉不仅会衰退，还会被扭曲，因此老年人会抱怨：“食物闻起来、尝起来味道都不对劲。”（Seiberling & Conley，2004）

另一些因素可能使这种下降表现得比实际上更明显。例如，有些老年人做口头回忆较困难，他们想不起怎样形容一种气味，这些人在完成气味辨别任务中表现更差（Larsson & Bäckman，1998；Larsson，Öberg & Bäckman，2005）。此外，辨别气味的实际经验也影响这种能力的保持（Engen，1982）。一生都以饮酒为乐的沃尔特在 80 多岁时，仍能品出好酒的芳香。

（4）触觉

触觉敏感性对某些成年人尤为重要，如必须使用布莱叶盲文进行阅读的严重视觉障碍者和在工作或休闲活动中必须对物品的质地做出准确判断的人（例如艺术和手工活动）。在触知觉测量中，研究者要决定：对皮肤的两个刺激点不被知觉为一个刺激的最小距离是多少。研究结果表明，
衰老导致了手部，尤其是指尖触觉的大幅下降， 569
手臂和嘴唇的触觉下降较小。这种触觉敏感性的

下降可能是皮肤某些部位的触觉感受器减少、通往肢体远端的血液循环变慢导致的。70 岁以后，几乎所有的老年人都会受到这种影响（Stevens & Cruz，1996）。

来看看布莱叶点字法符号的间距，45%的中年人和 100%的老年人在读取时感到困难（Stevens，Foulke & Patterson，1996）。就像中老年人即使未失明也需戴眼镜矫正视力一样，丧失视力者可能需要新的触觉辅助器材——这对于满足不同类型老年人的需要非常重要。

衰老导致了手部，尤其是指尖触觉敏感性的下降。但很多热爱艺术和手工艺的老人利用以前学到的专长，使他们高水平的技术得以保持。

3. 心血管系统与呼吸系统

在成年早期和中期，心血管系统与呼吸系统的衰老就逐渐开始发生了，只是没有引起人们的注意。这种衰老迹象在老年期表现非常明显，引发了老年人的担忧，他们知道，心血管系统与呼吸系统不仅关系到生活质量，而且关系到寿命长短。60 多岁时，露丝和沃尔特注意到，在追赶公交车或在绿灯变红灯之前穿过马路时，身体感到更大的压力。

首先，随着年龄增长，心肌越来越僵硬，一些心肌细胞死亡，另一些增大，使左心室（最大的心室，血液从这里输往身体各部）壁变厚。其次，正常的衰老（患心血管病者更严重）使动脉血管壁变硬，造成一些垃圾（胆固醇和脂肪）堆积。再次，心肌对引起每次收缩的心脏起搏细胞发出信号的敏感性降低（Whitbourne，1999）。

这些变化导致的综合效应是，心脏起搏力减小，最大心率降低，循环系统中的血流减慢。这意味着，在进行高强度活动时，向身体各组织的氧气供给不充足（重温第 1 章，健康的心脏直到老年期都能支持身体从事一般水平的活动）。

呼吸系统的变化与上述供氧量减少有关。肺部组织的弹性逐渐减弱，使人的肺活量（肺部可以吸入、呼出的空气量）从 20 岁到 80 岁下降一半。结果，肺的吸气和呼气功能下降，血液吸收的氧气和排放的二氧化碳减少。因此，老年人在锻炼时呼吸较急促，上气不接下气。

烟民、饮食中脂肪含量较高的人，或多年暴露于环境污染中的人最容易出现心血管系统和呼吸系统疾病。前面各章已经讲过，锻炼是延缓心血管系统老化的最好办法。锻炼还能增强呼吸系统功能，这一点在后面讨论健康和健身时会提到。

古巴的全国性锻炼项目要求身体能活动的所有老年人参加每周 5 次、每次 45 分钟的健身运动。锻炼是延缓心血管老化的有效手段，因此古巴是拉丁美洲平均期望寿命最高的国家。

4. 免疫系统

随着免疫系统的衰老，直接破坏抗原（外来物质）的 T 细胞有效性降低（见第 1 章）。另外，免疫系统可能因**自体免疫反应**（autoimmune response）而不能正常发挥功能，即免疫系统不去攻击外来病毒，却反过来攻击自己的正常身体组织。免疫系统功能减弱会增加老年人的患病危险，包括传染病（如流感）、心血管病、某些癌症以及多种自体免疫障碍，如风湿性关节炎和糖尿病（Hasler & Zouali，2005）。但是，免疫功能随年龄而出现的下降，并不是老年期容易患病的原因。免疫系统功能下降只会加重病情，免疫功能强则能预防疾病。

老年人的免疫力差异很大。有些老人的免疫系统功能良好，老年期的功能状态几乎和成年早期相同，但是多数老年人都会经历免疫系统的某种功能丧失，范围从部分丧失到严重丧失（Pawelec et al.，1999）。看来，老年人免疫系统强弱是整个身体强弱的一个信号。某些免疫指标，如 T 细胞的高活跃性可以预测高龄者在今后两年的生存状况（Wikby et al.，1998）。

第 1 章讲过，免疫功能受损是由身体的其他变化引起的，例如应激激素对免疫力的破坏。随着年龄增长，自主神经系统把更多的应激激素释放到血流中。由于免疫系统的反应能力随年龄逐渐下降，应激导致的对传染病的易感性逐渐提高（Butcher & Lord，2004）。健康的饮食和锻炼有助于保护老年人的免疫反应，而肥胖则会加快免疫力随着年龄的下降（Chandra，2002b；Drela，Kozdron & Szczypiorski，2004；Woods，Lowder & Keylock，2002）。

5. 睡眠

570 沃尔特每晚上床睡觉时，往往要躺半小时到一小时才能睡着，处在催眠状态的时间比他年轻时长得多。夜里，他的深度快速眼动睡眠（见《伯克毕生发展心理学：从 0 岁到青少年》第 3 章 110 页）的时间较少，一夜还要醒几次，然后又要躺半小时或更长时间才能睡着。

老年人所需的睡眠时间与年轻人相同：每晚 7 个小时左右。但随着年龄增长，他们既难以入睡，也难以保持睡眠状态和进入深度睡眠。20%～40%的老人每个月都有几个晚上失眠（Ancoli-Israel & Cooke，2005）。作息时间也变得早睡早起（Hoch et al.，1997）。有人认为，这是因为掌管睡眠的大脑结构发生变化，血液中应激激素分泌增多，对中枢神经系统产生了警醒效应（Whitbourne，1996）。

直到 70～80 岁，男性的睡眠困难都比女性多，原因有几个：第一，几乎所有的老年男性都有前列腺增生。这会挤压尿道（通向膀胱的导管），导致尿频，尤其是在夜间。第二，男性，特别是体重超重或饮酒多的人，容易出现**睡眠窒息**（sleep apnea），一种在睡眠中呼吸暂停10秒钟或更长时间的症状，可造成多次短暂的夜醒。大约 70%的老年男性和 56%的老年女性受此影响（Quinnell & Smith，2004）。第三，有时候，伴随着睡眠窒息，会出现间歇性的腿的快速抽动，在没有睡眠窒息时这种现象也会出现。被称作“好动的腿”的这种动作可能是肌肉紧张、血液循环不良或大脑运动区衰退导致的（Martin，Shochat & Ancoli-Israel，2000）。这种现象在老年人当中很普遍，也没有什么危险，但却会扰乱睡眠。

睡眠不好会导致恶性循环。例如，沃尔特晚上睡不着，白天就很疲倦，经常瞌睡，晚上就更睡不着。由于沃尔特预料到自己会睡不好，总是忧心忡忡，这也会干扰他的睡眠。

有很多办法可以促进良好的睡眠，例如，按时睡觉，按时起床，有规律地进行锻炼，在专门用于睡眠的卧室里（而不是用于吃饭、读书或看电视的房间）睡觉。即使很健康的老年人也会有睡眠问题，它使人们了解，随衰老而出现的睡眠与觉醒模式的变化是正常的。服用安眠药来解决睡眠问题的老年人比 40～60 岁的人多。短期来看，安眠药可以解决失眠问题，但如果长期使用，则会使问题更糟糕，一旦停药，睡眠窒息的频率会更高更严重，失眠也会重新出现（Feinsilver，2003）。还可以采用激光手术治疗前列腺增生，解决尿频等问题，这种方法可以缓解症状，而且没有并发症（Aho & Gilling，2003）。

6. 身体外貌和行动能力

前面讲到的内在生理能力下降伴随着走向衰老的外部迹象——包括皮肤、头发、面部特征和体型。从前面几章我们知道，导致容貌老化的变化早在 20～30 岁就开始了。由于这些变化发生得比较缓慢，年长的成人可能没留意自己容貌的衰老，直到非常明显才引起注意。每年夏天外出旅游时，沃尔特和露丝都会发现迪克和高尔蒂皮肤上的皱纹越来越多。他们的头发也由灰变白，皮肤的颜色渐渐消退，躯体变得圆胖，胳臂和腿则变细。每次旅行结束回到家，沃尔特和露丝也更清楚地意识到，他们自己也正在变老。

第3章讲到的皮肤起皱、松弛下垂的现象在老年期更加明显。另外，使皮肤润滑的油脂腺活动性降低，造成皮肤干燥粗糙；“老年斑”增多，胳臂、手背和面部出现色斑。黑痣和其他皮质增生现象也可能出现；皮肤愈加透明，皮下血管清晰可见；皮肤几乎没有脂肪层的保护（Whitbourne，1999，2001）。这些问题进一步限制了老年人适应冷热天气的能力。

面部皮肤尤其可能出现上述变化。因为脸部经常暴露在太阳光下，这会加速衰老。另外，脸部还有其他变化：新细胞堆积在骨骼外层使鼻子和耳朵变宽；牙齿变黄、出现裂缝、碎裂，牙龈萎缩。如果能得到更好的口腔保健，这些现象在以后几代人当中就不会那么明显。皮下毛囊死亡使得头发变稀，甚至可以看见头皮，这种情况在两性中都可能出现；对某些有遗传性谢顶的男性来说，他们的毛囊可能并未死亡，而是长出微细的绒毛似的头发（Whitbourne，1996）。

体型也发生变化。身高继续下降，尤其是女性，骨骼的矿物质含量减少导致脊柱塌陷。由于比体内积存的脂肪重量还大的瘦组织群（骨骼和肌肉）持续丧失，所以60岁后体重一般会下降。

身体行动能力受到几个因素的影响。第一是肌肉力量，它在老年期的下降速度比中年期快。到60～70岁时，人的肌肉力量平均下降10%～20%，70～80岁时下降30%～50%（Whitbourne，1996，2001）。第二，因为骨量减少，骨骼强度下降，承受压力时产生的细微断裂，则进一步使骨骼变弱。第三，关节、肌腱和韧带（连接肌肉和骨骼的组织）的力量和灵活性也在下降。80多岁时，露丝支撑身体、屈伸四肢、转动臀部的能力降低，已使她难以平稳匀速地走路、爬楼梯、从椅子上站起来。

第1章曾讲过，在成年期坚持锻炼的耐力型
571 运动员一直到60～70岁都能保持其强健的体型和力量。像普通老年人一样，这些特别活跃的老人身上也失去了快缩肌纤维，但他们通过增强慢缩肌纤维而做了补偿。一个精心设计的锻炼方案能够增强关节的灵活性和伸展性。露丝抱怨关节发紧和疼痛时，医生建议她做一些有节奏的屈伸锻炼，以及一些对关节有帮助的增强肌肉力量的锻炼。

7. 适应老年期的身体变化

老年人对衰老所引起的身体变化的适应状况千差万别。例如，迪克和高尔蒂尽其所能来延缓外貌的衰老，包括使用化妆品、假发，做整形手术以及服用由“延年益寿”诊所推出的各种各样的抗衰老补品、草药和激素类药物——所有这些都没有明显效果，有的甚至有害（Olshansky，Hayflick & Perls，2004）。与此相反，露丝和沃尔特所想的，不是稀疏的白发和皮肤上的皱纹。他们的同一性很少与自己的外貌有关，而是保持自己积极投入周围生活的能力。

在身体衰老的哪些方面对自己影响最大这一点上，人与人之间差异很大。由于身体各部分衰老的速度不同，老年人对身体衰老的感觉是多方面的：他们感觉自己在某些领域的衰老比其他领域更快。与迪克和高尔蒂相比，露丝和沃尔特面对衰老时态度更积极，心态更平和。他们并不坚持年轻时的同一性，而是努力改变衰老当中可以改变的方面，接受那些不能改变的方面。

研究表明，衰老的最明显的外部迹象，如头发花白，面部皱纹，谢顶，与感觉、认知、运动功能以及寿命都无关（Schnohr et al.，1998）。而神经系统，感觉、心血管、呼吸、免疫系统及骨骼、肌肉的健康程度则可以强劲地预测认知成绩及晚年生活的质量和寿命（Anstey，Luszcz & Sanchez，2001；Reyes-Ortiz et al.，2005）。此外，人们可以做更多的事情来减缓体内各系统功能的衰退，而不是去防止白发和谢顶！

（1）有效的问题解决策略

重温第3章讨论过的以问题为中心和以情绪为中心的问题解决策略，它们可以在这里得到应用。当沃尔特和露丝通过饮食、锻炼、适应环境和积极有趣的生活方式防止和补偿衰老带来的变化时，他们感受到一种对命运的个人控制感。这促进了对衰老的积极应对和生理机能的提高。

在一项研究中，有些老年人采用新的以问题为中心的策略来应对视力丧失问题，比如，听声音来辨认他人，在危险情境中更小心谨慎，和其他视力丧失者交流心得等，他们在日常生活中遇到困难时能够更好地适应，也较少抑郁（Brennan & Cardinali，2000）。相反，那些认为丧失是不可避免和不可控的，以及那些想到丧失带来的破坏性影响，因而回避衰老带来的丧失的老年人，在面临困难时则比较消极，并报告出生理心理适应方面的更大困难（Kraaij，Pruymboom & Garnefski，2002；Whitbourne & Primus，1996）。

（2）辅助技术

迅速发展的**辅助技术**（assistive technology），即各类帮助能力低下者改善其身体功能的设备，可以帮助老年人应对身体缺陷。电脑是这些创新产品中最好的资源。具有感官损伤的人可以通过特殊的软件把文本放大，或把文本变为有声读物。可通过声控指令拨打和接电话的声控电话机，可以帮助不能按键或不能穿过房间接电话的老年人。另外，需要服用多种药物的老年人，可以把一个称为"聪明帽"的微型计算机芯片放在药瓶上。它会根据预设程序发出响声，提醒老年人吃药，并记录下在什么时间吃了多少片药。

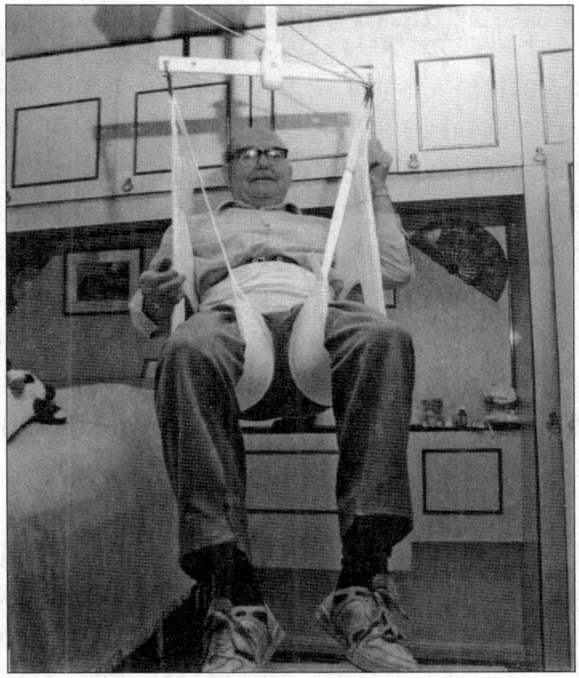

辅助技术扩展了有残疾的老年人的身体机能。在这张"聪明"床上，一位不能走路的老人坐在一部与头顶上方线路相连的升降机上。他可以用一些颜色不同的控制线，离开床，在房间各处移动。

572 建筑学家还设计出有助于安全和走动的"聪明的家"。例如，夜里老年人起床如厕时，装在地板上的感应器会把房灯打开，防止摔伤。另一个非同寻常的设备是与装在天花板上的轨道相连的一个背带，它可以带着丧失活动能力的老年人在房间之间穿行（Hooyman & Kiyak，2005）。目前这种"聪明的家"系统已经不局限于老年人使用。随着老年人口的增多，未来的房间设计可能会安装这种简易、经济有效的设备。

使用了辅助设备的能力缺失老年人所需的个人护理时间有所减少（Hoenig，Taylor & Sloan，2003）。但是在美国和加拿大，政府出资的保健服务所覆盖的辅助技术只局限在基本医疗设备上。相形之下，瑞典的保健系统则覆盖了许多可增强身体机能和安全性的辅助设备（Stone，Staisey & Sonn，1991）。瑞典用这种方式帮助老年人尽可能地保持了独立性。

（3）消除对衰老的偏见

西方国家普遍存在着对老年期的成见，认为"衰退是不可避免的"。消除这种悲观主义的看法，对于帮助老年人良好地适应晚年的身体变化是非常重要的。对各个社会阶层的老年人进行的调查发现，很多老人说自己曾遭遇过这种偏见和歧视。例如，30%～40%的老年人被忽视，人们以居高临下的口气跟他们说话，认为这些人老了，听不见或听不懂别人的话了（Palmore，2001）。

和性别成见一样，对老年人的成见往往是自发的、无意识的；人们以一种固有的方式"看待"老年人，即使他们的样子并不像他们想的那样。当老年人知道这些消极信息时，他们会体验到一种成见威胁，它导致在和成见有关的任务中成绩下降（见《伯克毕生发展心理学：从0岁到青少年》第9章）。在几项研究中，向老年人呈现有关老年人刻板印象的词语，有消极的（如"老朽"、"老糊涂"），也有积极的（如"德高望重"、"见多识广"）。在消极刻板印象条件下的老年人，对认读难以辨认的手写体、记忆任务、自我效能感和生活信心等压力的生理反应更为强烈（Hess，Hinson & Statham，2004；Levy &

Banaji，2002；Levy et al.，2000）。

这些研究结果显示，对衰老的消极成见给老年人的机能发挥带来压力和扰乱；对老年人的积极印象则能减少压力，促进他们的能力。在一项追踪研究中，对变老持有积极自我知觉的老年人，例如，他们赞成“当我变老的时候，事事都比我想象的更好”，结果这些老人比持有消极自我知觉的老人平均长寿7.5年。在控制了性别、社会经济地位、孤独感和身体健康状况等因素后，这种寿命的优势仍然存在（Levy et al.，2002）。受教育较少的老年人更容易受到年龄偏见的坏影响，这可能跟他们盲目地接受这些信息有关（Andreoletti & Lachman，2004）。

老年人很少出现在电视节目中，即使出现，也往往是无关紧要的角色。不过一个积极的方面是，在电视和其他媒体中老年人的负面形象较少（Miller et al.，1999）。一项研究分析了一个过去50年1 400多个商业电视节目的样本，发现，带有老年人的广告从20世纪50年代的2%增加到90年代的5%。商业广告中的大多数（78%）表达了积极的看法，最常见的说法是“敢作敢为的老人”（活跃、诙谐、善交际、积极），“完美的祖辈”（爱家、善良、有爱心、慷慨），或“有创造力的老人”（聪明、有能力、成功、独立）。在6%的广告中，老年人被“轻微伤害”；没有发现嘲笑奚落的内容（Miller，Leyell & Mazachek，2004）。随着时光流逝，“敢作敢为的老人”这一说法逐渐增多，“完美的祖辈”则减少。这一趋势反映出老年人的健康和活力逐渐向好的现实。

但是，在西方工业化国家的日常社会生活中，对老年人的消极成见仍然很普遍（Ory et al.，2003）。在遵从和敬重老年人的文化中，老者的外貌可能是骄傲的资本。一项研究发现，中国不同年龄的成年人对老年人的正面印象和负面印象都比加拿大人少（Ryan et al.，2004）。在加拿大因纽特人的土语中，与“老人”最相近的词是*isumataq*，意思是“见多识广的人”，这代表着很高的地位，当一对夫妇成为一个大家庭的长辈时才能拥有。当维多利亚岛一个小社区的因纽特老人被问到对年老的想法时，他们提到了态度——积极对待生活，乐于向年轻人传授文化传统，参与社会活动，提到这些的次数是提到身体健康的近两倍（Collings，2001）。

日本人用每年一次的“敬老日”表达为老年人而骄傲。此外，日本人以一种传统仪式*Kanreki*（六十大寿）宣告，年过六十的老人不必再承担中年人那样的责任，在家庭和社会中 *573*
获得了新的自由、能力和较高地位。在日裔的美国和加拿大家庭中，人们往往把*Kanreki*办成让一个令人惊喜的生日宴会，其中既有传统仪式（如穿和服），又有西方生日特色（如做生日蛋糕）（Doi，1991；Gelfand，1994）。文化对老年人的重视引发了对老年期，包括对一些身体变化的欢迎态度（见本节的专栏“文化影响”的内容）。

专栏　文化影响

衰老体验的文化差异

一个人类学研究小组对世界不同国家的研究发现，如果老年人维持其社会地位，并有机会投身社会活动，那么，即使他们身体衰弱，生活得也很好（Fry et al.，1997；Keith et al.，1994）。但是当老年人不再承担重要社会角色，衰老使他们与社会相隔离时，衰老就会导致心理健康下降。

来看非洲博茨瓦纳靠农牧为生的赫莱罗人（Herero）。身体壮实而勤劳的老年人像年轻人一样，日复一日地照看牛群、干杂活。当老人年老力衰之后，他们仍然保持长者的地位，并且受到尊重。地位的层级传统使最年长的男人和他的妻子成为村子的首领。他们负责保护那些死后仍是重要家族成员的祖先的神圣光芒。孩子们被送去和老人同住，并得到老人的照养，这样做是老人骄傲和威望的资本。

在伊利诺伊州以农场和加工厂工人为主的小镇莫曼斯（Momence），老年也是一段让人心满意足的时光。这里的居民非常稳定，老年人拥有权威地位，他们长期住在此地，对当地情况了如指掌。镇、教堂和俱乐部的领导者大多是老人，卸任的领导者也会参与决策。由于老年人参与到家庭、邻里和教会组织已是坚持多年的传统，其他居民常向他们求教，拜访他们，关心他们的健康。

在费城郊外的中产阶层居民区斯沃斯莫尔（Swarthmore），老年人的生活就不那么如意了。约 25% 的居民超过 60 岁，大多是退休后搬到这个社区的，他们的成年子女都住在别处。因此，这里的老年人不会因为年长而拥有特殊地位，在社区的角色微不足道。与赫莱罗和莫曼斯的居民不同，斯沃斯莫尔的老年人把很多时间花在按年龄分界的活动中，比如打桥牌，参加教堂的老年人社团活动。镇上居民通常把 60 岁及以上的人等同于"老年人"。相反，赫莱罗和莫曼斯的居民很少提及老年人的年龄，他们提到的，是见识和社会地位。

在赫莱罗和莫曼斯，无论年龄还是身体衰弱都不会影响社区居民的联系。而在斯沃斯莫尔，年龄限制了老人融入社区，年老带来了深刻的消极后果，通常导致他们的社会孤立。

在非洲博茨瓦纳的赫莱罗，老年人一直在积极地投入社会。当这些赫莱罗的妇女身体不济时，家人就会交给她们一项光荣任务，让她们带小孩。最年长的男人及其妻子会成为村子的首领。

衰退虽然不可避免，但看待身体衰老的态度可以是乐观的，也可以是悲观的。就像沃尔特所说的那样："你可以把自己的杯子看作一半是满的，也可以看作一半是空的。"如今，很多研究都支持"一半是满的"态度。下一节，我们会看到更多的例子。

思考题

复习　举例说明老年人怎样补偿衰老造成的身体状况的下降。

应用　65 岁的赫尔曼一边照镜子看他稀落的头发一边想："最好的适应办法是喜欢它，我记得读过的一篇文章说，谢顶的老人常被看作领导者。"赫尔曼采用的是什么应对策略？为什么这种策略是有效的？

联结　参阅《伯克毕生发展心理学：从 0 岁到青少年》第 9 章关于成见威胁的研究。年龄成见对老年人的行为有何影响？

反思　下周看电视时，请记录老年人在电视节目和广告中的形象。老年人是否未得到充分展现？哪些形象是积极的，哪些是消极的？把你的观察与研究结果做一个比较。

三、健康、健身与能力缺失

在沃尔特和露丝结婚 50 周年纪念日，77 岁的沃尔特对前来祝贺的满堂宾朋表示感谢。他动情地说："露丝和我身体都不错，还能为我们的家人、朋友和社会做贡献，对此，我感恩不尽。"

沃尔特说得好，身体健康对晚年的心理健康是头等大事。当研究者询问老年人可能的自我时（见第 4 章）发现，他们所希望的身体自我的数量随年龄而减少，而所害怕的身体自我的数量增多。总体来说，老年人对自己的健康状况大多持乐观态度。因为他们参照同龄人来判断自己，所以多数人对自己的健康评估良好（Statistics Canada，2005e；U. S. Department of Health and Human Services，2005h）。对德国柏林的 500 多名 70～

100 岁的老人进行的调查发现，人在晚年对自己健康状况的主观评价上升，客观评价下降（见图 5.4）（Baltes & Smith，2003）。说起身体健康时，老人们明确地表示，他们的杯子至少“一半是满的”。当说到保健问题时，老年人的自我效能感和年轻人相当，和中年人相比，他们更胜一筹（Frazier，2002；Hooker，1992）。

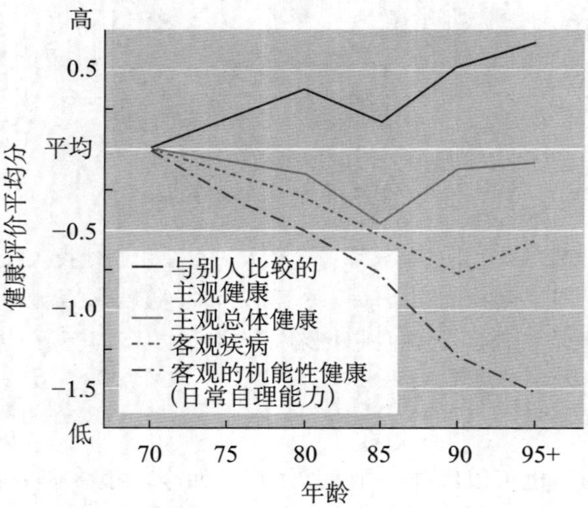

图 5.4　对健康的主观和客观评价随年龄的变化

柏林老年研究中，请 500 多名 70～100 岁的老人对自己的健康状况进行评价，同时接受保健医生的体检和评估。虽然实际健康状况在下降，但是主观健康评价，尤其是和同辈人相比较的评价却随年龄增长而上升。老年人普遍对自己的健康持乐观态度，这有助于他们应对身体上的挑战。

资料来源：P. B. Bates & J. Smith，2003，“New Frontiers in the Future of Aging：From Successful Aging of the Young Old to the Dilemmas of the Fourth Age，” *Gerontology*，49，p. 127. © 2003 Karger AG，Basel. 经授权引用。

老年人对其应对疾病的能力越是乐观，他们就能越好地战胜各种威胁健康的疾病，这使他们更乐观，并继续保持有利健康的行为（Kubzansky et al.，2002；Schwarzer，1999）。追踪研究表明，能力缺失并不一定导致进一步的能力缺失和依赖。能力缺失的老年人中，有 12%～20% 在 2～6 年后得到改善（Ostir et al.，1999）。良好的健康使老年人保持着社交活跃性，促进其心理健康（Heidrich & Ryff，1993）。从这个角度来说，在晚年生活中，身体健康与心理健康息息相关。

如前所述，老年期，社会经济地位和种族变量对健康的影响减弱。但是，85 岁以前，社会经济地位仍能预测生理功能状况（House，Lantz & Herd，2005）。非洲裔和西班牙裔老年人（约 1/5 生活贫困）。在某些健康问题方面有较大危险（见表 5.1）。美国原住民和加拿大原住民中老年人的 574
情况更糟。他们大多生活贫困，美国原住民老年人普遍患有慢性病，以至于联邦政府为美国原住民在医疗上提供了特殊优惠。上述状况往往在 45 岁就开始出现，反映出他们的生活艰苦和短寿。令人遗憾的是，与高社会阶层的老人相比，低社会阶层的老人得到治疗的可能性较小。即使接受治疗，他们也常常不能很好地遵循医嘱，因为他们不太相信自己能掌控自己的健康，也不太相信治疗能管用（Hopper，1993）。这些老年人缺乏自我效能感，这进一步损害了他们的身体健康。

表 5.1　少数族裔老年人的贫困率与疾病的关系

族裔	65 岁及以上人口的贫困率（%）	比一般老年人口更严重的疾病
非洲裔	23	心血管病、中风、多种癌症和糖尿病
西班牙裔	20	心血管病、糖尿病
美国原住民	>80	糖尿病、肾病、肝病、肺结核、听力和视力丧失
加拿大原住民	>63	心血管病、糖尿病、肝病、肺结核

资料来源：Health Canada，2002e；U. S. Census Bureau，2006b.

在第 3 章提到的性别差异继续延伸到老年期：男性容易患重病，女性容易陷入无生命危险的能力缺失状态。在高龄时（80～85 岁及以上），女性比男性更易受到伤害，因为只有最强健的男性才能活到这个年纪（Murtagh & Hubert，2004）。另外，因为男性在身体上较少受到局限，所以老年男性能更好地保持独立，参加锻炼和喜欢的活动，与人交往，这些都会促进身体健康。

老年人对身体健康普遍持有的乐观态度显示出，即使在人生最后几十年，我们也可以采取一些措施预防身体疾病。理想状态下，随着期望寿命的延长，我们希望把死亡前精力衰退的平均时间缩短，这种公共卫生目标被称为**疾病期缩短**（compression of morbidity）。几项大样本研究表明，在过去 20 年间，尽管肥胖现象和久坐的生活习惯在增加，但疾病期缩短现象已在工业化国家
575 出现，这表明，医疗水平的提高和社会经济状况的改善发挥了很大作用（Fries，2003；Hessler et al.，2003）。

但是，健康的生活习惯对于延缓能力缺失影响巨大，显示疾病期缩短仍有很大空间。一项追踪研究对大学男毕业生 60 岁之后的生活进行随访，结果发现，体形偏瘦、经常锻炼、不吸烟的老年人，其能力缺失的时间要比肥胖、久坐、吸烟成瘾的老年人推迟 8 年。具有这些危险因素的老年人在去世前两年会出现非常严重的能力缺失（Huber et al.，2002；Vita et al.，1998）。研究者认为，在发达国家，压缩疾病期的最有效途径是减少消极生活方式因素。从早期开始并持续终生地预防和治疗慢性病，也非常重要（Fries，2003）。在下面讨论老年期的健康、健身和能力缺失问题时，我们将更多地论及前面各章已讲过的健康促进问题，介绍实现这一目标的更多途径。

到 2025 年，发展中国家的老年人口将增加 70%，因此需要更广泛的应对策略。这些国家贫困现象严重，慢性病发病早，常规的健康干预要么没有，要么对多数人过于昂贵，并且多数卫生项目都不是针对老年人的（Kalache，Aboderin & Hoskins，2002）。结果导致老年人的能力缺失比例非常高，在疾病期缩短方面也没有什么进展。

1. 营养和锻炼

晚年身体的变化导致人体对某些营养的需求增加。例如：需要钙元素和维生素 D 来保护骨骼；锌和维生素 B6、C 和 E 来保护免疫系统；维生素 A、C 和 E 来预防自由基的出现（见第 1 章）。但是，身体活动减少，嗅觉和味觉衰退，牙齿脱落而咀嚼不便，都会削弱饮食的质与量（Morley，2001）。消化系统因不断退化，在吸收蛋白质、钙和维生素 D 等成分时也更困难，单独生活的老人，其购物、烧饭都有困难，而且一个人吃饭时也觉得无味。这些身体和环境方面的因素共同作用，增大了营养不良的危险，并影响到北美约 10%～25%的老年人（High，2001）。

几项研究发现，每天服用维生素—矿物质药片可以增强免疫力，在传染病蔓延时患病率减少 50%（Chandra，1992，2002a；Jain，2002）。但是，补充维生素和矿物质并不能减少心血管病的发生，对癌症的预防作用也没有定论。曾被认为可以“改善认知”的一些营养品和草药，如维生素 B 和 E、叶酸和银杏胶囊，都不能增强老年人的认知功能，也不能预防或延缓老年痴呆症的发生（Gold，Cahill & Wenk，2002；Graf et al.，2005；McDaniel，Maier & Einstein，2002）。一些研究发现，经常吃富含长链不饱和脂肪酸（有助于心血管健康）的鱼类，可在某种程度上预防智能低下（Barberger-Gateau et al.，2002；Morris et al.，2005）。

除了健康饮食，锻炼也是对健康的有力干预手段。久坐但是身体健康的 80 岁老人，和比他们年轻得多的人相比，在此时开始进行耐力锻炼（散步、骑车和跳有氧健身舞），其肺活量的提高更胜一筹。在老年期——甚至 90 岁——开始负重锻炼，也能使肌肉增多，力量增强，还能促进肌肉血液循环，增强肌肉从血液汲取氧气的能力。这种变化可以改进走路的速度、平衡性和姿势，增强其独立从事日常活动的能力，例如，打开拧得很紧的瓶盖，拿起一堆杂货，举起 14 公斤重的孙子等（deJong & Franklin，2004；Goldberg，Dengel & Hagberg，1996；Pyka et al.，1994）。

锻炼还能促进大脑的血液循环，帮助维持大脑结构和行为能力。脑部扫描显示，和久坐的老人相比，经常锻炼的老人大脑皮层各区域的神经组织，包括神经元和神经胶质细胞的衰减都较少（Colcombe et al.，2003）。在一项研究中，研究者采用功能核磁共振成像（fMRI）测量了被试在为时 6 个月的快走前后大脑活动的变化，结果发现，和不锻炼组相比，58～77 岁的锻炼者在大脑皮层的某些区域活动增强，包括掌管 576
注意的脑区。另外，在心理测试中，这些老人的注意保持和选择性注意的成绩也有提高（Colcombe et al.，2004）。

良好营养和身体活动若能保持终生，对人的帮助最大，但在任何时候加以改进都不算晚。沃尔特的叔叔路易从60多岁开始，每天打一到两小时网球，每周三个晚上在舞厅跳舞，他一直活到94岁。锻炼使路易保持了一种高度的身体自尊感。跳舞时，他衣着整洁，动作优雅。他常对人说起，跳舞和其他体育活动怎样把老年人的形象从懒散变得优雅，表现出内在自我的美。

重视锻炼的内在益处的老年人会觉得自己更强壮、更健康、更有活力，他们更可能会坚持锻炼（Caserta & Gillett，1998）。对锻炼给健康带来的好处缺乏意识，认为锻炼会带来不舒适是阻碍老年人进行日常锻炼的主要原因，75%的老年男性和80%的老年女性缺乏主动而足够的锻炼（Stewart et al.，2001）。很多患有慢性病的老人认为“不在意”是最好的应对方法，甚至认为锻炼有害处。为老年人制订锻炼计划时，很重要的一点是建立对衰老过程的控制感，强调锻炼身体对增进健康的好处，并通过持续的干预改变消极观念（Lachman et al.，1997）。可以把积极锻炼的老人当做榜样，对别人产生激励作用。

2. 性生活

沃尔特在60岁时曾问90岁的叔叔路易，在多大年龄时性欲和性活动就终止了。沃尔特的问题起因于一种广为流传的错误观念，即人到老年，性欲就会消失（Hillman，2000）。路易给沃尔特的回答是：“在性生活时，适当地休息和耐心非常重要，我不能经常做这件事，和我年轻时相比，那是一种更平静的体验，但我的性欲从没有消失。拉切拉和我一直有幸福而亲密的性生活，直到现在。”

几乎所有的横断研究都报告说，老年人的性欲和性活动频率逐渐降低，但这种趋势可能因年龄群效应被夸大了。新一代老年人往往积极地看待性活动，在性活动方面可能更活跃。一项访谈研究证实，当前有性伙伴的所有老年人都至少认为“性”有某种程度的重要性，超过1/3的人把“性”评价为“非常重要”或“极为重要”（Gott & Hinchliff，2003）。与这一发现相一致的是，多数健康的老年已婚夫妇报告说他们有持续、规律的性享乐（Levy，1994）。我们对中年期的讨论同样可以适用于晚年：过去的良好性生活可以预测将来的良好性生活。

性交常被看作性活动的唯一指标，这使人们用狭隘眼光来看待令人愉悦的性活动。即使在很老的年龄，也有比性交本身更多的性活动——感受到身体上令人愉悦的亲密陪伴，感受到爱的获得与付出等等（Hodson & Skeen，1994）。老年男性和女性都报告说，男性伴侣通常是首先停止性交往的一方（Pederson，1998）。在强调勃起是性生活必要条件的文化中，当男性发现自己不能勃起，或两次勃起之间需要很长时间时，他们可能会终止一切性活动。

阻碍血液流向阴茎的能力缺失——大多源于自主神经系统失调、心血管病和糖尿病——是老年男性性无能的原因。吸烟、饮酒过量、服用各种处方药也会减少性活动。对女性来说，身体健康差和无性伴侣是性行为减少的主要原因（Gott & Hinchliff，2003；Kellett，2000）。因为女性人口比例越来越大，老年异性恋取向的妇女，找到性伙伴的机会也越来越少。

在多数部落和村落文化中，人们认为老年人的性活动是合理的，而且普遍存在于男女两性中，直到生命晚期（Winn & Newton，1982）。而在西方国家，老年人的性生活往往遭到反对。一些教育项目让老年人知道性功能随年龄增长发生的正常变化，鼓励他们把性生活看作是可持续整个成年期的事情，这些都有利于积极性态度的形成（Hillman & Stricker，1994）。对护理院护理人员进行教育培训，让她们尊重住院老人的隐私权，并提供可以享受性生活的条件，也非常重要（Hajjar & Kamel，2004）。

3. 身体能力缺失

随着一生的接近结束，疾病和能力缺失的情况越来越多。比较一下图5.5和图5.2显示的死
亡率，会发现，第3章讲过的心血管病和癌症从 577
中年期到老年期大幅增多，并且一直是死亡的主要原因。和过去一样，死于心血管病和癌症者一直是男性比女性高，但随着年龄升高，这种性别差异逐渐减小（Statistics Canada，2002g；U.S. Census Beurau，2006b）。

老年期，呼吸系统疾病也明显增多。其中肺气肿主要是肺部组织失去弹性造成的，从而导致严

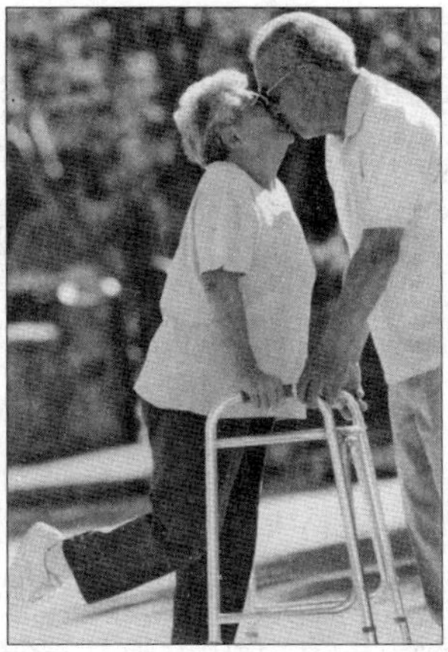

身体健康的老年夫妇大多报告说他们有持续、规律的性享乐。即使在年纪很老时，性活动也远远多于性交本身。感受身体上愉悦而亲密的相互陪伴，感受到爱的获得与付出，都是性活动的组成部分。

重的呼吸困难。除一小部分肺气肿患者是因遗传发病外，多数是长期吸烟导致的。此外，较长寿者没有或较少患慢性病，但是一旦遭到感染，免疫系统常常无力抵抗。很多老人死于 50 多种肺部感染导致的肺炎。医生建议 65 岁及以上的老年人注射疫苗来预防。

老年人中第四种常见的致死疾病是中风。中风是因脑溢血或血流在脑中受阻而发病，是老年期能力缺失和 75 岁以后死亡的主要原因。其他疾病不会很快致死，但是会限制老年人的独立生活能力。第 3 章讨论过的骨质疏松症在老年期持续增加，它主要影响 70 岁以上的老年人。另一种骨病——关节炎，也对许多老年人造成身体限制成年期发作的糖尿病和意外伤害在老年期大大增多。下面将讨论这三种情况。

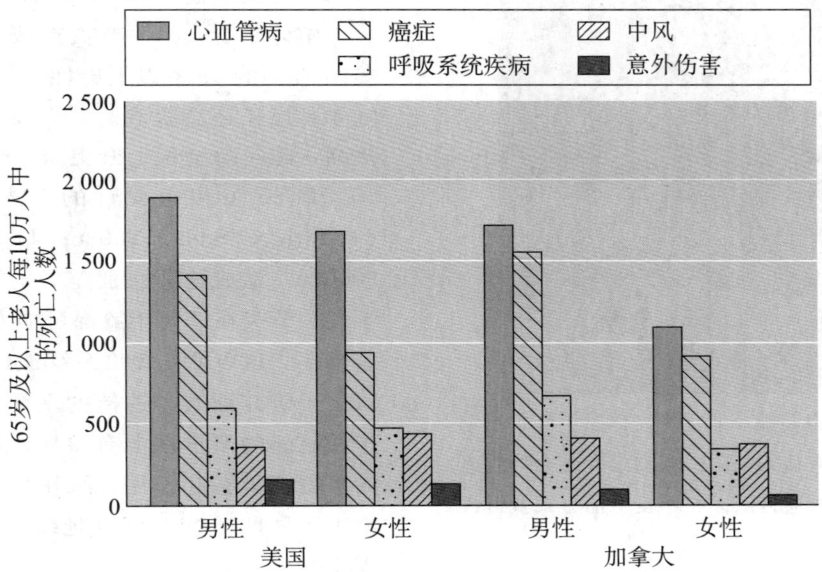

图 5.5 美国和加拿大 65 岁及以上老人的主要死亡原因

心血管病在导致男性和女性老年人死亡原因中排在首位，其次是癌症。呼吸系统疾病和中风也导致许多老年人死亡。导致死亡的所有疾病，尤其是心血管病，加拿大女性的死亡率都低于美国；男性的心血管病显示出相似趋势。

资料来源：Statistics Canada，2002g；U. S. Census Bureau，2006b.

在讨论老年期的生理和心理能力缺失时必须牢记的重要一点是：这些与年龄相关的疾病并不意味着它们完全是由衰老导致的。为了明确这个界限，一些专家区分出**初级衰老**（primary aging）（又称生物学衰老）和**次级衰老**（secondary aging）。前者是遗传影响下的退化，它会影响人类所有成员，即使在总体健康的情况下也会发生；后者是由遗传缺陷和不良环境导致的，如不良饮食、缺乏锻炼、疾病、致瘾物滥用、环境污染和心理压力等。

纵观本书我们会发现，区分初级衰老和次级衰老相当困难。毫无疑问，你曾经见过衰弱的老人，其肌肉萎缩，肌无力，体重下降，严重行动不便，也许还有认知低下。**衰弱**（frailty）指身体多个组织与系统的功能减弱，严重地妨碍了日常生活能力，而且在温度很高、很低或受伤时容易感染（Fried et al.，2004）。研究者认为，初级衰老会导致衰弱，但是次级衰老，通过遗传缺陷、不良生活方式及慢性病等，对衰弱起着更大作用（Bortz，2002；Hogan，MacKnight & Bergman，2003）。下面我们将讨论导致老年人衰弱的主要原因。

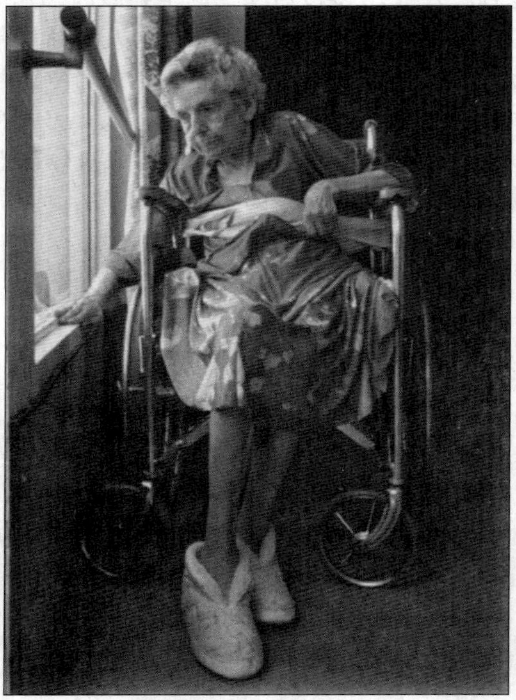

衰弱的老人遭受着肌肉萎缩、肌无力、体重下降、行动不便等痛苦，可能还有认知缺陷。生物学衰老会导致衰弱，但次级衰老，通过遗传缺陷、不良生活方式及慢性病等，起着更大作用。

（1）关节炎

50 多岁的时候，露丝就觉得早晨起来脖子、脊背、臀部和膝盖有些僵硬。60 多岁时，她手指的末关节处长出一些骨块。随着年龄增长，她的关节出现周期性的胀痛，灵活性也不如以前，这些变化使她无法快捷而轻松地运动。

关节炎，这种有炎症、疼痛、僵硬，有时关
578 节和肌肉肿胀的疾病，在老年期很常见。关节炎有几种类型。露丝患有**骨关节炎**（osteoarthritis），是最常见的一种，原因是，经常使用的关节末端软骨过度磨损。又称“磨损性关节炎”或“退化性关节病”，这是与年龄有关的少数能力缺失之一，是由多年使用导致的。虽然这种病似乎存在遗传易感性，但它在 40～50 岁之前并不发作。在经常使用的关节中，用于减小运动摩擦力的骨骼末端的软骨因磨损而退化。有的则是由于肥胖使关节承压过重而损坏了软骨。X 光透视显示，几乎所有老年人都有某种程度的骨关节炎，但在严重性上个体差异巨大（Fajardo & Di Cesare，2005）。

与骨关节炎只危害到某些关节不同的是，**风湿性关节炎**（rheumatoid arthritis）涉及全身。自体免疫反应导致联结组织，尤其是联结关节的骨膜发炎，造成全身僵硬、发炎和疼痛。软骨组织增生会破坏周围的肌腱、肌肉和骨骼，导致关节变形，严重丧失活动能力。有时其他器官，如心脏和肺也会受到影响。全世界约有 2%的老年人患有风湿性关节炎（Rasch et al.，2003）。

整体来看，因关节炎造成的能力缺失影响到美国 45%的 65 岁以上男性，加拿大 34%的男性，随年龄增长还会提高。北美女性受其影响的比例更高，随年龄增长上升更快。65～84 岁的女性的 50%和 85 岁以上女性的 70%受到关节炎影响（Health Canada，2003c；U. S. Census Bureau，2006b）。造成这种性别差异的原因尚不清楚。风湿性关节炎在任何年龄都可能发生，但在 60 岁之后增多。这可能是免疫系统遗传缺陷的晚期表达；双生子研究证实了遗传的重要作用。但同卵双生子在该病的严重性上有差异，显示还有某些未知的环境因素在起作用。采用新的、有效的抗炎药物进行早期治疗，可以延缓该病的发展（Lee & Weinblatt，2001）。

对待关节炎需要求得一种平衡，病情发作时卧床休息，疼痛减轻时做一些身体活动，如舒缓地伸展全身肌肉来保持活动能力。露丝在 84 岁时参加了一个每周两次的水中锻炼班。不出两个月，她的症状就有所减轻，不再需要拐杖了（Kettunen & Kujala，2004）。肥胖者减肥对缓解关节炎也有帮助。骨关节炎比风湿性关节炎更容易治疗，但每种关节炎的疗程有很大不同。通过适当服用镇痛剂，保护关节，改变原来的生活方式，许多患关节炎的人能够相当长寿。如果臀关节或膝关节严重受伤或变形，可做手术矫正，也可用塑料或金属关节代替。

（2）糖尿病

人体在饭后要对食物进行分解，使葡萄糖（细胞活动的主要能量来源）进入血液，此时，胰腺分泌的胰岛素就帮助肌肉和脂肪细胞吸收葡萄糖，从而使血糖浓度保持在适当水平。如果体内缺乏足够的胰岛素，或胰岛素对体细胞产生抵抗，就会破坏平衡，从而罹患成年发作的*糖尿病*（diabetes mellitus）。随着病情发展，高血糖会损伤血管，导致中风、心脏病、腿部血液循环疾病，以及眼、肾和神经损伤等并发症。几项长期研究发现，糖尿病与老年人认知能力的急剧下降及老年痴呆症有关，我们将在讲老年痴呆症时再详细讨论这一关系（Arvanitakis et al.，2004；Logroscino，Kang & Grodstein，2004；Yaffe et al.，2004a）。

从中年期到老年期，成年发作的糖尿病的发病率成倍增加；美国和加拿大 10%的老年人受此病影响（Lindsay，1999；U. S. Census Bureau，2006b）。糖尿病会在家族蔓延，表明遗传起作用。而缺少运动和腹部脂肪堆积也使危险大大增加。非洲裔、西班牙裔及美国原住民、加拿大原住民中，成年发作的糖尿病发病率较高，原因可归结为遗传和环境两方面，如与贫困有关的高脂肪饮食和肥胖。亚利桑那州的皮马印第安人的糖尿病患病率为世界之最，有 50%的成人患病（Quinn，2001）。可参阅《伯克毕生发展心理学：从 0 岁到青少年》第 9 章有关先天和环境因素如何导致这种疾病的内容。

579 治疗成年发作的糖尿病需要改变生活方式，认真控制饮食，坚持锻炼并减肥（Willy & Singh，2003）。身体活动可以促进葡萄糖的吸收，减少腹部脂肪，从而减轻糖尿病的症状。

（3）意外伤害

65 岁以后，意外伤害导致的死亡率持续处于较高状态，相当于青少年期和成年早期的两倍多。机动车事故和摔伤是两大主要原因。

1）机动车事故

机动车事故导致的死亡只占老年期伤害性死亡的 1/4，而中年期这个比例是 1/2。但是，对个人驾驶者的调查显示出另一种情况。老年人驾驶车辆时，平均驾驶每英里违反交通规则、发生事故和造成死亡的比率，仅低于 25 岁以下的司机，而高于其他所有年龄组。虽然许多老年人因感觉自己驾驶能力下降，减少了开车，但伤害性事故的发生率仍然较高。女性会更多地采取预防措施。因此，在老年期，由机动车事故和其他事件导致的伤害性死亡中，男性远高于女性（Silvi，2004；U. S. Census Bureau，2006b）。

前面曾讲到，视力下降使沃尔特在夜间驾驶时看不清汽车仪表盘，也难以察觉行人。在开车时用到的大部分信息都是视觉信息。老年人的视觉加工越困难，其违反交通规则、发生事故的比例就越高（Wood，2002）。与年轻驾驶者相比，老年人开车较慢、较仔细，但他们会看不到信号，不能及时给人让路，也不能恰当地转弯。他们常常以谨慎来弥补驾驶的困难。但反应慢和优柔寡断也会造成危险。第 3 章提到，随着年龄增长，老年人的选择性注意、同时做两件事、切换不同动作等都感到困难，而这些能力对于安全驾驶来说缺一不可（De Raedt & Ponjaert-Kristoffersen，2000）。在繁忙的十字路口或复杂路况中，老年人发生事故的可能性较大。

然而，老年人常常试图尽量地自己开车。放弃开车会导致老年人失去自由、对生活的掌控力和自尊（Wood，2002）。由医院、交通管理部门和美国老年人地区代理机构共同管理、经专门培训的驾驶员技术恢复顾问，可以对老年人的继续驾驶能力做出评估，提供驾驶再培训服务，或建议老年人放弃驾驶，改用其他交通工具。

在所有的行人死亡者中，老年人占 30%（Transport Canada，2001；U. S. Census Bureau，2006b）。在繁忙的十字路口，尤其是当绿色信号灯不足以让老年人走到马路对面时，常常会发生事故。

2）摔伤

一天，露丝摔倒在地下室阶梯上，扭伤了脚踝，躺在地上，直到一小时后沃尔特回家。露丝摔伤反映了老年人伤害事故的一种主要类型。大约 30%的 65 岁以上老人和 40%的 80 岁以上的老人在过去一年中曾经摔伤。视力、听力、行动能力和认知机能下降及某些慢性病（如关节炎），都使老年人很难回避障碍物，保持平衡，从而增大了老年期的摔伤危险。由于脆弱的骨骼以及在即将摔倒时难以支撑，摔倒在 10%的情况下会造成重伤。其中最常见的是臀部骨折（Marks et al.，

2003）。从65岁到85岁，臀部骨折的发生率提高20倍，并导致死亡率增加约12%～20%。即使幸存，也有一半的人永远不能恢复独立行走能力（U. S. Department of Health and Human Services，2005d）。

摔伤还因增加了对摔伤的恐惧感而间接损害健康。曾经摔倒过的老年人中，大约一半的人承认，因为害怕再次摔倒，他们有意识地回避了一些活动（Health and Disability Research Institute，2006）。可见，摔伤会限制行动能力和社交往来，进而伤害身体和心理健康。虽然积极的生活方式可能使老年人遇到较多的摔跤情境，但活动对健康的好处远胜过摔跤导致重伤的风险。

3）意外伤害的预防

减少老年期意外伤害的措施有很多。设计出适应老年人视力状况的机动车和交通信号是未来的目标之一。另外，通过培训来增强对安全驾驶不可或缺的视觉和认知技能，同时帮助老年人避开高危情境（如繁忙路口和高峰时间）也能减少事故。

预防摔倒必须考虑到人和环境两方面的风险，措施包括佩戴矫正视力的眼镜，进行力量和平衡性训练，提高房屋和社区的安全性等。下面的"学以致用"表概括了老年人预防伤害的一些途径。

4. 心理能力缺失

本章前面讲到，脑细胞因年龄增长的正常死亡并不会导致日常生活能力丧失。但是，如果细胞死亡、大脑结构性异变与化学异变的程度严重，就会出现心理和运动功能的严重下降。

痴呆症（dementia）是几乎全部发生在老年期的一系列失调，思维和行为多方面损伤，使日常生活陷于混乱。痴呆症随年龄增长而快速增加，两性的发病率相同。约有1%的人在60多岁时患此病；发病率随年龄稳步上升，75岁以后急剧上升，到85岁及以上时，患病率高达50%。这一趋势适用于加拿大、美国以及其他西方国家（Beers，2006；Berr，Wancata & Ritchie，2005；Matthews & Brayne，2005）。痴呆在不同经济地位的人群及大多数族群中的发病率相似，其中非洲裔美国人患病风险更高，对此发现我们会简短介绍（Alzheimer's Association，2006）。

学以致用　　防止老年期的意外伤害

建议	描述
机动车和行人事故	
根据视力和其他能力的局限性调整驾驶行为。	缩短驾驶里程；在高峰时段、夜间、繁忙路口或天气恶劣时少开车或不开车。
根据视力和其他能力的局限性调整行人的行为。	在夜晚穿浅色衣服；过马路时要有足够的时间；走路时有人陪伴。
参加老年驾驶者培训班；如果没有此类培训班，要求社区开办。	练习在昏暗灯光下看清车辆和行人，判断车速，注意交通信号和仪表盘的显示；复习交通规则。
摔伤	
定期体检。	检查视力，及时更新镜片度数；通过体检查明可导致摔伤的危险因素；总结治疗对注意力和协调性的影响。
坚持锻炼。	进行力量和平衡性训练，增强协调性，减轻对摔伤的恐惧。
必要时使用辅助行走器具。	使用拐杖和轻便鞋以弥补平衡性差和步态不稳。
增强居住环境的安全性。	在暗处，如门口、走廊和楼梯处加装电灯；在走廊安装栏杆，在浴室安装把手；确保不固定的小块地毯对走路的安全性；家具和其他物品要正确摆放，以免妨碍走路。
在危险情境中保持警觉，做好预案。	留意人行道是否打滑；晚上出门要带手电筒；横穿马路时要有足够的时间；熟悉新的环境后再随意走动。

注：咨询美国老年人安全资源中心可获得有关老年人安全的大量信息：www. safeaging. org。

580 现已查明大约12种类型的痴呆症。其中有些类型经过恰当治疗可以康复，但多数不能康复，也无法治疗。某些类型的痴呆症，如帕金森氏症①，是皮下脑区（皮层下的初级结构）出现退化。大部分情况下，这种退化会蔓延到大脑皮层，并导致大脑病变（和阿尔兹海默症类似）。一些研究者认为，帕金森氏症和阿尔兹海默症有关联（Papapetropoulos et al.，2005）。但大多数痴呆症案例，皮下脑区仍健全，渐进式的损害只发生在大脑皮层。*皮层性痴呆*表现为两种形式：阿尔兹海默症和脑血管痴呆症。

（1）阿尔兹海默症

当露丝带着79岁的伊达去看她们两姐妹每年翘首以盼的芭蕾舞剧时，她发现伊达的行为有些异样。她忘记了两人约好的这件事，当露丝没打招呼就来到她家时，她很生气。开车去城里本应很熟悉的剧院时，伊达迷了路，她还坚称自己对路很熟。当灯光变暗、音乐响起时，伊达还大声说话，使劲翻手袋，弄得声音很响。

“嘘……”周围好几位观众发出嘘声。

“现在音乐才开始！”伊达大声呵斥道，“舞蹈开始之前你想说什么就说什么。”露丝对从前在社交场合很敏感的姐姐的行为感到吃惊和羞愧难当。

6个月后，伊达被诊断患有**阿尔兹海默症**（Alzheimer's disease），这是痴呆症的最常见类型，大脑的结构性、化学性的退化，导致思维和行为多方面能力的丧失。在所有的痴呆症病例中，阿尔兹海默症占60%，年纪越大，所占比例更高。65岁以上老人约8%～10%患有这种病。80岁以上的老人则有接近45%的人受此病影响。老年人每年死亡总数中约有5%死于该病，美国为6万人，加拿大6 500人（U.S. Department of Health and Human Services，2005p）。这种病成为导致老年期死亡的主要病征，尽管死亡证书上列出的死因往往是一些更直接的原因，如感染和呼吸衰竭等。

1）症状和病程

581 早期症状是经常出现严重的记忆问题，例如忘了人名、日期、约定、熟路，或忘记关掉厨房的炉子。起初，最新记住的东西忘得最厉害，但是随着方向感的严重丧失，对过去发生的事情和时间、日期、地点之类的基本事实，也记不起来。错误判断使病人陷入危险中。例如，伊达已经没有能力继续开车，但她仍坚持要开车。人格也发生变化，包括自发性和活力丧失，由心理问题造成的对不确定性反应的焦虑、突发的攻击性、主动性降低、社交退缩等。阿尔兹海默症与其他形式的痴呆症早期常出现抑郁，并成为疾病过程的一部分（Espiritu et al.，2001；Zubenko et al.，2003）。由于老年人对令人烦恼的心理变化的反应可能会使这种抑郁加重。

随着病情加重，原本熟练的、目的明确的行为不见了。当露丝把伊达带到自己家里时，她不得不帮她穿衣、洗澡、喂饭、刷牙，最后还要扶着她走路、使用卫生间。伊达睡觉时常被幻觉和想象的恐怖事物惊醒。她夜里常常醒来，使劲敲墙，说该吃晚饭了，有时哭喊着说有人掐她的脖子。不久，伊达失去了理解力，不会说话。由于大脑停止加工信息，她不能认识东西和熟人。最后几个月，伊达越来越容易感染，陷入昏迷，最终死去。

阿尔兹海默症的病程因人而异，从1年到15年不等。患此病的70岁男性，平均期望寿命为4年半，女性为8年（Larson et al.，2004）。

2）脑退化

阿尔兹海默症的诊断常采用排除法，通过体检和心理测验，排除痴呆症的其他发病原因，然后确诊，准确率超过90%。要对阿尔兹海默症进行认定，则须在病人死后对造成该病前因后果的大脑病变进行检查（Heinz & Blass，2002）。将近90%的病例可采用脑成像技术（MRI或PET），生成脑空间和脑活动的三维图像，预测出，当前尚没有症状显示的老年人会否在死后被认定为阿尔兹海默症患者（Lerch et al.，2005；Rusinek et al.，2004）。研究者还采用追踪血液和脑脊髓液的化学结构变化来查明哪些症状可以对阿尔兹海默症做出预测（de Leon et al.，2004）。这些程序带来了对该病做出早期诊断的希望，开启了更成功地进行干预的大门。

阿尔兹海默症患者的大脑皮层，特别是掌管

① 帕金森氏症，因大脑皮层下控制肌肉运动区域的神经细胞退化导致。症状为震颤，拖着脚走路，面部表情丧失，四肢僵硬，平衡困难，出现弯腰姿态等。——译者注

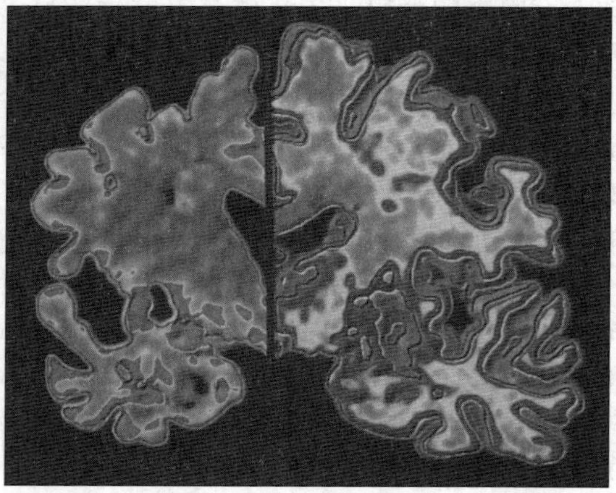

这幅计算机图像比较了一位阿尔兹海默症患者（左）和一位健康老人（右）的脑扫描图。由于脑细胞大量退化和死亡，阿尔兹海默症患者的大脑萎缩，活动性和血流也大大降低。

记忆和推理的脑区，发生了两种重要的结构性病变。第一种是神经元内出现**神经纤维缠结**（neurofibrillary tangles），神经纤维缠绕成簇，这是神经结构遭到破坏的结果。第二种是在神经元外部形成的**淀粉样斑块**（amyloid plaques），是密集堆积的、称为*淀粉样蛋白*的退化蛋白质，其周围被已死亡的束状神经纤维和胶质细胞块包围。正常的中老年人脑内也会出现一些神经纤维缠结和淀粉样斑块，并随着年龄增大而增多，但阿尔兹海默症患者的数量要多得多。

研究者曾认为，形成斑块的原因是阿尔兹海默症患者神经细胞的损坏。但新的研究结果显示，斑块实际上反映了大脑试图把淀粉样蛋白清除出神经细胞的努力。相反，罪魁祸首可能就是存留在神经细胞*内部*的非正常断裂的淀粉样蛋白（Cleary et al.，2005；National Institute on Aging，2005）。阿尔兹海默症和帕金森氏症的病变都出现在负责切断并处置异常蛋白质的重要神经结构中（Ding et al.，2004）。这些损坏的蛋白质（包括淀粉样蛋白）堆积到有害程度时，就会导致细胞的破坏和死亡。

随着大量神经元死亡，脑容量的下降，*神经递质*——对大脑的传递系统非常重要的化学物质，其水平也在下降。负责释放神经递质乙酰胆碱的神经元的破坏，使大脑各区之间的信息传递受阻，进一步损害了知觉、记忆、推理和判断能力。负责调节唤醒与心境状态的一种神经递质乙酰胆碱的减少，可能对睡眠障碍、突发的攻击和抑郁产生影响（Lanctot et al.，2002；Mintzer，2001）。

3）*危险因素*

阿尔兹海默症有两种类型：一种是*家族型的*，在家族内蔓延；另一种是*散发型的*，没有明显家族史。家族性阿尔兹海默症一般为早发型（65 岁以前），其病程比晚发的散发型阿尔兹海默症要快。目前研究者已查明 1 号、14 号和 21 号染色体上可生成有害的淀粉样蛋白的基因，它们都与家族性阿尔兹海默症有关。在两种情况下，坏基因 582
均为显性；即使从父母遗传来的等位基因中只有一个坏基因，此人也将患有早发性阿尔兹海默症（Heinz & Blass，2002；National Institute on Aging，2005）。前面讲过，唐氏综合征也和 21 号染色体有关。这条染色体失调，并能活到 40 岁以上的人，几乎都会出现大脑病变和阿尔兹海默症。

遗传还会通过细胞突变对散发型阿尔兹海默症起作用。大约 50%患此病的人，其 19 号染色体上有一个异常基因，导致一种将胆固醇输送到全身的血蛋白，即*载脂蛋白 E4*（ApoE4）的水平超量。研究者认为，载脂蛋白 E4 在血液中高度聚集会影响调节胰岛素的基因表达。胰岛素缺乏会导致葡萄糖在血流内堆积（这种情况达到一定限度即导致糖尿病），就会伤害大脑，尤其是掌管记忆的脑区，使过量的淀粉样蛋白留存于大脑组织中（Convit et al.，2003；National Institute on Aging，2005；Zhao et al.，2004）。与这一发现相符合的事实是，患有糖尿病的老年人有 65%的危险会发展为阿尔兹海默症（Arvanitakis et al.，2004）。

目前，载脂蛋白 E4 基因变异是最为人们所知的导致散发型阿尔兹海默症的危险因素。但基因测试的结果显示，载有一些未查明基因的基因组的另一些区域对此疾病可能起着相等的或更大的作用（Blacker et al.，2003；Farrer et al.，2003）。

但是，很多散发型阿尔兹海默症患者并没有出现当前人们所知道的基因标记，而且有些携带载脂蛋白 E4 基因的人也没有患这种疾病。越来越多的证据显示，其他一些因素也会提高阿尔兹海默症的易感性，例如，高脂肪的饮食、心血管病、中风和糖尿病（Koistinaho & Koistinaho，2005；Korf et al.，2004；Kruman et al.，2005；Schneider et al.，2004；Yaffe et al.，2004b）。脑外伤会造成淀粉样斑块的增多，从而增大患阿尔兹海默症的危险，对于携带载脂蛋白 E4 基因的人来说尤其如此（Jellinger，2004）。

阿尔兹海默症可以说是遗传和环境因素以不同方式相结合导致的，其中，遗传因素和环境因素分别在不同程度上影响了该病的进程。非洲裔美国老年人中，阿尔兹海默症和其他类型痴呆症的高发率，说明了各种潜在因素的复杂性。和非洲裔美国人相比，尼日利亚约鲁巴的农村居民中，阿尔兹海默症的患病率低得多，而且没有发现载脂蛋白 E4 与该病之间有联系（Gureje et al.，2006）。一些研究者推测，与白种人通婚增加了非洲裔美国人的遗传风险，而环境因素则把这种危险变为现实（Hendrie，2001）。尼日利亚的约鲁巴人吃的是低脂肪食物，而非洲裔美国人饮食中的脂肪很高。吃高脂肪食物可能会增大载脂蛋白 E4 基因导致阿尔兹海默症的机会。对于约鲁巴人和非洲裔美国人来说，即使不携带载脂蛋白 E4 基因，高脂肪饮食也是有危险的。摄入脂肪越多，血液中的坏胆固醇，即低密度脂蛋白越多，患阿尔兹海默症的可能性也就越大（Evans et al.，2000；Hall et al.，2006）。

4）保护因素

研究者检验了使用药物和不使用药物来预防或减缓阿尔兹海默症的方法。激素疗法曾被认为可以帮助女性预防阿尔兹海默症，但是严格设计的研究否证了这种观点（见第 3 章）。维生素 B、E 和叶酸也曾被认为具有保护作用，但是也不能降低阿尔兹海默症或其综合征的发病率（见 163 页）。同样，精心设计的实验发现，用于减轻由淀粉样斑块和其他病变导致的脑组织炎症的抗炎镇痛药，也不能减缓阿尔兹海默症的进程（National Institute on Aging，2005）。

但是，主张多吃鱼类和不饱和脂肪酸（橄榄油），并适当饮少量红葡萄酒的“地中海饮食”，却能够把阿尔兹海默症的发病率降低约 60%，也能降低脑血管痴呆症的发病率（这点下面还要详述）。这些食物含有脂肪酸和其他有利于心血管系统的物质，还能促进神经结构的机能和神经递质的活动（Panza et al.，2004）。

教育和积极生活方式也有好处。和受教育程度较低的老年人相比，受过高等教育的老年人患阿尔兹海默症的比例要少一半多（Qiu et al.，2001）。一些研究者推测，受教育导致更多的突触联结，它们好像一种*认知储备*，使老年人的大脑在心理能力缺失之前对损伤有更大的容忍度。但是，如果携带有载脂蛋白 E4 基因，受教育的影响就会降低（Seeman et al.，2005）。晚年多参与社交和休闲活动也可降低患阿尔兹海默症和各种痴呆症的风险，可能由于这些活动能促进突触生长，使认知功能得到保持（Verghese et al.，2003；Wang et al.，2002）。最后一点，身体活动的强度和多样性与阿尔兹海默症和脑血管痴呆症的较低患病风险相关，但是，这些好处对携带载脂蛋白 E4 基因的老年人会受到限制（Laurin et al.，2001；Podewils et al.，2005）。

5）帮助阿尔兹海默症患者及其护理者

由于伊达的阿尔兹海默症恶化，医生给她开了一些轻度镇静剂和抗抑郁药以控制其行为。阻止神经递质乙酰胆碱崩溃的药物也可减轻痴呆症的症状（National Institute on Aging，2005）。

由于没有治愈办法，家庭干预就是帮助阿尔兹海默症患者及其配偶和亲属做到良好适应的手段。和护理那些能力缺失的老年人相比，对痴呆症患者的护理要花更多时间，承受更大压力（Ory et al.，2000）。他们需要大家庭成员、朋友和社区机构的支持和鼓励。本节的“社会问题”专栏提供了对家庭护理者进行干预的各种措施。此外， 533
避免生活环境的急剧变化，如搬家、重新摆放家具或改变生活习惯等，也有助于阿尔兹海默症老年患者在日益恶化的认知条件下尽可能地感到安全。

（2）脑血管痴呆症

脑血管痴呆症（cerebrovascular dementia），多次中风造成多个脑细胞死亡区，导致心理能力一步步地衰退，每中风一次，就发生一次衰退。西方国家约 20% 的痴呆症病例是脑血管痴呆症，约 10% 是阿尔兹海默症和多次中风的脑血管痴呆症的并发症（Kalaria，2002）。

脑血管痴呆症是由遗传和环境因素共同导致的。遗传影响间接地通过高血压、心血管病和糖尿病起作用，其中每一种病都会提高中风的危险。环境影响，如吸烟、饮酒过量、盐分摄入过多、饮食中蛋白质过低、肥胖、不活动及心理压力等，也会提高中风的危险（Román，2003）。

由于男性比女性更容易患心血管病，因此 60

岁之后的男性患脑血管痴呆症者多于女性。女性在75岁之前患该病的危险都不大（Sachdev, Brodaty & Looi, 1999）。该病在不同国家情况不同。例如，日本因中风致死者较多。虽然低脂肪饮食降低了日本人患脑血管病的危险，但他们摄入酒精和盐分较多，饮食中的动物蛋白较低，增加了中风的危险。近几十年来，随着日本人酒精和盐的摄入量减少、吃肉增多，脑血管痴呆症的发病率和中风致死率已经下降（Goldmán & Takahashi, 1996）。但这两个比例仍高于其他发达国家。

日本的情况比较独特而矛盾（心血管发病率低，中风发病率高），但是多数情况下，脑血管痴呆症是由动脉硬化导致的。预防是减少该病发生的唯一有效途径。近20年来脑血管痴呆症发病率下降，主要归功于心脏病的减少和更有效的预防中风措施（U. S. Department of Health and Human Services, 2005h）。中风的先兆是：手臂、腿或面部无力、疼痛、麻木；视力突然丧失或出现双像；言语困难；严重晕眩和失衡。医生可能会开一些降血凝药物。中风一旦发生，普遍会出现偏瘫和言语、视力、协调性、记忆和其他心理能力的丧失。

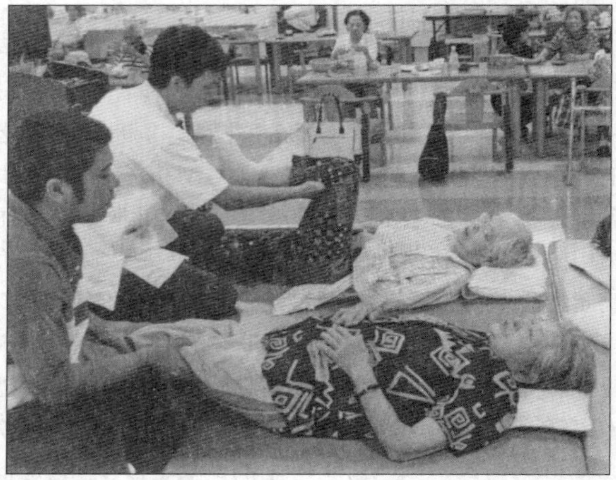

在日本的这家康复中心，工作人员正为中风的老年患者进行护理。低脂肪饮食降低了日本老年人患心血管病的风险。但摄入酒精和盐分多、动物蛋白少加大了中风的危险。

（3）误诊与可逆性痴呆症

对痴呆症进行谨慎的诊断十分关键，因为其他疾病可能被误诊为痴呆症。有些类型的痴呆症可以治疗，还有少数是可逆的。

专栏　社会问题

对痴呆老人护理者的干预

玛格丽特的丈夫是一位71岁的阿尔兹海默症患者，她给当地报纸的咨询专栏编辑写了一封绝望的求救信：“我丈夫不能自己吃饭、洗澡，也不会说话或请求帮助。我必须猜测他想要什么，想办法满足他。请帮帮我。我已经走投无路了。”

阿尔兹海默症不仅对老年患者，而且对负责照顾且得不到外界帮助的家人，其影响都是灾难性的。这种情况下的护理，因其每时每刻的要求而被称为“每天36小时”护理。虽然多数家庭护理者为中年人，但也有15%～25%的老年人要护理他们的老年配偶或伴侣。这些老人中的1/3自己的身体也较差，而且年龄越大，用于看护的时间越长（Chappell et al., 2003; Family Caregiver Alliance, 2005）。家人超负荷的护理使他们的身心健康受到很大伤害，并面临提前死去的危险（Schultz & Beach, 1999; Sörensen & Pinquart, 2005）。患者认知损害和行为问题的严重性，是看护者健康变差的有力预测指标。

很多社区都开展向家庭护理者提供帮助的干预措施，但这种干预还须扩大规模，做到低成本高效率。在看护者身心俱疲之前开始且能满足多方面需要的干预措施有：知识、应对策略、护理技能、暂时休息等。

知识　所有的干预措施都会普及关于疾病、护理困难方面的知识，以及社区可能提供的帮助。这些知识一般通过上课的形式传授。但是现在有了新方法，护理者家里的电脑可以让他们利用数据库里有关护理的大量信息（Brennan, Moore & Smyth, 1991）。但学到的知识必须和促进护理者身心健康的其他方法结合起来。

应对策略　很多干预项目都教给护理者一些解决日常问题的策略，以应对需依赖别人的老年人的行为，以及处置消极想法和感受的方法，例如，对不得不进行长期护理的怨恨。传授方式包括支持性的团体疗法、个体疗法和“应对挫折”课程。一项研究中，研究者先评估了护理者当前的应对策略，然后进行个别化培训，教给他们更有效的方法。结果显示，和没有接受培训的控制组相比，接受培训的护理者感觉到的负担和抑郁情绪都较轻，他们照顾的病人令人烦恼的行为较少。三个月后，这些干预效果仍然明显（Marriott et al.，2000）。

护理技能　教会护理者怎样与失去自理能力的老年人交流，这样的课程会使护理者受益。例如：病人重复问同一个问题时，可以转移其注意力而不是指责；当病人因自己的记忆问题责备他人时，耐心地给以提醒，并且列出清单；让他们做一些娱乐活动，如听音乐，看慢节奏的儿童电视节目，这可以平复他们的焦躁情绪。教会沟通技能的干预措施可减少病人令人烦恼的行为，增强护理者的自我效能感，使他们的积极情绪增多（Bourgeois et al.，1997）。

暂时休息　护理者常诉说，暂时休息，即暂时离开护理，是他们最希望得到的帮助。虽然一些社区提供暂时休息服务，如成人日间护理或临时代替护理，但是护理者不愿意接受，因为费用问题、担心老人不适应和内疚感。每周至少两次几个小时的暂时休息可以让护理者保持朋友关系，参加一些娱乐活动，维持平衡的生活，从而促进其身心健康（Lund & Wright，2001；Zarit et al.，1998）。

一个研究小组为了减轻护理者不堪重负的护理负担，设计出一种"录像间歇"方法，制作一系列阿尔兹海默症患者喜欢看的录像带，可使护理者有半小时到一小时的休息。节目中有专业演员的亲切、慢节奏、内容简单的谈话，内容涉及一些家庭经历、人物和物品，偶尔会有暂停，为的是让老年患者做出反应。对录像的评估表明，这些内容不仅能吸引患者注意，还能减轻他们的问题行为，比如胡思乱想、焦躁不安、重复提问和攻击（Lund et al.，1995）。

没有什么灵丹妙药能够消除护理者的压力。但是在护理早期采取多方面、持续数周或数月、符合护理者需求的干预措施，可以给护理者的生活带来改观，而且能延缓把痴呆患者送去住院的时间（Kennet，Burgio & Schultz，2000）。

"阿尔兹海默症护理者健康促进方法"（THE Resources for Enhancing Alzheimer's Caregiver Health，REACH）把九种"积极"干预法与五种"消极"干预法做了比较。九种积极干预法，每种都包含上述几个或全部要素，而消极干预法只提供知识信息，把患者推介给社区代理机构。1 200 多名护理者接受了六个月的积极干预之后，其自我报告的负担明显下降。另一个项目是在家里进行的治疗，通过电话让治疗师、护理者、家庭成员和其他支持系统频繁沟通，也明显减少了护理者的抑郁症状（Citlin et al.，2003；Schultz et al.，2003）。承担较多护理任务的人，往往是女性比男性多，低社会阶层的人比高社会阶层的人多，配偶比非配偶多，这些人从积极干预中得到的好处更大。

这个女儿正在照顾她的患阿尔兹海默症的父亲。虽然做这样的事情能从心理上得到补偿，但是它既消耗体力，又折磨情感。对帮助护理者的干预的需求巨大。

抑郁常被误诊为痴呆症。抑郁（但不躁狂的）的老年人常会夸大其心理困难，反之，躁狂者则会低估这些困难，并且不能完全意识到认知能力的下降。65 岁以上人群中严重抑郁者不到 1%，另外 2%属于中度抑郁——该比率低于青年人和中年人（King & Markus，2000）。可能因为多数老年人知道该如何调整对生活的期望，导致无价值感降低。但是，第 6 章将要讲到，抑郁会随年龄增长而上升，它往往因身体疾病和疼痛而生，并导致认知能力衰退。在年纪较轻时，来自家人、朋友的支持，抗抑郁药物，个体、家庭和团体治疗都有助于缓解抑郁。但是境况一般的老年人，尤其是社会经济地位较低的少数族裔，不大可能寻求心理健康治疗（Padgett et al.，1994）。这增大了抑郁加重并与痴呆症相混淆的可能性。

随着年纪升高，老年人越来越可能服用具有导致类似痴呆症副作用的药物。例如，治疗咳嗽、腹泻和眩晕的药物会抑制神经递质乙酰胆碱，从而导致类似阿尔兹海默症的症状。老年人年龄越大，对药物的容忍度越低，所以在老年期，这些反应会加剧。此外，一些疾病可能导致暂时性记忆丧失和心理症状，那些在患病时常常感到疑惑与退缩的老年人尤其如此。对已患疾病的治疗可以缓解这一问题。最后一点，环境变化和社交隔绝也会引发心理能力衰退（Gruetzner，1992）。如能恢复支持性的社交来往，认知功能通常能够恢复。

5. 保健

585 工业化国家的专业保健人员和立法者都在担忧老年人口的迅速增多所造成的经济后果。政府支持的保健费用和对保健服务，尤其是长期保健服务需求的上升，是最大的关注点。

（1）老年人的保健费用

65 岁以上的老年人占北美总人口的 12%，但其保健费用占美国政府保健费支出的 30%，在加拿大则占 44%（Esmail & Walker，2005；U. S. Census Bureau，2006b）。根据目前的估算，随着婴儿潮人口进入老年期以及平均期望寿命的进一步延长，到 2025 年，政府承担的健康保险或医疗保健费用将会翻一番，到 2050 年将接近目前的 3 倍（Social Security and Medicate Board of Trustees，2005）。

医疗保健费用随年龄增长而大幅增加。75 岁及以上老人从医疗保险中得到的好处比年纪较轻的老年公民多 70%。费用增长主要是因为在医院和护理院进行长期护理的需求增加，而这又是由与年龄相关的、致使能力缺失的慢性病和急症增加造成的。由于美国医疗保健基金只担负老年人医疗费用的一半，美国老年人年收入中用于支付保健费用的比例几乎是加拿大老年人的 5 倍，即 19∶4（Lindsay，1999；U. S. Department of Health and Human Services，2005p）。在这两个国家，对长期护理的支持都远远少于对具有严重能力缺失老年人需求的支持。

（2）长期护理

伊达搬到露丝家时，露丝曾答应她，不会送她去医院。但是，由于伊达的病情恶化，露丝自己也面临健康问题，她不能再遵守诺言了。伊达需要全天 24 小时的监护。因此，尽管不情愿，露丝还是把她送到护理院。

图 5.6 显示，高龄与接受长期护理，尤其护理院护理有高相关。在老年人的各种疾病中，痴呆症，尤其是阿尔兹海默症，是住进护理院的最常见原因，其次是风湿病、臀部骨折和中风（Agüero-Torres et al.，2001）。对护理院需求增大的另外两个原因是，无人照顾的鳏寡老人（女性为多）增多，以及成年子女和其他亲属步入老年。

总体上，65 岁以上的美国老人在医疗机构疗
586 养的只有 5%，加拿大为 8%。而在其他工业化国家，如荷兰和瑞典，约占 50%，这些国家为机构护理提供了很多公共资金。在美国，除非因为患急病住院之后转入护理院，否则老年人必须自己承担护理院费用，直到花光所有积蓄。此时，医疗补助（专为穷人设立的健康保险）才会接管。在加拿大，多数省份会负担某些长期护理费用，但数量有限。因为长期护理费用呈螺旋式上升，近来这种优惠已经停止或减少，给住院的加拿大老年人及其家庭带来沉重的经济负担（Council on Aging of Ottawa，2005）。在美国，如果老年人非常贫困，政府才会负担所有费用。结果，美国和加拿大住进护理院的主要是收入很低和很高的人。中等收入的老年人及其家庭可能会尽力防止高昂的护理院费用耗尽他们的储蓄。

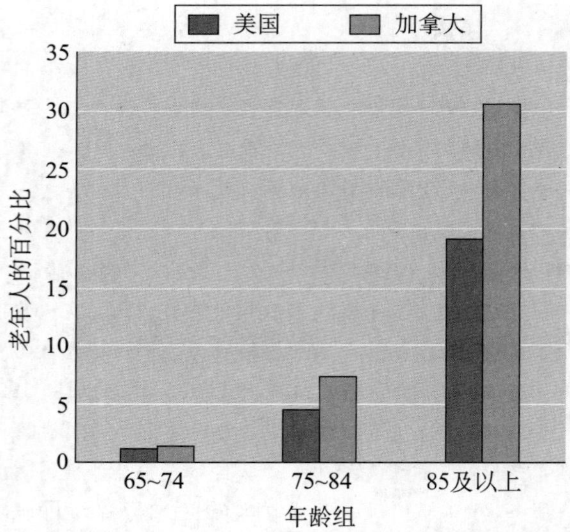

图 5.6　美国和加拿大接受护理院护理者随年龄增长而增多

两国住护理院者随年龄增长大幅增加。加拿大老人得到的福利金高于美国老人（见《伯克毕生发展心理学：从 0 岁到青少年》第 2 章），因此住护理院的老人中，加拿大老人经济条件一般好于美国老人，这也是加拿大两个高龄组住护理院比例较高的原因。另一个相关因素是加拿大的平均期望寿命较高。

资料来源：Statistics Canada，2002g；U. S. Department of Health and Human Sevices，2005p.

住不住护理院也存在族群差异。美国白人进入机构疗养者为非洲裔美国人的近两倍。因为有人口多、关系密切的大家庭传统，70%以上的非裔美国老人并非独居，且 1/3 以上与成年子女一起住。亚裔、西班牙裔、美国和加拿大原住民住进护理院的也比白人少，因为他们的家庭具有很强的照顾老人责任感（Lindsay，1999；Yaffe et al.，2002）。总体来看，在澳大利亚、加拿大、新西兰、美国和西欧，家庭提供的长期护理至少占 60%～80%。可见，不同族群和社会经济背景的家

庭都愿意在需要的时候照顾老年人。

为了减少老年人的机构护理及相应的高消费，一些专家提出了变通方案，例如用公共基金援助家庭护理（见第 4 章）。另一种很快得到推广的方案是辅助生活，这是一种类似家庭的住宅，来这里的老人需要的护理比从家庭得到的多，比护理院提供的少。辅助生活住宅相比于护理院，是一种经济有效的办法，可减少不必要的住院护理（Maddox，2001）。它还能增强住在这里的老人的自主性、社交来往、社区参与度与生活满意度，其优越性将在第 6 章详细介绍。在丹麦，政府支持的家庭助手系统和辅助生活住宅相结合，使过去 15 年中对护理院床位的需求减少了约 30%。丹麦政府还节省了支出：用于长期护理的公共支出减少了 8%（Stuart & Weinrich，2001）。

当住进护理院是最佳选择时，下一步要做的就是提高其服务质量。例如，荷兰的护理院安装了分别针对心理能力缺失和身体能力缺失的不同设备。每个老年人，无论能力缺失的程度多大，都能利用这些设备保持现有能力，并学习一些可补偿所丧失能力的新技能。对接受机构护理的老年人来说，健康状况、自我控制感、满意的社会关系，有意义、令人愉快的日常生活，可以有力地预测其生活满意度（Logsdon，2000）。生活的这些方面无论对哪个国家的老年人都是很重要的。

辅助生活住宅是一种得到迅速推广的变通方式，它适合于那些需要得到的护理比家里多、比护理院少的老年人。它可以促进老年人的自主性、社会生活、社区参与和生活满意度。

思考题

复习　引用证据说明遗传和环境因素对阿尔兹海默症和脑血管痴呆症的影响。

应用　马丽莎向咨询师抱怨说，68 岁时，她的丈夫文戴尔就不再主动与她做爱或拥抱她了。为什么文戴尔停止了性活动？哪些医学和教育措施可以帮助这对夫妇？

联结　请解释，生态系统论的各个水平（见《伯克毕生发展心理学：从 0 岁到青少年》第 1 章）对负责照顾患痴呆症老人的家庭护理者的心理健康和护理质量分别有何影响。

反思　你的家庭为需要帮助的老人提供了什么样的护理和生活安排？文化、个人价值观、经济来源、健康和其他因素对这些决定有何影响？

第二部分　认知发展

587 露丝向医生抱怨自己记忆和言语表达困难，反映了老年期对认知功能的普遍担忧。人们认为，整个成年期都在下降的加工速度影响到老年人许多方面的认知能力。第 3 章曾讲到，思维有效性的降低也削弱了注意、工作记忆中可容纳的信息量、记忆策略的使用和长时记忆的提取。这些方面的下降贯穿于生命的最后几十年。

前面讲到，一种心理能力越是依赖于流体智力（具有生物学基础的信息加工能力），它就越早开始衰退。相反，依赖于晶体智力（建立在文化基础上的知识）的心理能力在较长时间内一直增长（见图 3.5）。晶体智力的保持取决于可促进认知技能的持续机会。如果有这样的机会，晶体能力——在特别努力的领域中获得的一般信息和专长——可以弥补流体智力的衰退。

重温图 3.5，高龄老人流体智力的下降限制了他们在文化支持之下可以做的事情，这些文化支持包括丰富的经验、关于如何记忆和解决问题的知识以及富于促进作用的日常生活。结果，晶体智力也出现一定程度的衰退（Berg & Sternberg，2003；Kaufman，2001）。

总体而言，当生命接近终结时，衰退要超过进步和保持。但是可塑性仍可能存在（Baltes & Carstensen，1996）。研究发现，老年期认知功能的个别差异大于人生的任何时期（Hultsch et al.，1998；Hultsch，MacDonald & Dixon，2002）。在遗传和生活方式的影响得以充分表现的同时，寻求行为的自我选择方式的自由度增加——有些会促进认知技能，有些会阻碍认知技能——可能是差异增大的原因。

老年人怎样才能更充分地利用其认知资源？一种观点认为，那些保持了高水平机能的老年人采用了**选择性最优化补偿**（selective optimization with compensation）：他们降低目标，选择对个人有价值的活动，以求最优化（或最大化）地恢复他们衰退的能力。他们还找到了补偿衰退的新方法（Baltes，1997；Freund & Baltes，2000）。一天，露丝和沃尔特看电视台对 80 岁的钢琴家亚瑟·鲁宾斯坦的访谈节目。记者问鲁宾斯坦，他怎样在如此高龄仍然保持高超的钢琴演奏水平。鲁宾斯坦回答说，他进行了选择，只演奏较少的曲目。这使他的能力最优化，还能使他反复练习一首曲子。他还找到一种可以补偿弹奏速度减慢的技术。例如，在快速乐段之前，他先把弹奏速度放慢，所以当快速乐段出现时，听众会觉得很快。

在回顾记忆、语言加工和问题解决方面的主要变化时，我们将介绍老年人面临衰退时的最优化和弥补方法。我们还会看到，某些依赖丰富生活阅历而不是加工效率的能力，在老年期得到保持或提高。最后，我们还将讨论一些项目，这些项目把老年人看作新知识的终生学习者，就像他们在早期发展阶段一样。

老年人通过选择性最优化补偿，可以保持其高水平的机能。这位老人就是这样做的，她集中精力照料她喜欢的、离家门很近的一小块花园，并且让孙女来帮助她。

一、记忆

由于老年人获取信息的速度变慢，难以运用策略、抑制无关信息并且从长时记忆中提取相关信息，记忆失败的可能性就提高了（O' Connor & Kaplan，2003；Persad et al.，2002）。对工作记忆中的材料加以保持和操作的能力下降，意味着在复杂任务中出现记忆问题尤其明显。

1. 有意记忆对自动化记忆

“露丝，你知道咱们看过一部电影，那个 5 岁的小男孩演得真是棒极了。我想建议迪克和高尔蒂去看看。但是那部电影叫什么名字？”沃尔特问。

“我想不起来了，沃尔特。我们最近看过好几部电影，一部也想不起来了。在哪个影院看的？和谁一起看的？多跟我说说那个小男孩的事情，也许我能想起来。”

每个人在这种场合都有想不起来的时候，但老年时回忆困难的情况却很多。当露丝和沃尔特看电影时，因为认知加工较慢，他们只能记住很少的细节。再者，由于工作记忆每次只能保留较少的信息，他们对来龙去脉注意得不够，如在哪儿看的电影，和谁一起看的等等（Craik & Jocoby，1996；Wegesin et al.，2000）。当我们努力回想一件事的时候，来龙去脉对提取线索是非常重要的。 588

和年轻人相比，老年人对刺激及其来龙去脉的注意不够，因此回忆能力明显下降。例如，有时他们不能把经历过的事件与想象的事件区分开来（Rybash & HrubiBopp，2000）。他们也很难记住信息的来源，尤其是当几个来源比较相似时，如桥牌俱乐部的哪位成员说的话，他们在哪家杂志或报纸上看到一条很特别的新闻等等（Simons et al.，2004）。暂时性记忆，如回忆事件发生的顺序，或事件的发生距现在多久，也遇到同样的问题（Dumas & Hartman，2003；Hartman & Warren，2005）。

几天后，露丝在电视上看到了那部电影的广告，她马上认出这个名字。再认，一种自动化的、只需付出较少心理努力的记忆，在老年期的下降程度不如回忆那样大，因为有很多环境线索可以帮助再认。随年龄增长而出现的记忆下降主要出现在那些需要有意加工的任务上（Reuter-Lorenz & Sylvester，2005）。

另一种自动化记忆是**内隐记忆**（implicit memory），或无意识记忆。典型的内隐记忆任务是，先给你呈现一系列单词，让你把不全的单词（如 t __ k）补全。你很可能用你刚见到的一个单词（task）而不是用其他单词（took 或 teak）来补全。你并没有刻意这样做，你其实是在回忆。

内隐记忆的年龄差异小于外显记忆或有意记忆。凭借熟悉程度而不是有意使用策略的记忆在老年时被大量使用（Davis，Trussell & Klebe，2001；Fleischman et al.，2004）。老年人报告的记忆问题，如人名、重要东西放的位置、从一地到另一地的方向，以及后面将要讲到的，约会和医疗时间安排等，所有这些都向他们有限的工作记忆提出了严峻的要求。

2. 联想记忆

上述的记忆缺陷，只是把信息整合到复杂记忆的能力随年龄增长整体下降的一部分。研究者称这种下降为**联想记忆缺陷**（associative memory deficit），或建立和提取信息块之间联系困难，例如，两个项目之间的联系，或一个项目及其来龙去脉之间的联系，就像露丝试着记起看过的有儿童演员的电影名称，或她在哪里看过这部电影。

为了查明老年人的联想记忆是不是比年轻人困难大，研究者向他们配对呈现无关的单词或物体的图片（如桌子—外套或者三明治—收音机），让他们学习这些配对项目，准备接下来的记忆测验。测验时，向一组被试呈现一页单个项目，其中有些在前面学习时出现过，有些没有出现过，让被试在学过的项目上画圈。向另一组被试呈现一页配对项目，有些是前面学习阶段完整出现的（桌子—外套），有些是重新组合的（外套—广播），让被试在之前学过的配对项目上画圈。如图 5.7 所示，在单个项目测试中，老年人的成绩和年轻人相差不大，但在配对项目测试中，老年人的成绩更差，这一发现证实了联想记忆缺陷的存在（Naveh-Benjamin，2000；Naveh-Benjamin et al.，2003）。

这项研究中的记忆任务依赖于再认。多数情况下，再认只需要认出单个的信息块，所以老年人的成绩较好。当研究者设置的再认任务必须依靠联想记忆时，老年人就有困难了。通过向老年人重复呈现所学习的信息，并提供更多的记忆线索，能够改进他们的联想记忆（Naveh-Benjamin et al.，2003；Simons et al.，2004）。例如，把名字与面孔相联系，老年人就会从关于那些人的相关事实的提醒中受益。强调姓名的意义也能提高再认成绩（Schmidt et al.，1999）。

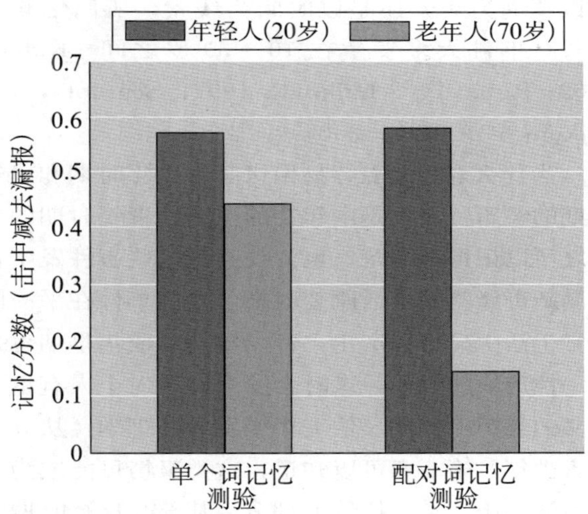

图 5.7　年轻人和老年人在单个词和配对词记忆测验中的成绩支持了老年期的联想记忆缺陷

在老年人学习完配对呈现的无关词组后，研究者让一些老年人辨认曾学习过的单个词，让另一些老年人辨认学过的配对词。在单个词记忆任务中，老年人的成绩和年轻人差异不大；而在配对词任务中，老年人的成绩较差。结果证实了老年期的联想记忆缺陷。

资料来源：Naveh-Benjamin，2000.

3. 长久记忆

老年人经常说，他们的**长久记忆**（remote

memory），或非常长时间的记忆，比对近期发生事情的记忆更清楚，但研究并不支持这一结论。在几项研究中，让 20 多岁到 70 多岁的成人回忆小学老师和中学同学的名字，以及中学时学过的西班牙语单词，这些都是早年熟悉的信息。结果发现，最初 3～6 年，其记忆快速下降，在以后的 20 年中变化很小。之后又出现中度的遗忘（Bahrich，1984；Bahrick，Bahrick & Wittlinger，1975）。

自传式记忆，或者对个人有意义的事件的记忆，如第一次约会时做了什么，大学毕业时怎样庆祝的，这种记忆情况如何呢？在考察这种类型的回忆时，研究者一般会呈现一系列单词（如书、机器、对不起、惊奇），然后让成年人以每个词为线索说一段个人的记忆。或者给被试看纸上画的一条时间线，上面标着从出生到现在的年龄，让被试在线上画出重要生活事件及事件发生时的年龄。50～90 岁之间的人较多地回忆起长久的和近期的事情，中段的事情较少。提到近期事件的大多是在以单词为线索的研究中（见图 5.8）。无论是以单词为线索还是以时间为线索，所回忆起来的长久事件大多发生在 10～30 岁之间（Rubin，2002；Rubin & Schulkind，1997；Schroots，van Dijkum & Assink，2004）。

为什么老年人更容易回忆起青少年时期和成年早期的经历，而不是中年期的生活？青年时期的事件之所以记得最清楚，也许是因为这些事件发生在充满新奇经验的生活剧变时期，这些事件在平淡的日常生活中显得很突出。青少年期和成年早期也是同一性形成的时期，这时会发生许多对个人有重大意义的经历。参阅《伯克毕生发展心理学：从 0 岁到青少年》第 5 章可以知道，这类事情可能成为个人生活经历中一直持续的部分。甚至与这个时期相联系的社会事件，如世界系列冠军赛、奥斯卡金像奖获得者以及当时流行的一些事件，老年人都印象深刻（Rubin，Rahhal & Poon，1998）。

老年人回忆个人近期发生的事情比长久事件的回忆更容易，可能是因为多年间发生的其他经验的干扰（Kausler，1994）。随着记忆的东西越来越多，一些事情难免会与其他事情相类似。结果，某些早期记忆就不像原来那样清晰。但是，即使让老年人回忆前一年的重要事件，由于回忆困难，他们说出的细节也比年轻人少得多（Levine et al.，2002）。

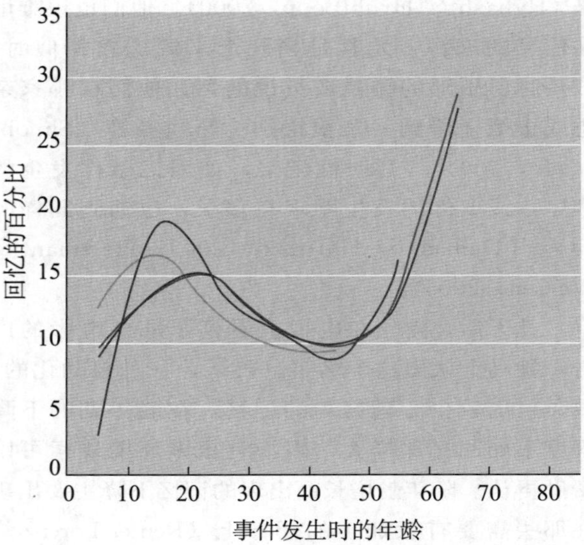

图 5.8　老年人自传式记忆中报告的事件发生时的年龄分布

图中显示的是对 50～90 岁老年人的四项研究结果，对晚期事件的记忆好于对早期事件的记忆。早期事件中，回忆最多的事情发生在 10～30 岁之间。

资料来源：D. C. Rubin，T. A. Rahhal & L. W. Poon，1998，"Things Learned in Early Adulthood Are Remembered Best，" *Memory and Cognition*，26，p. 4. Copyright © 1998 by the Psychonomic Society，Inc. 经授权引用。

4. 前瞻记忆

老年人常常抱怨，他们对日常生活中的事情越来越心不在焉。露丝和沃尔特知道他们可能会忘记约会的事情，所以他们一再问起。"西比尔，我们聚餐是什么时间？"沃尔特在事前两天问了好几次。他问这么多次并不是痴呆症的先兆，他只是想确切地记住重要的日期。

至此，我们已经讨论了回溯记忆（retrospective memory）（对过去事件的记忆）的不同方面。**前瞻记忆**（prospective memory）是指对未来计划要做的事情的记忆。记忆所需要的心理努力的程度决定了老年人的前瞻记忆是否会出现问题。记住会餐日期对沃尔特来说有些困难，因为他经常在周四晚 6 点和女儿一起吃饭，但这次聚餐时间却定在周二晚 7 点 15 分。

在实验室中，老年人完成事件性前瞻记忆任务比完成时间性前瞻记忆任务的成绩要好。在一项事件记忆任务中，一个事件（如计算机屏幕上出现一个单词）作为提醒成人记住做某件事（如按键）的线索，而此时被试正在做另一件事情

（读报）。只要事件记忆任务不复杂，老年人和年轻人的成绩一样好。但是，如果研究者提出另外的记忆要求（如四个线索中的任何一个出现时都要按键），老年人的成绩就会下降（Einstein et al.，1997，2000；Henry et al.，2004）。在时间记忆任务中，成年人必须在一定时间间隔后，在没有任何明
590 显外部线索情况下做一个动作（如每隔10分钟按一次键）。时间性前瞻记忆任务需要相当的主动性，在心里记住要做的动作，在老年期的下降幅度较大（Park et al.，1997；West & Craik，1999）。

但是，实验室中出现的前瞻记忆困难并没有出现在真实生活中，因为在生活中，老年人以很强的动机去记住要做的事，并认真提醒自己，例如在厨房装一个定时器，或在显眼的地方钉一个纸条（Henry et al.，2004）。在努力记住要做的事情时，年轻人较多地依赖记忆策略，如复述，而老年人更多依靠外部辅助物（Dixon，de Frias & Bäckman，2001）。老年人用这种方式弥补工作记忆容量的下降，以及在现在做的事情和将来要做的事情之间分配注意的困难。

二、语言加工

语言和记忆能力密切相关。在言语理解（理解口头言语或书面文字的意义）过程中，人们会无意识地回忆起听过、看过的东西。对老年人来说，只要对方说话不是太快，或者他们有足够时间对书面文本进行准确加工，那么，言语理解能力就会像内隐记忆一样，在晚年没有什么变化（Hultsch et al.，1998；Stine-Morrow & Miller，1999）。一项追踪研究表明，55～70岁的人在6年时间里对文字故事的回忆成绩略有上升！80～90岁时，老年人能充分利用故事结构帮助自己回忆中心思想和细节（Small et al.，1999）。

与言语理解相反，言语生成能力在两个方面随年龄而下降。第一个方面是从长时记忆中提取单词。在与别人交谈时，露丝和沃尔特有时找不出恰当语句表达内心想法，即使这些熟悉的语句在过去的谈话中多次用过。结果，他们的话语中包含了比中青年时期更多的代词和其他意义含糊的语句。他们说话变慢，经常停顿，这在一定程度上是由于，他们需要时间从记忆中搜寻适当的词汇（MacKay & Abrams，1996）。此外，和年轻人相比，他们经常出现**欲言难吐状态**，知道该说哪个词，就是说不出来（Burke & Shafto，2004）。

第二个方面是，在老年期，打算要说什么和怎样说出来都更困难。因此，沃尔特和露丝晚年时说话显得更加迟疑不决，张口说错话，重复说话，说出的句子不完整等等。他们的陈述也不如过去那样有条理（Kemper，Kynette & Norman，1992）。

对这些变化应该作何解释？老年人想表达的含义和其他含义之间存在许多"心理联结"，但是一个词的发音及其概念之间只有一种心理联结。由于联想记忆能力随年龄而下降，导致日常对话中的记忆困难在词语提取方面尤其明显（Burke & Shafto，2004）。这和工作记忆容量下降有关。因为老年人只能同时保持较少的信息，他们难以协调生成连贯言语所必需的多重任务。

和记忆一样，老年人有办法补偿其言语生成问题。例如，他们简化语法结构，把更多的努力用于提取词汇，对思维加以组织。为了表达得更清楚，他们降低效率，用更多的句子来传递信息（Kemper，Thompson & Marquis，2001）。由于老年人对词语提取失败的监控并试图努力克服这种失败，他们更频繁地出现欲言难吐状态，但他们解决欲言难吐状态的比率比年轻人高（Schwartz & Frazier，2005）。

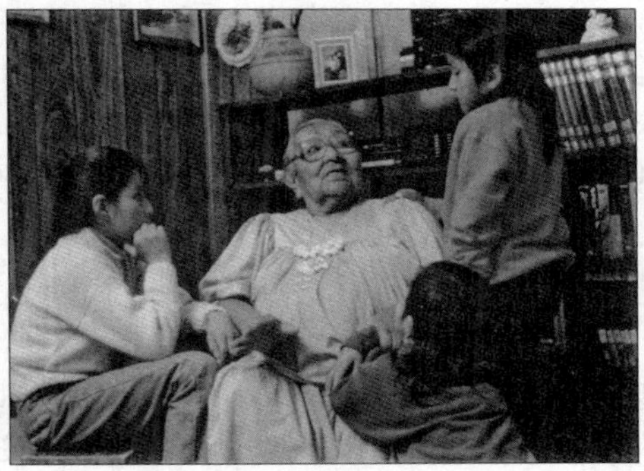

亚利桑那阿帕奇部落的这位长者给孩子们讲故事时，用很多由长期生活经验得出的推论和道德信条使故事更丰富。

另外，老年人还采用多说要点、少说细节来表达他们想与别人交流的信息，以此来作补偿（Jepson & Labouvie-Vief，1992）。例如，沃尔特给孙女玛丝讲童话故事时，他省去许多具体情节，加上一些个人推论和道德信条，这些成分在年轻人讲的故事中很少出现。下面是沃尔特对《睡美人》故事的演绎："一个魔女要害死睡美人。但是一个善良的仙女把魔咒从处死变成了长睡不醒。后来，一位英俊的王子用一个吻唤醒了

睡美人。你看，玛丝，这个世界上既有善，也有恶。那些恶的东西慢慢让我们知道，必须想着别人，关心别人。”

老年人常常能抽取信息的精髓，最充分地利用有限的工作记忆容量。然后，运用符号标志和丰富的生活经验使信息充实起来。

三、问题解决

591 问题解决是另一种认知技能，在这方面，衰老既带来退化，又带来重要的适应性变化。老年期，传统的、缺乏真实生活背景的问题解决（如20问游戏）能力出现下降（Sinnott，1989）。在解决复杂的假设性问题时，老年人记忆的局限使之难以在心中记住所有相关的事实。

然而，老年人在日常生活中遇到的和他们关心的问题情境，不同于研究者设计的假设性问题，也不同于其早年经历的问题。由于已经退休，他们不必再解决工作岗位上的各种问题。其子女都已长大成人，独立生活，他们的婚姻持续已久，不会再有什么麻烦（Berg et al.，1998）。多数人所关心的是怎样处理大家庭的各种关系（希望亲戚们多来探望，他们的成年子女希望他们能够照看孙辈）和处理日常生活问题，如准备有营养的一日三餐、理财、关注自己的健康。德国和美国的调查表明，老年人在一天中有1/3到一半的时间用于处理日常生活问题（Willis，1996）。

老年人是怎样解决日常生活问题的？他们把中年期常用的问题解决方式沿用到老年。只要老年人认为问题是可控和重要的，他们就会积极有效地加以解决（Artistico，Cervone & Pezzuti，2003；Haught et al.，2000）。也许因为老年人常常认为，他们不能改变别人，所以他们会尽可能地避开人际冲突（Blanchard-Fields，Chen & Norris，1997）。在第6章会讨论，这种策略对那些注重保存能量、减轻压力的老年人来说很有意义。

对老年人尤显突出的健康问题说明了老年期日常生活问题解决的适应性（Sansone & Berg，1993）。对自己是否患病并应该尽快就医，老年人能迅速做出决定。相反，年轻人和中年人更多地抱着“等等看”的态度，以收集更多的事实，即使在健康问题已经很严重时也是如此（Leventhal et al.，1993；Meyer，Russo & Talbot，1995）。相较于较慢的认知加工速度，老年人对疾病的快速反应很发人深省。也许是应对疾病的多年经验使他们能够运用丰富的个人知识做出肯定的决断。在老年期面对健康风险时果断行动，是非常明智的。

还有一点须指出，老年人报告说他们经常向别人，如配偶、成年子女、朋友、邻居和教会社团的团友，请求对日常生活的指教（Strough et al.，2003）。和年轻的已婚夫妇相比，老年已婚夫妇会更多地合作解决问题，研究者判断，他们共同商议得出的策略是非常有效的（Meegan & Berg，2002）。在共同解决问题时，老年人似乎能补偿认知困难，更好地处理生活事务。

四、智慧

如前所述，丰富的生活阅历使老年人能讲更好的故事，促进了他们的问题解决能力。它还使另一种能力在老年期达到顶峰，这就是**智慧**（wisdom）。当研究者让人们描述智慧时，多数人提到知识的广度和深度，以使生活更长久、更有价值的方式对知识进行反思和运用的能力，情感的成熟性，包括倾听、评估和提出建议的能力，以及第3章讲到的对人类做贡献、使别人的生活更幸福的利他主义的创造性。一个研究团队把构成智慧的元认知和人格特质概括为“指引生活并且使生活更有意义的专长”（Baltes & Staudinger，2000，p. 124；Staudinger，Dörner & Mickler，2005）。

露丝和沃尔特的孙女玛丝在上大学时曾经因为个人困境给他们打电话。露丝的建议反映了上述智慧的特征。玛丝不能肯定她对男友凯恩的爱能不能持久，在凯恩到另一个城市上医学院之后，玛丝开始与另一个同学约会。“我不能脚踩两只船。我想给凯恩打电话，告诉他史蒂夫的事情，”她大喊着，“您觉得我该这样做吗？”

“这不是恰当的时候，玛丝，”露丝劝告说，“在你还有机会搞清楚自己对史蒂夫的感情之前，这样做会伤了凯恩的心。照你的说法，凯恩在两周里有一些重要的考试。如果你现在告诉他，他会心烦意乱，这会影响他以后的生活。”

智慧——无论其运用于个人问题还是社会、国家和国际问题——都需要那种“深入人的内心的巅峰般的洞察力”(Baltes & Staudinger，2000；Csikszentmihalyi & Nakamura，2005)。毫不奇怪，世界各地的文化都认为，年龄和智慧是密切相关的。在农村和部落社会中，最重要的社会职位，如酋长和萨满巫师(宗教领袖)，都是由老年人来担任。在工业化国家，老年人担任大公司的首席执行官、高等级的宗教领袖、立法院成员以及最高法院的大法官。怎样解释这种普遍存在的情况呢？根据进化论观点，人类的遗传程序把健康、适应性和力量赋予年轻人。文化则通过老年人的洞察力而抑制了年轻人力量上的优势，以此来确保代际平衡和相互依赖(Assmann，1994；Csikszentmihalyi & Rathunde，1990)。

在对智慧发展的一项大范围研究中，20～89 岁的成年人对一些不确定的真实生活情境做出回答，如你的好朋友要自杀，或者，反思你的一生，
592 你发现自己的目标没有实现，你会怎么想、怎么做(Staudinger，Dörner & Mickler，2005)。对这些答案按照智慧的五个成分进行了评估：

- 对生活中最基本的问题，包括人的本性、社会关系和情感的了解；
- 应用上述知识做出决定、解决冲突、提出建议的有效策略；
- 根据人们所处生活环境中各方面的要求来评价他们；
- 对人类终极价值观，如普遍的善、对价值观个体差异的尊重等问题的关切；
- 意识到并能处置生活中的不确定性——很多问题没有完美的解决方案。

结果显示，年长并不能确保有智慧。在各年龄段都有少数人被划分为有智慧者。但是，生活经验的类型导致了差异。在应对人际问题方面受过大量培训、拥有实践经验的服务业人员，其智慧得分一般较高。而其他得分较高者多处于领导岗位(Staudinger，Smith & Baltes，1992；Staudinger，1996)。如果把年龄和相关生活经验综合考察，在得分最高的 20%的人中，老年人多于年轻人。与这一发现相一致，当让一些市民推荐有智慧的公众人物时，多数人选择了 50～70 岁之间、平均年龄 64 岁的长者(Baltes et al.，1995)。

美国前总统吉米・卡特在 2005 年埃塞俄比亚大选中作为投票观察员小组的一员访问该国。卡特是把智慧运用到国际事务中的表率。几十年来，他奔走于世界各地，支持民主、和平解决冲突和人权。

除了年龄和生活阅历，面对并克服逆境，对晚年生活的智慧也有重要影响。一项追踪研究考察了 20 世纪 30 年代大萧条时期的年轻人，结果发现，那些经历过并克服了经济困难的人，在近 40 年后，其智慧得分非常高，指标是他们在深度访谈中对生活事件的反应、对自己动机和行为的洞察力，以及温情和怜悯心(Ardelt，1998)。在压力中的成长可能是智慧发展的几种未知途径之一。

和同龄人相比，具有构成智慧的高品质的认知、反思和情绪特征的老年人大多受过良好的教育，身体健康，与他人关系良好，人格的求新性维度得分较高(Kramer，2003)。智慧还是心理健康的有力预测指标(Peterson & Seligman，2004)。富有智慧的老年人看起来更有生气，即使面临身体和认知等方面的困难。这说明，找到促进智慧的途径，无论对于人的幸福，还是对于构建幸福的晚年生活，都有很大帮助(Sternberg，2001)。

五、认知变化的相关因素

如果在中年期拥有心理上的积极生活，包括平均值以上的受教育程度、丰富而刺激的休闲活动、社会参与以及灵活的人格，就可以预测，这样的心理能力会保持到老年期(Schaie，2005)。当前北美老年人的受教育程度高于以往任何一代。自 1950 年以来，中学毕业率增长了 3 倍，达到 72%。拥有本科及以上学历的老年人增加了 5 倍，达到 18%(National Institute on Aging，2006)。随着第一批“婴儿潮”在 2011 年进入老年期，预计这些趋势将持续下去，认知机能的良好保持和心理能力缺乏的

低比率，这些情况都要好于过去的老年人。

前面提到，老年人的健康状况可以强有力地预测其智力状况。一些追踪研究发现，在控制了初始健康状况、社会经济地位和心理测验成绩的情况下，吸烟成人的认知能力的下降速率要高于不吸烟的成人（Ott et al.，2004）。各种慢性病，包括视力和听力障碍、心血管病、骨质疏松症和关节炎与智力下降有密切关系（Anstey & Christensen，2000；Baltes & Lindenberger & Staudinger，1998）。但是，我们必须谨慎地解释身体衰退和认知衰退之间的关系。这种关系可能因下面的事实而被夸大，即聪明的成人可能有更多的健康生活习惯，从而推迟了严重疾病的发作。

退休对认知的影响既可能是正面的，也可能是负面的。如果退休后多参加富于刺激的休闲活动，结果将是乐观的。相反，从高度复杂的工作
593 岗位退休，又没有挑战性的替代活动，智力衰退就会加快（Schaie，1996）。事实上，老年期的复杂而挑战性的工作对智力机能的影响力，甚至大于中年期（见第 3 章）（Schooler，Mulatu & Oates，1999）。

随着年龄增长，老年人的认知测验分数越来越不稳定，从一次测验到下一次测验之间的波动增大。这种波动，尤其是反应速度方面，在 70 多岁时更明显，它与认知下降密切相关。研究者判断，这预示着生命结束之前大脑所有区域的广泛衰退（Hultsch，MacDonald & Dixon，2002；McDonald，Hultsch & Dixon，2003）。75 岁以后，认知的衰退与死亡前存活的长短有关，而与日历年龄无关（Small & Backman，1997）。沃尔特去世前一年，他身边的人发现，他变得被动、退缩。朋友陪在身边时，他的话不多，也不爱动。在家里，他花好长时间看着窗外，不再沉浸于创造性的写作和园艺活动。

终极衰退（terminal decline）指死亡之前认知机能明显的、恶化式的衰退。一些追踪研究证实，终极衰退只局限于智力的很小范围，除此以外的其他很多区域都只显示出一般的衰退。在对终极衰退的时间长度估计上，研究结果也有很大差异。一些报告说，这一时期只持续 1 到 3 年；另一些则报告，它延续 14 年之久，平均长度为 4～5 年（Hassing et al.，2002；Lövdén et al.，2005；Small et al.，2003；Wilson et al.，2003）。这些研究结论相互冲突的原因也许是，终极衰退有不同类型，一种类型可能随着疾病加重而出现，另一种可能只是正常衰老导致的一般性生物学衰退的一部分（Berg，1996）。目前，我们能够确定的是，认知成绩出现广泛而突然的下降是活力丧失和死亡临近的前兆。

六、认知干预

对老年期的多数人来说，认知衰退是逐渐发生的。虽然大脑老化有影响，但回顾前面的讨论，大脑可以通过新神经纤维的生长来补偿。而且，某些认知衰退可能是由于特殊技能废弃，而不是由于生物学衰老导致的。如果老年期发展的复原力是可能的，那么，对老年人进行认知策略训练，至少应能部分地扭转随年龄增长的认知衰退。

“成人发展与促进项目”（The Adult Development and Enrichment Project，ADEPT）是目前规模最大的认知干预项目。利用西雅图追踪研究中的参加者（见第 3 章），研究者做了其他研究从未做过的事情：评价了认知训练对长期发展的影响（Schaie，1996）。

干预是从 64 岁以上的成人开始进行的。其中一些人在过去 14 年里，其两种心理能力（演绎推理和空间定向）的分数一直得到保持，另一些人则出现下降。经过对两项心理测验中的一项进行每次 1 小时、总共 5 次的训练，2/3 的参加者提高了所训练技能的成绩。原来下降组的提高更显著。40%的人恢复到 14 年前的水平！7 年后的随访表明，虽然这些老年人的成绩有所下降，但他们受训练的技能的成绩仍然高于接受其他技能训练的同龄者。最后，在这一时间点进行的“助推器”训练导致了其后的更多收获，虽然后来的收获不如以前那么大。

在另一项称为“独立而有活力的老年人的高级认知训练”（Advanced Cognitive Training for Independent and Vital Elderly，ACTIVE）的大规模干预研究中，2 800 多名 65～84 岁的老年人被随机分配到以提高三种能力之一为目标

的 10 次训练课程中，这三种能力是：加工速度、记忆和推理，另外还有不接受训练的控制组。结果发现，接受训练的老年人，在所训练技能上，和控制组相比，显示出即时的优势，在一年后和两年后的随访中，这一差异虽然减小，但仍然显著（Ball et al.，2002）。

显然，老年人的多项认知技能可以经训练而提高。一个重要目标是，把干预活动从实验室转移到社区，使之融入老年人的日常生活。下一节，我们将介绍一种很有发展前途的方式，它为老年人提供了设计合理、兴趣盎然的学习经验，其中认知训练是一个必不可少的部分。

七、终生学习

想一想，老年人生活在这个复杂多变的社会需要什么能力。他们需要与年轻人一样的能力：通过言语和书面文字与他人进行有效交流；对信息加以定位、分类并选择所需要的信息；使用估算之类的数学方法；计划并组织活动，包括恰当地利用时间和资源；掌握新技术；理解过去和现在发生的事件以及每一事件与自己生活的相关性。老年人也需要形成新的、以问题为中心的应对策略，以此来有效而安全地保持健康，管理家务，对那些必须继续其工作生涯的人来说，还需要自我谋职技能。

在过去几十年中，由于健康改善，退休较早，老年人参加继续教育者大幅增长。成功的项目包括多种多样适合老年人需要的课程，以及符合其发展需求的教学方法。

1. 项目的类型

一年夏天，沃尔特和露丝参加了附近一所大学举办的"老年游学营"（Elderhostel）。住进
594 宿舍之后，他们和另外 30 位老人在两周时间里每天上午做有关莎士比亚主题的演讲，下午参观兴趣点，晚上在附近的莎士比亚戏剧节上表演戏剧。

老年游学营项目（在加拿大称"学习之路"）每年都吸引 25 万多北美老年人。老年游学营由当地教育机构主办，其间安排 1～3 周富于促进作用的课程和娱乐活动。一些项目充分利用了从教室到当地生态或民间生活的社会资源。另一些项目则到国外旅游。有些注重创造性课题和实践——写个人传记、和电影编剧讨论当代电影、急流漂流、学画中国画与学习书法、学习法语技能等等。

这些老人自称为"银发计算机小组"。他们建立的网站常出现在显眼位置，颠覆了老年人不懂现代技术的观念。

北美和世界其他地方都兴起了各种类似的教育项目。伯纳德·奥舍尔基金会与美国 80 多所高校合作建立了奥舍尔终身在校学习学院。每所学院都给老年人提供丰富多彩、有促进作用的学习经验，从审计学的正规课程、可以满足共同兴趣的学习社团，到帮助解决社会问题，等等。首先在法国建立的第三年龄①大学为西欧和澳大利亚的老年人提供由大学和社区主办的各种课程、专题工作坊、短途旅行等。老年人还以各行业退休的专家身份参与教学。一些项目促进了代际关系。例如在奥地利，学习科目中有针对祖父母的训练，使他们能帮助孙辈做好家庭作业。

上面提到的教育项目，其参加者大多是比较活跃、受过良好教育且经济条件宽裕的人（Abraham，1998），而受教育程度较低、收入有限的老年人就少得多。与老年游学营相比，同日常生活关系紧密且收费较低的社区老年中心，吸引了更多的低社会阶层老年人（Knox，1993）。无论课程内容如何，也无论参加的是哪些老年人，采用下面的"学以致用"表中概括的方法都有助于提高教学效果。

① "第三年龄"（third age）这个术语指中年期"第二年龄"之后的时期，此时老年人从工作和父母责任中脱身，有更多时间投入终身学习。——译者注

学以致用　　改进对老年人的教学效果

建议	描述
设置良好的学习环境。	一些老人内化了对其能力的消极偏见，参加学习时自尊较低。在支持性的集体气氛中，教师以同事身份，帮助老年人建立学习自信心。
留出充足时间学习新知识。	老年人的学习速度差别很大，一些人掌握新知识的速度很慢。把新知识分几节课呈现，或允许按自己的节奏学习，有助于他们掌握知识。
有条理地呈现知识。	老年人对信息的条理化不如年轻人那样有效。重点突出、具体形象并有概括小结的材料有助于记忆和理解。离题的内容会让老年人难以理解。
把知识与老年人的经验联系起来。	利用老年人的经验并通过生动实例，把新材料与老年人学过的知识联系起来，可以增强回忆效果。

资料来源：Illeris，2004.

2. 继续教育的好处

接受继续教育的老年人报告了各种各样的好
595 处，例如，学到了感兴趣的事情，了解了许多领域的新思想，结交了新朋友，开阔了视野（Kim & Merriam，2004；Long & Zoller-Hodges，1995）。而且，老年人对自己有了不同的看法。起初许多人对老年期抱有根深蒂固的偏见，当他们知道 70～80 岁的老人，包括他们自己仍能从事复杂的学习时，他们放弃了这种偏见。参加老年游学营课程的学员中，受教育程度最低的成员说他们学到的东西最多，并主张招收经济条件不好的人参加到这些项目中来（Brady，1984）。

在未来几十年，老年人的教育需求将受到越来越多的关注，因为老年人的数量在不断增长，他们要求获得终生教育的权利。一旦这种情况成为现实，那么很多错误的偏见，如“老年人年龄太大不能再学习”和“受教育是年轻人的事情”等就会逐渐削弱，直至被抛弃。

思考题

复习　说说老年期哪些认知机能会得到保持或提高。衰老的哪些方面对其产生影响？

应用　埃斯特尔抱怨，最近她有两次忘记了两周一次的做头发的预约，并且经常找不到恰当的词汇表达自己的想法。哪些认知变化导致了埃斯特尔的这些困难？她怎样来弥补？

联结　大脑发育的哪些过程可以帮助老年人补偿其认知衰退？（见 153 页）

反思　访谈你家里的一位老人，询问对其退化最严重的认知方面进行选择性最优化补偿的办法，举几个例子来说明。

本章要点

第一部分　生理发展

一、期望寿命

区分了日历年龄和机能年龄，讨论了过去一个世纪期望寿命的变化。

■ 由于每个人生物学衰老的速度不同，日历年龄只是**机能年龄**或实际行为能力的一个不确切指标。20 世纪人类的**平均期望寿命**大幅提高，原因是婴儿和成人死亡率下降，这证明了环境因素，如改善营养、医疗、卫生设施、安全等，可以改变生物学衰老的速度。

■ 一个国家的保健、居住条件、社会服务和生活方式因素能够预测国民的寿命，以及比期望寿命更重要的**积极寿命**。

■ 年纪越高，女性人数超过男性的幅度就越大，但两性平均期望寿命的差距逐渐降低。社会经济地位较高的白人和社会经济地位较低的少数族裔人口期望寿命的差异逐渐缩小。在 85 岁左右，出现**期望寿命的交叉**，原因是低社会经济地位的少数族群的期望寿命增加了。

■ 北美 65 岁及以上的老年人，有 10%在**日常活动**或基本的自我照料中遇到困难，约 20%的人不能从事**日常工具性活动**，即需要认知能力的日常事务。随着年龄增长，具有这些局限性的老年人比例急剧增长。

■ 长寿可在家族内遗传，但随年龄增长，环境因素的影响越来越重要。科学家对**最长寿命**能否超过 85～90 岁的意见不一。

二、身体变化

讲述了老年期神经系统和感觉的变化。

■ 老年期神经元的减少遍及整个大脑皮层，大脑额叶和胼胝体逐渐萎缩，小脑的神经元也减少。但是，大脑可以凭借形成新的神经突触和神经元加以补偿。老年人的自主神经系统功能下降，且释放出更多的应激激素。

■ 老年人，其中女性多于男性，出现视力衰退，并可能出现**白内障**或视网膜**黄斑变性**。视力衰退会影响老年人的自信和日常生活，并可能导致社会隔绝。

■ 老年期的听力衰退比视力衰退更普遍，男性尤甚，它可能导致孤独、隔离和抑郁症状。言语知觉的衰退对生活满意度的影响最大。

■ 味觉和嗅觉敏感度的下降使食物不再诱人。触觉敏感度尤其是手指敏感度也下降。

阐述了老年期心血管、呼吸和免疫等系统的变化。

■ 老年期，心血管系统和呼吸系统的能力下降更明显。像早期一样，不吸烟、少摄入脂肪、
596 避免环境污染、参加锻炼能够减缓衰老对这些系统的影响。

■ 晚年的免疫系统功能下降使疾病加重并出现**自体免疫反应**。因此，自体免疫失调的风险和压力导致的感染增加。

讨论了老年期的睡眠困难。

■ 老年人的入睡、熟睡和深度睡眠都更困难。70～80 岁时，男性的前列腺肥大（可导致尿频）、**睡眠窒息**和“好动的腿”，使其睡眠问题比女性严重。

讲述老年期身体外貌和行动能力的变化以及对这些变化的有效适应。

■ 衰老的外在表现，如白发、皱纹、皮肤松弛、老年斑和身高体重下降等越来越明显，但是这些与身体机能及寿命无关。由于肌肉、骨骼强度及关节灵活性下降，老年人的行动能力减弱。

“抗衰老”补品、草药、激素类药未被证明有益，甚至可能有害。以问题为中心的应对策略可以增强老年人的身体功能。快速发展的**辅助技术**可帮助老年人应对身体的衰弱。

■ 西方社会对衰老的消极成见使得对晚年身体变化的适应更困难。如果老年人拥有较高的社会地位，并有机会参与社会，他们就能生活得很好。

三、健康、健身与能力缺失

讨论了晚年的健康和健身，尤其关注了营养、锻炼和性生活。

■ 多数老年人对自己的健康持乐观态度，而且对保持健康有较强的自我效能感。低社会经济地位的少数族裔老年人在某些健康问题上面临较大风险，且不相信自己能够掌控自己的健康。

■ 和成年早期一样，老年期的男性容易患致命疾病，女性容易陷入能力缺失。年纪很大时，女性的健康衰退大于仍活着的男性。在工业化国家，主要由于医疗进步和社会经济状况的改善，出现了**疾病期缩短**现象。良好的健康习惯能够有效地延缓能力缺失，但是发展中国家要实现疾病期缩短的目标，需要采取更多的措施。

■ 因为饮食缺陷的风险增大，每天服用维生素—矿物质，对预防传染病有益。但这不能降低患心血管病的风险，一些曾被认为可以“促进认知”的药物并没有积极效果。锻炼，即使从老年期开始，也是有效的健康干预手段。

■ 和身体其他部分相比，生殖器官在老年期的变化很小。性欲和性生活会下降，但性的需要并不会消失。

讨论了老年期常见的身体疾病。

■ 在走向生命终结的过程中，疾病和能力缺失逐渐增多。心血管病、癌症、中风和肺气肿夺走很多人的生命。因免疫功能下降，须接种疫苗来预防肺炎。

■ **初级衰老**（所有物种都存在的、受遗传影响的衰老）影响着老年人的**衰弱**，而**次级衰老**（由于遗传缺陷和不良环境因素导致）则起着更大

的作用。

■ 老年人患**骨关节炎**和**风湿性关节炎**的较多，女性更普遍。成年发作的糖尿病也增多。

■ 65岁及以上的老年人，意外伤害死亡率在一生中达到最高，主要原因是机动车事故、行人被撞和摔倒。视力衰退和反应速度变慢是重要原因。还有一种普遍的严重伤害是臀部骨折。

讨论了老年期常见的心理能力缺失。

阿尔兹海默症是**痴呆症**的最常见形式。常开始于严重的记忆问题，并带来人格的变化、抑郁、理解力和言语能力丧失、有意运动失调，直至死亡。造成这些病变的原因是大量的**神经纤维缠结**和**淀粉样斑块**及大脑神经递质水平下降。

■ 家族性的阿尔兹海默症一般为早发型，进程较快，和1号、14号、21号染色体上的显性基因有关。虽然很多散发型阿尔兹海默症患者并没有明显的基因标记，但约半数患者第19号染色体上的载脂蛋白E4基因异常，导致胰岛素缺乏，这和脑损伤相关。

■ 各种环境因素，包括脑外伤、高脂肪饮食等，都会增大患阿尔兹海默症的风险。“地中海饮食”、受教育和积极生活方式与该病的低发病率相关。

■ 遗传，通过高血压、心血管病和糖尿病，可间接影响**脑血管痴呆症**的发病。诸多环境影响也会增大中风危险。男性对心血管病的易感性较高，因此比女性更容易中风。

■ 一些可治愈的疾病，如抑郁、药物副作用、社会隔绝等，可能被误诊为痴呆症，因此诊断须谨慎。

讨论了影响老年人的保健问题。

■ 北美只有一小部分老年人进入医疗机构，这一比例只有其他工业化国家的一半，那些国家投入到护理院的公共财政资金远多于美国和加拿大。家庭成员为多数人提供长期护理，尤其在关系亲密的少数族裔大家庭中。公共基金支持的家庭内援助和辅助生活住宅可以减少老年人在护理院所占的床位以及相关的高消费。

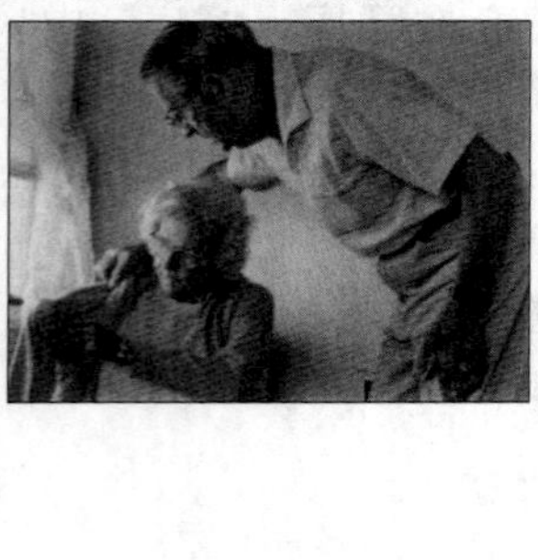

第二部分 认知发展

讲述了老年期认知功能的整体变化。

■ 老年期认知功能的个体差异大于一生中的任何时期。虽然老年人的流体智力和晶体智力都在下降，但发展的复原力仍有可能。通过**选择性最优化补偿**，老年人可以更充分地利用他们的认知资源。

一、记忆

老年期的记忆发生了怎样的变化？

■ 在完成复杂的、需精细加工的任务时，因衰老造成的工作记忆局限性使记忆出现更大困难。对事件的来龙去脉、起源和次序的回忆能力下降。自动化的记忆形式，如再认和**内隐记忆**受到的影响较小。**联想记忆缺陷**，或各个信息块之间联系的建立和提取困难，是老年人记忆普遍存在的问题。 597

■ 和老年人的报告相反，**长久记忆**并不比近期记忆好。自传式记忆在记忆近期事件中成绩最好，其次是对个人有意义的、发生在10～30岁之间的事件，这是生活发生快速变化和同一性发展的时期。在实验室，老年人完成事件性**前瞻记忆**的成绩好于时间性前瞻记忆。在日常生活中，老年人可以借助外部的辅助记忆手段来补偿前瞻记忆的下降。

二、语言加工

讲述了老年期语言加工的变化。

■ 老年期的语言理解能力变化较小，但衰老造成的语言生成能力下降较大，主要表现在两方面：一是从长时记忆中提取单词，二是想说什么和怎样说出来。老年人凭借简化语法结构，以及多谈要点、少谈细节来补偿之。

三、问题解决

老年期的问题解决发生了怎样的变化？

■ 老年期，传统的问题解决能力逐渐下降。但在日常生活中，老年人对他们认为重要且可控的问题，会积极有效地加以解决。在健康问题上，老年人做决定比中青年人快。他们更多地就日常生活问题征询别人的意见，如果仍处于婚姻状态，夫妇会通力协作，提出高效的策略。

四、智慧

智慧是由哪些能力构成的，它受到年龄和社会阅历的什么影响？

■ **智慧**包括丰富的实践知识，以使生活更长久、更有价值的方式对知识进行反思和运用的能力，情感的成熟性，以及利他主义的创造性。把年龄和解决人际问题的生活经验综合考察，老年人中的有智慧者多于年轻人。

■ 曾经面对并克服逆境似乎促成了晚年的智慧。智慧得分较高者，大多受过良好教育，身体健康，与他人关系和谐，人格的求新性维度得分较高。智慧是心理健康的有力预测指标。

五、认知变化的相关因素

列出了生命晚期与认知变化有关的因素。

■ 心理活跃的人容易把认知能力保持到晚年。一些慢性病和认知衰退有关。退休对认知的影响既可能积极，也可能消极。富于刺激的休闲活动和复杂、挑战性的工作可以促进智力功能。

■ 随着年龄增长，老年人的认知测验得分越来越不稳定。当死亡临近时，出现**终极衰退**，即认知机能的恶化式衰退。

六、认知干预

认知干预能够帮助老年人保持心理能力吗?

■ 大规模干预项目——“成人发展与促进项目”（ADEPT）和“独立而有活力的老年人的高级认知训练”（ACTIVE）显示，训练可以促进老年人的认知技能，曾经有过认知衰退者的受益更大。干预后数年的随访显示，接受训练的老年人仍保持着对同龄者的优势。

七、终生学习

讨论了晚年继续教育的类型和这些项目的益处。

■ 健康改善和较早退休，使越来越多的老年人投入继续教育中，他们学习大学课程、社区课程，并参与各种项目，如老年游学营、奥舍尔终身学习学院等。他们从中学到新知识，结交新朋友，开阔视野，形成更有能力的自我形象。遗憾的是，低社会经济地位的老年人很少有接受继续教育的机会。

重要术语和概念

active lifespan（p. 563）积极寿命

activities of daily living（p. 564）日常活动（ADLs）

Alzheimer's disease（p. 580）阿尔兹海默症

amyloid plaques（p. 581）淀粉样斑块

assistive technology（p. 571）辅助技术

associative memory deficit（p. 588）联想记忆缺陷

autoimmune response（p. 569）自体免疫反应

average life expectancy（p. 562）平均期望寿命

cataracts（p. 566）白内障

cerebrovascular dementia（p. 583）脑血管痴呆症

compression of morbidity（p. 574）疾病期缩短

dementia（p. 579）痴呆症

frailty（p. 577）衰弱

functional age（p. 562）机能年龄

implicit memory（p. 588）内隐记忆

instrumental activities of daily living（IADLs）（p. 564）日常工具性活动

life expectancy crossover（p. 563）期望寿命的交叉

macular degeneration（p. 566）黄斑变性

maximum lifespan（p. 564）最长寿命

neurofibrillary tangles（p. 581）神经纤维缠结

osteoarthritis（p. 578）骨关节炎

primary aging（p. 577）初级衰老

prospective memory（p. 589）前瞻记忆

remote memory（p. 589）长久记忆

rheumatoid arthritis（p. 578）风湿性关节炎

secondary aging（p. 577）次级衰老

selective optimization with compensation（p. 587）选择性最优化补偿

sleep apnea（p. 570）睡眠窒息

terminal decline（p. 593）终极衰退

wisdom（p. 591）智慧

在远足途中休息时，三位老人快乐地大笑着。老年期，高质量的人际关系能够促进心理健康。善交际的老年人，通常有更多的机会和他人交流，往往有较高的自尊和生活满意度。

第6章 老年期的情绪与社会性发展

一、埃里克森的理论：自我完整对绝望

二、有关老年期心理社会性发展的其他理论

1. 佩克的自我完整感任务和琼·埃里克森的老年卓越理论

2. 拉伯威-维夫的情感专家理论

3. 怀旧与生活回顾

专栏　毕生发展观　第二次世界大战时的难民和受难儿童在老年时的回忆

三、自我概念和人格的稳定性与变化性

1. 安全而多面向的自我概念

2. 复原力：随和性、善交际和对变化的接受性

3. 精神力量与宗教信仰

四、心理健康的个体差异

1. 控制对依赖

2. 健康

专栏　社会问题　老年人自杀

3. 消极的生活变化

4. 社会支持与社会互动

五、社会学理论的变化

1. 老年社会学理论

专栏　生物因素与环境　老年人的时间知觉与社会目标

2. 老年社会环境：社区、邻里与居住环境

六、老年期的关系

1. 婚姻

2. 同性伴侣

3. 离婚、再婚和同居

4. 丧偶

5. 从未结婚无子女的老年人

6. 兄弟姐妹

7. 朋友

8. 与成年子女的关系

9. 与成年孙子女及曾孙子女的关系

10. 虐待老年人

七、退休与休闲活动

1. 退休决定

2. 退休适应

3. 休闲活动

八、成功的晚年

599 在结婚60周年纪念日聚会上，沃尔特的妻子露丝站在他的身旁，他向众位宾客发表感言："即使是艰难的岁月，也是我最喜欢的时光。当我还是个孩子时，我迷上了打棒球。二十几岁时，我爱上了摄影这一行。"沃尔特深情地看了一眼露丝，接着说："当然，我们的婚礼是一生中最难忘的一天。"

他又说道："大萧条来了，那时，照一张职业照是件奢侈的事，只有少数人照得起。但是我们找到了不用花钱寻开心的办法，我们去教堂唱诗班唱歌，去社区剧院演出。后来，西比尔出生了。成为父亲对我来说意味着太多的东西——现在我已经做了祖父和曾祖父。回想我父母和曾祖父母，看着西比尔、玛丝和玛丝的儿子杰米尔，我感到一种与上一代和下一代的整体感。"

沃尔特和露丝以平静接受的态度迎接老年期的到来，对长寿这份礼物和爱他们的人表示感恩。但是，并非所有老年人都有这种平和心态。沃尔特的哥哥迪克经常为一些琐碎小事争吵不休，怨气十足。例如："高尔蒂，你为什么要做奶酪蛋糕？没有人过生日时吃奶酪蛋糕。""你知道我们为什么经济上这么困难？鲁尔叔叔不借给我钱维持面包店，所以我不得不退休。"

人生暮年的典型特征是得与失相互交织，而且，开始于人生早期的发展的多方向性得到扩展。一方面，老年期是愉快、宁静的时光，子女们长大成人，一生中该做的事情所剩无几，生活担子大大减轻。另一方面，它带来了对日益下降的身体机能的忧虑，令人无助的孤独感和对死神临近的恐惧。

本章将探讨，老年人如何协调这些相互对立的影响。虽然有些人感到疲惫和不满，但是多数人能平静、镇定地度过这一时期。他们赋予晚年生活以深刻意义，并从家庭、朋友、休闲娱乐、投入社会中受益。我们将看到，个人特征和生活经历怎样与家庭、邻里、社区和社会生活相结合，600
影响着晚年的情绪与社会性发展。

一、埃里克森的理论：自我完整对绝望

埃里克森理论的最后一个心理冲突是**自我完整对绝望**（ego integrity versus despair），涉及一个人怎样看待自己的一生。形成完整感的人觉得自己是完整的、完全的，对自己取得的成就感到满意。他们适应了悲喜交织的生活，把它看作生活中不可避免的一部分，这种悲喜交织来自爱人关系、养育子女、工作、友谊以及社会参与。他们懂得，自己走过的、放弃的以及从未选择的道路，对于塑造其有意义的人生旅途，都是完全必要的。

从全人类大背景的角度看待自己的生命，把它看作一个人与一段历史的偶然结合，这种能力使人产生一种伴随着完整感的平静和满足。就在沃尔特突发心脏病并导致其去世之前的几个星期，他紧紧抓住露丝的手低声说："最后这几十年是最幸福的。"对自己、妻子和子女的平和心境中，沃尔特接受了他的人生，把走过的道路看作必然如此的事情。对17～82岁的人们进行的一项研究发现，根据对日常行为中获得繁衍感和自我完整感的努力的测量，年龄增长与心理成熟性的增长相

获得完整感的老年人觉得自己是完整的、完全的，对自己取得的成就感到满足。埃里克·埃里克森和夫人琼·埃里克森就是达到这一阶段的理想榜样。他们晚年时相濡以沫，人们常见夫妇俩手牵手散步，可见感情之深。

关。反过来，繁衍感和自我完整感又导致了年龄与心理健康之间的相关（Sheldon & Kasser，2001）。正如埃里克森的理论指出的，这些老年人的心理成熟性似乎给他们带来了更多的快乐。

一天，沃尔特在浏览报纸的时候，产生了这样的想法："我总能看到这样一些比率：每 5 个人中就有 1 个人得心脏病，每 3 个人中有 1 个人得癌症。但是有一条真理，百分之百的人都要死去。人终有一死，必须接受这个命运。"就在一年前，沃尔特把自己的获奖摄影作品集送给了孙女玛丝，这些作品花了他半个多世纪的时间。一旦意识到自己完整的生命只是人类长河中的一个小水滴，死亡就不再令人痛苦了（Vaillant，1994，2002）。

这一阶段的消极结果，绝望，出现在这样的情况下：老年人觉得自己一生做了很多错误决定，而且人生苦短，找不到一条变通途径来实现自我完整感。因为觉得没有别的机会，绝望的人难于接受死亡的临近，陷入怨恨、失败和失望中。埃里克森指出，这种态度往往表现为对别人发怒和蔑视，其实，这是一种伪装的对自己的蔑视。迪克的好争辩、挑剔、把自己的过错推给别人的做法，和他懊悔不已地看待自己的一生，都是这种深深的绝望感的反映。

二、有关老年期心理社会性发展的其他理论

就像埃里克森提出的成年早期和中年期阶段那样，其他理论家对其老年期的观点也做了阐释和细化，重点是，哪些任务和思想过程影响着自我完整感的形成。所有的人都赞成，老年期成功的发展体现为对人格的更全面的整合与深化。

1. 佩克的自我完整感任务和琼·埃里克森的老年卓越理论

根据佩克（Robert Peck，1968）的理论，埃里克森的自我完整对绝望的冲突包括以下三项任务：

- *自我分化对工作角色专注*。退休之后，在职业上投入过多的老年人必须另辟蹊径来确立其自我价值，要凭借家庭、友谊和社区角色，获得像职业生涯那样的满足。
- *身体超越对身体专注*。老年人必须凭借认
601 知、情绪和社会性方面的补偿，超越身体的局限，包括容貌、体能和疾病抵抗力的衰退。
- *自我超越对自我专注*。当配偶、兄弟姐妹、朋友和同辈伙伴去世时，老年人必须建设性地通过放眼未来而不是专注自我，找到面对死亡的手段。虽然成年早期和中年期那些有繁衍力的年华已经为幸福的晚年做了准备，但是要实现自我完整感，还需要持续不断的努力，使生活更安全、更有意义，满足那些虽死犹生者的愿望。

根据佩克的理论，自我完整感要求老年人超越自己的职业、身体和与之分离的同一性。近期有证据显示，身体超越（对心理能力的专注）和自我超越（对更长远未来的定向），在年纪非常大的人中间确实增多了。在一项对老年女性的研究中，一些 80 多岁甚至 90 多岁的老人说，她们比 60 多岁时更安心，她们"接受老年带来的变化"，"已经超越了对死亡的恐惧"，"有一种明确的生活意义感"，"有了要去寻找的新的精神礼物"（Brown & Lowis，2003）。

埃里克森的夫人琼·埃里克森认为，这些成就其实是在达到自我完整感（对自己一生的满足感）之后的进一步发展，并达到一个新的心理阶段，她称之为**老年卓越**（gerotranscendence），一种超越自我、指向前方、指向外界的宇宙观和卓越观。根据她自己老年期的经验，她观察了丈夫的最后几年，以及另一些人去世前短短几年里积极而富于潜力的工作，琼·埃里克森指出，成功地达到老年卓越境界的人，表现出一种强大的内心平静和镇定状态，他们把很多时间用在安静的反思上（Erikson，1998；Tornstam，1997，2000）。

对 80 多岁、90 多岁老年人的访谈揭示出，一些（不是全部）老年人体验到这种平和、沉思的状态，但是需要更多的研究确证这个不同的、超越的晚年阶段。同时，有人更多地考察了生活意义，发现一些非常高龄的老人继续报告说，他们投身于现实生活，如走亲访友、关心时事、努力做个好邻居、从事休闲娱乐活动（Adams，2004）。

2. 拉伯威-维夫的情感专家理论

第 1 章曾介绍拉伯威-维夫关于成年人情感推理发展的研究。其中提到，认知—情感复杂性（意识到积极情感和消极情感并把它们协调到有条

理的自我描述中）从青少年期到中年期逐渐增加，但是到老年期，由于基本信息加工技能的衰退而减弱。

但是老年人表现出一种对情感力度的补偿：他们加强了**情感最优化**（affect optimization），这是一种使积极情感最大化、同时抑制消极情感的能力，它使老年人具有很强的心理复原力（Labouvie- Vief，2003；Labouvie-Vief & Medler，2002）。虽然身体衰弱，健康问题增多，前景黯淡，亲人死亡，但多数老年人始终保持乐观态度和良好的心理健康（Diehl，Coyle & Labouvie-Vief，1996；Mroczek & Kolarz，1998）。约30%～40%的老年人不但在情感最优化方面得分较高，而且保持了相当强的认知—情感复杂性，这是一种与非常有效的情绪自我调节有关的结合。

当请人们说说自己高兴、生气、恐惧和悲伤的个人经历，并说明自己怎么知道自己感受的是那种情绪时，很多中老年人比年轻人举出了更多的生动理由，这说明他们会更多地触碰自己的情感。来看这个例子：

> 你的心田仿佛注入了一缕阳光。婚礼上烛光闪闪。而那就是我所感受到的。我也被点亮了。那天，外面的天空阴暗，但我却感受不到。那一刻教堂里的每个人都神采奕奕。这就是那种感情。（Labouvie-Vief，DeVoe & Bulka，1989，p. 429）

与年轻人相比，老年人的情感知觉力帮助他们把自己对情境的解释同情境的客观方面分离开。因此，他们的应对策略往往是，在决定采取某种行为方式之前，先确认自己完全理解了自己的感情。而且，他们善于在充满消极情感的情境中运用以情绪为中心的应对策略（控制内心痛苦）（Blanchard - Fields，1997；Labouvie-Vief et al.，1995）。总之，晚年生活中一个显著的心理收获，就是变成了加工情感信息、调节消极情感的专家（Labouvie-Vief & Diehl，1999；Lawton，2001b）。

3. 怀旧与生活回顾

人们往往认为老年人喜欢**怀旧**（reminiscence），讲自己过去的人和事，并说出相关的思想和情感。确实，广为流传的喜欢怀旧的老年人形象被列入了对老年人的消极成见。这种普遍看法认为，老年人生活在过去，目的是逃避短暂的未来和死亡临近的现实。虽然我们还没完全弄清楚为什么老年人比年轻人更喜欢怀旧，但是最近的理论和研究都证明，对过去的反思可能是积极的、适应性的。

本章开头，沃尔特对自己一生中的重要事件做了评论，沃尔特所做的，是一种特殊形式的怀旧，即**生活回顾**（life review），也就是一个人回忆、反思、重新评价过去的经历，审视其意义，以达到更深刻地自我理解的目标。根据罗伯特·巴特勒（Robert Butler，1968）的理论，多数老年人把生活回顾当作实现自我完整感、防止绝望、接受死亡的一部分。巴特勒的观点很有影响力，603
以至于许多治疗师都鼓励老年人回顾生活，谈论过去。一些老年人参加了由心理咨询师发起的生活回顾活动，之后根据他们的报告，其自尊有所提高，生活目的性增强，生活满意度提高，抑郁感下降（Cook，1998；Lappe，1987；Watt & Cappeliez，2000；Westerhof，Bohlmeijer & Valenkamp，2004）。以生活回顾作为干预措施，还能帮助丧偶的成年人在其情感生活中为死去的亲人找到一个位置，把能量重新释放到其他人际关系中，重新迈开生活的脚步（Worden，2002）。

很多老年人把怀旧和生活回顾当作实现自我完整感的一部分。他们常把自己的回忆与年轻人一起分享，告诉年轻人家庭与文化的历史，这种活动使生活更丰富而有意义。

虽然生活回顾能引发自我意识和自尊感，但是许多老年人并不会花时间来评价自己的过去。当研究者请他们这样做时，几项研究中10%～30%的老年人把老年期几十年中的一个十年看作一生中最美好的时光。成年早期和中年期也得到较高分数，但是把儿童期和青少年期选为一生中美好时光的人较少（Field，1997；Mehlson，Platz & Fromholt，2003）。这一研究结果与普遍流行的看法相矛盾，即老年人希望再回到年轻。就像本节的专栏“毕生发展观”所描述的那样，对遥远的过去事件的回忆受到许多因素的影响，包括人格、事件发生的时间和性质、后来的生活经历等等。

专栏 **毕生发展观**

第二次世界大战时的难民和受难儿童在老年时的回忆

老年人是如何回忆自己儿时发生的创伤性事件的？为了考察这一问题，格伦·帕尔默（Glen Palmer，1999）对一些老年人进行了访谈，他们在第二次世界大战之前或者大战期间作为难民，从奥地利、德国和波兰来到澳大利亚，或作为撤离者，从英国来到澳大利亚。当父母为了保护他们，忍痛送他们上船时，他们都不足 16 岁。留在奥地利、波兰和德国的父母大多死于纳粹屠杀。在和父母吻别后，这些孩子再也没见过他们。来自英国的撤离者在战后都得以重返家园和家人团聚。

回溯过去，这些老年人大多赞成父母把自己送走。难民意味着他们的生命得以拯救（见《伯克毕生发展心理学：从 0 岁到青少年》第 10 章）。此外，在回忆并评价这段经历如何影响自己的一生时，有一些不同。导致这种区别的因素包括，养育质量、与家人分离时的年龄以及气质。

养育环境有亲戚、收养家庭、群体家庭和寄宿学校等几种。那些被安置在家庭长大、得到爱、形成新依恋和愉快回忆的孩子，大多失去了过去的关系。一位老年人说：“如果你在孩子成长时期把他送走，你就有失去孩子感情的危险。”如果亲戚或收养家庭不够善良或完全排斥孩子，就会出现对“情感地狱”的痛苦回忆。因为没有新的依恋，这些孩子固守着对自己家庭和理想化的父母的逐渐淡化的形象，渴望回到父母身边。分离和质量不高的养育对气质退缩、焦虑的孩子影响更深刻而持久，外向型的孩子受影响较小，他们能更好地在家庭外形成支持性的社会关系。

与幼年与父母分离的受访者相比，在青少年期与父母分离的受访者较少因为失去与父母的亲密关系而受影响。“我心里有足够多的家庭支持，虽然他们都不在我身边。”一个波兰难民这样说。因为即将进入成年期，这些年轻人并不迫切需要代理父母，相反，他们在集体家庭和寄宿学校成长得很好，那里有平衡着安全性和自主性的恰当照管。他们最温馨的回忆通常是彼此之间建立的关系。但是，如果把儿童安置到集体家庭和毫无亲情的家庭，那么，到老年时，他们仍难掩悲伤之情：“那是一块没有爱的荒凉之地……你应该能对一个孩子说这样一句话：‘你是我的一个与众不同的孩子。’”

战争结束时，大多数受访者已经长大成人。英国撤离者也重返家园，但是很少有“从此永远幸福”的结局。离别这些年，孩子和父母都发生了变化。就像一位受访者所言：“离去比回来要容易。”但是，团聚十分重要，无法团聚通常会给人一生带来无法愈合的伤痛。

对多数波兰和德国难民来说，失去原来的家就等于失去了一切。50 多年过去后，他们的追寻和痛苦仍在继续。一个人这样说：“大屠杀每天都纠缠着我。就像一只跳蚤在你头上。”这表明，童年时期的丧失与创伤并未随着时间流逝而愈合，相反，在以后的生活中还会加剧。与其他

上方照片是德国犹太儿童，摄于“奥拉玛”号的甲板上，该船在第二次世界大战爆发之前，1939 年 6 月开往澳大利亚。站立者左起第三人和下方照片为玛尔戈特，她用老年人的眼光反思自己童年时说：“离别不是创伤性的。我的意思是说，当你离开父母去度假时……我不知道我不能再见到他们了。”

难民的重聚可以帮助他们抚平心灵的创伤，因为这些老年人能和那些最理解自己后来的痛苦的人分享经历。

虽然很多难民和撤离人员心中都残留着童年经历的深刻影响，但却很少有人适应不良。相反，多数人通过家庭、职业或其他感兴趣的事情找到了转折点，并过上了建设性的、充实的生活。当其晚年生活出现困境时，有些人会利用早年分离时形成的强大内心力量。一位大屠杀的幸存者在丈夫死后说道："如果你经历过我所经历的一切，那你就能挺过任何困难。"

不过，这些种族屠杀的受害者和世界上其他有相似创伤的人们也许并不能彻底康复。这些难民中没有一个人再回到欧洲居住，虽然有些人曾经访问自己出生的国家。这些旅行很少能给人安慰。它们几乎总是给人带来难以掩饰的心痛，它至今仍在提醒人们，种族和政治暴力会深刻地影响人的一生。

安妮是一位英国撤离人员，她在战争结束后和父母团聚时已是一位年轻的成人。她回忆说："战争年代并不总是轻松愉快，但是当我回到朝思暮想的家，寻找离别以来发生的一切的时候，事情却变得非常糟糕。"

除了回顾生活外，怀旧还有其他目的。如果怀旧是专注自我的，目的是减轻厌倦、激起对痛苦事件的回忆，它就和适应问题有关。那些绝望的老年人往往会凭借怀旧，沉浸于痛苦的过去经历，从而维持其消极情绪（Cully，LaVoie & Gfeller，2001）。相反，外向的老年人做得更多的是专注于他人的怀旧，指向的是社会关系，如巩固家庭、朋友的联系，重新唤醒与死去亲人的关系。有时候，老年人，尤其是求新性得分较高的人，会进行以知识为基础的怀旧，从过去吸取经验，提出有效的问题解决策略，教育年轻人。这种指向社会的、富于心理刺激的怀旧形式，可以使生活更丰富、更有意义（Cappeliez & O'Rourke，2002）。也许是因为这种深厚的讲故事传统，非洲裔美国人和中国移民中的老年人比白人老年人更喜欢用怀旧让别人了解过去（Merriam，1993；Webster，2002）。

最后一点，怀旧，无论年轻还是年老，还经常 604
发生在生活转折期（Parker，1995）。那些刚刚退休、丧偶或者搬新家的老年人，可能想从回忆过去来寻找个人连续性的感觉。的确，那些感觉自己目前的生活飘浮不定的老年人，尤其喜欢怀旧（Fry，1991）。如果他们不能克服当前尚未解决的困难，怀旧也许能帮助他们重新找到生活的意义感。

三、自我概念和人格的稳定性与变化性

追踪研究揭示出，"大五"人格特质从成年中期到晚期保持持续的稳定性（见第 4 章）。但是，自我完整感的组成部分：整体感、满足感、把自我看成是庞大世界次序中的一部分的自我意象，这些都反映出老年期在自我概念和人格两方面的几个突出变化。

1. 安全而多面向的自我概念

老年人用一生的时间来积累自我知识，这使他们的自我概念比过去更安全、更复杂（Labouvie - Vief & Diehl，1999）。例如，露丝确信自己善于开导别人，种花养草，准备晚宴，做每月预算，同时还能看准什么人可信、什么人不可信。与此同时，她不无怀念地说，她不能像从前那样轻松地绕着城市跑一圈了。

露丝自我概念的确定性和多面向特征可以补偿她未曾涉足、没有掌握，或不再能做得像从前那样好的领域所缺少的技能。结果，这使她做到自我接纳——自我完整感的重要特征。在一项研究中，让德国的老年人（70～84 岁）和更高龄者（85～103 岁）回答"我是谁"的问题，参加者提到的领域五花八门，包括兴趣、爱好、社交参与、家庭、健康和人格特质。两个年龄组的老人所说的

积极自我评价都多于消极自我评价，其中高龄组老人的消极评价略多些。积极、多面向的自我定义可以预测心理健康（Freund & Smith，1999）。

由于未来时日不多，80 多岁和 90 多岁的多数老年人，都在健康、人格特征、人际关系和社会责任感等方面，继续提到并积极追求希望的自我（Frazier，2002；Markus & Herzog，1992）。同时，在老年期，消极自我也被很好地进行了重新组织。德国这些 70～103 岁老年人提到的内容在 4 年后的随访中，多数人删除了一些消极的自我，代之以新的，与个人特征、社会关系和健康有关的内容。老年人的希望的自我往往以“促进”、“达到”、“实现”为特征。那些保持着努力实现个人目标的愿望的老年人，其生活满意度更可能会提高（Smith & Freund，2002）。显然，老年期并不是一个退出未来计划的时期。

还有一点，虽然身体和认知都在衰退，个人目标也在修正，但是多数老年人始终保持着前后一致的自我感（Troll & Skaff，1997）。他们认为现在的自己和一直以来的自己非常相同。

2. 复原力：随和性、善交际和对变化的接受性

在老年期，三项人格特征发生了变化，这些变化再一次对老年成见提出挑战。老年期并不是人格必然僵化且人气低落的时期。相反，一种灵活、乐观的生活态度是相当普遍的，它促成了面临困难时候的心理复原力。

研究者对一些 60 多岁的老人进行开放式访谈，然后在他们 80 多岁和 90 多岁时再做一次访谈，结果发现，第二次访谈时，1/3 的老年人在反映随和性，如慷慨大方、服从和脾气好等形容词上得分远高于第一次访谈的得分。这些老年人在人格测验中，随和性的得分也有所提高，特别是那些在第一次测验中分数低于女性的男性（Weiss et al.，2005）。看来，随和性是甘心忍受不完美生活的人们所特有的。

但是，参加自由访谈研究的人在他们老年时，在善交际上的得分略有下降（Field & Millsap，1991）。这可能反映了，老年人在人际关系上变得越来越挑剔，家人和朋友相继去世，他们的社交面越来越窄，这种趋势我们将在下节讨论。而那些外向的老年人在一生中却一直得以保持，这种人格特质与较强的生活满意度相关（Mroczek & Spiro，2005）。

第三个相关的发展是对变化的接受性变得更强，这是老年人经常提到的反映其心理健康的一个重要特质（Ryff，1989）。当问到生活中有哪些不满意的地方时，很多老年人回答，他们对任何事都没什么不满意的！对变化的接受性还可以证明，老年人能有效应对失去亲人，尤其是配偶死亡带来的痛苦，他们把配偶死亡说成是他们所经历过的压力最大的事件（Lund，Caserta & Dimond，1993）。生活中的许多曲折和反复，有时是人无法控制的，而接受这些曲折和反复的能力，对老年期积极地发挥功能非常重要。当面临逆境时，多数老年人是有复原力的、善于适应的，尤其是在早期生活中曾经努力这样做的人。

3. 精神力量与宗教信仰

老年人是怎样做到一方面接受衰老和丧失，一方面又感到自我的完整和完全，并平静、镇定地面对死亡的？一种可能性，与佩克和琼·埃里克森所说的老年人的超越观相一致，是他们身上具备一种成熟的精神力量。精神力量与宗教不同，它是一种对生活意义的振奋力量，存在于艺术、自然和社会关系中。但是对很多人来说，宗教提供的是引导人们寻求意义的信念、象征物和仪式。

老年人赋予宗教信仰和行为以很大的价值。根据一项全国性调查，76%的 65 岁及以上的美国老年人认为，宗教在自己生活中非常重要，16%的人认为相当重要。一半以上的人每周都要参加宗教仪式或其他活动，将近 2/3 的人观看宗教电视台的节目，大约 1/4 的人每天至少祈祷三次（Princeton Religion Research Center，1999）。与此类似，72%的加拿大老年人说他们信仰宗教，但他们参加有组织的宗教活动比美国人少。30%的人每周参加宗教仪式，15%的人每月参加一次宗教仪式（Jones，2003）。

虽然健康和行动困难使老年人参加有组织的宗教活动有所减少，但是，北美的年长者在进入老年期以后，普遍地更重视宗教和精神力量（Argue，Johnson & White，1999；Wink & Dillon，2002）。不过，这种趋势并不是全球化的。英国的一项长达 20 年的追踪研究发现，多数老年人的宗教信仰具有长期稳定性，近一半的人说宗教对他们非常重要。但是也有 25%的人说，他们已很少参加宗教活动，

一些人还解释了原因，说他们在困难时刻（如亲人死亡）得不到其所在宗教社团的支持（Coleman, Ivani-Chalian & Robinson, 2004）。广泛存在的文化差异还需得到解释。例如，晚年信仰宗教的人增多的现象，日本比北美明显，而在荷兰，增加的人数很少（Sasaki & Suzuki, 1987）。

尽管有这些差异，但精神力量和宗教信仰在老年期可能会达到一个更高层次——离开指定的信仰，采取更富于反省的态度，强调与他人的联系，更宽容地看待神秘和不确定的事物。詹姆斯·福勒（James Fowler, 1981）在他的宗教信仰发展理论中提出的五个阶段（见表6.1），已被几项研究证实。请注意，达到第四阶段的成年人意识到，他们自己的信念体系只是很多种世界观中的一种，他们思考宗教象征物和仪式的深刻意义，以开放态度对待其他宗教观点，把它们看作力量的源泉（McFadden, 1996）。例如，作为对自己信仰天主教的补充，沃尔特还对佛教有浓厚兴趣，尤其是，佛教主张通过控制欲念，永不害人，抵制诱惑，进入彻底平静的极乐世界。

同时参加有组织的和非正式的宗教活动，在低社会经济地位的少数族裔老年人中非常多，其中包括非洲裔、西班牙裔、美国和加拿大原住民族群。在非洲裔美国人社区，教堂不仅提供一个理解生活意义的环境，而且还是一个以改善生活条件为目的的教育、健康、社会福利和政治活动中心。非洲裔老年人把宗教视做家庭以外社会支持的重要来源，是应对生活压力和身体衰弱的内部力量（Amstrong & Crowther, 2002; Husaini, Blasi & Miller, 1999）。和白人老年人相比，非洲
606 裔老年人更多地报告说，他们与上帝合作，共同战胜了生活中的困难（Krause, 2005）。当问到其生活哲学时，一位65岁的非洲裔老人谈到，宗教信仰是怎样使她做了比生存更多的事情的：

> 我们经受过很多灾难……但我们在任何时候都知道，事情可能会更糟糕……我知道，有一天我起床时会觉得身体僵硬，我的膝盖疼、背疼、头疼，但是，我能爬起来，走进卫生间。我说："感谢上帝，因为我的腿脚还能动……"然后，我们坐在餐桌旁吃饭，我们……至少还剩下一部分健康和力量……感谢上帝让一切都这样顺顺当当。（Nye, 1993, p. 109）

这两位老年唱诗班的成员正积极参加社区教会活动。对非洲裔老年人来说，教会除了提供理解生活意义的环境之外，还往往是教育、健康、政治活动和社会支持的中心。

整个成年期，参与宗教和精神力量方面的性别差异也很明显。女性比男性更多地归属于宗教社团、参加宗教活动并报告了更多的寻求与上帝的个人联系（Levin, Taylor & Chatters, 1994; Wink & Dillon, 2002）。女性中较高比例的贫穷、寡居、从事照顾活动，包括照顾患慢性病的家人，使她们承受着较高的压力和焦虑感。像少数族裔一样，她们诉诸宗教，寻求社会支持，努力从社会大视野来看待生活中遇到的困难。

参与宗教活动的好处很多，可以增进身体健康和心理健康，锻炼身体的时间增多，与家人、朋友的亲密感增强（Fry, 2001; Idler & Kasl, 1997; Levin & Chatters, 1998）。追踪研究证明，在控制了家庭背景、健康，以及与死亡相关的社会与心理因素之后，参与有组织的和非正式的宗教活动，可以预测较长的寿命（Helm et al., 2000; Strawbridge et al., 2001）。

但是，究竟宗教联系中的哪些方面导致了老年生活的差异，并不十分清楚。两项对白人老年人的研究发现，宗教*活动*，而不是宗教信仰或成为宗教社团成员，与配偶死亡的良好适应相关（Lund, Caserta & Dimond, 1993）。研究者发现，由宗教参与，而不是由宗教活动的特殊性质导致的社会参与的增加，才是其影响因素。但另一些证据说明，信仰上帝，对低社会经济地位的少数族裔老年人的自

尊、乐观性和生活满意度有重要影响（Krause，2005；Schieman，Pudrovska & Milkie，2005）。处于劣势的社会经济地位的老年人往往会诉诸他们与上帝的私人联系，帮助他们克服艰难困苦。

表 6.1　福勒的宗教信仰发展阶段理论

信仰的阶段	发展的年龄阶段	描述
1. 直觉—投射	3～7 岁	儿童的幻想与模仿使他们很容易受故事、情绪和表现出成人信仰的行为之影响。他们开始意识到行为的对错。
2. 神话—文字	7～11 岁	儿童开始把用文字写成的故事、信仰和对其所在宗教团体的观察加以内化。例如，上帝在他们心中的具体形象是，上帝生活在世界上方并看着每个人。
3. 假想—习俗	青少年期	青少年形成了一整套深刻意识到的信仰和价值观，并成为其同一性的基础。他们还没有系统地检验这一信仰体系。
4. 个体—反思	成年期	达到这一阶段的成年人对他们的信仰和价值观进行批判性反思，意识到自己的世界观只是多种世界观之一。他们积极地形成一种个人信仰，随着时光流逝反复对其加以修正。对于宗教仪式和象征物，他们会问："这些东西的真正含义是什么？"
5. 世界大同	老年期	很少有人达到这个阶段，此阶段形成了全人类社会的宽阔视角。他们公开反对压迫与不公正，促进满足各阶层需要的公众利益。一些伟大的宗教领袖，如马哈特马・甘地和马丁・路德・金表现出这种世界大同信仰。

资料来源：Fowler，1981.

四、心理健康的个体差异

从本章和前一章我们已经看到，多数人对老年期适应良好。但有少数老年人感到依赖、无能和无价值。查明个人和环境因素对老年期心理健康的影响，对于设计干预方案、促进老年人的良好适应是非常重要的。

1. 控制对依赖

露丝 80 多岁时，由于其视力、听力和行动能力下降，西比尔每天都要来她家帮助料理生活，做家务。母女在一起相处的几个小时，西比尔与露丝的互动往往是露丝请求帮助她做一些日常杂事。当露丝能自己做时，西比尔就退在一旁。

通过观察家庭和机构中人们与老年人的互动，研究者发现了两种可预测的、互补的行为方式。第一种称为**依赖—支持型**（dependency-support script），老年人的依赖行为马上会得到帮助。第二种是**独立—忽视型**，（independence-ignore script），老年人的独立行为往往被忽视了。注意，这两种行为方式都无视老年人的能力，在出现独立行为时，强化了依赖行为。甚至像露丝那样能够自立的老年人也并不总是拒绝西比尔不必要的帮助，因为那能给她带来社会接触（Baltes，1995，1996）。

对那些日常活动不觉困难的老年人，与别人互动的机会和他们对日常生活较高的满意度相关。相反，对那些无法自理的老年人，社会接触与较差的日常生活状态相关（Lang & Baltes，1997）。607
这表明，社会互动可以帮老年人照顾身体、做家务事，但这种打杂跑腿的事情往往是无意义和不值得的，甚至会贬低别人，令人不快。来看老年人对配偶帮助自己料理生活的典型反应："感觉很依赖"，"感觉欠了债"，"觉得像一个软弱无能的人"（Newsom，1999）。

追踪研究显示，对别人照顾的消极反应可能导致持久的抑郁（Newsom & Schultz，1998）。但是，他人帮助会不会削弱心理健康，取决于许多因素，包括提供帮助的质量、照料者与老人之间的关系，以及帮助行为的社会文化背景。为什么家人和其他照料者的行为会助长老年人的依赖性呢？老年人似乎很清楚，别人对自己的期望很低。他们通常认为自己的依赖性是周围陪伴者的过度反应造成的（Wahl，1991）。

由于西方社会看重独立性，许多老年人都害怕依赖别人（Frazier，2002）。他们会说，如果生活无法自理，那就离死不远了。这是否等于说我们应该鼓励老人尽可能地独立？在玛丽・巴尔特斯（Mary Baltes，1996）看来，这种做法只能适得其反，助长消极性和无能感。当人们面临许多

如果这位母亲让她儿子帮她到超市买东西，她会变得对儿子过度依赖吗？不一定。如果她用个人控制力克服依赖性，就能保持自己的能力，投入对她有较高价值的活动。

具有挑战性的发展任务时，衰老会带来能力的衰弱。如果这种依赖性能够让老年人采用我们在第 5 章讲过的选择性最优化补偿策略，通过从事一些有价值的活动来保持他们的能力，那么，依赖性可能是适应性的。

2. 健康

第 4 章曾提到，老年期的身体健康能够强有力地预测其心理健康。身体衰弱和慢性病可能导致个人控制感这一影响成年人心理健康的主要因素的丧失。此外，身体疾病造成的能力缺失是老年期抑郁的最大的危险因素（Geerlings et al.，2001）。虽然老年人抑郁的人数少于青年人和中年人（见第 5 章），但是随着逐渐衰老和身体能力缺失，会产生一种深深的无望感，并导致更严重的社会隔绝（Roberts et al.，1997）。

身体健康与心理健康问题间的关系可能会演变成一种恶性循环，彼此互相加重。有时，一个生病老人身体的快速衰弱是因为他的绝望和“放弃”导致的（Penninx et al.，2000）。这种螺旋形下降可能因搬进护理院而加速，因为护理院要求老年人适应与家人、朋友的分离，还要适应一种新的自我概念，即“我是只有在医院才能活下去的人”。在刚住进护理院的一个月，许多人会迅速衰弱，而且严重抑郁。疾病的压力和入住医疗机构相结合，与疾病加重及死亡相关（Tobin，1989）。

老年期的抑郁往往是致命的。65 岁及以上老年人的自杀率在所有年龄群体中为最高（见本节“社会问题”专栏）。是什么因素使露丝这样的老年人切断了身体缺陷和抑郁之间的联系，始终保持乐观心态？前几章讨论过的个人特征，如有效的应对策略和自我效能感，是非常重要的。但是要让那些脆弱的老年人表现出这样的态度，家人和照料者就必须避免采用依赖—支持型护理方法，给他们自主。如果老年人能对生活中的重要事务保持掌控力，在面对责任时，他们就会保持其自我同一性的重要方面，正确地看待过去和未来，情绪也会更乐观（Brandtstädter & Rothermund，1994；Kunzmann，Little & Smith，2002）。

专栏　社会问题

老年人自杀

老伴去世后，65 岁的阿贝变得消极厌世。因为住得离两个女儿很远，他只能独自过不上班的日子，看看电视，读几本推理小说。外孙出生后，阿贝一次又一次地带着沮丧神情去女儿家。“外公，快来看看我的新睡衣！”一次，阿贝 6 岁的外孙托尼招呼他，但阿贝毫无反应。

阿贝患关节炎后，因为行动不便，所以退休了。越来越空虚的日子，加重了他的抑郁。慢慢地，他又得了讨厌的消化不良症，但他拒绝去看病。当他的一个女儿求他去看病时，他态度生硬地说：“没那个必要。”女儿请他参加托尼的 10 岁生日聚会，他答道：“可能会去，如果我能活到下个月的话。顺便说一句，如果去，我希望我的身体已经火化了。”两周后，阿贝死于肠梗阻。发现他时，他躺在起居室的椅子上，他已习惯躺在那里消磨时光。

老年人自杀的相关因素　《伯克毕生发展心理学：从 0 岁到青少年》第 12 章有讲到自杀在一生中会逐渐增多。老年期的自杀率持续攀升，并在 75 岁及以上达到顶峰。不同国家的自杀率有所不同，但各国老年人自杀的风险都在增高（World Health Organization，2002）。

《伯克毕生发展心理学：从 0 岁到青少年》第 12 章还讲到，青少年中男性的自杀率比女性高得多。这种性别差异一直持续到老年期。在美国和加拿大，老年男性自杀者是女性的 5 倍（Heisel，2006；U. S. Census Bureau，2006b）。与人口占多数的白人相比，北美多数少数族裔老年人的自杀率较低。

对这些趋势应作何解释？虽然女性一生中患抑郁症的比率较高，并有更多的自杀意图，但老年妇女与其家庭和朋友的关系更密切，也更愿意寻求社会支持，宗教信仰也防止了很多人自杀。从大家庭和宗教团体中获得较多的社会支持，则减少了少数族裔的自杀。一些特殊族群，如阿拉斯加原住民，对老年人非常尊重和信任，依靠老年人传授文化传统，这增强了其自尊和完整感，减少了自杀行为，使自杀现象在 80 岁以后消失（Kettl，1998）。

和早年一样，北美老年男性较多采用的自杀方法（枪支）比女性采用的自杀方法（服毒或服用过量药物）生还机会更小。不过，老年人自杀未遂者要远低于青少年。年轻人尝试自杀与实际自杀之比为 300：1，而老年人则为 4：1 或更低（Conwell，Duberstein & Caine，2002）。如果老年人想死，他们看来会下决心真的去死。

对自杀的低报告在各年龄阶段都存在，但在老年期更多。医学检查很少把自杀确认为老年人死亡原因。许多像阿贝这样的老年人的间接自毁行为，如生病不看病、拒绝吃药等，也很少被归为自杀。在医疗机构的老人中，用这种办法加速死亡者也有不少（Kennedy & Tanenbaum，2000）。结果，老年人自杀者比官方统计数字多得多。

两类事件会引发老年期的自杀。一是丧失，例如从受人尊敬的职位退休、丧偶或与社会隔绝，使那些难以应对变化的老年人面临危险。二是导致身体机能严重下降和剧烈疼痛的慢性病和晚期疾病（Conwell，2004）。由于生活舒适度和生活质量下降，老年人的失望感和无助感加深，所以高龄老人，尤其是男性，在这种情况下很可能会结束自己的生命。当一个生病的老人处于社会隔离状态，即一个人独居或住在工作人员高速轮动、护理支持很少的护理院，自杀的可能性就更大。

干预和治疗　老年期自杀的先兆与成年早期类似，例如，把个人事物安排得井井有条，说一些有关死亡和悲观话语，睡眠和进食发生变化。但是家人、朋友和护理者也必须关注老人的间接自毁行为，例如拒绝吃饭和治疗。与老年人密切接触的人们往往错误地认为，这些行为只是衰老的“自然”结果。超过 70% 的老年自杀者，在自杀前一个月会去看医生，30% 的人会在自杀那一周去看医生（Pearson & Brown，2000）。但是他们的自杀危险并未被发现。

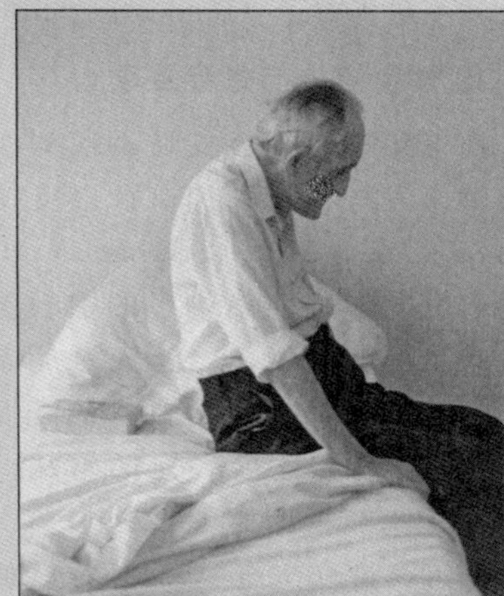

老年期自杀的先兆与早期自杀相似：把个人事务安排得有条有理，说一些关于死亡的悲观话语，睡眠与进食发生变化等等。

如果想自杀的老年人处于抑郁状态，那么最有效的治疗方法是抗抑郁药物结合行为疗法，包括帮助他们应对角色转换，如退休、丧偶和疾病带来的依赖性。一些失调的思维方式（“我老了，对困难我无能为力”），必须加以反驳和纠正。和家人会面，一起寻找减少孤独感和绝望感的办法也有帮助。

过去 50 年，年轻人的自杀率有所上升，但老年人的自杀率却有所下降，原因是，老年人的经济安全感增强，医疗卫生和社会服务改善，以及社会对退休持更积极的态度。社区也开始采取一些针对性的预防措施，例如，由经过培训的志愿者开通的、提供情感支持的热线电话，做定期家访或“二人互助制”电话访问。在医护机构，应保证老年人的隐私权、自主性和个人空间，防止他们的自毁行为（Conwell & Duberstein，2001）。

老年人自杀提出了一个有争议的伦理问题：患不治之症者是否有权结束自己的生命？我们将在第 7 章探讨这一话题。

3. 消极的生活变化

露丝失去了死于心脏病的沃尔特，又要照料因阿尔兹海默症病情恶化的艾达，自己身体还有病，这一切都是在短短几年内发生的。老年人身处一系列消极的生活变化风险中，如丧偶、患病和身体能力缺失、收入下降、依赖性越来越强等等。消极生
活变化对每个人来说都是困难的，但是它给老年 608
人造成的压力和抑郁要少于年轻人（Gatz，Kasl-Godley & Karel，1996）。许多老人已经学会了应对艰难时光，他们把丧失看作人的生存的一部分。

不过，消极变化的不断积累，也考验着老年人的应对技能（Kraaij，Arensman & Spinhcven，

2002）。在非常高龄的时候，这种变化的程度，女性比男性更大。75 岁以上的女性结婚的可能性极小，收入更低，遭受更多病痛，尤其是行动不便。此外，老年妇女经常说，别人靠她们的情感支持：她们的社会关系，即使在非常高龄时，也可能是一种压力源。而且由于身体衰弱，老年女性无法再满足别人让她们照顾的需求，给其自尊带来消极影响。因此，非常高龄的女性报告的心理健康比男性低也就不足为奇了（Pinquart & Sörensen，2001）。

4. 社会支持与社会互动

在老年期，社会支持继续对缓解压力、促进身心健康发挥作用。拥有社会支持可以延长寿命（Liang et al.，1999；Seeman et al.，1993）。社会支持还可以解释前面讲过的宗教参与和生存之间的关系。一般来说，老年人是从家人那里获得非正式的帮助的，首先是自己的配偶，如果没有配偶，就是子女，之后是兄弟姐妹。如果这些人都没有，其他亲戚朋友会来帮助。

不过，许多老年人非常看重独立性，他们不愿意给亲人添太大麻烦，除非他们可以做出回报。如果接受的帮助过大又不能回报，常会导致心理上的忧虑（Liang，Krause & Bennett，2001）。可能出于这个原因，成年子女对其年迈父母表达的
609 责任感往往甚于父母对他们表达的责任感（见第 4 章）。正式的帮助，如花钱雇的家庭服务员或代理机构提供的服务，是对非正式帮助的补充，不但可以减轻护理负担，而且可以防止老年人对亲人的过度依赖（Krause，1990）。

少数族裔的老年人不太愿意接受正式的帮助。但是，如果家庭服务员与熟悉的邻里组织，尤其是教会有联系，他们就愿意接受帮助。虽然非洲裔美国老年人说自己更多地依靠家庭而不是教会的帮助，但是在这两种情况下都接受了帮助，并承担了有意义角色的人，其心理健康分数最高（Coke，1992；Walls & Zarit，1991）。来自宗教召集人的支持对所有背景的老年人都有心理上的帮助，可能因为接受帮助的人觉得这是出于真诚的爱和关心，而不只是出于责任。同样，宗教组织的爱的氛围也激发了一种社会接纳感和归属感（Krause，2001）。

外向的人格与老年期良好的精神状态呈正相关（Adkins，Martin & Poon，1996）。善交际的老年人可能有更多机会与别人互动，从而减轻孤独和抑郁，增进自尊和生活满意度。但是下一节会讲到，老年期支持性的沟通与交往数量无关。高质量的人际关系，包括表达善意、鼓励和尊重，则对老年期心理健康起着最重要的作用。

总之，对于可增强幸福感的社会支持来说， 610
老年人要敢于掌控这些社会支持。这等于说，在某些方面要放弃基本的控制，而在另外一些值得掌控的方面则保持控制。例如，虽然露丝能够自己穿衣、理财、购物和做饭，她却允许女儿西比尔来帮她做这些事，她就能腾出时间读一些有趣的书。为了做到精力分配最优化，露丝选择了一些事情让别人去做，这样她就可以在看书或者听有声读物时，用更多的时间使用放大镜，以补偿自己衰弱的视力。在这一过程中，社会支持给了露丝自主性，它是掌控自己老年生活的手段。

当我们对老年人进行干预时，必须先问问自己，我们能给他们什么帮助？老人不想要、不需要，或夸大衰弱的帮助会损害心理健康。假如老人现有的技能一直不用，也会加剧身体的能力缺失。相反，帮助老年人尽自己的能力做自己喜欢的事情，这样的帮助才能促进老年人的生活质量。这些研究结果解释了，知觉到的社会支持（老年人感觉自己有能力计算需要家人、朋友帮助的次数），与具有能力缺失的老年人的积极生活态度相关，而家人和朋友提供的全方位帮助，对其生活态度却没有什么影响（Taylor，Lynch & Scott，2004）。

思考题

复习 很多老年人能有效地适应消极生活变化。举出促进这种积极结果的个人与环境因素。

应用 80 岁的米丽安要花很长时间来穿衣服。琼，她的家庭保姆说："等等，我来给你穿。我能帮你，穿衣服用不着这么长时间。"琼的方法对米丽安的人格有何影响？你有什么别的方法？

联结 表 6.1 概括的福勒的宗教信仰阶段曾经受到科尔伯格的道德发展理论（见《伯克毕生发展心理学：从 0 岁到青少年》第 12 章）的启发。指出科尔伯格的阶段与福勒的阶段的相似之处。

五、社会学理论的变化

沃尔特和露丝友善外向的人格使很多家人和朋友都来登门寻求帮助，他们也会去找别人帮忙。而迪克执拗的个性则使他和高尔蒂多年间只有一个狭小的社交关系网络。

前面讲过，外向的人（像沃尔特和露丝）比内向的人和社交技能低的人（像迪克）做着更广泛的人际互动。不过，横断研究和纵向研究表明，每个人社交网络的规模以及社会交往的数量都是逐渐减少的（Antonucci，Akiyama & Takahashi，2004；Lang，Staudinger & Carstensen，1998）。这一发现似乎是一个有趣的悖论：如果社会交往和社会支持对心理健康非常重要的话，老年人怎么可能在交往减少的情况下，对生活感到满意，抑郁水平又比年轻人低呢？

1. 老年社会学理论

社会学理论对老年人社会活动的变化做出了解释。两个比较老的理论，即疏离理论和活动理论，以相反的方式对社会交往的减少做了解释。比较晚近的两个理论，连续性理论和社会情感选择理论，则获得了很多研究结果。

（1）疏离理论

疏离理论（disengagement theory）认为，由于对死亡的预期，老年人与社会之间出现共同后撤（Cumming & Henry，1961）。老年人降低了活动水平，减少了社会交往的次数，变得专注于自己的内心生活。同时，社会则让老年人从职业和家庭责任中解脱出来。其结果被认为对双方都有益。老年人得到一种平静的生活。当他们与社会疏离之后，其死亡对社会就没有什么破坏性。

但是很显然，并非每个人都与社会疏离！第 5 章曾经讨论过智慧问题，由于老年人积累了丰富的生活经验，所以在许多文化中，老年人获得了荣誉和权力的新地位。即使在退休后，很多人仍然从事某些工作，还有人在自己的社区承担了新的、有价值的角色。在部落和乡村社会，多数老年人仍占据着重要的社会地位（Luborsky & McMullen，1999）。所以，老年人的疏离可能并不代表他们的个人意愿，而是因为社会无法给他们提供参与机会。老年人所报告的社会机会越多，他们就越坚定地相信，他们能为自己创造有价值的社会经历（Lang，Featherman & Nesselroade，1997）。（可重温第 5 章 160 页“文化影响”专栏，在对老年人有意义的社会角色方面存在着巨大的社区差异。）

后面还会讲到，老年人从社会交往中退出，比疏离理论所说的更复杂。老年人并不会脱离所有的社会关系，他们中断不满意的社交来往，而保持满意的社会关系。有时候，他们还会继续维持那些并不满意的关系！例如，即便露丝经常抱怨迪克的行为不得体，但她还是勉强答应了跟迪克和高尔蒂一起去旅游，因为他想和沃尔特分享这次经历。

最后一点，疏离理论受到批评还因其高估了社会为了生存不惜牺牲个人的价值和尊严。与疏离理论相矛盾的是，鼓励老年人退出而不是继续投入有意义的活动，接受这种观点会损害社会福利！例如，若老年人错误地接受老年人应当与社会疏离的观点，那么大批老年人就会蜂拥地提前离开工作岗位，加入社会保险，这无论对个人健康还是对社会体制本身都具有很大的负面影响。

（2）活动理论

为了弥补疏离理论的缺陷，**活动理论**（activi- 611
ty theory）提出，老年人社会交往减少的原因是他们参加社会活动的障碍，而不是老年人自己不愿意交往。当老年人失去某些角色（因为退休或丧偶）后，他们会寻找其他使自己能像中年期那样积极忙碌的角色。根据这一观点，老年人的生活满意度取决于，周围的条件能否使他们继续承担角色、保持社会关系（Maddox，1963）。

活动理论承认，老年人为了应对社会丧失而去寻求其他有意义的资源，但是该理论不承认老年期有任何心理变化。许多研究显示，只是给老年人提供社会交往机会，并不能带来更多的社会活动。的确，很多老年人并没有利用这些机会。例如，在充斥着社交伙伴的护理院里，社交活动却很少，即使那些身体最健康的老人也是如此，后面在讨论老年人的居住安排时我们还会探讨这一现象。最令活动理论困扰的一点是，研究重复地发现，控制了健康状况之后，那些拥有较大社交网络并参与较多社交活动的老年人并不一定更幸福（Lee & Markides，1990；Ritchey，Ritchey & Dietz，2001）。回顾前面讲过的，能够预测老年期心理健康的，是社会关系的质量，而不是数量。

（3）连续性理论

与活动理论不同，**连续性理论**（continuity theory）不是把老年人保持积极活动视为用新角色取代失去的角色。该理论认为，多数老年人努力保持一种个人系统，它使自己的过去与未来保持一致，以此来增进生活满意度。这种保持连续性的努力并不等于说，老年人的生活是固定不变的。相反，老年带来了不可避免的变化，但多数老年人都把这些变化整合进连贯、一致的生活道路中，使压力和破坏减至最小。他们尽可能选择采用熟悉的技能，与熟悉的人一起参加熟悉的活动，这种偏好给他们的生活提供了安全感。

对老年人日常生活的研究确证了他们平日的追求和人际关系具有高度的连续性。多数人平时来往的朋友、家人都相当稳定，在工作、志愿者活动、休闲和社交方面也是如此。即使发生变化（如退休），把原来的生活方向加以扩展，参加一些新的活动，也大多是在熟悉领域。例如：一位退休的儿童书店经理与朋友合作，建了一个儿童图书馆，并把它捐给了国外的孤儿院；一位音乐家因为患关节炎，不能像过去正常演出那样拉小提琴了，于是把爱好音乐的朋友们聚在一起，给他们拉琴，一起谈论音乐。连续性理论的提出者罗伯特·阿奇利（Robert Atchley，1989）指出："大多数老年人的日常生活就像一部长长的、即兴创作的戏剧，其中……变化大多只是揭开了新的一幕，而不是换了一部新剧目。"（p. 185）

老年人对连续性的依赖确有好处。与熟悉的人一起做熟悉的事，可以提供重复练习，使他们保持身体与认知机能，促进自尊和掌握感，肯定其同一性（Finchum & Weber，2000）。投入长期建立的亲密关系可以提供舒适、愉快的社会支持网络。此外，努力保持连续性对实现埃里克森所说的自我完整感也非常重要，因为这种完整感靠的是个人历史感的保持（Atchley，1999）。

当我们探寻老年的社会背景和人际关系时，会看到很多实例，老年人怎样利用连续性把老年积极地体验为一个"平缓的下坡"。我们也呼吁社区能够帮助老年人这样做。

一个宗教研究小组的年轻人正在倾听一位犹太老年人讲课。因为老年人生活阅历丰富，很多文化中的老年人都占据有荣誉有权力的位置，这些事实对老年疏离理论提出了质疑。

（4）社会情感选择理论

一个人的社交网络随着年龄增长在保持连续性的同时，会逐渐变窄吗？**社会情感选择理论**（socioemotional selectivity theory）认为，社会互动中的选择是持续一生的，到老年期变得更挑剔。在中年期，婚姻关系加深，兄弟姐妹间的关系愈加亲密，而朋友数量却减少。到老年期，与家人和老朋友的来往一直持续到80多岁，但和他们保持亲密关系的却只剩下寥寥几个人。如图6.1所示，从成年中期到晚期，与熟人的交往以及发展新的社会关系的意愿会迅速下降（Carstensen，Fung & Charles，2003；Fung，Carstensen & Lang，2001）。

怎样解释这些变化？社会情感选择理论认为，老年的生理和心理方面导致了社会交往功能的改变。想想你与你的社交圈内的人来往的原因。有时，你找他们是为了获取信息。有时是为了证实自己作为一个人的独特性和价值。你也会选择社交伙伴来调节情绪，接近那些能引发你积极情感的人，回避那些惹你伤心、生气或不舒服的人。612
对一生都在积累信息的老年人来说，获取信息功能不再重要。老年人意识到，接近那些不熟悉的人，对自尊和自信不利：对老年人的成见增大了受到贬低、敌意或者漠不关心对待的可能性。

由于身体衰弱使老年人回避压力更困难，他们更看重交往的情绪调节功能。在一项研究中，让年轻人和老年人对其社交伙伴进行分类。结果，年轻人的分类，往往以获取信息和日后联系为基础。而老年人强调的是预期的情感（Fredericksson &

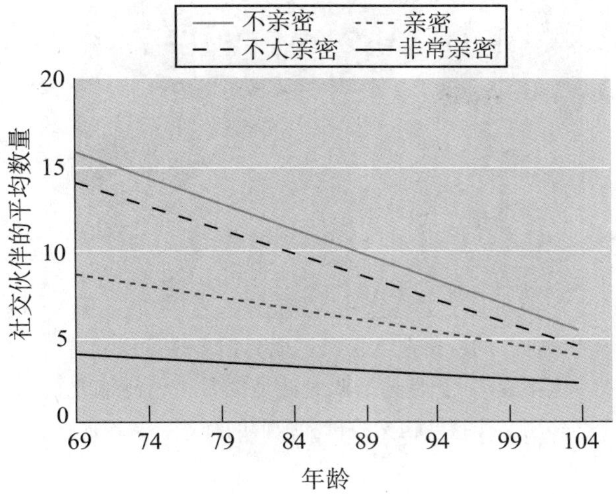

图 6.1　亲密程度不同的社交伙伴数量随年龄的变化

对 500 多名 69～104 岁的老年人进行访谈的结果发现，“不亲密”和“不大亲密”的社交伙伴数量随年龄增长迅速减少，“亲密”和“非常亲密”的社交伙伴数量减少最少且缓慢。

资料来源：F. R. Lang，U. M. Staudinger，L. L. Carstensen，1998，“Perspectives on Socioemotional Selectivity in Late Life：How Personality and Social Context Do (and Do Not) Make a Difference，” *Journal of Gerontology*，53B，p. 24. Copyright © 1998 by the Gerontological Society of American. 经授权引用。

Carstensen，1990）。他们显然非常愿意保持那种令人愉快的关系，回避不愉快的关系。

主要与亲戚、朋友进行交往增大了老年人维持情绪平衡的可能。这些亲密联系使老年人游刃有余地发挥他们的情感专长，促进其和谐。他们比年轻人更少采用破坏性方法（大叫和争辩）对矛盾冲突做出反应，而更多地采用建设性方式，如表达关心，或冷静地使大事化小（Birditt & Fingerman，2005；Carstensen，Gottman & Levenson，1995）。老年人还会以压力较小的方式，例如查明情境中某些正面的东西，来重新解释冲突（Labouvie-Vief，2003）。这样做的结果是，他们的社交网络变小了，但是他们和朋友的关系比年轻人更愉快，报告的问题关系也较少（Akiyama et al.，2003；Fingerman & Briditt，2003）。

本节的“生物因素与环境”专栏揭示出，人对时间的知觉与他们的社会目标有密切联系。当所剩时间不多时，所有年龄阶段的成人都非常强调其社交经历中的情感质量。总之，社会情感选择理论把老年人社会关系数量的减少，看作是生活条件改变导致的向长期、高质量关系的转移。

专栏　**生物因素与环境**

老年人的时间知觉与社会目标

如果你知道自己很快会搬离所在社区，你会选择和谁共度时光？年轻人对这个问题的回答一般是，选择和自己交往时间长、关系亲密的朋友和亲戚。他们与老年人的回答非常相似。老年人把时间看得很宝贵，觉得时间过得飞快（Kennedy，Fung & Carstensen，2001）。意识到“时光一去不复返”，他们不会把时间花在没有回报的事情上，他们会选择此时此地使情感得到满足的社会经历上。

社会情感选择理论认为，人的时间前景对人追寻的社会目标起重要作用（Carstensen，Isaacowitz & Charles，1999）。感到未来时日不多的人们会追寻那些有意义的社会经历。检验这一理论的研究证明了，随着年龄增长，人们与熟悉而有价值的社交伙伴相处的时间会增多，但这并不能让我们把年龄与时间倾向对人的社会目标的影响分开。时间前景真的处于老年人把老朋友和家人视作理想社交伙伴的中心吗？

为了查明这一点，劳拉·卡斯滕森（Laura Carstensen）及其同事把年龄与时间加以分解。在其研究中，他们把年龄保持恒定，只改变生命中剩下的时间，研究者比较了三组 30 多岁晚期的男性。第一组为 HIV 阴性者，第二组为 HIV 阳性但未出现艾滋病病毒感染症状者，第三组为 HIV 阳性且有症状者（Carstensen & Fredrickson，1998）。请他们对各种潜在的社交伙伴进行分类，三个组依次越来越强调这种关系的情感回报。剩余时间最少、已出现艾滋病症状的男性几乎只关注社交关系的情感质量，这跟非常高龄的老年人完全相同。

另一项研究中，年龄有变化，时间前景保持恒定，办法是，告诉参加者一种假设情境，其中他们的未来被延长了。请 11～92 岁的人想象，他们刚接到医生打来的电话，说有一项新的医学突破，可以使他们的生命延长 20 年（Fung，Carstensen & Lutz，1999）。在这一条件下，老年人对熟悉的、感情亲密的社交伙伴的强烈偏向消失了！他们的社交偏好变得和年轻人一样五花八门。

在后续研究中，研究者考察了中国台湾和大陆的青年人和老年人的社会目标。两地的老年人都比年轻人更愿意跟熟悉的社交伙伴做可以满足情感的交往。但是这种偏好在中国大陆人身上更强烈，他们感觉未来的时间更少。与这种知觉相一致，中国大陆的平均期望寿命比中国台湾短7年（Fung，Lai & Ng，2001）。

当时日不多时对亲密伙伴的偏好，实际上产生于对有情感意义的交往的愈益强烈的愿望，而不是来自困难时对社会支持的需要。所有年龄的成年人在解释其选择时都指出了这种关系在情感上的高质量（Fung & Carstensen，2004）。

总之，老年人的社交偏好是对其寿命逐渐缩短的一种积极适应。当剩下的日子屈指可数时，指向当前目标，即社会联系与这种关系的情感深度，成了优先的事情。

老年人把时间看得非常宝贵。他们越来越意识到“时光一去不返”，于是选择此时此地能带来情感满足的社会经历，像这些祖父祖母和他们的孙辈一起玩那样。

2. 老年社会环境：社区、邻里与居住环境

老年人所处的物理与社会环境影响着他们的社会经验，从而影响着他们的发展和适应。社区、邻里和居住条件在不同程度上满足着老年人的社会需要。

(1) 社区和邻里

美国有大约一半、加拿大有3/4的少数族裔老年人住在城市里，相对来说，住在市中心的白人有1/3。多数老年人住在郊区，他们较早就搬到那里生活，一直住到退休以后。住在郊区的老年人比住在市中心的老年人收入高，其报告的健康水平也较高。但是住在市中心的老年人交通和社会服务比较方便，他们在健康、收入和社会服务便利程度上也不算太差，因为还有1/4的美国老年人和1/3的加拿大老年人住在小城镇和农村。住在小城镇和农村的老年人一般离子女比较远，因为他们大多在成年早期就离开了家乡（Statistics Canada，2003b；U. S. Census Bureau，2006b）。

像很多老年人一样，这些西班牙裔老人因为有很多志趣相投的邻居而感到满足。如果邻居和附近的朋友能提供社会支持，家庭就不那么重要了。

但是小镇和农村的老年人可以多和邻居、朋友来往，补偿与家人相距遥远以及社会服务的缺憾（Shaw，2005）。较小的社区也有好处，它可以促进更满意的关系，如居民的稳定性、大家共享 613
的价值观和生活方式、交换社会支持的意愿，还可以像互相“走亲戚”那样增加社交来往。很多市郊和农村的社区都有一些交通措施（如专门的巴士和面包车）来满足老年人的需要，拉着他们去医院、社会服务中心、老年中心和购物中心等。

当有许多老年人住在自己周围，而且有许多志趣相投的同伴时，无论城区还是农村的老年人都报告有较高的生活满意度。只要邻居和身边的朋友能够提供社会支持，那么家庭的有无就不那么重要了（Gabriel & Bowling，2004）。当然这并不是说邻居可以取代家庭关系。只要子女和亲友偶尔来看望一下，老年人就会感到心满意足（Hooyman & Kiyak，2005）。

与住在市中心的老年人相比，住在中小规模、环境幽静的社区的老年人对生活更满意。主要原因是小社区的犯罪率较低（Scheidt & Windley，1985；Statistics Canada，2003b）。下面会讲到，恐惧犯罪对老年人的安全舒适感有消极影响。

(2) 受犯罪伤害和对犯罪的恐惧

沃尔特和露丝的独立别墅房坐落在一个城市 614
居民区，距离商业区有五个街区，沃尔特退休前的照相馆就在那里。只要沃尔特和露丝离家超过几个小时，他们就会给隔壁邻居打电话，请她帮忙照看一下。居民区的许多房子年久失修，还有不少临时住户。商店大多在周四和周五晚上继续营业，但沃尔特和露丝总是白天去购物。虽然他

们从未受到犯罪者的伤害，但是犯罪阴影总在他们的心头挥之不去，并深深地影响他们的行为。加拿大一项大规模、全国代表性样本调查显示，在年龄65岁及以上的老年人中，41%的人觉得在自己住的居民区走路不安全，觉得不安全的年轻人则有24%（Lindsay，1999）。

媒体的关注使人们相信：针对老年人的犯罪普遍存在。其实，与其他年龄群体相比，老年人很少成为犯罪行为，尤其是暴力犯罪的目标。不过，在城区，偷钱包和扒手行为针对老年人（尤其是女性）的比年轻人多，大概因为罪犯感觉自己能够轻易地控制老年人和女人（U.S. Department of Justice，2005a）。只需一次事件就能给老年人带来高度的焦虑，因为它可能造成身体伤害，给低收入者造成财物损失。

独自住在市中心的衰弱老人对犯罪的恐惧甚至大于对收入、健康和住房的担忧，因此限制了他们的活动，打击了他们的生活信心（Joseph，1997；Thompson & Krause，1998）。居民区犯罪监视计划和其他一些措施鼓励居民互相关照，可以减少恐惧和与社区的隔绝感。有些城市已经建立了专门的警察小队，负责调查并预防针对老年人的犯罪。

（3）居住环境

西方工业化国家的老年人大多希望住在自己成年期一直住的地方。实际情况是，90%的人一直住他们的老房子或在老房子附近。在美国和加拿大，只有不到5%的老年人搬了家（Ostrovsky，2004；U.S. Department of Health and Human Services，2005p）。他们搬家的原因通常是希望和子女近一些，或者，对那些经济条件和健康状况较好的老年人，是希望更温暖的气候和一个追寻休闲兴趣的地方。

老年人重新搬家大多局限在同一个城镇或城市内，往往因健康下降、丧偶、身体能力缺失所引发，而且随年龄增长而增多（Chappell et al.，2003）。当我们探讨老年人的居住环境时，会发现，居住环境偏离家庭生活越远，老年人的适应就越难。

1）通常的家庭

对身体没有什么大病的多数老年人来说，住在自己家，给个人控制提供了最大的可能性，他们可以自由地安排每天想做的事情的空间和时间。当今，美国、加拿大和其他西方国家住在自己家的老年人比过去更多，这种趋势是因健康和经济条件改善所致（Lindsay，1999；U.S. Department of Health and Human Services，2005h）。但是一旦健康和行动出现问题，独立生活就有危险。多数住房是为年轻人设计的，很少为了适合老年人的身体状况而改建。身体有病情况下独自生活与社会隔绝和孤独感有相关（Victor et al.，2000）。

当露丝80多岁中期时，西比尔请求母亲搬到自己家来住。像祖籍南欧、中欧和东欧（希腊、意大利、波兰等地）的很多成年子女一样，西比尔有一种强烈的照顾年迈父母的责任感。这些文化背景的老年人，以及非洲裔、亚裔、西班牙裔、美国原住民和西班牙原住民较多地住在大家庭里（Gabrel，2000；Hays & George，2002）。

由于健康和经济条件改善，当前的老年人比过去更多地住在自己家里。

现在，越来越多的少数族裔老年人想独自居住，但贫困往往妨碍他们这样做。例如，20年前，75%的韩裔老年美国人与自己的子女一起生活，而20年后的比例则只有50%（Yoo & Sung，1997）。因为露丝的收入足够自己生活，所以她谢绝了到西比尔那儿去住。连续性理论可以帮我们理解，为什么这么多老年人不顾身体有病，仍然这样做。作为很多值得回忆的生活事件发生之地，自己的家能够在面临身体衰弱和社会丧失的时候，增强与过去的连续性，保持老年人的同一感。并且它还使老年人适应其熟悉的环境和舒适的生活方式（Atchley，1999）。老年人也很看重他们的独立性、隐私以及和周围朋友、邻居的人际网络。

在过去的半个世纪，未婚、离婚和丧偶老年人独居的人数大幅上升，现在，有1/3的美国老年

人、29%的加拿大老年人独居，85岁及以上老年人
615 中的独居者已接近50%。这种趋势在所有年龄段的老人中都很明显，其中男性独居者略少，他们比女性更可能与配偶一起进入老年期（Statistics Canada，2002h；U.S. Census Bureau，2006b）。

美国40%以上、加拿大38%的独居老人处于极度贫困中，这一比例是老年夫妇的好几倍。超过70%是寡居妇女，一些人因为早年收入低，进入了老年期时已经贫穷。另一些人则在老年期开始贫穷，因为她们的寿命比老伴长，而老伴长期生病，要花钱治病。随着年龄增长，由于积蓄用光，她们自己的医疗费上涨，经济状况越来越差（Government of Canada，2005；Vartanian & McNamara，2002）。在这种条件下，隔绝、孤独和抑郁感会一起袭来。独自生活的老年妇女贫穷的状况，美国要甚于加拿大，因为她们从政府那里拿到的收入和健康优惠少得多。这两个国家的独居老年妇女的情况都比西欧的情况差。这使贫穷的女性化在老年期加深了。

2）住宅小区

大约有5%的北美老年人生活在住宅小区，这些住宅小区差别很大（U.S. Department of Health and Human Services，2005p）。无论是单人寓所还是单元套房，与普通住宅的不同之处是，它们都为了适合老年人的能力做了改建（例如，单人生活空间以及浴室内的把手）。一部分是政府补贴、为贫穷老年人修建的单元房，多数是私人开发的、带有娱乐设施的退休村。对那些在日常生活中需更多帮助的老年人，还有一种辅助生活住宅（见第5章）。**集合住宅**（congregate housing）——一种越来越流行的长期照顾选择——可提供各种支持性服务，包括在公共餐厅就餐，对身体和心理能力缺失老年人进行监管式护理等。**生活护理小区**（life care communities）可提供各种居住选择，从独立住宅或集合住宅，到完全家庭护理。由于入住时的一大笔费用和每月另交的费用，老年人不同的生活护理需要都能在某类居住条件下得到满足。

迪克和高尔蒂不像露丝和沃尔特那样一直住在自己家里，他们60多岁时搬进了集合住宅。对迪克而言，这次搬家是一个积极的转变，使他在当前生活的基础上，和其他伙伴们建立起联系，把过去在外面世界的失败置之脑后。迪克找到了让他满意的休闲活动，他成了一个锻炼小组的领导，和高尔蒂一起举办了一次慈善活动，还使出了他的面包师厨艺制作生日和周年庆典蛋糕。

对老年人各种住宅小区的研究表明，住宅小区对老年人的身心健康有积极影响。专门为老年人设计的物理空间和符合需要的护理可以帮老年人克服走动的局限性，从而更多地进行社会交往并采取更积极的生活方式（Fonda，Clipp & Maddox，2002；Jenkins，Pienta & Horgas，2002）。在老龄导致地位下降的社会，老年人集合居住，可以让选择这种居住方式的多数人得到满足。这可能给老年人提供承担重要的角色和领导者的机会（Ball et al.，2000）。老年人越多地感受到环境是一种社会支持，他们就越能够互相合作，克服老年期的困难，并且给其他居住者提供更多帮助（Lawrence & Schigelone，2002）。集合住宅显然是一种非常适合的促进老年人建立互相支持关系的方式。

老年人聚在一起并不能保证形成一个舒适满意的社区。居住者具有相似的背景、共同的价值观和目标，有方便的设施可以经常来往，以及扮演有意义的社会角色，这些才能增强生活满意度。当老年人感觉自己可以从社交方面融入这种环境时，他们更可能把它看作自己的家。但是那些对小区保持距离和自我隔离的人，就不可能把他们住的单元或房间看作自己的家。他们说出的原因是，缺乏温暖、没有志趣相投的伙伴，这些人有孤独和抑郁的高风险（Adams，Sanders & Auth，2004；Young，1998）。

老年人居住小区对身心健康有积极影响。带有休闲娱乐设施、专门为老年人设计的物理空间和按需要提供的护理，可帮助老年人克服行动不便的困难，带来更积极的生活。

3）护理院

北美 65 岁及以上的老年人住在护理院的人数比例很小，住在护理院将感受到自主性受到最大的限制。第 5 章讲到，个人控制感和满意的社会关系，无论对住在护理院还是住在小区的老年人的心理健康都非常重要。

616 护理院中可来往的伙伴非常多，但实际发生的交往很少。要调节在社会交往中的情绪（这对老年人非常重要），个体对自己社交经历的控制感非常重要。但是护理院中的老年人很少有机会选择自己的社交伙伴，交往的安排一般也由护理院工作人员而不是根据老年人的偏好来决定。对这种拥挤得像医院一样的环境，社交退缩是一种适应性的反应。在外部社会环境中的人际交往可以预测护理院居住者的生活满意度；但是在这类机构内的人际交往却不能预测（Baltes，Wahl & Reichert，1992）。毫不奇怪，住在护理院、有身体疾病但无心理疾病的老年人，比住在小区的老年人更抑郁、焦虑和孤独（Guidner et al.，2001）。

把护理院设计得像家一样，可以帮助老年人增强安全感和对其社交经历的控制感。北美的护理院一般都是营利性的，往往挤满了住院者，实行机构化运营。相反，欧洲的此类机构则得到公共基金的慷慨资助。居住者生活在个人设计的环境里，或用自己的部分家具布置的小套单元中。专门改建的公园和花园可使居住者摆脱一些消极活动，例如看电视，转而从事户外活动。如果有老年人的身体出现恶化，护理院会改变现有空间，而不是把他转到更具医院特征的机构（Horgas，Wilms & Baltes，1998；Schwarz，1996）。他们以这种方式尽可能地保持了个人的同一性、空间感和社会关系。

思考题

复习 指出居民区和居住小区的哪些特征可以增强老年人的生活满意度。

应用 塞姆独自生活在已住了 30 多年的房子里。他的成年子女们不理解，他为什么不从这个小镇搬到现代化的公寓去住。用连续性理论解释塞姆喜欢住在那里的原因。

应用 维拉是护理院的一位住院者，她每天都给自己的成年子女和好朋友打电话，但是她很少参加一些护理院的社交活动，也不跟同屋的人来往。请用社会情感选择理论解释维拉的行为。

联结 社会情感选择理论认为，当剩下的时间不多时，老年人会非常看重其社交关系的情感质量。老年人怎样发挥他们的情感专长（见 192 页）来实现这一目标？

六、老年期的关系

社会护航（social convoy）是对人一生中社会关系变化的一种影响模式。好比一个船队在大海上航行，你自己处于船队的中间，各条船互相保护、互相支持。位于里圈的船代表与你关系最密切的人，例如配偶、好朋友、父母、子女。与你关系不太密切但仍属比较重要的人则是在外围航行的船。随着年龄增长，船队里护航的位置发生了变化，有些船离你渐行渐远，另一些则加入航行过程（Antonucci，Akiyama & Takahashi，2004）。但只要继续有人护航，你就会积极地适应环境。

本节将探讨以不同方式生活的老年人怎样保持自己与家人、朋友之间的社交网络。当老年人失去某些关系后，他们会和其他人形成亲密关系，有时会找人来代替，虽然不能像他们年轻时做得那样快。糟糕的是，有些老年人的社会护航会完全中断。我们还会探讨，老年人会受到来自关系密切的人的虐待和忽视。

1. 婚姻

虽然现在的离婚率很高，但是在北美，根据预期，每 4～5 对初次婚姻中就有一对至少持续 50 年。沃尔特曾对露丝说的话“最后几十年的生活是最幸福的”，是那些多年相濡以沫的夫妻的典型态度和行为。婚姻满意度从中年期到老年期不断上升，到老年期达到高峰（Goodman，1999；Levenson，Carstensen & Gottman，1993）。生活环境和夫妻交流方面的几个变化是形成这种趋势的基础。

首先，晚年婚姻中很少再有对夫妻关系产生负面影响的压力重重的责任，例如养育子女，平衡工作与家庭的要求（Kemp & Kemp，2002）。其次，男人在退休后承担起越来越多的家务劳动，夫妻关系中的平等感逐渐增强。对那些年轻时很少体验到性别平等的社会压力的老年人，家务劳动的分工仍然反映了传统的性别角色（Condie，1989；Vinick & Ekerdt，1991）。男人更多承担养家糊口的任务，女人的责任，如做饭、打扫、清洗、购物，仍跟以前一样。在当今退休的成人中，“女子气”的事情将会比过去上班时候更平等地由夫妻分担（Kulik，2001）。无论在什么情况下，男人做更多的家务事，都会带来比以前更强烈的婚姻平等感。再次，由于夫妻有更多的时间在一起相处，所以夫妻会共同参加一些休闲活动。露丝和沃尔特一起在花园散步、劳动，一起打高尔夫球，还常常一起短途旅游。对各种不同样本的退休夫妻的访谈发现，女性通常说，有较多时间和丈夫相处，使他们的婚姻关系更亲密（Vinick & Ekerdt，1991）。

最后一点，夫妻关系中，更好的情感理解、对情绪调控的重视，会导致夫妻交流更积极。和年轻夫妇比起来，老年夫妇的争执较少，建设性地解决
617 矛盾则更多。即便是婚姻不幸福的老年人，也很少把双方的分歧升级为愤怒和怨恨（Carstensen，Isaacowitz & Charles，1999；Hatch & Bulcroft，2004）。例如，当迪克抱怨高尔蒂做的饭时，高尔蒂就会安慰他：“好吧，迪克，下次过生日，我不再做奶酪蛋糕了。”当高尔蒂教训迪克爱发脾气时，迪克会说：“我知道了，亲爱的。”然后就跑到另一个房间待着。像其他关系一样，老年人也会让婚姻关系尽可能给他们带来快乐，从而使自己免受压力。

如果婚姻关系不令人满意，给女性带来的伤害会大于男性（Kim & Moen，2002c）。第 2 章讲到，女性在面对婚姻问题时，会努力想办法解决。在老年期，无论身体上还是心理上，在这件事上消耗的能量尤其更大。男性则相反，他们常常用回避争论来保护自己（Levensen，Carstensen & Gottman，1993）。

婚姻满意度在晚年达到高峰。老年夫妻有更多的时间互相陪伴。他们在理解和调节情绪方面的专长使他们的互动更积极有效。

2. 同性伴侣

男性和女性同性恋的长期伴侣一起走过了从对同性恋的敌视到分化的历史时期。他们多数人报告其关系是幸福和满意的，认为伴侣是他们最重要的社会支持来源。和独自生活的老年同性恋者相比，一起生活的同性恋伴侣对他们身体和心理健康的评价更高（Grossman，D'Augelli & Hershberger，2000；Wojciechowski，1998）。

成功地应对难以承受的社会环境的一生，增强了同性恋者克服晚年身心变化的能力，导致满意的伴侣关系（Gabbay & Wahler，2002）。性别角色方面较大的灵活性又使同性恋夫妇退休后能轻而易举地分担家务。此外，由于想象的或真实的家庭关系的扭曲，当同性恋者向别人说起他们的同性恋关系时，不相信家人会在他们的老年期给他们提供支持。所以，很多人用稳固的友谊关系来代替或弥补家庭关系（Kimmel，2002）。拥有良好的友谊关系网络的同性恋夫妇报告说，他们的生活满意度较高，对老年的到来较少恐惧（Slusher，Mayer & Dunkle，1996）。这些支持性的社会背景和积极情感增强了老年同性恋夫妇的幸福感。

但是，因为偏见持续存在，他们的伴侣关系难以得到社会承认，老年同性恋者仍面临独特的挑战（Woolf，2001）。卫生保健体系常常不能满足他们独特的需求。同性恋者联盟尚未在法律上

得到承认（美国的多数州都如此），如果同性恋伴侣中的一人衰弱或生病，另一人去医院或护理院看望时不受欢迎，或不被允许参与医疗护理决定，这一问题将在第 7 章讨论。这些情况可能造成晚年的健康下降以及失去伴侣后的特殊伤痛。

3. 离婚、再婚和同居

沃尔特的叔叔路易在 61 岁时和妻子桑德拉在结婚 17 年后离婚。虽然桑德拉承认自己的婚姻并不美满，但她毕竟和丈夫一起生活了那么多年，所以离婚对她仍是一次打击。一年后，路易和离过婚的拉切拉结婚了，两人都爱好体育运动和跳舞。

老年期离婚的夫妇还不到其他任何年龄离婚夫妇的 1%。但是 65 岁及以上人口的离婚率正在上升，因为新一代的老年人越来越接受婚姻的破裂，也因为第二次及以后婚姻的离婚危险上升。问到离婚原因，老年男性通常会提到缺乏共同兴趣与活动，老年女性则较多地提到情感距离和丈夫拒绝沟通。例如，桑德拉说："我们从不谈话，我觉得很孤单。"（Weingarten，1988）

和比较年轻的成人相比，那些结婚很长时间的老年人，其成年生活都处于夫妻关系中。离婚后，他们很难把自己的同一性与前配偶分开，因此会产生较强的个人失败感。当亲密关系对心理健康非常重要时，与家庭和朋友的关系都会发生变化。总起来说，女性遭受的伤害比男性更大，因为她们更可能独自一人度过余生。经济上的后果更严重——比寡居生活还要严重，因为在财产
618 分割时，很多人会失去积蓄的资产（McDonald & Robb，2004；Miller，Hemesath & Nelson，1997）。

对年轻人来说，离婚通常能使他们更清醒地意识到自己消极的行为模式，并决心改变它。相反，离婚老年人的自我批评会加强他们的内疚和抑郁，因为他们的自我价值感更多地依赖于过去的成就而非将来的成就。路易和桑德拉就曾相互指责。路易称："我总是因为桑德拉而不开心。"虽然二人刚结婚时也曾有一段幸福时光。尽管对配偶的指责可能会扭曲婚姻历程，但它也是一种常用的应对策略，有助于保持自我完整感和自尊（Weingarten，1989）。

老年期的再婚率较低，并随着年龄增长持续降低，但离婚后的再婚率明显高于丧偶后的再婚率。老年男性的再婚机会要远远大于老年女性，不过，离婚老人再婚的性别差异低于丧偶老人再婚的性别差异。原因可能是离婚者原来的夫妻关系令人失望，他们比丧偶者更容易开始一段新的关系。而且，离婚的老年女性更希望再婚，因为她们的经济状况更拮据。一些离婚的老年人（像路易和拉切拉）只有在开始一段新关系之后，才能真正走出前一段婚姻（Huyck，1995）。

就像老年人的离婚率大大低于中青年一样，再婚老年人的关系也比中青年的再婚关系更稳定。以路易和拉切拉为例，他们的第二次婚姻持续了 32 年！晚年再婚之所以更顺利，可能因为他们更成熟、有耐心，也能更好地平衡爱情与现实（Kemp & Kemp，2002）。再婚的老年夫妻一般非常满意自己的新关系，其中男性比女性的满意度高（Brubaker，1985）。由于可结婚的对象较少，所以老年再婚的女性较少能找到期望的伴侣。

现在，不少结成新关系的老年人不是选择再婚，而是选择同居，这被认为是一种把年轻人对同居的接纳持续到老年期的趋势。和老年再婚一样，老年同居导致了比年轻人更稳定的关系和更高的关系质量。但是和年轻人相比，同居老年人较少有结婚打算。原因往往是担心成年子女不接受新伴侣，以及经济上的不利后果，如纳税、社保、养老金和子女继承权等（King & Scott，2005；Kemp & Kemp，2002）。另外，老年离婚和丧偶的妇女还经常提到，她们不愿失去独立性（Lopata，1996）。

4. 丧偶

露丝刚过 80 岁不久沃尔特就去世了。像超过 70%的丧偶老年人一样，露丝把老伴的去世说成是一生中压力最大的事件。两位研究者指出，丧偶意味着生者"失去了作为配偶（处于婚姻状态并且做配偶所做的事情）的角色和同一性，而配偶是一种最普遍、最热烈、最亲密的个人角色，说明他们仍然处在他们的生活中的个人角色"（Lund & Caserta，2004a，p. 29）。露丝在葬礼过后的几个月里，一直感到孤独、焦虑和抑郁。

在美国和加拿大，丧偶者占老年人口的 1/3。由于女性的寿命比男性长，再婚的可能性较低，

因此65岁及以上的老年女性中，丧偶者接近50%，男性的这一比例，美国为15%，加拿大为28%。贫穷和患慢性病比例较高的少数族裔有更高的可能性成为丧偶者（Statistics Canada，2002h；U.S. Census Bureau，2006b）。

多数丧偶的老年人，尤其是性格外向和高自尊者，在面对孤独时，是有复原力的。因为很多老年妇女都身处寡居状态，她们可以互相支持、互相陪伴。

前面曾提到，多数鳏寡者过着独居生活，而不是在大家庭生活，这一趋势，白人比少数族裔更明显。虽然其经济状况不如再婚老年人，但多数人仍想自由支配时间和生活空间，也可避免与成年子女闹矛盾。搬家的寡居老人往往是因为她们无力偿还贷款或养护房子，因此搬到离家人较近的地方，而不是搬进同一所房子里（Lopata，1996）。

刚刚丧偶的老年人，最大的问题莫过于深深的孤独感（Lund，1993）。能否适应这种孤独，取决于年龄、社会支持与人格。与年轻丧偶者相比，老年人的持久问题较少，因为老年人已经不再把死亡看得那样不公平（Stroebe & Stroebe，1993）。多数丧偶的老年人，尤其是性格外向和高自尊的人，在面对孤独时，是有复原力的（Moore & Stratton，2002；van Baarsen，2002）。为了保持与过去的连续性，他们努力维持配偶去世前那些重要的社会关系，并且报告说，亲戚朋友都做出善意的反应，至少保持了与过去一样多的往来（Utz et al.，2002）。此外，在掌控日常生活事务时，老年人的自我效能感越强，适应得就越好（Fry，2001）。

但是，丧偶者必须把生活重新条理化，建构一个与配偶在世时相分离的同一性。这一任务对其角色取决于丈夫的那些做妻子者，比形成了个人独立角色的做妻子者更难。因为以下几个原因，男人比女人表现出更多的身心健康问题和死亡风险（Bennett，Smith & Hughes，2005；Pinquart，2003）。首先，多数男人都依赖妻子进行社会交往、做家务、应对压力，而且在为丧偶做准备方面，他们比女人差。其次，由于性别角色期望的缘故，男人不善于自如地表达情感，在做饭、做家务和社交关系方面会求助于别人（Lund & Caserta，2004）。再次，男人倾向于较少参与作为社会支持和内心力量强大来源的宗教活动（Lee et al.，2001）。

619

两项对老年丧妻者的研究显示，那些70多岁的人报告的抑郁最严重，在其后两年里，好转的比例也最低。他们妻子的去世正好发生在他们做退休适应的时候，这同时导致了两个重大的变化，丧偶对他们非常意外，因为大多数情况下，妻子都比丈夫寿命长（Lund & Caserta，2001，2004a）。但是，非洲裔丧妻者报告的抑郁比白人少一些，因为他们能从大家庭和教会得到支持（Balaswamy & Richardson，2001）。

丧偶期经验的性别差异主要因男性较高的再婚率所致。女性的亲情维系者角色（见第4章）和形成亲密友谊的能力，使她们觉得没有再婚的必要。此外，由于许多老年妇女共同身处寡居状态，她们可以互相提出有帮助的建议，互相同情。相形之下，在维系家庭关系、在婚姻之外形成满意的情感联系以及妻子死后处理家务琐事等方面，男人常常显得有些无能。

即便如此，多数老年丧偶者能在短短几年里逐渐适应，在心理健康方面达到再婚老年人的相似水平。那些具有高自尊和生活目标感的老年人，在面临这种创伤事件时，很少因失去配偶而遇到适应上的困难。总体来说，大约15%～20%的人有长期适应问题（Lund & Caserta，2001）。一些老年丧偶者参加了长达几个月的干预活动，每周一次，以上课方式提供知识和帮助，学习日常生活技能，他们在克服丧偶期困难的准备方面感觉更好（Caserta，Lund & Obray，2004）。运用后面“学以致用”表中概括的一些方法，可以增强老年丧偶者的适应能力。

学以致用　　**增强老年人对丧偶的适应力**

建议	描　述
家庭和朋友	
社会支持与互动	社会支持与互动必须延伸到悲伤期之后，应继续给以帮助并关心其社交关系。家人和朋友通过随叫随到的支持，并鼓励丧偶老年人使用有效的应对策略，可给予最大的帮助。
社区	
老年中心	老年中心可提供集体餐食和其他社会活动，使丧偶者及其他老年人能和境遇相似的人联系，并可以使用其他的社区资源，例如兼职工作清单和现有的住房房源。
支持团体	在老年中心、教堂和其他代理机构可以找到支持团体。这些团体除提供新社交关系外，还可提供应对丧失的可接受的气氛、有效的角色榜样以及日常生活方面的帮助。
宗教活动	去基督教堂、犹太教堂和清真寺，可以缓解因失去配偶而产生的孤独感，并提供社会支持、新的社交关系和有意义的角色。
志愿者活动	老年丧偶者寻找有意义角色的最佳方式之一是参加志愿者活动。有些是由正规的服务机构发起的，如红十字会或退休者和老年人志愿者计划。有些志愿者项目则由医院、老年中心、学校和慈善组织发起。

5. 从未结婚无子女的老年人

露丝和沃尔特在 20 多岁结婚后不久，露丝的父亲就去世了。露丝的姐姐伊达一直和生病的母亲住在一起并照料她，直到 16 年后母亲去世。伊达 25 岁时，有人向她求婚，她的回应是："我母亲还活着的时候我不能和任何人结婚。她还指望我照顾她呢。"在当时，作为女儿，伊达的决定没有什么不同寻常。结果，她一直没结婚，也没有孩子。

北美大约有 5%的老年人一生从未结婚，也没有孩子。他们都知道这有悖常规，但多数人都建立了其他形式的良好关系。例如，伊达跟邻居家的一个儿子形成了密切的联系。在他的儿童时期，伊达给了他感情和经济支持，帮他度过压力重重的家庭生活。他家的事情都离不开伊达，后来他
620
定期去看望伊达，直到她去世。其他未结婚的老年人也说，年轻人，通常是侄（外甥）女或侄子（外甥），处于其社交网络的中心位置，并且这些人对他们有持久影响（Rubinstein et al.，1991）。此外，同性友谊关系在未婚老年女性的生活中也相当重要。她们往往亲密异常，经常结伴出行，时不时地一起同住，并和彼此的家庭有联系。

美国一项对 70 岁以上老年人的大规模、全国代表性样本的调查发现，无婚姻伴侣也无子女的男性，比无子女的女性感觉孤独的可能性大得多（Zhang & Hayward，2001）。从未结婚的老年妇女所报告的生活满意度和结过婚的老年人相同，并高于离婚或刚丧偶的老年人。只有那些赞同"没有伴侣的生活是空虚的"这种古板观念的人，或因健康下降无法维持社交来往的人，才报告有孤独感（Baumbusch，2004；Dykstra，1995）。这些单身女性通常会说，她们避开了做妻子和母亲的许多麻烦，还把她们的深厚朋友关系看做未婚的好处。但她们也明白，等到老年需要照顾时，朋友关系和血缘关系毕竟不同。

多数未婚无子女的老年人说，朋友和家人能给他们社会支持，而男性往往靠姐妹来帮忙（Wenger，2001；Wu & Pollard，1998）。未结过婚的老年女性比其他老年人更可能有亲戚及无亲缘关系者来家里住，并和她们形成互助关系（Stull & Scarisbrick-Hauser，1989）。

6. 兄弟姐妹

北美 65 岁及以上的人口中，将近 80%的人至少有一个在世的同胞。多数老年兄弟姐妹住在相距 160 公里的范围内，他们经常联系，每年互相看望几次。一项研究发现，样本中 77%的加拿大老年人至少把一个兄弟姐妹看做亲密朋友（Connidis，1989）。男性和女性都认为自己和姐妹的关系比和兄弟的关系更亲密。这大概是因为女性更善于情感表达和照顾人，老年人与一个姐妹的关系越亲密，其心理健康状况就越好（Cicirelli，1989；O'Bryant，1988）。

工业化国家的兄弟姐妹更可能保持社交往来，而不是彼此给予直接援助，因为多数老年人首先要顾及其配偶和子女。兄弟姐妹在老年期看来更像一项重要的"保险政策"。图 6.2 显示的是美国一项大规模全国代表性调查中，16～85 岁的人们报告的给予兄弟姐妹的或从兄弟姐妹处得到的援助。如同前几章讲过的，兄弟姐妹之间的支持在

成年早期上升，在中年期下降。70 岁以后，住所相距 40 公里以内的兄弟姐妹间的支持再度上升（White，2001）。多数老年人说，他们会在兄弟姐妹出现危机时出手帮助，其他情况下很少帮助（Connidis，1994）。

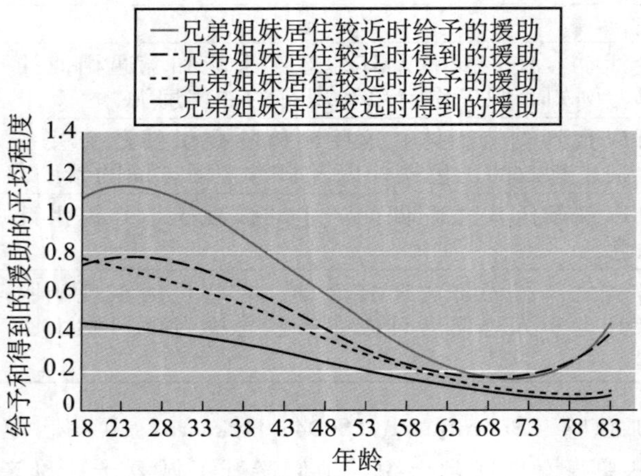

图 6.2　兄弟姐妹互相给予和获得的援助随年龄的变化

美国一项大规模、全国代表性样本的调查显示，成人报告的兄弟姐妹间的援助在成年早期上升，在中年期下降，70 岁以后，住得较近（40 公里以内）的兄弟姐妹间的援助再次上升。晚年若不能从配偶和子女处得到帮助，兄弟姐妹就像一项重要的“保险政策”。

资料来源：L. White，2001，“Sibling Relationships Over the Life Course：A Panel Analysis，” *Journal of Marriage and the Family*，63，p. 564. 经授权引用。

丧偶和未结婚的老年人与其兄弟姐妹的来往较多，因为他们没有什么竞争性的家庭关系。如果生病，他们也更可能得到兄弟姐妹的帮助（Connidis & Campbell，1995）。例如，当伊达的阿尔兹海默症恶化时，露丝会来帮助她。虽然伊达有许多朋友，但露丝是她唯一在世的亲属。

因为兄弟姐妹共同拥有一段漫长而独特的经历，到老年时，他们对早年生活的共同回忆增多了（Cicirelli，1995）。沃尔特和迪克经常在一起谈论他们的童年时光，这唤起了他们对早年家庭生活的温馨回忆。这些讨论可以帮助他们意识到兄弟情谊在人生中的重要性，还会激发一种家庭连续感与和谐感，这些都是自我完整感的重要方面。

7. 朋友

随着家庭责任和工作压力的减轻，朋友关系变得越来越重要。老年人有朋友是其心理健康的有力预测指标（Nussbaum，1994；Rawlins，2004）。老年人报告的和朋友在一起的良好体验多于和家人在一起的良好体验，部分原因在于老年人和朋友一起参加愉快的休闲活动（Larson，Mannell & Zuzanek，1986）。朋友交往的独特特征，如开放性、自发性、互相关心和共同兴趣，也是有影响的。

（1）老年朋友关系的功能

老年期朋友关系的各种功能显示出其重要意义。

● *亲密和陪伴是老年朋友关系的基础。*当伊达和她最要好的朋友罗茜一起去散步、购物或互相看望时，她们会表露内心深处的幸福和忧虑。
她们也会愉快地聊天、大笑、开玩笑（Crohan & 621
Antonucci，1989）。如果请老年人说说其亲密朋友关系的特点，他们的典型回答是：共同的兴趣、归属感，表达感情的机会，以及相信两人能长期保持这种关系（Field，1999）。

● *老年女性把接纳当作亲密朋友关系的基本方面。*老年朋友对别人出于对老年人的成见、对她们的能力和价值做出的否定评价，持相互庇护的态度（Adams，1985—1986）。“你的拐杖放哪儿了，罗茜？”当两个女人一起出发去餐馆时，伊达问罗茜。罗茜回答：“走吧，别太在意自己。你要是在意没有人再看你一眼了，就记住：在我母亲生长的那个希腊村庄，几代人之间没有什么分别，年轻人习惯了老人皱巴巴的皮肤和踉跄的脚步，他们知道，老太太都是聪明人。为什么？她们是接生婆、媒人、草药高手；她们无所不知！”（Deveson，1994）

● *朋友把老年人与更大的社会相联系。*对那些无法经常外出的老年人来说，与朋友的互动使他们了解外部世界发生的事情。伊达向罗茜通报：“罗茜，你知不知道，那个姓汤普森的女孩的中学毕业告别演说……还有工商界正在支持杰西竞选市长。”朋友可以打开新的经验之门，那是老年人自己无法做到的。第一次去老年中心往往是在朋友撺掇下发生的（Nussbaum，1994）。

● *朋友可以帮助老年人避免丧失造成的心理后果。*那些健康下降但是通过打电话和拜访与朋友保持来往的老年人，显示出心理健康的改善。同样，关系密切的亲戚去世后，朋友可以提供补偿性的社会支持（Newsom & Schulz，1996）。

（2）老年朋友关系的特点

老年人喜欢熟悉的、已经建立的朋友关系，而不喜欢新朋友关系，他们的朋友关系往往会持续终生。和居住遥远的老朋友和亲密朋友的关系仍然保持，但是这种现实的局限性促使他们更经常地与当前环境中的朋友交往。老年人报告，随着年龄增长，他们感觉和自己住在同一个社区而且关系最亲密的朋友的数量越来越少。不过，老人之间的亲密友谊关系不会受其日常生活方式、像参加社会团体或志愿者活动的影响（Dugan & Kivett，1998）。许多老年人仍想办法和朋友保持联系，尽管健康下降限制了他们的行走能力。

像早年一样，老年人喜欢选择年龄、性别、种族、族群及价值观和自己相像的人做朋友。和年轻人相比，老年人很少报告有异性朋友。有异性朋友者，大多是几十年前约会并长期联系的朋友。老年人持续从这些朋友处得到独特的好处，从一位异性成员那里获得对思想、情感和行为的看法（Monsour，2002）。当同辈朋友去世后，非常高龄者报告了较多的隔代朋友关系，既有同性的，也有异性的（Johnson & Troll，1994）。露丝 80 多岁时，花很多时间与一位 55 岁的寡妇玛格丽特来往，她在一家收养机构的董事会工作时认识了她。玛格丽特每个月来露丝家两三次，两人一起喝茶，兴致勃勃地聊天。

有朋友是老年人心理健康的有力预测指标。即使身体健康下降限制了行走能力，许多老年人仍然尽可能地保持与朋友的联系，因为朋友可以提供亲密与陪伴，使老年人与外面的社会相联系，并且在面临丧失时提供社会支持。

前几章讨论过的朋友关系中的性别差异会持续到老年期。女性更可能有亲密的朋友，男性则通过妻子、其次是姐妹，与朋友们进行温情、开放的交流。老年女性还有一些**次要朋友**（secondary friends），不算亲密但偶尔会花时间一起相处的人，和她们一起吃午饭、打桥牌或参观博物馆。老年人通过这些联系可以结识一些新人，参与社交活动，从而有利于心理健康（Adams，Bleiszner & De Vries，2000）。

老年人的朋友关系中，在互相欣赏、互相给予情感支持上，给予和付出是平衡的（Ikkink & Van Tilburg，1998）。虽然朋友们会互相请对方帮忙做一些日常生活的事情，但他们一般是在紧急情况下，或偶尔因无人帮忙时才这样做。老年人避免过度依赖朋友，这有助于他们的自主性。

8. 与成年子女的关系

在北美约 80%的老年人是有子女在世的父母，这些子女大多处于中年期。第 4 章提到，父母与子女之间的互助取决于二者之间关系的亲密程度以及双方的需要。还提到，随着时光流逝，父母对子女的帮助减少，子女对父母的帮助增多。老年人与其成年子女即使相隔较远，也会经常联系。622
但是和其他关系一样，交往的质量而非数量才会影响老年人的生活满意度。随着父母年纪越来越大，子女一般会给予更多的孝行，包括爱、陪伴和鼓励。这些温馨的关系会降低身体衰弱和其他丧失（如配偶死亡）对心理健康的负面影响。反过来，老年人与成年子女间的冲突或不愉快都不利于其身心健康（Peterson，1989；Silverstein & Bengtson，1991）。

虽然西方国家的老年父母和成年子女互相给予各种形式的帮助，但这种帮助一般是中度的。年纪在 60 多岁和 70 多岁的老年人，尤其是拥有自己的住房、已婚或丧偶并打算结婚的老年人，更可能成为提供帮助者，而不是接受帮助者，这显示了社会经济地位变量在帮助中的平衡作用（Grundy，2005）。这种平衡也会因老年人的年龄而变化，但是进入老年期以后，老年人给予的也多于得到的，这是一种与老辈是小辈的"负担"的社会成见相矛盾的现象。

在一项对美国全国代表性样本的访谈研究中，老年人说道，他们从成年子女那里得到的，大多是情感上的帮助。只有 1/3 的人说，其子女在过去一个月内曾经帮助做家务和跑腿办事（Shapiro，2004）。为了不依赖子女，老年人期望得到子女更多的情感支持而非实际帮助，如果没有紧急需求，他们一般不会求助于子女，并且会在子女对他们过度保护或给一些不需要的帮助时表示气恼（Spitze & Gallant，2004）。有互助机会的中度支持，在心理上是有益的。无法回报的过度支持与较差的心理健康相关（Davey & Eggebeen，1998）。

年迈父母与成年子女之间的互动有显著的性别差异。成年女儿作为亲情维系者，是其年迈父母的家庭往来的第一代理人，打电话、写信、安排看望父母的时间等方面，她们比儿子做得多。母女关系仍然是亲情如故，虽然中年的女儿事务繁多，拿出来照顾父母的时间不如己愿（见第4章）。当前，有不少离了婚、不是子女监护人的父亲进入老年期。亲子关系的亲密程度，影响着成年子女帮助那些小时候没在一起住多久的父母的责任感（Ganong & Coleman，1998）。其后果是，家庭来往很少的老年男性的数量，在今后几十年里将逐渐增多。

由于社交圈子越来越小，与成年子女的关系成为家庭活动的重要来源。与无子女的老人相比，85岁及以上、有子女的老人与亲属的来往更多（Johnson & Troll，1992）。为什么会这样？来看露丝，她的女儿西比尔把她与外孙子女、曾外孙子女及其他姻亲联系起来。当无子女的老年人到80多岁时，其兄弟姐妹、同辈亲戚和亲密朋友可能身体衰弱或去世，他们再也没有人可以陪伴了。

9. 与成年孙子女及曾孙子女的关系

那些有成年孙子女和曾孙子女的老年人，会从其广泛的潜在支持网络中获益。在家庭聚会时，露丝和沃尔特常见到自己的外孙女玛丝和曾外孙杰米尔。其他时候，玛丝会打电话、来看望、邮寄贺卡，以表达她对年迈的外祖父母的至爱深情。

在发达国家，有一半多65岁以上的老年人有一个年龄18岁及以上的孙子女（AARP，2002）。少数几项关于祖父母与成年孙子女之间关系的研究发现，绝大多数的孙子女感觉有义务在祖父母需要时去帮助他们。祖父母则希望得到孙子女的爱（而非实际帮助），并且在大多数时候可以如愿以偿。他们对自己与成年孙辈之间的关系感到满意，并将其视做联系自己与未来的重要纽带（Langer，1990）。

祖父母把他们与孙辈的关系看作自己与未来的重要纽带。曾祖父母乐观地迎接他们的新角色，把它看作对自己家庭连续性的再次肯定。

但是，祖父母与成年孙辈的关系也有很大差异。儿童时期祖父母的介入程度可以有力地预测当前的关系。通常他们与其中一个孙子女的关系比较“特殊”，体现在来往较多，互相表达爱，愉快地相处等，这些因素都可以增进老年人的心理健康（Fingerman，1998）。但是，纵向研究表明，随着祖父母和孙子女各自生活的进展，来往会逐渐减少。许多孙子女建立的家庭距离比较远，而且开始关注自己的工作和家庭角色，拿不出多少时间与大家庭成员在一起。

尽管来往不多，祖父母对成年孙子女的爱却随年龄增长而加强，一般会超过孙辈向祖辈表达的亲密程度（但仍然强烈）（Giarrusso et al.，2001； *623*
Harwood，2001；Silverstein & Long，1998）。这种感情投入的差别反映了每一代人不同的需要和目标，成年孙辈正在开创独立的生活，祖辈则努力维护家庭关系的亲密性以及价值观的隔代连续性。当祖孙两辈人聚在一起时，祖辈就会告诉孙辈家族的事情，做一些与家庭文化遗产有关的事情，例如，讲过去的家史，讨论家庭传统和习俗（Wiscott & Kopera-Frye，2000）。在老年人生命的最后10～20年里，孙辈越来越成为他们情感意义的重要来源。

大约40%的老年人有曾孙子女（Hooyman & Kiyak，2005）。虽然多数老年人说，对这一新角色能做的事情不多，而且是自己进入高龄的信号，但他们还是满怀热情地欢迎这一角色，认为它再次确认了自己家族的连续性。父母辈是曾祖辈与曾孙辈的中介，就像他们也是祖辈与年幼祖辈的中介一样（见第4章）。

10. 虐待老年人

虽然大多数老年人都很享受与家人、朋友、专业护理人员建立的良好关系，但也有一些老年人却遭到上述这些人的虐待。据媒体报道，虐待老人已成为西方国家公众担忧的严重问题。

一些工业化国家的报告揭示了令人吃惊的虐待老人的相似比例：在美国，受到虐待的老人为180万人，占所有老年人的大约4%～6%，加拿大受到虐待的老人有28万人（Brownell & Podnieks，2005；World Health Organization，2002）。虐待老年人是跨种族的，其中虐待老人比例较低的是亚裔、西班牙裔、美国和加拿大原住民族群，因为这些族群有悠久的尊敬老人、孝敬老人的传统（Rittman，Kuzmeskus & Flum，2000）。但是所有的数据对实情都有所低估，因为大多数虐待行为都是私下所为，受虐者往往不能或不愿申诉。

对老年人的虐待通常表现为如下几种形式：

- *身体虐待*。通过打、割伤、灼烧、身体暴力、限制、性攻击和其他行为，有意给老年人带来疼痛、不适或伤害。
- *身体忽视*。有意无意地置照料老人的责任于不顾，致使缺乏食物、药物和保健服务，或者让老年人独自待在家里，或被隔离。
- *精神虐待*。口头伤害（如直呼其名）、羞辱（当小孩对待）和威胁（以隔离或送入护理院相威胁）。
- *经济虐待*。使用盗窃或不经老年人允许就使用等手段，非法或不道德地使用其财产或经济资源。

经济虐待、精神虐待和忽视是报告最多的类型。通常是几种类型一起发生（Anetzberger，2005；World Health Organization，2002）。作恶者通常是老年人所信任并依靠其照料和帮助的人。多数虐待者是家人，如配偶（通常是男性），其次是儿子或女儿，然后是其他亲属。有些是朋友、邻居和住家的护理者（Hornick，McDonald & Robertson，1992）。护理院中的虐待是最令人担忧的。在一项调查中，1/3的护士被观察到有虐待行为，10%的人被确认至少有一次身体虐待行为，40%的人至少有一次精神虐待行为（Wilber & McNeilly，2001）。

在过去几十年里，另一种形式的忽视，在媒体中被称为“丢弃老人”（granny demping）现象正在增多：具有严重能力缺失的老年人被负责照管的家人遗弃在医院急诊室里。一项对美国医院的调查显示，每年有10万～20万老年人，其中大多患有痴呆症，被遗弃在医院候诊室（Tanne，1992）。绝大多数负责照顾他们的人看来都有理由，说他们别无选择，只能走出这样极端的一步（见第4章和第5章的相关研究）。

（1）危险因素

受虐者特征、施虐者特征、双方之间的关系特征及其社会背景等都与老年人虐待的发生率和严重性有关。下列危险因素出现得越多，发生虐待和忽视的可能性就越大。

- *受虐者的依赖性*。年纪非常大、衰弱、心理和身体都有缺陷的老年人更可能遭到虐待（Dyer et al.，2000）。这并不等于说机能下降会导致虐待；大多数有能力缺失的老年人并没有受到虐待，相反，当促使虐待发生的另一些条件成熟时，有严重能力缺失的老年人根本没有能力保护自己。一些身体或认知有缺陷的老年人还可能具有容易受虐待的人格特质，例如，当生气或受挫时容易情绪激动，以消极回避态度对待困难，以及低自我效能感（Comijs et al.，1999）。
- *施虐者的依赖性*。许多施虐者在情感或经济上依赖于受虐者。这种被感受为无能感的依赖性可能导致攻击和剥夺行为。很多时候，施虐者和受虐者间还存在一种相互依赖关系（Henderson，Buchanan & Fisher，2002）。施虐者需要老年人的钱和食宿，老年人需要施虐者帮助料理家务，缓解孤独。
- *施虐者的心理障碍和压力*。施虐者比其他护理者更可能有一些心理问题，或有酒精及其他药物依赖。他们通常是社会隔绝者，很难去工作，或正在失业，有经济困难。当照顾要求过高，或一个患痴呆症的老年人动辄发怒、难以照管时，上述因素就会增大他们施虐的可能性。
- *家庭暴力史*。虐待老年人有时是长期家庭 624
暴力史的一部分。儿时受过虐待的成年人，其伤害老年人的危险也比较高（Reay & Browne，2001）。家庭成员之间的攻击性循环很容易自动得以持续，使人在应对愤怒时，以敌意对待别人（见《伯克毕生发展心理学：从0岁到青少年》第8章）。许多时候，对老年人的虐待可能是多年来虐待配偶的延续

（Lundy & Grossman，2004）。

● 机构环境。老年人虐待还可能发生在一些护理院里，这些护理院破旧不堪，人满为患，或员工短缺，缺乏监管，人员流动快，有的则很少有人光顾（Payne & Fletcher，2005）。工作压力很大，加之对护理质量监管很少，虐待和忽视就难免发生了。

（2）老年人虐待的预防

预防家人对老年人的虐待是非常困难的。受虐者可能害怕报复，想包庇施虐者，因为那可能是他们的配偶、儿女，或者感到窘迫，因为他们无力掌控情境。有时他们被威逼要保持沉默，或不知道去找谁寻求帮助（Henderson，Buchanan & Fisher，2002）。一旦发现虐待行为，干预措施应包括及时保护，帮老年人准备好未能满足其需要的东西，提供心理健康服务，以及对配偶和照顾者的社会支持。

一些预防性干预项目开展了以下活动：给照顾者提供咨询、教育和暂时休息服务，例如老人白天护理、住家护理等。经过培训、可进行家访的志愿者"好朋友"，可以缓解老年人的社会隔绝，帮他们解决问题，避免进一步的伤害。一些支持性小组可帮助老年人分辨虐待行为，练习做出适当的反应，形成新的关系。提供非正规财务服务的代理机构可以帮助不能自己理财的老年人，帮他们写支付和兑现支票，安全地保管其贵重物品，减少经济虐待（Rabiner，O'Keeffe & Brown，2004）。

如果虐待老年人非常严重，法律诉讼可以给老年人提供最好的保护，但是很少有人这样做。许多受害者不愿发起庭审程序，或由于心理缺陷，不能这样做。在这种情况下，专业社工人员必须帮助照顾者重新思考他们的角色，哪怕这可能意味着老年人要被送到医疗机构。在护理院，改进员工选拔、培训和工作条件，可以降低虐待和忽视事件。

要根除老年人虐待，还需要更多社会层面的努力，例如，通过普及教育，鼓励人们举报可疑案例，增强人们对老年人需要的理解。作为这种努力的一部分，老年人将从以下信息中得到好处：怎样辨别虐待行为，以及到哪里去寻求帮助（Wilber & McNeilly，2001）。最后，消除对老年人的消极成见也有助于减少虐待，因为认识到老年人的尊严、人性和自主性，就不会容忍对老年人做出身体和心理上的伤害。

根除老年人虐待需要更多社会层面的努力。这个关于老年人虐待法律的新闻发布会促请社会大众关注问题的严重性，并鼓励人们举报可疑案例。

思考题

复习 为什么女性更难适应老年离婚，男性更难适应老年丧偶？

应用 51岁的梅耶失去了工作，因此付不起房租。她搬到78岁、寡居的母亲贝利尔那儿去住。虽说贝利尔欢迎梅耶的陪伴，但是梅耶却越来越抑郁，喝酒很厉害。当贝利尔抱怨梅耶找不到工作时，梅耶推她，还打她耳光。请解释，为什么这种母女关系导致了老年人虐待。

联结 回顾第2章49页和第4章133页的内容，解释图6.2显示的兄弟姐妹支持的一生发展趋势。

反思 如果你有尚在世的祖父母，请说说你和他们中间一个或几个人的关系。你和你的祖辈对你们各自的发展分别起了什么作用？

七、退休与休闲活动

625 第 4 章曾讲过，由于期望寿命延长，平均退休年龄稳步降低，退休的时期变长了，这种趋势出现在所有的西方工业化国家。这些变化使工作和退休之间的区别变模糊了。因为在西方国家，对大多数职工来说，已不存在强制性退休，老年人可以选择自己何时退休，如何度过余生。退休过程包括做规划，做出决定，实施退休的各种行动，以及对退休后各种生活方式的适应和再适应。

有些老年人通过缩短工作时间、减轻责任、做一些短时的过渡工作等方式来完成从全时工作到退休之间的转变。有些人先退休，后来又回去工作，一是为补偿收入，二是为了给退休找些乐趣和挑战。据预测，北美 30%～40%的退休人员在退休后一年内重新回归劳动力大军，其中大多做兼职工作。但是随着年龄增长，重新工作的比例逐渐下降（Marshall，Clarke & Ballantyne，2001；Quinn，1999）。

本节将分别探讨退休决定、退休后的幸福感和休闲娱乐活动的影响因素。我们会看到，退休过程和退休生活反映了日益壮大的形形色色的退休人群。

1. 退休决定

当沃尔特和露丝退休时，两人的工龄已足够使他们得到充裕的、可替代收入的退休金，沃尔特参加的是政府支持的社保计划，露丝参加的是一个私人养老金计划。他们都做了退休规划（见第 4 章），确定了离开工作岗位的日期。他们希望早点退休，好参加一些休闲活动，趁着两人身体都不错，能一起享受退休生活。相形之下，沃尔特的哥哥迪克是因为面包店的经营成本上升、顾客减少而被迫退休的。他的妻子高尔蒂一直做一份兼职会计工作，维持他们的生计。

退休的可承受性是退休者最担忧的问题。尽管有经济上的担忧，但许多即将退休的人宁愿结束稳定的职业生涯，转而投入对个人有意义的工作或休闲活动。一位退休的汽车工人说："我从 10 岁就开始工作，我想休息了。"除了这种愿意退休的人之外，也有像迪克这样的人，他们被迫退休，或陷入未料到的严重经济困难（Warr et al.，2004）。

图 6.3 概括了影响退休决定的个人因素、工作单位因素和收入因素。那些身体健康、职业生活处于自尊的核心位置的人，以及工作环境优越且富有促进作用的人，可能会继续工作。正是这些原因，使白领专业人员比从事蓝领或文秘工作的人们更晚退休（Moen，1996；Moen et al.，2000）。从事个体经营的老年人，工作时间也更长，因为他们可以根据需要灵活调整工作时间。相形之下，健康状况下降的人、工作单调枯燥的人，以及休闲兴趣非常强烈的人往往会选择退休。

退休　充分的退休金　强烈的休闲兴趣　工作意愿弱　健康不佳　配偶退休　工作单调枯燥

继续工作　退休金较少或没有　休闲兴趣较低　工作意愿强　身体好　配偶上班　灵活的工作时间安排　优越而富于促进作用的工作环境

图 6.3　影响退休决定的个人因素、工作单位因素和收入因素

社会因素也会影响退休决定。如果有许多年轻、低廉的劳动力可以取代老年职工，工厂可能会推出更多措施，鼓励职工退休，例如，增加养老金计划名额，给予提前享受养老金的优惠等，这一趋势使西方国家有更多的人在62岁之前退休
626 (United Nations，2004b)。但是，如果考虑到退休人口的扩张给年轻一代带来的负担增大，退休年龄可能会推迟。

退休决定也会因性别和族群而变化。平均来说，女性比男性退休早，主要是因为一些家庭问题影响了她们的退休决定，例如，丈夫已退休或为了照顾生病的丈夫或父母等等（Chappell et al.，2003；Smith & Moen，1998）。但是，那些已经陷入贫困或处在贫困边缘的女性是例外。因为没有经济来源，很多人一直工作到老年。这一趋势在非洲裔女性中尤其明显，她们的退休金很少，还要照料家人（Choi，1994；Flippen & Tienda，2000）。

在很多西方国家，慷慨的社会保险金政策使那些经济处于劣势的人也可以退休，并且大多数职工退休后维持了其生活水平。相形之下，美国很多退休者的生活水平都下降了（Hungerford，2003）。丹麦、法国、德国、芬兰和瑞典等国实行一种逐步退休计划，让老年职工减少工作时间，发给他们部分退休金以弥补工资，同时可以继续累计工龄。这种政策在加强了经济安全性的同时，还提供了一个可以推动人们做出退休规划的过渡期（Reday-Mulvey，2000）。一些国家的退休政策还谨慎地考虑到妇女的职业生涯容易中断。例如，加拿大、法国和德国在规定可享受退休金的条件时，妇女花在养育子女上的时间可以计算为部分工龄（Government of Canada，1997；O'Grady-LeShane & Williamson，1992）。

总之，个体的偏好选择会影响其退休决定。同时，老年人的机会和局限性也在很大程度上影响着他们的选择。

2. 退休适应

由于退休意味着放弃某些作为同一性和自尊重要成分的角色，所以退休被认为是一个充满压力的过程，它会使身心健康下降。来看迪克，他以焦虑和抑郁的心情关闭了他的面包店。他很难适应这一变化，就像那些失业的年轻人一样（见第4章）。而且迪克具有古怪、不讨人喜欢的人格。在这方面，他在退休后的心理健康也和他以前的情形很相似！

我们必须要谨慎，不要做出每个人的退休都会带来不良反应的因果推论。大量证据表明，是身体健康问题导致了老年人退休，而不是相反。对多数人来说，从退休前到退休后，心理健康是相对稳定的，因退休引发的变化很小（Ross & Drentea，1998）。

人们普遍认为，退休不可避免地会导致适应不良，但这却和很多研究结果相矛盾，这些研究表明，多数人的适应良好。现代的老年人把退休看作一次机会，看作是发展，把自己说成是活跃的、善于社交参与的，而这些正是退休满意度的主要决定因素（Bernard & Phillipson，2004）。但仍有大约30%的退休者提到了一些适应上的困难（Bossé et al.，1990）。

工作单位因素，尤其是经济上的担忧和被迫放弃工作，可以预测退休后的压力。工作方面的压力也会造成差异。离开一个高压力的工作，与退休后的良好适应相关，但是在尚未做好准备之前离开一个喜欢的、低压力的工作，或一个非常满意的工作，则与略微增大的困难相关（Gray & Citera，1996）。尤其对女性来说，如果继续工作能导致职业期望与实际成就之间的一致，就能提高其退休质量（Quick & Moen，1998）。大概因为女性比男性继续工作的人少得多，如果女性在退休决定问题上受到丈夫的很大影响，她们就很少感到满意。反之，如果是妻子鼓励丈夫退休，那么丈夫在退休后会很幸福（Smith & Moen，2004）。

心理因素方面，对生活事件的个人控制感，例如，因内部动机原因（去做其他事情）而决定退休，与退休满意度有较高的相关（Kim & Moen，2002c；Quick & Moen，1998）。同时，那些觉得自己很难放弃可预期的时间安排和工作环境中的社交关系的人，则因其生活方式被打乱而感觉不适。但是总起来说，职业地位高、受过良好教育的人适应得更好，或许因为从挑战性、有意义的工作中获得的善于应对变化的能力，容易迁移到非工

作状态下（Kim & Moen，2002a）。

像其他重要生活事件一样，社会支持可以减轻退休带来的压力。虽然社交网络的规模一般会因为同事关系的减少而缩小，但社会支持的质量（老年人“可以数出来”的人数）却保持稳定。以迪克为例，入住到集合住宅减轻了退休后一段时期的困难，认识了新朋友，带来了有意义的休闲生活，其中有些东西他还和高尔蒂一起分享。在促进退休适应方面，除朋友以外，配偶也是重要的支持源。和配偶一起参加的休闲活动数量可以预测退休满意度（Reeves & Darville，1994）。

最后一点，本章前面曾说到，退休后的婚姻幸福程度会增强。如果夫妻关系良好，退休带来的不确定性可以得到缓冲。退休使夫妻有更多时间互相陪伴，因此可以增强退休满意度（Kim & Moen，2002a）。其结果是，良好的婚姻关系不但能改进退休适应，而且还从退休后更大的自由中得到好处。

按照连续性理论的观点，人们在退休后，希望保持过去的生活方式、自尊和价值观，在良好的经济和社会背景下，人们会顺利地做到这些（Atchley，2003）。在此可以重温第 4 章所说的，成年人提前规划、向退休顺利过渡的机会越来越多了。

3. 休闲活动

退休后，多数老年人有了比退休前更多的时间参加休闲活动。在尝试新活动的“蜜月期”之
627 后，许多人发现，休闲兴趣和技能并没有突然得到发展。相反，有意义的休闲兴趣通常都是以前形成、退休后得到保持和扩展的（Mannell，1999）。例如，沃尔特对书法、戏剧、园艺的爱好可以追溯到青年时期。而露丝对社会工作职业的强烈关注使她成为一名热心的社区志愿者。一生中休闲活动的连续性表明，对晚年休闲活动的最好准备，就是在年轻时发展各种有价值的兴趣爱好。

参加休闲活动与良好的身心健康及死亡率降低有相关（Cutler & Hendricks，2001）。但是简单的参与并不能解释这种关系。老年人选择休闲活动，是因为它们使人能够表现自我，取得新成就，有帮助他人的价值，或者有令人愉快的社交来往。这些因素才导致了身心健康（Bailey & McLaren，2005；Guinn，1999）。

老年人通过做志愿者，对他们的社区做出了可观的贡献。这位老年人正在对一个 4 岁儿童进行一对一的干预，该项目是美国一个非营利组织发起的，目的是帮助低收入家庭儿童掌握学校学习技能。老人正在教孩子读书识字，她要在一年时间里对孩子进行数百小时的辅导。

随着年龄增长，参加休闲娱乐活动的次数和类型逐渐减少，尤其是旅行、户外活动和锻炼。75 岁以后，行动能力的局限性使休闲活动变成坐着、在家里完成的（Armstrong & Morgan，1998；Strain et al.，2002）。住宅小区的老年人比普通住宅的老年人参加的休闲活动多，因为他们参加活动更便利。但是，无论住在什么地方，老年人都不会把很多时间花在专门为他们设计的活动项目上。他们选择活动的根据是，活动是否有乐趣。部分地由于这个原因，社区老年中心组织的活动只能吸引附近 15%的老年人参加（Krout，Cutler & Coward，1990）。即便如此，这些有组织的活动对那些收入不多、无人陪伴的老年人都是重要的。

老年人通过参加医院、老年中心、学校、慈善组织和其他社区团体倡导的志愿者工作，对社会做出了可观的贡献。年纪较轻、受教育良好、经济宽裕、有社交兴趣的老年人，可能会更多地做志愿者，且女性多于男性。但是志愿者工作很少在老年期才开始。像其他休闲活动一样，它一般开始于人们参加工作的时期。不过，从未做过志愿者的人在退休后的前几年特别愿意接受志愿

者活动，这是招募他们参加这种既有个人价值又有益社会的活动的黄金时段（Mutchler，Burr & Caro，2003）。做志愿者给老年人继续为社会做贡献的感觉，很多人直到 70 多岁还保持着很高的自觉性。对美国一个大型全国代表性样本的调查显示，人们花在志愿者活动上的时间，直到 80 多岁都没有减少（见图 6.4）（Hendricks & Cutler，2004）。即使在此以后，它仍高于其他所有年龄段！根据社会情感选择理论，高龄老人把他们的志愿者活动减少到少数几种，专注于一两个他们最看重的角色。

最后，当沃尔特、露丝与迪克、高尔蒂两对夫妇聚在一起时，常常讨论政治问题。老年人对公共事务的兴趣和投票率均高于其他任何年龄组。即使在老年期，他们对政治的了解也没有减退迹象。退休后，老年人通过读报、看电视，与当前发生的事件保持同步。在对老年人福利政策进行
628 政治辩论中，他们是重要的利益攸关者。但是老年人对政治的关切远远超过了他们自己的年龄范围，而且其投票行为也不受个人利益驱使（Binstock & Quadagno，2001）。他们参与政治出自一种深切的愿望，这就是，为了以后几代人有一个更安全可靠的世界。

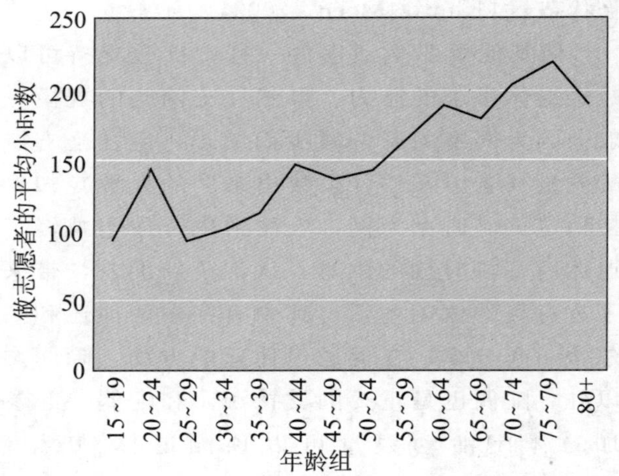

图 6.4　过去一年中用于志愿者活动的小时数随年龄的变化

美国一项对将近 29 000 名青少年和成人的全国代表性样本的调查，报告了每个人参加志愿者活动的小时数。做志愿者的时间在 20 岁出头明显上升，之后直到 30 多岁由于年轻人专注于成家立业而有所下降，此后稳步上升，在 70 多岁达到高峰。即使到 80 多岁做志愿者的时间略有减少，但仍高于一生中的其他年龄段。

资料来源：J. Hendricks and S. J. Cutler，2004，"Volunteerism and Socioemotional Selectivity in Later Life，" *Journal of Gerontology*，59*B*，p. S255. Copyright © 2004 by the Gerontological Society of America. 经授权引用。

八、成功的晚年

沃尔特、露丝、迪克、高尔蒂，还有伊达，以及他们所能说明的大量研究结果，都揭示出人生最后几十年发展的多样性。沃尔特和露丝很适合当代专家的一种说法：**成功的晚年**（successful aging）中，获得被最大化，而丧失被最小化。两个人都把良好的健康一直保持到高龄，都能顺利地应对消极生活变化，他们从亲密的夫妻关系及其他亲密关系中享受到幸福生活，他们的日常生活充满了愉快的活动。伊达则把成功的晚年保持到阿尔兹海默症发作并剥夺了她应对生活挑战的能力。作为一个单身的成年人，她建立了一个充实的社交网络，并一直保持到老年期，尽管她曾因长年照顾体弱多病的母亲而遭受苦难。相形之下，迪克和高尔蒂则用失望对身体衰老和其他丧失（如迪克的被迫退休）做出反应。迪克的暴怒脾气限制了他的社交来往，虽然这对夫妇最后搬进集合住宅促进了社交生活的改善。

成功的老年人是这样的人，他们努力成长，坚持不懈，冲破局限，尽力克服身体、认知和社交方面的退化。研究者希望更多地了解他们的特征和发展状况，以便让更多的老年人安度晚年。有些研究者专注于比较容易测量的结果，例如强大的心血管机能、不存在能力缺失，以及创造性的成就。但是这种方法受到了尖锐的批评（Baltes & Carstensen，1996）。并不是每个人都能成为优秀运动员、有创新精神的科学家，或者天才的艺术家。很多老年人并不想达到完美和继续创造，成为西方国家著名的成功者。我们每个人都受到遗传与我们所处的及自己选择的环境的局限。进一步说，在一种文化中有价值的结果，在另一种文化中可能没有价值。

近期对成功晚年的看法，从各类成就转向人

们实现有价值的个人目标的过程（Freund & Baltes，1998；Lund，1998；Kahana et al.，2005）。这种观点不是要查明一个人怎样设定“成功”的标准，而是关注人们怎样把丧失最小化，同时把获得最大化。在近期对成年人追踪了一生的三项研究中，乔治·魏兰特考察了不同的生活经历怎样影响了晚年的身心健康。他的发现揭示出，在预测幸福、积极的老年生活的因素中，人们可以在某种程度上加以控制的因素（如健康习惯、应对策略、婚姻稳定性和受教育年限）远远胜过不可控因素（如父母的社会经济地位、儿童期的家庭温暖性、早期身体健康和家庭成员的寿命）（Vaillant & Mukamal，2001）。

来看对一位研究对象的描述，他小时候过着低社会经济地位的生活，父母不和，母亲抑郁，7个兄弟姐妹挤在租住的单元房里。虽然早期困难重重，但是他幸福地结了婚，通过《退伍军人安置法案》，获得了会计学学位。70 岁时，他是这样安度晚年的：

> 安东尼·皮列里一直有病，他有心脏病，做过心内直视手术，但他并不觉得自己是病人。他的身体仍像过去一样有活力，继续打网球。问他是否怀念他的工作，他兴高采烈地说：“我这么忙地干别的事，哪有时间想工作的事啊……生活对我来说不是单调枯燥的。”他不吸烟，不多喝酒，他爱他的妻子，他使用成熟的应对策略，他受过 14 年的教育，他控制着自己的腰围，而且他坚持锻炼。（转引自 Vaillant，2002，pp. 12，305）

魏兰特是这样总结的：“我们的过去常常能够预测我们的晚年，但是从来不能决定我们的晚年。”（p. 12）成功的晚年是人生最后阶段巨大的心理复原力的体现。

本章和前几章，我们都谈到了老年人认识到他们的目标的方法。下面让我们重温其中最重要的一些方法：

- 乐观主义和自我效能感在增进健康和身体机能方面的作用（159～160 页）；
- 选择性最优化补偿可以对多数受限制的身体和认知资源加以弥补（176、198 页）；
- 明确自我概念，它可以促进自我接纳，对希望的自我和可能的自我进行追查（194～195 页）；
- 增强情绪理解和自我调节，以支持有意义、有价值的社会关系（191～192 页）；
- 接纳变化，以增强生活满意度（195 页）；
- 精神力量和信仰的成熟感，有助于平静、镇定地面对死亡（195～197 页）；
- 对依赖性和独立性的个人控制（197、200 页）；
- 高质量的人际关系，可以提供社会支持和令人愉悦的伙伴关系（200 页）。

帮助老年人有效地应对变化的社会环境，也可以促进成功的晚年。老年人需要资金充足的社会保险计划、良好的保健、安全的住房以及各种社会服务。但是由于缺乏充足的资金，以及偏远 629
农村地区交通不便，很多老年人的需要不能满足。独居且文化水平较低的老年人可能不知道怎样得到现有的帮助。此外，美国的医疗体系收取老年人的保健费，也加重了他们的经济负担。而且在美国和加拿大，只有经济条件允许，其住房才能适应老年人能力的变化，使他们在熟悉的环境中方便、无障碍地走动。

在制定能够满足老年人需求的政策的同时，还要有新的、面向未来的举措，以应对日益严重的人口老龄化。加强各年龄段职工的毕生学习，可以使他们在进入老年期之后，保持甚至增强各种技能。此外，还要为大量身体衰弱的老年人的身体变化做好准备，包括为家庭看护者提供负担得起的帮助、适应老年人身体条件的住房以及精心的家庭护理。

所有这些改变都要求人们认识到、大力支持并做出努力，使老年人，不仅是当今的老年人，而且包括明天的老年人都更加适应这个社会。一个爱护老年人、给老年人的个人发展提供各种机会的国家，将使我们每一个人都有最大的机会在自己老年之后，有一个成功的晚年。

思考题

复习 哪些心理因素和环境因素可以预测退休后的良好适应？

应用 内特与格莱蒂的婚姻幸福，他对退休的适应良好。他还觉得他们的婚姻更幸福了。美满的婚姻是怎样使退休过渡更顺利的？退休又怎样增强了婚姻满意度？

联结 休闲兴趣一般是在早期形成的，并持续一生。重温本书的前面章节，举例说明儿童期、青少年期和成年早期的经历为什么导致退休后的有益的休闲活动。

反思 想出一个你认识的有成功的晚年的人。你选择了他，是因为他具备哪些个人特征？

本章要点

一、埃里克森的理论：自我完整对绝望

根据埃里克森的理论，老年期的人格发生了哪些变化？

■ 埃里克森理论所说的最后一个冲突阶段是**自我完整对绝望**，涉及一个人怎样看待自己的一生。形成完整感的人会觉得自己是完整的、完全的，对自己取得的成就感到满意。如果老年人感觉自己一生中做了很多错误决定，又没有足够的时间去改变，他们就会感到绝望。

二、有关老年期心理社会性发展的其他理论

介绍了佩克、琼·埃里克森和拉伯威-维夫有关老年期心理发展的观点，讨论了怀旧和生活回顾在老年生活中的作用。

■ 罗伯特·佩克认为，自我完整感对绝望的冲突包括以下三个不同的任务：一是自我分化对工作角色专注；二是身体超越对身体专注；三是自我超越对自我专注。后两项任务在非常高龄时有所加重。琼·埃里克森认为，这些任务的完成反映了一个新的心理阶段。她称之为**老年卓越**，表现为内心安宁、平静的反思。

■ 吉塞拉·拉伯威-维夫认为，老年人表现出**情感最优化**，这是一种使积极情感最大化同时抑制消极情感的能力。老年人还更多地触摸他们的情感，使他们成为加工情感信息、调节消极情感的专家。

■ **怀旧**，即讲述同自己过去的人与事有关的经历，对老年人可能是积极、适应性的。它的一种特殊形式称为**生活回顾**，老年人对过去经历的反思使他们能更好地自我理解。当怀旧巩固了家庭、朋友关系时，它就成为达到社会目标的手段。有时候，老年人用怀旧来找出有效的问题解决策略，教年轻人了解过去，应对生活过渡。

三、自我概念和人格的稳定性与变化性

阐述了老年期的自我概念与人格的稳定方面和发生变化的方面。

■ “大五”人格特质表现出从中年期到老年期持续的稳定性。随着一生中对自我了解的累积，老年人有了比年轻人更安全、更复杂的自我概念。那些为把希望的自我变成可能的自我而不断努力的人，其生活满意度也较高。

■ 老年期有三种人格特质发生变化：随和性和对变化的接受性增强，善交际性略有下降。

讨论了老年期的精神力量和宗教信仰，回溯了宗教信仰的发展。

■ 老年期参与有组织的宗教活动减少，但参与非正式的宗教活动仍然普遍。北美人在老年期一般信仰宗教或精神力量，但这种趋势并不是世界性的，有些地方信仰宗教的老年人有所减少。

■ 根据詹姆斯·福勒的阶段理论，宗教信仰和精神力量在老年期可能会达到最高水平，人们离开指定的信仰，转而采取更富于反省的、接受不确定性的态度。 630

■ 低社会经济地位的少数族裔和妇女较多地参与宗教活动，这增进了他们的身心健康，并延长了他们的寿命。

四、心理健康的个体差异

讨论了老年人的心理健康随着其依赖性增强、身体衰弱和消极生活变化而表现出的个体差异。

■ 朋友、家人和护理者往往会助长老年人的过度依赖。在**依赖—支持型**和**独立—忽视型**这两种行为类型中，老年人的依赖行为马上会受到关注，而他们的独立行为却被置于不顾。如果依赖性使老年人腾出精力用在更有价值的活动上，依赖性就是适应性的。

■ 老年期的身体健康是心理健康的有力预测指标。身体健康问题和心理健康问题之间的关系可能会形成一个恶性循环，彼此加深。造成能力缺失的身体疾病会导致抑郁，而抑郁可能是致命的。在所有年龄组中，老年人的自杀率为最高。

阐述了社会支持和社会互动对老年人身体健康和心理健康的促进作用。

■ 老年期来自家人、朋友和有偿护理者的社会支持可以减轻压力，促进身心健康。但是，老年人看重独立，不愿意给周围亲人增添麻烦，除非他们可以做出回报。

■ 有利于与人交往的外向人格与老年人较强的信心有相关。但是，高质量的人际关系对心理健康的影响最大。

■ 老年人不愿意和不需要得到的帮助会妨碍他们的心理健康。因此，对能力缺失的老年人，能带来积极结果的，是他们感受到的社会支持，而不是给予他们帮助的数量多少。

五、社会学理论的变化

介绍了老年社会学理论，包括疏离理论、活动理论、连续性理论和社会情感选择理论。

■ **疏离理论**提出，老年人与社会之间因死亡预期而共同后撤，导致老年人的社会交往减少。但是，并非每个人都会与社会疏离，而且老年人从社会交往中撤出，远不像疏离理论说的那样简单。

■ **活动理论**认为，老年人交往活动减少是因为参加社会活动的障碍，而非老年人的愿望。但是给老年人提供社会交往的机会，并不能保证他们社会活动的增多。

■ **连续性理论**认为，老年人尽力保持过去与未来之间的一致性。他们运用熟悉的技能，与熟悉的人一起参加熟悉的活动，把晚年生活变化整合到前后一致的生活中，因此把压力和扰乱降至最低。

■ **社会情感选择理论**认为，随着老年期的到来，社交网络变得更具选择性。老年人因强调交往的情感调节机能，而把交往局限在已与他们形成愉快而有益关系的熟悉伙伴中。

社区、居民区和住宅类型对老年人的社会生活与适应有哪些影响？

■ 住在城市郊区的老年人，收入和身体健康比较好，但是住在市中心的老年人接受社会服务更便利。小城镇和农村地区的老年人在这两方面情况都较差。与很多老年人一起住在居民区的老年人和居住在中小社区的老年人，所报告的生活满意度较高。

■ 独居老人和住在市中心的老人，对犯罪的恐惧超过对收入、健康和住房的担忧。这种情况限制了他们的活动并严重妨碍了他们的生活信心。

■ 能给老年人提供个人控制力的居住条件是他们自己的家。但是对体弱多病、行动不便的老人，独居则有危险。很多独居老人，尤其是丧偶妇女，往往是极度贫困者，她们的需要不能得到满足。

■ 多数为老年人建的居住小区是私人开发商修建的带娱乐设施的退休村。在辅助生活住宅中，**集合住宅**提供各类帮助性服务，如在公共餐厅用餐。**生活护理小区**则提供多种选择，从单人房间或集合住宅到全天候住家护理住宅。在有计划的居住安排中产生的社会感可以增强生活满意度。

六、老年期的关系

讲述了老年期社会关系的变化，包括婚姻、离婚、再婚和丧偶，并讨论了从未结婚也无子女的老年人。

■ 在人的一生中，**社会护航**，或聚在周围的家人和朋友们，一直在提供安全和支持。随着年龄增长，一些关系变得更紧密，一些则逐渐疏远，还有一些人新加进来或离去。在面临老年期生活变化时，为了保持个人连续性和安全性，老年人尽力维持其家人和朋友社交网络。

■ 从中年期到老

年期，婚姻满意度有所上升，原因是二人关系的
631 公平感增强，夫妻一起参加休闲活动以及沟通变得更积极。多数同性恋老年人报告说，他们拥有幸福、圆满的关系。

■ 离婚给老年人造成的压力大于较年轻的成人。由于离婚给女性带来较大的经济困难和较小的再婚可能性，老年期离婚给女性带来的困难比男性更大。

老年期的再婚率较低，但再婚者往往能进入一段稳定的关系。出于经济上和个人问题的考虑，老年人越来越多地选择同居而不是再婚。

■ 因为年龄、社会支持和人格差异，对丧偶的适应存在很大的不同。维持社交关系的努力、外向的人格特征、高自尊以及处理日常事务的自我效能感有助于丧偶适应。女性，尤其是在婚姻关系之外承担着有意义的社会角色的女性，往往生活得比男性更好。

■ 未结过婚也无子女的老年人大多建立起其他有意义的关系。未结婚也无子女的男性比女性更孤独。所有未结婚也无子女的老年人都会担忧，晚年需要照顾时谁来照顾他们。

晚年的兄弟姐妹关系和朋友关系有哪些变化？

■ 老年期来自兄弟姐妹的社会支持有所增加。与姐妹的联系比与兄弟的联系更亲密。由于兄弟姐妹共同拥有长期、独特的经历，兄弟姐妹在老年期更多地一起回忆过去，并增强了家庭传承感与和谐感。

■ 朋友关系在老年期发挥着各种作用：亲密与陪伴，接纳，与大社会沟通的桥梁，为丧失带来的心理创伤提供保护。老年人拥有的异性朋友比年轻人少得多，但是也有人有异性朋友。女性比男性更可能拥有两性的朋友和一些**次要朋友**——偶尔和他们一起消磨时间的人们。

讲述了老年人与成年子女、成年孙辈和曾孙辈的关系。

■ 老年人经常联系他们的成年子女，成年子女给予其年迈父母更多的是情感支持，而不是直接帮助。适度的、互惠性的帮助可以使老年人在心理上受益。成年女儿是老年父母家庭联系的最重要代理人。

■ 拥有成年孙辈和曾孙辈的老年人可以从更大的支持网络中得益。大多数情况下，祖辈期望得到并能够得到孙辈的爱，而不是具体的帮助。随着时光流逝，祖孙来往逐渐减少，但是祖辈对成年孙辈一直保持着强烈的爱。

讨论了老年人虐待、其危险因素和预防。

■ 一些老年人遭到家人、朋友和专业护理人员的虐待。危险因素包括：受虐者对虐待者的依赖关系、虐待者的心理失调和面临的压力、家庭暴力史、过于拥挤且员工高速流动的护理院。近年来，具有严重能力缺失的老年人被家人遗弃的现象逐渐增多。

■ 老年人虐待的预防干预向照顾者提供咨询、教育和暂时休息服务。老年人可以从经过培训的志愿者和支持团体处受益，这些人可帮助他们避免受到进一步伤害。社会的努力，包括对公众的教育，鼓励举报可疑案例，推动人们理解老年人的需求，都很重要。

七、退休与休闲活动

讨论了退休决定、退休适应和参加休闲活动等问题。

■ 退休决定取决于退休的可负担性、健康状况、追寻有意义活动的机会，以及一些社会因素，如能否提前享受退休福利、性别和族群。平均而言，女性退休比男性早，因为家庭事务在其决定中起很大作用。但是那些贫困的人可能需要继续工作，这一趋势在非洲裔妇女中尤其明显。

■ 在推行较慷慨的社保福利政策的西方国家，经济处于劣势的老年人也能顺利退休，他们在退休后仍能维持其生活水平。相形之下，美国的很多退休者感到生活水平下降。

■ 影响退休适应的因素有：健康状况，经济稳定性，个人对生活事件的控制感（例如做出退休决定），工作单位的特征，以及工作、社会支持和婚姻关系带来的满足感。

■ 参与有意义有乐趣的休闲活动与老年人的身心健康及死亡率降低有相关关系。在年轻时就形成各种有益的兴趣是为老年期的休闲体验做准备的最佳方式。

八、成功的晚年

讨论了成功的晚年的意义。

■ 体验到**成功的晚年**的老年人具有多种手段使丧失最小化，使获得最大化。能够使老年人有效应对生活变化的社会环境可以促进成功的晚年的实现，包括：资金充裕的社保计划，良好的保健，安全的、适应老年人能力衰退的居住条件，社会服务以及终身学习机会。社会改革还需保证衰弱老人的身心健康，为此应提供可负担的家庭内帮助、适当的居住条件以及精心的家庭护理。

重要术语和概念

activity theory (p. 611) 活动理论

affect optimization (p. 601) 情感最优化

congregate housing (p. 615) 集合住宅

continuity theory (p. 611) 连续性理论

dependency-support script (p. 606) 依赖—支持型

disengagement theory (p. 610) 疏离理论

ego integrity versus despair (p. 600) 自我完整对绝望

gerotranscendence (p. 601) 老年卓越

independence-ignore script (p. 606) 独立—忽视型

life care communities (p. 615) 生活护理小区

life review (p. 601) 生活回顾

reminiscence (p. 601) 怀旧

secondary friends (p. 621) 次要朋友

social convoy (p. 616) 社会护航

socioemotional selectivity theory (p. 611) 社会情感选择理论

successful aging (p. 628) 成功的晚年

老年期发展的重要标志

632

年龄	生理	认知	情绪/社会性
65～80 岁	● 神经细胞以较快速度死亡，但脑通过形成新突触来补偿，通过新神经元的生成减轻衰退程度（565） ● 自主神经系统机能下降，导致对冷热天气的适应性减弱（565） ● 视力继续下降，对强光的敏感性增强，色彩分辨力、暗适应、深度知觉以及视敏度下降（566－567）  ● 对各种音频的听觉继续下降（568） ● 嗅觉和味觉的敏感性降低（568） ● 手部，尤其是指尖的触觉敏感性下降，手臂下降较少（568－569） ● 心血管和呼吸系统功能下降导致在锻炼时生理压力增大（569）	● 加工速度继续下降；晶体智力大部分得以保持（587－588）  ● 工作记忆中可保持的信息量进一步减少；记忆问题主要出现在需精细加工的任务和联想记忆上（587－588） ● 长久记忆有中度下降（589） ● 使用外部手段进行前瞻记忆的情况增多（589－590） ● 从长时记忆中提取词、计划说什么和怎么样说出现困难（590） ● 对信息要点的记忆多于细节（590） 	● 开始总结一生，形成自我完整感（600） ● 认知—情感复杂性降低（451，601） ● 情感最优化，即把积极情感最大化的能力提高（601） ● 喜欢怀旧和生活回顾（601－603）  ● 自我概念加强，变得更安全、更复杂（604） ● 随和性和对变化的接受性增强（604） ● 宗教信仰和精神力量达到最高水平（604－606）

续前表

年龄	生理	认知	情绪/社会性
65～80 岁	 ● 免疫系统衰退增加了患病危险（563） ● 睡眠困难增多，男性尤甚（570） ● 头发继续变得灰白稀少；因脂肪层退化，皮肤皱纹加深且变透明（570 - 571） ● 瘦组织群丧失致身高和体重下降（570 - 571） ● 骨量减少导致骨质疏松发生率增加（570 - 571）  ● 性反应强度降低，性行为变少，但多数健康的已婚夫妻仍有规律地享受性快乐（569）	● 传统的问题解决能力下降，日常问题解决能力得到适应性的保持（591） ● 可能在社会上担任重要领导职务，如首席执行官、宗教领袖、大法官等（591） ● 可能成为有智慧者（591 - 592） ● 通过训练能改善各种认知技能（593） 	 ● 社交网络变窄，社交量减少（610 - 612） ● 在情感和寻求愉快的关系、回避不愉快关系基础上选择社交伙伴（611 - 612） ● 婚姻满意度增强（616 - 617）  ● 可能成为曾祖父母（622 - 623） ● 可能退休（625 - 628） ● 可能更关心和懂得政治、参加投票（627 - 628） ● 可能丧偶（618 - 619） ● 兄弟姐妹间的亲密性和互相帮助增加（620） ● 朋友数量减少（620 - 621）
80 岁以上	● 上述变化仍在继续 ● 由于肌肉和骨强度退化及关节灵活性降低，行走能力下降（571） 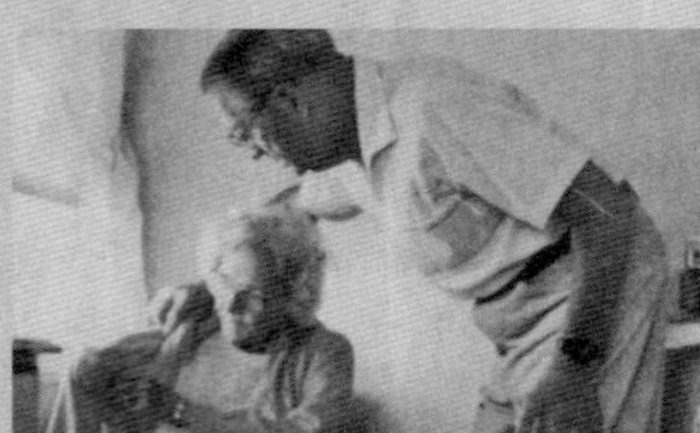	● 上述变化仍在继续  ● 流体智力进一步下降，晶体智力也有中度下降（587）	● 上述变化仍在继续 ● 可能实现老年超越，一种超越自我的宇宙观（600 - 601）  ● 和成年子女的关系变得更重要（621） ● 参加休闲活动的频次和类型减少（626 - 628）

第四篇　生命结束

所有的文化都有特殊仪式来表达生命的结束，以帮助丧亲者应对深刻的悲痛。图中，巴基斯坦的哀悼者在撒玫瑰花瓣——表达哀悼的符号。

第7章

死亡、临终与丧亲

635 像每个人的生命都是独特的一样，每个人的死亡也是独特的。人类灵魂最后的力量以纷繁各异的方式与肉体分离。

我母亲索菲亚的去世是与癌症搏斗5年后达到的一个巅峰。在她生命的最后几个月，疾病蔓延到身体的所有器官，以其最后的疯狂肆虐着她的肺。母亲已被告知要留时间为即将到来的死亡做好准备，她慢慢地衰竭了。我的父亲菲利普又活了18年。他80岁时，外表看起来健康而有活力，正准备出发去一次等待多时的度假，不料一场突发的心脏病夺走了他的生命，他甚至没来得及说最后几句话或是临终遗言。

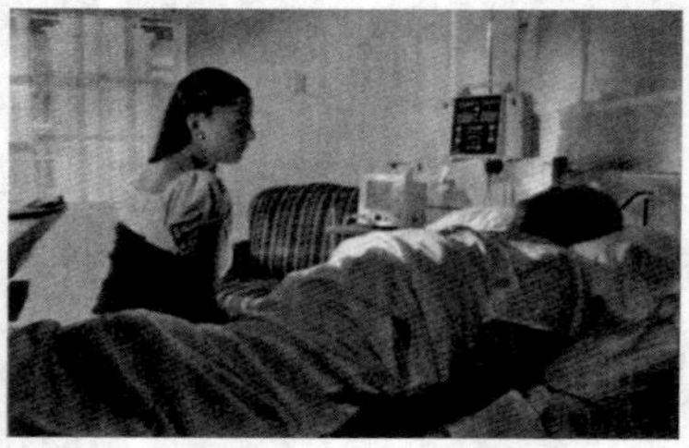

当我正准备写这一章时，我的邻居，65岁的尼古拉为了更高质量的生活而冒了一次险。为了达到做肾移植手术的条件，他选择了心脏搭桥手术来让他的心脏更强壮。医生告诫说他的身体可能经受不住这样的手术。但是尼古拉清楚，如果不抓住这次机会，他只能在极度衰弱中再活几年时间。手术过后不多时，感染迅速蔓延至全身，使他衰弱到必须采取急救手段，用呼吸机维持呼吸，用强效药升高其过低的血压，才能让他活着。

“加油，爸爸！你能够做到！”尼古拉的女儿萨莎坐在他旁边，抚摸着他的手，鼓励他。但是尼古拉没有做到。在两个月的重症监护之后，他出现脑癫痫，陷入昏迷。三位医生和他妻子吉赛尔面谈，告诉她，已经没有希望了。吉赛尔请求医生关掉了呼吸机，不到半小时，尼古拉就离去了。

死亡对我们物种的生存意义重大。一代人死了，下一代人才能生存。当生命走向死亡时，大自然就像对待其他生物一样，用它全部的、独特的包容性来对待人类（Nuland，1993）。要接受我们终将死去这一现实是很难的，我们最大的安慰，就是把死亡看作生命延续的一部分。

这一章我们将讨论毕生发展的终点。20世纪，636
科技给我们提供了如此多的手段来阻止死亡，以至许多人把死亡当作一个忌讳谈论的话题。但是由期望寿命的大幅提高给社会和经济带来的两难困境，迫使我们关注生命的终结，关注它的质量和发生的时间，以及帮助人们适应自己和别人最终离去的办法。

我们的讨论涉及：临终前的身体变化；儿童期、青少年期、成年期对死亡的认识和态度；当面对死亡时，人们的想法和感受；无法医治的病人要求死亡的权利；怎样应对亲人的死亡。索菲亚、菲利普、尼古拉，他们的家庭以及别人的经历将向我们展示每个人的生命历程是怎样与社会、文化结合在一起，共同影响死亡，使这一遍及世界的经历如此千差万别的。

一、人是怎么死的

有关死亡的文献大多着眼于帮助人们应对死亡带来的情感创伤和后果。和前几代人相比，当代的人们目睹临终时身体变化的机会不多，所以很少有人意识到这点。如今，工业化国家的人们多数在医院里死亡，关注他们最后时刻的人是医生和护士，而不是亲人。所以，许多人想知道人是怎样死的，有的是想预期自己的死亡，有的是想体会当亲人死亡时，会经历哪些事情。

1. 身体变化

我父亲致命的心脏病在一个晚上突然发作。被告知这件事时，我急切地想确认父亲的死是不是很快和没有痛苦的。

当问及人们想怎样死亡时，多数人说他们想“有尊严地死去”，要么在睡眠中很快地、无挣扎地结束，要么在最后时刻能头脑清楚，可以说声道别，回顾一下此生。实际上，死亡是代表生命过程的一条直线的终点。对于大约20%的人来说，死亡是温和的，特别是当使用麻醉药减轻病痛、掩盖正在发生的毁坏性病变时（Nuland，1993）。但是大多数时候情况并非如此。

请回忆一下在儿童期和青少年期那些因意外事故导致的死亡，以及成年期的心血管病和癌症。工业化国家突然死亡者当中，有1/4的人在几小时的时间里能感受到症状，80%～90%的人是死于心脏病突发（Winslow，Mehta & Fuster，

2005)。我希望父亲能毫无痛苦地死去的愿望可能并没有实现。毋庸置疑，他肯定感受到剧烈、极度的心脏缺氧。因为他的心脏失控地抖动（医学称为“心室纤维颤动”)，或完全停止工作，血液循环减慢、停止，使他失去意识。大脑缺氧达到2～4分钟就会发生不可逆的损伤，表现为瞳孔对光失去反应而放大。同时，其他缺氧的器官也停止工作。

由于延缓死亡的医学技术的发展，3/4 的人要经历漫长难熬的死亡过程，这个比例比以往大得多（Benoliel & Degner，1995)。他们最后以各种不同的方式死去。有心脏疾病的人，大多死于和尼古拉一样的心脏充血性衰竭。他受损的心脏再也无力将足够的氧气输送到身体的各个组织。随着心脏的努力尝试，心肌越来越虚弱。因为血压过低，血液又倒流回尼古拉的肺部。这阻碍了呼吸，并为吸入细菌进而大量繁殖创造了理想的条件，细菌进入血液，传遍全身，导致多个器官衰竭。

癌症也同样以各种途径发泄它的破坏力。当癌细胞发生转移时，一些瘤块通过血流，在重要器官里植根、生长并破坏其功能，这些器官也许是肝、肾、肠道、肺或脑。药物使我母亲最后的日子尽可能地舒服些，让她死得相对比较轻松。但是这以前的几周她身体遭受了种种折磨：呼吸微弱，消化不良，在床上翻来覆去地想找一个稍微舒服点的姿势。

在死前几天或几小时，人的活力大减，很少动弹，也很少说话，对食物、水和周围事物失去兴趣。体温、血压和四肢活动降低，手脚冰凉，皮肤灰暗（Hospice Foundation of America，2005)。当生命即将向死亡过渡时，人会经历三个阶段。

- **濒死期**（agonal phase)：*agon* 在希腊语中是“挣扎”的意思。*agonal*在这里指当身体不再能维持生命的最初时段出现的喘息和肌肉痉挛。
- **临床死亡**（clinical death)：是一段短暂的时间，其间心跳、血液循环和呼吸停止，脑功能丧失，但仍有复活的可能。
- **死亡**（mortality)：个体进入永久死亡。在几小时内，无生命的身体出现萎缩，再也不像活着的样子。

2. 死亡的界定

如前所述，死亡不是发生在一个简单的时间点上的。它是一个过程，在此过程中，各个器官 637
因人而异地按照一定顺序相继停止工作。由于生死之间的界限模糊不清，社会需要对死亡有一个界定，以帮助医生决定何时该终止抢救措施，并告诉生者，必须开始为丧亲带来的哀痛做好准备，重新调理生活，同时确定要捐献的器官何时可以摘除。

几十年前，心跳和呼吸的停止标志着死亡。但是这些标准不再充分，因为再生技术能使重要的生命迹象恢复。今天，多数工业化国家采用的定义是**脑死亡**（brain death)，即脑和控制反射的脑干的一切活动不可逆转地终止了。

但是，并不是所有国家都接受这一标准。例如在日本，医生采用传统的、适合日本大众观点的标准（心跳和呼吸停止)。这给国家器官移植计划造成障碍，因为很少有器官能从没有人为维持生命迹象的遗体中取出。佛教、儒学和神道教的死亡观强调尊重长者，灵魂离开肉身需要时间，这可能是日本人不赞成脑死亡定义和器官捐献的原因之一。为了获得器官而毁坏身体是对亡者的大不敬。现在，日本法律在家属不反对的前提下，已经许可对那些想捐献器官的人们采纳脑死亡的标准（Morioka，2001)。否则，在心脏停止跳动之前，他们仍然被认为是活着的。

在很多案例中，脑死亡的标准仍不能解决何时停止治疗这一两难问题。来看尼古拉的例子，尼古拉虽然没有出现脑死亡，但他进入一种**持续性植物状态**（persistent vegetative state)，即大脑皮层已没有脑电活动，但是脑干仍有脑电活动。医生确信已无法使他恢复意识或身体运动。北美有成千上万人处于持续性植物状态，每年对他们的护理费用以 10 亿计，所以许多专家认为，大脑皮层活动停止是一个人死亡的充分条件。但有人举出了几个罕见病例，患者在持续几个月的植物人状态之后，重新出现了皮层反应和意识，尽管恢复的机能非常有限（Jennett，2002；Kotchoubey et al.，2005)。还有另外一种情况，一个意识完全清楚但是饱受病情折磨的人，拒绝接受拯救生命的措施，这个问题我们将在谈到死的权利时加以讨论。

日本一位佛教法师正在主持一个净化礼。信仰佛教者的死亡观强调尊重长者，认为灵魂脱离肉身需要时间。这些观念可以解释，日本人为什么不赞成捐献器官。

3. 有尊严的死亡

我们已经知道，大自然不会如人所愿，赐予人们理想而轻松的死亡，医学也不能确保这一点。因而，死亡的最大尊严在于死亡之前生命的完整感，我们可以通过和一个临终者进行交流，对其进行护理，来促进这一完整感。

首先，我们要让多数已无力抵挡死亡的临终者相信，我们会在他们的身心遭受折磨时帮助他们。我们会做我们能做的任何事情，给他们以最大程度的慈爱和富于同情心的照顾。我们可以抱着尊敬和尊重之心对待他们，例如，跟他们谈论他们一生中最看重的和最关切的有趣话题（Chochinov，2002）。

其次，我们可以坦白地告诉他们死亡的确定性。除非人们意识到他们正处于临终状态、并且（尽可能地）了解自己可能会死的情况，否则他们就不会顺顺当当地接受临终护理，并且下定决心和别人分享内心的情感，把这些情感表露给身边最亲的亲人。由于索菲亚知道她会怎样死去、什么时候死去，她选择了一个时间，让她、菲利普和子女们能够说一说，他们的生命对彼此来说意味着什么。在这些珍贵的床边交流中，索菲亚有 638
一个令人难忘的临终愿望。她希望菲利普在她死后能再婚，这样他就不会孤单地度过余生。临终前的开放态度使索菲亚做出了一个最后的无私举动，帮助她放开对她来说最亲的人，放心地面对死亡。

再次，医护人员可以帮助临终者充分了解他们的病情，做出有理有据的选择，是继续努力战胜疾病，还是停止抢救治疗。知道了身体在正常情况下如何运转，就容易理解疾病对人有何影响——这种教育早在儿童期就可以开始了。

总之，疾病通常不会带来一个优雅、宁静的死亡，但是我们可以借助对临终者的看护、关爱和陪伴，告知诊断实情，以及一个人对自己生命结束期的最大限度的个人掌控，来实现最有尊严的死亡（American Hospice Foundation，2005）。这些就是“善终”的组成部分，本章的全部内容都将贯穿这些原则。

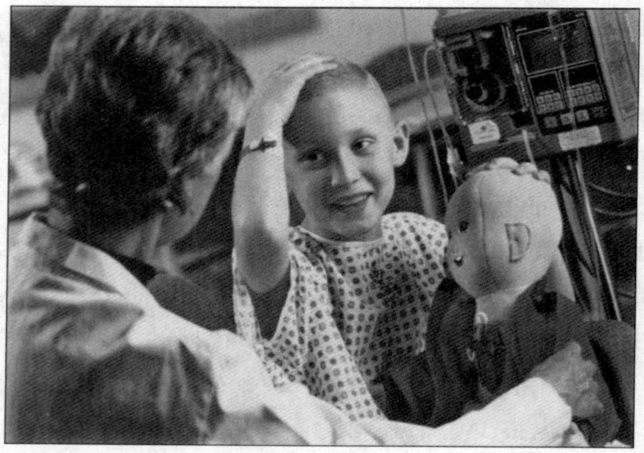

为临终者提供富于同情心的护理，可以和他们谈论感兴趣的话题，这些话题是他们一生中最看重和最关切的。图中，一位医生正用一个玩具帮一个癌症小患者理解他的死亡。

二、对死亡的认识和态度

一个世纪以前，死亡通常发生在家里，人们不论年龄大小，甚至包括儿童，都帮助照顾快要死去的家人，一直到死亡那一刻。他们亲眼看着所爱的人被埋葬在家族土地或当地公墓，并且定期去扫墓。由于婴儿和儿童死亡率很高，所有人都经历过与自己同辈的人，或比他们年龄小的人死去。儿童经历父母死亡的现象也很普遍。

和前几代比起来，如今有很多年轻人在他们成年之前没有经历过熟人的死亡。即使有人死去，医院和殡仪馆的专业人员会承担大部分需直接面对死亡的任务（Morgan & Laungani，2005）。

这种和死亡的距离无疑会造成对死亡的不安

感。除了电视、电影里的死亡场面和新闻中的事故、谋杀案和自然灾害之外，我们生活在一个拒绝承认死亡的文化中。成人往往不愿意和儿童、青少年谈论死亡。另外，五花八门的忌讳的表达方式，如“离开了”，“走了”，“没了”等等，使人们避开了对死亡的坦率承认。本节我们将考察死亡概念及对死亡的态度的发展，以及促进人们理解并接纳死亡的途径。

1. 儿童期

5岁的米丽亚姆在她的小狗佩佩尔死后第二天来到我所在大学的实验幼儿园。她的老师莱斯莉发现她不像往常那样和别的孩子一起玩儿，而是一个人靠近老师站着，看起来很忧伤。“怎么了，米丽亚姆?”莱斯莉问道。

“爸爸说佩佩尔查出来病得很厉害，必须让它睡觉。”过了片刻，米丽亚姆看上去充满希望。“等我回家的时候，佩佩尔也许就醒了。”

莱斯莉直截了当地回答说：“不会的，佩佩尔再也不会站起来了。它不是睡觉。它死了，这就是说它再也不能睡觉，不能吃东西，不能跑，也不能玩了。”

米丽亚姆怅然地走开，过了一会儿，她又回到莱斯莉身边，眼泪汪汪地、后悔地说：“我追佩佩尔追得太凶了。”

莱斯莉搂住米丽亚姆。“佩佩尔不是因为你追它才死的。它太老了，而且有病。”她解释说。

后来几天，米丽亚姆问了很多问题：“当我睡觉时，我会死吗?”“肚子疼会死吗?”“爸爸和妈妈会死吗?”

(1) 死亡概念的发展

对死亡的理解基于以下5个要点。

- 永久性。一个有生命的东西死了，就不能再活过来。
- 必然性。所有有生命的东西最终都要死亡。
- 终止性。所有的生命功能，包括移动、机体过程、思想和情感，都会因死亡而停止。
- 适用性。死亡只适用于有生命的东西。
- 因果性。死亡的原因是机体功能的破坏。

要理解死亡，儿童必须掌握生物学的一些基本概念，如动物拥有的身体部位（脑、心脏、胃）对于维持生命来说是最基本的。他们还必须把他们关于“不是活的东西”的大范畴分解为死的、无生命的、不真实的、不存在的等标准（Carey，1999）。等儿童懂得了这些意思，他们在解释死亡时，就能根据他们熟悉的经验，把死亡看作行为的一种变化。这样一来，他们可能相信：他们导致了一个亲人或宠物的死亡；肚子痛会使一个人死；死人能吃东西，去卫生间，能看见东西，会想；死亡和睡觉一样（Slaughter，Jaakkola & Carey，1999；Slaughter & Lyons，2003）。

永久性是死亡概念中最先被理解的成分。幼儿能很快地接受这一事实，可能因为他们在其他情境中见过这种事情。例如，他们偶然捡到死蝴蝶和甲壳虫，同时又看到外面正在飞的蝴蝶和活的甲壳虫。对必然性的理解紧随其后。起先，儿童认为有些人是不会死的，比如他们自己、像他们自己的人（其他儿童），以及跟他们有亲密情感联系的人。终止性、适用性和因果性是较难理解的概念（Kenyon，2001）。一些幼儿园大班儿童意识到，死亡会丧失机体过程和知觉能力。但是多数10～12岁儿童仍然认为，死了以后还能想、能感觉（Bering & Bjorklund，2004）。甚至一些成人也相信，死亡之后还存在某些形式的个人意识。

(2) 个体差异与文化差异

到小学期，儿童对死亡的理解一般就能达到成人那样的程度，但其中的个体差异很大（Speece & Brent，1996）。一些患绝症的6岁以下儿童，一般会有较好的死亡概念。即使父母和医护人员没有直接跟他们说，他们也会用其他办法，如察言观色、偷听、跟其他生病儿童交谈，打探出自己得了致命的病（O'Halloran & Altmaier，1996）。在以色列的集体农场基布兹（Kibbutzim）长大的儿童，由于亲眼见过恐怖袭击，家人出发去参军打仗，父母对安全的焦虑，所以他们在6岁时就能说出像成人那样的对死亡的理解（Mahon，Goldberg & Washington，1999）。 *639*

宗教教义也影响到儿童对死亡的理解。一项对以色列几个族群的比较显示，伊斯兰教儿童的死亡概念与基督教、犹太教儿童不同（Florian & Kravetz，1985）。伊斯兰教教徒对宗教更虔诚，较多儿童不接受死亡的永久性，也不承认身体会停止发挥功能。与此相似，美国南方浸礼会家庭的儿童相信人生有来世，如果把他们与唯一神论教派家庭的儿童相比，他们更难接受死亡的永久性，而唯一神论教派关注的是争取当今世界的和平与公正（Candy-Gibbs，Sharp & Petrun，1985）。

亲身体会过死亡的儿童一般拥有更正确的死亡概念。图中这个儿童正为在伊拉克战火中死去的家人失声痛哭。

（3）促进儿童对死亡的理解

父母经常担心和孩子坦率地谈论死亡会加剧他们的恐惧。但是，对死亡的方方面面有较好了解的儿童，却更容易接受死亡。像莱斯莉那样，用儿童能理解的方式作解释，效果是最好的。如果成人用一些套话或是误导的说法，儿童会从字面上接受，同时做出困惑的反应。举个例子，当妈妈告诉她 5 岁的女儿“爷爷到很远的地方去旅行了”时，儿童就会纳闷：“他为什么不带我去？”（Wolfelt，1997）有时儿童会问一些很难回答的问题，诸如：“我会死吗？你会死吗？”这时候，父母可以利用儿童的时间知觉不够成熟的特点，做出既真实又让儿童容易接受的回答。他们可以这样回答：“不会，要过好多好多年，我先要高高兴兴地看着你长成大人，然后我就要做爷爷/奶奶啦。”

培养对死亡的正确认识的另一种方法是，教给年幼儿童一些有关人体的生物学知识。在课堂上让 3～5 岁儿童扮演心脏、脑、肺、胃和其他维持生命的器官的角色，他们就有更多机会了解死亡的概念（Slaughter & Lyons，2003）。

成人和儿童的讨论还要注意到文化的敏感性。父母和教师可以帮助孩子把宗教和科学这两方面的知识融合起来，而不要把科学证据和宗教信仰相对立。儿童长大以后，他们会把自己对死亡概念的认识同宗教与哲学观点结合起来，这在丧失亲人时能起到抚慰作用（Cuddy-Casey & Orvaschel，1997）。后面还会讲到，与儿童进行开放、真诚的讨论，不仅有助于对死亡有真实的理解，而且还能帮助儿童在丧失亲人后节制悲伤。

2. 青少年期

由于青少年很难把逻辑思考和日常生活现实加以整合，因而他们对死亡的理解还不完全成熟。

（1）逻辑与现实间的鸿沟

青少年很难正确运用他们所了解的关于死亡的知识，这一点在他们的推理和行为两方面都有明显表现。尽管他们能够解释死亡的永久性和终止性，但他们仍被与此不同的观念所吸引。例如，青少年常把死亡描述为一种永久的抽象状态，如“黑暗”、“永恒的光明”、“过渡”或“虚无”（Brent et al.，1996）。他们还构想出关于死后生命的个人理论。除了关于天堂和地狱这种受宗教影响的想象外，他们还猜想着转世、灵魂再生、精神在地球上或在另一种水平上永生（Noppe & Noppe，1997；Yang & Chen，2002）。

相对婴儿和成人来说，青少年死亡率较低，但青少年的死亡往往是突发的和人为的；意外伤害、凶杀和自杀是排在前列的主要原因。青少年很清楚，死亡会在每个人身上，也会在任何时候发生。但是这并没有增强他们的安全意识。相反，他们的冒险行为表明，他们并没有把死亡和个人联系起来。一项研究显示，男青少年对个人死亡的意识越薄弱，他们做出的冒险行为就越多（Word，1996）。

在死亡问题上，为什么青少年很难把逻辑与现实结合起来呢？首先，青少年期是身体快速发育并开始具备生殖能力的时期，这些都是和死亡相对立的！其次，青少年期的个人神话（见《伯克毕生发展心理学：从 0 岁到青少年》第 11 章）使他们作茧自缚般地被他们自诩的独 *640*
特性紧紧缠绕，以至他们认为自己会超越死亡。再次，由于青少年正在建构自我同一性，并初次体验到自由选择的恋爱关系，他们可能被“没有爱，毋宁死”这种挑战逻辑性的浪漫死亡观所迷惑（Noppe & Noppe，1991，1996）。直到成年早期形成了相对论思维，他们才能解决这些互相矛盾的思想（见第 1 章）。

这个青少年知道死亡可能会在每个人身上、在任何时间发生，但是他的冒险行为却和他的想法背道而驰。青少年还很难把逻辑与现实的结合延伸到他们对死亡的理解上。

（2）增强青少年对死亡的理解

成人可以通过与青少年讨论对死亡的关切，帮助他们在死亡的逻辑概念和个人体验之间搭建一座桥梁。其父母采取权威型教育方式的青少年，在重大事情上更可能寻求成人的指导（见《伯克毕生发展心理学：从0岁到青少年》第12章）。一项对12～15岁青少年的研究显示，多数人希望和父母而不是和同伴谈论“生与死的意义”以及“在你死后会发生什么”。但是60%的人认为，他们的父母不会诚心诚意地跟他们讨论，而且大多数父母觉得对做这件事缺乏充分准备（McNeil，1986）。

了解青少年对死亡的想法和感受，可以作为日常谈话的内容，一则新闻报道或一个认识的人死去都可以引起话题。父母可以抓住这些时机，表达自己的观点，认真倾听和接纳孩子的感受，并纠正错误观念。这种相互交流既加深了彼此的爱，也为将来有需要时更深入的探讨打下基础。使用下面“学以致用”表中建议的方法，有助于和儿童、青少年讨论死亡问题。

学以致用　　与儿童、青少年讨论死亡问题

建议	描述
引导。	对儿童或青少年的非言语行为要很敏锐，谈起这一话题时要表示同情，特别是在死亡事件发生后。
理解式地倾听。	关注儿童、青少年话语中隐含的感受。如果成人表面在听，其实心不在焉，他们能很快意识到这一冷漠的信号，进而失去信心。
了解其感受。	把儿童或青少年的情感看作是真实且重要的，不要马上作判断。解释你觉察到的情感，例如：“我知道你对此很困惑。让我们再谈谈。”
坦诚地提供真实且符合文化方式的信息。	对于还没有真实理解死亡的永久性、必然性和终止性的儿童，要做出简单、直接和正确的解释。不要说误导的话，如“爷爷到很远的地方去旅行了”。不要把青少年的知识与宗教信仰相对立，而是帮他们把科学知识与宗教知识融合起来。
一起解决问题。	遇到难解答的问题，如“你死后灵魂会去哪儿”，要用年轻人的方式传递你的观念，表示你并不想灌输一种观点，而是帮助他们做出满意的结论。对不会答的问题，说“我不知道”。这种诚实显示出一起寻找并评价解决办法的意愿。

3. 成年期

641 在成年早期，许多人漠视对死亡的思考（Gresser，Wong & Reker，1987）。这种回避行为可能是由于对死亡的焦虑引发的，对于这一点，我们还要在下一节讨论。也可能是因为对死亡话题缺乏兴趣，因为年轻人没经历过多少人的死亡（像青少年一样），而且认为自己离死亡还很远。

在第3章和第4章，我们曾把中年期形容为一个盘点的时期。人们开始计算剩下的时间，关注未完成的任务，用这种方式来看待自己的一生。中年人对自己的死亡不再是只有模糊概念。他们知道在不远的将来，他们将会衰老、死亡。

老年期，由于死亡越来越近，人们对死亡的思考和谈论越来越多。身体变化，患病和能力丧失的比率升高，失去亲人和朋友，这些死亡临近的信号日益增强（见第5章）。相比中年人，老年人更多时间会思索死亡的过程和临终时的情形，而不是死亡的状态。临近死亡似乎使他们更现实地关注死亡可能会怎样发生，以及在什么时候发生（de Vries，Bluck & Birren，1993；Kastenbaum，2007）。

最后要指出，虽然我们探讨了死亡观随年龄的变化，但是其中有很大的个体差异。有些人较早就关注生死问题，而有些人则较少思考，进入老年也不大在乎这些事情。

4. 死亡焦虑

当你读下面的句子时，你是同意、不同意还是持中间立场？

> 死后对任何事物都没有感觉了，这让我感到沮丧。
>
> 我死后就毫无用处了，我讨厌这种想法。
>
> 死后就会与世隔绝，这使我恐惧。
>
> 死后我会错过很多东西，这种感觉让我心烦。（Thorson & Powell，1994，pp. 38 - 39）

这些都是问卷的题项，用来测量**死亡焦虑**（death anxiety），即对死亡的恐惧和忧虑。甚至对死亡这一现实高度接受的人也害怕死亡（Firestone，1994）。

什么因素可以预测，当我们想到自己的死亡时，究竟会引发强烈悲伤，还是相对平静，抑或两者之间？为了回答这一问题，研究者既测查了一般的死亡焦虑，又测查了对以下各种特殊因素的恐惧，包括不再存在于世、失去控制、痛苦的死亡、身体腐烂、和所爱的人分离，以及未知的东西，等等（Neimeyer，1994）。结果发现，引起恐惧的死亡的各个方面有很大的个体和文化差异。比如，对沙特阿拉伯的虔诚伊斯兰教徒的研究显示，在西方人反应中反复出现的一些因素，如害怕身体腐烂，害怕未知的东西，在这里完全不存在（Long，1985）。

对西方人来说，精神力量，一种生命的意义感，似乎比笃信宗教在减轻死亡焦虑上更重要（Rasmussen & Johnson，1994）。形成一种坚实的个人死亡哲学也能减少恐惧。一项研究发现，中度信仰宗教的中老年人，对死亡的恐惧超过高度或低度信仰宗教的人。那些信仰宗教但行为矛盾的人——相信有来世却很少祈祷和参加宗教仪式，其死亡焦虑非常强烈。这些发现说明，能够减轻死亡焦虑的，不是信仰本身，而是信仰的坚定性和信仰与行为之间的一致性（Wink & Scott，2005）。死亡焦虑最低的人是那些信仰某种形式的强大力量和生命存在的成人，这类信仰可能受宗教信仰影响，也可能不受宗教信仰影响（Cicirelli，1999，2002）。

根据前面各章讲过的成人心理发展的规律，我们可以推断出，随着年龄增长，成人的死亡焦虑会发生哪些变化呢？如果我们预测它会逐渐下降，到老年期达到最低水平，那就对了（见图7.1）（Thorson & Powell，2000；Tomer，Eliason & Smith，2000）。这一随年龄下降的趋势在很多文化和族群里都有发现。第6章曾经讲过，老年人是最善于调节负面情绪的。这使他们中的大多数人能够有效地应对焦虑，包括对死亡的恐惧。此外，自我完整感的获得和成熟的精神力量感也减轻了死亡焦虑。年长者有更多的时间形成一种象征性的不朽感——相信一个人在死后通过子女、他的工作或个人影响力而继续活着（见第4章）。

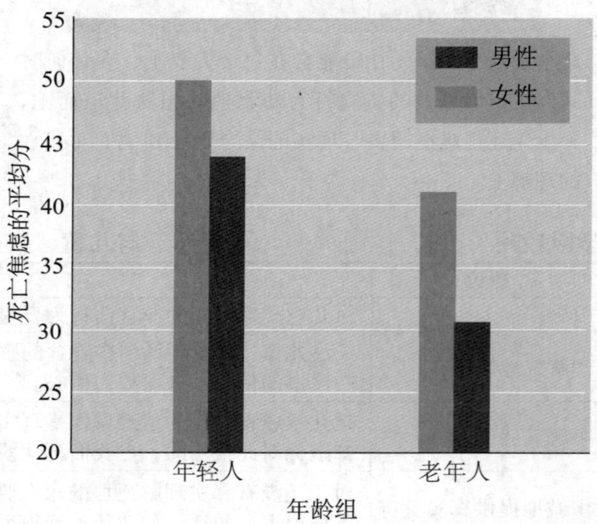

图7.1　年龄、性别与死亡焦虑的关系

此项研究对年轻人和老年人进行了比较，发现死亡焦虑随着年龄而下降。两个年龄组的女性都比男性表现出更严重的死亡焦虑。其他研究也有类似发现。

资料来源：Tomer，Eliason & Smith，2000.

死亡焦虑只要不是一直很强烈，它就可能推动人们去实现其内在文化价值观，例如，善以待人、努力工作、实现个人目标。这种努力可以增强成人的自尊感、自我效能感和生活目的感，这些东西是恐怖念头的强力解毒剂，在大千世界中，和一个人面临的困难、障碍和荆棘相比，恐惧就显得不那么重要（Fry，2003；Pyszczynski et al.，2004，p. 436）。对以色列成年人的一项研究中，这种象征性的不朽减轻了死亡恐惧，尤其是拥有安全依恋的成人（Florian & Mikulincer，1998）。 642

值得注意的是，亲密的人际关系可以帮助人们感觉到自己的价值，并激发象征性不朽感。还有些人把死亡看作向下一代传承遗产的机会，这些人对死亡也较少恐惧（Cicirelli，2001；Mikulincer，Florian & Hirschberger，2003）。

死亡焦虑在老年期下降，这位 81 岁的荷兰老人看上去个子很小！她给自己定制了一口像书架一样的棺材，她说："只用来埋葬人的棺材太浪费了。"书架上方放着的，就是她死后将要枕着的枕头。

不论年龄大小，也不论东方还是西方文化，女性的死亡焦虑都比男性强烈（Cicirelli，1998；Tomer，Eliason & Smith，2000）。可能因为女性愿意承认死亡带来的悲伤情感，而男性则可能回避之，这一解释和女性在一生中一直具有较强的情感表达性是一致的。

体验到对死亡的一些焦虑是正常的、适应性的。然而，如其他恐惧一样，非常强烈的死亡焦虑会破坏有效的调节。尽管未发现成年期身体健康状况和死亡焦虑之间有相关，但是与心理健康之间的相关显著。在中国和美国这样的不同文化中，具有抑郁和一般焦虑的人可能有更严重的死亡担忧（Neimeyer & Van Brunt，1995；Wu，Tang & Kwok，2002）。

在青少年期和成年期，死亡焦虑受到很大程度的限制。儿童很少表现出这种焦虑，除非他们一直生活在危境中，如犯罪高发的居民区或战乱地区（见《伯克毕生发展心理学：从 0 岁到青少年》第 10 章"毕生发展观"专栏之"战争中的儿童"）。患绝症的儿童也有较强的死亡焦虑。相比其他同龄的患者，患癌症的儿童表现出对死亡的更多混乱想法和消极情感（Malone，1982）。如果父母没有告诉儿童他们即将死亡，儿童的孤独感和死亡焦虑会更严重（O'Halloran & Altmaier，1996）。

思考题

复习 为什么老年人比年轻人更多地想到并谈论死亡，他们的死亡焦虑程度却较低？

应用 4 岁的克洛伊的姨姨去世时，她问道："苏茜姨姨去哪儿了？"她妈妈说："苏茜姨姨要睡一个又长又平静的觉。"后来的两个星期，克洛伊拒绝上床睡觉，每次哄她到自己房间睡觉时，她都是好几个小时睡不着。解释克洛伊这种行为的可能原因，对她提的问题怎样回答更好？

联结 认知上的优势对青少年的死亡概念有何影响（结合《伯克毕生发展心理学：从 0 岁到青少年》第 11 章的相关内容）？

反思 问问你家上几代人，他们小时候经历过的死亡是什么情况。和你自己的经历比一比。其中有哪些不同？怎样解释这些不同？

三、临终者的思维与情感

在离世前的一年里，索菲亚尽其所能地和病魔做斗争。在控制癌症的治疗期间，她检验了自己的能力。她继续到中学教课，去子女家看望，开了一片花园，周末和菲利普远足。索菲亚面对不治之症仍然充满希望，她还经常谈起她的病情，以至于朋友们都感到不可思议，不知她是如何做到这样直面疾病的。

随着身体逐渐衰弱，索菲亚徘徊于各种心理和情感状态之间。因为无力继续与疾病抗争，她很受挫折，有时会生气和抑郁。我还记得有一天
643 她疼痛难忍时的焦急和悲伤："我病了，病得很重！我尽力了，可是我再也不能坚持了。"有一次，她问我和我的新婚丈夫什么时候要孩子。"哪怕我能活到把孩子抱在我怀里！"她哭着说。最后一周，她显得很疲惫，也不再挣扎。偶尔，她会向我们表达她的爱，说说窗外的山有多美。但是多数时间，她只是看着、听着，不再主动参与谈话。一天下午，她永远地失去了意识。

1. 死亡有阶段吗？

当临终前的人们逐渐接近死亡时，对他们的反应能否做出预测？他们经历的一系列变化是人人都一样的，还是每个人有独特的思想和情感？

（1）屈伯勒-罗斯的理论

伊丽莎白·屈伯勒-罗斯的理论（Elisabeth Kübler-Ross，1969）虽然遭到激烈批评，但是她仍然因为唤醒了社会对临终患者心理需要的关注而享有盛誉。通过访谈200多位绝症患者，她提出一个包括五种典型反应的理论，最初称为五个阶段，可用来预测死亡和临终前有次序的反应。

● 否认。当得知患绝症时，病人拒绝承认其严重性，以逃避对死亡的预期。如果病人的确自我感觉良好，拒绝就能起到自我保护作用，使人能够以自己的方式应对疾病。很多人在拒绝和承认之间摇摆，某一天制订出宏伟计划，第二天又意识到死亡临近（Smith，1993）。屈伯勒-罗斯建议家人和医护人员不要采用隐瞒病情的方法把否认这一阶段延后。如果这样做，他们就会妨碍临终者对死亡临近的适应，也会妨碍一些必要的安排，包括社会支持、向亲人表露内心世界以及制订医疗方案。

● 气愤。认识到时间已经不多、死前已没有机会做自己想做的事情，这将会引发愤怒。家人和医护人员可能成为病人发怒、不满、嫉妒生者的对象。他们要认识到，这一切可能是因为死亡的不公正性引起的，所以对患者的行为必须容忍而不能过分指责。

● 讨价还价。绝症患者认识到死亡已不可避免，于是极力阻止死亡的来临，办法是用讨价还价来多争取一点时间，讨价还价的对象有家人、朋友、医生、护士或是上帝。对这种留住希望的努力的最好反应是充满同情的聆听。例如，一位医生对一位患艾滋病的年轻父亲就是这样做的，这位年轻父亲恳求医生，希望能在女儿（当时只有8岁）的婚礼上和她共舞（Selwyn，1996）。有时，这种讨价还价是利他的举动。例如，15岁的白血病患者托尼对他妈妈说：

> 我还不想死。格里（最小的弟弟）才3岁，不明白这是怎么一回事。如果我能再活一年，我就能自己向他解释，他会明白的。3岁太小了。（Komp，1996，pp. 69 - 70）

很多临终病人的讨价还价是不现实也不可能满足的，但托尼真像他希望的那样，多活了一年，这是送给那些拯救他的人们的一份礼物。

● 抑郁。当否定、气愤和讨价还价都不能延缓疾病时，患者会因自己生命即将结束而陷入抑郁中。很不幸，与临终相关的体验还有很多，如身体和心理上的衰弱，疼痛，失去控制力、像被绑在机器上，这些都使患者更沮丧（Maier & Newman，1995）。对病人的愿望做出慈爱反应的医疗护理，有助于减少病人的失落和绝望。

● 接受。大多数人只是在最后几周或几天才进入接受阶段，这是一种死亡即将来临之前的平和、安宁状态。衰弱的病人向死亡屈服，除了少数几个家人、朋友和护理人员之外，向所有人撒手。有些临终者为了放开所爱的所有人，会自己一个人退隐好长时间。"我正在整理我的心理和情绪的房间。"一位患者这样说（Samarel，1995，p. 101）。

（2）对屈伯勒-罗斯理论的评价

屈伯勒-罗斯提醒人们，她所说的五个阶段，其次序不应被看作是固定的，并不是所有人都会表现出每一个阶段的反应——如果她不称之为"阶段"，这一提醒可能会受到更认真的对待。她的理论经常被简单化地解释为每个"正常"临终者都要遵循的五个步骤。一些没意识到临终体验之多样性的医护人员，常常会生搬硬套地让患者按照屈伯勒所说的阶段次序走下去。一些护理人员由于冷漠或忽视，可能会很容易地拒绝临终病人对护理工作的合理抱怨，因为她们把这些抱怨看作"这就是预料中的阶段二会出现的情况"（Corr，1993；Kastenbaum，2007）。

研究确认了屈伯勒-罗斯的观察，临终者很可能在得知病情后会否认，在距离死亡很近的时候会接受（Kalish，1985）。但是，屈伯勒-罗斯观察到的五种反应，与其说是阶段，不如被看作是任何人面对威胁时都可能采取的应对策略。而且，她列出的行为反应也太少了。临终者还会表现出很多其他行为。例如：像索菲亚那样奋力与病魔搏斗；尽一切努力控制临终过程中身体上发生的一切痛苦；像托尼关心3岁弟弟那样的慷慨和关怀；因为剩下的时间太少，而把焦点转移到“不放过每一天”的自我满足的生活；等等（Silverman，2004；Wright，2003）。

这些例子显示出，屈伯勒-罗斯理论的最大缺
644 陷是，在考察临终病人的思想与情感时，离开了赋予其意义的环境。下面我们将会讲到，只有把临终者受到其影响的多方面因素考虑进来，才能理解他们对即将到来的死亡的适应，这些因素曾经影响了他们一生的历程，也会影响他们临终的时刻。

屈伯勒-罗斯所观察到的五种反应与其说是阶段，不如说是可能的应对策略。临终者以很多方式做出反应，在一定程度上取决于家人的行为。这位患了绝症的老人看上去有些退缩，他可能想尽力过好所剩不多的时日。

2. 环境对临终适应的影响

自从诊断结果出来后，索菲亚基本上没有拒绝承认她的病的最后期限。相反，她直面疾病，就像应对生活中的其他挑战一样。她急切地想把孙子们抱在怀里，并不是要和命运讨价还价，而是在面对老年期出现的这道槛时表达出深深的挫败感，感到她不能活着享受这些赏赐了。在最后时刻，她平静、沉默的态度可能是一种屈服，而不是接受。她一生一直是个有抗争精神、不愿向困难低头的人。

当前的一些理论家认为，单一策略，例如接受，并非对每个临终病人都是最好的。相反，**理想的死亡**（appropriate death）是一种符合个体的生活方式和价值观、能够保留或恢复重要的人际关系，并尽可能地减轻病痛的死亡（Samarel，1995；Worden，2000）。当问到什么是“好的死亡”时，大多数患者都清楚什么是他们希望发生的理想情形，他们提到了以下一些目标：

- 保持一种本体感或对自己过去来说的内在连续性；
- 澄清一个人生与死的意义；
- 保持并促进人际关系；
- 保持对剩下时间的控制感；
- 面对死亡并为死亡做好准备。（Kleespies，2004；Proulx & Jacelon，2004）

研究揭示出，生物、心理、社会和文化力量结合起来，共同影响着人们对死亡的应对，进而影响他们实现这些目标的程度。来看一些重要因素是怎样对人产生影响的。

（1）疾病的性质

患病的进程和症状影响着临终者的反应。例如，索菲亚所患癌症的扩散程度及医生起初对病情好转的乐观态度无疑会激励她奋力战胜病魔。最后一个月，癌细胞扩散到肺部，导致呼吸困难，她才表现出不安和恐惧，直到氧气和药物解决了呼吸困难，她才感觉好些。相反，尼古拉衰竭的心脏和肾脏耗尽了他的力量，他只能消极应对。

由于疾病带来的疼痛，约1/3的癌症患者都体验到严重的抑郁，这种反应不同于伴随着临终过程一般会出现的悲伤、哀痛和担忧。深度抑郁会加剧疼痛，损害免疫反应，阻碍患者从事快乐、有意义活动和与人交往的能力，使生存质量大幅下降（Williams & Dale，2006）。抑郁需要及时治疗，通过行为疗法、抗抑郁药和对患者及其家人的教育来进行。

（2）人格与应对方式

了解人们怎样看待压力生活事件，以及过去曾采用过的压力应对方式，可以帮助我们理解他们应对临终过程的方式。在一项研究中，请绝症患者讨论他们对临终的想象。各种反应五花八门。

● 贝丝认为临终好像是监禁："我觉得好像是那座钟开始嘀嗒嘀嗒地走了……好像未来突然来到了……一句话，我觉得我好像已经死了。"

● 费丝认为，临终好像是让你活到尽头的一纸强制性命令："我来说说……你还没准备活到你打算死的时候……它并不等于说从现在到亲眼看见死还有多少日子……现在我还活着……这种日子比过去的日子好多了。"

● 唐恩把临终看作生命旅程的一部分："我知道我得的所有的病……我会读书，读书，读书……我想知道我能知道的一切，我不想逃避……藏在门后面……根本帮不了我。并且，我意识到在我一生中这是第一次，我真的、真的、真的意识到，我能掌控任何事情。"

● 帕蒂把临终看作一次被改头换面的经历，这样就使它更容易忍受："我是个贪婪、疯狂的《星际迷航》迷，一个好像从来没有过的脆奇怪兽……我看着它到了那个我记得的地方……（在我心里，我演过各种各样的角色）所以我并不老想着癌症或是临终……我想这就是我对待它的方式。"（Wright，2003，pp. 442 - 444，447）

645 每个患者对临终的看法都能帮助我们理解他们对病情恶化的反应。适应较差的人，即那些有矛盾重重的人际关系和生活中屡屡失望的人，往往会更加痛苦（Kastenbaum，2007）。

（3）家人和医护人员的行为

之前已经说到，实事求是的态度，即每个接近和护理临终者的人都承认他患了绝症是最好的。然而这也会给参与临终者工作的人带来负担，因为患者给他们带来内心表露和对人生的反思，以及对恐惧和遗憾情绪的应对。

有些人觉得很难处理这些问题，他们就假装说，病情并不像说的那么糟糕。在病人倾向于否认的情况下，一场"游戏"就开始了，所有的参与者都知道病人已处于临终状态，但他们的所作所为却像没事一样。虽然这样的游戏可以一时减缓心理伤痛，但是它却使临终过程变得更困难。除了妨碍沟通之外，还常常导致无效的干预治疗，因为在治疗中患者不知道究竟发生了什么，也不知道治疗会带来什么身体和情绪上的痛苦。一位主治医生提供了关于一位癌症患者的死亡报告：

> 问题在于她的年轻丈夫和父母都持完全否认态度。到最后我们险些遭到他们的攻击。在她死前4小时，我们还在尝试用一种新的化疗方法给她输液，虽然除了她的直系亲属之外，每个人都知道她将在4～8小时之后死去。（Jackson et al.，2005，p. 653）

还有时候，病人怀疑有什么事瞒着他们。有这样一个例子，一个患绝症的孩子突然大发脾气，因为医生和护士跟他说起病情时都采取否认态度，向他隐瞒他将会死去的事实。为了让这个孩子配合治疗，医生说：

> "我知道你很懂事，桑迪。有一次你跟我说过，你想当一名医生。"
>
> 他尖叫着回答说："我什么都不想当！"边说边把一个空注射器扔向她。
>
> 站在一旁的护士问："那你想当什么呢？"
>
> "一个鬼！"桑迪边说边把头转过去不看她们。（Bluebond-Langner，1977，p. 59）

这些医护人员的行为阻碍了桑迪想知道自己还能活多长时间的努力，加剧了他对过早死亡的不公平性的愤怒。

当医生决定要把诊断结果告诉病人时，可能会遭到抵制，尤其是在某些族群中。对病情保密在南欧、东欧、中南美洲、亚洲很多地方非常普遍。日本的癌症患者很少被告知真实病情，因为临终会破坏其重要的相互依赖的关系（Yamamoto，2004）。很多墨西哥裔和韩裔美国人相信，把病情告诉患者是错误的，会加快死亡（Blackhall et al.，1995，2001）。在这种情况下，提供病情非常棘手。如果家属坚持不同意告诉病人，医生可以直接向患者提供信息，若患者拒绝接受，就要询问应该通知什么人，什么人可以做出治疗决定。患者的意愿应该得到尊重，并且每隔一定时间对其意愿重新加以评估（Zane & Yeh，2002）。

对绝症病人的护理工作是高要求、高压力的。在一项研究中，培训护士对临终病人及其家人的心理需要做出反应，坚持不懈地为他们提供真诚的、支持性的护理。她们成功的关键是召开致力于增强人际能力的全员会议，护理人员日复一日的相互支持，形成个人的生死观，这种生死观将使每个护士不对自己的死亡感到特别恐惧（Samarel，1991）。对死亡有高焦虑的医护人员更可能延后告诉病人诊断实情，并且当死亡临近时拖延挽救生命的治疗（Eggerman & Dustin，1985）。

家人的支持也会影响临终适应。觉得自己还有好多事情没做完的临终病人，对死亡的来临会更加焦虑。但是家人间的联系会减轻他们想延长生命的急迫感，也许因为家人向病人承诺，至少有些未做完的事情可以由他们接着做（Mutran et al.，1997）。

和临终者的有效沟通是真诚、相互信任同时留给希望的。很多临终病人所保留的希望都要经过这样几步：起初，希望能治愈；然后，希望延长生命；最后，希望尽可能少遭罪，平静地死去
646 （Fanslow，1981）。当患者在临终前不再表达什么希望时，周围的人们必须接受这一点。家人若觉得很难做好这些事情，可以从专家的精心指导中得到帮助。下面的"学以致用"表提供了与临终病人沟通的一些建议。

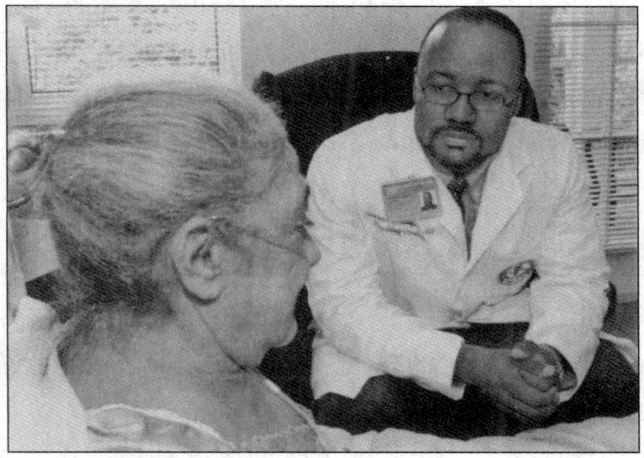

当医生公开和慎重地与临终者沟通时，一方面，他们在帮临终者做好面对死亡的准备，另一方面，临终者也会给他们带来内心表露和对人生的反思，以及对恐惧和遗憾情绪的应对。

学以致用　　怎样与临终者沟通

建议	描述
如实告知诊断结果和病情进展。	对病情如何发展要如实告知，使临终病人能够通过表达感伤和希望，并参与治疗决策，走向生命的终结。
充满理解地倾听，理解其情感。	真诚地陪伴在病人身边，集中所有注意力倾听临终者所说的话，接纳他们的情感。病人知道有人在身边关心他，在身体和情感上会更放松，说自己想说的话。
保留现实的希望。	通过鼓励临终者关注一个可能实现的现实目标，给他保留希望。例如，修复一个有过节的人际关系，或是和一个所爱的人共度一段特殊时光。知道临终者的希望，家人和医护人员要帮助他们实现。
在最后过渡期的帮助。	让临终者放心他不是孤单一人，给以同情的抚摸、关心的话语和平静的陪伴。一些与疾病苦斗的患者可能会从被准许死亡中获益，即放弃治疗也是可以的。

资料来源：Benoliel & Degner，1995.

（4）精神力量、宗教与文化

之前我们讲到，强大的精神力量感会减轻死亡恐惧。来自医护人员的非正式报告说明，这一点像适用于普通人一样，也适用于临终患者。一位有经验的护士说：

> 到最后，那些有信仰的（患者）——无论信仰什么，只要是信仰某种东西——就会更轻松些。不是百分之百，但确是一条规律。我见过有信仰的人会惊慌恐惧，也见过没有信仰的人从容接受（死亡）。但是，作为一条规律，它确实使那些有信仰的人感到更轻松。（Samarel，1991，pp. 64 - 65）

宗教思想引导下差异巨大的文化观念，也影响着人们的死亡体验。

- 在中国、印度和东南亚地区广泛流传的佛教倡导人们接受死亡。通过向临终者念经（佛教经书），平复其心灵，并且让人相信，死亡会使他们在和平安宁的来世得到重生（Kubotera，2004；Yeung，1996）。
- 在美国的许多原住民族群，死亡是和自我禁欲相联系的，这种观念在早年就通过一些故事教给孩子们，故事中强调生与死的关系是一个圆，而不是一条直线，认为死是给别人让路（Cox，2002）。
- 对于非洲裔美国人来说，所爱的人临近死亡标志着一个紧急时刻，号召家族成员在看护病危者过程中凝聚起来。那些患绝症的长者仍是家族中积极而重要的力量，直到他不能再担当这个角色，这种尊重态度无疑会使临终过程更轻松（Sullivan，1995）。
- 在新西兰的毛利人中，亲属和朋友聚集在

临终者身旁，给他们精神力量和安慰。长者、巫师和部落风俗高手一起举行卡拉吉亚（*karakia*，念咒语）仪式，祈祷和平、宽容和造物者的引导。仪式结束，他们让病人与最亲近的人讨论重要事情，如分配个人所有物，确定埋葬的方位，交代未做完的事情（Ngata，2004）。

总之，临终引发了各种各样的思想、情感和应对策略。选择和强调其中的哪些东西，取决于广泛的环境影响。毕生发展观的重要假设——发展是多维度、多方向的，像以前各阶段一样，也和这一最后阶段密切相关。

四、死亡地点

与以往大多数死亡发生在家里不同，当今，加拿大大约70%的死亡、美国大约80%的死亡发生在医院里（O'Connor，2003；Wilson，2002）。在那种规模大、缺乏人情味的医院环境中，满足
647 临终病人和家属的需要是次要的，不是因为医护人员缺乏关怀，而是因为他们的首要任务是挽救生命。一个临终病人就代表着一次失败。

20世纪60年代曾兴起一场认识死亡运动，那是对医院采取的回避死亡措施的反应，这些措施包括，给没有生存希望的病人装上复杂的医疗器械，避免与临终病人交流，等等。这一运动使得医疗护理更符合临终病人的需要以及临终关怀计划，并且在工业化国家得到广泛传播。让我们来看一看各种临终环境。

1. 家

假如问索菲亚和尼古拉想死在哪里，他们毫无疑问会回答"家里"，80%～90%的北美人会这样选择（NHPCO，2005a；O'Connor，2003；Wade，2005）。原因很明显，家提供了温馨亲密的氛围，充满爱的护理，在这样的环境里，绝症病人不会感到被遗弃，不会因身体衰弱或依赖他人而蒙羞。

但是，只有大约25%的加拿大人和20%的美国人是死在家里的（Mezey et al.，2002；Mitchell et al.，2005；Wilson，2002）。还有一点很重要，不能把死在家里过于浪漫化。由于医学的飞速进步，临终者比以往更虚弱，年龄也更大。这使他们的身体可能极度虚弱，大多数日常活动无法自理，如吃饭、睡觉、服药、大小便、洗澡等等（Singer et al.，2005）。老年配偶的健康问题，家人的工作和其他责任，家庭护理带来的身体、心理和经济压力，这些都可能使临终者在家里死去的愿望难以实现。

对很多人来说，陪伴临终病人直到最后，是一种需高难度护理的有价值的付出。在采取这种方式之前，须谨慎地权衡在家里死亡的优势与劣势。对护理者的充分支持是最重要的（Germino，2003）。通常还需要有家庭健康助手，这种服务通过临终关怀计划比较容易获得（后面会讲到）。但是，如果家庭关系矛盾重重，会给临终病人增添压力，也就抵消了在家里去世的好处。还有，即便有专业人员帮助，多数家庭缺乏医疗设备，很难满足临终者对治疗和舒适护理的需求。在这种情况下，必须把必要的医疗设备和技术支持搬到家里。

由于上述原因，虽然很多老年人把家看成理想的死亡地点，但他们也表达了在家里去世的一些担忧，如护理质量差，给家人和朋友增添负担，子女会做出不必要的过度护理等等（Gott et al.，2004）。研究发现，亲人在家里死亡10个月后，其家属的心理压力仍然大于亲人死在其他地方的家属（Addington-Hall，2000）。

2. 医院

医院里的临终形式是多种多样的。每种形式都受到临终病人的身体状况、所在的医院科室以及护理目标和质量的影响。

由受伤或急病导致的突然死亡大多发生在急救室。医生和护士必须很快地判断情况并迅速采取措施。很少有时间和家属接触。当医护人员充满同情地通知家属病人死亡的消息并解释原因时，家人会很感激。否则，在悲痛的同时还会愤怒、沮丧和疑惑。要帮助生者应对突然死亡，需要有危机干预服务（Walsh & McGoldrick，2004）。

尼古拉是在重症监护室去世的，这种病房是为了防止那些病情可能很快恶化的病人死亡而设立的。监控病情是首位的，与家人的私密交流则退居其次。为了避免打扰护士的工作，吉赛尔和萨莎只能在规定时间陪在尼古拉旁边。在重症监护下死去——在技术发达社会的一种独特体验——对尼古拉这样的病人来说，是不够人性化的，他有好几个月时间，身上连着一大堆仪器，

在生死之间徘徊。

在时间拖延很长的临终案例中，癌症病人占大多数。他们大多死于一般或特殊的癌症病房。住了很久的医院，他们希望在身体和情感上得到帮助，结果通常是喜忧参半。在像重症监护室这样的医院环境中，价值观冲突很明显（Hanson, Danis & Garrett, 1997）。临终医护的任务必须完成得非常好，才能使所有患者都得到照顾，医护人员也才不会因为一而再、再而三地被患者依恋又看着他们离去而情感枯竭。

648 美国只有 14%的医院拥有综合治疗方案，其目的是减轻临终者身体、情绪和精神上的痛苦。42%的医院有痛苦控制方案，但多数医院还没有。接受过临终者痛苦控制培训的医护人员还不到 1%。总之，有很多人在痛苦、惊恐和不够人性化的医院条件下死去，他们的希望没有得到实现（Peres, 2002; Open Society Institute, 2003）。临终关怀法就是为了弥补这种护理上的严重缺陷而产生的。

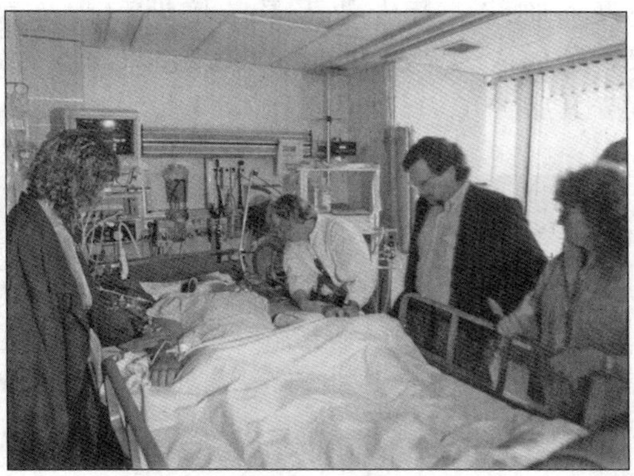

在重症监护下的死亡是只有在技术发达的社会才有的不够人性化的经历。在这种情况下，治疗完全取代个人私密和人际沟通。

3. 临终关怀

在中世纪，*hospice*（收容所）是旅行者休息和栖身的地方。19 世纪和 20 世纪，这一名词特指临终病人之家。今天，**临终关怀**（hospice）不是指一个地方，而是为绝症病人及其家属提供支持性服务的一套综合性方案。它旨在提供一个能满足临终者需要的护理团队，以便患者及其家属能以满意的方式为死亡做准备。生活质量是临终关怀医院的核心，它具有以下主要特点。

- 病人和家属组成一个护理单元。
- 强调满足患者身体、情感、社交和精神需要，包括控制疼痛，维护尊严和自我价值，感到被关怀和被爱。
- 提供护理的是一个跨学科的团队：一位医生、一位护士或护士助手、一位牧师、一位咨询师或社会工作者以及一位药剂师。

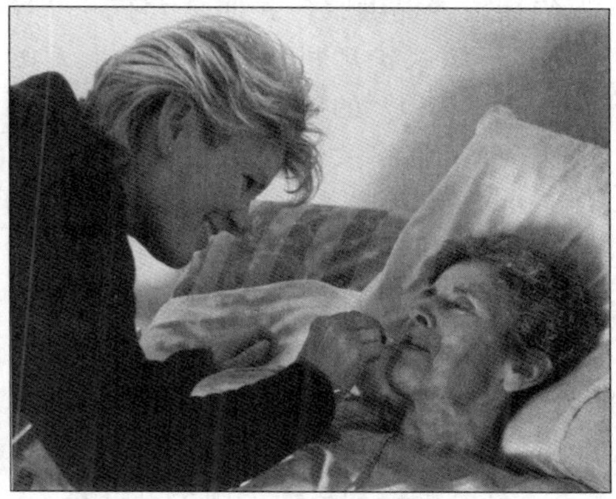

临终关怀重在提高生命质量，而不是单纯地延长生命。这个做女儿的正在给她母亲抹唇膏，这种作法增强了她母亲的舒适感、亲密感和亲情。

- 患者可以住在家里或一个类似家庭氛围、可以对护理加以协调的住院环境。
- 重点是保证临终前的生活质量。采用**缓解式护理或缓和式护理**（palliative, or comfort, care）来减轻痛苦和其他症状（如呕吐、呼吸困难、失眠和抑郁），而不仅仅是延长生命。
- 除了定期家访护理之外，还提供每天 24 小时、每周 7 天的电话呼叫服务。
- 在病人死后一年内，为家属提供随访式丧亲辅导。

由于临终关怀护理是一种观念，而不是一种设施，它可以采用各种各样的方式加以运用。在英国，一般情况下，临终关怀护理由一个附属于医院的特殊住院部承担。美国则强调家庭护理.将近 60%的接受临终关怀服务的患者在自己的居所去世，33%死在特殊的住院部，9%的人死在普通医院的病房。在加拿大，大约一半的临终关怀护理是家庭式的，其余一半由临终关怀医院或普通医院承担（CHPCA, 2004; NHPCO, 2004）。

但是各地的临终关怀计划已经扩展为一个护理服务的连续体，有从家庭到住院式的临终关怀医院等多种选择，也包括一般医院和护理院。临终关怀法的核心是，为临终病人及其家属提供一个确保能够恰当地死亡的机会。有些计划仅提供白天的临终关怀护理，使护理人员能持续工作或可以缓解长期护理造成的压力（Kernohan et al., 2006）。和其他绝症患者接触是很多临终关怀医院的一项支持性额外服务。要想知道安慰性的音乐干预对临终患者的作用，可参看本节的“生物因素与环境”专栏。

目前，美国有3 200多个临终关怀医院，每年为90万绝症患者提供服务。加拿大有650家临终关怀医院和舒缓式护理机构，为成千上万的患者提供服务。大约50%的癌症病人和超过30%的艾滋病人都选择了临终关怀医院。它也接受患其他绝症的病人（CHPCA，2004；NHPCO，2004）。相对于昂贵的抢救治疗，临终关怀护理是一种低支出、高成效的方法，因此美国和加拿大两国政府都承担了临终关怀的医疗保险费用，使大多数临终病人及其家庭有能力负担。临终关怀还为临终的儿童提供服务，这是令人哀叹的悲剧，在这种情况下，社会支持和哀伤干预至关重要。

研究证明，临终关怀医院除了能减轻患者身体的病痛，还能促进家庭功能。大多数患者及家属报告说，临终关怀服务改善了他们的应对策略，加强了社会支持，增强了家庭亲密感（Godkin，Krant & Doster，1984）。一项研究发现，接受过临终关怀服务的患者家属，其心理健康分数在患者去世后一年到两年间仍然高于未接受过该服务的患者家属（Ragow-O'Brien，Hayslip & Guarnaccia，2000）。

作为一个长期目标，临终关怀组织正努力争取对这种以病人及其家属为中心的方法的更广泛支持。虽然近90%的北美人在听到临终关怀时都表示希望他们在临终时能接受这样的护理，但多数人并不熟悉这一理念（CHPCA，2004；NHPCO，2004）。近期，加拿大开始了一项临终关怀的网上拓展性服务——加拿大虚拟临终关怀（www.virtualhospice.ca），向患者、家属和护理人员提供信息、资源，帮助他们与其他关注这一事情的人联系。这种具有文化敏感性的方法还需要让更多的少数族裔患者了解，他们比白人进入这种临终关怀医院的可能性更低（Crawley et al.，2000）。 649

在发展中国家，每年有数百万人死于癌症、艾滋病和其他不治之症，在护理人员指导下的社区护理小组有时会上门进行缓解式护理。但是他们面临着很多困难，例如缺少资金、缓解痛苦药物以及对临终关怀专业人员的培训和普及教育。结果，他们成为“杰出者的孤岛”，只有少数家庭能接受其服务（NHPCO，2005b）。

专栏　**生物因素与环境**

音乐对临终患者的缓解性护理

当彼得来到82岁的斯图尔特的家，给他弹奏竖琴时，斯图尔特说，他好像来到一个田园诗般的地方，有小溪、孩子们和树林，这些东西使他远离了很快就会夺去他生命的肺癌。斯图尔特说：“彼得给我弹琴时，我就不再恐慌了。”

彼得是一位音乐死亡学专家，他的专长是采用音乐疗法，用音乐给临终者提供缓解式护理。他用他的竖琴，有时用他的声音给临终者、家属和护理者带去宁静和安慰。彼得选用的音乐非常讲究，音乐要配合患者的呼吸方式和其他反应，带给他们什么样的曲调，是让他们快乐，还是得到安慰，要看彼得根据患者每时每刻的需要做出的判断。

据牧师和咨询师非正式的报告，在音乐陪伴后，患者的谈话显示出，他们更轻松地对待自己的死亡（Fyfe，2006）。对65位临终患者的研究中，在接受平均1小时的音乐陪伴之前和之后，分别测量他们的生理指标，结果发现，他们的兴奋性降低，失眠减少，呼吸减慢、加深和不那么费力（Freeman et al.，2006）。这些生理上的好处扩展到患者行为上，可以减轻痛苦。

音乐为什么能有效地使临终者减轻压力，变得更轻松呢？当一个病人接近死亡时，其听觉机能一般比其他感觉坚持的时间更长。所以，对音乐的反应可以持续到生命的最后时刻。音乐除了减轻焦虑之外，还能增强减痛药物的效果（Starr，1999）。由于这些原因，音乐陪伴可能是一种有效的临终疗法。

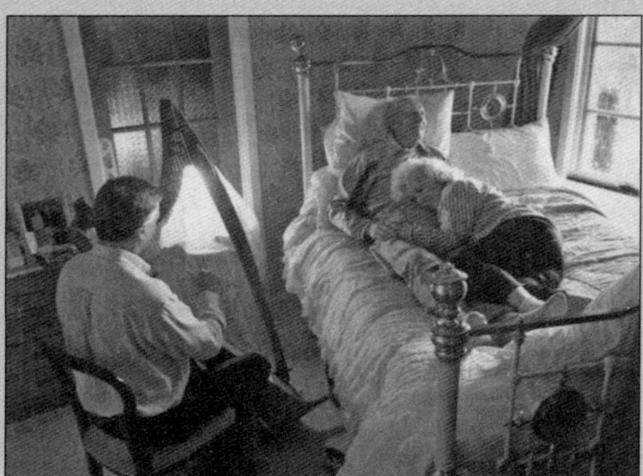

音乐死亡学主张用音乐给临终者提供缓解式护理。这位治疗师正在用他的竖琴和他的声音，带来宁静和安慰。

思考题

复习　在解释临终患者的心理与情绪反应方面，为什么说阶段论是不正确的？

应用　5 岁的蒂米被诊断为肾病晚期，他的父母不能接受这一悲痛的消息。他们去医院看望的时间缩短了，他们还回避蒂米充满焦虑的问题。最后，蒂米开始指责自己。他死的时候身体痛苦很小，但是很孤独，他的父母在很长时间里都被内疚折磨。临终关怀将会怎样帮助蒂米和他的家人？

联结　重温本章开头对索菲亚面对死亡时的心理和情绪反应的描述。然后参阅《伯克毕生发展心理学：从 0 岁到青少年》第 1 章开头关于她一生经历的介绍。索菲亚的反应和她的人格以及一生中克服困难的方式是否一致？

反思　如果你患了绝症，你愿意在哪里死去？为什么？

五、死的权利

650 1976 年，凯伦·安·奎因兰，一名年轻女子，因在聚会上吸毒陷入无法逆转的永久昏迷状态，她的父母要求把呼吸器拔掉。新泽西州高等法院考虑到凯伦的隐私权和她父母作为监护人的权利，同意了这一要求。虽然人们认为凯伦会很快死去，但是她仍能自己呼吸，通过静脉注射喂食，她又活了 10 年，这 10 年她一直处于植物人状态。

1990 年，26 岁的特丽·施亚沃的心脏短时停止跳动，造成暂时性脑缺氧。特丽和凯伦一样，进入永久性植物人状态。她的丈夫和监护人麦克尔申诉说，凯伦曾跟他说，她不想靠人工方法活着，但是特丽的父母不同意。1998 年，佛罗里达巡回法庭批准了麦克尔的诉状，同意移除特丽的饲管。2001 年，虽然她父母再三阻止，饲管还是被拔除了。于是特丽的父母拿出反对的医学证词，他们说服了巡回法庭的法官，命令把饲管重新插上，其后，法庭辩论仍在继续。2002 年，麦克尔赢得了关于移除饲管的第二次判决。

当时，对整个事件的宣传中，核心问题是，在患者意愿不清楚的情况下，谁能做出结束其生命的决定，这使特丽事件成为一个政治问题。2003 年，佛罗里达州议会通过一项法律，使得州长坚持让巡回法庭命令维持特丽的生命，但是在法庭诉讼中，该法律未获支持。2005 年，美国国会进行辩论，并通过一项法案，把特丽的命运交给地方法院。由于法官拒绝介入，特丽的饲管第三次被拔除。2005 年，特丽·施亚沃在失去意识 15 年后死去。尸检证实了特丽进入植物人状态的诊断：她的大脑只有正常人容量的一半。

20 世纪 50 年代以前，死的权利很少受到关注，因为医学在延长绝症患者的生命方面无能为力。今天，医学进步使同样的挽救生命诉讼程序可能会把一些不可避免的死亡拖后，但这样活着既谈不上生活质量，又谈不上人的尊严。

奎因兰和施亚沃的案例，以及其他类似案例，把死的权利问题引入公众视野。如今，美国所有的州和加拿大多数省都制定了法律，尊重患者的愿望，在患绝症或在持续性植物状态下，停止治疗。但是在美国和加拿大，还没有一个关于死的权利的政策，争论最大的问题是，怎样处理患者和家属提出的五花八门的要求。

安乐死（euthanasia）是让遭受不可治愈疾病痛苦的人结束生命的做法。表 7.1 概括了安乐死的各种类型。我们会讲到，公众对安乐死的接受程度很高，除非遭受痛苦的绝症患者本人不同意。

表 7.1　安乐死的类型

类型	具体特征
自愿被动安乐死	在患者要求下，医生停止治疗，让患者自然死亡。例如，医生不再为延长生命而做手术或开药，或医生关掉不能自主呼吸患者身上的呼吸机。
自愿主动安乐死	在患者要求下，医生结束患者的生命，例如，给予致命剂量的药物。

续前表

类型	具体特征
协助自杀	医生帮助遭受病痛的人结束生命。例如，让患者服用或给注射致命剂量的药物。
非自愿主动安乐死	医生在没有得到患者允许的情况下结束其生命。例如，在没有得到患者同意情况下医生给出致命剂量的药物。

1. 被动安乐死

被动安乐死（passive euthanasia），指停止或撤销维持生命的治疗，让患者自然死亡。应该让特丽·施亚沃快些死去吗？尼古拉的医生在吉赛尔的请求下拔掉他的呼吸器正确吗？一个阿尔兹海默症病人，当病情已经发展到失去所有的意识和身体功能的程度，应该停止维持生命的治疗吗？

一项民意调查显示，多数人对这几个问题回答"是"。当已经没有生还希望时，超过75%的北美人支持病人及其家属有结束治疗的权利（Angus Reid Group，1997；Pew Research Center，2006）。1986年，美国医学会赞同对临近死亡的绝症病人及处在永久性植物状态的人撤销所有形式的治疗。这样，被动安乐死就成为常规医疗过程的一部分被广泛采用，由医生根据专业判断来实施。

但是仍有少数公民不赞成被动安乐死。令人意外的是，宗教教派对人们意见的影响很小。例如，多数天主教徒对此持赞成态度，尽管教会方因担心被动安乐死成为政府支持的无痛苦致死的
651 第一步，而没有明确表态。但是族群差异很显著：比白种人多将近一倍的非洲裔美国人的意见是，无论病情如何，都应尽力采取一切治疗手段，而且非洲裔美国人更可能接受维持生命的干预，如插上饲管（Gessert，Curry & Robinson，2001；Hopp & Duffy，2000）。这种不甘心放弃治疗的态度也许反映了一种尊重生命、挽救生命的强烈文化观念。

由于有像特丽·施亚沃这样有争议的诉讼案例，一些医生和保健机构在没有法律保护的情况下不愿意结束治疗。在全国未对被动安乐死达成共识的情况下，人们要想让自己的意愿得以实现，可以准备一份**预先医疗指示**（advance medical directive），这是关于本人在疾病不可治愈情况下所希望采取的医疗处置的书面陈述。美国各州和加拿大各省认可的医疗指示有两种：第一种是生前遗嘱（在加拿大通常称为指示），第二种是医疗护理长期授权书（CBS News Canada，2005；U. S. Living Will Registry，2005）。有时候，这两种文件共同组成一个文件。

生前遗嘱（living will）指明在患绝症、昏迷或其他濒临死亡情况下，自己希望的和不希望的治疗（见图7.2）。例如，一个人会声明，如果肯定没有救活希望，不要借助任何医疗手段来维持其生命。生前遗嘱有时还会指明，可以使用减轻痛苦的药物，即便这可能缩短生命。在索菲亚案例中，医生曾使用强效麻醉剂，以缓解其呼吸困难，减轻她对窒息的恐惧。结果麻醉剂抑制了呼吸，使死亡比不用药提前了几小时甚至几天，但是却减轻了痛苦。这种缓解性治疗是可接受和恰当的，是符合伦理的医疗措施。

尽管生前遗嘱说明要给个人控制权，但它并不保证能做到。被承认的生前遗嘱通常只限于绝症患者或预期很快会死亡的人。美国和加拿大只有少数州和省包括了持续性植物状态，或患有各种慢性病如阿尔兹海默症的老年人，因为这些病都没有被归为绝症。即使是绝症患者写的生前遗嘱，医生也往往不按遗嘱去做，原因有很多，例如害怕遭到诉讼，出于他们自己的道德观念，或没有得到患者的指示书（Gorman et al.，2005；Lawton，2001a）。

由于生前遗嘱不能全面预料到病情进展，因此可能很容易被忽略，使得第二种预先医疗指示更普遍。**医疗护理长期授权书**（durable power of attorney for health care）授权另一人（通常是家属但也可不是）代表本人做出医疗护理决定。它只需要一份签过名并且有见证人的简短陈述书，格式如下：

> 兹指定（某某）为我的代理人，以我的名义（以我个人可能采取的方式）替我做出所有决定，包括我的个人护理、医疗、住院、保健，以及要求进行、停止进行或撤销任何形式的治疗或程序，即便因此会导致我死亡。（伊利诺伊州高级律师事务所提供）

生前遗嘱

本声明订立于____年____月____日。

本人________头脑清醒地、自觉自愿地宣告，我希望在我临终时不要采用人为方法拖延时间。任何时候，如果我患有不可治愈和不可逆转的伤害、疾病，或经我的主治医师断定为绝症的疾病，且主治医师亲自检查过，并确定若不采用延缓死亡程序、我就会很快死亡时，我决定，不要进行或撤销这种仅能拖延死亡过程的治疗程序，并且允许我仅在药物、营养物或我的主治医师认为必须采用的使我舒适的医疗程序帮助下自然死亡。

当我无能力对是否采用拖延死亡治疗程序做决定时，我的意愿是，本声明由我的家属和医生来实现，他们可以把本声明作为我拒绝药物或手术治疗，并接受这种拒绝之后果的合法权利之最终表达。

签名：____________

居住地所在州/县/市：____________________

____

____

本人认识声明人，相信他/她是头脑清醒的。我在场并目睹了声明人在声明上签名（或声明人承认他/她签名的时候我在场），我作为见证人在声明书上签名。在签署本文书之日，根据无遗嘱继承权法，或就本人所知所信，根据声明人的任何意愿或其他涉及声明人死亡的法律文书，或根据对声明人医疗护理的直接经济责任，我没有被授权继承声明人的任何财产。

见证人：____________________

见证人：____________________

图 7.2　一份生前遗嘱的样例

这一文件在伊利诺伊州是合法的。每个填写生前遗嘱的人应该使用美国各州或加拿大各省的专用表格，因为各地法律不同。（伊利诺伊州高级律师事务所提供）

医疗护理长期授权书比生前遗嘱更灵活，因为在出现医疗情况时，医生可以跟一个受信任的代言人协商。由于患者代言人的权力不仅限于绝
652 症，还可替代处理各种意外情况。在同性恋和其他没有被法律认可的亲密关系中，医疗护理长期授权书可以让伴侣代替做决定，代言人可为满足伴侣的健康护理需求提出意见。

鉴于大多数死亡都发生在医院，因此，不管一个人是否赞同被动安乐死，都有必要写一份生前遗嘱，或一份医疗护理长期授权书，或同时写这两份文件。但是，只有不到 30%的美国人签署这样的文件，也许因为死亡话题令人不快，尤其是不愿与亲人谈此话题（Pew Research Center，2006）。为了鼓励人们在他们能做决定时对可能的治疗处置做出决定，美国联邦法现在要求所有获得联邦基金的医疗机构，向患者提供符合各州法律和政策的有关患者权利和做出预先医疗指示的信息。

像凯伦·奎因兰和特丽·施亚沃这样的事件发生时，医护人员因为不知道病人的意愿，害怕承担责任，就可能决定不惜代价和不顾病人之前的口头声明而继续治疗。也许由于这个原因，美国一些州和加拿大一些省份规定，如果病人在有能力时未写好预先医疗指示，可以写一份**健康护理委托书**（health care proxy），或代替做决定的人。委托书是解决儿童和青少年问题的重要方法，因为他们在法律上还不能做出预先医疗指示。

这对夫妇正和医院牧师讨论写一份医疗护理长期授权书。这种预先指示授权给一个信任的代言人做医疗护理决定，使授权人的意愿能够实现。

2. 自愿主动安乐死

近年来，死亡权利之争已经从取消无希望的治疗转移到更积极的做法上来。例如，**自愿主动安乐死**（voluntary active euthanasia），医生或其他具体执行者，在病人要求下，在自然死亡之前结束其生命。这种仁慈致死的方式，在大多数国家，包括加拿大和美国多数州，是一种刑事犯罪。但是支持自愿主动安乐死的人逐渐增多。如图 7.3 所示，西方国家大约 70%～90%的人对其持赞成态度（World Federation of Right to Die Societies，2006）。如果有医生介入此事，美国和加拿大的法官往往会做出缓判或缓刑判决，这一趋势反映了公众对自主决定生死的兴趣正在上升。

尽管如此，自愿主动安乐死合法化问题还是引起了热烈的争论。支持者认为，这代表了对处在严重病痛中的绝症患者的最大同情。反对者强调“让一个人死”和“杀死一个人”之间的道德差异，还指出，有时病危者也能康复。他们认为，医生参与到结束病人生命的事情会损害人们对医护人员的信任。还有人担心，把这种做法合法化，会导致安乐死扩大化，即使严格监控，确保它不是起因于抑郁、孤独、强迫或希望减轻疾病给他人带来的负担（Loewy，2004）。自愿、主动的安乐死最初仅限于绝症患者，但它可能非故意地被运用在身体衰弱者、痴呆症患者或能力缺失者身上，这种结果是大多数人都不能接受的、不道德的。

自愿主动安乐死的合法化会不会使我们“灾难性地滑落到”杀死那些不想死的脆弱的人们？本节的“社会问题”专栏总结了来自澳大利亚北领地与荷兰的经验教训。澳大利亚北领地于 1996 年通过法律，准许自愿主动安乐死；在荷兰，自愿主动安乐死现在已经合法，虽然在此前多年，医生一直在实施这一举措。

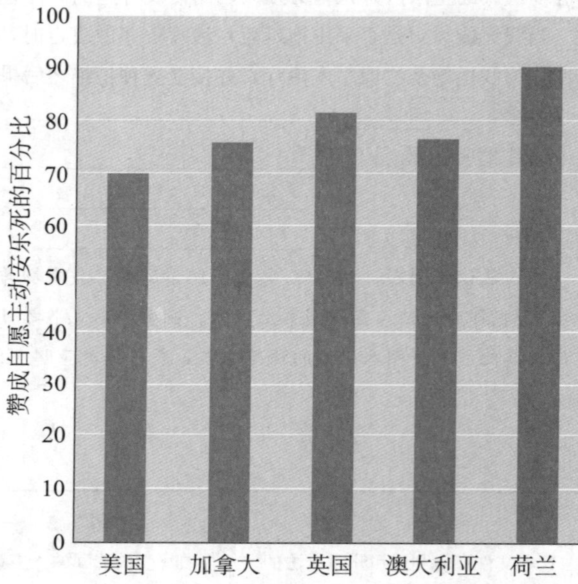

图 7.3 5 个国家的公众赞同自愿主动安乐死的比较

公众意见和现存法律之间存在矛盾，赞成自愿主动安乐死的人在过去 30 年里剧增，但法律仍然禁止。西方国家的多数人都认为，患绝症而希望注射致命药物的人，其要求应该被允许。公众对自愿主动安乐死支持率最高的国家是荷兰，荷兰也是世界上唯一通过法律准许在一定条件下执行安乐死的国家。

资料来源：Pew Research Center，2006；World Federation of Right to Die Societies，2006.

专栏　社会问题

自愿主动安乐死：从澳大利亚和荷兰得到的经验教训

1996 年，澳大利亚北领地通过法律，允许头脑清晰、有理智、正忍受病痛或其他痛苦的绝症患者可以要求医生结束其生命。必须有另外两位医生同意该病人无法医治，还须一位精神科医生确认病人没有患可医治的抑郁症。

法律通过后的几个月内，北领地发生了四例安乐死案例，遭到强烈批评。注重与自然的和谐与平衡的原住民认为，这从文化上是不恰当的。他们的首领声称，该法律将阻碍一生遭受欧洲殖民者迫害的原住民老年人寻求医疗护理（Fleming，2000）。另一些人认为该法律是一个全国性问题，因为患者会从其他州来到这里利用之。1997 年，北领地的该项法律被澳大利亚议会推翻，理由是，立法机构无权立法通过一项故意杀人的法律。

这一插曲使澳大利亚成为关于安乐死争论的中心，这一问题继续在整个国家激起热情。反对者对寻求安乐死的病人的心理状态表示质疑，担忧这种做法被误用和滥用（Ficking，2004）。支持者强调同情心和个人对自己生命的掌控权。朱妮·伯恩斯，一位 59 岁、患膀胱癌的妇女在一则介绍该病病程的电视广告中这样说：“如果我是条狗，他们早就把我放下了。我觉得生命很珍贵……我希望我还能活下去，但是我不能，我愿意有尊严地死去。”（British-Broadcasting Corporation，1999）。

过去几十年，荷兰的医生一直在介入自愿主动安乐死，而且没有受到过犯罪指控。2001 年，这种做法成为一条法律，但须满足以下条件：身体或心理上遭受严重痛苦且无缓解可能；病人希望死亡的意愿无任何疑问；病人的决定是自愿的、知情的、一直稳定的；其他所有的护理措施都已用过或被拒绝；已征得另一位医生同意。

超过 50%的荷兰医生说他们实施过安乐死，其中多数是癌症患者。虽然有法律条款，但自愿安乐死和非自愿安乐死的情况都有发生。少数医生承认，他们曾同意为一些身体健康的来访者实施安乐死，大多是觉得“活累了”的老年人（Rurup et al.，2005）。有的医生说，他们曾经在患者没提出要求的情况下主动让他们死亡，理由是，存在不可能治疗的病痛、生活质量低和临终期拖延过长。虽然医生判断这些人大多无能力自己做出决定，但是 37%的人被认为具有这种能力（Hendin，1999）。当问及为什么没有和有能力的病人讨论时，医生会说，他们之前已经这样做过；他们没有说明是否需要检查当时病人的感受。

过去 10 年来，在荷兰，自愿主动安乐死的案例稳步上升。医生报告说每年因此来做尸检的超过 2 000 例，相当于全部死亡人数的 2.4%。但是一些匿名调查揭示，还有数千个案例没有报告，通常是当事的主治医生没有找第二名医生咨询（Onwuteaka-Philipsen et al.，2005）。

澳大利亚北领地和荷兰的例子说明，自愿主动安乐死的合法化，会引起恐惧，还会导致未经同意的死亡。荷兰的经验凸显了对实施安乐死加以监控的困难。尽管如此，遭受严重病痛的绝症患者仍继续要求有这样的法律。也许全世界都同意，当医生感觉必须帮助患者结束生命，来解除其痛苦，并尊重患者的自我决定时，他们应该接受专业上与法律上的最严格监督。

澳大利亚原住民认为，自愿主动安乐死不符合他们的文化价值观。他们把与自然和谐相处放在首位的观念，反映在其艺术作品中渗透的对自然的想象。

3. 协助自杀

654 检查完戴安娜的血球数量后，蒂莫西·奎勒医生平静地告诉戴安娜：她得了白血病。如果她想活下去，马上就要开始进行成功率只有 25%的艰巨紧张的治疗。当确认由此带来的副作用可能使她丧失说话能力，失去对身体的控制力后，戴安娜选择不接受化疗和骨髓移植。

奎勒医生确认了戴安娜是清楚自己的选择的。当他接受这一决定后，戴安娜又提出了另一个问题：她不想让死亡拖延太久。她冷静地说，当死亡临近时，她想以痛苦最小的方式结束自己的生命。她已经和丈夫、儿子讨论过，他们尊重她的选择。考虑到戴安娜会充分利用剩下的时间，唯一担心的就是病痛会拖长，奎勒医生答应给她开安眠药，同时明确地告诉她，想入睡和致死分别需要服用多大剂量。

接下来的几个月，戴安娜过得忙碌而充实。儿子从大学请假回来陪她，丈夫也尽量在家工作。渐渐地，骨痛、疲劳、发烧接踵而至。那天，戴安娜和家人、朋友道别后，请求自己单独待一个小时，然后吞服了大剂量的药片，在家里离世（Quill，1991）。

协助自杀在加拿大是非法的，在美国很多州也非法，只有少数州例外。在西欧，医生协助自杀在比利时、德国、荷兰和瑞士为合法，在其他很多国家则被默许（Hill，2003；Scherer & Simon，1999）。在北美，俄勒冈州有些独特，通过了一项称作《尊严死亡法》的法案，其中明确地允许医生开药让绝症患者结束生命。要得到处方，患者必须征得两名医生同意，患者的可存活时间须少于 6 个月，且患者必须在最少 15 天的时间间隔内、两次提出申请。1997 年，俄勒冈州的公民投票维持了这一协助自杀的法律。2006 年 1 月，美国最高法院拒绝了对俄勒冈州该法案的质疑，但同时也赞成其他州有权禁止协助自杀。

有 46%的美国人和 55%的加拿大人赞同协助自杀（COMPAS，2002；Pew Research Center，2006）。一项对将近 1 000 名 22～109 岁的绝症患

者的调查揭示，虽然多数人认可这种做法，但只有10%的人经认真考虑请求这样做；在后来的追踪考察中，其中许多人又变了主意（Emanuel，Fairclough & Emanuel，2000）。那些表示如果自己得了绝症将会选择协助自杀的人，社会经济地位较高者居多，且白人多于非洲裔美国人（Cicirelli，1997）。

俄勒冈居民在临终时采用协助自杀的人数，在通过该法律后逐渐增多，从1998年的16%增长到2005年的38%。其中多数是癌症、葛雷克氏症或艾滋病。即便如此，协助自杀的人数也只占俄勒冈死亡人数的1/1 000（Niemeyer，2006）。有相当于被批准者10倍的绝症患者正在申请获得协助自杀资格。另有数百人在和医生讨论此事，还有成千上万的俄勒冈人表示，在知道有这种选择之后，他们会在自己临终时轻松接受这种方式（Hedberg Hopkins & Kohn，2003）。据医生们的说法，申请协助自杀的常见原因有，能力降低到无法从事享受生活的活动，丧失了尊严和自主性（Niemeyer，2006）。

20世纪90年代，杰克·凯沃尔基安（Jack Kevorkian）医生引发了公众对协助自杀的兴趣，他作为安乐死的倡导者，设计出“自杀机”，在经过简短咨询后，绝症患者可以用这种机器自己吞服致命药物并吸入一氧化碳。凯沃尔基安医生参与了100多个这样的死亡。奎勒医生协助戴安娜的决定引起的公众注意就小多了。奎勒医生曾经是戴安娜的多年私人医生，对她非常了解。当他在一份颇有影响的杂志上撰文介绍了戴安娜的事情后，由于读者现在面对着的是俄勒冈的自杀法，因此反映不一。一些人把协助想死的人的医生看成是有同情心的、尊重患者个人选择的人。另一些人从宗教、道德或信仰角度反对协助自杀，认为医生的职责应该局限于拯救生命，而不是结束生命。

无论如何，像前面曾经讨论过的安乐死一样，协助自杀也是一个重大的两难问题。一个医学专家小组在对实际情况加以分析之后得出结论，只有满足了以下条件，协助自杀才可以接受：

- 患者反复而直接地要求协助自杀，遭受着不可承受的病痛，而且没有更好的选择。
- 医生对患者使用了各种减轻病痛的方法。
- 这一做法和医生的基本价值观一致（如果不一致，医生应该建议转诊）。
- 即使医生和病人都认为已没有其他可接受的选择，为防止该方法的滥用，仍需要独立的监控。（Stevens，1997）

涉及医生协助自杀的案例，陪审团很少做出
有罪裁决。但是在1999年4月，凯沃尔基安，这 655
位充满活力的美国协助自杀倡导者，因二级谋杀罪和使用违禁药物罪被判监禁10～25年。7个月之前，他给一个男性绝症患者注射了致命药物，对死亡过程进行了录像，并同意将该事件在哥伦比亚广播公司的《60分钟》电视访谈栏目播出。之后，他受到检举人的指控。谋杀罪名使凯沃尔基安不能提供那个病人想自杀的证据，只有被指控的罪名是协助自杀或自愿主动安乐死，这些证据才被许可提供。

公众对自愿主动安乐死的支持度远超过协助自杀。但是在协助自杀过程中，最后的举措是患者自己完成的，因此减小了强迫的可能性。基于这个原因，一些专家认为，协助自杀的合法化比自愿主动安乐死的合法化更可取。然而，在家庭护理负担重、护理费用压力很大的氛围中（见第5章），这两种做法的合法化都是有风险的。美国医学会和加拿大医学会目前都反对自愿主动安乐死和协助自杀两种方法。看来，帮助那些患不治之症、盼望死亡的患者，会带来深刻的道德和法律问题。

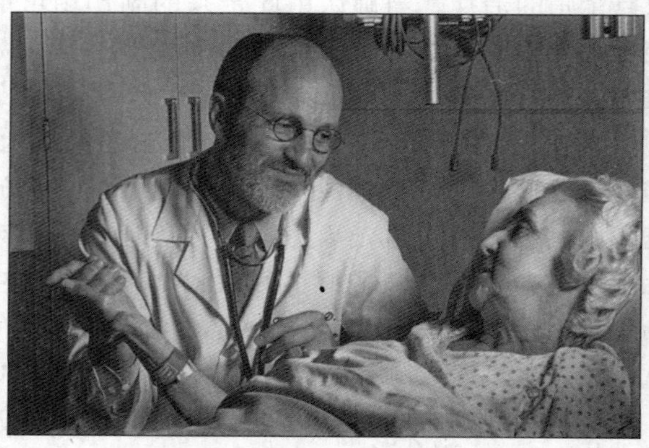

蒂莫西·奎勒医生在一家颇有影响的医学杂志上撰文说明了他为什么和怎样协助临终患者结束生命。医生协助自杀在俄勒冈州和一些西欧国家是合法的。但是这种做法引发了巨大的伦理两难问题。

思考题

复习 自愿主动安乐死的合法化会带来哪些好处，又有哪些风险？

应用 诺琳把她死的那一天想象为，在一个宁静的场景中，她向亲朋们一一道别。什么样的社会和医学方法会让诺琳有机会按她希望的方式死去？

应用 如果雷蒙得了绝症，他肯定自己会同意让医生停止挽救措施。为了确保他的愿望实现，雷蒙应该做什么？

反思 你是否赞成被动安乐死、自愿主动安乐死或医生协助自杀？如果你患了绝症，你会采用这些做法吗？为什么？

六、丧亲：如何应对亲人死亡

在整个一生中，丧失是生活的必不可少的一部分。就算事情朝着好的方向变化，我们也必须离开一些东西，获得另一些东西。从这个角度来说，我们的发展为我们准备了意义深远的丧失。

丧亲（bereavement）是所爱的亲人去世的经历。这个词的词根意思是“被夺去”，表示不公平地、伤害性地窃取有价值的东西。与这一概念相一致，我们对丧失的反应是**哀痛**（grief），一种强烈的身体上和心理上的痛苦。我们说某人悲痛欲绝，就是说他整个身心都受到了影响。

哀痛是可控的，各种文化用不同方式帮助人们走出悲伤，面对由于亲人去世引起的生活变化。**哀悼**（mourning）是处于哀痛中的人们以符合本文化的特定形式表达他们的思想和感情。家人、朋友聚在一起，穿黑衣服，参加葬礼，按特定程序举行哀悼仪式，像这样的风俗在不同社会和族群有很大差别。但是所有的哀悼形式都有一个共同点，就是帮助人们缓解悲伤，懂得在死者去世后怎样继续生活。

很明显，哀痛与哀悼是紧密相连的，在日常语言中这两个词经常混用。让我们进一步看看人们在亲人去世后会做出怎样的反应。

1. 哀痛阶段

一些理论家曾经认为，丧亲者，包括儿童和成人，要经历哀痛的三个时期，每一时期都有一套特殊的反应方式（Bowlby，1980；Rando，1995）。但是在现实中，人们在行为和时间上往往千差万别，在这些反应之间进退。一个更准确的说法是，哀痛好像坐过山车，时起时落，随着时光流逝，慢慢得到解决（Lund，1996）。沃尔登（Worden，2002）提出，与其说哀痛的“时期”，不如说哀痛过程中要完成几套任务，这些任务是人们必然会做的事情，以便得到恢复并回到充实的生活中来：接受丧失的现实；应对哀痛带来的痛苦；适应失去亲人的世界；形成与死者的内心情感联系，并开始新的生活。根据这一观点，人们可能采取一些积极步骤来战胜哀痛，这是克服丧亲时经常体验到的脆弱情感的有效治疗手段。

（1）回避

刚听到消息时，人先感到震惊，然后感到不可信，这可能会持续几小时甚至几周。一种麻木感好像“情感麻醉剂”一样出现的同时，人开始了哀痛的第一个任务：痛苦地意识到丧失。

（2）面对

在面对死亡现实时，哀痛是最强烈的。人们会体验到倾泻而下的情感反应，包括焦虑、悲伤、抗拒、愤怒、无助、挫折、被遗弃以及对亲人的怀念。常见的反应还有，死亡场景反复萦绕于心，追问当时怎样能阻止死亡，寻找亲人死亡的意义（Neimeyer，2001b）。另外，悲痛欲绝的人们可能会精神恍惚，不能集中注意力，全神贯注地追思死者，失眠，茶饭不思。甚至会出现自残行为，656
如吸毒或高速驾车。这些反应大多属于抑郁的症状，而抑郁是哀痛的一个恒定成分。

面对丧亲是最艰难的，但是它促使哀悼者去迎接第二个任务：战胜哀痛带来的痛苦。和死者再次重聚的愿望破灭造成的伤心巨浪每袭来一次，都会让哀悼者向着接受亲人离去的现实走一步。在经历成百上千次这样的痛苦时刻后，哀痛者终于明白过来，必须把珍爱的关系从身体的存在转化为内心的表象。这时候，哀痛者就转入第三个任务：适应亲人离去后的世界。

（3）恢复

对失去亲人的适应不仅是内心的、情感的任务。丧亲者还必须应对亲人去世的次生后果的压力，这就是战胜孤独。战胜孤独靠的是亲近其他人，掌握亲人生前具有的技能（如理财和烹调），重新调理亲人不在之后的日常生活，把个人身份从“配偶”转换为“丧偶者”，或者从“父母”转换为“死去孩子的父母”。

近期有人提出一个**应对丧失的二元过程模型**（dual-process model of coping with loss），有效的应对要求人们在处理丧失的情感后果与投入生活变化之间摆动，如果能处理好这种摆动，就会产生恢复效果，或愈合效果（Stroebe & Schut，1999，2001）。反复的进退导致了哀痛的暂时分散与缓解。很多研究证实，面对哀痛而毫无缓解对身心健康有严重的负面作用（Rimé et al.，1998）。对处于哀痛中的丧偶老年人一项总共14次干预的项目，既帮助他们较好地处理了情感问题和生活变化问题，也处理了二者之间的摆动（Lund et al.，2004）。

在哀痛之后，情感能量逐渐转换到第四个任务上：与死者形成象征性的情感联系，并重新面对生活，这就要做好每天该做的事，投入新生活，确立新目标，加强已有关系，建立新关系。在某些特定的日子，如家庭聚会或逝世周年纪念，哀痛会再次出现并受到关注，但是它不会干扰对生活的健康积极态度。

哀痛会持续多久？对这一问题没有简单答案。有时，面对哀痛的时间会持续几个月，甚至几年。哀痛的偶然爆发可能会持续终生，这是失去至爱的配偶、伴侣、孩子或朋友的普遍反应（Sanders，1999）。

2. 个人因素与情境因素

哀痛与临终一样，也受到很多因素的影响，包括人格、应对方式、宗教与文化背景等。性别差异也很明显。和女性相比，男性一般较少直接表达痛苦和抑郁，寻求社会支持也不那么容易，这些因素可能使丧亲男性的死亡率高于女性（Doka & Martin，2000；Lund & Caserta，2004b；McGoldrick，2004）。另外，哀悼者与死者关系的质量也很重要。一个相爱的圆满关系的结束，可能导致极度的哀痛，但是它不会留下内疚和悔恨，而一个充满矛盾冲突的关系的结束会留下这些感受。

死亡的具体情境也会影响人们的反应，例如，是突发、意外的死亡，还是在长期患病之后离去。所失去的关系的性质与死亡发生在人生历程中的哪一时点也会造成差异。

（1）突发、意外的死亡与漫长、预料中的死亡

突发、意外的死亡经常由谋杀、自杀、战争、事故或自然灾害引起，这类死亡造成的回避尤其明显，面对则是严重创伤性的，因为极度震惊和难以置信。对美国一座大城市18～45岁成人的代表性样本调查发现，人们提到最多的创伤，是亲人的突然、意外死亡引发的强烈而身心俱疲的应激反应，60%的参与调查者都经历过这样的事情（Breslau et al.，1998）。相形之下，在漫长的临终过程中，人们有时间去应对**预料中的哀痛**（anticipatory grieving），知道丧失不可避免并在情感上做好了准备。

突发、意外的死亡往往会引发强烈而令身心俱疲的应激反应。图中的青少年为了纪念一位死于车祸的同伴，在事故地点建了一个祭台表达她们的情感。

如果生者清楚死亡原因，适应就会容易些。 657
没有合理的解释，人们经常会焦虑和困惑。这种

面对丧失的障碍在婴儿猝死综合征中尤其突出，因为医生不能明确地告诉父母，他们原本健康的孩子为何会死去（见《伯克毕生发展心理学：从 0 岁到青少年》第 3 章）。那些看上去“毫无意义”的死亡会造成不明不白的哀痛，例如自杀、恐怖袭击、学校枪击案和汽车枪击案，以及自然灾害造成的死亡。在西方社会，人们相信重大事件应该是可理解的和非随机的。突然而意外的死亡会威胁到人们对公平、慈善、可控的世界的基本假定（Gluhoski & Wortman，1996）。

自杀，特别是年轻人自杀，最令人难以承受。和突发死亡相比，为自杀者哀痛的人们更可能会觉得自己促使了自杀的发生，或自己应该阻止它发生，这种自责会引发深深的内疚和惭愧。如果生者所处的文化和宗教把自杀看作是不道德的，这些反应会更强烈而持久（Dunne & Dunne-Maxim，2004）。一项研究发现，经历过别人自杀的大学生，比经历过其他类型丧失的大学生，在羞愧、被死者拒绝感和自残行为上的得分要高（Silverman，Range & Overholser，1994）。一般来说，从对自杀的哀痛中恢复过来需要相当长时间。

（2）父母失去子女的哀痛

子女死亡，无论是意外的还是预料中的，都是一个成年人最难面对的丧失（Dent & Stewart，2004）。它会带来特殊的哀伤，带来父母的不道德感，因为子女是父母对自己感情的延伸，是希望和梦想的核心。而且，因为子女对父母充满感激的依赖、崇敬和赞赏，他们是无可替代的爱的源泉。同时，子女的死是有悖常理的：子女不应死在父母之前。

丧失子女的父母往往说，他们在多年后还有强烈的痛苦，并常常思念死者（Kreicberts et al.，2004）。因为自己比孩子长寿而引发的内疚，会变成一种巨大的负担，即便父母“知道”怎样做更好些。例如，一位心理学者知道女儿的癌症不是遗传的，但他仍对治疗师说：“她的基因让她得了癌症。是我给了她基因。因此，是我害死了我女儿”。（Rando，1991b，p. 239）

子女的死有时会导致婚姻破裂，但这可能只是因为夫妻关系原来已经不和（Wheeler，2001）。如果父母重视失去子女对其生活的冲击，更好地对待其他子女，一起参与各种活动，对家庭做重新调理，重新建立生活意义感，就能坚定为家庭做贡献的决心，促进个人成长。一位母亲在儿子去世 5 年后，对自己的进步做了这样的反思：

> 我曾经害怕放下我的痛苦，那是我爱他的方式……后来我终于明白，他的生命的意义比痛苦多得多，它也意味着快乐、幸福和乐趣，还有生活……当我放下痛苦之后，我把房间弄得让我们的生活更快乐。我对儿子的记忆更光明、更自然。这种记忆带给我的不是伤痛，而是安慰，甚至笑容……我发现儿子一直在教给我一些东西。（Klass，2004，p. 87）

（3）儿童青少年丧失父母或兄弟姐妹

失去一个依恋的人会给儿童带来长期后果。如果父亲或母亲去世，儿童的基本安全感和被照顾感就会受到威胁。如果有兄弟姐妹死亡，不仅会剥夺儿童的亲密情感联系，而且常常是初次让他们意识到自己的脆弱性。

丧失亲人的儿童常在之后几个月到几年时间里，经常哭泣，在学校不能集中注意力，失眠，头痛，还有其他一些躯体综合征。临床研究发现，持续的轻度抑郁、焦虑和暴怒在这些儿童身上比较常见（Dowdney，2000；Silverman & Worden，1992）。很多儿童说，他们一直努力和死去的父母或兄弟姐妹保持心灵上的联系，经常梦见他们，和他们说话。一项研究在儿童失去兄弟姐妹后进行了 7～9 年的追踪，发现每天至少会想一次死去的兄弟或姐妹是普遍的（Martinson，Davies & McClowry，1987；Silverman & Nickman，1996）。据丧亲的成年人报告，这些想象似乎能帮助人们应对丧失。

认知发展会增强儿童处理哀痛的能力。例如，一个不完全理解死亡的儿童，可能会认为死去的父母是自愿离去的，也许是因为生气离去的，父母中的另一人也可能会消失。因此，需要向年幼儿童认真、重复地解释，父母并不想死，也没有生他们的气（Christ，Siegel & Christ，2002）。向儿童隐瞒真相，会使儿童处于隔绝状态，往往导致深深的悔恨。一个 8 岁男孩在他弟弟死前半小时才知道真相，他说：“如果我早点知道，我会和他道别。”

不论儿童的理解水平高低，真诚、爱心和抚慰都能帮助他们缓解丧失带来的痛苦。学龄儿童一般比青少年更愿意向父母倾诉悲痛。而青少年则为了显示冷静，常常在成人和同伴面前掩饰悲痛。因此，相比儿童，他们更可能变得抑郁或是用假装的方式来逃避悲痛（Granot，2005）。

（4）成人失去亲密伴侣的哀痛

第6章讲过，配偶去世后对丧偶期的适应，因年龄、社会支持和个性的不同而差异巨大。在西方，多数丧偶的老人在经历一段强烈的哀痛后会良好地适应，而年纪较轻的成年人却表现出更负面的结果。在成年早期或中年期失去配偶或伴侣是非同寻常的、可能打乱人生规划的事情。老年鳏寡者有很多境遇相同的同辈人。而且他们大
658 多已经实现了重要的生活目标，或已经适应了有些目标不能实现的事实。

中青年丧偶者则不同，除了解决丧亲后的情感问题，他们往往要承担安慰别人，尤其是子女的角色。他们还要面对单独抚养子女以及由夫妻共同建立的社交网络的突然缩小带来的压力（Lopata，1996）。年轻寡妇经常说，她们得到的最大支持往往来自她们的母亲，而其中不少人也在守寡（Bankoff，1983）。

同性恋关系中，亲密伴侣的去世是非同一般的挑战。如果亲属们限制或阻止其参加伴侣的葬礼，生者就会体验到*被剥夺的哀痛*，这是一种没有机会公开悼念并且从别人支持中得到抚慰的丧失感，会严重破坏其哀痛过程（Lund & Caserta，2004a）。幸好，同性恋团体可以提供帮助，以追思和其他仪式进行纪念。

（5）丧亲超载

如果一个人同时或连续遭遇到几个亲人死亡，就可能发生*丧亲超载*。即使适应良好的人，多次的丧失也会耗尽他们的应对资源，使他们情绪崩溃，不能解决自己的哀痛。对于很多年轻成人，尤其是失去伴侣或朋友的同性恋团体成员来说，艾滋病提出了这一挑战。一项对700多个男同性恋者的研究发现，连续经历两次或更多次丧失者，比只经历一次丧失者报告有更多的痛苦、自杀念头和致瘾物滥用行为（Martin & Dean，1993）。害怕歧视可能会妨碍这些被哀痛搅得精神崩溃的同性恋者去寻求治疗，如果他们所在的同性恋团体不了解心理服务、包括咨询和社会支持网络，情况就会更糟糕（Springer & Lease，2000）。

由于老年期经常带来配偶、兄弟姐妹和朋友的相继去世，老年人也有丧亲超载的危机。但是第6章讲过，相比年轻人，老年人能做出更好的调整来应对这些丧失。他们知道老年期会有预料中的衰老和死亡，而且他们从一生积累的经验中，获得了有效的应对策略。

最后一点，社会惨案，如校园枪击案、恐怖袭击、自然灾害（如2005年8月的卡特里娜飓风），以及大庭广众之下发生的绑架案，可能会引发丧亲超载（Corr，2003）。例如，发生在2001年9月11日的恐怖袭击，很多失去亲人、同事和朋友的幸存者（据说，其中包括约15 000名失去父亲或母亲的儿童）都体验到反复出现的恐怖、破坏场面，妨碍了他们对丧失的应对。儿童和青少年经受了强烈震惊，长期哀痛，邪恶袭击和可怕结果在心里反复重演，产生对当时场景的恐惧等等，他们遭受了深深的痛苦（Nader，2002；Webb，2002）。见到这种灾难性的死亡情景越多，这种反应就越严重。

本节的专栏“文化影响”中介绍的葬礼和丧亲的其他礼仪，可以帮助各个年龄的哀悼者在家人和朋友的帮助下缓解悲痛。对那些难以走出丧亲阴影的人，以及那些无心投入日常生活的人，专门设计的干预措施可能有助于他们更好地适应。

2004年在俄罗斯别斯兰发生校园绑架案之后，当地举行了120场葬礼，这是家人和朋友们围在被害人质的棺木旁哭泣。类似的社会惨案可能引发丧亲超载，哀悼者会处于长期的、难以抚平的哀痛中。

专栏 文化影响

哀悼行为的文化差异

索菲亚是犹太人，尼古拉是贵格会教徒，这两个人死后的葬礼仪式有很大不同。但是不同的葬礼有一个共同的目的：宣告死亡的发生，显示社会支持，怀念亡者，传达在亡者身后的生活观念。

在殡仪馆，索菲亚的遗体被洗净裹了起来，这是犹太教的一个仪式，意味着回归纯洁。然后把遗体放进一个朴素的木制棺材（不是金属的），为的是不妨碍自然降解过程。为了强调死亡的终结性，犹太传统不允许瞻仰遗体，棺木是封闭的。传统上，棺木在埋葬前不能单独放置，亲属要守灵一天一夜，以表示悼念。

为了让遗体尽快回归曾给予生命的土地，索菲亚的葬礼定在死后第三天、亲友们聚齐之后尽快举行。作为葬礼的开始，索菲亚的丈夫和子女把黑丝带别在衣服上，表示哀悼。之后由一位拉比（犹太教神职人员）朗诵《圣经·旧约》中表达安慰的诗篇，接着是宣读悼词。棺木下葬时，亲友们要轮流填土，每个参加葬礼的人都要填土。仪式结束时，拉比诵念卡迪什，祈祷死者"回归家乡"，肯定生命同时接受死亡。

家人回到家，点燃蜡烛，让它在7天服丧期里一直燃烧（Hazell，2001）。已有人准备了慰问宴，营造一个家族的温情气氛。按犹太人风俗，葬礼30天后，生活应逐渐恢复正常。如果是父母去世，哀悼期会持续12个月。

按照贵格会的简朴传统，尼古拉去世后，不需要对遗体和棺木做什么精心准备，遗体很快就被火化了。之后的一周，家人和亲密朋友们相聚在吉赛尔和萨莎家。他们一起为开一个纪念尼古拉一生的悼念会做准备。

悼念会当天，来悼念尼古拉的人们坐在圆形摆放的椅子上。一位教友会牧师站在中央，悼念会议程包括向新教友表示欢迎并给他们讲解悼念活动的礼仪，先默默地做祷告，然后觉得有话说的人随时可以站起来与大家分享思想和情感。此后的一小时，很多参加悼念的人发言悼念尼古拉，或诵读《圣经》上的诗歌和选段。吉赛尔和萨莎最后做总结性的发言。然后每个人手拉着手结束仪式，最后是亲友招待会。

悼念行为无论在社会内部还是在不同社会之间都存在巨大差异。对于大多数犹太人和基督教徒来说，都有扩展的仪式伴随着葬礼和下葬。相形之下，教友会悼念活动的仪式最简单。在有些族群，哀痛可以自由表达。例如，非洲裔美国人的葬礼上，感情发泄很普遍，所准备的颂词和音乐常常会引发深深的情绪释放（McGoldrick et al.，2004）。另一些文化不鼓励表露情绪。印尼巴厘岛的居民认为，他们必须平静地面对死亡，因为神在听着他们的祈祷。巴厘岛人承认内心的哀痛，但是会在朋友们的玩笑话、挑逗和干扰下努力保持镇定（Rosenblatt，1993）。

宗教也会考虑到死亡的后果，安慰临终者，也安慰丧亲者。犹太教传统肯定个人的生存，尽管其形式并没有清楚地指明。它最强调的是人类的生存，是给予他人生命和关怀的生活。和其他基督教信仰不同，教友会教派所关注的几乎完全是此时此地——凭借努力争取和平、公正、热爱社会的品格而得到救赎，很少关注对地狱的恐惧和对天堂的憧憬。部落和农耕文化的宗教大多包含对祖先灵魂和来世的复杂信念，以及让死者轻松去往精神世界的习俗。

发泄深刻的情感是非洲裔美国人尤其是美国南方非洲裔葬礼的一部分。在这个浸礼会葬礼上，死者的一位家人失声痛哭。

近来出现了一种新的礼仪：在互联网上纪念死者。这种"葬礼仪式"的好处是传统葬礼不具备的：记录任何地方的丧亲者想要传达的思想和感情，免费或花很少钱奉送礼品，方便地进行纪念等。在这里，不是用传统方式送礼，在网上送礼的大多选择讲述个人经历，突出一件趣事、一个喜欢的笑话或一个交往瞬间（Roberts & Vidal，1999-2000）。除了怀念死者外，一些生者还利用互联网进行开放式的哀悼，让其他人与失去亲人的人对话。访问者可在留言本上记下他们的感受，以此和其他悼念者取得联系（Roberts，2004）。网上纪念还可为人们提供从传统葬礼仪式到公开追悼活动的手段。下面这则"墓地"信息突显了这种高灵活性的悼念中介物的独特性：

我希望能与您保持联系，让您影响我生活的那些活生生的记忆一直铭刻在心。我也许能用这种看来不合习俗的方式让大家分享我的怀念来做到这一点。因为我今天不能到您墓碑前扫墓，我用这种方式告诉您，我是多么爱您。

3. 丧亲干预

同情和理解可以充分地帮助多数人从哀痛中恢复（见下面的“学以致用”表）。在有效的支持很难提供的情况下，对亲属和朋友加以培训，教给他们一些应对技能，对他们很有好处。有时候，培训人员会以加快恢复为目的提出劝告，但这种做法是多数丧亲者不喜欢的（Lehman，Ellard & Wortman，1986）。还有时候，哀痛的人们过于悲伤，无法接受虽有好处、却导致别人退缩的互动（Stylianos & Vachon，1993）。因此，耐心倾听和“只要待在那儿”是最好的帮助方式。

学以致用　　失去亲人后如何度过哀痛

建议	具体做法
允许自己有丧失感。	允许自己面对亲人死亡带来的所有思想和情感。做一个有意识的决定来战胜你的哀痛，并意识到这需要一定时间。
接受社会支持。	在哀痛的早期，让别人来帮助你，如做饭、办事、陪伴等等。要坚决一些；告诉别人你需要什么，让想帮你的人知道该干些什么。
对哀痛过程抱现实主义态度。	预料到会有一些消极、强烈的反应，比如痛苦、悲伤、愤怒，可能会持续几周到几个月，还可能在几年后偶尔浮上心头。哀痛没有唯一的方式，所以要寻找对你来说最好的方式。
怀念死者。	回顾你和死者的关系及经历，认识到再也不能像以前那样和他在一起了。在怀念的基础上建立一种新的关系，用照片、纪念品、祈祷及其他象征物或行动使这一关系永存。
在做好心理准备的时候，投入新的活动，建立新关系，掌握新的生活技能。	决定自己必须放弃哪些角色，并确认这是由死亡导致的，认真采取步骤把这些纳入你新的生活。先确立较小的目标，例如花一个晚上看电影，约一个朋友吃晚饭，报一个烹饪或家政班，或给自己放一周的假。

丧亲干预一般应鼓励人们利用原有的社交网络，同时提供更多的社会支持。有些自助小组，把丧亲经历相同的人们聚到一起，对减轻压力非常有效（Lieberman，1993）。一项针对近期丧偶的老年人的项目中，小组成员互相帮助，解决哀
659 痛问题，学习日常生活技能，结果，参加项目的人们很顺利地团结起来，在日常生活管理方面增强了自我效能感（Caserta，Lund & Rice，1999）。一位寡妇说出了这样做的很多好处：

> 我们一起诉说了被单独留下来的愤怒……我们只身一人时的恐慌。我们一起看喜欢的照片，这样，人人都能了解别人的家庭和曾经有过的快乐。大家在快乐的时候都有一种内疚感……而且觉得继续活下去很好！……当我们中间有一个人完成了一件新任务时，大家一起高兴。如果有人哪一天有烦心事，大家都想伸出援手！……这个小组总能给我帮助，我也要永远为了她们而参加小组活动。我爱你们所有人！（Lund，2005）

对目睹暴力死亡的儿童青少年的干预，必须避免让他们再次经历这类有害的情境，帮助父母和教师战胜他们自己的压力，使他们能更好地安慰孩子和学生，而且从文化角度要敏感处事。在一次学校操场枪击事件之后，学校管理人员举行了一个仪式，送走“愤怒的亡灵”。只是在举行了这样的活动之后，信仰佛教的好多越南学生才重新回到课堂（Nader，Dubrow & Stamm，1999）。

突发的、暴力的和意外的死亡，失去孩子，哀悼者觉得自己可以阻止的死亡，和死者有着矛盾情感或依赖关系，这些都使丧亲者更难战胜丧失。在这样的情况下，由经过专门培训的专业人员进行的哀痛治疗或个别咨询可能有帮助。对丧亲的成人来说，一个有效的方法是，帮助他们从哀痛体验中发现一些有价值的东西，例如，反思与死者关系的意义，发现自己应对灾难的能力，使他们的生活目标感更明确，等等（Neimeyer，2001a）。

七、死亡教育

一些预备性的步骤可以帮助各年龄的人们更有效地应对死亡。引发人们重视临终患者需要的认识死亡运动，导致了死亡教育的兴起。有关死亡、临终和丧亲的课程现在已成为各高等院校开设的熟悉的课程。课程教学包括对医生、护士、心理学工作者和社会工作者的培训，但是其中多数专业课程只有少数人能开课（Wass，2004）。很多社区也开展了针对成人的死亡教育课程。死亡教育还逐渐扩大到少数小学和中学。

在各种水平上的死亡教育都有如下的目标：

- 提高学生对临终时出现的身体和心理变化的认识；
- 帮助学生学习如何应对亲人的死亡；
- 让学生了解，接受临终医疗和丧葬服务的人们须做哪些准备；
- 促进对有关死亡的社会、伦理问题的认识。

661 死亡教育的形式是多种多样的。有些课程着重传授知识，有些则偏重实践性，包括各种活动，例如角色扮演，和临终病人交谈，参观太平间和墓地，练习个人死亡意识等等。研究显示，采用讲课式教学，学生容易学到知识，但是常常使学生比刚进课堂时对死亡感到更不舒服。相形之下，偏重实践的课程帮助人们面对自己的死亡，不会增强死亡焦虑，有时还会减轻焦虑（Durlak & Riesenberg，1991；Maglio & Robinson，1994）。

无论是在课堂上学到的还是从生活经历中学到的，我们对死亡的认识和感受都必须通过和他人互动而得到提高。了解人是怎样死的，同时了解我们自己的死亡，当我们遭遇巨大丧失的同时也有所收获。临终者有时向亲人说，意识到自己生命是短暂的，使他们放下那些无关紧要的烦心事，不再浪费精力，而是关注生活中真正重要的东西。正像一位艾滋病患者说的，"这是对生命的热爱，只不过刚刚开始加速"——它是这样一个加速过程，正常情况下需要几年或几十年才能解决的问题，在几周或几个月时间里就解决了（Selwyn，1996，p. 36）。把本章内容的学习运用到我们自己身上，可以使我们了解死亡和临终，因而使我们的生命更完整。

思考题

复习 哪些情况可能导致丧亲超载，举例说明。

应用 说出能够有效地帮助人们应对丧失的自助小组的特征。

联结 把哀痛者的反应和238页描述的临终患者临死时的思维和情感加以比较。能不能把临终者的反应看成是一种哀痛形式？为什么？

反思 访问一个网上"墓地"，如："虚拟纪念碑"，virtualmemorials. com；EGC纪念碑，www. egcmemorials. com。各举一个网上礼品、留言簿和纪念品的例子，说明虚拟纪念碑是帮助人们应对死亡的一种独特方式。

本章要点

一、人是怎么死的

662 描述了临终者的身体变化及其对界定死亡的启示和有尊严死亡的意义。

在工业化国家，大约1/4的死亡是突发死亡，其中80%～90%为心脏病突发。由于挽救生命的医学技术的发展，有3/4，即比过去更多的人，其死亡是漫长和逐渐发生的。

■ 临终一般经历三个阶段：**濒死期**，当身体不再能维持生命的最初时段出现的喘息和肌肉痉挛；**临床死亡**，是一段短暂的时间，其间心跳、血液循环和呼吸停止，脑功能丧失，但仍有复活的可能；**死亡**，或永久死亡。

■ 在大多数工业化国家，**脑死亡**被作为死亡的定义。但是成千上万的病人处于**持续性植物状态**，使脑死亡这一标准不能解决一个两难问题，即何时应该结束无法治愈的疾病的治疗。

■ 多数人不会经历轻松的死亡。因此，我们可以尽量使死亡更有尊严，如帮助临终患者克服身体和心理上的痛苦，向他们承认死亡的确定性，帮他们了解自己的病情并对治疗做出理智的选择。

二、对死亡的认识和态度

讨论了死亡概念和态度随年龄发生的变化，并引证了影响死亡焦虑的因素。

■ 和过去几代人相比，工业化国家的很多年轻人到成年期还很少接触到死亡，这造成了人们对死亡的不安感。

■ 儿童要理解死亡，必须掌握生物学的一些基本概念，必须会分辨什么是“死的”、“无生命的”、“不真实的”和“不存在的”。在幼儿期和小学期，多数儿童已经获得了类似成人的死亡概念，逐渐掌握了其各个要素。有关死亡的经历和宗教教育会影响儿童的理解。如果父母坦率地与孩子谈论死亡，儿童就能较好地领会这一事实，并且较早地接受死亡。

■ 青少年往往不能把他们对死亡的认识运用到现实生活中。虽然知道死亡会在任何时候、发生在任何人身上，但青少年却容易接受与此相反的观点，喜欢冒险，认为死亡与己无关。成人和青少年讨论对死亡的担忧，可以帮助他们在死亡这一逻辑概念和他们的个人经历之间建立一座桥梁。

■ 在成年早期，很多人不愿意想到死亡，中年期的人们较多地意识到自己的死亡和生命的有限性。到老年期，死亡逐渐临近，老年人对临终过程比对死亡状态考虑得更多。

■ **死亡焦虑**存在很大的个体差异与文化差异。拥有精神力量感和成熟的个人死亡观的人，较少体验到死亡焦虑。由于老年人较成熟的调节消极情绪能力和象征性不朽感，他们的死亡焦虑低于中青年人。女性比男性表现出更多的死亡焦虑，因为她们对自己的情感持更开放的态度。

三、临终者的思维与情感

描述和评价了屈伯勒-罗斯的临终典型反应理论，引证了影响临终患者反应的因素。

■ 根据伊丽莎白·屈伯勒-罗斯的理论，临终者表现出五种典型的反应，她最初称之为五个“阶段”：否认、愤怒、讨价还价、抑郁和接受。这些反应不是按固定顺序发生的，临终者经常表现出其他的应对策略。

■ **理想的死亡**是一种符合个体生活方式和价值观、能够保留或恢复重要的人际关系，并尽可能减轻病痛的死亡。各种环境因素，如疾病性质、人格与应对方式、家人和医护人员的真诚与敏感性、精神力量、宗教信仰和文化背景，影响着一个人的临终反应，进而影响他实现理想的死亡的程度。

四、死亡地点

评价了家庭、医院和临终关怀方式能多大程度地满足临终者及家属的需要。

■ 绝大多数人说他们想死在家里，但专业人员对临终患者的帮助和护理有很大困难。要满足对临终者的医疗和舒适护理的要求，需要把一些特殊设备和技术支持搬到家里。

■ 突发死亡往往发生在医院的急救室，医护人员富于同情心的解释会减少家属的愤怒、挫折感和困惑。把挣扎在生死之间的患者几个月地束缚在医疗设备上，这种重症监护是不够人性化的。即使在一般或特殊的癌症病房，对护理有效性的强调也往往是对理想的死亡的妨碍。多数医院尚不具备以缓解临终痛苦为目的的综合治疗方案。

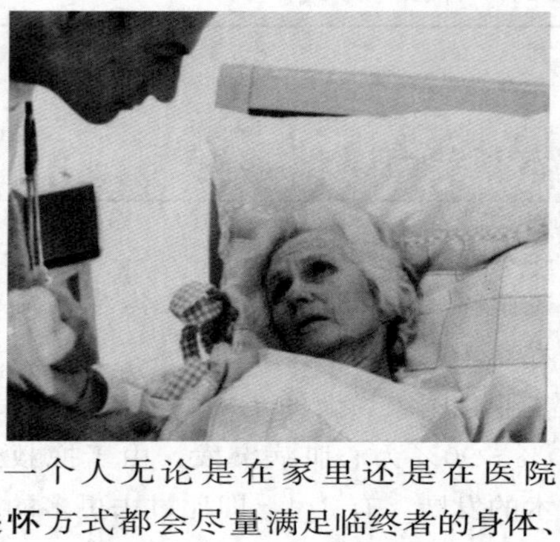

■ 一个人无论是在家里还是在医院死去，**临终关怀**方式都会尽量满足临终者的身体、情绪、

663 社会和精神需要，采用**缓解式护理**，或**缓和式护理**，重点是保证临终前的生活质量，而不仅仅是延长生命。临终关怀方案还在患者病逝后一年内对家属提供丧亲服务。临终关怀式护理不仅能减轻患者身体上的痛苦，而且能在患者病逝一年到两年内促进家庭功能，改善家属的心理健康。

五、死的权利

讨论围绕着安乐死和协助自杀的争议。

■ 现代挽救生命的医疗技术可以延缓不可避免的死亡，但同时也会降低生活质量和个人尊严。**安乐死**——结束一个遭受无可挽回病痛的人的生命——有各种形式。

■ **被动安乐死**，即停止或取消对无救治希望的病人的维持生命的治疗，是被广泛接受并实施的。但是在未形成结束生命的健康护理的一致意见情况下，人们为了确保自己的愿望实现，可以准备一份书面的**预先医疗指示**。**生前遗嘱**是一种对治疗的指示。**医疗护理长期授权书**则是比较灵活的方式，它授权给另一个人代表患者做出治疗决定。如果没有预先医疗指示，美国一些州和加拿大一些省也承认一份健康护理委托书。

■ 公众普遍支持**自愿主动安乐死**，即医生或其他人遵照遭受病痛折磨的病人的要求，在自然死亡之前结束其生命。这一做法引起了激烈的争议。人们担心这一做法会破坏对医护人员的信任，并“灾难性地滑落到”杀死那些不想死的脆弱的人们。

■ 协助自杀不能得到公众的一致赞同。但是由于最后行动是由患者自己实施的，一些专家认为协助自杀的合法化比自愿主动安乐死更有必要。

六、丧亲：如何应对亲人的死亡

描述了哀痛的几个时期、导致哀痛的个别差异的因素，以及丧亲干预。

■ **丧亲**指丧失亲人的体验，**哀痛**是伴随着亲人死亡而产生的强烈的身体和心理痛苦。**哀悼**的习俗是文化上习惯的对死者表达思想和情感的、帮助人们度过哀痛的礼仪。

■ 很多理论家认为哀痛按一定次序经历几个时期：回避、面对和恢复——更确切的比喻是像坐过山车，哀悼者在完成一系列任务之后，随着时

间延长逐渐恢复正常。根据**应对丧失的二元过程模型**，有效应对是在处理丧失的情感后果与投入生活变化之间的一种摆动，这种摆动使哀痛被暂时分散与缓解。

■ 和临终一样，哀痛也受到很多个人因素与情境因素的影响。丧亲的男性直接表达的哀痛比女性少。在突发、意外的死亡之后，回避可能会尤其突出，面对则是高创伤性的。相形之下，缓慢的、预料中的死亡使丧亲者有时间应对**预料中的哀痛**。

■ 父母失去子女，儿童失去父母或兄弟姐妹，哀痛一般会很强烈而持久。成年早期或中年期丧失配偶或伴侣会打乱人生规划。较年轻的丧偶者比老年丧偶者适应更差。如果同性恋者的亲属限制或阻挠另一方参与葬礼，则会导致*哀痛剥夺*体验，它可能使哀痛过程被严重破坏。

■ 同时或连续经历几个人死亡的人会出现**丧亲超载**。处于这种危险中的人有伴侣和朋友死于艾滋病的年轻人、老年人和目击意外暴力死亡的人。

■ 同情和理解是多数人从哀痛中得以恢复的充分条件。自助小组能够提供额外的社会支持。如果丧亲者很难克服丧失带来的哀痛，专业人员的丧亲干预可能会给他们帮助。

七、死亡教育

解释了死亡教育可以帮助人们更有效地应对死亡。

■ 如今，关于死亡、临终和丧亲的课程，已经在一些学院和大学里出现。对医生、护士和护理专业人员的培训项目中，一些成人教育项目中，在少数小学和中学里也有这样的课程。如果课程除了传播知识之外，增加一些实践成分，就更容易在认知和情感上被学生接受。

重要术语和概念

advance medical directive (p. 651) 预先医疗指示

agonal phase (p. 636) 濒死期

anticipatory grieving (p. 656) 预料中的哀痛

appropriate death (p. 644) 理想的死亡

bereavement (p. 655) 丧亲

brain death (p. 637) 脑死亡

clinical death (p. 636) 临床死亡

death anxiety (p. 641) 死亡焦虑

dual-process model of coping with loss (p. 656) 应对丧失的二元过程模型

durable power of attorney for health care (p. 651) 医疗护理长期授权书

euthanasia (p. 650) 安乐死

grief (p. 655) 哀痛

hospice (p. 648) 临终关怀

living will (p. 651) 生前遗嘱

mortality (p. 636) 死亡

mourning (p. 655) 哀悼

palliative, or comfort, care (p. 648) 缓解式护理或缓和式护理

passive euthanasia (p. 650) 被动安乐死

persistent vegetative state (p. 637) 持续性植物状态

voluntary active euthanasia (p. 652) 自愿主动安乐死

术语解释

（英文术语后面的页码为英文版页码，即本书边码）

active lifespan（p. 563）**积极寿命**，在某一年出生的人所拥有的健康而精力充沛的生活的年数。参见平均预期寿命和最长寿命。

activities of daily living（ACLs）（p. 564）**日常活动**，指一个人单独生活时的自我照料，如洗澡、穿衣、上下床、在椅子上座下和站起、吃饭等等。

activity theory（p. 611）**活动理论**，一种老年社会学理论，认为导致老年人交往下降的原因是参加社会活动的障碍，而非他们愿望的降低。当老年人失去某些角色（例如因为退休或丧偶）后，他们会寻找其他使自己能像中年期那样积极忙碌的角色。根据这一观点，老年人的生活满意度取决于能否使他们继续承担角色、保持社会关系的条件。

advance medical directive（p. 651）**预先医疗指示**，关于本人在疾病不可治愈情况下所希望采取的医疗处置的书面陈述。

affect optimization（p. 601）**情感最优化**，使积极情感最大化同时抑制消极情感的能力，在老年期得到加强。

agonal phase（p. 636）**濒死期**，指临终时身体不再能维持生命的最初时段出现的喘息和肌肉痉挛。参见临床死亡和死亡。

Alzheimer's disease（p. 580）**阿尔兹海默症**，痴呆症的最常见类型，大脑的结构性、化学性的退化，导致思维和行为多方面能力的丧失，包括记忆、熟练动作和有目的的运动、理解力和言语能力。

amyloid plaques（p. 581）**淀粉样斑块**，在神经元外部堆积的、称为淀粉样蛋白的退化蛋白质，其周围被死亡的束状神经纤维和胶质细胞块包围。

anticipatory grieving（p. 656）**预料中的哀痛**，在长期、预料中的死亡之前，知道丧失不可避免并在情感上做好了准备。

appropriate death（p. 644）**理想的死亡**，一种符合个体的生活方式和价值观、能够保留或恢复重要人际关系，并尽可能减轻病痛的死亡方式。

assistive technology（p. 571）**辅助技术**，各类帮助能力低下者改善身体功能的设备，可帮助老年人应对身体缺陷。

autoimmune response（p. 569）**自体免疫反应**，免疫系统的不正常反应，免疫系统不去攻击外来病毒，却反过来攻击自己的正常身体组织。

average life expectancy（p. 562）**平均期望寿命**，在某一年出生的人，从任意给定的一个年龄开始，预期还可以活到的平均年龄。参见最长寿命和积极寿命。

basal metabolic rate（BMR）（p. 438）**基础代谢率**，身体在完全放松状态下所消耗的热量。

bereavement（p. 655）**丧亲**，所爱的亲人去世而产生的体验。

"big five" personality traits（p. 540）**"大五"人格特质**，从数百种人格特质中提取出的五个基本因素：神经质、外向性、求新性、随和性和尽责性。

biological aging，or senescence（p. 431）**生物学老化**或**衰老**，在基因影响下，器官和系统的机能随年龄增长而衰退，在人类所有成员身上普遍存在，亦称初级衰老。

brain death（p. 637）**脑死亡**，脑和控制反射的脑干的一切活动不可逆转地终止了。

burnout（p. 552）**枯竭**，长期工作压力导致的心理状态，表现为心理疲惫、失去个人控制感和成就感降低。

cataracts（p. 566）**白内障**，出现在晶状体和眼膜的模糊区域，在中老年期逐渐增多，它导致视力模糊，如果不做外科手术，最终会失明。

cerebrovascular dementia（p. 583）**脑血管痴呆症**，多次中风造成多个脑细胞死亡区，导致心理能力的逐步衰退，每一步衰退都发生在一次中风后。

climacteric（p. 502）**更年期**，人的生殖力下降的中年转折期。

clinical death（p. 636）**临床死亡**，临终时的一段短暂时间，其间心跳、血液循环和呼吸停止，脑功能丧失，但仍有复活的可能。

congnitive-affective complexity（p. 451）**认知—情感复杂性**，意识到积极和消极情感并把它们协调成一个复杂的、有组织的结构的能力。

cohabitation（p. 484）**同居**，未婚伴侣的生活方式，同居者拥有亲密的性关系并共同生活。

commitment within relativistic thinking（p. 450）**自觉的相**

对论思维，不是在互相对立的观点之间做出选择，而是把互相矛盾的观点加以整合，形成一个更满意的观点。

companionate love（p. 469）**陪伴的爱**，表现为温情、信任和互相照顾的爱。参见激情的爱。

compression of morbidity（p. 574）**疾病期缩短**，随着期望寿命的延长，把死亡前精力衰退的平均时间缩短的公共卫生目标。这一目标的实现受到贫穷和消极生活方式因素的妨碍。

congregate housing（p. 615）**集合住宅**，可为老年人提供各种支持性服务的住宅，包括公共餐厅、对身体和心理能力缺失老年人的监管式护理场所等。

continuity theory（p. 611）**连续性理论**，关于老年期的社会学理论，认为老年人在选择日常活动和社会关系时，努力保持一种个人系统，包括同一性、人格特征、兴趣、角色和技能，以此来确保他们的过去与未来之间的一致性，增进生活满意度。参见疏离理论、活动理论和社会情感选择理论。

cross-linkage theory of aging（p. 432）**交联衰老理论**，一种生物学衰老理论，认为，在正常情况下，互相分离的蛋白质纤维形成交叉联结，导致组织的弹性降低，产生许多消极后果，如皮肤和其他器官的弹性丧失，眼睛晶状体变模糊，动脉阻塞，肾损伤等。交叉联结可由锻炼及富含维生素和低脂肪的饮食而减缓。

crystallized intelligence（p. 516）**晶体智力**，凭借知识积累、良好判断力和深谙社会习俗的能力，对这些能力的掌握，源于个体所在文化对它们的看重。

death anxiety（p. 641）**死亡焦虑**，对死亡的恐惧和忧虑。

dementia（p. 579）**痴呆症**，是几乎全部发生在老年期的一系列失调，思维和行为多方面的损伤，使日常生活陷于混乱。

dependency-support script（p. 606）**依赖—支持型**，一种常见的互动形式，老年人的依赖行为马上会受到注意，进而强化了这种行为。参见独立—忽视型。

disengagement theory（p. 610）**疏离理论**，一种老年期社会学理论，认为由于对死亡的预期，老年人与社会之间出现共同后撤。参见活动理论、连续性理论和社会情感选择理论。

dual-earner marriage（p. 492）**双职工家庭**，夫妻都参加工作的家庭。

dual-process model of coping with loss（p. 656）**应对丧失的二元过程模型**，一种理论观点，认为有效的应对要求人们在处理丧失的情感后果与投入生活变化之间摆动，如果能处理好这种摆动，就会产生恢复效果，或愈合效果。

dualistic thinking（p. 450）**二元论思维**，佩里的理论术语，年轻大学生在寻求绝对真理时把信息、价值观、权威人物分成对与错、好与坏、我们与他们的思维方式。

durable power of attorney for health care（p. 651）**医疗护理长期授权书**，授权另一人（通常是家属但也可不是）代表本人做出医疗护理决定的书面陈述。

egalitarian marriage（p. 475）**平等主义婚姻**，一种婚姻类型，夫妻关系平等，彼此分享权力和威望。夫妻双方都要平衡他们在工作、照看孩子、处理夫妻关系方面投入的时间和精力。

ego integrity versus despair（p. 600）**自我完整对绝望**，埃里克森理论中老年期的心理冲突，解决了这一冲突，形成了自我完整感的人觉得自己是完整的、完全的，对个人取得的成就感到满意，接受自己走过的人生道路，把它看成必然会发生的事情。

emerging adulthood（p. 430）**成年初显期**，发展的一段过渡期，从青少年晚期持续到 25 岁左右，这一时期的许多人结束了青少年期但是仍不能承担成年人的责任，他们对不同想法加以探索的欲望比十几岁时强烈得多。

epistemic cognition（p. 450）**认知的认知**，人们对怎样获得事实、观念和想法的反思。

euthanasia（p. 650）**安乐死**，让遭受不可治愈疾病痛苦的人结束生命的做法。

expertise（p. 452）**专长**，掌握了某一领域或方面的广博知识。

family life cycle（p. 474）**家庭生活周期**，世界上大多数家庭发展都具有的一种时间顺序。成年早期，人们一般会独立生活，结婚，养育子女。到中年期，做父母的责任减轻。老年期将会退休，变老，多数女性会面临配偶去世。

fantasy period（p. 454）**幻想期**，职业发展的一个阶段，在幼儿期和小学期，儿童通过对未来职业的幻想接触职业选择问题。

feminization of poverty（p. 542）**贫穷的女性化**，女性自己养活自己及其家庭的趋势，这些女性，无论年龄和种族，已成为生活贫困的成年人口的主体。

fluid intelligence（p. 516）**流体智力**，主要依靠基本信息加工能力的认知技能，如对视觉刺激之间关系的觉察、对信息进行分析的速度，以及工作记忆的容量。主要受个体的大脑及学习的影响。参见晶体智力。

frailty（p. 557）**衰弱**，身体多个组织与系统的功能减弱，严重地妨碍了日常生活能力，而且在温度很高、很低或受伤时容易感染。

free radicals (p. 432) **自由基**，在有氧环境中形成的具有高度反应性的化学物质，包括对细胞功能起重要作用的DNA、蛋白质和脂肪。

functional age (p. 562) **机能年龄**，老年人的实际能力和行为（与日历年龄相区别）。

generativity versus stagnation (p. 530) **繁衍对停滞**，埃里克森理论中成年中期的心理冲突，如果成年人能把个人目标与整个社会福利相联系，就能妥善地解决这一冲突。其结果是，帮助和指导下一代的能力增强。

gerotranscendence (p. 601) **老年卓越**，琼·埃里克森提出的超越自我完整感的心理阶段，为非常高龄者所具有，是一种超越自我、指向未来、指向外界的宇宙观和卓越观，表现出一种强大的内心平静和镇定状态。

glass ceiling (p. 553) **玻璃天花板**，女性和少数族裔在向公司高层晋升时遭遇的隐形障碍。

glaucoma (p. 501) **青光眼**，因眼液排出效果差，导致眼压升高引起的可损坏视神经和老年人失明的眼疾。

grief (p. 655) **哀痛**，因失去亲人而导致的强烈的身体上和心理上的痛苦。

hardiness (p. 514) **毅力**，三种行为特征——自我控制力、自觉性与挑战性共同组成的一种个人品质，可帮助人们适应性地应对压力，减轻其对疾病和死亡率的影响。

hormone therapy (p. 504) **激素疗法**，让绝经期的女性每天摄入小剂量的雌激素，可以减轻绝经期的不舒适，防止因雌激素减少导致的损害，如骨骼退化。激素疗法有两种类型：只使用雌激素，或称雌激素替代疗法（ERT），适用于做过子宫切除的女性；雌激素加黄体酮，或称激素替代疗法（HRT），适用于其他女性。

hospice (p. 648) **临终关怀**，为绝症病人及其家属提供支持性服务的一套综合性方案，它可提供一个能满足临终者需要的护理团队，以便患者及其家属能以满意的方式为死亡做准备。

implicit memory (p. 588) **内隐记忆**，无意识的记忆。

independence-ignore script (p. 606) **独立—忽视型**，一种互动方式，老年人的独立行为被忽视，使这种行为发生得越来越少。参见依赖—支持型。

information-loss view (p. 518) **信息遗失观**，一种理论观点，认为随着年龄增长，认知加工速度减慢的原因是在信息通过认知系统时遗失较多，使整个系统减慢速度，对信息加以检查和解释。

instrumental activities of daily living (IADLs) (p. 564) **日常工具性活动**，需要一定认知能力才能完成的对日常生活的打理，如打电话、购物、做饭、打扫房间、付账单等。

intimacy versus isolation (p. 464) **亲密对孤独**，埃里克森理论中成年早期的心理冲突，要顺利解决这一冲突，年轻人必须放弃某些独立性，永远地投身于一个亲密伴侣。

kinkeeper (p. 543) **亲情维系者**，三代人家庭中，中间一代，尤其是母亲承担的角色，负责把家人聚在一起庆祝节日，确保家人之间保持联系。

life care communities (p. 615) **生活护理小区**，可为老年人提供各种选择的居住区，从独立住宅或集合住宅，到完全家庭护理。入住时交纳的一笔较大的费用和每月另交的费用，可以保证老年人的不同需要都能在某类居住条件下得到满足。

life expectancy crossover (p. 563) **期望寿命的交叉**，不同族群人口的期望寿命随年龄增长出现的逆转现象，例如，低社会经济地位少数族裔达到 85 岁时，其寿命高于白种人。

life review (p. 601) **生活回顾**，一个人回忆、反思、重新评价过去的经历，审视其意义，以达到更深刻的自我理解的目标。

life structure (p. 465) **生活结构**，莱文森理论的概念，指一个人在某个年龄，其生活的基本方式和设计，由这个人与重要他人（婚姻、家庭和职业中必须相处的人）的关系构成，在成年期的每个阶段，生活结构都要重组。

living will (p. 651) **生前遗嘱**，一份书面陈述，指明在患绝症、昏迷或其他濒临死亡情况下，自己希望的和不希望的治疗。

loneliness (p. 472) **孤独感**，一个人现有社会关系与其期望拥有的社会关系间的差距导致的不愉快情感。

macular degeneration (p. 566) **黄斑变性**，视网膜中区的光敏细胞功能下降导致中央视觉区模糊，并逐渐丧失视觉。

maximum lifespan (p. 564) **最长寿命**，排除了外部危险因素的影响，由遗传决定的一个人的寿命极值。参见平均预期寿命和积极寿命。

menopause (p. 502) **绝经**，女性的月经停止，丧失生殖能力。女性绝经的年龄范围从近 40 岁到近 60 岁之前，北美、欧洲和东亚女性绝经的平均年龄是 50 岁出头。

midlife crisis (p. 534) **中年危机**，在向中年期过渡时发生的内心混乱、自我怀疑和人格重构，但是只有少数成年人感受到这种危机。

mortality (p. 636) **死亡**，临终的一个时期，个体进入永久死亡。参见濒死期和临床死亡。

mourning（p. 655）**哀悼**，丧亲者用带有本文化特点的葬礼和其他仪式表达其思想和感情。

neural network view（p. 518）**神经网络观**，一种理论观点，认为脑细胞死亡时，会出现某些神经网络中断现象。大脑凭借新形成的侧路——在中断处周围形成新突触联结，来适应这种变化，但效果不如原来。

neurofibrillary tangles（p. 581）**神经纤维缠结**，神经纤维缠绕成簇，是神经结构遭到破坏的结果。

osteoarthritis（p. 578）**骨关节炎**，最常见的一种关节炎，原因是，经常使用的关节末端软骨过度磨损。

osteoporosis（p. 511）**骨质疏松症**，随着年龄增长，骨密度降低达到严重程度导致的疾病。疏松多孔的骨骼很容易骨折，非常严重时会导致站立不稳的姿态、踉踉跄跄的步伐和驼背。

palliative, or comfort, care（p. 648）**缓解式护理**或**缓和式护理**，对临终患者的护理方式，强调减轻痛苦和其他症状（如呕吐、呼吸困难、失眠和抑郁），而不仅是延长生命。

parental imperative theory（p. 539）**父母强制理论**，一种理论观点，认为父母在孩子年幼时，一直保持对传统性别角色的认同，将有助于子女的生存。男人的行为更有目的性，女人则更多地照顾家人。孩子成年后，父母开始自由地展现人格中“另一性别”的一面。

passionate love（p. 468）**激情的爱**，在强烈的性吸引力基础上的爱情。

passive euthanasia（p. 650）**被动安乐死**，停止或撤销维持生命的治疗，让患者自然死亡。参见自愿主动安乐死。

persistent vegetative state（p. 637）**持续性植物状态**，大脑皮层已没有脑电活动，但是脑干仍有脑电活动。

possible selves（p. 536）**可能的自我**，关于一个人希望将来变成什么样、不愿变成什么样的表征。可能的自我是时间维度上的自我概念，说明一个人努力成为什么样的人，避免成为什么样的人。

postformal thought（p. 450）**后形式思维**，皮亚杰的形式运算阶段之后的认知发展阶段。

practical problem solving（p. 521）**实际问题解决**，需要人们对现实情境做出评价，并分析怎样最好地达到不确定性很强的目标。

pragmatic thought（p. 451）**实用性思维**，拉伯威-维夫的理论，成年人的思维中，逻辑成为解决现实生活问题的工具，并且接受不一致和不完美的东西。

premenstrual syndrome（PMS）（p. 447）**经前综合征**，女性月经前6～10天出现的一系列生理和心理症状。常见有腹部绞痛、体液潴留、痢疾、乳房痛、背痛、头痛、虚弱、紧张、易发火、抑郁。

presbycusis（p. 501）**老年性耳聋**，因年老造成的听力退化，50岁左右对高频音的听力快速降低，此后逐渐扩大到各种频率。

presbyopia（p. 500）**远视眼**，即“老花眼”，60岁左右，晶状体失去适应远近不同的物体的能力。

primary aging（p. 557）**初级衰老**，遗传影响下，器官和系统随年龄的退化，会影响所有人，包括健康状况良好的人。参见次级衰老。

prospective memory（p. 589）**前瞻记忆**，对未来计划要做的事情的记忆。

realistic period（p. 454）**现实期**，职业发展的一个时期，20岁前后的年轻人关注一般的职业分类，然后确定一个职业。参见幻想期和尝试期。

relativistic thinking（p. 450）**相对论思维**，佩里理论中大学高年级学生的思维形式，认为所有知识都处于特定的思维框架中。对同一个问题可能有不同看法，不存在绝对真理，真理是多元的，每个真理都是相对于其背景而言的。参见二元论思维。

reminiscence（p. 601）**怀旧**，讲述自己过去经历过的人和事，并说出相关的思想和情感。

remote memory（p. 589）**长久记忆**，对很久以前事情的记忆。

rheumatoid arthritis（p. 578）**风湿性关节炎**，关节炎的一种类型。自体免疫反应导致联结组织，尤其是联结关节的骨膜发炎，造成全身僵硬、发炎和疼痛。软骨组织增生会破坏它周围的肌腱、肌肉和骨骼，导致关节变形，丧失活动能力。参见骨关节炎。

sandwich generation（p. 547）**三明治一代**，中年人上有病老的父母，下有经济未独立的子女，像是“三明治”或被夹板夹住的人。

secondary aging（p. 577）**次级衰老**，由遗传缺陷和不良环境影响导致的衰老，这些不良影响包括不良饮食、缺乏锻炼、疾病、致瘾物滥用、环境污染和心理压力等。参见初级衰老。

secondary friends（p. 621）**次要朋友**，不算亲密但偶尔会花时间一起相处的人，例如一起吃午饭、打桥牌或参观博物馆的人们。

selective optimization with compensation（p. 587）**选择性最优化补偿**，可使老年人保持其较高机能的策略。例如降低目标，选择对个人有价值的活动，以求最优化地恢复其衰退的能力。他们还找到了补偿衰退的新方法。

skipped-generation family（p. 546）**隔代家庭**，孙辈和祖辈住在一起而和父母分开住的家庭。

sleep apnea（p. 570）**睡眠窒息**，一种在睡眠中呼吸暂停 10 秒钟或更长时间的症状，可造成多次短暂的夜醒。

social clock（p. 467）**社会钟**，对某一年龄应该发生哪些生活事件的预期，这些事件如参加工作、结婚、生第一个孩子、买房和退休，它对成人发展有重要的文化影响和代际影响。

social convoy（p. 616）**社会护航**，社交网络随年龄而发生的变化，一个人是在一些关系的簇拥下走完一生的。位于里圈的是最密切的关系，关系不太密切的人则在外围。随着年龄增长，护航的位置发生了变化，有新关系加进来，也有些关系会中断。

socioemotional selectivity theory（p. 611）**社会情感选择理论**，一种老年社会学理论，认为社会互动在一生中越来越具选择性。在中年期，婚姻关系加深，兄弟姐妹间的关系愈加亲密，朋友数量则减少。在老年期，与家人和老朋友的来往可持续到 80 多岁，但逐渐偏向于只和几个人保持亲密关系。参见疏离理论、活动理论和连续性理论。

successful aging（p. 628）**成功的晚年**，获得被最大化，而丧失被最小化的晚年。

tentative period（p. 454）**尝试期**，职业发展的一个时期，青少年开始认真思考职业问题，起初是根据兴趣，在逐渐理解不同职业对个人条件和受教育状况的要求后，开始根据自己的能力和价值观来思考。参见幻想期和现实期。

terminal decline（p. 593）**终极衰退**，死亡之前认知机能的明显恶化。

traditional marriage（p. 475）**传统型婚姻**，一种夫妻分工明确的婚姻形式。丈夫是一家之长，其首要职责是为家庭提供经济保障；妻子负责照顾丈夫和孩子，营造一个舒适的家庭环境。参见平等主义婚姻。

triangular theory of love（p. 468）**爱情三维理论**，斯腾伯格认为爱情包括亲密、激情和奉献三个要素，随着恋爱关系的发展，三种要素的侧重有所不同。

Type A behavior pattern（p. 512）A **型行为模式**，一种行为模式，包括很强的竞争性和高抱负，缺乏耐心，对人有敌意，容易暴怒，有时间压力感。

voluntary active euthanasia（p. 652）**自愿主动安乐死**，医生或其他人在病人要求下，在自然死亡之前结束其生命。

wisdom（p. 591）**智慧**，认知的高级形式，包括：具有广博深刻的实际知识；以使生活更长久、更有价值的方式对知识进行反思和运用；情感成熟性，如倾听、评估和提出建议的能力；对人类做贡献，使别人的生活更幸福的利他主义的创造性。

参考文献*

A

AARP (American Association of Retired Persons). (2002). *The Grandparent Study 2002 report.* Washington, DC: Author.

Abbey, A., & McAuslan, P. (2004). A longitudinal examination of male college students' perpetration of sexual assault. *Journal of Consulting and Clinical Psychology, 72,* 747–756.

Abbey, A., Zawacki, T., Buck, P. O., Clinton, A. M., & McAuslan, P. (2004). Sexual assault and alcohol consumption: What do we know about their relationship and what types of research are still needed? *Aggression and Violent Behavior, 9,* 271–303.

Abbott, S. (1992). Holding on and pushing away: Comparative perspectives on an eastern Kentucky child-rearing practice. *Ethos, 20,* 33–65.

Abel, E. (2004). Paternal contribution to fetal alcohol syndrome. *Addiction Biology, 9,* 127–133.

Abikoff, H. B., Jensen, P. S., Arnold, L. L., & Hoza, B. (2002). Observed classroom behavior of children with ADHD: Relationship to gender and comorbidity. *Journal of Abnormal Child Psychology, 30,* 349–359.

Aboud, F. E. (2003). The formation of in-group favoritism and outgroup prejudice in young children: Are they distinct attitudes? *Developmental Psychology, 39,* 48–60.

Aboud, F. E., & Amato, M. (2001). Developmental and socialization influences on intergroup bias. In R. Brown & S. Gaertner (Eds.), *Blackwell handbook of social psychology: Intergroup processes.* Oxford, UK: Blackwell.

Aboud, F. E., & Doyle, A. (1996). Parental and peer influences on children's racial attitudes. *International Journal of Intercultural Relations, 20,* 371–383.

Abra, J. (1989). Changes in creativity with age: Data, explanations, and further predictions. *International Journal of Aging and Human Development, 28,* 105–126.

Abraham, R. (2005). Emotional intelligence in the workplace: A review and synthesis. In R. Schulze & R. D. Roberts (Eds.), *Emotional intelligence: An international handbook* (pp. 255–270). Göttingen, Germany: Hogrefe & Huber.

Abraham, S. (1998). Satisfaction of participants in university-administered elderhostel programs. *Educational Gerontology, 24,* 529–536.

Achenbach, T. M., Phares, V., Howell, C. T., Rauh, V. A., & Nurcombe, B. (1990). Seven-year outcome of the Vermont program for low-birthweight infants. *Child Development, 61,* 1672–1681.

Acker, M. M., & O'Leary, S. G. (1996). Inconsistency of mothers' feedback and toddlers' misbehavior and negative affect. *Journal of Abnormal Child Psychology, 24,* 703–714.

Acker, M., & Davis, M. H. (1992). Intimacy, passion, and commitment in adult romantic relationships: A test of the triangular love theory. *Journal of Social and Personal Relationships, 9,* 21–50.

Ackerman, P. L. (2000). Domain-specific knowledge as the "dark matter" of adult intelligence: Personality and interest correlates. *Journal of Gerontology, 55B,* P69–P84.

Ackerman, S., Zuroff, D. C., & Moskowitz, D. S. (2000). Generativity in midlife and young adults: Links to agency, communion, and subjective well-being. *International Journal of Aging and Human Development, 50,* 17–41.

ACT (American College Testing). (2005). Retention trends. Retrieved from www.act.org/path/postsec/droptables/index.html

Adams, G. R., & Marshall, S. (1996). A developmental social psychology of identity: Understanding the person in context. *Journal of Adolescence, 19,* 429–442.

Adams, K. B. (2004). Changing investment in activities and interests in elders' lives: Theory and measurement. *International Journal of Aging and Human Development, 58,* 87–108.

Adams, K. B., Sanders, S., & Auth, E. A. (2004). Loneliness and depression in independent living retirement communities: Risk and resilience factors. *Aging and Mental Health, 8,* 475–485.

Adams, M. (2003). *Fire and ice: The United States, Canada, and the myth of converging values.* Toronto: Penguin.

Adams, R. G. (1985–1986). Emotional closeness and physical distance between friends: Implications for elderly women living in age-segregated and age-integrated settings. *International Journal of Aging and Human Development, 22,* 55–76.

Adams, R. G., Bleiszner, R., & De Vries, B. (2000). Definitions of friendship in the third age: Age, gender, and study location effects. *Journal of Aging Studies, 14,* 117–133.

Adams, R., & Laursen, B. (2001). The organization and dynamics of adolescent conflict with parents and friends. *Journal of Marriage and the Family, 63,* 97–110.

Addington-Hall, J. (2000). Do home deaths increase distress in bereavement? *Palliative Medicine, 14,* 161–162.

Adkins, G., Martin, P., & Poon, L. W. (1996). Personality traits and states as predictors of subjective well-being in centenarians, octogenarians, and sexagenarians. *Psychology and Aging, 11,* 408–416.

Adler, N. E., & Newman, K. (2002). Socioeconomic disparities in health: Pathways and policies. *Health Affairs, 21,* 60–76.

Adolph, K. E. (2000). Specificity of learning: Why infants fall over a veritable cliff. *Psychological Science, 11,* 290–295.

Adolph, K. E., & Eppler, M. A. (1998). Development of visually guided locomotion. *Ecological Psychology, 10,* 303–321.

Adolph, K. E., & Eppler, M. A. (1999). Obstacles to understanding: An ecological approach to infant problem solving. In E. Winograd, R. Fivush, & W. Hirst (Eds.), *Ecological approaches to cognition* (pp. 31–58). Mahwah, NJ: Erlbaum.

Adolph, K. E. A., Vereijken, B., & Denny, M. A. (1998). Learning to crawl. *Child Development, 69,* 1299–1312.

Adolph, K. E. A., Vereijken, B., & Shrout, P. E. (2003). What changes in infant walking and why. *Child Development, 74,* 475–497.

Affifi, W. A., & Faulkner, S. L. (2000). On being "just friends": The frequency and impact of sexual activity in cross-sex friendships. *Journal of Social and Personal Relationships, 17,* 205–222.

Agarwal, D. P. (2002). Cardioprotective effects of light-moderate consumption of alcohol: A review of putative mechanisms. *Alcohol and Alcoholism, 37,* 409–415.

Agran, P. F., Winn, D., Anderson, C., Trent, R., & Walton-Haynes, L. (2001). Rates of pediatric and adolescent injuries by year of age. *Pediatrics, 108,* e45.

Agüero-Torres, H., von Strauss, E., Viitanen, M., Winblad, B., & Fratiglioni, L. (2001). Institutionalization in the elderly: The role of chronic diseases and dementia. Cross-sectional and longitudinal data from a population-based study. *Journal of Clinical Epidemiology, 54,* 795–801.

Aguiar, A., & Baillargeon, R. (1999). 2.5-month-old infants' reasoning about when objects should and should not be occluded. *Cognitive Psychology, 39,* 116–157.

Aguiar, A., & Baillargeon, R. (2002). Developments in young infants' reasoning about occluded objects. *Cognitive Psychology, 45,* 267–336.

Ahlgren, M., Melbye, M., Wohlfahrt, J., & Sørensen, T. I. (2004). Growth patterns and the risk of breast cancer in women. *New England Journal of Medicine, 351,* 1619–1626.

Aho, T. F., & Gilling, P. J. (2003). Laser therapy for benign prostatic hyperplasia: A review of recent developments. *Current Opinion in Urology, 13,* 39–44.

Ahuja, J. (2005). *Women's entrepreneurship in the United States.* Kansas City, MO: Kauffman Center for Entrepreneurial Leadership, Clearinghouse on Entrepreneurship Education. Retrieved from www.celcee.edu

Ainsworth, M. D. S., Blehar, M. C., Waters, E., & Wall, S. (1978). *Patterns of attachment.* Hillsdale, NJ: Erlbaum.

Akers, J. F., Jones, R. M., & Coyl, D. D. (1998). Adolescent friendship pairs: Similarities in identity status development, behaviors, attitudes, and intentions. *Journal of Adolescent Research, 13,* 178–201.

Akhtar, N., & Tomasello, M. (2000). The social nature of words and word learning. In R. Golinkoff & K. Hirsh-Pasek (Eds.), *Becoming a word learner: A debate on lexical acquisition.* Oxford, UK: Oxford University Press.

Akimoto, S. A., & Sanbonmatsu, D. M. (1999). Differences in self-effacing behavior between European and Japanese Americans: Effect on competence evaluations. *Journal of Cross-Cultural Psychology, 30,* 159–177.

Akinbami, L. J., & Schoendorf, K. C. (2002). Trends in childhood asthma: Prevalence, health care utilization, and mortality. *Pediatrics, 110,* 315–322.

Akiyama, H., Antonucci, T., Takahashi, K., & Langfahl, E. S. (2003). Negative interactions in close relationships across the lifespan. *Journal of Gerontology, 58B,* P70–P79.

Akshoomoff, N. A., Feroleto, C. C., Doyle, R. E., & Stiles, J. (2002). The impact of early unilateral brain injury on perceptual organization and visual memory. *Neuropsychologia, 40,* 539–561.

Alan Guttmacher Institute. (2001). *Can more progress be made? Teenage sexual and reproductive behavior in developed countries.* New York: Author. Retrieved from www.guttmacher.org

* 此为本书与中文版另一本《伯克毕生发展心理学：从 0 岁到青少年》的共用参考文献，读者如需要更多参考文献，请在中国人民大学出版社人文分社网站上下载：www. crup. com. cn/rw。

推荐阅读书目

ISBN	书名	作者	单价（元）
	心理学译丛		
978-7-300-26722-7	心理学（第3版）	斯宾塞·A. 拉瑟斯	79.00
978-7-300-28545-0	心理学的世界	阿比盖尔·A. 贝尔德	79.80
978-7-300-29372-1	心理学改变思维（第4版）	斯科特·O. 利林菲尔德 等	168.00
978-7-300-12644-9	行动中的心理学（第8版）	卡伦·霍夫曼	89.00
978-7-300-09563-9	现代心理学史（第2版）	C. 詹姆斯·古德温	88.00
978-7-300-13001-9	心理学研究方法（第9版）	尼尔·J. 萨尔金德	68.00
978-7-300-16579-0	质性研究方法导论（第4版）	科瑞恩·格莱斯	48.00
978-7-300-22490-9	行为科学统计精要（第8版）	弗雷德里克·J. 格雷维特 等	68.00
978-7-300-28834-5	行为与社会科学统计（第5版）	亚瑟·阿伦 等	98.00
978-7-300-22245-5	心理统计学（第5版）	亚瑟·阿伦 等	129.00
978-7-300-13306-5	现代心理测量学（第3版）	约翰·罗斯特 等	39.90
978-7-300-17056-5	艾肯心理测量与评估（第12版·英文版）	刘易斯·艾肯 等	69.80
978-7-300-12745-3	人类发展（第8版）	詹姆斯·W. 范德赞登 等	88.00
978-7-300-13307-2	伯克毕生发展心理学：从0岁到青少年（第4版）	劳拉·E. 伯克	89.80
978-7-300-18303-9	**伯克毕生发展心理学：从青年到老年（第4版）**	**劳拉·E. 伯克**	**55.00**
978-7-300-29844-3	伯克毕生发展心理学（第7版）	劳拉·E. 伯克	258.00
978-7-300-30663-6	社会心理学（第8版）	迈克尔·豪格 等	158.00
978-7-300-18422-7	社会性发展	罗斯·D. 帕克 等	59.90
978-7-300-21583-9	伍尔福克教育心理学（第12版）	安妮塔·伍尔福克	109.00
978-7-300-16761-9	伍德沃克教育心理学（第11版·英文版）	安妮塔·伍德沃克	75.00
978-7-300-29643-2	教育心理学：指导有效教学的主要理念（第5版）	简妮·爱丽丝·奥姆罗德 等	109.00
978-7-300-18664-1	学习心理学（第6版）	简妮·爱丽丝·奥姆罗德	78.00
978-7-300-23658-2	异常心理学（第6版）	马克·杜兰德 等	139.00
978-7-300-17653-6	临床心理学	沃尔夫冈·林登 等	65.00
978-7-300-18593-4	婴幼儿心理健康手册（第3版）	小查尔斯·H. 泽纳	89.90
978-7-300-19858-3	心理咨询导论（第6版）	塞缪尔·格莱丁	89.90
978-7-300-29729-3	当代心理治疗（第10版）	丹尼·韦丁 等	139.00
978-7-300-30253-9	团体心理治疗（第10版）	玛丽安娜·施奈德·科里 等	89.00
978-7-300-25883-6	人格心理学入门（第8版）	马修·H. 奥尔森 等	98.00
978-7-300-14062-9	社会与人格心理学研究方法手册	哈里·T. 赖斯 等	89.90
978-7-300-12478-0	女性心理学（第6版）	马格丽特·W. 马特林	79.00
978-7-300-18010-6	消费心理学：无所不在的时尚（第2版）	迈克尔·R. 所罗门 等	79.80
978-7-300-12617-3	社区心理学：联结个体和社区（第2版）	詹姆士·H. 道尔顿 等	79.80
978-7-300-16328-4	跨文化心理学（第4版）	埃里克·B. 希雷	55.00
978-7-300-14110-7	职场人际关系心理学（第12版）	莎伦·伦德·奥尼尔 等	49.00
978-7-300-15678-1	社会交际心理学：人际行为研究	约瑟夫·P. 福加斯	39.00
978-7-300-13303-4	生涯发展与规划：人生的问题与选择	理查德·S. 沙夫	45.00
978-7-300-18904-8	大学生领导力（第3版）	苏珊·R. 考米维斯 等	39.80

西方心理学大师经典译丛

978-7-300-17807-3	自卑与超越	阿尔弗雷德·阿德勒	48.00
978-7-300-17774-8	我们时代的神经症人格	卡伦·霍妮	45.00
978-7-300-17806-6	动机与人格（第三版）	亚伯拉罕·马斯洛	58.00
978-7-300-17739-7	人的自我寻求	罗洛·梅	48.00
978-7-300-20299-0	教育心理学简编	爱德华·桑代克	45.00
978-7-300-20342-3	心理物理学纲要	古斯塔夫·费希纳	49.00
978-7-300-18539-2	精神病学的人际关系理论	哈里·沙利文	45.00
978-7-300-20275-4	社会学习理论	阿尔伯特·班杜拉	48.00
978-7-300-20339-3	追求意义的意志	维克多·弗兰克尔	48.00
978-7-300-17738-0	当事人中心治疗：实践、运用和理论	卡尔·罗杰斯 等	89.00
978-7-300-24518-8	理解人性	阿尔弗雷德·阿德勒	39.90
978-7-300-24517-1	寻找灵魂的现代人	卡尔·荣格	48.00
978-7-300-23941-5	动力心理学	罗伯特·伍德沃斯	45.00
978-7-300-23940-8	挫折与攻击	约翰·多拉德 等	45.00
978-7-300-26138-6	性学三论与爱情心理学	西格蒙德·弗洛伊德	38.00
978-7-300-26033-4	人类的遗产：“文明社会”的演化与未来	利昂·费斯汀格	55.00
978-7-300-26034-1	实现自我：神经症与人的成长	卡伦·霍妮	65.00
978-7-300-27774-5	压力：评价与应对	理查德·拉扎勒斯 等	85.00
978-7-300-27972-5	心理学与灵魂	奥托·兰克	48.00
978-7-300-28167-4	习得性无助	马丁·塞利格曼	58.00
978-7-300-27210-8	思维风格	罗伯特·斯滕伯格	49.00
978-7-300-29171-0	偏见的本质	戈登·奥尔波特	118.00
978-7-300-29478-0	理智、疯狂与家庭	R.D. 莱因 等	69.00
978-7-300-29757-6	整合与完满：埃里克森论老年	埃里克·埃里克森 等	69.00

当代西方社会心理学名著译丛

978-7-300-28793-5	偏见（第 2 版）	鲁珀特·布朗	98.00
978-7-300-28542-9	归因动机论	伯纳德·韦纳	59.80
978-7-300-28329-6	欲望的演化（最新修订版）	戴维·巴斯	79.80
978-7-300-28458-3	努力的意义：积极的自我理论	卡罗尔·德韦克	59.90
978-7-300-30022-1	偏见与沟通	托马斯·佩蒂格鲁 等	79.80
978-7-300-30024-5	情境中的知识	桑德拉·约夫切洛维奇	68.00
978-7-300-13011-8	语境中的社会建构	肯尼斯·格根	69.00
978-7-300-12765-1	社会支配论	吉姆·斯达纽斯 等	65.00
978-7-300-13004-0	自我归类论	约翰·特纳 等	45.00
978-7-300-13009-5	社会认同过程	迈克尔·豪格 等	59.00
978-7-300-13010-1	论辩与思考（新版）	迈克尔·毕利希 等	65.00

* * * *

Development Through the Lifespan, 4e by Laura E. Berk

图书在版编目（CIP）数据

伯克毕生发展心理学：从青年到老年：第 4 版/（美）伯克著；陈会昌等译．—北京：中国人民大学出版社，2013.10
（心理学译丛．教材系列）
ISBN 978-7-300-18303-9

Ⅰ.①伯… Ⅱ.①伯…②陈… Ⅲ.①发展心理学-教材 Ⅳ.①B844

中国版本图书馆 CIP 数据核字（2013）第 250681 号

心理学译丛·教材系列
伯克毕生发展心理学
从青年到老年（第 4 版）
[美] 劳拉·E·伯克（Laura E. Berk）著
陈会昌　等译
Boke Bisheng Fazhan Xinlixue

出版发行	中国人民大学出版社		
社　　址	北京中关村大街 31 号	**邮政编码**	100080
电　　话	010－62511242（总编室）		010－62511770（质管部）
	010－82501766（邮购部）		010－62514148（门市部）
	010－62515195（发行公司）		010－62515275（盗版举报）
网　　址	http：//www.crup.com.cn		
经　　销	新华书店		
印　　刷	涿州市星河印刷有限公司		
规　　格	215 mm×275 mm　16 开本	**版　　次**	2014 年 1 月第 1 版
印　　张	18.5 插页 2	**印　　次**	2022 年 7 月第 12 次印刷
字　　数	490 000	**定　　价**	55.00 元